سرزمین رود های مقدس

از آمو تا هیرمند

پژوهشی در فرهنگ، جغرافیا، تاریخ و اسطوره

کامل انصاری

بسم الله الرحمن الرحیم

بنام پروردگاری که به ما تن داد تا توانا باشیم، خرد ارزانی کرد تا بینا گردیم و روان بخشید تا پاکش نگهداریم.

اهدا

به روان پاک مادرم، بی بی معصومه، که نیم سده حضور درد و مصیبت را با معصومیت بی پایان و صبر بی درمان با گوشت و پوستش لمس کرد، و طنین آواز سحر گاهی اش که میگفت: «کامل بچیم! خیز خیز مکتب ناوقت شد..»

کامل انصاری

۱۹۴۶ - ۲۰۱۵

Why I Wrote
The Land of Holy Rivers?

I was born in Mazar-e-Sharif, Afghanistan in 1946. My childhood was spent traveling the four corners of my country with my father, who was a high ranking member of our military at the time. I became enriched with these experiences. I remember many things ranging from both the similarities and differences in our language, the different dialects in both Dari and Pashto, the different foods and customs, mannerisms and overall nature of the different regions of my country going from village to village and city to city. I became enamored at an early age with my people and my culture. I wasn't aware that there was so much variety inside this landlocked nation. I always knew in my heart of hearts that I would very much like to share these experiences. It took me 15 years of research and remembering to write down and create this book of which not only acts as a historical point of view of indigenous populations and their relationships to their environments, but also touches upon legends and mythology. The title reflects the tremendous influence that geography has on a population, that is to say, the Helmand River and the Amu River are the main focus of this narrative. I hope this information is received with an open mind and an open heart. I do not intend that this book be looked upon as one that contains absolute truths, rather I only share my own limited perspective as a humble son of an ancient land.

Kamel Ansari

March 2015

شناسنامهٔ کتاب

نام کتاب: سرزمین رود های مقدس (از آمو تا هیرمند)

مؤلف: کامل انصاری

نوشته شده: بین سالهای دو هزار دو - و دو هزار و هفت میلادی

تایپ: سهراب بهادری

تهیه و چاپ: فریما واصل جویا

تاریخ و محل چاپ: مارچ 2016 - م ، 1395 خورشیدی کلیفورنیا، امریکا

*******حق چاپ محفوظ است*******

7 تِریژرز پرس، بدون هیچگونه دخالت در محتوا و متن، این اثر را تهیه و تدوین نموده است.

Copyright © 2015

All rights reserved. Permission is granted to copy or reprint portions for any noncommercial use, except they may not be posted online without permission.

Printed in the United States of America

THE LAND OF HOLY RIVERS

An Academic research in history, geography and legend

Library of Congress Control Number: 2016938780

SBN-13:978-0692491683 (7 Treasures Press)
ISBN-10:0692491686

Sponsored by: Pamir Travel
Published by: 7 Treasures Press
www.7treasures.com
(510) 275-3497
7tPress@7treasures.com

10 9 8 7 6 5 4 3 2 1

سرزمین رود های مقدس

درین مجموعه میخوانید:

مقدمه .... أ

بخش اول ۱

آریانا ۱

هندو آریایی ۲

آریا و آریانا ۱۲

شاه رود ها و گذرگاه های آریایی ها ۱۶

خدایان آریایی ۱۸

ایران / دنیای میانه ۲۰

ایران و توران ۲۲

آریانا نام دختر جمشید ۲٦

کلمه ایران از نام ایرج اخذ گردیده ۲۸

خراسان ۳۳

خراسان / ماوراء النهر / عراق (عراق عجم) ۳۳

خراسان به مفهوم کلمه و واژه ۳٦

قلمرو زبان و ادب فارسی / دری در خراسان بزرگ ٤۰

چهار شهر پر درآمد خراسان پار ٤۳

خراسان از نظر کتاب < حدود العالم > ۵۰

خراسان از دیدگاه حکیم ناصر خسرو ۵۲

درین مجموعه میخوانید:

ناهنجاری ها در خراسان..۵۶

خراسان فردوسی طوسی..۵۸

افغانستان..**۶۱**

حاجی میرویس خان..۶۴

بانی استقلال افاغنه...۶۴

افغان / اوغان / AFGHAN...۶۵

افغانستان در کتاب دُرّة الزمان..۶۹

دولت افاغنه...۷۰

نام <افغانستان> در یاد مانده های کتب...................................۷۳

افغانان / افاغنه...۷۴

پشتو PASHTO و رابطۀ آن به زبانهای هند و آریایی..................۸۲

افغان / پشتو..۸۳

آیا < پشتو > کلمه اوستایی است؟.......................................۸۶

زبان پشتو و دیرینه گی آن...۸۸

چُستی کن و ترکی کن نی نرمی و تاجیکی.............................۹۶

< ملل غریبه > کیستند؟...۱۰۰

آیا افغانان از قوم بنی اسرائیل استند؟....................................۱۰۲

کوه سلیمان، محل بود و باش افاغنه....................................۱۰۸

زبان ادبی پشتو..۱۱۳

سلسله شاهان غوری از صلب بسطام بن ضحاک بوده است..........۱۱۵

امیر فولاد غوری شنسبی..۱۲۵

باغ ارم در زمین داور...۱۲۷

ii

سرزمین رود های مقدس

بایزید روشان (انصاری)...۱۲۹

افغانستان در کتاب سراج التواریخ...۱۳۵

دادشاه بلوچ..۱۳۸

براهویی ها...۱۴۱

بخش دوم ۱۴۹

آمو دریا ۱۴۹

سرکول / سرقول ، سرچشمه رود جیحون.....................................۱۷۵

باکتریا (بلخ)، BACTRIA...۱۷۷

بلخ یا سرزمین اوستا..۱۸۰

بلخ ، یکی از شهر های برازنده ی خراسان...................................۱۸۲

ابن بطوطه ۱۸۶

القاب و نام های بلخ..۱۸۸

نو بهار بلخ ۱۹۱

معبد قلیس در یمن ۱۹۲

معبد نوبهار ۱۹۳

کوه البرز و تصویر تاریخی آن در بلخ..۲۰۵

کشف تصویر سیمرغ در بامیان ۲۱۵

«گشتاسب»، شهریار بلخ ۲۱۹

ضحاک نازی (ازیدی ده آک)...۲۲۷

ارمائیل و گرمائیل...۲۲۹

ضحاک تازی ۲۳۰

نفوس و نفوذ تازنده گان تاریخ ۲۳۵

درین مجموعه میخوانید:

قیام کاوه آهنگر ۲٤۱
شادیان، تفرجگاه شاهان پیشدادی و باختری ۲٤۳
مارمل کجاست؟ ۲۵۰
قبادیان ۲۵۲
دهدادی ۲٦۰
سنگچارک، [سان و چارک] ۲٦٤
برمکیان ۲٦۹
سلیمان بن عبدالملک و برمکیان ۲۷۳
عباسه عباسی و جعفر برمکی ۲۷٦
آرش کمانگیر ۲۸۳
نو شــاد بلــخ ۲۸۹
کلمه های بامی / بامیان و رابطه آن با بلخ ۲۹۱
ملکه بامی ۲۹۳
بلخ سرزمین هزار شهر ۲۹٦
اشتران باختری ۲۹۹
اوصاف بلخ در کتاب مقامات حمیدی ۳۰۲
بحر الاسرار بلخ ۳۰٦
شهربانو ۳۰۸
سَمنگان Samangan ۳۱۱
ریشه یابی ایبک و سمنگان ۳۱۲
تخت رستم در سمنگان ۳۱٤
بدخشان ۳۱٦

سرزمین رود های مقدس

لاجورد بدخشان	۳۲۲
علاقه بهاری بدخشان	۳۲۳
بدخشان در تاریخ میرزا سنگ محمد بدخشی	۳۲۵
زبان های پامیری - بدخشانی	۳۲۶
رستاق یا ولوالیج کهن	۳۳۰
یمگان (Yamgan)	۳۳۱
غارت آثار و غنایم ارامگاه حکیم ناصر خسرو بلخی/یمگانی	۳۳۹
سروده های یمگانی	۳۴۱
هندو کُش بزرگ، HINDU KUSH	۳۴۶
پارا - پامیزوس \ کوه بزرگ هندوکش	۳۴۹
گوپته و اسپه	۳۵۰
هندوکش بحیث سرحد علمی	۳۵۵
هندوکش در کتاب اوستا	۳۵۵
غور و غرجستان، GHORE / GHORJISTAN	۳۶۱
سلاطین و شاهان غوری	۳۶۵
حضرت فیروزکوه	۳۷۱
غرجستان، سرزمین شار شاهان	۳۷۶
غور/غرجستان از لحاظ ریشه یابی	۳۷۸
ایماق ها (اویماق ها)	۳۸۲
ایماق ها / اویماق ها	۳۸۶
زمین داور	۳۹۴
تحلیل از طوایف ایماق ها	۳۹۶

v

درین مجموعه میخوانید:

ولایت غور در کتاب حدود العالم ۴۰۳

موقعیت جغرافیایی امروزی ولایت غور ۴۱۰

مشاهیر و دانشمندان غور/غرجستان ۴۱۱

گوزگانان (جوزجانان) JOZJANAN ۴۴۰

گوزگانان در کتاب حدود العالم ۴۴۱

ریشه یابی کلمه گوزگانان ۴۴۴

شهر های پُر جمع و جوش و تاریخی گوزگانان ۴۴۹

سان و چارک و یا سنگچهارک ۴۴۹

سر پُل ۴۵۲

کتاب < حدود العالم > ۴۵۷

مشاهیر ، ائمه و دانشمندان ادب در گوزگانان ۴۶۴

رویداد ها و قصه های تاریخی در گوزگانان ۴۷۲

اندخود / اندخوی ۴۷۸

مشاهیر ادب و فرهنگ در اندخوی ۴۸۰

بخش سوم ۴۸۲

حوزۀ هیرمند ۴۸۲

رود ارغنداب ۴۸۶

زمین دارو پایتخت زمستانی شاهان غوری ۴۸۷

هیرمند دریادمانده های کتاب اوستا ۴۸۹

رستم دستان ۴۹۲

زرنج / زرنگ ۴۹۷

رصد خانه نیمروز ۵۰۲

سرزمین رود های مقدس

قندهار / اراکوزیا ٥١٠

بخش چهارم ٥٢٦

بامیان ٥٢٦

هان های سفید ٥٣٢

زایرین بوادایی ٥٣٣

بودای خوابیده را بیدار کنید ٥٣٤

بُت های بامیان را انفجار دادند ٥٤٢

معبد قدیم درهٔ بامیان ٥٤٥

اوراق پوست درخت در بامیان ٥٤٧

کشف تصویر سیمرغ در بامیان ٥٤٨

بند امیر ٥٤٨

رویداد نا هنجار قبایل «هزاره» ٥٥٣

بُت های بامیان ٥٧١

سلسال و شه مامه ، دو همبزم و دو همسنگ ٥٧٨

شیران بامیان ٥٨٩

پنجشیر / پنجهیر ٥٩٨

بخش پنجم ٦٠٨

طوایف در گستره ای تاریخی ٦٠٨

تُرک ها   Turk or Tork ٦١٠

وایکنگ ها ٦٢٠

تاری، ایزد ترک و توران ٦٢٢

تاجیک ها ٦٢٧

vii

درین مجموعه میخوانید:

دهگان / دهقان.. ٦٣٠

تاهـــیا.. ٦٣١

قزلباشان، Qezelbash.. ٦٤١

ورود قزلباشان در افغانستان... ٦٤٢

بحث دیگری در پیرامون قزلباشان.. ٦٤٨

بلوچ ها در گستره تاریخ ٦٥٤

بلوچهای افغانی.. ٦٦٠

« کوچ و بلوچ ».. ٦٦٣

مقدمه

از فجر روزان کودکی و بود و باش دیرپا در شهر های کشور نظر به شغل پدر، خود را با آموختن و آمیختن همراه میدانستم. زیستن با محیط مختلف و آشنایی با واژه ها و لهجه های محلی و حضور با مردمان پاکدل و مهرورز مرا همدلی میآموزانید. من که عاشق طبعیت گوارای وطنم بودم به زادگاه ام «سریرا» می اندیشیدم که با «درفش های بلند» از چکاد بابا کوه قامت بر افراشته است. از کناره های زولالین آب کوکچه رود و آمو رود تا ارغنداب و هیرمند و هریرود مرا خاطره هاست. از خاطرات نو جوانی هنوز هم رقص ماهیان خالدار کوکچه و پرواز مرغابیان مرغاب رود (مروالرود) مرا شاد ور میسازد. بر این هم آگاه شدم که برگهای زرین تاریخ کهن درخت میهنم یاد آور هنگامه ها و رویداد های تلخ و تاریکی را در حوزه های اکسوس و هیرمند پشت سر گذاشته است. حافظه تاریخ بیاد می آورد که در این حوزه های جغرافیایی کتاب «اوستا» جان گرفت. پیامبر «زرتشت» ظهور کرد، دودمان های پیشدادی درخشیدند و کیانیان استوار گشتند. در فراخنای این ساحه ها رادمردان و سلحشوران، سپهبدان، تهمتنان، دهگانان، کدخدایان، مرزبانان و شاهان و امیران قامت بر افراشتند. همچنان برجسته گان ادبی، مذهبی و فرهنگی نیز به پویایی رسیدند. بخاطر قدامت و دیرینه گی این حوزه ها بود که نام این مجموعه را «سرزمین رود های مقدس» گذاشتم. آرزو بر آن داشتم تا آن همه یادداشت های ده-پانزده ساله ام را که گنهکارانه سیاه کرده ام و پیش از آنکه ورقها پاره گردند جمع آوری نمایم.

درین مجموعه خواهان آن شدم تا نبشته ها به شکل مستند و درک سالم تاریخی و شفافیت جغرافیایی آراسته باشد که بدون شک هیچ نبشته یی خالی از غلطی ها و اشتباهات نبوده است که درین راستا از خواننده گان ارجمند طلب پوزش دارم.

در ابتدا شما را از آریانای پیرار، خراسان پار و افغانستان امروز رهنمود میدارم و بعد به سراغ حوزه های جغرافیایی اکسوس و هیرمند میرویم. سپس از بلندای پاروپامیزاد (هندوکش بزرگ) تا همواری های هیرمند و نیمروز با کاروان ابریشم اندیشه و اسطوره طی طریق میداریم. از شهر های هنر آفرین بدخشان، سمنگان و بلخ باستان و گوزگانان (جوزجانان - جوزجان) و غور و غرجستان و بعد به بامیان و پنجهیر (پنجشیر) به سراغ

شیران بامیان می افتیم که چه افتخاراتی بما آفریدند. بدین سان سخن های داریم پیرامون بلخ باستان که کانون مدنیت، مرکز آیین ها و باور ها (آیین مهر، آیین زوروانی، آیین آهورامزدایی و آیین بودایی) بوده است.

حوزۀ اسطوره یِ هیرمند را به بحث میکشیم که در قلمروش رود های ارغنده یِ همچون رود موسی قلعه، رود ارغنداب و رود هیرمند با پهنای گسترده سراسر منطقه را آبیاری میکند که بدین خاطر این حوزه را «گدام غله دنیا» خطابش کردند. از تهمتن زمانه «رستم دستان» یاد میداریم که با دیگر رادمردان و سلحشوران، از خطه یِ اهورایی حمایت کرده و با تورانیهای «تاری» مذهب از خود کار دانی های را بجا گذاشته و از ننگ و ناموس کشور پاسبانی نموده اند. (تاری = پروردگار = خدا، یکی از خدایان قهار و شمشیر زن ترک ها است.)

سری بسوی قندهار زیبا زده از ارزش های منطقوی، از واژه ها و لهجه ها و باور های زُروانی خاطره میگیریم. از نام های چون اراکوزیا و اسکندریا که بعد ها گندهارای دوم هم خطابش میکردند به حیرت فرو میرویم.

به هر حال در آن گذرگاهای تاریخی، آب و هوای آریانا لون دیگری داشت. ایامی که همدلی و همزبانی؛ مردمان مانرا گِره های ناگسستنی بخشیده بود. آدم ها با همدیگر نیک اندیش تر و باورمند تر بودند. «اسمِ» کی از کجاست؟ و تضاد های پیش پا افتاده کمتر به مشاهده میرسید. «من و ما» دور از پسند زمانه بود که بقول جلال الدین محمد بلخی:

من آنروز بودم که اسما نبـــود
سخـــن از وجـود مســـما نبود
ز مـا شد مسما و اسمـــا پدید
در آنروز کانجا «من و ما» نبـود

برخی از نبشته ها یک دهه پیش به قلم کشیده شده؛ در آن جمله بندی های ادبی کمتر به مشاهده میرسد. اما جملات آنقدر ها ناموزون جلوه نمیکند که بدین راستا از خوانند گان فرزانه پوزش میخواهم.

سرزمین رود های مقدس

در فرجامین کلام، لازم میدانم تا از دوستان فرهیخته ام جمشید جویا و فریما واصل جویا که مرا در ترتیب، تنظیم و تصحیح و کار های کمپیوتری شان همیاری و همکاری نمودند تشکر نمایم.

کامل انصاری

مارچ سال 2015 / حمل سال 1394

کلیفورنیا، امریکا

یادداشت:

کار تدوین کتاب سرزمین رود های مقدس به پایان نرسیده بود که فرزانهٔ عزیز، کامل انصاری، چشم از جهان فرو بست و به جاودانگی پیوست. خانوادهٔ انصاری از خانم فریما واصل جویا و اقای جمشید جویا که در انتشار کتاب زحمات فراوانی را متقبل شده اند، صمیمانه سپاسگزار است.

آریانا، اوستا و عمر انصاری

اپریل 2016

بخش اول

آریانا

آریا، آرین، آریانا، ایران

و پهنای جغرافیایی (پاک نژادان)

در دوره های بسیار دور؛ تیره ای از تبار و ریشه (هندو-اروپایی) در پهنا سرزمینی که از سیر دریا می آغازید حیات بسر میبردند. بدین سان اقوامی بدانسوی خوارزم، خزر و کسپین و ایرن (مراد از آذربایجان امروزی) میزیستند که تو گویی از یک رودبار آب مینوشیدند. آریاییهای صحرا گرد بدینسوی رود جیحون کوهگرد و کوهنشین گردیدند. این گروه ها، بیره ها و اقوام را در برگ های تاریخ بنام های آریا، ایرن، آرین، آریانا و ایران میشناسیم. آریا، آرین، ایرن، آریانا و ایران بنا بر گپ تاریخ از کلمه (آیریان) AYERIAN و (آیریا) AYERIA و (آ ایریا_ان) AERYA – AN تشکیل یابیده. این کلمه ها در درازنای اسطوره و تاریخ، واژه تکانی گردیده و با زبان های کهن نام های مختلف و لهجه های متباین را بخود کمایی کرده است. در دورۀ ساسانیان، ما به کلمه های پهلوی ساسانی بر میخوریم. و این گروپ های آسیایی را بنام های (ایران ویجه) یا (ایران ویج) و یا (ایر-آن) و یا (ایر-ان-شهر) مشاهده میکنیم. این تیره ها که در شمال و میانه، آسیا میزیسته اند و خود را آریا یا ایریا می نامند بسرزمین بلخ / باختر بیامدند و در دل واژه های عناصر طبیعی نواحی اکسوس و هیرمند جایگزین شده و با آیین ها و باور های سرزمین پهناور هندوکش بزرگ مزج گردیدند. آنها با نامهای آریایی/ایرانی که دُر واژه های اوستایی اند با کاربرد های همچون: دوست یکدل و سخت پیمان، پاک نژاد و پاکدامن تعریف گردیده اند. (۱)

این تیره پاکدامنان و سخت پیمانان یکدل و یکدست، بدون شک از خود زبانی نیز داشته اند که ما از هویت زبان اصلی شان اثری در دست نداریم. اگر صحرا گرد و بیابان پیما بوده اند

بدون شک از خود (زبان) و (آیین) ویژه یی داشته اند که تاریخ از داشته های برازنده فرهنگی شان شانه خالی میکند. اما برگ های تاریخ روشن میسازد این اقوامی که پاک نژاد بوده اند و سخت پیمان، از کرانه ها و جلگه های آسیای مرکزی و روسیه و اطراف دریای خزر به شمال و جنوب هندوکش بزرگ، وادی های سندههو، فلات پارسیو، یونان و اروپا و حتا سرحد شان تا امریکا (سرخ پوستان و مردمان بومی) میرسیده است. سالهای پیش در یک یادداشتی خوانده بودم که کوریایی های امروزی و جاپان نیز از همین نژاد ریشه گرفته اند. طوریکه گفته آمد آریاییها بدون شک از خود زبانی داشته اند. زبان که هویت فرهنگی یک طایفه و یا ایل میباشد حتمی موجود بوده که بدین حساب زبان اصلی این مردمان تا کنون برملا نشده است. دانشمندان زبان، نظر به قدامت باشنده گان شان، مادر زبان ها را هویت و شناسایی کرده اند. صرف دانسته میشود که مادر زبانها نیز سرزمینش همین آسیای میانه (ماورأالنهر) بوده است. اما محققین آسترالیایی تازه کشف کرده اند که مرکز مادر زبان ها، آسیای میانه نه بلکه سرچشمه های دریا های دجله و فرات بوده است که بدین صورت اناطولیه یا ترکیه امروزی محل گویش مادر زبانها بوده باشد.

مادر زبان

هندو آریایی

طایفه و تباری که به هویت همه جانبه میرسد و پهنای وسیعی از سرزمین ها را میگیرد، بدون شک دارای زبان ویژه نیز میباشد که همسان مردمانش ریشه از ماورأ رود ها میگیرد. البته زبان ها نظر به موقعیت های جغرافیایی اش فرق میکند، اما ریشه از مادر زبان ها دارد، تا پیش از قرن هژده میلادی زبان ها بصورت درست و علمی اش دسته بندی نگردیده بود. اولین بار سر ویلیام جونز Sir William Jones محقق و زبان شناس انگلیسی در سال ۱۷۸۶ هویت زبان ها را تعیین کرده و اولین بار زبان هندو اروپایی را اساس گذاشت.

قدامت مادر زبان ها شاید بیشتر از آن باشد که در میان پژوهشگران و تحلیل ورزان زبان ارزیابی گردیده بود. مادر زبان های امروزی و گذشته مانند انگلیسی، گایلیک، کرپول هایتی،

بخش اول: آریانا / خراسان / افغانستان

پنجابی، زبان هیتیت های قدیم قدامت هشت و ده هزار ساله دارد. طوریکه پیشتر یاد کردم؛ انگلیس ها برای اولین بار ساختار زبان هندو اروپایی را در سده هژده صد میلادی اساس گذاشتند. سر ویلیام جونز زبان شناس انگلیسی در این راه پیش قدم گردیده بین زبان های لاتین و یونانی و زبان سانسکریت بصورت مقایسوی تحلیل و تدقیق کرده زبان هند و اروپایی را طرح کرد، به اساس این مطالعه مادر زبان ها را در آسیای میانه وانمود ساخت. یا بزبان دیگر سرزمین مادر زبان ها آسیای میانه بوده و از همین مناطق به دیگر نقاط دنیا پراگنده شده است. محقق و زبان شناس انگلیسی قدامت ای زبان را شش هزار سال پیش میداند که با تاخت و تاز و یرغل های سوار کاران آسیای میانه به دیگر جا ها پراگنده شده است.

اما طبق کشفیات و تحقیقات تازه که در مورد زبان ها صورت گرفته است، زبان شناسان با کشفیات جدید دریابیده اند که مادر زبان های امروزی از سرزمین آسیای میانه بلکه از کهن دیاران اناطولی (ترکیه) توسط کشاورزان ایجاد شده است. یا بزبان دیگر همین کشاورزان اناطولی اند که بنیانگزار زبان های <هندو اروپایی> شده اند. قدامت زبان های تازه کشف شده را محققین و علمای این فن در حدود هشت تا ده هزار سال پیش تخمین زده اند. دانشمندان با استفاده از تخنیک های جدید علمی و کاوشی و بررسی های تجربی DNA و با ابتکار جدید Glotto Chronology و همچنان با همیاری های کلمات و تشابه آنها، تعیین بندی زمان و مکان و همآهنگی ساحوی شان را مطالعه کرده و به سرانجام حقایق تازه شان دریابیده اند که مرکز و جایگاه اصلی مادر زبان ها همین مناطق اناطولیه یا ترکیه امروزی میباشد. دانشمندان این مطلب را در مجله Journal Nature نیز انتشار دادند. در این راستا دو دانشمند و زبان شناس سترگ بنام های راسل گری Russell Gary و کوینتن اتکینسن Quentin Atkinson از کشور زیلاند جدید پیش قدم میباشند که ایشان تحقیقات شانرا در دانشگاه آکلیند آغازیده و آنها در پژوهش های دراز دامن شان در هشتاد و هفت (۸۷) زبان زنده جهان، چنین برداشت کرده اند که مادر زبان های هندو اروپایی توسط دهقانان اناطولیه در میانه (۸۵۰۰- ۱۰۰۰۰) سال پیش بمیان آمده است. در حالیکه تا امروز علمای زبان دانشی را باور بر آن بود که مادر زبان ها را سوار کاران (قرغان) استیپ های آسیای میانه مخصوصاً نواحی ترکمنیستان امروزی ایجاد کرده اند. که بدین حساب ترکمنستان امروزی

طلایه دار شش هزار سال پیش مادر زبان ها بوده است. در تحقیقات جدید گری و اتکینسن، مشکلی که در زبان هند - اروپایی بمیان می آید عبارت از ساختار ریشه یابی زبان است، که این اندیشه را آویس گودرد آمر زبان شناسی اداره انستیتوت سمیتسونین واشنگتن دی سی بیان کرده است. در بررسی های جدید تنها <کلمات> و واژه ها به اساس مد سابق یادداشت نگردیده بلکه در اندیشه های امروزین گرامر و مورفولوژی زبان و ساختار بکار گیری آن یکجا شده کلمات بهم سهیم ساخته میشوند. پس از این یادداشت های تازه اینگونه وانمود میگردد که نظر به بررسی های امروزی جایگاه مادر زبان ها آسیای میانه نه بلکه از اناطولیه نشأت کرده است. (۲)

اناطولیه ، اناطول، اناطولی واژه ایست یونانی و معنی آن محل بر آمدن آفتاب باشد. یونانیان سرزمین هایی را که در سمت خاوری کشور شان قرار داشت اناتولیا Analtoia میگفتند. اناطولیا در ادوار بعدی تاریخ نیز در فرهنگ اقوام ساکن این منطقه باق مانده و در کنار نام هایی چون < روم> و <آسیای صغیر> به کار رفته. ترکان عثمانی نیز این کلمه را انادولو یاد کردند. باید یادآور شد که از سایه ساران دوره های قدیم تا روشنایی دوره های پسین اقوام آریایی هیتیت ها در هزاره های پیش از مسیح در قسمت های آسیایی ترکیه امروزی که محل برآمدن خورشید میخواندندش سکونت داشتند و مانند آسوری ها از دم و دستگاه ویژه یی بر خوردار بوده اند. حاکمیت هیتیت ها Hittit میان (۱۶۰۰- ۱۲۰۰ ق. م) بوده تا اینکه بدست اقوام فریکی ها که از نواحی قفقاز هجوم آوردند؛ هیتیت ها را مغلوب ساخته و در اناطولی شهر سارد را بنا کردند. (۳)

طوریکه گفته آمد آریایی ها قومی که از جلگه های آسیای مرکزی برخاسته اند و دارای زبان ویژه ای بوده اند به هر طرف پراگنده شده تا هند و اروپا ، فلات ایران و یونان - و حتی سرحدش تا امریکای شمالی نیز رسیده است. آریایی ها در هر سرزمین از خود زبان و لهجه جداگانه یی داشته که ریشه از همان زبان شناخته شده (هندو اروپایی) داشته است، این زبانها اغلباً شاخه ها و شعبه های مختلف دارند و آهسته آهسته از یکدیگر مجزا شده اند. زبان های هندو اروپایی شامل زبان های هیتی، هندی ، پنجابی، ارمنی، بالتی، سلاوی، البانی، وینزی، یونانی،سلتی، تخاری، لاتینی، ژرمنی و فریجیه یی اند. نام زبان اصلی هند -

اروپایی بدست محققین نیامده و ما از آن آگاهی نداریم. اما همینقدر میدانیم که مرکز مادر زبان ها زبانیست که میان نیاکان ما و هندی ها مشترک بوده است. اگر این زبان را این نویسنده زبان هند- باختری یاد کنم هم زیباست. زیرا که زبان هند - اروپایی از باختر (بلخ) کهن بدانسوی هند مانند مردمان کوچیده آریایی ها کوچ کرده است. اگر مراد از زبان هند- آریایی باشد پهنای وسیعی از منطقه جغرافیایی را در بر میگیرد مانند مناطق ماوراالنهر، فلات ایران، ،خوارزم ، سغدیانا، مناطق شمال و جنوب هندوکش، هرات، تخارستان و بدخشان.. زیرا که محوطه زبان هند- آریایی یا هند- ایرانی ساحه و پهنای گسترده یی را احتوا میکند. باید واضح ساخت که دسته های زبان هند- ایرانی مراد از هندو- آریایی است که صرف با کشور ایران امروزه تطابق نمیکند. و نباید هم هند- ایرانی شکل مطلقیت یک ساحه را مدنظر داشته باشد. زیرا اگر فردوسی طوسی شاعر اسطوره و تاریخ هرگاه از < ایران> سخن گفته مرادش از مردمانی بوده که بدین مناطق جغرافیایی زنده گانی داشته اند و <ایران> فردوسی در آن هنگام ایران به شکل و قمر و جغرافیایی کشور ایران امروزی نبوده است. زیرا پارس کهن که زبان پهلوی داشته نام کشور در تاریخ کهن بنام <پرشیا> و یا < پارس> شهرت حاصل کرده است. نام <پارس> به کشور <ایران> قدامت هفتاد ساله دارد (۱۹۳۵ میلادی) که با ایران زمان فردوسی همخوانی ندارد. البته سیاستمداران ایرانی سیاست فرهنگی را پیش گرفته نام کشور شانرا به <ایران> مبدل ساختند که در آن هنگام ایران امروزی به فارس مسمی بود. کهن درخت تاریخی و اسطوره یی <ایران> زمان فردوسی همه شاخ و برگ و ساقه اش به سر زمین خراسان پار که افغانستان امروزی باشد آب میخورد. امیدوارم دانشمندان از این حقیقت تاریخی و فرهنگی چشم پوشی نکنند و در این باره آگاه مندی های متبارز علمی را رویدست گیرند.

ساحه زبان هندو ایرانی/آریایی در دو قسمت یکی ساحه غربی که از جنوب به خلیج فارس و دریای عمان و از مغرب به بین النهرین و ارمنستان و از شمال به کوه های قفقاز و صحرای آسیای مرکزی محدود میگردد. دیگری ساحه شرقی زبان هند- آریایی است که سراسر افغانستان و قسمتی از فلات پامیر را تا دهانه رود سند فرا میگیرد میباشد.

(در این باره بنگرید به کتاب <لغت نامه> علی اکبر دهخدا چاپ تهران ۱۳۳۷ - زیر نظر دکتر محمد معین - صفحه ۱۰)

<ایران شهر> ساحه نیشاپور را در بر میگرفته است. <ایران> بر وزن <پیران> نواحی عراق ، پارس، خراسان، آذربایجان، اهواز و طبرستان را احتوا می نموده و به استناد فرهنگ معین، ایرانشهر در عهد ساسانیان بکشور ایران اطلاق میشد. (۴)

<آریانم ویجه> AIRYANEM-VAEDJO سرزمینی است که در <اوستا> شکل ویژه یی دارد و این منطقه محل نشؤ نمای زردشت پیامبر است. آریانم ویجه که <فرشاهی آریایی> AIRYANEM_KHVARENA دارد جایگاه اصلی پاک نژادان است و یا بزبان دیگر شوکت و دبدبه آریایی بدان وابسته است. فرشاهی و یا فرکیانی آن نیروی قدسی است که با پشتیبانی اهورامزدا قوام میگیرد. فرکیانی تا زمانی از جانب اهورامزدا به قوت خود باقی میباشد که آن فرمانروایان از خط داد و عدل و دین پروری خارج نگردند. در اوستا این کتابِ دیر پای کهن در بخش <یشت ها> از دو فرد سخن گفته شده. بموجب آن فرکیانی نیروی معنوی است که قابل ستایش و تقدیس بوده و آنرا اهورامزدا آفریده است. در باره موقعیت جغرافیایی آریایی ها که در سرزمین آریانا- ویجه حیات بسر میبرده اند همه در شرق ایران کنونی واقع شده که خواستگاه خوب و روشن زردشت پیامبر بوده است. و در بعضی متون اوستا بخش های خوارزم، خیوه و خراسان را <آ ای یرانیم ویجه> Al Yaranem Vejo نامیده اند. رود رنگه Rangha که مراد از سیر دریا (سیحون) میباشد. نواحی دریای آمو در اوستا بنام <دایی تیک> یاد شده است. رود هیرمند Haetumeant و هامون هیرمند Kansaoya مناطقی اند که اوستا از آنها و قدسیت جغرافیایی شان یاد کرده است. <هاشم رضی> پژوهشگر و اوستا شناس سترگ بدین باور اند که خواستگاه جغرافیایی اصیل زردشت، شرق ایران امروزی است و بس. که بدین حساب مناطقی همچون سراسر ماوراألنهر و افغانستان امروزی را در بر میگیرد. (۵)

ما به کلمه <آ ارِیا ان> Aeria_An بر میخوریم و از دو قسمت تشکیل یابیده:

الف- آ ایریا

ب- ان

که آ ایریا و یا آریا معنی پاک نژاد و سخت پیمان بوده که پسوند این کلمه <ان> An در زبان فارسی / دری کهن معنی <جاگاه زیست> آمده که تا امروز اکثر شهر ها به پسوند <ان> منتهی میگردد، مانند خراسان، سیستان، طالقان، تهران.. پس بصورت مجموعی مراد از <آ ایریا ان> یعنی < جایگاه و سرزمین پاک نژادان> (٦)

پژوهش های دیرینه شناسی نشان میدهد که واژه <ان> EN,AN.ANU,INN تاریخ دراز مدت دارد که سرحلقه اش بدروازه بین النهرین میرسد. در گذشته ها سلطنت و دبدبه شاهی از رواق کاهنی بیرون آمده . <ان> ها اولین کاهنان سومری استند که از کهانت به سلطنت رسیده اند. سر دسته کاهنان بین النهرین < ان> ها An لوگال Lugal و ان سی Ensi بوده اند که سر رسته کهانت و دیانت را بدست گرفته اند. کهانت <ان> ها قدامت دیرینه دارند و بعد ها لوگال ها و ان سی ها بمیان آمده اند. یا بزبان دیگر کهانت <ان> کهن ترین سر دسته کهانت در بین النهرین شمرده شده که بعد به پادشاهی رسیده اند. پادشاهانی که در اواخر هزاره چهارم و اوائل هزاره سوم (حدود ۲۵۰۰-۳۲۰۰ ق. م) حکومت مینمودند نام شان با کلمه <ان> EN آغاز گردیده است مانند: Enhengal, Enmebargesi,Enmerkar, Enshakushana, Enakale, Entemana, Ennatum (7)

مرا باور بر آنست که همین واژه Inn که در انگلیسی پسوند هوتل ها را میسازد با En و یا An سومری بی رابطه نمی باشد مانند:

Holiday Inn, Days Inn, محل رهایش را میدهد.

نام خدای بین النهرین <انیل> EN-IL or ENLIL بوده که هزاران سال مورد پرستش این مردم قرار داشته است. کلمه IL سومری است که عبری آن EL میباشد. هر دو کلمه از قدسیت روحانی برخوردار اند تا بدانجا که کلمه های اسرائیل، جبرائیل، میکائیل و عزرائیل در این راستا بی تأثیر نمی باشد.

An or En خدای سومری

Anu خدای آسمان (بابلی)

Enlil خدای خدایان

Inanna الهه عشق سومری

Enki خدای آب (سومری) (۸)

<ادیب کسروی اهوازی> دانشمند ایرانی بدین باور است که کلمه های آریا، ایران، آریانا و - آیریا ان ؛ ریشه از درخت کهن دیگر دارد. نامبرده واژه <ایر> را که دگرگون شده <هیر> Hir است به کلمه های ایران، آریا و آریا ان وابسته میداند. نامبرده ما را به واژه های که هم به <ه > و هم به <الف> آمده مانند: هورمزد- اورمزد، همباز-انباز، هندام – اندام، هنجامن- انجمن، هنجام – انجام راجع میسازد. ادیب کسروی اهوازی تأکید میکند که نام <ایران> از واژه <آریا> ساخته نشده بلکه از شکل تغییر یافته <هیر> که بمعنی < آتش> میباشد گرفته شده است. که بدین باور <ایران> یعنی سرزمین آتش. <هیر> را آتش معنی کرده اند که به عربی نار خوانند، همچنان بمعنی طاعت و عبادت نیز آمده و به زبان اهل هند <طلا> باشد. همچنان <ایران> را <سرزمین آتش ورجاوند> نیز نامیده است. از هیر کلمه هایی مانند <هیربد> و <هیرکده> و <هیرپاد> و <هیری> و <هیرمند> تشکیل یابیده. (۹)

هیر و هیربد را در فرهنگ جهانگیری چنین مینگریم: «هر با اول مفتوح و یای معروف آتش باشد، و به بزبان علمی اهل هند طلا را گویند و هیربد خادم آتشکده باشد»

در هیر کده گر زمدیح تو بخوانند / بیزار شود هیربد از زند و وزپازند

(امیر معزی)

همان هیربد نیز و یزدان پرست / که بودند با زند و استا بدست

(فردوسی طوسی)

مغ ازهیربد موبدان کهن / ضحاک راندند زینسان سخن

(اسدی طوسی)

فروزنده گوهر نیک و بد / رفیق مغز و مونس هیربد

(نظام –شرفنامه)

بریده زبانت به شمشیر بُد   لبت سوخته ز آتش هیربد

(فردوسی طوسی) (۱۰)

در تاریخ کهن و دراز مدت پارسی ها، ماورأالنهری ها، سکزی ها، کاسی ها، باختری ها، تخاری ها، بین النهرینی ها، و مصری ها رسوبات بی پایان واژه ها که از رود باران این سرزمین ها سرازیر گردیده و در بستر کشور های منطقه پراگنده شده، پدیده هایی همسویی و همخوانی و همتباری دیده میشوند که اگر پیوند و عِرق بندی آنها باهم ملحق شوند دامن دامن دانستنی ها در بستر فرهنگ تاریخ می بر آید. ایران، آریا و آریانا اگر <هیر> است یا <ایر>، اگر <ال> است یا <انیل> همه با هم رابطه میگیرند. مثال بسیار ساده موجود است. در پارسیا و باکتریا (یل) و آذریا که کانون مقدس آتش از این کشور ها برخاسته و تا هنوز نام و نشان <آتشکده ها> از برگ های زرین کتاب ها زدوده نشده، و هیر و آتش در این کهن دیاران جایگاه خاص دارد. در کشف <طلاتپه> شبرغان در هیرکده یمشی تپه، دیرینه شناسان هنوز هم خاکستر را در اجاق هیرکده مشاهده کردند که این خود دلالت به مقدس بودن آتش <هیر> میکند که در کشور های همجوار منطقه پیوست دیرینگی دارد. همچنان کلمه های <بغ> و <بغد> - <مغ> و <مزد> و <هورمزد> و < مهر> که همه از روحانیت ویژه یی نمایندگی دارند. بناً کلمات مهر، خور، ایر، هور، هیر، مهر، مغ، بغ همه نام های مذهبی که ریشه هایشان هنوز هم از دل تاریخ میبرآید و دلالت از یک محیط روشن و تابان و درخشان و زیبای که با نور و روشنایی و آتش آمیخته است میکند. نام های آتش و مهر و آفتاب در ترکیب نام های اماکن کشور دیرپای ما مانند امواج خروشان دریای توفنده و خروشان است که جا دارد نام نامی کشور عزیز ما را **سرزمین آفتاب و آتش** بگذاریم.

<هیر> مقدس است و آتش معنی میدهد و هم قدسیت روحانی آن آشکار است. در مصر کهن کلمه <هیرو گلیف> بمعنی <خط مقدس> باشد که رابطه این واژه با مسافت هزار ها فرسخ چه پدیده ی تباری را بمیان می آورد؟ تغییر واژه ها و کلمه ها نظر به روش گفتاری مردمان این مناطق و موقعیت جغرافیایی شان فرق میکند و بعضاً همخوانی هم دراد. شکل و دسته بندی واژه ها از سرچشمه یک رودخانه تا مصب آن تغییر میکند و بدون شک، سرچشمه اصیل است و بعد ها در مصب رودخانه آب های واژه ها گندیده و گِل آلود

میگردند. در سرچشمه ها مردمان کمتری حیات بسر میبرند و بناً داد و ستد واژه ها ساده و سچه و خال خال و مانند آب سرچشمه زولالین و پاک اند. در انتهای رودخانه نظر به وسعت خاک و آب ، مردمان بی شماری از هر کنج و کنار گرد آمده شهر های زیادی را بنا میکنند که این تغییرات و تبدیلات ایجادگر عرضه و تقاضای واژه ها و کلمه ها میگردد که از هر جانب قامت میکشد. زیرا که با تجمع آدم ها در کناره انتهایی رودخانه که اگر به دریا (بحر) وصل شود و یا به کدام خلیج و دریاچه بیانجامد واضح است که رفت و آمد های بازرگانی و تجاری و داد و ستد اموال و اجناس عرضه و تقاضای اقتصادی را خلق کرده و مناسبات همزیستی و داد و گرفت واژه ها را نیز فراهم میسازد که از یکطرف غنایم کلمه ها ذخیره میگردد و از جانب دیگر سچه گی زبان گسسته میگردد و قول روانشاد داکتر خانلری را صادق میسازد که مینویسد «زبان خالص وجود ندارد».

انسان این زنده جان مرموز، حیرت آفرین، متجسس و خود پسند، در ابتدا <غار نشین> بوده و بعد تجمع شان را دانشمندان با نظریات گوناگونی توصیف کرده اند. آدم این حیوان متفکر از غار نشینی کله بیرون کرده و بنا بر باور دانشمند غربی Carl O Sauer ساکن شدن و استقرار یافتن خصیصه های اولیه بشر بوده و **اولین محل سکونت را فراز تپه هاییکه دفن مرده گان شان** نیز در آنجا بوده است میدانسته اند. Lewis Mumford باستان شناس امریکایی معتقد است که <شهر مرده گان> پیش آهنگ و هسته اصلی مردمان اولیه بوده است، ترس از غار نشینی، مقبره ها، آفات طبیعی مانند: سیل ها، طوفان ها، رعد و برق - انسان اولیه را وادار میکرده که به یک دستگاه امنی پناه ببرند.

پناه بردن بیک شی مافوق بشری که اراده بشر از آن کوتاه بوده خودش یک <انسان مذهبی> را بار میآورد. ترس از آفات و بلا های زمینی و آسمانی آدم ها را یکجا میسازد و در این راستا انسان های اولیه مجبور اند تا با یکدیگر دست همکاری بدهند و به هنگامه زندگی و مرگ بیاندیشند. تجمع انسان در زمین خشک صورت نمی پذیرد بلکه در کنار رودبار و دریاچه و دریا ایجاد میشود. آنجا که آب باشد زنده گانی است. گردهمآیی آدم ها در وادی ها و دره هایی که رودخانه درمیان شان جریان داشته باشد صورت میپذیرد. رودخانه مسکن انسان متمدن میشود که از سرچشمه می آغازد و به مصب می انجامد، از سرچشمه تا مصب انسان

ها آموخته هایی زراعتی و فلاحتی دارند که حتمی به کشیدن بند ها از سرچشمه مبادرت میورزند و بعد به عمران و آبادی شهر ها سعی میکنند و تمدن های بی شماری را در روند تاریخ در مسیر این رودخانه بنیانگزاری مینمایند. از سرچشمه تا مصب رودخانه ها پیوند های زناشوهری نیز صورت میپذیرد که این حلقه های پیوندی؛ باعث اختلاط اقوام و تشعشع واژه ها میگردد. تمدن هارپه و موهندیجارو در نواحی رود سند- تمدن آشور، سومر و بابل به درازای رودِ دجله و فرات - تمدن تخار و باختر در کرانه های رود اکسوس - تمدن سکزی ها و نیمروزی ها در کناره های رود هیرمند - فراعنه و سلطنت کوش ها در کناره های رود نیل و تمدن کهن چینی ها در کناره های رود زرد (هوانگ هو) بیانگر خورشید تابان تمدن های کهن و دیرینه استند. (۱۱)

در سطر های بالا نوشتیم که به استناد دانشمندان ایرانی کشوری با نام <ایران> از واژه آریا یا ایرن و یا آریانا گرفته نشده بلکه از کلمه <هیر> اوستایی اخذ گردیده، میرویم بسراغ تورات کتاب مقدس که ایران را <عیلام> گفته است. یا به گفتهء دیگر نام <ایران> از شکل دگرگون شده عیلام و یا ایلام صورت گرفته است. و آن سرزمینی را در بر میگیرد که در غرب ایران امروز موقعیت دارد. بناً نام ایران امروزی از ایلام و یا عیلام گرفته شده.. آرین ها و آریایی ها تنها گزیده ایرانی نیستند و ایرانی ها کسانی را که از نژاد آریا بودند ولی ایرانی نبودند <انیران> می نامیدند. (۱۲) نظر به موقعیت جغرافیایی سرزمین عیلام جایگاهیست که غرب ایران امروزی را میسازد که با نام ایران از دیدگاه جغرافیایی همخوانی دارد.

حالا مینگریم که عیلام یا ایلام در کجاست؟

کشور عیلام یا ایلام Elam در غرب ایران امروزی موقعیت داشته است که <خوزی> ها و یا خوزستانیها مردمان اصیل این مرز و بوم اند. بومیان اصلی خوزستان در حوالی قرن سوم قبل از میلاد دولت عیلام را تشکیل دادند. خوزی ها مدت دو هزار سال تمدن عیلام را بنیانگزاری گردند و فرهنگ پربار عیلامی و دبدبه شهری در پایتخت آن <شوش> Susa پا برجا بود. دولت عیلام در سال ۶۴۰ ق. م توسط آشوربانی پال از پا افتاده و شوش مرکز دانش و فرهنگ قدیم پاشان گردید. پیش از آنکه دولت عیلام تحت فرمان آشوربانیپال درآید، تحت اداره بین النهرین قرار داشت و اکادی Agade بر آن مسلط بودند. شوش در

زمان اداره داریوش به شکوه و عظمت خود رسید و شهر آپادانا و قصر های مزین نمایندگی از آثار پربار آن زمانه میکند. تاریخ نشیب و فراز زیاد دارد و آن اینکه زمانی میشود که عیلامی ها، بالای بابلی ها حمله ور شده کود همورابی - مجسمه معروف نانه Nana و خدای بزرگ مردوک را تسخیر نمودند. تا اینکه در سال ۱۳۰۰ قبل از میلاد پارسی ها و مادها از کوهستانات مجاور بر عیلامی ها حمله کرده سراسر عیلام را به تصرف خویش در آوردند. خوزی ها در عهد هخامنشی ها و پارتی ها دارای دین نیا پرستی بودند که معبد چغار نبیل از شکوه و جلال مذهبی و روحانی آن حکایت میکند.

موقعیت شهر آپادانا، شوش، اهواز و گندی شاپور چنین وانمود میسازد که از دیدگاه تاریخی همین شهر ها پارس کهن را نام و نشان داده اند و جابجایی این شهر های دیرینه در سمت غربی ایران امروزی قرار دارد. بدین مناسبت تعریف تورات که ایران امروز همان عیلام دیروز بوده است جای شک باق نمیگزارد. (۱۳)

آریا و آریانا

مؤرخ و دانشمند وطن احمد علی کهزاد در کتاب <تاریخ افغانستان> بحث مفصلی درباره آریا و آریانا دارند. ایشان از روی معتقدات و اسطوره ها و بعد ها به استناد سرود های ویدی، برگ های اوستا و مهاباراته تأکید میدارند که مهد ظهور آریایی ها قطعه خاک سرد بین سرچشمه اکسوس و سیردریا بوده و از آنجا بطرف جنوب بسوی سغد و باختر (بلخ) منتشر شده اند. بلخ مهد پرورش و کانون و تهذیب و مرکز مملکتداری ایشان بوده است. <آریا> از نقطه نظر دیانت به معنی پرستنده، معتقد، قربانی دهنده و با نام های قدیمی چون نجیب و شریف و بادار و مالک و اختیار دار است. آریا ها را به صفت هایی چون، جوانمردی، رشادت، وطندوستی، مهمانوازی، و جنگجویی نیز دانسته اند. از دیدگاه سیاسی و اجتماعی، آریا هایی که بدو طرف <هندوکش> اقامت داشتند، دانایان و ریشی های شان بخاطر تمیز شدن شان از سایر اقوام و تبار های غیر و بیگانه ، و برای اینکه از بومیان هندی متمایز گردند، خود را آریایی و دیگران را <سودرا> و <اچوت> نامیدند. آریایی ها بدون شک اسم محل و مسکن خویش را نیز متذکر میگردند که آنرا <آریاورته> یاد کرده اند.

آریاورته متشکل از دو کلمه <آریا> و <ورته> . معنی آریا را دانستیم ، ورته بمعنی جای خاک باشد. معنی لغوی و ترکیبی <آریاورته> ، جای و مسکن آریایی ها باشد و یا بزبان دیگر <سرزمینی که آریا در آن نسل بعد نسل تولد شده است> آریا ورته ابتدا به معنی محدود <مهد تولدی> آریا یعنی سرچشمه اکسوس (رود آمو) را در بر میگرفت و بعد آریایی ها از باختر به دیگر نقاط دو طرفه هندوکش انتشار یافتند. بدین حساب تمام کشور ما را <اریاورته> یاد مینمودند. از استعمال کلمه ورته در جنوب هندوکش در حوزه ارغنداب ورشه هم تلفظ میگردیده. <ورشه> در زبان پشتو به صورت <ورشو> باقی مانده که مفهوم <چراگاه> را میرساند. چراگاه حیات و ممات اصلی زنده گانی آریایی ها است که سراسر سرزمین های آریایی ها را فرا گرفته که کلمه <آریاورشه>، مفهوم <چراگاه آریایی ها> را تداعی میکند.

با گذشت زمان، لهجه ها و زبان ها تغییر می یابد. با تغییرات زبان، مکان ها و محل تبدلات صوتی و لهجوی را کمایی میدارند. آریاورته جایش را به آریانا ویجه تبدیل کرد. <ویجه> هم مانند ورته و یا ورشه که بمعنی جای و مسکن باشد تغییر لهجه میدهد.

اوستا <ایاناویجه> را کنار رودخانه <وانگوهی دیتیا> که عبارت از دریای آمو باشد قرار میدهد. اما اکثر دانشمندان جایگاه اصلی آریاناویجه را میان رود آمو و سیردریا میدانند. (۱۴)

روانشاد احمد علی کهزاد در مقدمه کتاب <تاریخ افغانستان> درباره آریانا چنین مینگارند: «.. مملکت در عصر حاضر و قرون جدیده بنام <افغانستان>، در دوره اسلامی قرون وسطی به اسم <خراسان> و درازمنه قدیم باستانی به نام <آریانا> یاد میشد»

داکتر فریار کهزاد در یاداشتی وانمود میسازند که:

«حقیقت اینجاست که استاد کهزاد به مطالعه و تحقیق اول در آثار اروپایی این نام بزرگ <آریانا> را کشف و برای هموطنان خود معرفی میکند و بعد دامنه تحقیق و تتبع را به آثار بومی وطن ما ادامه داده و نام های آریانا و آریایی را به سروده های ویدی و اوستا به ثبوت میرساند.. در عین زمان وی در سال ۱۳۲۰ خورشیدی نام باستانی آریانا را دوباره زنده نمود و بر سر زبانها انداخت..» (۱۵)

جناب محمد آصف آهنگ در یک نوشته ی خاطر نشان میسازند که اسم های انیریه ویجو، ایریانا، آریانا و ایران همه و همه از یک ریشه آغازیده اند و آب در سرزمین مادر شهر ها یعنی <بلخ> میخورد و زردشت آغاز تاریخ این مرز و بوم میباشد. (هفته نامه امید شماره ۷۳۳ صفحه نهم ، هشتم ماه می سال ۲۰۰۶ میلادی)

مؤرخ نامبردار وطن روانشاد میر غلام محمد غبار در باره آریانا چنین مینگارند: «قدیمی ترین نام افغانستان که از عهد اویستا (هزار سال ق م) تا قرن پنجم میلادی در طول یکنیم هزار سال برین مملکت اطلاق میشد نام آریانا بود که مفهوم مسکن آریا را داشت. در اویستا این نام بشکل ایریانا Airyana ذکر گردیده که در مقابل آن نام توریانا Toryana قرار داشت..> (۱٦)

در قدیم که تورات و کتب مقدس مذهبی مهمترین منابع اطلاعاتی بشمار میرفت، آریا ها را از نسل یافث میدانستند که پس از طوفان نوح باقی مانده اند. اما پژوهشگران پس از قرن نزدهم میلادی در اثبات سرزمین های اصلی آریایی ها تحقیقات دامنه داری کردند. جالب آنکه دانشمند انگلیسی بنام کامبرلیندCumbertland در سال ۱۷۲۴ کوشش نمود تا تاریخ دقیق طوفان نوح را دریابد و بعد ها جمیز پارسن James Parson مدعی شد که زبان یأجوج و مأجوج ریشه زبان هندو - اروپایی داشته و با زبان یافث همخوانی دارد. زبان دان دیگری بنام Ernest Renan در این راستا از کتاب مقدس تورات کمک میگیرد. بعد ها زبان شناسان دیگری عرض اندام کردند و فرضیه های پارینه و میتولوژیک را کنار زده به مطالعات دقیق تری روی آوردند. که از جلمه برازنده ترین دانشمندان این فن میتوان ماکس مولر، اسحق تیلر، دی آربویس، دی هواپهذویل، تی هیچ اکسلی، هوتو شرودر آلمانی، هاین گولدن آلمانی، جت مار آلمانی، پروفیسور هرت آلمانی، لومل آلمانی، پروفیسور میلز انگلیسی، پروفیسور مولتن انگلیسی، ادوارد مایر آلمانی و پروفیسور وی ای سِمت مؤرخ انگلیسی را یاد کرد. همه دانشورزان منبع اصلی آریایی ها را از مناطق سیردریا و آمو دریا گرفته تا نواحی و اطراف دریاچه آرال و کناره های خزر و قسمت های شرقی بحیره سیاه را وانمود میدارند. یکعده را باور بر آنست که آریایی ها صرف از نواحی جنوب روسیه بسوی جنوب رهسپار

شدند. بعضی دیگر از محققین گفته اند که نواحی شمال افغانستان محل اصلی بود و باش آریایی ها بوده است. خوارزم و دریاچه خوارزم نیز جایگاه آریایی ها دانسته میشود.

از جلمه این دانشمندان، اتوشرودر آلمانی Otto Schroder و لومل آلمانی H Lomel و هاین گولدرن آلمانی Helin Geldrn ، جت مار محقق آلمانی Jettmur و پروفیسور سایکس انگلیسی Sir Perey Sykes را باور بر آنست که خواستگاه اقوام آریای ستیپ های جنوب روسیه میباشد. اما بعضی از جامعه شناسان مانند التهیم متفکر آلمانی Pr. Altheim، پروفیسور شایدر آلمانی H Schaeder، نیبرگ دانشمند سوئدی H Nyberg و همچنان پروفیسور میلز L C Mills مبدأ اقوام آریایی را شمال افغانستان دانسته اند. چیزی که بیشتر قابل توجه است آنکه بیشتر از مؤرخین و جغرافیا نگاران دوره اسلامی با استفاده از مدارک اوستایی و بدون توجه به اسطیر تورات که در کلام الله مجید نیز انعکاس یافته، موطن آریایی ها را خوارزم تعیین نموده اند. که البیرونی و خوارزمی در این راستا پیش قدم اند. از نیمه قرن بیستم نظر پژوهشگران بیشتر بسوی جنوب روسیه متوجه گردیده که در آن چندین محقق مصرانه همنظر اند، که پیش آهنگ شان پروفیسور سایکس و پروفیسور سمت میباشد که جنوب روسیه را مقدم پای آریایی ها مینگرند. پروفیسور گیمیرای مکسیکویی Gimpera معتقد بر آنست که شمال دریای سیاه و منطقه سفلای دریای ولگا زادگاه آریایی ها باشد، که در این نظر گیمیرای مکسیکویی، ایم بویس انگلیسی M Boyce نیز موافق اند. پروفیسور وینکلر آلمانی Winckler و وادینگرین محقق هالندی G Widengren نواحی قفقاز و اطراف آنرا منبأ آریای ها محسوب میدارند. (۱۷)

از فرضیه ها و داشته ها و تحقیقات روشنگران زبان و مبدأ حیات انسان های هندو - اروپایی چنین بر می آید که خواستگاه آریایی ها از مناطق یأجوج و مأجوج (سرزمین های منگولیای و چین شمالی و غربی) می آغازد و سرحدش تا بحیره سیاه میرسد. از ناحیه شمال میرویم بسوی سیر دریا و خوارزم و دریاچه خوارزم (حالا دریاچه آرال) و کناره های شمالی و شرقی بحیره خزر و کناره های ولگاه شمالی بحیره سیاه. بدین سان میرویم بسراغ جنوب روسیه، قفقازیه، شمال ، شمال افغانستان (نواحی رود آمو) و سرزمین باکتریا (بلخ)،

تخارستان و گوزگانان و لبه های مرغاب (مرو الرود). همچنان نواحی جنوبی دریای خزر، ارمنیه، قسمت های آذربایجان، شمال کوه های آرارات..

چیز جالبی که در مریکا برخوردم کلمه <که کاژین> Caucasian است که سفید های امریکا (بولاندی ها) خود را از نژاد قفقازی ها میدانند. یا بزبان دیگر سفید پوستان همه خود را که کاژین وانمود میدارند. اگر گپ بر سر آن باشد مردمان اروپا که آریایی اند و خود را که کاژین خطاب میدارند، شک باقی نمیماند که آریایی های اروپایی از دامنه ها و کوهسار های قفقاز بسوی اروپا سرازیر شده باشند. تیوری و فرضیه ی که گفته اند آریایی ها از شمال افغانستان (بلخ و تخارستان) یک عده بسوی جنوب (نیمقاره هند) رحل اقامت افگنده اند درست بوده و عده یی که بسوی اروپا گسیل شده اند نادرست جلوه میکند. از دید جغرافیایی هم همین نظر تا اندازه ای درست میباشد که امکان دارد نژاد اروپایی ها از آریایی های منطقه قفقازیه بوده باشد که در ساحه شرق اروپا موقعیت دارد. چه این ساحه درست بین دو بحیره بزرگ و پر جنجال کسپین و سیاه موقعیت دارد. دانشمندان نژاد <که کاژین> را از بحیره سیاه تا دریاچه آرال وانمود کرده اند. زبان قفقازیه بشکل بومی اش تا کنون در کشور تازه به استقلال رسیده جورجیا Georgea موجود است.

شاه رود ها و گذرگاه های آریایی ها

باید یاد آور شد که ما نباید شاهراه های مهاجرت آریایی ها را از نظر دور بیاندازیم. زیرا مهاجرت در آن دوره های دور، از راه های صعب العبور و کوهستانی و دریا ها و دریاچه ها کار ساده یی نبوده است. بعضی از دانشمندانِ که در مبدأ زنده گانی آدم ها سر و کار دارند، دره خیبر و دره کابل را گذرگاه آریایی ها بسوی نیمقاره دانسته اند. (*) بدون شک دره های کابل و خیبر بهترین گذرگاه های آریایی ها بوده، اما ما نباید یک گذرگاه مهم تاریخی و اسطوره یی دیگری را فراموش کنیم که آنهم در کشور خود ما اخذ موقعیت کرده، که عبارت از <واخان> است. واخان در گذر تاریخ معبر و گذرگاه اقوام و قبایل چین و ماچین، یأجوج و مأجوج ، ترک و تاجیک و چینی ها (تبتی ها) بوده است. این گذرگاه برعلاوه یرغل های زور آورانی چون: یغما ها، هان ها، چین ها، ماچین ها، سغد ها- معبر کاروانهای تجارتی دنیای

قدیم نیز بوده است که از معبر واخان گذر کرده رخ بسوی کشمیره، بلورستان، چترال، گلگیت، شهر اوق و نواحی شمال رود سند طی طریق میکرده است.

شهر <تکله مکانِ> چین و ماچین (سنگیانگ امروزی) تمام داد و ستد تجارتی اش بسوی نیمقاره هندوستان توسط همین معبر واخان صورت میگرفته است. بدین سان آریایی ها در هنگام مهاجرت هایشان که دسته دسته از چندین محل آغازیده از خود معبرگاه ها و گذرگاه ها تعیین مینمودند. طوریکه معلوم میشود این مهاجرت ها توام توسط حیوانات صورت میگرفته و معمولاً راه های خشکه بوده نه دریایی و بحری. اما عبور از رودخانه ها را با وسایل بسیط آماده میساختند. دانشمندان و مؤرخین هموطن استاد کهزاد و روانشاد غلام محمد غبار، بلخ را کانون بود و باش آریایی ها میدانند - بدون شک بلخ و یا باختر مرکز آیین و باورها، جایگاه اصیل آریایی ها و داشته های غنایم پر بهأ و شهر فرهنگ و هنر و امید ها بوده است. آرياييها نظر به توسعه نفوس و کثرت نفوذ در بلخ، تصمیم میگیرند تا بسوی جنوب و غرب در حرکت بیافتند.

آریایی هایی که از مناطق سیحون و صغدیانا آمده اند حتمی معبر بزرگ ترمذ را گذر کرده اند. بلخ با تمدن استوار روبروی آریایی ها اخذ موقع کرده و حتمی است که ایشان در این کشور پهناور باختر مسکن گزین شده با اهالی بومی خیل و ختک ساختند. پس گذرگاه ترمذ مانند واخان از اهمیت استراتیژی ویژه یی برخوردار بوده، چنانچه بنا قصر ماداره در ترمذ و باره ها و برج های صد متری و ساختمان های استوار سنگی حکایت از برازندگی آندیار میکند. سیر مهاجرت آریایی ها از گذرگاه ترمذ به بلخ و بعد بسوی هندوستان، دره کابل بوده است. همانگونه که جهانگشایان چند سده پیش فیل شان یاد هندوستان کرد و با شوق دیدار هندوستان کرده اند، به احتمال قوی آریایی ها نیز (فیل شان یاد هندوستان) کرده باشد، (**) و از آن ستیپ های آسیای میانه آوازه گنج های سرشار و باد آورده هند را بخواب دیده باشند. سرازیر شدن تیره یی از آریایی ها بسوی هند و ملاقی شدن با مردمان متمدن هارپه و موهندجارو مؤیید این خواب است. طوریکه میدانیم ریگویدا کتاب اسطوره یی و تاریخی هند کهن دو دسته یی <آریایی> و <داسویی> Arya/Dasyu را متمایز میداند که بدون شک آریایی را سفید و داسویی را سیاه تلقی مینماید. از دید ریگویدا، آریایی ها مردم سفید پوست

و بزبانی شبیه سانسکریت سخن میگفته اند که در تماس با محیط و مردم مختلف، لهجه هایی را کسب کرده باشند که از آنجمله لهجه های <دریگ> و <گاتیک> بهم نزدیک استند. در سروده های ریگویدا آریا ها مردمانی با صفات عالی و برازنده تعریف شده که بر همن ها ویا کاهنان در این سروده ها Pingath Kapilakesh با موی های زرد و حنایی مشخص شده اند. همچنان سروده ها از جنگ هایی میان آریا ها و مردمان بومی بنام داسیوها (که بنام بیگانگان خوانده شده) بوقوع پیوسته است. تاریخ بیاد دارد که موبدان سلسله های شاهان ساسانی پارس، اوستا و تعلیمات مذهبی را خاصه نجبأ و بزرگان کشوری و لشکری وابسته میدانسته اند. بدین اساس برهمنان ویدایی نیز تعلیمات ویدایی را خاصه آریایی های سفید میدانسته اند.

دانشمندان در این اواخر کتاب های تازه ای عرضه کرده اند که در آن بوی و خوی استعماری است دیده نمیشود و در آن باور ها، فرهنگ ها، دیدگاه های مردم، جغرافیا و دیرینه گی محل به شکل دیگری متبارز میشود. کتاب < گهواره تمدن در هند>، هرگز جنگ بین آریایی ها و در اویدی ها را نپذیرفته است و همچنان واژه <آرین> را بمعنی<خوب> میداند یا به سخن دیگر روش های خوبگرایانه، نه از دیدگاه نژاد برتر. بمهین گونه داسیو ها نیز خلط شده است که مراد از نژاد نازیبا نبوده است. ریگویدا کتابیست که در سالهای (۳۷۰۰ ق م) بمیان آمده است نه به اساس نوشته های دیگران که آنرا در سالهای ۱۲۰۰ ق م وانمود کرده اند. همچنان گهواره تمدن سومری در بین النهرین مبدأ و خواستگاه اصلی بیش نبوده، بلکه تمدن هارپه و موهن دیجارو در ساحه Sapta Sindhu یا سرزمین هفت دریا که مراد از سراسر پنجاب پاکستان امروزی میباشد را در بر میگیرد. (۱۸)

خدایان آریایی

از گذشته های دور بدینسو آریایی ها از سرمین های سردریا و آمو رود تا کناره های رود سند و رود هیرمند، از دین و آیین بجز از مناظر طبیعت و فعل و انفعال آنها چیز دیگری را نمیدیدند. روشنی روز، سیاهی شب و دیگر رویداد های متضاد ایشان را خوش و یا متأثر میساخته و برای طبیعت یکنوع احترام و مزیت قابل وصفی قایل بوده اند که آنرا میتوان

<احترام عناصر طبیعی> نامید. از دید آریایی ها وقتی که وادی ها و دره های کوهپایه ها برای چراگاه مفید واقع میشده و آب رودخانه ها <مُمِد حیات و مفرح ذات> میگردیده نیک و مبارک بوده و از آنها احترام خاصی بعمل میآمده است. در یک متن سروده ویدی تحت عنوان <پراچپاتی> که بنام < هیرانیه گربها> ذکر شده که معنی <هسته طلایی> را میرساند و در یک بخشی سروده هایش از کوه و دریا و رودخانه ذکر بعمل آمده :

«.. او که همیاوات، سمودرا، راشا شاهد عظمتش میباشند. کسیکه این همه مناطق از آن اوست.. او که قدرتش آسمان را نورانی و زمین را محکم نگهداشته، او که آسمان ها را بر قرار نموده .. ای پراچپاتی جز تو کسی دیگر به این مخلوقات حیات نداده . استدعا میکنیم خواهشی را که برای آن قربانی به تو تقدیم کرده ایم بر آورده شود و ثروتمند گردیم»

احتمال قوی میرود که مراد از هیماوات همان کوه همالیه و مراد از سمودرا همان سمندر است و راشا هم رودبار باشد. پس مظاهر طبیعت دست اول آیین و باور های آریایی های باختری بوده است. آریایی های هندی بدون شک با خیل خدایان روبرو استند و برعلاوه مظاهر طبیعت آنها به وارونا، آگنی، اندرا و سوریا معتقد بودند. اما آریایی های باختری بی خدایان اند. دسته آریایی های هندی به سوما که درست تداعی < آب روحانی> را میکرده و با نوشیدن آن لحظه بیخودی و سرمستی میگرفته اند سروکار داشتند. سوما در حیات و دوره اوستا به هوما تغییر نام داده که مراد از گیاه نشه آوری که آنرا با شیر و عسل مخلوط میکردند و مواد این نوشابه مذهبی همه در خاک افغانستان موجود بوده است. طبق نوشته روانشاد احمد علی کهزاد که گیاه سوما یا هوما های از بدخشان بدست مییآمده و آنهم در علاقه موسوم به <سوجاوات> که عبارت از <منجان> امروزی باشد. کران و منجان در ناحیه جنوب بدخشان موقعیت دارد و مربوط کوه های انجمن بدخشان بوده که مرکز تولید گیاه سوما بوده است. بر میگردیم به خدایان آریایی باختری که در متون اوستا همان اناهیتا بوده، از خدای توران ها در تاریخ یاد شده که مراد از <توری> میباشد. کلمه های توران، ترکستان، ترک و توره بوره به خدای کهن ترکان که عبارت از <توری> باشد بی رابطه نمیباشد. اسم هایی مانند توردی قل، توره بای نام های مذهبی اند که پیشوند نام خدا برآن برگزیده شده است.

(بنگرید به کتاب <تاریخ افغانستان> احمدعلی کهزاد جلد اول چاپ سویدن ۲۰۰۲ میلادی صفحه های ۱۳۵-۱۵۰)

فرضیه دیگری است که خدایان آریایی ریشه مادینه داشته است. بومیان آریایی، ایرانی و آریان پیش از آنکه آریایی های کوچنده و یرغل چی ها داخل خراسان و پارس و هندوستان شوند، دارای تمدن و فرهنگ ویژه ای خود بوده اند. در تمدن بومی شان که با خدایان همراز بوده اند ریشه مادینه داشته که در آن رسم و آیین جاویی نیز پیوند ناگسستنی داشته. نخستین بت و یا صنمی را که آریایی ها بدان سجده میکردند، مهبل زنان بوده است. پرستش آلت تناسلی زنان؛ یا بزبان دیگر <مذهب آلت تناسلی> در دوره مادر سالاری در نجد ایران رواج داشته است. بومیان ایرانی/ آریایی مهبل و پستان زنان را به عنوان مظهر باروری و برکت می پرستیدند. ما شاهد آثار و کنده کاری های نقاط برازنده زن ها در مناطق هندوستان، ترکیه امروزی، غرب ایران استیم که در آن پستان های زنان و حتی آلت های مردانه نیز جلوه نمایی میکند. طوریکه گفته آمد نظام مادر سالاری در نجد ایران میان بومیان رواج داشته به سبب آن بوده که آغازگر جمع آوری و جستجوی میوه ها و ریشه گیاهان، نگهبانی از آتش، ساختن ظروف سفالی و نام و نشان خانواده با زن بوده است. با تازش آریاییان نقش مارد سالاری گسسته شده میرود. مردان در این راستا به جنگ و ستیز بر میخیزند و سوار کاری و چرغ سواری و نیزه اندازی که نظام جنگ است، مردان را سرآمد روزگار میسازد و نقش مردان در اقتصاد و جامعه و مذهب برازنده میگردد. (۱۹)

ایران / دنیای میانه

مؤرخ نام آور ما عبدالحی حبیبی بن ضحاک بن محمود گردیزی، در <زین الاخبار> در باب هفدهم چیز جالبی نوشته اند که در آن هویت های انسان های دنیای خاکی دسته بندی گردیده است. ارج گزاری به روحانیت و قدسیت انسان های دنیای میانه هویت تازه میگیرد. عبدالحی گردیزی از آفرینش سخن میراند و از انسان که با دیدگاه های متفاوت و شکل و شمایل متباین خلق شده یاد کرده و دنیای خاکی را به چند گروه تقسیم بندی میدارد. عبدالحی گردیزی اهالی و خلق هاییکه در میانه دنیا زندگانی دارند مانند خراسانیان، سرزمین

های عربستان و عراق و پارس، و نواحی سیستان و نیمروزان و قسمتی از شامات را وابسته به <ایران> میداند. یا بزبان دیگر دنیای میانه را سرزمین < ایران> خوانند. گردیزی خاطر نشان میسازد که: «.. و باز مردمان را متفاوت آفرید چنانکه میان جهان را چون مکه و مدینه و حجاز و یمن و عراق و خراسان و نیمروز و بعضی از شام، و این را بزبان پارسی <ایران> خوانند.»

از نظر تاریخنگاران ما ساحه پهناور ایران خطه ایست که فضل و برکت پروردگار بر آن نهفته است و طوریکه در اوراق زرین تاریخ نجابت و بزرگی آریایی ها ثبت است، عبدالحی گردیزی نیز مردمان این نواحی را قدسیت میدهد و همه اهل ایران را سید نسب و محترم میشمارد. گردیزی خاطر نشان میسازد که : « این تربت را ایزد تبارک و تعالی بر همه جهان فضل نهاد، اندر ابتدأ عالم تا بدین غایت، این دیار و اهل او محترم بوده اند و سید همه اطراف بوده اند. و ازین دیار بجای دیگر، برده (غلام) نبرده اند» به این استناد باید گفت که اهالی ایران به پهنای گسترده اش همه در روند تاریخ خان و بادار و نر کله بوده اند، هیچگاهی تحت برده گی و غلامی دیگران نرفته اند. یا اینکه این سرزمین همیشه بادار بوده است نه غلام. <بلکه بنده را از اطراف بدین دیار آورده اند.> عبدالحی ضحاک گردیزی برعلاوه سید و نسب و قدسیت آریایی ها (ایرانی ها) ، اینکه اهل این میانه جهان (ایران) از نعمت های قدسی و تباری و باداری استوار اند، وابسته به خرد و دانش میشمارد.

« و این بدان سبب است که اهل این میانه جهان به خرد داناتر اند، و به عقل تمام تر، و به مردی شجاع تر.. و دوربین تر و سخی تر..»

مؤرخ ما دیگران را یا بزبان دیگر اهالی و خلق هایی اطراف (غیر ایرانی) را عاری از این صفات میداند. پس جهان گردیزی که خلق های دنیایی در آن سکونت دارند را بدو دسته متمایز درجه بندی نموده اند:

۱. ایرانی
۲. غیر ایرانی

غیر ایرانی که مراد از مردمان <اطراف> باشند عبارتند از:

۱. اهل هندوان جانب مشرق
۲. اهل رومیان جانب غرب
۳. اهل ترکان جانب شمال
۴. اهل زنگیان جانب جنوب

(باید متذکر شد که مراد از کلمه <ایران>، ایران فردوسی بزرگ است که در آن هنگام کشور ایران امروز صرف عراق نامیده میشد و پیش از دوره های اسلامی به کشور پارس مسمی بود. پس ایران ضحاک گردیزی از تخارستان و بدخشان بسوی غرب تا ترکیه امروزی امتداد میابد میباشد. و مراد از ایران همان آریانای پهناور سرزمین های ما محسوب میگردد نه ایران امروزی که در گذشته بنام پارس مسمی بود. (۲۰)

طوریکه یاد گردید اهالی میانه جهان همه از روحانیت ویژه یی برخوردار اند که ریشه بر هنر، گوهر، نژاد و خرد دارد. اهالی دنیای میانه که از داد و دهش برخوردار اند دارای فره ایزدی بوده اند. فره ایکه خدایان مادینه برای رستگاری و بینش و خرد اعطا کرده است.

اهالی کهن دیاران ما از اناهیتا، خدای آب و دریا تمنای دانایی و پاکیزه گی همچون آب روان را میکردند. از ایزد چیستی آرزوی حافظه، و از الهه ناهید تمنای جاویدانگی آتش مقدس را میداشتند.

(نوشته محمود کویر <تاریخ باستانی> صفحه ۵۴ فصلنامه ایران - منتشره لندن - تابستان ۱۳۷۶)

ایران و توران

ایران و توران مانند ترک و تاجیک، چین و ماچین ، یأجوج و مأجوج و کوچ و بلوچ بصورت توامین یاد گردیده اند. این طوایف متضاد را طوریکه در پیرامون کوچ و بلوچ شرح داده ام همیشه در گذار تاریخی، باهم روابط نیک اقتصادی، تجاری و تباری داشته اند و زمانی هم با همدیگر خویشی و قومی کرده اند. روزگاری هم شده که با هم شمشیر کشیده باعث تباهی دیکدیگر گردیده اند که در این باره مثال های زیادی داریم.

یکی از اقوام همسایه و خون شریک همین ایران و توران است که در تاریخ ، افسانه، حماسه و میتالوژی، کارنامه هایی از این دوطایفه ثبت گردیده است. میرویم بسراغ کتاب سترگ فارسی/ دری شاهنامه حکیم فردوسی طوسی، ایران و توران سرزمین هایست که شاهنامه بدان گِره میخورد.

سرزمین ایران فردوسی همین مناطق شمالی و جنوبی هندوکش بزرگ است که رود جیحون آنرا از سر زمین توران مجزا میسازد. از گذشته های دور همین رود جیحون است که سرحد میان ایران و توران را ساخته که اکثر فرهنگ ها بدان استناد میدارند. پهنای ایران دیروز همین سمت جنوبی رود جیحون است که مراد از خراسان پار و افغانستان امروز باشد. ایران فردوسی مراد از خراسان و عراق است. که از آنسوی سلسله های پامیر و بدخشان تخارستان می آغازد و تا مشهد و نیشاپور و هرات و سیستان و بلخ پهنا دارد. از سروده منوچهری دامغانی استنباد میگردد که سلطان مسعود غزنوی شاهنشاه عراق و ایران و خراسان بوده است.

ای خداوند خـــراسان و شهنشاه عراق   ای به مردی به شاهی برده از شاهان سِباق

ای سپاهت را سپهان رایتت را ری مکان   ای ز ایران تا به تـــوران بندگانت را وثاق

****

از همه شاهان چنین لشکر که آورد و که برد   از عراق اندرخراسان و زخراسان در عراق

همچنان باز از خراسان آمدی برپشت پیل   کاحمد مرسل به سوی جنت آمد بر براق (۲۱)

کوه البرز که با جمشید گره میخورد در سرزمین ایران (نه کشور ایران امروز) جلوه نمایی میکند. روایتی که شاهان پیشدادی هفت قصر در کوهپایه های البرز که به جنوب بلخ موقعیت دارد بنا کرده و تورانی ها را خوش نمیخورده و همیشه کین در دل داشته اند تا این قصر ها را واژگونه بدارند. باز هم میرویم به سراغ منوچهری دامغانی:

سر از البرز برزد قرص خورشید   چو خون آلوده دزدی سر ز مکمن

بکردار چـــراغ نیم مـــــرده   که هر ساعت فزون گرددش روغن

****

جمال مـــــلکت ایران و توران مبارک سایه ذوالطول والـــــــمن

خجسته ذوفنونـــــی رهنمونـــی که در هر فن بود چون مرد یکفــن (۲۲)

در این باره نظامی گنجوی گوید:

سر از البرز برزد جرم خورشید جهان را تازه کرد آیین جمشید

هفت کشور خارجی که اوستا از آن یاد کرده و در محدوده هفت کشور داخلی جمشید قد بلندک میکرده عبارتند از: پارس، توران، چین، ماچین، هند، روم و سند میباشند. همه ی کشور های خارجی اوستا همسرحد کشور آریانا، ایران، آریا اند.

توران : تاریخ تورانی ها را عبارت از همان طایفه سیتی ها میدانند که زمانی از رود آمو گذشته سیستان را به تصرف آوردند و در تاریخ بنام سکسیها و سکزی ها یاد شدند. توران کشوریست از زمره قلمرو خارجی اوستا، سرزمینیست که از کشور چین یکساله راه است. بزبان دیگر بین چین و توران زمین چندین هزار لی چینایی فاصله موجود است. گشتاسپ نامه در این باره گوید:

چو یک سال ره بود به توران و چین

به شـــاهی ورا بـــــود زیـــر نگین

فرهنگ ها ایران و توران را دو کشور و دو پهنای جغرافیایی جداگانه وانمود کرده اند که همیشه در میان شان تضاد های همزیستی، نابسامانی های خویشاوندی، جنگ های زور زوری، آشتی های اهریمنی، دوستی های قلابی، کیش های نا باوری موجود بوده است. همیشه میان توران و ایران (ایران مراد از مناطق هندوکش با پهنای وسیع آن) جنگ های خانمان سوزی در گرفته که آتش آن به خرابی و نابودی دودمان های کهن کشیده است. شاهان نامدار توران زمین <افراسیاب> و <ارجاسپ تورانی> از خود کاردانی ها کرده اند و بار بار بسوی آریانا لشکر کشیده و نا آرامی هایی را در باختر ایجاد کرده اند. از طرف دیگر خط فاصل سرحدی میان ایران و توران، تیر آرش کمانگیر بوده که از کوه البرز بدانسوی آمو

پرتاب شده و سرحد میان ایران و توران را تعیین کرده است. بندرگاه معروف توران زمین با آریانای کهن عبارت از <کلفت> بوده که فردوسی و اسدی طوسی از آن شهرک دریایی یاد کرده اند.

به کلیف شد از بلخ گاه بهار   و ز آنجایگه کرد جیحون گزار

همه ماورأالنهر تا مرز چین   شمردند آنگاه تـــوران زمین

عظمت توران زمین در آن زمان از بحیره خزر تا سرحد چین امتداد داشته است. سراسر ماورأالنهر را در برمیگرفته و حتی منطقه <چین و ماچین> نیز تحت قیادت توران زمین بوده. ماچین مراد از همان ترکستان شرقی میباشد که امروز بنام <سینگیانگ چین> یاد میشود. و اکثر اهالی آن مسلمان اند و در گذشته ها یک گروپ اهالی مانویان در اینجا سکونت داشته اند که در زمان شاهان ساسانی از ایران به چین و ماچین پناهنده شدند.

شهر ها و مناطق وابسته توران زمین را بنام های : چاچ - کاشغر - ختن - شنگان غربی و - ختلان - سنجاب - سمر قند و خوقند دانسته اند. در تاریخ وانمود شده که خراسان عبارت از مطلع برآمدن آفتاب بوده است. توران زمین کشوریست که اشعه آفتاب در آنجا سر میزند و بعد خاک های پهناور خراسان پار و آریانای پیرار را داغ میکند.

بد از سوی توران زمین آفتاب   بدین سوز سرما همی یع شد آب

چنان گشت کز باد بفســـد یخ   همه دشت و کوه برف گسترد و یخ

در آن روزگاران که شهر های آریانا از شأن و شوکت و دبدبه شاهی آراسته بوده، تورانیان رشک میگرفته و روای آنرا نداشتند تا مردمان این مرز و بوم با ناز و نعمت حیات بسر ببرند. شهر های آبادان و منابع سرشار باختر زمین که همه یرغلچیان صحرا گرد را بسوی خود جلب میکرده و زمانی باعث میشده تا چشم کین بسوی چین و ماچین ببرند و دست طمع بسوی کابلستان، طخارستان، گوزگانان و زابلستان و سیستان..

(بنگرید به کتاب <غرغشت یا گرشاسپ>، اثر احمد علی کهزاد، حمل ۱۳۷۸، چاپ پشاور، صفحه های ۱۹۷ و ۱۹۸)

در باره <تور> و <توران> کتاب <واژه افغان و سرزمین سلیمان> نوشته جالبی دارد: کلمه <تور> یکی از واژه های زبان باستانی آریایی هاست که این واژه هنوز هم در زبان گفتاری کاربرد فراوان دارد. پورتورا اسم پدر فریدون بود. تا زمان فریدون پیشدادی قوم و یا تباری بنام توران و یا تورانیان در صفحات تاریخ تذکر نرفته بود. اما بعد از کشته شدن <تور> بدست منوچهر نام تورانیان در داستانها و روایت ها عرض اندام کرد.

تورانی ها در هنگامیکه ساحه تسلط شان به غرب کشید، واژه <تور> بزبان های اروپایی جاگرفت. Tour کلمه ایست که معنی گردش و سیاحت را میدهد. از کلمه تور انگلیسی تور بودن، توریست و موتور بمیان آمد که همه با بیابانگردی و سیاحت و جهانگردی ریشه میگیرد که یک نوع جنبش و حرکت را میرساند. از جانب دیگر <تور> در پشتو شمشیر معنا دارد و تورانی ها یگانه مردمی بوده اند که نخستین بار آهن را در ساختن شمشیر و دیگر آلات حربی بکار برده اند. بناً حرکت های طوفانزای شمشیری و <باتوری> توری ها زبانزد عام گردیده است.

(کتاب <واژه افغان و سرزمین سلیمان>، اثر محمد صاحل گردش، چاپ مزار شریف، سال ۱۳۸۵، صفحه های ۸۹ و ۹۰)

آریانا نام دختر جمشید

جمشید شاه بعد از آنکه به فر و دبدبه شاهی قرار میگیرد، اهریمن او را بکار های ناشایسته رهنمونی کرده همان است که به بلای زمین گرفتار شده ضحاک تازی (به قولی خواهرزاده جمشید) زمام امور خطه آریانا را بدست میگیرد. ضحاک تازی را که از نسل سامی گفته اند روانشاد استاد حبیبی بدان موافق نیستند. زیرا ضحاک نام اوستایی اش بیوراسپ میباشد که کلمه های اسپ و اسپه پساوند نام های شاهان کیانی بوده است. از جانب دیگر که او را خواهرزاده جمشید گفته اند گمان قوی بر آنست که او نیز از همین مرز و بوم آریانا برخاسته و آریایی نژاد میباشد.

بیوراسپ بدون شک یک مرد ظالم و خونباره و زنباره بوده است که با گرفت قدرت، با دو دختر جمشید شاه (به قولی خواهران جمشید) بنام های <آریا> و <بامی> ازدواج میکند. این نویسنده در قسمت ضحاک که از نژاد اصیل بومی منطقه خود ما میباشد با روانشاد استاد حبیبی موافق استم و همچنان آریا و بامی را دختران جمشید میدانم. زیرا که اگر جمشید شاه در زمان مرگش پنجاه سال داشته باشند بدون شک خواهرانش نیز نیم سده حیات را پشت سر گذاشته اند. ضحاک تازی که زن باره بوده با دختران پیر سر و کار ندارد. شاه خونباره تازه خور و نرغه گیر است. <آریا> که فر کیانی دارد و شاهدخت زمانه بوده حالا ملکه ضحاک میگردد. به تعبیر بحر الاسرار: <ضحاک از قبل شداد خون آشام به حکومت ممالک عجم فایز گردید> دختر دیگر جمشید شاه بنام <بامی> نیز زن با تدبیر و دور اندیشی که ضحاک او را به حکومت کابلستان مقرر میکند و آنرا در بحر الاسرار بلخ چنین میخوانیم: «در تنظیم مناظم ملک بغایت کافیه بود» که بحکومت کابلستان و سایر بلاد مقرر شد.

(بحرالاسرار بلخ صفحه ۴۰ به تصحیح مایل هروی چاپ کابل - تألیف محمود بن امیر ولی کتابدار دوره اشتر خانیان بلخ)

پس نام آریانا و ایران و آرین و ایرن از کلمه <آریا> که مهمترین شعبه از نژاد هندو اروپایی-هندو آیرانی میباشد و معنی آزاده و نجیب بوده و در اوستا نام سرزمینیست آهورایی. بدینسان <آریا> نام فرمانده لشکریان پارس در زمان کوروش دوم بوده است. آریا نام یکی از پادشاهان سلسله مادها نیز میباشد. آریا بان که در اوستا آریا پئونا گردیده نگهبان آتش مقدس است. آریا- با شهرت زاینده اش پیشوند تمام نامهای سرداران، روحانیون و سرلشکریان خطه آهورامزدایی بوده است. مانند آریا بان- آریا بد- اریا برز- آریا بخش- آریا برزین- آریابغ- آریابنوس- آریاداد- آریا دام (آریامن)- آریا زاد- آریاسپ- آریان فر(آریافر)- آریا مرد-آریاک - آریا گیو- آریا من- آریامنش-آریمنه- آریامهر-آریاند (آریانتاس) - آریا نژاد - آریا وند- آریانا- آریا یز- آریا پور و آریا دخت..

(بنگرید به کتاب <فرهنگ نام های ایرانی> انتشارات نگاه تهران ۱۳۶۲- فریده دانایی- صفحه های ۱۹-۲۱)

شاهدخت بلخ بامی که بعد ها ملکه بامی گردید در زمان زمامداری ضحاک، برعلاوه کار های اداری موصوفه به بنا و ساختن حصار ها و شهر های بلخ و بامیان مبادرت ورزید که بنای شهر ضحاک در بامیان و بهار دره بلخ را بوی نسبت میدهند. بناً کلمه <بامی> که سچه اسم ملکه زیبا روی بلخ است با بلخ همخوانی دارد که پس از وی بلخ زیبا را <بلخ بامی> گفته باشند. همچنان کلمه <آریا> با آریانا و ایران و آرین همخوانی دارد که بدون شک مال و نام اصلی کشور ما است و کلمه های آریانا و ایران و ایرین از نام <آریا> مشتق گردیده باشد.

از جانب دیگر ما در قرن شش و هفت میلادی نام های دانشمندانی را مینگریم که با کلمه آریا و آریانا وابستگی و همریشگی دارند. در هنگامیکه زایر چینایی بنام هیوان تسونگ از باختر زمین و کاپیسا و تخارستان و بامیان دیدن میکند، زایر چینی مرد عادی نمیباشد. در هر محل او مشوق آن بود تا با دانشمندان این مرز و بوم تبادل افکار کند. در یادداشت هایش از شاهان و دانشورزان کشور ما یاد میکند. هیوان تسونگ در قندز که مرکز خان نشین های تخارستان بود، با دانشمندانی بنام های <دهرمه سینا> و <فاتسیانگ> دیدن میکند. دهرمه سینا وی را تا بلخ نزد دانشمندان آن سامان همرایی میکند. در بلخ با دانشمندی بنام <پراجنا کارا> سر حلقه راهبین و بعد با روشنفکران دیگری چون دهرمه پرییا و دهرمه کارا ملاقات میکند. در کاپیسا با بزرگانی چون <منوجناگوشه> و <آریا ورمه> بر میخورد. بدین سان در بامیان نیز با خردمندانی چون <آریا داسه> و <آریا سنا> که هردو در فلسفه مذهبی و حکمت معرفت زیاد داشتند ملاقات میدارد.

کلمه های : آریاسنا – آریا ورمه- آریا داسه دلالت بدان میکند که کلمه های <آریا> به حیات خود از زمانه ها دور دور تاریخ ادامه داده و تا کنون پا برجا میباشد. (بنگرید به صفحه های ۲، ۵ و ۳ ، ۵ تاریخ افغانستان ج ۲ تألیف احمد علی کهزاد ۱۳۲۵ و ۱۳۸۱ خورشیدی)

کلمه ایران از نام ایرج اخذ گردیده

این قلم کلمه های آریا، ایران و آریانا را از نام دختر جمشید که بنام <آریا> بوده گرفته و در آن تبصره کرده ام. چیز دیگری که بر آن برخوردم پسران فریدون استند بنام های تور، سلم و ایرج . ایرج را در کتاب طبقات ناصری چنین مینگریم: « آنروز که فریدون بتخت

نشست اول روز از مهر ماه بود. آنرا مهرگان نام کردند... جهان را میان سه پسر خود قسمت کرد. توران، خزر، سقلاب را بتور داد- روم و مغرب و خاور به سلم تسلیم کرد و زمین بابل و عجم و عرب و هند و سند به ایرج داد. ایرج پسر کهتر افریدون بود. او را از دیگر دوست تر داشتی و گویند نام او ایران بود..»

از جمله بالا دانسته شد که سرزمین پهناور ایران یا آریان و یا آریانا از نام های ملوک عجم و ملوک پیشدادی اخذ شده است. فرزندان کیومرث همه ملقب به <پیش داد> بودند که معنی شاهان دادگر را باشد. از پادشاهان عادل اولین کسی که پادشاه عادل محسوب میگردید و نطفه پیشدادیان بود کیومرث شاه عجم است که یونانیان او را ایلوروس نام نهادند. کیومرث، هوشنگ، طهموث، جمشید و ضحاک همه از سلاله پیشدادیان اند که ریشه در سرزمین ما دارند. نام ایرج و ایران و آریا نیز با آریانا همخوانی دارد که سرزمین اصلی شان بلخ باستان بوده است.

(بنگرید به کتاب طبقات ناصری صفحه ۱۳۷)

برگهای تاریخ و کتاب اوستا بما نشان میدهد که در عصر اوستا در جامعه آریایی طبقات اجتماعی عرض اندام کردند که ما سه طبقه را یاد میداریم و عبارتند از: **خوتو - ورزن و آریامن.** مدققین درباه این سه طبقه اظهار نظر کرده و مینویسند که هر سه کلمه با پس و پیش واژه ها با کلمات امروزی ما همخوانی دارند. در این طبقه بندی <اریا من> سابقه کهن تری دارد و در عصر ویدی <آریا من> نام یکی از ارباب الانواع بوده که معنی <دوست> را نیز تداعی میکند. آریا من طبقه روحانی و مذهبی و در ضمن اشرافی که دوستدار و همکار و همیار بوده و معمولاً بر نجبای جنگجو و سوار کار اشاره میگردد. نظر به شهادت تاریخنگاران کلاسیک، شاخه ای از آریایی های سوارکار که بسوی کشور ما مهاجرت کرده اند **کتله باختری شان در تاریخ بنام اریاسپه** مشهور گردیده که در باختر و یا بلخ توطن اختیار کرده اند. آریا سپه یا آریا اسپه دودمان کیانی اند که در کوه البرز ناحیه جنوب بلخ تاج بر سر نهادند و همانند شاهان دیگر پیشدادی مرکز فرماندهی شان همین بلخ زیبا بوده است. پس کلمه های آریا و آریانا و ایران بدون شک پیوست با ارباب الانواع داشته رابطه استوار با نام

شاهان پیشدادی میگیرد که هم روحانیت دارد و هم نجابت و هم سوارکار است و هم سلحشور و هم فرمانده- همچنان با فر و شکوهمندی آراسته است.

(بنگرید به صفحه های ۲۲۲ و ۲۹۸ تاریخ افغانستان - احمد علی کهزاد جلد اول سال ۱۳۸۱)

یادداشت ها :

۱. نشریه <پارسی نامه > دفتر دوم زمستان سال ۱۳۷۰ – منتشره کالیفورنیا صفحه ۱۴۰

۲. Washington Post, Nov.27,2003 page_9, Science Section, By: Guy Gogliotta

۳. باور های دینی ساکنان اناطولی، فصلنامهٔ ره آورد، شماره ٦۷، سال ۲۰۰۴ میلادی، صص ۸۰-۸٦

۴. برهان قاطع، ابن خلف تبریزی، به تصحیح محمد عباسی، صفحه ۱۳۵ / فرهنگ معین، جلد ۵، صفحه ۲۱۱

۵. کتاب <اوستا>، نوشتهٔ هاشم رضی، سازمان انتشارات فروهر، سال ۱۳۷۴، صفحه های ۳۳۰-۳۴۰

٦. نشریه <پارسی نامه >، دفتر دوم، ۱۳۷۰ ، صفحه ۱۴۱

۷. کتاب <مدیریت نه حکومت>، جلد اول و دوم، اثر جلال الدین آشتیانی صفحه ۹٦

۸. همان، صفحه های ۱۰۱ و ۱۰۲

۹. همان، صفحه های ۱۴۳ و ۱۴۴ / همچنان بنگرید به برهان قاطع، صفحهٔ ۱۲۲۳

۱۰. فرهنگ جهانگیری ویراسته ی دکتر رحیم عقیقی

۱۱. <مدیریت نه حکومت>، بنگرید به بخش های دوم و سوم کتاب.

۱۲. نشریه <پارسی نامه>، دفتر دوم ۱۳۷۰، صفحه ۱۴۷

۱۳. در باره شوش و عیلام بنگرید:

الف- ماهنامه <پژواک>، منتشره کالیفورنیا، سال ۲۰۰۴ میلادی، صفحه دهم

ب- Erica Hunter, First Civilization, 1994

۱۴. کتاب <تاریخ افغانستان>، اثر احمد علی کهزاد، جلد اول، چاپ سویدن، صفحه های ۴۱-۴۴

۱۵. همان کتاب، مقدمه صفحه هشتم. بنگرید به نوشته داکتر فریار کهزاد <آریانا نام باستانی کشور ماست>، ص ۵، شماره ۷۲۸، هفته نامهٔ امید، منتشره ورجینیا، ۲۷ مارچ ۲۰۰۶ میلادی، مطابق ۷ حمل ۱۳۸۵ خورشیدی

۱۶. کتاب <افغانستان در مسیر تاریخ>، میر غلام محمد غبار، چاپ ایران، ۱۳۵۹

۱۷. کتاب <زردشت>، اثر جلال الدین آشتیانی، چاپ دوم، ۱۳۶۷، صفحه های ۲۱ و ۲۴

(*) کشور های نیمقاره به اساس سایت Indian_Sub. عبارتند از : هند، پاکستان، نیپال، ملداوی، سریلانکا، بنگله دیش و بهوتان

(**) فیل شان یاد هندوستان کرد:

در باره غربت گفته اند که آدمی در این دنیا، غریبه ی بیش نیست. در مثنوی و معنوی جلال الدین محمد بلخی، داستان تاجر و طوطی داستان حضرت سلیمان و بلقیس- داستان ابلیس و معاویه و داستان فیل شهرت دارد. در داستانهای فارسی/ دری نیز فیل حیوانی است قوی الجثه که مال سرزمین هندوستان است. فیل بجز هندوستان، در دیگر سرمنزل ها غریبه محسوب میگردد. خصوصاً در دنیای شرق فیل حیوانی است وابسته به هندوستان کهن. گفته اند در هنگامیکه فیل را از هندوستان به دیگر جای ها میبردند همیشه بر فرق سرش میکوبیدند تا یاد هندوستان که وطن اصلی اش میباشد نکند. آنها همیشه با کوبیدن سر فیل حواس حیوان بیچاره را پرت میکردند تا یاد یار و دیار نکند و تابع فرمان کسی باشد که هموطن اش نبوده است. داستان چنان است که فیل ها در دنیای غیر از هندوستان به هنگام خواب یاد هندوستان را میکنند و از همین خاطر در زبان فارسی/ دری ضرب المثل نیز شده که <فیل اش یاد هندوستان کرد> و در سروده های شاعران و چکامه سرایان موجود گردیده است. مولانا جلال الدین محمد بلخی میفرماید:

فیل باید تا چو خسبد اوستان

خواب بیند خطه هندوستان

خر نه بیند هیچ هندوستان بخواب

کو زهندوستان نکرده است اغتراب

ذکر هندوستان کند پیل از طلب

پس مصور گردد آن ذکرش به شب

اغتراب : به غربت افتادن و دور شدن از مسکن و جای باشد.

(بنگرید به کتاب <تماشاگه راز>، اثر استاد مرتضی مطهری، چاپ تهران، دفتر انتشارات اسلامی ۱۳٦۳، صفحه های ۱۴۷ و ۱۴۸

۱۸. کتاب <گهواره تمدن در هند> نوشتهٔ:

George Feuesrstein, Subhsk Kak, Quest Books, 1995 و Dabvid Frawley

۱۹. نوشتهٔ عباس احمدی، فصلنامهٔ ره آورد، شماره ٦۹، سال ۱۳۸۴، صفحه ۲۸۱

۲۰. کتاب <زین الاخبار> گردیزی، به تصحیح عبدالحی حبیبی، چاپ تهران، سال ۱۳٦۳، صفحه های ۵۴۴ و ۵۴۵

۲۱. دیوان منوچهری دامغانی، به کوشش محمد دبیر سیاقی، چاپ تهران، سال ۱۳۷۰، صفحه ٦۰

۲۲. همان کتاب صفحه های ۸٦ و ۸۷

خراسان

XOR _ASAN

سر زمین آفتاب عالمتاب

مهر دیدم بامدادان چون بتافت   از خراسان سوی خـاور میشتافت

نیـم روزان بر سر مــــا بر گذشت   چون بخاور شد زما نادیده گشت

(رودکی سمرقندی)

از اوایل دوره اسلامی تا زدوده شدن دولت های اموی و عباسی و بلاخره نابودی سلطه نازیان در سرزمین های ماوراءالنهر، خراسان ، عراق (ایران امروزی) و شمال غرب هندوستان ،کرانه های رود آمو ،رود هیرمند ،مروالرود ،رود کابل و باقی سراسر هندوکش شمالی و شرق و حتی نواحی رود سند را در گذشته های تابان اسلامی بنام «خراسان» یاد میکردند . همانگونه که زبان و ادب پارسی/دری پیش از به میان آمدن آیین محمدی سرزمین های ما را احاطه کرده بود ،کلمه «خراسان» نیز یادبود کهن دیاران سرزمین باستانی ما میباشد که نامش خورشید وار در سراسر لبه های آمو دریا و کرانه های هندوکش بزرگ میدرخشید. درخشش مطلع الشمس با سرزمین آفتاب همخوانی دارد و کلمه «خراسان» از دور دست ها در چکاد هندوکش و پامیر به تلاء لؤ بود . <خراسان> ، اگر از واژه پهلوی قد برافراشته است قدیم است و اگر در متون اوستا از آن ذکری به عمل آمده درست و قدامت دیرینه دارد که بعد ها در زبان فارسی /دری گویش فراوان یافت.

خراسان / ماوراء النهر / عراق (عراق عجم)

سه مرز جغرافیای در اوایل بروز آیین اسلام در شرق عرض اندام کرد که عبارت بودند از خراسان_ماورالنهر و عراق ، دولت پارس کهن را عرب ها بنام <عراق عجم> نامیدند و آنسوی رود آمو را < پار دریا > یا <ماوراءالنهر > یادش کردند و نواحی رود آمو را با سراسر

هندوکش بزرگ تا مشهد و نیشابور و حتی برخی از نواحی شمال رود آمو را <خراسان > مینامیدند .

پس از آنکه امپراطوری پارس توسط اعراب واژگونه شد و دولت ساسانی که تحت قیادت و فرمانروایی یزگرد سوم بود اضمحلال گردید، دولت افخیمه پارس را عرب ها تحت تصرف آورده و آنرا <عراق> و یا < عراق عجم > نامیدند .بعد ها دولت سامانی ظهور کرد و مناطق خراسان را به تصرف در آورد که آنرا به کتاب < سیاست نامه > می نگریم :

< . .امیر عادل از جمله ی سامانیان بوده است که او را اسمعیل بن احمد گفتندی . سخت عادل و او را سیرت های نیکو بسیار بوده ، با خدا ی تعالی اعتقاد صافی داشته .. و این اسمعیل آنست که به بخارا نشستی ،و خراسان و عراق و ماوراء النهر جمله پدران او داشته بودند . یعقوب لیث از سیستان خروج کرد و جمله سیستان بگرفت و به خراسان پیوست و خراسان را در اطاعت آورد. پس از خراسان عراق بگرفت ..> (۱)

در باره خراسان و عراق منوچهری دامغانی سروده یی دارد در مدح سلطان مسعود غزنوی بدین مطلع :

ای خـــداوند خراســان و شهنشــاه عراق   ای بمردی و بشاهی برده از شـاهان سیاق

ای سپــاهت را سپــاهان رأیتت را زمـــگان   ای ز ایــران تا به تــوران بندگانت را وثاق

از همه شاهان چنین لشکر که آورد و که برد   از عراق اندر خراسان وز خراسان در عراق

همچنان باز از خراسان آمدی بـر پشت پیل   کاحمد مرسل به سوی جنت آمـد بر بُراق

(دیوان منوچهری دامغانی _دکتر محمد دبیر سیاقی سال ۱۳۷۰ شمسی صفحه ۶۰)

پس قلمرو خراسان بزرگ در دوره سامانیان تمام نواحی عراق و ماوراءالنهر و خراسان بوده است . در دوره تسلط غزنویان نیز خراسان و شهر های بزرگ آن که مرو و نیشاپور و بلخ و هرات بوده از اهمیت ویژه یی بر خوردار بودند .

در خراسان و عراق و ماوراءالنهر با ظهور دین مقدس اسلام و یورش عرب ها به سوی این مرز و بوم ها ، گروه ها و طبقات مردم از سلطه عرب ها راضی نبودند و از آنها دل خوشی

نداشتند ، . بدون شک سردمداری حکام ظالم عرب و کشتار بی امان خلق های کشور های تحت سلطه عرب ، حتمی شورش های مردمی بر ضد استعمار و استحمار عرب سر بر میکشد ،قیام های مبارزاتی و رزمندگی را به وجود میاورند . در دوره زور گویی و حکومتگرایی عرب ها ،هر قیام ملی منکوف میشد و هر جنبش مردمی سرکوب میگردید و هر رزمنده را سر میبریدند و سرش را با طَبق زر بسوی خلیفه ها گیسل میداشتند . پس از آنکه سرش نزد خلیفه زمان میرسید ، مال و دارایی اش چپاول میگشت و زن و فرزندش به برده گی میرسید. هر جوان مبارز و سلحشوری که از کرانه های پاروپامیزاد و تخارستان کهن تا مرو و ختن ، از ماورا النهر تا دهانه احمر قد بلند میکرد ، حلق آویز شده سرش به دربار بغداد میرسید و دخترانش بحیث تربار نزد خلیفه ها روانه میشد و پسران شان یا کشته میگردید و یا برده میشدند . چون تجاوز عرب ها با دین و شمشیر استوار بود ، لذا دین یگانه حربه شان بود که هر کس بر ضد دین قیام کند سر به نیست میشود . مبارزین ملی از سراسر کشور های خراسان ، ماوراء النهر ، سیستان و عراق (ایران امروز) سر کشیدند که به چشم دید حکام عرب و استعمارچیان نازی آنها را بنام < خوارج > یاد میکردند . کتاب < سیاست نامه > خواجه نظام الملک طوسی آنرا چنین مینگرد :

< . . بهمه روزگار خارجیان بوده اند ، از روزگار آدم علیه سلام تا کنون خروجها کرده اند در هر کشوری که در جهانست بر پادشاهان و پیغمبران . هیچ گروهی شوم تر از این قوم نیستند که پس دیوار ها بدی این مملکت می سگالند و فساد دین میجویند و گوش به آوازه بد نهاده اند ، و چشم به چشم زدگی اگر نعوذ بالله دولت قاهره را آسیب آسمانی رسد ، این سگان از بیغوله ها بیرون آیند و بر این دولت خروج کنند و دعوی شیعت کنند و مدد قوت ایشان بیشتر از روافض و خرم دینان باشد .. > (۲)

به اساس نوشته خواجه نظام الملک ، خارجیان مراد از هر کسی که بر خلاف دین اسلام و دولت خلفای بغداد قیام و خروج کنند میباشد .

چون سر زمین خراسان و عراق و یک قسمت ماوراءالنهر کوهستانی بوده ،بناء مبارزین (خوارج به زعم سیاست نامه) نظر به آگاهمندی منطقه ، مبارزه بی امان شانرا از کوهستانان می آغازیدند . طبرستان عراق ، غرجستان خراسان ،دامنه های هندوکش بزرگ ، نواحی

جنوبی و غربی مناطق خزر و دیگر جاهایی که برای ستر و اخفا مناسب بوده است مد نظر گرفته میشد. مبارزین و آزادی خواهانی که سلطه عرب و عرب مآبی را نمی پسندیدند به کوه ها پناه بردند و دامنه ی رزمندگی خویش را از دامنه ها و سنگلاخ ها مانند شیران غران بر بالای دشمن هجوم میبردند .

این مبارزان و هواخواهان آزادی و مردمی در تاریخ به نام های ، خرم دینان ، مردکیان، شعیان ، رافضیان ،سرخ جامگان ، خارجیان، قرمطیان ،مانویان ، گبران ،باطنیان و اسماعلیان درج گردیده اند . بناء نیمی از جمعیت های خلق های آسیای میانه و آسیای دور به شمول عراق عجم و کشور های عربی نیز بخاطر بی دینی و طغیان آزادی از جهان هستی نیست شدند. درین راستا ، اشراف زاده ها و خاندان نجیب و بزرگان علم و دین که دین اسلام را نیز پذیرفته بودند در خدمت حکام و خلفای عرب درآمدند ، پس از کارگیری و هدف و مقصد ، به بهانه هایی ایشان را نابود میکردند . ابو مسلم خراسانی ، خاندان آل برمک (برمکیان بلخی) و خانواده فضل سرخسی را بکلی از صحنه ی تاریخ نابود کردند . این نامردان هر چه غنایم بود به بغداد بردند وهر چه دختر جوان بود به صفت کنیز و تر باب به دربار خلیفه های خونباره و زنباره گسیل داشتند . و هر کس جوان بود برده وار فروختند و یا به دار زدند . سر کشی ها و شورش های پی در پی توسط مبارزین ملیت های تحت استعمار خراسان و ماوراءالنهر و عراق عجم همچون سنباد ، استاد سیس ، ابو مسلم ، مقنع ، یوسف البرم ، حمزه سیستانی و دیگران آغاز شد ، هزاران دودمان ، خاندان و سلسله های پاکیزه در خراسان و پارس به سوی پریشانی رهنمون شدند و از هستی ساقط گردیدند .

(بنگرید به کتاب < دو قرن سکوت > دکتر زرین کوب _صفحه های ۱۹۳ و ۱۹۴)

خراسان به مفهوم کلمه و واژه

هور و خور واژگان اوستایی استند که به معنی آفتاب باشد ، در فرهنگ اسدی طوسی هور آفتاب باشد و بدین بیت فردوسی طوسی بسنده میکند .

خداوند ماه و خداوند هور   خداوند پیل و خداوند بور

(کتاب لغت دری اسدی طوسی صفحه ۱۰۶ به تصحیح فتح الله مجتبایی و علی اشرف صادقی)

واژه خور یا هور همخوانی داشته که به معنی آفتاب و روشنایی باشد . خور را در برهان قاطع مینگریم :> خور با ثانی معدوله و رای قرشت به معنی روشنی بسیار باشد . و نام فرشته ایست موکل آفتاب که تدبیر امر و مصالحی که در روز خور واقع میشود مطلق بدوست . و نام روز یازدهم از هر ماه شمسی باشد _ و نامیست از نام های آفتاب . . خورا بر وزن سرا به معنی در خور و سزاوار و لایق باشد و خوردنی اندک را گویند که در عربی قُوت و لایموت خوانند >

(برهان قاطع ابن خلف تبریزی صفحه ۴۵۶ به تصحیح محمد عباسی انبشارات فریدون علمی)

خور خورشید که آفتابش خوانند یکی از نام های کواکب است .

چو خورشید بر زد سر از برج گاو　　　ز هامون بر آمد خروش چکاو

خراسان را در فرهنگ جهانگیری اینگونه مشاهده میکنیم : خراسان با اول مضموم دو معنی دارد ،اول مشرق را گویند .

بلفظ پهلوی هر کو سرآید　　　خراسان آن بود کز وی خور آید (فخر گورگانی) (*)

استاد رودکی گفته:

از خراسان بردمد طاوس فـــشن　　　سوی خاور میخرامد شاد و کشن (**)

مهر دیدم بامدادان چون بتافت　　　از خراسان سوی خاور می شتـــافت

نیم روزان بر سر ما برنـــگشت　　　چون به خاور شد زما نـــادید گشت

(رودکی سمر قندی)

دوم ، نام ولایتی است مشهور و معروف چون آن ولایت در مشرق عراق واقع است به این نام خواندند . والعلم عندالله تعالی (۳)

از متون کتاب سیاست نامه و فرهنگ معین خراسان میداند : < آن ولایت در مشرق عراق واقع است > چنین بر می آید که < عراق دوره های اسلامی همین سرزمین ایران امروزی بوده است . و ولایت خراسان در مشرق عراق موقعیت داشته (البته با پهنای وسیع آن). عبدالحی گردیزی نیز در کتاب تاریخ خود عراق را آنسوی خراسان میداند: <..و لشکر اسلام اندر عراق آمدند .. و شهر ها همی کشادند تا به خراسان رسیدند > در فرهنگ معین خراسان با خور آسان شامل تمام خراسان امروزی و ناحیه شرق و شمالی آن ماوراء النهر بوده است و بعد به ناحیه خراسان امروزی ایران مفصل ذکر شده که خارج از بحث ما میباشد .

فخر الدین گرگانی در مثنوی ویس و رامین خود <خراسان > را چه زیبا به زبان ناب فارسی /دری سروده :

خوشا جانا بر و بوم خــراسان　　　در و باش و جهان را میخور آسان

زبـــان پهـلوی هر کو شـناسد　　　خــــراسان آن بود کز وی خور آسد

خور آسد پهلوی باشد خور آید　　　عــــراق و پارس را خـــور زو بر آید

خراسان را بود معنی خـور آیان　　　کــجا از وی خــور آید سـوی ایران

عبدالحی گردیزی در باره امرای خراسان و اخبار شان محققانه تشریح کرده اند که آنرا مینگریم:

<u>اندر اخبار امرای خراسان :</u> < اما امرای خراسان اندر قدیم رسم دیگرگون بود . از روزگار افریدون تا گاهاردشیر بابکیان ، مر همه جهان را یکی سپاه سالار بودی . و چون اردشیر بیامد، جهان را چهار سپاه سلار کرد : یکی خراسان ، دو دیگر مغرب ، سوم نیمروز ، چهارم آذربایجان ، و خراسان را چهار مرزبان کرد : یکی مرزبان مرو شایگان، دوم مرز بلخ و طخارستان ،سوم مرز ماوراء النهر و هرات و بادغیس و پوشنگ را در بر گرفته شامل است . بعد از اینکه مسلمانان به خراسان آمدند ، خراسان جایگاه خاص داشته و از عظمت ویژه بر خوردار بوده است .لشکر کشی اعراب در خراسان در سال ۲۱ هجری به فرماندهی <احنف بن

قیس > صورت گرفت که مردم خراسان به سرعت به دین اسلام گرویدند اما بعد ها نظر به علت هایی ناجایز و ظلم و نخوت و کار های ناشایست حکام عرب ، اهالی خراسان سر به شورش آوردند . دلاور مرد روزگار ابو مسلم خراسانی قیام کرد .

امرای عرب که از زمان حضرت خلیفه سوم حضرت عثمان (رض) به خراسان آمدند نخستین شان < عبدالله بن عامر بن کریز > بود که با محمد بن طاهر که مستعین خلیفه او را به خراسان فرستاد پایان یافت و بعد سلطه قدرت بدست طاهریان افتاد .

با تاسیس سلسله طاهریان خراسان زمین تا اندازه ای از نعمت استقلال سیاسی بر خوردار شد و سال ۲۸۳ عمرولیث صفاری از سیستان برآمد و تمامی خراسان را ضمیمه قلمرو خود ساخت. بعد ها خراسان بزرگ تحت اداره سامانیان ، غزنویان ، سلجوقیان ، ترکان غز و خوارزمشاهیان اداره میگردید .

کتاب بحرالاسرار بلخ به قول تاریخ بهجه گوید : < چون گشتاسپ بن لهراسب که مَلک عجم بود ، اخبار نزاهت و لطافت هوا و ساحت خراسان را استماع نمود عنان اختیار از دست اصطبار داده از فارس متوجه خراسان مذکور گردید و بعد از طی منازل و مراحل چون به حدود خراسان رسید ، دیده را به از شنیده یافته . . حضرت ایوب علیه السلام ، به وحی آسمانی با او ملاقات نموده به بناء بلده ء بلخ امر فرمود .. >

(صفحه ۳۴ کتاب بحرالاسرار تالیف محمود ولی کتابدار چاپ کابل به تصحیح مایل هروی)

در زمانی که حکیم ناصر خسروی بلخی / یمگانی به یک سفر هفت ساله از مرو رهسپار دنیای غرب گردید . امیر خراسان جغری بیک سلیمان داود بن میکاییل بن سلجوق بود که پایتخت او شهر < مرو > بود . حکیم ناصر خسرو در سفرنامه اش چنین مینویسد : < دوازده جمادی الاخر ۴۴۴ هجری به شهر مروالرود (مرغاب) رسیدیم بعد به نوزده ماه به پاریاب (فاریاب) رسیدیم. . و امیر خراسان جغری بیک ابوسلیمان داود بن میکاییل بن سلجوق بود. و وی به شپورغان بود و سوی مرو خواست رفتن که دارالملک وی بود . و ما به سبب نا ایمنی راه سوی سمنگان رفتیم، از آنجا به راه سه دره سوی بلخ آمدیم . . و شنیدیم که برادر ابوالفتح خواجه عبدالجلیلدر طایفه وزیر امیر خراسان است که او را ابونصر میگفتند و هفت سال بود که من از خراسان رفته بودم.. >

(سفر نامه ناصر خسرو صفحه ۵۰ به کوشش دکتر نادر وزین پور _ انتشارات ایران زمین چاپ کالیفورنیا)

قلمرو زبان و ادب فارسی / دری در خراسان بزرگ

زبان و ادب پارسی/دری در خراسان بزرگ (بلخ و بخارا و سمرقند و خجند ..) قد برافراشت و بعد با درخشش بی مانند و زاینده گی پربار ، در سراسر پارس (عراق دوره های اسلامی) و هندوستان گسترش یافته است. کهن ترین سروده ناب پارسی /دری در سال ۵۶ هجری مطابق ۶۷۶ میلادی در بخارا گردید .

< کور خمیر آمده

خاتون دروغ آمده >

هرگاه زبان پارسی / دری با اصول علمی و ادبی، داشته های زاینده ی ادب خراسانی را در بر داشته باشد ، فرهنگ پارسی/ دری از زاینده گی، بالنده گی و پالنده گی ادبی برخوردار میگردد و یا به تعبیر دیگر زایا و پویا میشود . حجاج بن یوسف حاکم ظالم و خونباره عرب ، قتیبه ابن مسلم را به امیری خراسان فرستاد . قتیبه نیز مانند آمرش حجاج لقب < محترقه >بخود گرفت که در ظالمی دست حجاج را کوتاه میکرد . اما امرای خراسان در ماوراءالنهر غیر از غارت چپاول چیزی نکردند . بعد نوبت سعید بن عثمان رسید که به جای عبیدالله بن زیاد امیر خراسان گردید.

در زمان سعید بن عثمان، امیر بخارا خاتونی بود که پس از مرگ شوهرش < بخارا خدا بنده>، چون پسرش < طغشاده > کوچک بود بر سریر سلطنت بخارا رسید . گفته اند خاتون بخارا زن نیک سیرت و صلح پسندی بود که با حکام عرب از در آشتی و مدارا پیش آمد . اما خاصیت عرب که زنباره و خونباره است ، زمزمه های سر سری شدن سعید بن عثمان و خاتون بخارا به گوش مردمان ماوراءالنهر رسیده بود .زیرا که < خاتون بخارا < زنی بود نهایت شیرین زبان و زیبا صورت و با نکویی بسیار که سعید بن عثمان بروی شیفته شد و مردم بخارا را سروده ها منتشر شد که شعر بالا تر توش همین مراودت است . (۵)

بخش اول: آریانا / خراسان / افغانستان

باید بخاطر داشت که پهنای قلمرو زبان پارسی /دری همین خراسان بزرگ بود که بعد ها ساحه این زبان به سوی نیم قاره هند و پارس کهن کشانیده شده آنرا در کتاب (لغت فرس یا < لغت دری >) اسدی چنین مینگریم:

< پارسی / دری که زبان مردم خراسان و ماوراالنهر بود و از دوران صفاریان و طاهریان در شرق ایران زبان دربار شده بود ، و در سده های چهارم و پنجم هجری به تشویق امیران سامانی و غزنوی ، و با ظهور سخنوران بزرگ این عصر ، وسعت و توانایی بسیار یافت .

پارسی / دری که زبان فرهنگ و ادب شد، و با اهمیت و اعتباری که از این جهات یافته بود به سوی نواحی دیگر رو بگسترش نهاد. در سرزمین های ایرانی دیگر مردم به گویش های بومی خود سخن میگفتند، و میدانیم که به این گویش ها شعر نیز می سرودند و کتاب نیز می نوشتند ، ولی غالبا با پارسی / دری آشنایی نداشتند ، و حتی کسانیکه در این نواحی زبان دری را فرا گرفته و پیروی از سخنوران خراسان قصیده ی پارسی میسرودند، ظاهرا از سخن گفتن به این زبان عاجز بودند و برای دریافت معانی اشعار و گفته های سخنوران خراسان به تلقین اسناد و واژه یابی از کتاب لغت نیاز داشتند . >

دانشمندان ما حکیم ناصر خسرو بلخی / یمگانی در اوایل سده پنجم و ابو منصور احمد بن علی اسدی طوسی (خواهر زاده حکیم فردوسی) هر دو در قرن پنجم هجری میزیسته اند ، یکی در سفرش از تبریز دیدن میکند و دیگری که در اوسط قرن پنجم هجری از خراسان به آذربایحان آمده بود ، تبریز را مرکز فرهنگ و زیبایی مینگرد .

حکیم ناصر خسرو بلخی / یمگانی در سال ۴۳۸ هجری قطران تبریزی را دیدار کرده و در سفرنامه اش مینویسد :

<در تبریز قطران نام شاعری را دیدم ، شعر نیک میگفت ، اما زبان فارسی نیکو نمیدانست. پیش من آمد دیوان منجیک و دیوان دقیقی بیاورد و در پیش من بخواند و هر معنی که او را مشکل بود از من بپرسید ، با او بگفتم و شرح آن بنوشت و اشعار خود بر من بخواند>

اسدی طوسی در آغاز یکی از نسخه های کتاب < لغت فرس > ، اساس طبع اقبال، در بیان سبب تالیف این کتاب چنین متذکر میشود :

< دیدم شاعران را که فاضل بودند ، لیکن لغات پارسی کم میدانستند ، و قطران شاعر کتابی کرد و آن لغت ها بیشتر معروف بودند . پس فرزندم حکیم جلیل اوحد ، اردشیر بن دیلمسپار النجمی الشاعر (***) ، ادان الله عزه ، از من که ابو منصور علی ابن احمد الاسدی الطوسی استم لغت نامه ای خواست ، چنانکه بر هر لغتی گواهی بود از قول شاعری از شعرای پارسی ،و آن بیتی بود یا دو بیت ، و بر ترتیب حروف آ با تا ساختم > (٦)

مهر دیدم بامدادان چون بتافت　　　از خراسان سوی خاور میشتافت

نیم روزان بر سر ما بر گذشت　　　چون به خاور شد زما نادیده گشت

(رودکی سمرقندی)

سخن سرایان پارسی / دری از خراسان قد برافراشته و بعد دیگران با زبان پارسی /دری قد بلندک کردند . استاد حسن عمید که فرهنگ پربارش بنام < فرهنگ عمید > مشهور شده است مینویسد که : < نخستین سخن سرایان ایران از خراسان و سیستان و ماوراء انهر برخاسته اند >

(فرهنگ عمید جلد اول انتشارات امیر کبیر سال ۱۳٦۴ صفحه ۸۴۲)

خانواده جلال الدین محمد بلخی شهر پر آوازه بلخ را که خطه مشهور خراسان است ترک گفته سوی ارض روم رهسپار میشوند . خداوندگار بلخ بعد ها که دست بی حضوری غربت را لمس میکند با نثر ساده و روان خراسانی در کتاب فیه ما فیه اینگونه مینویسند : < . . حق تعالی از عالم بی سببی بر برانگیزانیده ما را از ملک خراسان به ولایت روم کشیده .. > و این جمله را در سروده یی مینگارند :

از خراسانم کشیدی تـــــا بر یونانیان

تا در آمیزم بدیشان تا کنم خوش مذهبی (٧)

فخر الدین گورگانی از مطلع الشمس در منظومه ویس و رامین چنین حکایت دارد :

خوشا جایا بر و بـــــوم خراسان

در و باش و جهان را میخور آسان

زبان پهلوی هر کـــو شناسد

خراسان آن بود کز وی خور آید

عراق و پارس را زو خور برآید

خوراسان را بود معنی خور آیان

کجا از وی خور آید سوی ایران

چه خوش نامست و چه خوش آب و خاکست

زمین و آب و خاکش هر سه پاکست

به خامه مرو در شهر خراسان

چنان آمد که اندر سال نیسان

روان اندر هوای او بتازد

که آب و باد او با من بسازد

در زمانه های پیش از اسلام سرزمین های ماوراءالنهر از سنکیانگ تا سغدیان سمرقندیان ـ بخارا و خیوا همه به آیین بودایی اشتغال داشتند.

سغدیانا که مرکز آیین بودایی محسوب میگردید و زبان سغدی مد روز بود بدون شک زبان سوری با زبان <دری> همخوانی داشت. آیین بودایی بزبان های مردم محلی که زبان سغدی و فارسی/دری باشد نیز وجود داشته است.(کتاب دو قرن سکوت صفحه ۳۱۶

چهار شهر پر درآمد خراسان پار

از گذشته های دور بدینسو خراسان را سرزمین پهناور دانسته اند و شهر های بیشماری در این قلمرو جغرافیایی قد برافراشته است که از بلخ و بخارا و سمرقند و خوقند گرفته تا قندهار و هرات و نیشاپور میرسد و بعد ساحه های گوزگانان و مرو و پاریاب و ندخود و

مروالرود را در مینورد و تا سرحد بدخشان و طخارستان کهن میرسد. باید خاطر نشان داشت که تخارستان پیرار از خود دم و دستگاه جداگانه یی داشته است که پیش از ورود آیین محمدی از تشکیلات وسیع و دامنه داری برخوردار بوده که سرحدش تا اندراب و لغمان و بدخشانات میرسد و آنسوی دریای آمو را نیز تحت سلطه خود داشته است. جغرافیا نگاران و مؤرخین دوره های اسلامی چهار شهر عمده را در ایالت خراسان ثبت می کند که از زمانه های دور با هم روابط نیک تجاری، فرهنگی، اجتماعی و دیگر داد و گرفت های خویشی و تباری داشته اند. این چهار شهر پر درآمد خراسان عبارتند از:

۱ـ بلخ

۲ـ هرات

۳ـ نیشاپور (....)

۴ـ مرو شاهجهان

از چهار شهر پر درآمد خراسان صرف هرات به عنوان شهر کهن که هنوز هم مصلی های هرات با وجود ناسازگاری های زمانه در کنج های خرابه زار آن ولایت قامت کشیده که قدامت تاریخی را نمایان میسازد و شهر هرات بصفت یک بلده نیمه جان این عصر پا برجاست. اما بلخ گزین و بلخ زیبا با آن شأن و شکوت دیرینه یی که داشت صرف یک علاقه کوچک مانده است و بس و نمونه های زیادی از داشته های دیرینه اش هنوز هم از تحت خاک های خون آلود زخمی اش نمایان میشود. بالاحصار فرسوده و تکه تکه شده اش با گوشه یی از مسجد خواجه پارسای ولی که حکایت از مرکزیت یک شهر پر جمع و جوش میکرده بحالت نزار افتیده است.

از مروی که فخرالدین گورگانی از رود مرو خروشان و زیبایی های بهشتی خراسانی اش حکایت ها دارد.

به خاصه مرو در شهر خراسان

چنان آمد که اندر سال نیسان

تو گفتی رود مروش کوثر آمد

همان بومش بهشت دیگر آمد

میرویم بسراغ نیشاپور که روزگاری از معبر شهر های آسیایی بوده است که میان روم و پارس و خوارزم افتاده بود. شیخ عطار نیشاپوری مرد درخشان و حکیم تابان نیشاپور است که در تاریخ ادب قیامت ادبی آفریده و امروز از آن نام های اصطخر و شادیان که در روزگاری تفرجگاه شاهان پارتی و پارسی بوده جغدخانه یی بیش بمیان نمانده است.

سخن دانان و بزرگان ادب از چهار شهر بزرگ و خجسته خراسان یاد کرده اند که در این سروده ها زیبایی و پیامد های ادبی و طبیعی شهر ها نمایانگر سلطۀ شهری و بلدی میکند.

میانه همه اقلیم ها خراسانست

ز وضع هیات عالم به حکمت حکما

پس اختیار خراسان بود ز هفت اقلیم

بدان دلیل که <خیرالامور اوسطها>

چو نسبتش ز کواکب آفتاب آمد

ز هفت کشور از آن رو گرفت نور نوا

به اعتدال ز اقلیم ها همه بیش است

چو آفتاب که بیش است ز اختران به ضیا

چهار شهر در آن بین تو بر چهار طرف

که چار سویش بدان یافته است زیب و بها

هری و بلخ و نیشاپور و مرو شاهجهانست

که با بهشت برین است هر یکی همتا

لطف الله نیشاپوری این چهار شهر پر درآمد خراسان را بدین رباعی چه زیبا سروده است :

در مرو پریر لاله آتش انگیخت

دی نیلوفر به بلخ در آب گریخت

امروز گل از خاک نیشاپور دمید

فردا به هری باد سمن خواهد بیخت

سروده زیر را فتوحی مروزی به انوری ابیوردی نسبت داده که در باره چهار شهر خراسان میگوید:

چهار شهر است خراسان را برچار طرف

که وسط شان به مسافت کم صد در صد نیست

گرچه معمور و خرابش همه مردم دارند

بر هر بیخردی نیست که چندین رد نیست

مصر جامع را نبود چاره از بد و نیک

معدن در و گهر بی سُرُب و بُسد نیست

بلخ شهریست در آگنده به اوباش ورنود

بهر هر بیخردی نیست که صد بیخرد نیست

مرو شهریست به ترتیب و همه چیز در و

جد و هزلش متساوی و هری هم بد نیست

حبدّا شهر نیشاپور که در ملک خدای

گر بهشت است همانست و گرنه خود نیست

<میرک میران> شاعر در بار آل کرت شهر هرات را نسبت به دیگر شهر های خراسان بیشتر تعریف ها کرده که آنرا اینگونه مینگریم:

به اعتدال هوا خوشتر است بسیاری

ز بلخ و مرو و نیشاپور روستای هری
چو جرم و قمر روشنست هری
فضای جنت جاوید از صفای هری
نسیم خوش نفس بوستان خلد برین
معطر است بهر صبح از هوای هری
فزون ز رستم و صد همچو بیژن و گیو است
بزور و زهر کمین مرد یک قباری هری
ز روی مرتبه بخت و تخت می جویند
شهنشاهان اقالیم از گدای هری
وظیفه گشته شبا روز در صوامع قدس
مقدسان سموات را دعای هری (۸)

تاریخ گواه آن را دارد که در یک دورهٔ تاریخی، <هرات> را دل خراسان گفته اند و دل عالم را < ایران > نامیده اند. اگر مراد از هرات باشد که دل خراسان است در سرزمین امروز افغانستان موقعیت دارد. اگر < ایران > است مراد از ایران پیش که در هزاره هایی دور سرزمین پهناوری بنام < ایران > عرض اندام کرده میباشد. که به شهادت ضحاک عبدالحی گردیزی عراق و خراسان و نیمروز و بعضی از قسمت های شامات را نیز در بر گرفته است. ایران و آریانا و ایران ویجه و آریا همه از یک ریشه آب میخورند و مراد از سرزمین های وسیع که از ماوراءالنهر میآغاز و سرحدش به بین النهرین میرسد میباشد. از جانب دیگر از خوارزم سر میکَشد و به سندهو هم مرز میشود. این پهنای گسترده و پهناور جغرافیایی همه در متون میانه اسلامی، کشوری که بنام < ایران > نامیده شده است بدون شک مراد از کشور ایران امروزی نمیباشد. زیرا کشوری بنام < ایران > امروزی قدامت دو سده بیشتر را ندارد. یا بزبان دیگر نام < ایران > در سال ۱۹۳۵ از پارس به ایران تغییر کرد.

پس به تعبیر عبدالحی گردیزی مؤرخ سده پنجم هجری که دیار و تربت ایران همانگونه که حمیت داشته اند و غیور بوده اند. محترم نیز محسوب میگردیده اند. سرزمین پهناوری ایران در میانه جهان واقع شده که از گزند و مصیبت دنیایی در امان است. در تاریخ زین الاخبار اینگونه نگاه میکنیم : < و باز مردمان را متفاوت آفرید چنانچه میان جهان را ـ چون مکه و مدینه و عراق و خراسان و نیمروز و بعضی از شام > این را بزبان پارسی < ایران > خوانند، این تربت ایزد تبارک و تعالی بر همه جهان فضل نهاد، اندر ابتدا عالم تا بدین غایت این دیار و اهل او محترم ... و سید همه اطراف بوده اند >

عبدالحی ضحاک گردیزی جهان شرق را بدو بلاک منقسم میسازد :

۱ ـ جهان میانه

۲ ـ دنیای اطراف

به قول او در دنیای میانه که مرادش همان خراسان و پارس و نواحی بین النهرین است هیچ گاهی برده نشده اند و برده از این مناطق به جای دیگر نرفته است بلکه اهالی اطراف اند که بصفت بَرده به دیگر نقاط گسیل شده اند. این بدان معنی که : < اهل این میانه جهان بخرد داناترند، به عقل تمامتر، و به مردی شجاع تر و ممیز تر و دوربین تر و سخی تر.. > این صفات برازنده مردمی در سرزمینی که اطراف است و مردمانی که در آنجا حیات بسر میرند میسر نیست. از همان خاطر ایشان اهل دنیای میانه را بندگی کردندی و یا کنند. گردیزی به دنیای آریایی اشاره میکند که : < اگر به معارف ایشان مشغول گشتمی ، کتاب از حد اختصار بگذشتی > .

تاریخنگار دوره غزنویان جهان را به چهار طبقه بخش بندی میکند :

۱. طبقه مشرق را اهل هندوان گرفته اند

۲. طبقه غربی را رومیان به تصرف دارند

۳. طبقه شمال را ترکان

۴. طبقه جنوب زنگیان و سیاهان بوده اند.

پس بنا به قول گردیزی که طبقه میانه (ایران) همین سرزمین هایی خراسان و عراق (پارس) حجاز و یمن و شام و ایرانشهر که به تصرف < سام > فرزند حضرت نوح در آمد. نظامی گنجوی در هفت پیکر (ایران) را دل عالم نامیده که با < دنیای میانه > گردیزی همخوانی دارد :

همه عالم تنست و ایران دل
نیست گوینده زین قیاس خجل
چون که ایران دل زمین باشد
دل ز تن به بود یقین باشد
(نظامی گنجوی)

بنأ خراسان در دنیای موقعیت اخذ کرده است که وابسته به ایران و یا آریانای دیرینه میباشد و مردمان شان از علم و هنر و تدبیر و سیاست آراسته اند که همه ی ممالک اطراف مطیع و تابع شان شده اند. (۹)

در دوره تابان تیموریان، هرات مرکز و پایتخت شاهان تیموری از اهمیت ویژه برخوردار بود که جا داشت دانشورزان، هرات را < دل خراسان > خطاب کنند و هرات را گوهری دانند که در دل صدف یعنی خراسان جابجا گردیده است.

هرات چشم و چراغ جمیع یلداست
جهان تنی است به نسبت هرات چون جانست
شده ست سینه روی زمین خراسان لیک
هرات از ره معنی < دل خراسان > است

شاعر دیگری هرات را گوهری میداند در صدف خراسان زمین :

گر کسی پرسد ترا کز شهر ها خوشتر کدام؟
گر جواب راست خواهی گفت او را گو، هری
این جهان را همچو دریا دان خراسان را صدف
در میان آن صدف، شهر هری چون گوهری (۱۰)

صولت و دبدبه خراسان همان بود که شاهان دوره اسلامی اکثراً خویشتن را > بخارا بنده خدا > یاد میداشتند. همچنان شاهان غزنوی خدایگان خراسان لقب میگرفتند، به استناد مجله آریانا که شاهان سدوزایی و محمد زایی خویش را نیز شاهان خراسان میخواندند و پسر پاینده محمد خان را سرداران خراسان یاد می کردند. (۱۱)

فردوسی طوسی در کتاب سترگ شاهنامه سی و هشت بار نام خراسان را ذکر کرده است. حکیم ناصر خسرو بلخی / یمگانی پس از نام های رسول اکرم (ص) و حضرت علی ابن ابیطالب (رض)، نام > خراسان > را در دیوان خود به کثرت یاد کرده است.

سلام کن ز من ای باد مر خراسان را
مر اهل فضل و خرد را، نه عام و نادان را

خراسان از نظر کتاب > حدود العالم >

ناحیت خراسان در حدود العالم بخش وسیعی را احاطه کرده و عنوان > سخن اندر ناحیت خراسان و شهر های وی > بحث هایی دارد . حدود العالم حدود اربعه خراسان را اینگونه مینگرد : > مشرق وی هندوستان و جنوب وی بعضی از حدود خراسانست و بعضی بیابان کرکس کوه و مغرب وی نواحی کرکانست و حدود غور و شمال وی رود جیهونست .. > در زمانیکه حدود العالم در گوز گانان نوشته میشد ماوراء النهر در پهنای خراسان نهفته بود . اما در گذشته ها ماوراء النهر خراسان مجزا بوده > پادشای خراسان اندر قدیم جدا بودی و پادشاه ماوراءالنهر جدا و اکنون هردو یکیست و میر خراسان به بارا نشیند .. و ایشان را ملک شرق خوانند و اندر همه خراسان عمال ادو باشد > باید متذکر شده که پادشاهان خراسان را ملوک اطراف گفته اند.

حدود العالم شهر های برازنده خراسان که عبارت از: نیشاپور بلخ ، هرات ، و مرو است بدین سان مینگرد :

۱_ نیشاپور:

حدود العالم شهر نیشاپور را که از چهار شهر پر آوازه خراسان است بزرگترین داند . به قول حدود العالم نیشاپور از خواسته ها و نعمت ها و داشته های حیاتی برخوردار بوده و هم شهریست دارای ربض و قهندژ و شهرستان و آب شهر ساران است .

۲_ هرات:

حدود العالم هرات را هری گوید و مینویسد : هری شهر بزرگست و شهرستان وی سخت استوار است و او را قهندژ است و ربض است و اندر وی آب های روانست مزکت جامع این شهر آبادان تر مزکتهاست به مردم از همه خراسان و بدامن کوه است . و جای بسیار نعمت است و اندر وی تازیانند بسیار و او را رودیست بزرگ (هریرود) که از حد میان غور و گوزگانان رود >

۳_مرو:

< مرو شهر بزرگیست و اندر قدیم نشست میر خراسان آنجا بودی و اکنون به بخارا نیشیند و جای با نعمتست و خرم و او را قهندژ است و آنرا طهمورث کرده است و اندر وی کوشکها بسیار است و آن جای خسران بوده است . . >

۴_ بلخ:

بلخ شهر بزرگ و خرم است . از گذشته های دور مرکز خسروان و بناء های خسروان با نقش ها و کارکرد های عجیب، حالا ویران گشته و آنرا نوبهار خوانند. و بلخ را رودیست بزرگ که از بامیان سر چشمه میگیرد و در بلخ جریان یافته سراسر قلمرو بلخ را شاداب و سیراب میسازد . < و او را رودیست بزرگ از حدود بامیان برود و به نزدیک بلخ به دوازده قسمت گردد و به شهر فرود آید و همه اندر کشت و برز و روستا های او بکار شود > در زمان حدود العالم دریای بلخ به دوارده نهر منقسیم میگردیده که بعد ها شاهان اسلامی آنرا به هژده نهر تقسیم کرده اند که سراسر بلخ بزرگ را با نواحی آن آبیاری میکند . در نقشه طبیعی افقانستان قلمرو جغرافیایی بلخ معروف به < هژده نهر > است .

(بنگرید به کتاب حدود العالم چاپ کابل سال ۱۳۴۲ مقدمه بارتولد و ترجمه میر حسین شاه بخش خراسان صفحه های ۳۸٦ _ ۳۹۱)

خراسان از دیدگاه حکیم ناصر خسرو

سلام کـــــن ز من ای باد مر خراسان را   مر اهل فضل و خرد را نه عام و نادان را

(ناصر خسرو)

ناصر خسرو قبادیانی بلخی مروزی مقلب و متخلص به < حجت > یکی از چهره های نامدار و با افتخار خراسان زمین است . در زمان حیات حکیم ناصر خسرو ، کهن دیار ما را < خراسان > خطاب میکردند . بلخ یکی از شهر های برازنده خراسان محسوب میگردیده که نامبرده در آن شهر آیین و باور با خانواده اش حیات بسر میبرده است و این مطلب را در دیوانش چنین مینویسد :

<. . وی در اشعار خود همه جا از بلخ به عنوان وطن و شهر و خانه و مسکن خویش سخن میراند و بلخ را به صفت < چون بهشت > توصیف مینماید . . . در سفر نامه خود با آنکه مبدا حرکتش < مرو > بود و از آن نقطه به راه افتاده بود همه جا در عرض راه مسافت ها را از بلخ تا هر نقطه که میرسد حساب میکند و بهر حال شکی نیست که دودمان ، خانمان و اقارب او در بلخ بوده و در آنجا خانه و باغ و ضیاع و عقار دوستان و طایفه و برادران داشته . . . > (۱)

< مرو > که در آن روزگاران همچون هرات و بلخ و نیشاپور از زمره شهر های پر آوازه خراسان بشمار میرفته و حکیم ناصر خسرو بلخی / یمگانی خود را < مروزی > نیز میدانسته است . < مرو > و < بلخ > در آن زمانه ها با هم روابط فرهنگی ، ادبی و سیاسی داشته و همچنان در یک نوار جغرافیایی موقعیت دارند .

حکیم ناصر خسرو که من او را < ناصر خسرو بلخی / یمگانی > خطاب میکنم از شاعران و دانشورزان سده پنجم هجری است که بعد از کثرت نام های کلام الله مجید و پیامبر خدا

(ص) و علی مرتضی (رض) ، کلمه < خراسان> در اکثر سروده های ناب <دیوان > اش جایگزین شده است .

در دیوان شاعر نام دار ما بیشتر از یکصدو بیست بار کلمه خراسان یاد شده و گاهی کلمات ترکیبی نیز درج گردیده است . (۲) زیرا که او در دوشهر مشهور و کهن خراسان یعنی مرو و بلخ نشو و نما یافته و به دبدبه مقام رسیده است . او در قبادیان بلخ متولد شده و در همین شهر جای و منزل و باغ و راغ داشته ، البته کارو بارش گاهی در بلخ و زمانی در مرو بوده است. مرو و بلخ مربوط خراسان است که بدینسان او در هر سروده اش از خراسان زمین یاد کرده و در غربت و مهجوری خود نیز بیاد شهر و دیارش خاک بر سر کشیده و مویه سر داده است . در دیوان حکیم ناصر خسرو ، برعلاوه اصطلاحات و لغت های < خراسانی>، کلمات < بدخشانی > نیز دیده میشود که تا امروز مورد استعمال آن سرزمین ها بوده است .

حکیم ناصر خسرو بلخی / یمگانی مانند دیگر برجسته گان و پژوهنده گان ادب فارسی / دری، آه در جگر دارد و رنج در خاطر .جگر او پوشیده از لخته های خون دل دردمندان است و درد مندانی که ناله های اثر سوز شان شاهدات تاریخ گردیده است .او دامن شکایت از بی مهری < مادر بی مهر فلک > دارد و دنیا دنیا حکایت از نا بسامانی و بی وفایی < روز گار > .

ای روزگار بی وفا

ای گنده پیر پر دغا

*　　*

ظاهر رفیق و آشنا

باطن روان خوار و اژدها (۳)

حکیم ژرف اندیش.در دیوانش از قصاید و مقطعات (صفحه اول تا پنجصد) شکایت از روزگار و گله از دهر ناپایدار و به تعبیر سعدی شیرازی صد ها واژه ی <ناخوش خوی> که به زندگانی اش اثر گزار بوده حکایت میکند. او گله دارد که چرا فرازانه خرم زمینش <خراسان>

آن دیار آفتاب و روشنایی در آن مزرعه سبز سبز خوب رویان، بجای نبات، بلا روییده و ناز پروردگان سرزمینش چگونه زیر سم ستوران <غز ها> و <قبچاق ها> خرد و پاشیده میشود؟

بلا روید نــــبات انــدر زمینی　　　که اهلش قوم ها مانند و قارون
نبات پر بلا <غز> است و <قبچاق>　　　که رستستند بر اطراف جـیحون

او که جور روزگار را به چشم سر مشاهده میدارد و ستم زمانرا لمس میکند و از دست نادانان و بی مایه گان مویه سر میدهد و فغان میکشد و میگوید که برخیزید و به پا بایستید که <خراسان > را < حال اش چون است > و به دست ظالم گرفتار . . او که صلابت و دبدبه یمین الدوله سلطان محمود زابلی و ابن فریغون گوزگانی را بیاد میاورد ، وضع و حالت خراسان را چنین بیان میکند :

سلام کن ز من ای باد مر < خراسان > را　　　مر اهل فضل و خرد را نه عام و نادانرا
خبر بیاور از ایشان بمن چو داده بودی　　　ز حال من حقیقت خبر مر ایشان را
بگویشان که جهان سرو من چو چنبر کرد　　　به مکر خویش خود اینست کار کیهان را

*　　*　　*　　*

نگه کنید که دردست این و آن چو خراس　　　به چند گونه بدیدید مر خراسان را
به ملک ترک چرا غره اید یاد کنید　　　جلال ودولت محمود زاولستان را
کجاست آنکه فریغونیان ز هیبت او　　　ز دست خویش بدادند گوزگانان را
چو هند را به سم اسب ترک ویران کرد　　　بپای پیلان بسپرد خاک ختلان را
کسی چو به جهان دیگری نداد نشان　　　همی به سندان اندر نشاند پیکان را

*　　*　　*　　*

کنون خراسان را او به حیله ویران کرد　　　ازو چگونه ستانم زیان و ویران را
مرا بدن ز خراسان زمین و جان ز عرب　　　کسی چرا طلبد در عرب خراسان را (۴)

حکیم زمانه صرف به خانه و خانواده خودش فکر نمیکند و اندیشه اش شخصی و خانوادگی نیست . او اندیشه بالاتر و وسعت نظر صایب دارد . دلش بیاد یار و دیار دق میگردد و، که

< دهر جفا جوی بد فعال > ، باغ و بته وطنش را تارو مار کرده است . در هنگامیکه تباهکاری ها و نا بسامانی های سر زمینش را از دور دست ها میشنود ،به < باد عصر > لابه سر میدهد که پیغامش را به < بلخ > زادگاه خودش و نیاکانش برساند و پس از سلام و کلام . به باد عصر گوش زد میکند که < خال و احوال > وطنش را جویا شد ، و ببیند که چه جفاکاری ها و نا هنجاری هایی دامن گیر دیارش شده است . آدم ها پیغام شاعر را دوست ندارند ،صرف باد عصر است که پیامبر و راز و نیازگر میان شاعر و وطنش میباشد .

ای باد عصر اگر گذری بر دیار بلخ   بگذر به خانه ء من و آنجای جوی حال
بنگر که چون شده است پس از من دیار من   با او چه کرد دهر جفا جوی بد فعال

*   *   *

از من بگوی چون رسانی سلام من   زی قوم من که نیست چرا خوب کاروحال
قوم مرا بگوی که دهـــــر از پس شما   با من نکرد جز بـــــد و ننمود جز ملال
از گشت روزگار و جفای ستارگان   گشتست چون ستاره مرا خوی چون شمال

*   *   *

گیتی سرای رهگذران است گوشدار   تا با دلیل باشد از اینجات انتقال
(دیوان ناصر خسرو _ صفحه ۲۵۶)

دیوان حکیم ناصرخسرو بلخی / یمگانی مملو از دلهره گی ها دلتنگی های زمانه است . دلش نا آرام و روانش نا شاد و عقرب زمانه همیشه زیر بالشتش خوابیده و < گژدم غربت جگر> روانش را می آزارد ، او از < چرخ > شکایت دارد و از < دهر > حکایت و چندین بار از <چرخ > ، این گنبد نیلگون دوار گلایه سر میدهد . او بر چرخ فلک سوار است و مشاهده میکند که چسان < چرخ > ، چرخ زنده گانی اش را چنبر میکند و روان خراسان را نا آرام میسازد ؟ . بعد میرود به سراغ چرخ هایی چون : چرخ پر ستاره ، چرخ هفتم ، چرخ داور ، چرخ مرده خوار ، چرخ گریان ، چرخ برین ، جیش چرخ ، چرخ سر گردان ، چرخ پیر ، چرخ دوران ، چرخ بلند ، چرخ بی انجام ، چرخ بیکار ، چرخ جنبنده ، چرخ پر ستاره ، چرخ لاله زار ، چرخ تیره ، چرخ نیلوفری ، و چرخ تیز گردان که هر کدام آب زولالین حیاتش را گل آلود کرده . او همچنان به دهر و فلک و گیتی . دیو و دُد و دنیا نیز روی خوش نشان

نمیدهد . چهار شهر پر درآمد (بلخ ، مرو ، هرات و نیشاپور)کرامت و سلامتش را از دست داده و اهریمن ستمباره آنرا واژگونه ساخته و دیو بد کنش هستی های طبیعی و غیر طبیعی اش را نابود کرده است .

همانگونه که دیوان ، تخت و بخت سلیمان را واژگونه کردند ، گاه و تختگاه خراسان را نیز دیوان از آنسوی مرز ها آمدند و تخت و بخت خراسانرا به باد نیستی کشیدند . بدانسان که سلیمان را دیوان به دریا انداختند، سلیمان ادب و فرهنگ ما نیز از دست دیوان بدانسوی دره ها و کوه های یمگان پرتاب گردید . او با ناله ء حزین فریاد میکشد که چرا < خراسان > جایگاه آب و آتش ، سرزمین اهورا مزدا و باور های بودا ، از < گاه > به <چاه > می افتد (*) و در تمدن تاریکی غوطه ور میگردد .

این جهان معدن رنج و غم و تاریکیست　　　نور و شادی و بهی نیست درین معدن

ناهنجاری ها در خراسان

پس از دوره حکیم ناصر خسرو که ترک ها و غزها خراسان را واژگونه کردند. بعد ها خوارزمشاهیان و سلجوقیان نیز به قول < شمس تبریزی > که خراسان را ترت و مرت (تار و مار) کردند. در دوره خوارزمشاهیان و سلجوقیان، حکام خون آشام و چپاولگر، قاضیانِ فاقد داد و عدل و به تعبیر حضرت سعدی < گژ ترازوگان > محتسبان ظالم و غدار < ناخوش خوی > باعث گردید تا ارزش ها درون تهی شوند و پاد زهرها خود به زهر مبدل شده و اعتماد انگیزترین مردمان به خیانت پیشه ترین آنان مسخ میشوند. از این ناباوری ها بود که خانواده های ادب و هنر خراسان عزم را جزم سفر کردند. سلطان العلماء بلخ بهاء الدین ولد والید مولانای بلخی که رهسپار دیار روم میشود در دمشق بزرگان شهر به وی پیشنهاد ماندن میکنند. او پاسخ میدهد : < سلاطین و امرای این دیار، اغلب به فساد و لواطه مشغولند، نشاید در این مقام مقیم بودند.> (از قول افلاکی کتاب <خط سوم> صفحه ۲۳۱)

خداوندگار بلخ جلال الدین محمد بلخی نیز بعد ها که در مسند طریقت پدر تکیه زد از خراسان یاد میکند و شکوه سر میدهد:

از خراسانم کشیدی جانب یونانیان

تا درآمیزم بدیشان تا کنم خوشخدمتی

نجم الدین محمد راوندی نویسنده کتاب < راحت الصدور > در تاریخ سلجوقیان به سبب خوشی خطی و دانشی که داشت بحیث معلم طغرل سوم سلجوقی مقرر شد. راوندی کتاب خود را بنام غیاث الدین کیخسرو از شهریاران سلجوقی تالیف کرده است. راوندی مانند دیگر در ددیده گان تاریخ آه در جگر دارد. با وجودیکه با دربار رابطه دارد اما راز های داغ و ستم بردلش جولان میزنند.

<..اتابک روی به آذربایجان نهاد.. اطفال را به برده بفروختند و کبار را اسیر کردند.. همچنین دیدم که مصاحف و کتب وقفی که از مدارس و دارالکتب ها غارت کرده بودند در همدان به نقاشان میفرستادند و ذکر < وقف > محو میکردند و نام و القاب آن ظالمان بر آن نقش میزدند و بیک دیگر تحفه میساختند.>

لشکر سلطان طغرل غنیمت های بسیار و زر بخروار و اسپ و سلاح بیشمار بیاوردند.. و مجروحان در جامع همدان نان میخواستند و قیامتی بود که کس مثل آن نشنود > (صفحه ۲۳۸ ـ ۲۴۲ کتاب < خط سوم> از قول کتاب < راحت الصدور >)

دانشمند پر آوازه خراسان عطاء ملک جوینی در تاریخ جهانگشای بلاد خراسان را چنین آشفته خاطر مینگرد: < به سبب تغییر روزگار و اختلاف عالم بوقلمون، مدارس مندرس و عالم منطمس (نابود) گشته و طبقه آن در دست لگد کوب حوادث »«متواری ماندند» هنر اکنون همه در خاک طلب باید کرد. اکنون بسیط زمین عموماً و بلاد خراسان خصوصاً که مطلع خیرات بود و منبع علماء خالی شد، کذب و تزویر را وعظ و تذکیر دانند « و نمیمیت را شهامت نام کنند» زبان و خط ایغوری را فضل و هنر تمام شناسند. در چنین سالی که قحط سال مروت و فتوت باشد و روز بازار ضلالت و جهالت اختیار ممتحن و خوار و اشرار ممکن در کار « کریم فاضل تافته دام محنت و لئیم جاهل یافته کام نعمت، هر آزادی بی زادی و

رادی و مردودی .. هر عزیزی تابع هر ذلیلی به اظرار و هر با تمییز در دست هر فرومایه گرفتار توان دانست>

(تاریخ جهانگشای عطا ملک جوینی، به تصحیح محمد قزوینی، چاپ تهران، سال ۱۳۳۷، جلد اول صفحه های چهارم و پنجم)

خراسان فردوسی طوسی

در هر برگ شاهنامه فرودسی طوسی نام سرزمین ها و شهر های برازنده خراسان درج گردیده است. کابل، زابل، تخارستان ، غزنه، بلخ، مرو، هرات، نیشاپور، خراسان، ماوراْالنهر، سیستان، زرنج، هیرمند، جیحون، سمنگان، بامیان، گوزگانان، ری، ایران، سغد، سمرقند، بخارا، اصطخر، مازندران، البرز، آمل، تیسفون، اندراب، ترمذ، غور ..

در شاهنامه، خراسان سی و سه مرتبه، بلخ هفتاد بار، هری هفده بار، سمنگان هفت بارــ زابلستان، سیستان و نیمروز یکصد و پنجاه بار زابل و هیرمند شصت بار، کابلستان چهل بارِ و کابل هفتاد بار یاد گردیده است. (۱)

یادداشت ها:

۱. فصلنامۀ ره آورد، شماره چهل و نه، سال ۱۳۷۷، صفحه ۷، نوشته دکتر علی اکبر جعفری

یادداشت ها :

۱- کتاب < سیاست نامه >، خواجه نظام الملک طوسی، به تصیحیح آقای عباس اقبال، چاپ دوم، ۱۳۶۲، صفحه های ۱۰ و ۱۱

۲- همان، صفحه ۲۳۵

(*) خراسد پهلوی یعنی خور آمد   عراق و پارس را از وی خور آمد

(**) مهر دیدم بامدادان چون بتافت

از خراسان سوی خاور میشتافت (رودکی سمرقندی)

شد که آن زمانه که شعرش همه جهان بنوشت

شد آن زمانه که او شاعر خراسان بود (رودکی سمرقندی)

۳_ فرهنگ جهانگیری، جلد اول، صفحه ۹۴۶، ویراسته دکتر رحیم عفیفی، چاپ دانشگاه مشهد، ۱۳۵۱

۴_ کتاب تاریخ عبدالحی گردیزی، به تصحیح عبدالحی حبیبی، چاپخانه ارمغان، تاریخ نشر ۱۳۶۳، صفحه ۲۱۱

۵_ کتاب < پارسی دری > داکتر رحیم مسلمانیان < قبادیانی >، صفحه ۷، چاپ تهران سال ۱۳۸۳

همچنان بنگرید به کتاب < دو قرن سکوت >، دکتر زرین کوب، چاپ تهران، سال ۱۳۳۰، صفحه های ۱۷۱ و ۱۷۰

(***) اردشیر دبلمسپار نجمی مانند قطران یکی از شاعران پارسی/ دری گوی آذربایجان بوده که اسدی طوسی بخواهش وی کتاب لغت فرس را ساخته است. اسدی طوسی بیتی را نیز از نامبرده بنام < نجمی > در کتاب < لغت فرس > خود گنجانیده که مراد از همین اردشیر نجمی میباشد. زیرا که جز او دیگر شاعری در آن دوره به تخلص < نجمی > نبوده است.

۶_ < لغت فرس > تألیف ابومنصور علی بن احمد اسدی طوسی، به تصحیح فتح الله مجتبای و علی اشرف صادق، چاپ شرکت سهامی خوارزمی، چاپ تهران سال ۱۳۶۵، مقدمه صفحه چهارم

۷_ کتاب < فیه مافیه >، مولانا جلال الدین محمد بلخی، چاپ کابل، سال ۱۳۶۹، حواشی و تعلیقات، صفحه ۲۸۹

۸_ کتاب < اوستا >، تألیف داکتر عبدالاحمد جاوید، چاپ سویدن، سال ۱۹۹۹، صفحه های ۶۶_ ۶۷ _ ۶۵ و ۶۳

۹_ کتاب < زین الاخبار >، به تصحیح عبدالحی حبیبی، باب هفدهم، سال ۱۳۶۳، صفحه های ۵۴۴ _ ۵۴۶

۱۰_ کتاب < اوستا >، تألیف داکتر عبدالحمد جاوید، صفحه های ۷۲ و ۷۳

۱۱_ همان کتاب، صفحه های ۷۵ و ۷۶ و ۸۴

(****) نیشاپور یکی از شهرهای تاریخی خراسان کهن است که در زمانه اش از دم و دستگاه اداری و فرهنگی برخوردار بوده که در اثر فتنه و یرغلچیان مغل ویران گردید. در اطراف و نواحی این شهر تاریخی که حالا بجز نام چیز دیگری نمانده مقبره های حکیم عمر خیام و شیخ عطار و کمال الملک و امام زاده محمد محروق موجود اند که زیارتگاه عام و خاص گردیده است. همچنان تپه معروف <الپ ارسلان > از یادگار های قدیم در شرق شهر جلوه نمایی میکند. (فرهنگ معین، جلد ۶، صفحه ۲۱۶۹)

افغانستان

در گذرگاه تاریخ

افغانستان امروز کشوریست کوهستانی که حجم وسیعی از خاک آن به مرور ایام از دست رفته و کشور های همسایه هر کدام بنوبه خود برخی از قلمرو ما را بلعیدند.

بقول برخی از نویسندگان تاریخ مستقل کشور جدید به نام «افغانستان» رقم خورده از سال ۱۱۶۰ هجری (۱۸۴۷ میلادی) آغاز می یابد. بعد از انقراض غوریان، افغانستان دیگر بخود سلسله مستقل ندید. این کشور از آن به بعد ضمیمه یکی از کشور های همسایه قرار گرفت. بخشی از شهر های کشور تحت فرمان شاهان تیموری و برخی از آن تحت فرمان شاهان ایلخانی ایران و سپش صفویان و افشاریان بوده است. پس از برقرار شدن فرزندان بابر و تشکیل دولت مغل در هندوستان اکثر اراضی کشور ما در ساحه مغلیه هندوستان بودند. بعد از قتل نادرشاه افشار، افاغنه خود را از زیر یوغ ایرانی ها کشیده و احمد خان را که رییس قبیله ابدالی بود به پادشاهی برگزیدند.

(به کتاب طبقات سلاطین اسلام صفحه ۲۹۹ سال ۱۳۶۳ تالیف استانلی لین پول ـ ترجمه عباس اقبال)

در زمان شاه شجاع نامی از افغانستان نرفته و تعیین حدود کشور به «سلطنت کابل» خلاصه میشد. مناطق تحت نفوذ سلطنت کابل در گذشته ها در ۱۶ درجه طول البلد گسترش داشت. از سر هند تا مشهد، از رود آمو تا نزدیکی های خیلج فارس با فاصله ۱۳ درجه عرض البلد بود.

پهنا و وسعت این امپراطوری پس از شاه زمان گسسته شده کمتر شهر ها بودند که سکه و خطبه با نام شاه درانی زده و خوانده میشد. از دیدگاه الفنستون انگلیسی پهنای سلطنت کابل شاسل افغانستان، سیستان، بخشی از خراسان، بلخ، مکران، کشمیر و کیلان بود.

جمعیت کشور را در آنروز که مکران و کشمیر بلوچستان و پشتون های دو طرف سرحد بودند همه از چهارده ملیون تجاوز نمیکرد. کتاب افغانان جمعیت سلطنت کابل را که از اقوام مختلف تشکیل یابیده اینگونه میبینند:

افغانان ...	۴۳۰۰۰۰۰
بلوچان ...	۱۰۰۰۰۰
تاتارها از هر گروه...	۱۲۰۰۰۰۰
پارسیوان (به شمول تاجیکان)	۱۵۰۰۰۰۰
هندیان(کشمیریان+جت ها+بلوچ ها)	۳۰۰۰۰۰
قبایل متفرقه ...	

(بنگرید به کتاب «افغانان» نوشته استوارت الفستون ترجمه محمد آصف فکرت صفحه های ۹۷ــ۹۸ چاپ اول سال ۱۳۷۶)

افغانستان که چهار راه آسیا محسوب میگردید اکنون با حجم کوچک این حدود را تشکیل میدهد. هندوکش بزرگ که شمال شرق بسوی جنوب غرب امتداد دارد ولایات شمالی افغانستان را از دیگر مناطق مجزا میسازد. بلندترین قله آن در شمال واخان موقعیت دارد که بنام «نوشاک» یاد میشود و ۷۴۸۵ متر از سطح بحر ارتفاع دارد. پایین ترین ساحه کشور رود آمو است که ۲۵۸ متر از سطح بحر بالا است. افغانستان کشوریست محاط به خشکه که ۵۴۷۵۰۰ متر مربع مساحت داشته صرف ۲۷۲۰۰ کیلومتر مربع قابل زرع میباشد. سرحدات آن با کشور های چین، پاکستان، اوزبکستان، ترکمنستان و تاجیکستان ارتباط دارد.سرحد آن با چین ۷۴ کیلومتر، ۹۴۶ کیلومتر با ایران، ۲۴۳۰ کیلومتر با پاکستان، ۱۲۰۶ کیلومتر با تاجیکستان، ۷۴۴ کیلومتر با ترکمنستان و ۱۳۷ کیلومتر با کشور اوزبیکستان وابسته است.

نفوس کشور به سی و یک میلیون و پنجاه و هفت هزار جمعیت میرسد. براساس تقدیم بندی جدید افغانستان دارای سی و چهار (۳۴) ولایت است بنام های:

۱. ــ کابل

۲. ــ کندهار

۳. ــ بلخ

۴. ــ ننگرهار

بخش اول: آریانا / خراسان / افغانستان

۵. ــ پکتیا

۶. ــ غزنی

۷. ــ جوزجان

۸. ــ بدخشان

۹. ــ بغلان

۱۰. ــ اورزگان

۱۱. ــ کندز

۱۲. ــ تخار

۱۳. ــ سمنگان

۱۴. ــ بکتیکا

۱۵. ــ خوست

۱۶. ــ لغمان

۱۷. ــ بادغیس

۱۸. ــ فاریاب

۱۹. ــ هیرمند

۲۰. ــ غور

۲۱. ــ لوگر

۲۲. ــ سیدان/ وردک

۲۳. ــ بامیان

۲۴. ــ فراه

۲۵. ــــ نیمروز

۲۶. ــــ زابل

۲۷. ــــ پنجشیر

۲۸. ــــ زابل

۲۹. ــــ کاپیسا

۳۰. ــــ پروان

۳۱. ــــ کنر

۳۲. ــــ نورستان

۳۳. ــــ دای کندی

(در این باره بنگرید به سایت سی آی ای جولای ۲۰۰۶ میلادی)

حاجی میرویس خان

بانی استقلال افاغنه

یک حقیقت تاریخی را فراموش نباید کرد که استرداد قلمرو سیاسی کشوری بنام افغانستان با نام حاجی میرویس خان رقم میخورد. « رنه دولو» دانشمند غربی بدین باور است که استقلال کشور افغانستان توسط مجاهد کبیر میرویس خان در سال ۱۱۲۰ هجری اخذ گردید. میرویس خان رییس خان ایل غلزایی کابل را از دست ایرانیان نجات داد که جانشین وی ملک محمود با کاردانی هایش ایرانیان را تا اصفهان دوانید.

حوادث تاریخی ایل غلزایی و ایل درانی را مورخ شهیر کشور کاتب هزاره چنین می نویسد:

احوالات اعلیحضرت احمد شاه که قبل از سلطنت اش رخ داده و آن اینکه نیاکان احمد خان درانی متوطن و متمکن ملتان بودند. احمد خان نیز در ملتان متولد شده و از سبب بعضی

حوادث با پدرش محمد زمانخان در قندهار و سپس به هرات جاگزین شدند. بعد از چندی با برادرش ذوالفقار خان گرفتار قید غلجاییان شده در قندهار زندانی شدند. وقتی که نادرشاه افشار قندهار را مسخر ساخت، خانواده احمد خان را از حبس رها نمود و مورد لطف قرار داده معاش بقدر کفاف برای شان تعیین کرد.

احمد خان درانی به ملازمت نادر افشار کمر همت بست و در خدمت رکاب شاه خدمات شایسته را انجام داده همیشه در حضور نادر افشار می بود. احمد خان و خاندانش که با غلجاییان همیشه در تضاد بودند با یکدیگر جور نیامدند و همان است که احمد خان در خدمت شاه بیگانه غیرت افغانی نشان داد. احمد خان در حدود چهار هزار مرد ابدالی را در خدمت خود و نادرشاه داشت. کار های دنیایی به شکل دیگر رقم میخورد و نادر افشار فرزندش « رضا قلی» را به چشمانش میل کشید و کور کرد که از این حادثه به بعد مرد دیوانه و جنون آمیز گردیده به قتل و قتال قزلباشیه و افشاریه دست زد. مردم از این کار نادرشاه رنجیده شده دست بهم دادند و سرش را از تن جدا کردند.

احمد خان درانی که از این واقعه واقف شد با سه هزار عسکر جرار اوزبیکیه و ابدالی جلو تجاوزات حرم را گرفت و خانواده شاه را حمایت کرد که بدین کاردانی و سپاس (قرار گفته ها) حرم نادرشاه الماس کوه نور را برای احمد خان درانی اعطا کرد.

(بنگرید به کتاب سراج التواریخ ملا فیض محمد هزاره جلد ۱ـ۲ سال ۱۳۷۲ صفحه های ۱۱ و ۱۲)

افغان / اوغان / AFGHAN

< افغان > در لغت بعمنی فغان، زاری، فریاد، آه و ناله و بانگ را گفته اند. افغان <اوغان> نام طایفه ای ساکن افغانستان است که مردم افغانستان آنها را < افاغنه > هم میگویند. (۱)

< افغان > = < اوغان > طایفه ایست که در مشرق ایران از حدود خراسان تا لب رود آمویه سکنی دارند. مردمی دلیر و جنگاورند. مذهب آنان حنفی میباشد.(۲)

غیاث اللغات که در سال ۱۲۴۲ هجری قمری (اکنون ۱۴۲۷ هجری قمری) درست ۱۸۵ سال پیش توسط محمد غیاث الدین بن جلال الدین بن شرف الدین اختتام گردیده از کلمه < افاغنه > چنین یاد میکند : < افاغنه به فتح اول به عین معجمه مکسور و نون جمع آن افغان قومیست معروف. افغان بروزن مستان نام قبیله ایست مشهور و معروف و جمع اش افاغنه بر وزن فراغنه > (۳)

استاد عبدالحی حبیبی کلمه < افغان > را در سه سند تاریخی دوره ساسانی، کتاب هندی و نوشته زایر بودایی در کتاب جغرافیای تاریخی افغانستان مینویسند که نظر به استناد متذکر شده کلمه < افغان > بُعد تاریخی داشته آنرا بدینسان شرح میدهند:

< نام افغان در تاریخ سابقه بسیار طولانی دارد که در همدرین سرزمین بین جریان دو رودخانه بزرگ هلمند و سند مردمی به این نام زندگی داشته اند > کتیبه دیوار کعبه زردشت را که در زمان شاهپور اول ساسانی نوشته شده. بدو زبانی و پهلوی اشکانی میباشد که در آن نام های رجال سلطنتی شاهپور ذکر گردیده و از جمله رجال معروف آن شاهنشاهی اسمی بنام وینده فرن ابگان رزمه یاد گردیده است. دانشمند غربی به نام springling کتیبه کعبه زردشت را خواند و در سال ۱۹۴۰ مقاله ی در این باره نوشت و کلمه اپگان و یا ابگان را با افغان تطبیق کرد. همچنان صفت و یا لقب شاهپور سوم ساسانی نیز بنام Apakan در این کتیبه مذکور است. استاد حبیبی متذکر میشوند که وینده فرن ابگان احتمالاُ نام یکی از سپهسالاران افغان بوده باشد. به استناد فردوسی :

همه گیرد ایوان دو رویه سپاه

به زرین عمود و بزرین کلاه

سپهدار چون فارن کاوگان

به پیش سپاه اندرون اوگان

دیگر نام افغان در متون هندی ذکر شده که استاد حبیبی از قول کتاب منجم و شاعر هندی بنام Varaa Mihira کلمه اوه گامه Avagama دریابیده اند. محقق فرانسوی موسیو فوشه نیز این کلمه را که اوه گامه با نام افغان مطابقت دارد رد نمیکند.

هیون تسنگ زایر چینایی در یک سفر دور به درازش بسوی تاکسیلا و هند و بامیان، از شهر لیانگ چو در سال ۶۲۹ میلادی حرکت کرد و در آخر سفرنامه یی مرتب کرد بنام < خاطرات ممالک غربی >. هیوان تسونگ در صفحه ۲۶۵ جلد اول خاطرات ممالک غربی که در زبان چینایی بنام سی یوکی یاد میگردد از سرزمینی بنام اوپوکین یاد میکند. اوپوکین محلی میباشد میان بنون و غزنی که به تایید کننگهم جنرال انگلیسی نیز همین سرزمین میباشد که افغانان سکنی دارند.(۴)

< افغان > یا < اوغان > در عرف و زبان فارسی/ دری معادل و مرادف < پشتون > شمرده میشود. بدین اساس زبان افغان، اوغان و یا پشتون پشتو میباشد که بنام زبان افغانی نیز شهرت دارد. فرهنگ جهانگیری < پشتو > را زبان افغانی میداند:

< پشتو با اول مفتوح بثانی زده و تای فوقانی مضموم و واو مجهول ـ زبان افغانی را نامند. همچنان در پاورقی فرهنگ جهانگیری به استناد دایره المعارف فارسی درباره پشتو یا پختو مینویسد: < پشتو یا پختو یکی از زبان های ایرانی شرقی که بیشتر در غرب و جنوب افغانستان و شمال غرب پاکستان رواج دارد و دارای اشعار و تصانیف و ادبیات است > (۵)

فردوسی، سخنسرای بی مثال طوس در کتاب سترگ شاهنامه، از افغان ، اوغان و افغانیان تذکراتی داده است. این شاعر حماسه سرای در داستان رستم دستان با کک کهزاد، شانزده بار کلمه < افغان > سه بار < اوغان > و سه بار < افغانی > را بکار برده است.

چنین گفت دهقان دانش پژوه   مر این داستان را ز پیشین گروه
که نزدیک زابل به سه روزه راه   یکی کو بُد سر کشیده به ماه
بیک سوی او دشت < خرگاه> بود   دگر دشت زی هندوان راه بود
نشسته در آن دشت بسیار کوچ   ز افغان و لاچین و کُرد و بلوچ
یکی قلعه بالای آن کوه بود   که آن حِصن از مردم انبوه بود
بدژ در یگی بد کنیش جای داشت   که در رزم با اژدها پای داشت
نژادش ز افغان، سپاهش هزار   همه ناوک انداز و ژوبین گذاز
در این گفت و گو بود با کهزاد   که آمد خروشی که ای بد نژاد
چو در دژ گزیدی بدینان درنگ   که آمد همه نام < اوغان به ننگ

پیاده همه پیش باز آمدند   بِرِ پیلتن در نماز آمدند
بدیدند کک را چنان بسته دست   گروهی ز < افغانیان > کرده پست(۶)

< ... افغان ها (پشتون ها) در قرن شانزده بود که در هرات مسکن یافتند، این زمانی بود که شاه عباس صفوی قسمتی از قبیله ابدالی را بدانجا کوچ داد. در قرن ۱۸ فیودال های افغان بصفت استیلاگر گاه و ناگاه در خراسان رخنه و نفوذ میکردند و همانگاه بود که مشهد و بلخ را برای مدتی کوتاه قبضه اطاعت آوردند >

کیوان سمیعی در کتاب < سردار کابلی > درباره افغان ها چنین مینویسد: < درباره نژاد افغان ها گفتگوهایی بین نژاد شناسان جریان داشته و حتی برخی آنها را از اقوام سامی دانسته اند. روحانیان انگلیسی پنداشته بودند که از قبایل گمشده انجیل استند. آ ، فوشه A Foucher به بعضی از این گفتگو ها اشاره کرده و میگوید : کلمه افغان از قرن ششم در متون سانسکریت بین ملل شمال غربی هندوستان تحت نام آواگانا Avagana ذکر شده و این کلمه را هیوان تسونگ بصورت چینی آ پوکین A Po Kiene نوشته است. مسلم است که افغان ها و پاتانها از نژاد خالص آریایی بوده و با مردم ایران از یک ریشه اند. نویسندگان عرب صفات جنگجویان افغانی را بدینگونه بیان کرده اند: افغان ها در گردنه ها مانند مته در چوب فرو میروند و از کوه ها مانند بز کوهی بالا میروند و از دامنه ها چون سیل سرازیر میشوند.

اروپاییان نیز افغانها را چنین توصیف کرده اند: هر وقت همسایه های مقتدر افغان ها خواسته اند سرزمین آنها را ببلعند فقط دندان های خود را از دست داده اند.. در دلاوری و تهور و پایداری افغانها در برابر دشمن و مقاومت در مقابله با انواع سختی ها هیچ شکی نیست >

همچنان کیوان سمیعی به نقل از کتاب <حاضر العالم الاسلامی> مینویسد: <کوهستانهای افغانستان کانون مردی، سرچشمه مردانگی، جایگاه جوانمردی و کان دلاوری بوده، وفا بعهد افغانی تا جایی نیست که با بیگانه علیه کشور خود همپیمان شود. افغانی فریب نعمت ظاهری را نمیخورد که بعد بنشیند بجای اشک خون بگرید > (۷)

افغانستان در کتاب دُرّةُ الزمان

تبدیل نام هند ، سند ، توران و خراسان به دولت افاغنه ثم افغانستان

درباره نام افغانستان کتاب < درهٔ الزمان > چنین مینگارد : < در دوره سلطنت زمانشاه ۱۲۰۷ ـــ ۱۲۱۶ هجری قمری با آنکه هفت کشور و هفت دارالسلطنه عنوان عمومی داشت ولی به لحاظ ترقی نام افغان و افغانیت زدوده شد. اما در اول نام افغانستان به < دولت افاغنه > اشتهار گرفت و باعث اینکه در وقت حکومت هوتکی تا انقراض سلطنت اعلیحضرت شاه حسین (۱۱۵۱ هجری قمری) قوم غلزایی در قندهار و قوم ابدالی تا انقراض دوره حکومت سردار الله یار خان در هرات و فراه حکومت های جداگانه ای داشتند. در وقت احمد شاه غازی که هر دو حکومت (ابدالی و غلزایی) تحت نظام واحد آمد و تمام قبایل افغان متوطنان قندهار ـ بلوچستان ـــ کابل ـ پشاور ـ کشمیر ـــ پنجاب ـ سرهند ـ کوهات ـــ سوات ـــ بنیر ـــ کویته و ده ها نقاط و قبائلی مانند مالند ، روهیله، یوسف زایی، برکی، ترکلانی، بنگش، مهمند، وزیری ، ساغری، ختک، سلیمان خیل، ارکزایی و دیگر باشندگان از اجزاء و اتباغ امپراطوری افغانستان شناخته شدند. در این وقت افغانستان به چند نام های : خراسان، هند، سند، ترکستان، توران، کابلستان، زابلستان، بلوچستان و مکران یاد میشدند > کتاب درهٔ الزمان در جای دیگر مینویسد : < چون قبائل درانی ـ غلزایی بطور عام از جلوس احمد شاه (۱۱۶۰) حکومت واحد از خود تشکیل داده بودند بجای < افغانستان> بصورت علامه جمع < افاغنه > محسوب کردند. « نامه های سیاسی کاپیتان ملکم انگلیس راجع به سیاست افغانستان همه جا < دولت افاغنه نگاشته است > عزیز الدین وکیلی فوفلزایی خاطر نشان میسازند که چون قلمرو سیاسی کشور ما نام واحدی نداشت که به قول خودشان <افتخار تبدیل نام خراسان عطف توجه بعمل نیامد> زیرا هفت کشور و هفت دارالسلطنه کشور حتمی نامی بدان گذاشته میشد که نشد. لذا نام کشور به افغانستان مسمی گردید. میرزا عشرت شاعر زمانه در متن نکاح نامه تیمورشاه درانی با نواب خدیجه سلطان صبیه سردار عباسقلی خان بیات والی نیشاپور چکامه زیر را می سراید:

شهٔ ممالک هند بلاد هندوستان   خدیو داور سند و قلمرو توران

جهان مطاع شهنشاه ظل سبحانی   سلالهٔ شرف دودمانی درانی

به عدل و جاه نوشیروان و اسکندر ‌‌ ‌ ‌ ‌ به تیغ تیمورشاه نیک اختر

در این سروده نگاه کنید:

سپهر مرتبه شاه زمان کزو به زمان شد ‌ ‌ ‌ ‌ بسیط روی زمین از بساط عدل شتان

بخلق و مشرب و تدبیر او زمانه ندیده ‌ ‌ ‌ ‌ کسی بکشور هند و بلاد روم و خراسان

(کتاب دُرّة الزمان، مؤرخ عزیزالدین وکیلی فوفلزایی، چاپ کابل، سال ۱۳۳۷، صفحه ۳۹۱)

دولت افاغنه

کتاب < دُرّة الزمان > درباره دولت افاغنه چنین مینگارد:
< در اول نام افغانستان به دولت افاغنه اشتهار گرفت و باعث اینکه در وقت حکومت هوتکی تا انقراض سلطنت اعلیحضرت شاه حسین (۱۱۵۱ هجری قمری) قوم غلزایی در قندهار و قوم ابدالی تا انقراض دوره حکومت سردار الله یار خان در هرات و فراه حکومت های جداگانه ای داشتند>

< تبدیل نام های هند و سند و توران و خراسان به دولت افاغنه ثم افغانستان از عهد سلطنت احمد شاه غازی در نظر گرفته شد ، اما تا وفات تیمور شاه باز هم اشتهار داشت، و چون تمامت خاک خراسان به افغانستان تعلق گرفت بهمان افتخار به تبدیل نام خراسان عطف توجه بعمل نیامد و هکذا به اسماء سایر نقاط افغانستان نیز آنقدر جدیت بعمل نیامد تا بطور عام بیک عنوان واحد مربوط سازند. در دوره سلطنت زمانشاه (۱۲۰۷ــ ۱۲۱۶ هجری قمری) با آنکه هفت کشور و هفت دارالسلطنه عنوان عمومی داشت. ولی بلحاظ ترقی نام افغان و افغانیت زدوده شد..>

بقول عزیزالدین وکیلی فوفلزایی در این ایام (دوره سلطنت زمانشاه ابدالی) افغانستان به چند گونه نام هایی چون : خراسان، هند، سند، ترکستان، توران، کابلستان، زابلستان، بلوچستان و مکران یاد میشد که تا زمان عقد نکاح زمانشاه ابدالی با صبیه عباس قلی خان بیات والی نیشاپور نیز پابرجا بوده و دراین سروده میرزا عشرت شاعر زمانه مینگریم:

شه یِی ممالک هند و بلاد ترکسان — خدیو داور سند و قلمرو توران

جهان مطاع شهنشاه ظل سبحانی — سلاله شرف دودمانی درانی

به عدل و جاه نوشیروان و اسکندر — به تیغ تالی تیمورشاه نیک اختر

وکیلی فوفلزایی درباره دولت افاغنه اضافه میکند: < در دوره زمانشاه نخست به (دولت افاغنه) برسمیت کامل شناخته شد و چون قبائل درانی ـ غلزایی بطور عام از جلوس احمد شاه حکومت واحد از خود تشکیل داده بودند بجای افغانستان بصورت علامت جمع (افاغنه) محسوب کردند. نامه های سیاسی کاپیتان ملکم انگلیسی راجع به سیاست افغانستان به همه جا (دولت افاغنه) نگاشته است> (۱)

در زمان زمامداری زمانشاه ابدالی بر علاوه < دولت افاغنه> کشور ما بنام <مملکت افغانیه> نیز یاد شده است. این موضوع را در مکتوبی که عنوانی < رشید پادشاه > نوشته اند چنین یادداشت میدارند: < .. از شفقت روز افزون شهریاری سربلند و براهل فقر پرتو انداز و سایه آگند در دنیا و عقبی نیک نام و آبرومند بوده باشند بمنه وجوده بعد از تبلیغ دعا: مشهود رای عالی میدارد که این نیازمند درگاه الله بعد از فوت پدر بمسند شهریاری نشستم و مملکت افغانیه را که خراسان از بغض هندوستان تا کشمیر و لاهور و سند و ملتان و شکارپور تا کنار بحراعظم و قندهار و بلخ تا لب دریای جیحون حدود بخارا و دارالسلطنه هرات و تا حدود مملکت عجم وغیره که شرح آن موجب تطویل است مسخر نمودم. دایم به هندوستان به جهاد میرفتم ، چون ولایت افغانیه است رفتنم میسر نیست و در مملکت قزلباش اوباش بودن مصلحت نیست. امید چنان است که چند وقت در جوار عافیت حضرت ظل الهی که مرجع خاص و عام است سکنا گیرم و با اهل و عیال. > (۲)

کتاب < افغانستان در پنج قرن اخیر> درباره قبایل درانی و غلجایی چنین مینویسد: < از قرن پانزدهم به بعد قبایل پشتون در اطراف قندهار جایگزین شدند. از آن جمله غلجاییان در شمال شهر و در سمت غزنی و عشایر مختلف ابدالی در جنوب و غرب شهر سکونت اختیار نمودند.. اولین کلانتر قبیله ابدالی که نام او در تاریخ ثبت گردیده ، ملک سدو مربوط به عشیره پوپلزایی میباشد ، مشارالیه در سال ۱۶۲۲ عمال ایرانی را در خارج ساختن شهر قندهار از دست عمال دهلی کمک کرد و از طرف دولت صفویه به (میر افاغنه) ملقب شد. علی زایی

ها و یک قسمت از پوپلزایی ها که با ملک سدو رقابت داشتند، به هند رفته و از جانب اورنگزیب در ملتان جایگزین شدند. افغانان ملتان که از مدت ها بیک قسمت پنجاب و دیره جات امارت داشتند از اولاده همین مهاجرین میباشند>

در قندهار دولت خان سدوزایی کلانتر قبیله ابدالی که از احفاد سدو خان میباشند از سلطه صفوی ها دلخوش نداشتنه شورش هایی را در قندهار پی ریزی نمودند که دولت صفوی شخص ظالمی را بنام گئورگی که از گرجستان بود و در میان افغانان به گرگین شهرت داشت به قندهار روانه کرد. همانست که امیر خان هوتکی معروف به میرویس خان فرزند شاه عالم خان زمام ایلی قبایل را بدوش میگیرد.

(بنگرید به کتاب «افغانستان در پنج قرن اخیر»، اثر محمد صدیق فرهنگ، سال ۱۳۷۱، قسمت اول، جلد اول، صفحه ۶۴ـ۶۶)

اولین بار نام «افغانستان» و هم «اوغانستان» در کتاب تاریخ نامه هرات تالیف سیفی هروی دیده شده که کلمه افغانستان سی و پنج بار و کلمه اوغانستان دوبار تذکر رفته است.

به کتاب < سراج التواریخ > کشور ما در دوره تابان اسلامی بدو بخش شرق و غربی عرض اندام کرد که مغرب آن شامل کابل و قندهار و تا حد ایران موسوم به خراسان بود که هرات شهر مشهور آن شد. مشرق آن بکشور < روه > که معنی کوهستان را دارد از ناحیه شرقی نهر سند تا حسن ابدال میرسید. قسمت هایی از نواحی جنوبی کشور ما در میان دو مرز خط دیورند بنام های چون : روه ــ سرحد ــ سرحد افغانیه ــ مرز افغان

همه مرز افغان بهم برزنم

بدین دژ ز کین آتش اندرزنم

(ملحقات شاهنامه)

حد افغان ـ پشتونخواه ـ اوغانستان ـ صوبه کابل ـ دولت افاغنه ـــ سرکار کابل ـــ سرحد آزاد ـــ یاغستان ـ سلیمانیه ـــ مملکت افغانیه ـــ و هیلکند ـــ ولایت افغانستان ـــ صوبه سرحد ـــ افغانان ـ دیار افغانستان یاد میگردید.

کتاب عجایب المخلوقات از < حد افغان > چنین یاد کرده : < در حد افغانیان در جنگل غور درختی است که حجم آن یازده ارس است آنرا درخت برهمن گویند و افغانان آنرا سجده کنند> (۳)

نام <افغانستان> در یاد مانده های کتب

در کتاب معین الدین محمد زمچی اسفزاری دانشور قرن نهم هجری نام افغانستان را انیگونه مینگریم :< امرا گفتند که اسفزار و فراه و سجستان تا حدود افغانستان زا توابع هرات است..> و یا <محمد خدابنده الجایتو امر کرد که .. کشور هرات با ولایات آن از دریای آمو تا شرقی ترین نقطه افغانستان بوی (غیاث الدین) داده شود>

در کتاب <تزک تیمور گورگانی> کلمه <افغانستان> اینگونه تذکر رفته: <.. و کنکاش دیگر که در تسخیر ممالک سیستان و قندهار و افغانستان کردم..> مولانا کمال الدین عبدالرزاق سمرقندی در مطلع < سعدین و مجمع بحرین> افغانستان را جز قلمرو هرات میشمارد: <ذکر توجه امیر تیمور گورگان به سیستان، قندهار و افغانستان..> و یا اینکه :< موکب همایون از جیحون عبور نموده ولایت قندهار و کابل و غزنین تا کنار آب سند و افغانستان که در زمان حضرت صاحبقران..> بابر در <تزک بابری> خود نیز نام افغانستان را با همان محدوده جغرافیایی ذکر کرده است.

در کتاب <افغانستان در مسیر تاریخ>، افغانستان را اینگونه مینگریم: «در قرن نزدهم خراسان جای خودش را به اسم تازه (افغانستان) گذاشت در قرن دهم کلمهء (افغان) که معرب (اوغان) بود در مورد قسمتی از قبایل پشتون کشور در نویسندگان اسلامی پدیدار شد و به تدریج مفهوم آن وسیع تر شده میرفت تا در قرن هژدهم حاوی کلیه پشتونهای کشور گردید، و اما نام افغانستان برای بار اول در قرن سیزدهم در مورد قسمتی از ولایات شرق

کشور اطلاق گردید. در قرن چهارم دهم این اسم مخصوص علاقه تخت سلیمان و ماحول آن در مشرق کشور بود. در قرن شانزدهم علاقه های جنوب کابل عنوان ملک (افغان) گرفت در قرن هژدهم از دریای سند تا کابلستان و از نزدیک کشمیر و نورستان تا قندهار و ملتان، مسکن افغانها خوانده شد. بالاخره در قرن نزدهم نام (افغانستان) به صفت نام رسمی این کشور قرار گرفت» (۴)

یادداشت ها :

۱. کتاب «دُرّة الزمان»، تالیف عزیز الدین و کیلی فوفلزایی، چاپ مطبعه دولتی دارالسلطنه کابل، ۱۳۳۷، صفحه ۲۹۱

۲. کتاب «اوستا»، اثر داکتر عبدالاحمد جاوید، صفحه ۱۱۱، سال ۱۹۹۹، به استناد از مجله آریانا، ۱۳۴۳

۳. همان کتاب، صفحه های ۱۱۲- ۱۱۴

۴. کتاب «افغانستان در مسیر تاریخ»، اثر میر غلام محمد غبار، چاپ دوم، ایران، سال ۱۹۵۹، صفحه ۹

افغانان / افاغنه

پژوهشی درباره تبار شناسی و موقعیت جغرافیایی نام افغان را کتاب « افغانان » تالیف الفنستون چنین مینویسد : « در مورد اصل نام افغان که اکنون بصورت عام بر آن ملت اطلاق میشود، اطلاعات دقیق و مشخص در دست نیست و شاید که نامی جدید باشد. این نام را از طریق زبان فارسی گرفته باشند »

کلمه افغان در فارسی/ دری بمعنی فغان، فریاد، زاری و آه و ناله کردن باشد. افغان، اوغان مراد از نام طایفه ایست ساکن افغانستان ـ آنها را افاغنه هم میگویند.

(فرهنگ عمید، جلد اول، موسسه انتشارات امیر کبیر، چاپ تهران، ۱۳۶۶، صفحه ۲۰۲)

کتاب « افغانان » اضافه میدارد : « آنان خود را پشتون مینامند که جمع آن پشتانه میشود. بر (فتح ب و کسر ر) درانیان آنرا پختون و جمعش را پختانه تلفظ میکنند و شاید نام پتان که برای افغانان هندوستان نهاده شده، ماخوذ از همین کلمه باشد» (۱) (×)

اولین بار کلمه (افغان) در کتاب حدود العالم که بزبان ناب فارسی/دری در زمان فریغونیان در گوزگانان (جوزجان امروزی) در سال ۳۷۲ هجری برشته تحریر درآمده ذکر بعمل آمده است. مولف کتاب حدود العالم نامعلوم است و کتاب یاد شده در بخش « سخن اندر ناحیت هندوستان و شهر های وی»، دو بار از « افغانان » یاد کرده است که آنرا چنین مینگریم:

« سِوال دهیست بر کوه با نعمت و اندر او افغانان اند ـ و چون از انجا بروی تا به جینیستان راه اندر میان دو کوهیست و اندرین راه هفتاد و دو آب بباید گذاشتن و راهیست با مخاطره و بیم. بنیهار جاییست پادشاه او مسلمانی نماید و زن بسیار دارد، از مسلمانان و از افغانان و از هندوان بیشتر از سی ـ و دیگر مردم بت پرستند و اندر وی سه بت است بزرگ» (۲)

بارتولد مستشرق خبیر روسی، سول را محلی میداند در انتهای جنوبی افغانستان موجوده که مسکن اصلی افغانان بوده و در دامنه کوه سلیمان قرار گرفته است. بارتولد این ماخذ حدود العالم را قدیمترین میداند که ذکر گردیده . بر اساس تذکره حدود العالم سول ـ اوغ و فرمل بیک ساحه راجع میشود که از فرمل راه مستقیم به گردیز میرسیدند(گردیز به اوغ و لجان ارتباط دارد)

البیرونی جاده های گردیز تا ملتان و فرمل را یاد کرده این نواحی را به مردم تاجیک نشین که در آن ساحه زندگی میکنند نسبت میدهد. به جنوب شرق غزنی راه از دره یی میگذرد که هشت هزار فت بلندی دارد. این جاده به ناحیه توچی میرسد. توچی شاخه راست کرم و با بنو اربباط میگیرد. بنیهار را ننیهار دانسته و مراد از ننگرهار امروزی باشد. بارتولد در باره نگهار مینویسد: « ننگهار بزبان پشتو نه رود یا نه رودخانه کوچک است که بر وادی که این رود ها از آن عبور میکند اطلاق میشود» . ذکر سه بست در ننیهار حدود العالم صادق

است زیرا که این منطقه در زمانش مرکز آیین بودایی بوده و ننگهار را هیوان تسونگ زایر چینایی بنام نه که له هو یاد میکند(۳)

کتاب حدود العالم از پادشاه ننگرهار یاد کرده که مانند مسلمان ها به تعداد بی بی ها می افزوده است و زن های متعددی از طوایف مختلفی همچون هندی ها، افغان ها و مسلمان ها داشته .. اگر غلط نکرده باشم در زمان کتاب حدود العالم اکثر نقاط کشور ما هنوز مسلمان نشده بودند، چنانچه مناطقی مانند نورستان، کنر، بعضی از قسمت های غور/ غرجستان و احتمالا طایفه افغانان هم شامل این گروه بوده باشند..

حدود العالم سول را یک ده دانسته است که در آن قشلاق سبز و خرم که در کوه سلیمان موقعیت دارد، افغانان زندگانی دارند. اما هنگامیکه یک پادشاه، آنهم شاه و سردمدار ننگرهار که ساحه وسیعی از وادی کابل را تحت تصرف داشت چگونه از یک قریه ی که سول نام داشته و افغانان حیات بسر میبرده زن گرفته است؟ . پادشاه از قومی میگیرد که صاحب جاه و مقام باشند و هم از یک دستگاه حساس سیاسی و اجتماعی برخوردار باشد تا باعث افتخار خویشی یک شاه را داشته باشند. بناء احتمال قوی میرود که در آن زمان نیز قوم افغان دم و دستگاه بزرگی داشته است.

در اکثر کتب و یادمانده های تاریخی و جغرافیایی سده های میانه اسلامی، نواحی جنوب و جنوب شرقی کشور ما را وابسته به تعلقات سیاسی هندوستان مرتبط میداند و گاهی غزنی را در حوزه خراسان می نگرند. پس شهر های مشهور آنزمان مانند: پشاور،جلال آباد، اتک، کابل و قندهار و نواحی کوه های سلیمان به هندوستان تعلق میگیرد و در بخش اقلیم سوم قرار دارد.

کلمه « افغان » صرف یک بار در کتاب تاریخ گردیزی تذکر رفته و چنین مینویسد:

« چون امیر مسعود به هپتان / هبتان رسید آنجا مقام کرد و امیر مجدود را با دو هزار سوار سوی ملتان فرستاد، و امیر ایزدیار را سوی غزنین فرستاد که آنجا افغانان و عاصیان بودند.

و گفت : آن ولایت نگهدار تا خللی نباشد»

(کتاب «تاریخ گردیزی»، تالیف عبدالحی بن ضحاک، به تصحیح استاد عبدالحی حبیبی، چاپ تهران، ۱۳۶۳، صفحه ۴۳۸)

اکثر مورخین هپتان یا هبتان را در نواحی پروان یاد کرده اند که استاد حبیبی هوپیان را بر آن نسبت داده اند.

جمله تاریخ گزدیزی: « امیر ایزدیار را سوی کوهپایه غزنین فرستاد که آنجا افغانان و عاصیان بودند». این بخش بسیار روشن و درست اینگونه وانمود میسازد که آنسوی کوهپایه غزنین قومی بنام افغان که به صفت عاصیان نیز منتسب استند زنده گانی میکنند که درست منطقه کرم و کومل یا همان دهکده «سول » حدود العالم را تداعی میکند.. نظر به این سند تاریخی و دیگر یادمانده های برگ های نوشته دیرینه گان مرکز و محل تجمع افغانان همین منطقه ایست که میان کوه سلیمان و غزنی اخذ موقع کرده است.

ابن بطوطه سیاح و جهانگرد معروف دوره تابان اسلامی و یکی از راهگشایان سده هفتم هجری در سفر های سی ساله اش سری به خراسان (افغانستان امروز) میزند و از راه غزنین وارد کابل میشود. او در باره «افغان» ها می نویسد: « کابل در گذشته شهر بزرگی بود که اکنون قریه ای از آن باقی مانده که طایفه ی از عجم که افغان نامیده میشوند در آن سکونت دارند. افغانان در کوهستانها مواضع مستحکمی دارند و مردم بسیار قوی استند و بیشتر به راهزنی می پردازند. کوه بزرگ سلیمان در آنجا وجود دارد. پادشاه افغان در این محل ساکن می باشد. در کابل زاویه ی است بنام شیخ اسمعیل افغانی که شاگرد قلعه ای است بین دو کوه و افغان ها در آنجا به رهزنی می پردازند. این ناحیه را با کند و گریز طی کردیم. افغان ها در دامنه کوه بودند»

ابن بطوطه از شاه افغان می نویسد اما نام او را ذکر نمیدارد:

« شاه افغان از ملتان که از ولایت سند است سر بمخالفت برداشته و امیر آن شهر را که بهزاد نامیده میشد مقتول ساخت. سلطان دهلی به عزم جنگ امر به تجهیز سپاه داد و شاه افغان چون دریافت که مقاومت کرده نمی تواند فرار کرده پیش افغان های خود که در کوهستانهای محکم ساکن میباشند رفت . سطان خشمگین شد و به قلع و قمع افاغنه در قلمرو سلطنتی اش فرمان صادر کرد»

(سفرنامه ابن بطوطه جلد اول و دوم صفحه های ۴۴۶ و ۵۷۵ ترجمه داکتر محمد علی موحد ۱۳۶۱)

غیاث اللغات که در سال ۱۲۴۲ هجری قمری توسط محمد غیاث الدین بن جلال الدین بن شرف الدین اختتام گردیده نام « افغانستان» را درج نموده و از کلمه « افاغنه » چنین یاد میکند:

« افاغنه به فتح اول عین معجمه مکسوره و نون .. قومیست معروف»

(غیاث اللغات چاپ بمبی صفحه ۶۱)

در برهان قاطع ابن خلف تبریزی به تصحیح محمد عباسی صفحه ۱۰۵ مینویسد:

« افغان بر وزن مستان نام قبیله ایست مشهور و معروف و جمع اش افاغنه بروزن فراعنه»

بحث های اینکه «افغانان» از کدام سر منزل در محل امروزی نقل مکان کرده اند؟ و یا از کدام تبار و ریشه سرمنشاء گرفته اند؟ و یا اینکه آیا اقامت اصلی شان کوه سلیمان بوده یا کرمان ؟ آیا افغان ها از نژاد سامی استند یا آریایی؟ سوال های بس جنجال برانگیزی اند که تا کنون دانشمندان به حل آن موفق نگردیده اند.

بنابر قول الفنستون، عرب ها افغانان را سلیمانی مینامند. آیا ایشان نسبت به اینکه در کناره های کوه سلیمان زندگانی دارند، سلیمانی خوانده میشوند یا اینکه از تبار حضرت سلیمان (ع) استند که فرضیه یهودی الاصل بودن شان بر ملا شود؟

برخی از رویداد نویسان افغانان را از اقوام غوری و سوری و زوری میدانند که این فرضیه را من در نوشته تحقیقی خود در باره غور/ غرجستان تذکر داده ام که افغانان از تبار غوری و سوری و زوری نبوده اند بلکه اقوام یاده شده از بقایای بسطام بن ضحاک و یا ضحاک تازی استند که در کهن دیاران ما از زمانه های پیش پیش تاریخ در کوهپایه های غور/ غرجستان حیات بسر میبرده اند. این مطلب را الفنستون نیز در کتابش از قول میرخوند و تاریخ فرشته نوشته که شاهان غور- نسل و نسب شان به ضحاک تازی میرسیده است. غوری های سوری، زوری و شنسبی با وجودیکه از دست سلطان محمود غزنوی شکست خوردند، اما پس از شکست دادن سلاله غزنوی، غوریان برای سه قرن در نواحی مرکزی افغانستان

بشمول غزنی، بامیان، تخارستان و شمال هندوستان سلطنت مستقل را بنیان گذاشتند. غلامان سلاطین غوری پس از گسسته شدن شاهان و باداران شان در کشمیر و سند و ملتان و پنجاب سلاله های قطب شاهیان، خلجیان و تغلقیان را تاسیس کردند که در تاریخ بنام شاهان ممالیک یاد میگردد (۱۲۰۶ - ۱۴۴۳ م).

شاهان ممالیک در هندوستان برای فتح و پیروزی و زمامداری شان در اردوی خویش افغانان را نیز شامل ساختند و در راه گسیل و یورش به هندوستان ایشان را به صفت سپاهی اجیر ضمیمه لشکر گردانیدند. بعد ها همین سپاهیان اجیر که در هنگام زمامدا ری شاهان ممالیک قد بلندک میکردند، پس از اضمحلال شاهان مملوک بنام لودیان و شیرشاهیان (شاهان افاغنه) در ملتان و پیشاور و کشمیر برای مدت یکصد سال سلطنت را ایجاد کردند(۱۴۵۱- ۱۵۵۴) که کتاب زبان پشتو در همین دوره بروز کرده ادب پشتو قوام گرفت. این مطلب در بحث های جداگانه بقلم کشیده خواهد شد.

افاغنه پس از اینکه از قصبه سول بصفت عساکر اجیر در اردوی شاهان غوری شامل شدند، بزودترین فرصت پس از دو قرن حکمروایی سلاطین مملوک، در سده پانزدهم میلادی با زورآوری و سلحشوری زمام حکومتداری را بدوش کشیدند و کارشان بالا گرفت. بزودی تمامی ساحه کوه سلیمان را مسخر و بعد حوزه شمالی سند، کشمیر و بلوچستان را تحت نفوذ و نفوس خویش در آوردند. در سده هژده کار افاغنه استوار گشت و سراسر ناحیه جنوبی و جنوب شرق کشور را که سرزمین دادیک ها بود زبان و نفوذ خویش را گسترش دادند. خط بالایی سرحد منحوس را بنام افغانستان و خط پایانی آنرا بنام پشتونستان رقم زدند و مردمی که در این مناطق زنده گانی داشتند ولو که از تبار افاغنه نبودند بنام «افغان» معرفی شدند.

زبان پشتو متاثر از زبانهای اوستایی و سانسکریت میباشد و در ایامی که زبان پشتو کتاب میگردید، فارسی / دری در سراسر خراسان کهن از خوارزم تا خوقند، از ختن تا دکن و از سیر دریا تا دریا های دجله و فرات گسترش داشت. در نیمقاره هتد فارسی/ دری در زمان شاهان مغلی و گورگانانی و غوری غزنوی با وسعت ادبی بیشتر پهن شده بود که حتی شهر لاهور و دهلی مرکز زبان فارسی/ دری گردید. بناء تحریر و صورت نوشتاری زبان پشتو متاثر

از الفبای فارسی/ دری و بخط نستعلیق رواج پیدا کرد. این مطلب را داکتر معین نیز چنین مینگرد: « پشتو یا پختو نام قومی ساکن افغانستان است. این نام در هندی بصورت پتان در آمده .. این زبان با سانسکریت و اوستا قرابت دارد. الفبای پشتو ماخوذ از الفبای فارسی نستعلیق است» (۴).

استدلال اینکه کلمه های پشتو و پختو نسبت به افغان قدامت تاریخی دارد، اکثر پژوهشگران و آگاهمندان نیز بدین باور استند که واژه پشتو کهن تر بوده است.

ارواح شاد عبدالحی حبیبی در کتاب « جغرافیای تاریخی افغانستان» بحث بزرگی را در پیرامون « افغان/ افغانستان » نوشته اند که من بصورت مختصر چند سطر آنرا درج میدارم:

« کلمه افغان که امروز نام ملی تمام مردم افغانستان است و یک واحد مستحیل الانفکاک را تحت تمام شروط تاریخی و اقتصادی و اجتماعی در قلب آسیا نمایندگی میکند، نامیست که لااقل یک هزار و هفتصد سال سابقه تاریخی و اصالت ملی دارد»

در پاورقی صفحه ۲۵۷ همین کتاب استاد حبیبی مینگارند: « این سالها را من از روی اسناد سابق تعیین کرده ام، ولی تاریخ پشتون در این سرزمین قدیمتر است و به عصر ویدی هم میرسد»

استاد حبیبی در تحقیق شان ادامه میدهند: « نام افغان تا جاییکه به من معلوم است در تاریخ سابقهٔ بسیار طولانی دارد که هم درین سرزمین بین جریان دو رودخانه بزرگ هلمند و سند مردمی به این نام زندگانی داشته اند» و استناد بدین که « هیات باستان شناسان موسسه شرقی شیکاگو در نقش رستم شیر، از بین سنگ نبشته های آنجا در کعبه زردشت یک کتیبه را به دو زبان - پهلوی اشکانی و یونانی کشف کردند که آنرا شاهپور اول پادشاه دوم خاندان ساسانی بعد از دو صد و شصت میلادی- و شکست والیرین امپراطور روم در جنگ اودیسه ..

چون شاهپور اول در سنه ۲۷۳ میلادی مرده - پس تاریخ نوشتن این کتیبه را بین سالهای ۲۶۰-۲۷۳ میلادی تعیین کرده اند.. و در این کتیبه در بند دوم نام پشیکاپور بحیث سرحد

نهایی شرق کوشان خساتر یعنی مملکت کوشان مذکور است که آنرا با کسپاپورس یونانی - پولو شاپولو هیوان تسونگ زایر چینایی - و پشاپور/ پرشاور مورخین اسلامی تطبیق کرده اند» مرحوم حبیبی اضافه میدارد که در کتیبه یاد شده از زمره رجال بزرگ شاهپور ساسانی به نامی بر میخوریم که با نام « افغان» مطابقت دارد و آن اسم که در کتیبه درج شده بنام وینده فرن ابگان رزمه ود میباشد که محقق غربی بنام سپرینگ لینک کتیبه را خوانده و آنرا در مجله امریکایی در سال ۱۹۴۰ میلادی درج ساخته است.

در این کتیبه در نام طویل سردار لشکر شاهپور - کلمه ابکان یا اپگان بر میخوریم که گفته اند ابگان با کلمه « افغان» امروزی مطابقت دارد.

سند دیگری که کلمه افغان را نمایان کتاب نجومی ورهامی هیرا است که در اواخر قرن پنجم میلادی در منطقه راجین هندوستان بدنیا آمده است. او شاعر و هنرمند منجم شهیر هندی است که کتابهایش از نجوم و جغرافیا و احجار و اشعار آراسته گردیده و در آنجا در یادمانده های دانشمند هندی نام افغان به شکل اوه گانه ذکر شده است. همچنان هیوان تسونگ زایر معروف چینایی در سفر های طولانی اش از کشور ما یادداشت های را درج کتاب (خاطرات ممالک غربی) خود میکند و در خلال نام های سرزمین ما از محلی یاد میدارد که بین بنون و غزنی موقعیت دارد و آنرا اوپوکین مینامد. اوپوکین را کننگهم و دیگر محققان با کلمه افغان همخوان میدانند.

پس کلمه « افغان» نظر به سه سند تاریخی پیش از اسلام که منابع ساسانی، هندی و چینایی بدست آمده، و روانشاد استاد حبیبی آنرا درج کتاب نموده اند ثابت میسازد که کلمه افغان قدامت تاریخی دارد.

(کتاب جغرافیای تاریخی افغانستان - پوهاند عبدالحی حبیبی چاپ پشاور سال ۱۳۷۸ صفحه های ۲۵۷- ۲۶۲ بخش سی و نهم)

کیوان سمیعی دانشمند ایرانی در کتاب «سردار کابلی» از قول فوشه در باره افغانان مینویسد:

« کلمه افغان از قرن ششم در متون سانسکریت بین ملل شمال غربی هندوستان تحت نام آواگانه ذکر شده و این کلمه را هیوان تسنک زایر چینی اوپوکین نوشته است. مسلم است که افغانها یا پتانها از نژاد خالص آریایی بوده و با مردم ایران از یک ریشه اند» کیوان سمیعی از قول نویسندگان عرب علاوه میکند: « افغانها در گردنه ها مانند میته در چوب فرو میروند و از کوه ها مانند بز کوهی بالا میروند و از دامنه ها چون سیل سرازیر میشوند» موصوف از قول اروپاییان مینگارد:

« هر وقت همسایه های مقتدر افغان ها خواسته اند سرزمین آنها را ببلعند، فقط دندان های خود را از دست داده اند..»

(بنگرید به کتاب « زندگانی سردار کابلی »نوشته کیوان سمیعی چاپ گیلان ۱۳۶۳ صفحه ۳۵)

پشتو PASHTO و رابطهٔ آن به زبانهای هند و آریایی

در تاریخ دراز مدت میهن گرامی ما قومی و یا خیلی که در جنوب کشور ما زنده گانی میکردند بنام های < افاغنه > , < افغان > , < اوغان > , < پتان > و < پشتو > و < پختو > و < پخت > یاد شده که از خود تاریخ و فرهنگ پرباری را بیادگار گذاشته اند . پس از قرن نزدهم میلادی دانشمندان اروپایی پژوهش هایی درباره کلمه های < افغان > و < پشتو > رویدست گرفتند. بحث روی اینکه کلمه های پشتو\ افغان از کدام سرچشمه رودبار زبانشناختی آب میخورد و ریشه به کدام منبع زبانی و لهجوی دارد؟ اندیشمندان زبان را به فرضیه های قابل وصفی سردچار ساخته است.

در سال ۱۷۸۳ میلادی ارنست ترمپ Ernest Trumpp با انتشار کتابی بنام Grammer of the Pasthto or language of Afghans با دقت های دیرینه گی زبان ها، چنین نتیجه گرفت که < پشتو > یک زبان هندی و منشعب از سنسگریت است. که پیش از این فرضیه اکثر زبان شناسان و خط آگاهان، پشتو را شعبه جداگانه ی میان دو خانواده هندو - آریایی میدانسته اند، یا بزبان دیگر خواستگاه پشتو را نه هندی و نه هم آریایی , بلکه نیمه هندی و

نیمه آریایی می پنداشتند ، فرضیه نیمه هندی - نیمه آریایی زبان پشتو طرفداران بیشتری پیدا کرد حتا تا امروز به قوت خود باقیست.

پس از انتشار کتاب ترمپ، دانشمندان دیگری مانند اشپیگل و هورنلی Spiegel/ Hoernle طرفدار نظریه ترمپ شدند. بعد ها داکتر هانری از نظریات و داشته های دانشمندانی چون اشپیگل ، هورنلی و مولر استفاده برده و دامنه تحقیقات خود را درباره زبان پشتو گسترش میدهد و در سال ۱۸۸۲ داکتر هانری Henry بدین نتیجه میرسد که زبان پشتو اگر چه زبان آریایی است اما اقتباس های صرفی و نحوی از زبان های قدیم و جدید هندی در آن بمشاهده میرسد. یکی از زبان شناسان غربی که بصورت علمی کاوش های بعمل آورده، جمیز دارمستر J.Darmester است. نامبرده با دید روشنگرانه دقیق علمی / زبانی ثابت میکند که پشتو یکی از شعبه های زبان آریایی میباشد. دارمستر از طریق اسلوب های آوا شناسی به یقین میداند که زبان پشتو زبان هندی نبوده و از سانسکریت هم جدا ناپذیر است. یا بزبان دیگر زبان سانسکریت به پشتو داخل شده است. دارمستر بدین استدلال خویش بلاخره به نتیجه میرسد که زبان پشتو باید از زبان اوستا یا زبانی نزدیک به اوستا ، و یا زبانی که از اوستا جدا شده باشد بمیان آمده باشد.

دانشمندان دیگری بنام G Morgensirune که در شناخت پشتو و دیگر زبانهای شرقی طمانیت کامل دارد خاطر نشان میسازد که پشتو، یکی از زبان های شرقی - ایرانی بوده و احتمال آنرا که بخشی از زبان سکایی باشد خارج از موضوع نمیبینند. یا بسخن دیگر خواستگاه اصلی زبان پشتو، بخش شمالی ناحیه شرقی ایران بوده باشد که با زبان سکایی (سکزی) پیوند ناگستگی دارد.

افغان / پشتو

اینکه کلمه < افغان > و یا < پشتو > کدام یک دیرینه گی دارد؟ سوالی است که زبان شناسان را به فرضیه های بی شماری رهنمون کرده است اگر چه کاربرد واژه < افغان> در کتب قدیمه سابقه زیادی دارد . اما دانشمندان را باور بر آنست که واژه < پشتو > به مراتب کهن تر

میباشد. کلمه < پتهان > Pathan که در نیمقاره هند معمول است شکل قدیمی تر کلمه < پشتو > محسوب میگردد. کلمه <پشتو > برگرفته از واژه اوستایی پشت Parsta که برابر کلمه سانسکریت Prshta که معنی (پشته و بلندی) را دارد میباشد. بدین حساب < پشتو > و < پشتون > مراد از مردمانی که کوه نشین و پشته نشین اند ترجمه گردیده است.

این مبحث از نظر دگرگونی آوا و آوا شناسی تاریخی پذیرفته نمیشود. از طرف دیگر اینکه هردوت که پدر تاریخش میخوانند، پشتو را از نام قبیله پکتوس میشمارد نیز از دیدگاه آوا شناسی قابل پذیرش نبوده است (۱) .

از دید منطقه و جغرافیای اجتماعی ، افغان و یا پشتون و یا پختون و یا پتان و یا پختو نام دسته یی یا قومی ساکن افغانستان که در هندی بصورت پتان Pathan در آمده میباشد. پشتو زبان مردمی در ناحیه جنوب افغانستان بوده که شعبه ای از دستهء زبان های ایرانی / آریایی میباشد. به تعبیر فرهنگ معین این زبان را با سانسکریت و اوستایی همجوار مینگرد و مینویسد که الفباء زبان پشتو، الفبای فارسی نستعلیق است (۲)

راجع به زبان پشتو بصورت درست و علمی آن تا کنون تحقیقات جامع صورت نگرفته است. در بحث های بالایی دانشمندان نظریات شانرا ارائه کردند و دانسته شد که زبان پشتو بدون شک یکی از شعبه زبان هند - ایرانی است (مراد از ایرانی یعنی آریایی). اکثر دانشمندان به شمول موسیو میولر Fr.Muller بر آنست که زبان افغانی (پشتو)اگر از زند (زند زبانیست که در خراسان پیرار پیش از بمیان آمدن زبان اوستایی گویش فراوان داشت) نبرآمده اقلاً از لهجه دیگر باختری مشتق شده که زند تنها نمونهء محفوظ آنست و رابطه پشتو با زند همان است که فارسی موجوده با فارسی هخامنشی دارد. دارمستر هم بدین نظریه بود که پشتو از زند بر آمده اما بعد ها تغییر داده گفت که پشتو نه از زند بلکه زبانی مشتق گردیده که موازی با زند بوده است. این نظر نیز مناسب است. چون پشتو و محل گفتگوی آن به سبب مجاورت طولانی با آریایی های هندی، باعث گردیده که پراگریت ها در آن تاثیر انداخته باشند. این نویسنده را باور بر آنست که موقعیت جغرافیایی زبان از دید زبانشناختی نهایت قابل اهمیت است. نزدیکی زبان پشتو به سرحدات هندوستان - چنانچه ساحه جنوبی افغانستان کهن را وابسته به مناطق سند و هندوستان دانسته اند که این خود نمایانگر آن

میشود تا داد و ستد مردم با < واژه > ها در گیر شده و پشتو بیشتر از پراگریت و سانسکریت متاثر گردد.

در گذار زور آزمایی های تاریخی ، قبایل پشتون بر علاوه اینکه بسوی مرز های سند/ هند مستقر گردیدند ، بعد ها بسوی نواحی شرق و شمال شرق افغانستان (لغمان - کافرستان - تخارستان - ننگرهار) و سپس بسوی غزنه و هیرمند کندهار و هرات کوچ کرده اند. در این مرحله تاریخی بدون شک لهجه های زبان هندی در پشتو کاسته شده ،رفته رفته لهجه های باختری و تخاری و ترکی در آن نفوذ میکند.

زبان < داردی Dardie > که زبان های نورستانی ، پشه یی و اورمری در آن شامل اند، بعضی ها معتقند اند که زبان داردی از هند ـ آریایی مشتق گردیده، اما مارکنسترن بدین نظریه است که زبان دسته داردی بدو شعبه زبانشناختی مربوط میگردد. یکی دسته < کافری > که شباهت های < ایرانی > در آن نهفته است و دیگری < داردی صاف > که متأثر از زبان هندی است. (۳)

زنده یاد پوهاند عبدالحی حبیبی که خود پشتون اند در رابطه با این کلمه یعنی < افغان > نوشته ها و تحلیل هایی جالبی دارند و آنرا اینگونه مینویسند: < نام افغان تا جایی که بمن معلوم است در تاریخ سابقه بسیار طولانی دارد که همدرین سرزمین بین جریان دو رودخانه بزرگ هلمند و سند مردمی به این نام زندگانی داشته اند>

طوریکه در سطر های بالا نیز تذکر دادم ـ استاد حبیبی به اساس کشف کتیبه یی که بزبان اشکانی و یونانی بوده و در بند دوم کتیبه نام شهر پشکابور pashkabur بحیث سرحد نهایی شرق کوشان خساتر Kushan Khasatr یا کشور کوشان تذکر رفته است. در کتیبه فوق در خلال نام های رجل سلطنتی ، اسم < وینده فرن ابگان رزمه > نیز درج میباشد که محقق و زبان شناس غربی بنام Sprengling آنرا خوانده و در این راستا نوشته یی دارد که نام <ابگان> را با نام < افغان > امروزی موافق میداند. سپرنگلینگ متذکر میگردد که نام شاپور سوم ساسانی که هفت دهه سلطنت کرده. لقبی به اسم Apakan دارد که مراد از رشته های نژاد دلاوری را وانمود میسازد. همانگونه که شاهان ایرانی سرلشکریان بیرون مرز داشته اند (نادرشاه افشار ـ احمد خانی درانی)، بدون شک سلسله های ساسانیان نیز از نژاد های

سرزمین رود های مقدس

زبردست کشور های همسایه لا و لشکر داشته باشند که تاریخ در این باره یادداشت هایی دارد.

استاد عبدالحی حبیبی خاطر نشان میسازد که احتمالا همین وینده فرن ابگان زرمه ، یکی از جنگ سالار افغانی باشد که بدستگاه ساسانی رزم آوری هایی از خود نشان داده باشد، کلمه < اوگان > در سروده هایی فردوسی کبیر در این راستا بی موجب نبوده است.

سپهدار چون فارن کاگان

سپه کش چو شیروی و چو اوگان   (فردوسی)

ویا

همه گیرد ایوان دو رویه سپاه

به زرین عمود و به زرین کلاه

سپهدار چون فارن کاوگان

به پیش سپاه اندرون اوگان   (فردوسی) (۴)

آیا < پشتو > کلمه اوستایی است؟

بعضی از دانشمندان چنین وانمود میسازند که < پشتو > از واژه اوستایی < پشت > اخذ شده که برابر کلمه سانسکریت < پشته > Prstha بوده و بمعنی بلندی و پشتهء بلند است. پس پشتون و پشتو مراد از مردمانی که در پشته ها و کوه ها اقامت داشته اند. از نظر دگرگونی آوا ها و آوا شناختی این فرضیه ها پذیرفتنی نیست . هرودوت دانشمند و مؤرخ یونانی پشتو را از نام قبیله < پکتوس > میدانست که این هم از دیدگاه آوا شناسی مردود میشود. دانشمند دیگری بنام Raverty معتقد است که پشتو از Pas قبیله ای افغان از سرزمین وزیرستان اخذ شده که نمیتواند قانع کننده باشد. اما پیش از این دانشمندان مارکوارت Marquart اندیشه پرداز غربی اشتقاق کلمه پشتو را از Parsuwa اوستایی گرفته در سانسکریت پرسوا همان قبیله جنگجو را میدانسته است.

۸٦

در پشتو یک نوع گویش دیرینه و کهن موجود میباشد که بنام گویش ونیچی Waneci یاد میگردد. گویش ونیچی را < ترینو > هم یاد کرده است. گویش های دیگر پشتو از اهمیت تاریخی ویژه یی برخوردار نیستند و صرف گویش ونیچی است که آب از ریشه آوا های قدیم میخورد. گویش ونیچی در ناحیه شمال شرق بلوچستان میان دو منطقه هرنایی Harnai و لورالایی Loralai رواج دارد. این گویش ها حالا تحت تاثیر گویش های زبان رسمی پشتو قرار گرفته است . چون میان مناطق پشتو نشین و ونیچی نشین طبیعی مانند کوهستانات موجود نمیباشد از دیدگاه زبانشناسی فرض کرده اند که گویندگان گویش ونیچی شاید از نخستین قبایل پشتو نشأت کرده باشد و مردمان شان بسوی شرق پیش از مهاجرت های بزرگ کوچیده باشند. البته اینکه این مهاجرت در چه زمانی صورت پذیرفته سند دقیق تاریخی بدست نمیباشد. (۵)

در زبان پشتو تأثیر زبان فارسی/ دری و عربی موجود است و همچنان پشتو از روند جنس مذکر و مؤنث برخوردار بوده است. پس در زبان پشتو تشخیص جنس (مذکر و مؤنث) و صرف اسامی رایج میباشد. در زبان پشتو لهجات مختلفی مانند لهجه وزیری . لهجه پشاوری، لهجه افریدی، لهجه قندهاری ، لهجه قلزه یی و لهجه بنوچی بوضاحت دیده میشود. در بالا از گویش ونیچی یاد گردید که دانشمند داکتر احسان یار شاطر در نوشته محققانه شان آنرا گویش وینتسی Vanetsi نوشته اند و عبارت از لهجه جداگانه ایست که با پشتو رابطه نزدیک دارد. (۶)

یادداشت ها :

۱ـ دانشنامه ادب فارسی در افغانستان جلد سوم به سرپرستی حسن انوشه چاپ ایران صفحه ۲۰۹ < زبان پشتو>

۲ـ فرهنگ معین جلد پنجم صفحه ۳۴۷

۳ـ کتاب < تاریخ افغانستان > احمد علی کهزاد چاپ سویدن سال ۲۰۰۲ صفحه های ۱۵۵ و ۱۵۶

۴ـ کتاب <جغرافیای تاریخی افغانستان > استاد عبدالحی حبیبی چاپ دوم سال ۱۳۷۸ ـ پشاور ـ بخش ۳۹

۵ـ کتاب < دانشنامه ادب فارسی در افغانستان > جلد سوم صفحه های ۲۱۰ - ۲۱۹

۶- کتاب < لغت نامه > تألیف علی اکبر دهخدا صفحه ۱۹ زیر نظر دکتر محمد معین ـ چاپ تهران ۱۳۳۷ هجری شمسی چاپخانه دولتی

زبان پشتو و دیرینه گی آن

کلمه پشتون، پشتو ، پختو ، افغان ، افغانه ، پتهان و پشتانه مانند هر زبان دیگر دنیا یکی از رکن اساسی فرهنگ همان جامعه میباشد که بدان گفت و شنود میدارند . دین و زبان ، هریک از برجسته گان فرهنگی یک گروه و یا یک جمعیتی که در یک ساحه معین جغرافیایی زندگانی میکنند میباشد. این پدیده های فرهنگی از ابتدای خلقت بنی آدم جهت روابط و ظابطه ها و مناسبات سالم و فهم اندیشی انسانها خلق گردیده (بنا بر سخن داکتر خانلری که زبان اختراع گردید) و تا امروز ادامه دارد .

فرهنگ جهانگیری مینویسد: «پشتو (به فتح پ) زبان افغانی را نامند» اما در حاشیه آن از قول دایرة المعارف فارسی: «پشتو یا پختو یکی از زبانهای ایرانی شرقی که بیشتر در غرب و جنوب افغانستان و شمالغرب پاکستان رواج دارد و دارای اشعار، تصانیف و ادبیات است»

(بنگرید به کتاب «فرهنگ جهانگیری»، اثر میر جمال الدین حسن انجو شیرازی، جلد دوم ۱۲۵۳، ویراسته داکتر رحیم عفیفی، چاپ مشهد، ۱۳۵۱)

زبان پشتو که در سده های گذشته صرف بصورت «لهجه» در میان عشایر پشتون حرف زده میشد، امروز به شکل «زبان رسمی و مشترک» قامت کشیده است. زبانی که پس از سده شانزدهم میلادی به قلم کشیده شد و اسناد کتبی و قلمی از آن باقیمانده .

مردمی که در دامنه کوه سلیمان حیات بسربرده اند، ما قدامت بود و باش شان سخن نمیزنیم و میرویم به سراغ زبان خاص و ویژه یی که بقول اصطخری غیر از زبان فارسی بوده

است. زبان هر قوم با نام و هویت شان گره میخورد که زبان این قوم «افغانی» بوده که تا سده های امروزی نیز این طایفه را افغان و زبان شانرا افغانی میگویند. کلمه های پشتو و پختو و پتهان نیز از کلمه افغان اخذ گردیده است. بعضی دانشمندان زبان افغانی را با زبان «کوچی» یکی میدانند. زیرا در اوراق کهن تاریخ همیشه از دو قوم جنگجو و پرخاشگر بصورت تواءمن ذکر بعمل آمده که مراد از «کوچ و بلوچ» باشد. داکتر پرویز ناتل خانلری در بخش زبان ها «زبان کوچی (قفص) را زبان طایفه ای که همیشه نام ایشان با طایفه بلوچ آمده است میداند... زبان کوچ و بلوچ نامفهوم و شبه زبان سندی است» (۱)

زبان بلوچی و کوچی با هم لازم و ملزوم اند که در سرزمین های بلوچستان و مکران زنده گانی داشته اند. هر دو قوم که در تاریخ بنام کوچ/بلوچ یاد میشوند همیشه با هم داد و ستد فرهنگی و ایجاد خویشاوندی را میان تداوم بخشیدند. زمان اتفاق افتیده که هر دو عشیره با هم در جنگ و نبرد برخاسته اند. زبان بلوچ ها زبان بلوچی و زبان کوچ ها زبان کوچی بوده است. از زمانه های دور بدینسو قوم کوچ را همین پشتون های امروزی میدانند که در روند حیض و بیض اجتماعی و تباری با بلوچیان سازش نکرده اند (احتمالا درقدرت نمایی و یا تقسیم اراضی و یا جاگرداری باشد» . بنا بر زد و خورد های که میان این دو قوم صورت میگرفته ، کوچها مجبور گردیدند تا از ناحیه مکران و بلوچستان بسوی کوه های سلیمان سرازیر شوند و یا بزبان خودشان بکوچند. زورآوران شان مناطق حاصلخیز و شاداب را تحت اشغال داشته مسکن دایمی ساختند و کمزوران و یا دستهء که نادار و بی بضاعت بودند بصورت پراگنده در هر منطقه ی دولت خداداد شرق خرو خرگاه زدند و بصورت کوچی تا امروز حیات بسر میبرند . این نویسنده در بحث مفصل نوشته تحقیقی خود «کوچ و بلوچ» در باره این دو قوم متبارز حرف هایی که تا کنون روشنایی برآن نبود انداخته ام . باید خاطرنشان ساخت که بلوچ ها دارای تمدن ویژه یی بوده اند که سلطنت «گودرزیا» درزمان زمامداری بقایای اسکندری مقدونی پابرجا بود که در ردیف امپراطوری های «باکتریا/باخ » و «سلواکیا» و«پارتی ها» خود نمایی میکرد.

داکتر پرویز خانلری مینویسد : «زبان بلوچی که دارای ادبیات شفاهی است و ظاهرآ در حدود قرن سوم هجری در ناحیه امروزی بلوچستان و مکران استوار یافته است شامل دو یا

سه لهجه مختلف میباشد. گروه شرقی که وحدت جغرافیایی ندارد، از گروه نخست زبان پشتو را نام باید برد که آثار آن ازقرن دهم هجری تا کنون باقی مانده ..» (۲)

از اواسط سده نزدهم میلادی دانشمندان اروپایی بالخصوص انگلیس ها، که دسته بندی زبان های هندو/ آریایی یا هندو/ اروپایی را رویدست گرفتند، بدون شک با زبان هایی نیم قاره هندوستان که آنکشور را تحت اشغال داشتند نیز دلچسپی نشان داده پژوهشهای زبانشناسی و واژه شناختی راضمیمه کار های سیاسی و فرهنگی خود کردند که از آنجمله تحقیق روی زبان پشتو نیز بود. زبان پشتو یا زبان افغانی تا سده هفدهم میلادی تنها در مهاوره زبانی بین مردم معمول بود که در آثار کتبی و نوشتاری به نظر نرسیده است. زبان کتبی و خطی پس از فروپاشی شاهان ممالک (قطب شاهیان،خلجیان و تغلیقان) در هند، لودیان و سپس سوریان بودند(×) که قوام گرفت . با روشنگری و دانش ورزی بزرگان همچون پیر روشان ،آخوند درویزه ، خوشحال خان ختک و فرزندان ایشان، نظم و نثر پشتو کتابت گردید. آثار دینی «خیرالبیان» پیر روشان انصاری و «مخزن الاسلام» آخوند درویزه به زبان پشتو نگارش یافت. اولین سروده پشتو در شعر، شخصی با تخلص «ارزانی» میباشد که گام بردار شعر پشتو بوده و دیوان شعری دارد.

بعد شاعر آزادهء کلاسیک زبان پشتو ، خوشحال خان ختک سروده های میهنی و حماسی را بجا گذاشت. همچنان «تاریخ مرصع» تالیف افضل خان (نواسه خوشحال خان ختک) و «تواریخ افغانیه» تالیف پیر معظم شاه که به حافظ رحمت خان رییس قبیله روهیله اهدا شده هر کدام در قوام و پویایی زبان پشتو گام های ارزنده برداشتند. هنگامیکه پشتو به خط و کتابت رسیده کلمات «افغان» و «پشتو» در آثار نوسینده گان و شاعران این قوم با مفهوم واحد بجای یکدیگر استعمال شده اند. بنا بر این بطور کلی و اجمالی میتوان گفت که خود پشتون ها با استواری تمام خود را «پشتون» نامیده اند درحالیکه فارسی/دری زبانان ایشان را «افغان» خطاب کرده و هندی ها پتهان نامیدند . هندی های مناطق شمالی پشتون ها را «روهیله» نامیده اند که در زبان ملتانی روهیله به معنی «کوهستانی» میباشد . (۳)

پشتو یا پختو زبانیست بومی که یک ساحه کشور افغانستان بدان تکلم میدارند. این زبان شعبه از زبان فارسی بوده در آن مخلوطی از زبان عربی و هندی نیز شامل گردیده با الفبای فارسی نوشته میشود .

(فرهنگ عمید جلد اول صفحه ۴۷۴ - تهران ۱۳۷۴ انتشارات امیرک)

فرضیه و نظریاتی که زبان پشتو ریشه از اوستا دارد یا متاثر از ویدی است اکثر آگاهان زبان و فرهنگ را بخود گیچ و مبهوت ساخته است . از میان نامبرداران این رشته : ارنست ترمپ، اشپیگل، اورنل، مولر، داکترهانری، جیمز دارمستر و گیورگ مورگنسترن پیشقراولان این رشته استند. ارنست ترمپ کتابی تحت عنوان «دستور زبان پشتو» (۱۸۷۳میلادی) نوشت.

نامبرده با دلایل زبان شناسانه چنین نتیجه گرفت که پشتو یک زبان هندی و منشعب از سانسکریت است . پیش از این فرضیه اکثر دانشمندان زبان پشتو را نیمه هندی و نیمه آریایی میدانستند که این نظریه تا امروز هم طرفداران بیشماری را در پی دارد . این نظریه که زبان پشتو ریشه از آب و خاک هندی و آریایی دارد، فرزانه گانی همچون اشپیگل ، مولر وهورنل را تحت تاثیر در آورد. داکتر هانری اگر چه تآکید بیشتری به آریایی بودن زبان پشتو دارد ، اما باورمند آنست که اقتباس های صرفی و نحوی از زبان های کهن و جدید هندی در آن دخیل میباشد. جیمز دامستر زبان شناس سترگ به یاری موازین دقیق علمی و زبان شناختی ثابت میکند که پشتو یکی از شعبه های زبان آریایی است . دامستر یاد آور میشود که گرچه ارنست ترمپ با زبان های پشتو و هندی آشنایی کامل داشت ، اما از علم فقه اللغه و ریشه شناسی زبان آگاهی چندانی نداشته که همین امر میدان عملکردش را محدود میسازد . گیورگ مورگنسیتون فرهیخته مردی که در شناخت زبان های شرقی ایرانی دست بلند دارد مینویسد : «روی برخی قراین احتمال میدهد که پشتو، بازماندهٔ یک گویش سکایی بوده باشد»(۴)

از نظر این نویسنده از لحاظ منطقه، تبار شناختی، همسایگی، حدود جغرافیایی، آب و هوا و محیط زیست بررسی هایی را رویدست گرفته که دقیق و قابل فهم باشد. بنابرقول کتاب حدود العالم که افغانان صرف در یک قشلاق بنام «سول» حیات بسر میبردند. موقعیت قریه سول در ناحیه کوه سلیمان در قسمت های کرم و گومل افتیده است. اگر تصور کنیم

که این قوم سلحشور از مناطق بلوچستان و مکران به کوه سلیمان سرازیر شده باشند ، جا دارد که گفته آید زبان پشتو متاءثر از زبان بلوچی میباشد . به قول اکثر دانشمندان کشور ما، این طایفه در منطقه ی (کسی غر) که بودوباش اصلی عشایر پشتون بوده حیات بسر میبردند .در روند هزار و چند صد سال پیش این منطقه مربوط هندوستان کهن بود که تاریخ گواه آنست . مناطق جنوبی کشور ما از بدخشان تا کرانه های رود کابل و ساحه کوه سلیمان نواحی قندهار همه تحت قلمرو هندوستان بوده اند . هنگامیکه یک ساحه معین جغرافیایی تحت قلمرو یک کشور کهن و باستانی با زبان جهانشمول سانسیکریت موجود باشد چگونه نمیتواند تحت تاثیر و فرهنگ آنکشور بزرگ دنیا در نیایید ؟ بنأ زبان پشتو پیش از آنکه آریایی و اوستایی باشد ، متاثر از هندی گردیده است . از لحاظ استخوان بندی و چهره شناختی نیز این قوم با هندی ها و سندی ها همخوانی دارند با تفاوت اینکه پشتون ها چون در مناطق سرد و کوهستانی زندگانی دارند چهره های اسمرین داشته دارای قد و قامت بلند بالا. مناطق حاصیلخیز وادی پهناور سند که در هزاره های تاریخ شهر های «موهنده جارو – هارپه» قامت افراشتند از خود دارای تمدن ویژه ی داشتند که قدامت آنرا به چهار هزار سال پیش وانمود میسازند. همچنان نواحی بلوچستان که از دم و دستگاه شاهی برخوردار بوده به باور دانشمندان کلاسیک که «گودرزیا» جنوبی ترین شهر پر تمدن بلوچ ها محسوب میگردیده است .

نتیجه آنکه زبان پشتو آلوده یی از زبان های هندی و سندی و بلوچی میباشد جای شک باق نمیماند ، زیرا هیچ زبانی در دنیایی امروزی خالص سچه نمیباشد . بلکه زبان ها نظر به داد و ستد مردمان نواحی مختلف و با ورود واژه گان وارده، سچه بودن خود را از دست میدهد .

در اوایل دوره های اسلامی عرب و عرب مآبی مود روز گردیده بعد زبان فارسی/دری با ادبیات سرشارش رشد و بالندگی اختیار کرد که این دو زبان در روند داد و گرفت واژه ها سهم ارزنده داشتند . زبان فارسی/دری رسم الخط خود را از عربی وام گرفت و چون در دوره زمامداری شاهان غزنوی و امیران غوری فارسی/دری در نمیقاره هند سرازیر شد و لاهور مرکز ادب و فرهنگ این زبان گردید، همان بود که پشتو در دورهء کتابت و نوشتاری اش رسم الخط فارسی/دری را اختیارکرد .

کتاب مهابهاراته بمیان آمد ، از این ادوار کهن احتمال آن میرفت که از تبار و اقوام «پشتون ها» نام و نشانی نبوده . سروده های ویدی که بیشتر روی منطقه وادی سندهو (سند) اشاره دارد تمام عملیات انسانی و سلحشوری های عشایری این مناطق را با گرم و سرد روزگارانی که این عشایر باهم داشتند آشنا میسازد که تواءم با زد و خورد های عشاری می انجامد . قبیله بزرگ و با اقتدار «بهاراته» که از وادی کابل بسوی وادی سند کوچیدند ، اهالی مناطق دیگر را خوش نمیخورد که بدین صورت جنگ های خانمسوزی را بین عشایر با نفوذ منطقه بمیان کشیده است .

در این جنگها و تاراج ها ده پادشاه و یا ده ملک با هم در نبرد و زور آزمایی پرداختند که در تاریخ مهابهاراته بنام «جنگ ده ملک» شهرت حاصل کرده است. اسمای قبایل ده گانه شامل: الیناها- پکت ها- بهالانا- شینوا ها- ویشانن ها- انوها- دریوهوها- یادوها و بورها میباشد .

این قبایل همه در مناطق جنوب شرق و جنوبی کوه های هندوکش، شمال سندهو حیات بسر میبرند که شامل نورستانی ها و ننگرهاری ها، کنری ها، اهالی دره بولان، اهالی دره بلند بالای سوات و نواحی دیگر کوه سلیمان بوده است . (۵)

این دوره تاریخی که پیش از ورود آریایی های مهاجم بوده باش، اقوام و عشایر منطقه از خود دم و دستگاه داشته مشاورین و ریشی های فرهنگی و ادبی را قدر میکردند و از ایشان در راه مبارزات و نفوذ خویش استفاده میبردند . این ریشی ها و یا دانایان ویدی با شاه و ملک همکاسه و همبزم بودند . عشایری جنگ ده ملک را سر براه کرده اند همه نام های کهن و با زبان و لهجه های خاص منطقه خودشان سخن میزدند که در آن مناطق هر کدام سهم خود را داشتند جنگ ده ملک صورت پذیرفت و تقریباً سراسر شرق و غرب هندوکوه و سلیمان کوه و بلندا های کشمیر را در بر گرفته بود دلالت براین نمیکند که آنها از تبار پشتون ها باشند . پشتون ها که در این منطقه کوچیدند نام های خویش را از این اقوام که در رزم جویی و قومگرایی دست توانا داشتند اخذ کرده اند و عشایری ویدی گرفته اند . نورستانی ها از خود زبان های ویژه ی داشته اند که حتی امروز هم پشته یی، نورستانی، ویگلی، کتی، پرسون واشکون ورد زبانهاست میباشد که امروز زبان های پشه یی و نورستانی از زمره زبان های رسمی کشور ما محسوب میگردد .

بهمین گونه «پکت ها و گردیزی ها» هم از خود زبان دیگری غیر از زبان پشتو داشته اند که نظر به دوره های تاریخی زبان شان از میان رفته باشد و تا اندازه لهجه ها پا برجا باشد . از سده های پانزدهم و شانزدهم نفوذ پشتون ها و تحمل زبان پشتو، لهجه و گویش ها با پشتو ضم گردید .

قبیله و عشیره پشتون که صرف جز کوچک دیگر عشایر محسوب می شدند در ادوار اسلامی و تهاجمات مسلمان های خراسان بسوی هندوستان که فیل شان خواب هندوستان را میدید در آن سرزمین زر و زیور رهسپار شدند .

در ادوار سلاله شاهان غوری که سرلشکریان شان همه غلامان ترک بودند برای ادامه پهناوری و دست یافتن به غنایم، ایشان را به جنگ میفرستادند . در این دسته جنگجویان ترک که ایشان در راه حرکت شان بسوی هند، در گذرگاه شان اهالی مناطق بومی را شامل این لاولشکر میساختند که در این حرکت نیمه جهادی و نیمه غداری از عشایر پشتون نیز که چاره ی جز جنگ و غارتگری نداشتند امداد می جستند و ایشان را به صفت عساکر اجیر شامل دستگاه رزمی خویش میساختند .

عساکر غوری به سرکردگی غلامان ترک و عشایر کوچ و بلوچ سراسر ناحیه شمالی رود خروشان سند را تحت فرمان گرفتند . شهر های پشاور، ملتان و کشمیر را فتح کرده و پس از فروپاشی شاهان غوری ، غلامان ترک زمام امور را بدست گرفته سده های زیادی وادی سند را تحت تصرف داشتند و بر تخت دهلی نیز نشستند که در تاریخ بنام شاهان ممالیک یاد میشوند . شاهان ممالیک که کاردانی نبرد های پشتون ها را مشاهده کردند ، ایشان را بصفت سرلشکریان خویش برگماشتند تا اینکه پس از اضمحلال شاهان مملوک پشتون ها زمام امور منطقه را بدوش گرفته در تاریخ بحیث «شاهان افغانه» نامیده میشوند که از آنجمله سلسله لودیان و سوریان بوده است .

دوره زمامداری شاهان لودی و افغانه دوره گسترش زبان شفاهی و ادبی زبان پشتو بود که در سطر صفحه های پیش، از آن تذکر دادیم . عشایر بر سر اقتدار پشتون کاری که میکردند معاملات زناشوهری بود که ایشان از هرقوم زورمند و صاحب رسوخ زن میگرفتند و روز تا روز به تعداد بی بی ها میافزودند که بدین حساب ساحه نفوس و نفوذ پشتونها

بخش اول: آریانا / خراسان / افغانستان

افزایش بعمل آمده سلسله اقوام پشتون قوام می یابید . این روند در میان تمام قبایل پشتون های زور آور رواج پیدا کرد که سده ها بدین روند ادامه پیدا کرد . بطور نمونه هرگاه رییس قوم و یا سردمدار حاکم پشتون بنام محمدعلی از چند قبیله زن میگرفت اولاد او در آن منطقه جاگیر تیولدار بود، چی از نظرسیاسی و چه از نگاه قلدری پشتون ها در هر منطقه که داخل شدند بر علاوه جاگیری، باجگیری، تیولداری، بازرگانی، مالداری و زن گیری، نام خویش را به اسم و رسم آن منطقه دخیل میساختند که اگر علاقه مومند بود خویشتن را مومندی و اگر علاقه کتواز بود خود را کتوازی خطاب کرده زبان پشتو را نیز در سراسر منطقه تحت نفوذ خود به زور یا به رضا مروج میساختند . پس پشتون ها بدین سبب از یک قشلاق «سول» سراسر نواحی سند و وادی رود کابل و هیرمند و کرم و گومل و کنر و نورستان و ننگرهار و لغمان را از نسل خود ساختند و اهالی ایشانرا به سوی پشتونوالی، پشتو زبانی وقبیله سالاری سوق داده هویت منطقه را به یغما کشیده آنها را «افغان» خطاب کردند.

«در نزد پشتونها واژه پشتو تنها بیانگر زبان آنها نیست بلکه بیانگر سلوک، اخلاق، آیین و رسوم، و نمادی از یک ملت واحد است که علی رغم تعداد اقوام و قبایل حاکی از احساس همبستگی و اتحاد پشتون هاست . بنابر این ازین دیدگاه معنی (پشتون) گسترده تر از زبان» است. (٦)

باید یادآور شد که ترکان در ترکتازی خویش نیز همین کار را کردند که پشتون ها در سه سده اخیر نمودند. هرقوم زورآور با نفوس میگردد و با نفوذ . هرقبیله زور پسند حق گیر و جاگیر و زبانگیر می شود. چون تعداد نفوس این زورمندان افزایش میابد تاریخ نیز با قلدران و زورمندان همخوانی روا میدارد و زیرکانه هر کلمه و واژه را ، هرقوم وقبیله را ، هر فرهنگ و آیین را بنام شان حک میزنند .

در دوره قدرت نمایی لودی ها و سوری ها جمعیت پشتونها زیاد شد ، پشتون ها دسته دسته از وادی سند بسوی جلگه های شاداب شرق و غرب هندوکش بزرگ در سرزمین های دادیک ها (نواحی دهقانان) و یا تاجیک ها سرازیر شدند در هرات و قندهار قبیله وار نقل مکان کرده قدرت سیاسی، اقتصادی و اجتماعی را بدست گرفتند . واقعیت اینست که بقول

جلال الدین محمد بلخی «نرم خویان و گرم رویان» بصورت مداوم که با قلم و ادب و راست نگری آراسته استند همیشه مورد تاخت و تاز یرغلچیان و یغماگران قرار میگیرند و سرزمین های شان به زور غصب شده و دارایی های شان به تاراج کشانیده میشود . بنابر این همین زورمندان قبیلوی استند که ترکتازی های شان با تفنگ آتش میدارند و جان و خرد مردمان ادب دوست و علم پرور جوامع متمدن را میسوزانند . سروده ذیل گواه این رویداد است که جلال الدین محمد بلخی چگونه از آب و قلم و آتش تفنگ حرف میزند :

یک حمله و یک حمله کامد شب تاریکی

چُستی کن و ترکی کن نی نرمی و تاجیکی

در هر زبان و لسانی که در این جهان پهناور با جمعیت موجوده خود گفتگو میشود باید ریشه های دیرینه و تاریخی و جغرافیایی و اخلاقی آن به بحث کشیده شود تا درک علمی و دانشی آن السنه مسلم شود . زبان پشتو که یک ساحه کوچک جغرافیایی را در بر میگرفت ، از لحاظ ریشه یابی و پی بردن به واژه گان اصیل آن زبان از پسمنظر اسطوره و دیرینه شناختی کار ساده و آسانی نیست که این امر مستلزم کاوشها و بررسی های اتنیکی و خاورشناسی را بمیان میکشد .

طوریکه گفته آمد زبان پشتو بیشتر از کلمه های سانسکریت و سندی و بلوچی متاءثر است زیرا که پشتون ها از تمدن شهری برخوردار نبودند . سندی ها و بلوچ ها و هندی ها بودند که از خود دانایان، ریشی ها، برهمنان و مذهبیون اندیشمندی را با وسعت ادبی و زبان شناختی پرورش داده بودند که در آن زمان زبان پشتو صرف بصورت شفاهی و محلی در محیطی که زیست میداشتند رواج داشت . اکثر کلمات پشتو از زبان هندی/سانسکریت اخذ گردیده که پشتون ها در هنگام زبانی خویش همهء واژه های بلند بالای منطقه را به پشتو منظم گردانیدند. چون همیشه سرلشکریان ترک های مملوک بودند از ایشان کلمه های ترکی را که شکل و صورت بزرگمنشی داشت بخود روا دیدند .

ما مثال های زیادی از واژگان ترکی/مغولی داریم که در پشتو داخل شده و کلمه هایی همچون خیل ، خان ، خرگاه . . را بکار بردند . کلمه (خان) که ترکی/مغولی است امروز با وسعت دامنه داری در میان پشتون ها مروج است که حتی غیر از پسوند اسم ها ، بخاطر جاه و جلال و هیبت و بزرگی شان ،کلمه خان گاهی بصورت پیشوند هم کاربرد دارد مانند : خان محمدخان ، خان عبدالغفار خان- خان زکریا خان . . .

کلمه «گر» که در اصل سانسکریت است به «غر» پشتو شکل تازه گرفته که مراد از کوه باشد . معبد سوناگر سکاوند لهوگر در اصل کلمه هندی است که «سونا» به معنی رب النوع و «گر» معنی کوه باشد (معبدی که دربالای کوه قامت کشیده است) که بعد ها در پشتو «سوناغر» گردیده است . زبان اورمری نیز که در نواحی لهوگر تکلم میشود «غر» معنی کوه را دارد . همچنان «راگاه» که واژه اوستایی یا ویدی میباشد و معنی دشت و دمن را دارد در پشتو به «راغه» تبدیل شده . اسم ننگرهار (ننیهار حدود العالم) که به معنی «نه رود باشد» باشد ؛ در اصل کلمه سانسکریت میباشد . نی/ننگ معنی عدد ۹ را دارد- نهار به معنی رودخانه باشد که با «نهر» فارسی همریشه است. اعداد پشتو که با سانسکریت شباهت دارد کاملا واضح میگردد که (گر)، (هار) و یا (ننگ) همه واژه های سانسکریت بوده که پشتون ها از ایشان وام گرفته و وارد زبان خود ساختند .

الفنستون در کتاب «افغانان» مینویسد : «کلمه های چون پلار ، مور ، خور ،ورور- با زند و پهلوی همریشه اند . همچنان اعداد پشتو شباهت بسیاری با اعداد سانسکریت دارد . . و واژه های متعلق به دین ، دانش و حکومت بیشتر برگرفته از فارسی و عربی است »

الفنستون مینگارد که ۲۱۸ کلمه پشتو را با معدل آنها در زبان های فارسی ، هندی ، زند و پهلوی، پنجابی، عربی، عبری و کلدانی مقایسه کرده و نتیجه میگیرد که اکثر کلمات پشتو نیستند .

(نظر به فهرستهای واژه نامه ها و کلمات زبان های مختلف دانشمندانی همچون آروین - انکویل دوپرو) (۷)

سرزمین رود های مقدس

یادداشت ها:

۱. بنگرید به کتاب زبان شناسی و زبان فارسی، دکتر پرویز ناتل خانلری، صفحه ۶۱، چاپ کابل، عقرب ۱۳۶۷

۲. همان کتاب، صفحه ۶۳

(*) مراد از شاهان لودی: سلطان بهلول لودی در سال ۱۴۶۱ میلادی ؟ ۸۵۵ هجری در سراسر رودخانه سند از سرچشمه تا مصب را مدت ۳۸ سال تحت فرمان داشت. سپس فرزندش سلطان سکندر ثانی و بعد ابراهیم ثانی حکومت کردند که مجموعا هفتاد و پنج سال حکمفرمای منطقه سند بودند. این سلسله را بابر از میان برداشت. بیشتر از یک دهه نگذشته بود که «افاغنه» با بمیان آمدن فرید خان ملقب به شیر خان (شیرشاه سوری) در سال ۱۵۳۹ میلادی علاقه سند و کشمیر و ملتان را مسخر ساخت و بشمول فرزندانش بنام های اسلام شاه، عادل شاه، ابراهیم ثالث و اسکندر شاه ثالث برای مدت پانزده سال حکومت داشتند. این سلسله را امپراطور مغل از صحنه خارج ساخت.

کتاب «طبقات سلاطین اسلام»، تالیف استانلی لین پول، ترجمه عباس اقبال، سال ۱۳۶۳، چاپ ایران، ص ۲۶۹

۳. کتاب افغانستان در پنج قرن اخیر، تالیف میر محمد صدیق فرهنگ، جلد اول، چاپ ایران، ۱۳۷۱، صص ۳۵ و ۳۶

۴. دانشنامهٔ ادب فارسی، جلد سوم، با ویراستاری حسن انوشه، چاپ تهران، ۱۳۷۸، صفحه ۲۰۹

۵. کتاب تاریخ افغانستان، جلد اول، نوشتهٔ احمد علی کهزاد، چاپ دوم، در سویدن، سال ۲۰۰۲ م، ص ۸۹

۶. دانشنامهٔ ادب فارسی، جلد سوم، صفحه ۲۱۲

۷. کتاب افغانان، تالیف مونت استوارت الفنستون، ترجمه محمد آصف فکرت، صفحه ۱۹۰، و پاورقی صفحه ۱۲۹، چاپ ایران، ۱۳۷۶

< ملل غریبه > کیستند؟

غریبه واژه ایست فارسی / دری که مونث < غریب > باشد. پس غریبه بمعنی بیگانه است که در مقابل آشنا و یار میباشد. اگر مراد از ملل غریبه اهالی باشند که در کشور خدا داد افغانستان بصفت بیگانه محسوب میگردیدند نهایت دلچسپ به نظر میآید که تاریخ از این نوع حرف های < دلچسب> بسیار نگاشته است. پانزده ملیون غریبه در افغانستان، درست تداعی دوازده - پانزده ملیون غریبه های مکیسکویی ها را نشان میدهد که در کشور امریکای شمالی- ایشان را اهالی < غریبه > به شمار میبرند زیرا که بدن قانونی داخل خاک امریکا شده اند.

ملل غریبه که ملا فیض محمد هزاره در محدوده جغرافیایی افغانستان زمان شاهان پشتون ذکر کرده اند کیستند؟ آیا این ملل غریبه نام و نشانی داشه اند و یا که به اثر نفوذ قدرت های سیاسی اقوام برادر. حتی از گرفت نام شان عار میشده است. پیشتر تذکر دادم که در کتاب سراج التواریخ از اسماء ملل غریبه نام گرفته نشده است. ملل غریبه به زعم این نویسنده احتمالا همین باشندگان اکثریت دیگر افغانستان آن زمانه بوده باشند که عبارتند از: هزاره ها - تاجیک ها- ایماق ها - نورستانی ها و بلوچها باشند که در سراسر صفحات شمالی و شرقی و غربی و مرکزی افغانستان سکونت اختیار نموده اند. جمعیت پانزده ملیونی که اکثریت تبعه کشور عزیز ما را تشکیل میداده اند در کشور خودی <غریبه> محسوب گردیده اند.

تبعه ملل غریبه که از سرحدات پارو پامیرزاد بدخشان میآغازد و به شمول تخارستان بزرگ و اندراب و بلوچستان و لغمان و ننگرهار و وادی وسیع کابل و بامیان و کندز و سمنگان و خلم و بلخ و جوزجان و فاریاب و اندخود و مروالرود و غوربند و هرات و بادغیسات و غرجستان و غور و ارزگان و شمال هیرمند و سیستان پهنا میابد گسترش یابیده اند. کتاب متذکره در ارزیابی نفوس کشور ما از تعداد پشتون ها کرده جمعیت هندو ها را بیشتر مینگارد که خود جالب به نظر میخورد. درست است که کتله بزرگ هندو ها از زمان سلسله کیانیان تا سلسله شاهان غزنوی و بعد ها در زمان دودمانی درانی در کشور ما با وسعت خورد و بزرگ خود که در روند تاریخ میان داشته سکونت اختیار کرده اند. این کتله بزرگ

هندو ها بحیث کارگر مزدوری و یا لا و لشکر ایله جاری و یا بصفت برده که پس از فتوحات هندوستان در افغانستان سرازیر شده اند و کتاب تاریخ ملا فیض محمد هزاره جمعیت شانرا بیشتر از پشتون ها ذکر میدارد حالا کجا شدند؟ این هندو های بیشمار به کدام کوهپایه های وطن ما پنهان استند که بجز چند جمعیت سکهه که شمار شان از انگشتان هم کمتر استند دیده میشوند؟

جمعیت ملل غریبه که خارج از تاتار و مغل و ترک و هندو و افغان باشد. از گذشته های نه چندان دور بنام های تاجیک، هزاره ، ایماق و حتی ترکستانی نیز یاده شده اند. زیرا که صفحات شمالی کشور مان در ازمنه دور و درازی تحت قیادت ترکت ها بصورت مستقیم اداره میشد که حتی روانشاد ملا فیض محمد هزاره در صفحه دهم جلد اول و دوم کتاب < سراج التواریخ > صفحات شمالی افغانستان را که به جنوب امویه موقعیت دارد و شهر های بلخ و تخارستان و کندز را تحت قلمرو خود داشته بنام < ترکستان جنوبی متعلق به افغانستان> یاد کرده اند. نشریه شمس النهار کابل در زمان امیر شیر علی خان نیز از خطه افغانستان/ ترکستان یاد کرده است.

باید یادآور شد که ملل غریبه عبارت از اهالی اصلی باشندگان تمام نقاط افغانستان امروزی و یک قسمت ساحه ماوراءالنهر و یک اندازه۹ساحه ایران امروزی و حتی تا مرز های سند را نیز در بر میگرفته که از زمانه های خیلی دور در این مرز و بوم اسکان داشته اند. تمام سرزمین خراسان کهن که با پهنای وسیع جغرافیایی و سیاسی اش استوار بود و از خود دم و دستگاه داشت آیا مردمانش ملل غریبه بودند؟ ملل غریبه پیش از هجوم مهاجرت و غیر مهاجرت آریایی ها در این مرز و بوم و در پهنای گسترده هندوکش بزرگ سکونت داشته اند. ملل غریبه از دو هزار سال بدینسو بزبان ناب فارسی/ دری سخن میگفته اند که تا امروز با همان لهجه و گویش پا برجا میباشد. زبان فارسی/ دری ملل غریبه بعد ها در قلمرو پارس و هند و سند رسید و از پیشینه ها حتی سرحدش تا تیسفون و دجله و فراب انطاکیه نیز پهن گردید . ملل غریبه باشندگان اصیل آریایی ساده دل و گوارایی اند که در دل صخره ها و قلب کوهساران و لبه های رود باران منزل اختیار کرده اند. زمانی که یرغلچیان ترک و تاتار - از یمین و یسار بر ما هجوم آوردند و همچنان جهانگشایان غدار و شاهان و امیران زورآور و

خونباره بخاک ما تجاوز کردند و هستی ها فرهنگی و داشته های هنری ما را بخاک کشیدند. مردم مانرا تار و مار کرده، کشتند و بستند و نابود ساختند. یا اینکه از مساکن اصلی شان کوچانیده شدند و جای و منزل شانرا به مهمان های ناخواسته زورآور بجا گذاشتند.

اما زبان ملل غریبه که قدامت داشت سازندگی نتوانستند از میان بردارند بلکه آنها نیز از این زبان سچه درباری و دیوانی استفاده بردند و به افتخارات شان افزودند.

باشندگان اصیل خراسان کهن غریبه نیستند بلکه دیگران اند که در این کشور پهناور دست و پا زدند و منزل اختیار کردند. تجاوزگران از چهار سمت بسوی سرزمین ملل غریبه هجوم بردند و خویشتن را مالک و تیولدار سرزمین های ملل غریبه دانستند.

یادداشت ها :

۱. کتاب < سراج التواریخ >، اثر ملا فیض محمد کاتب هزاره، ۱۳۷۲، چاپ موسسه تحقیقات و انتشارات بلخ، صفحه ۷

۲. همان کتاب، صفحه ۲

۳. همان کتاب، صفحه ۳

آیا افغانان از قوم بنی اسراییل استند؟

روایات و فرضیه های گوناگونی درباره اینکه این قوم از کجا استند و با کدام گروه تباری رشته های عرق دارند و یا از کدام جایگاه در سرزمین فعلی کوچیده اند دانشمندان شرق و غرب را بخود مشغول داشته و تا کنون راه حل درست و مستندی را بدست نیاورده اند.

باورمندی بر آنکه افغانان از افغان پسر ارمیا یا برکیا (برخیا) پسر ساول یا شاول پادشاه اسراییل میباشد که همهء منابع تاریخی از میثاق های یهودی از حضرت ابراهیم تا زمان اسارت یهودیان بدست بابلیان را دربر میگیرد. (۵)

دوازده قبیله یهود منسوب است از دوازده فرزند یعقوب علیه السلام، ده قبیله شان پس از بازگشت برادران شان به یهودیه در شرق ماندگار شدند و این فرضیه که افغانان از دودمان آنانند به آسانی و طبیعتاً ناپدید شدن یک قوم و منشاء قوم دیگر را آشکار میسازد.

اسحق پیامبر بود که دو فرزند داشت. یکی بنام عیص و دیگری بنام یعقوب . پروردگار عالم از نسل یعقوب هفتاد هزار پیغمبر بفرستاد. اما از نسل عیص (در تورات عیسو) همه نسل ترکان روم و پادشاهان عجم بمیان آمدند. فرزند یعقوب که دوازده اند عبارتند از :

یهودا، روبیل ، شمعون ، لاوی ، بن یامین ، دان ، زبولون ،یوسف ، نفتالی ، کان ، یساخر و اشار یوسف و بنیامین از بطن راحیل بدنیا آمدند. (۶)

هرگاه به فرضیه بالا برگردیم درمیابیم که شاول یا ساول (**) پسری بنام ارمیا یا برکیا نداشته است، و هرگاه بپذیریم که نوه شاول « افغان» بوده باشد اثری از زعیم مذهبی آن طایفه و دودمان بجای نمانده است که این مطلب را الفنستون در کتاب افغانان نیز یادآوری میکند.(۷)

باز هم اگر به واژه های شاول ، ساول و سول برگردیم، دهی که کتاب « حدود العالم » در سده چهارم هجری برشته تحریر کشیدهٔ،از آن بنام «سول» یاد میکند و آن را مسکن افغانان میشمارد چه رابطهٔ ی با ساول و شاول دارد؟ باز هم این نام ها که همه کلمه های عبرانی استند با افغان چه ربطی دارد که مفاهیم گنگی را بر ملا میسازد.

برخی را باور بر آن است که شجره افغانان به قیس میرسد که قیس را عبدالرشید هم نامیده اند. آیا این قیس همان پدر شاول است یا قیسی که به دین اسلام مشرف گردید؟

بقول کتاب الفنستون - قیس چهار پسر داشته ،بنام های سربن ،غرغشت ،بیتنی و کرله که چهار شاخه برزگ «افغانان» از این نام های تاریخی بمیان آمده است. (۸)

دانشمند احمد علی کهزاد در کتاب « غرغشت یا گرشاسب» قبایل پشتون را وابسته و مربوط سه پهلوانان نامدار بنام های غرغشت ،شیخ بیتنی و سربن میداند و آنرا اینگونه تذکر میدهد:

« غرغشت نام یکی از پهلوانان نام آور ماست که از آغاز صدر اسلام در میان تمام قبایل پشتون افغانستان و خارج شهرت زیاد داشت و دارد و با دو تن دیگر یعنی شیخ بیتنی و سربن ،قهرمانان سه گانه ملی و بابای کتله پشتون را تشکیل میدهند» (۹)

هنری والتر بیلیو دانشمند غربی شجره افغانان را بر اساس شجره نویسان افغانی به بحث بیشتر میکشد و سرابن ،بتن و غرغشت را که سه پسر قیس یا کیس استند و قیس را از مغاصران حضرت پیامبر اسلام (ص) میداند که او را جد اصلی ایل های موجوده افغانان میباشد میداند. قیس در زمان پیامبر گرامی اسلام رییس بزرگ افغان ها که در کوهپایه های غور زندگانی میکرده از جانب خالد بن ولید نامه ی دریافت کرده که خالد بن ولید او را در اسلام دعوت میکند. هنری والتر بیلیو در یادداشت هایش مینویسد:

«چون افغانها خود بنی اسراییل بودند، مراسلات و ارتباطات خود را با اسراییلیهای خویشاوند خود در عربستان نگهداشته بودند، لذا قیس از غور در رأس هیاتی مرکب از ۷۶ نفر مردان قبایلی نماینده روسای عمده افغانان بنی اسراییل به مکه میروند. بهنگام رسیدن به آنجا توسط خالد بن ولید اسلام را پذیرفته و دلاورانه در راه اسلام میجنگند. پیامبر در پاداش خدمات فداکارانه آنها و بهنگام مراجعت ایشان در حق آنها دعا نموده و هم نام های عبرانی آنها را به عربی تبدیل میکند. به قیس رهبر هیات ، نام عبدالرشید و لقب یا عنوان (پیهتان) میدهد. (پیهتان در زبان سریانی به معنی سکان کشتی است) ..

بر علاوه پیامبر به اهالی افاغنه وعهده میدهد عنوان ملک = شاه را اعطا میفرمایند که آنها از اجداد بزرگ ایشان ملک طالوت (***) به ارث برده اند.

افغان ها به ارتباط نسب خویش از ساول (شاوول)، چنین داستانی عرضه میکنند: سارول پسر قیس یا کیش مربوط قبیله ابن یمین (بنجامین) بوده، دو پسر دارد بنام های برکیاه و ایرمیا که هر دو در یک ساعت از مادران جداگانه تولد شده و هر دو مربوط به قبیله لاوی (لیوی) میباشند. این پسران که پس از مرگ سارول تولد گردیده و یکجا به ده پسر دیگرش در جنگ در مقابل فلسطین به قتل رسیده بودند، تحت حفاظت داود پیامبر بزرگ شده و جانشین سارول شدند. ایشان را در مقامات مهم حکومت خود ارتقاء داده بود.. براکیاه پسری بنام آصف و ارامیا پسری بنام افغانه دارد... بهنگام مرگ سلیمان ، فامیلهای آصف و افغانه از جمله بزرگترین روساء بنی اسراییل گردیده و تعداد آنها پس از مرگ آصف تکثیر می یابد. آصف دارای هژده فرزند و افغانه چهل پسر دارد. در زمانیکه بیت المقدس توسط بخت النصر (نیبو کد نیظر- سردمدار بابل) تسحیر و تخریب گردید... قبیله افغانه به علت

بخش اول: آریانا / خراسان / افغانستان

لجاجت و خیره سری در مقابل فاتحین از شام تبعید گردیده و پس از مدتی در کوهستان غور و کوه فیروزه پناهگزین میشوند و در این محلات آنها توسط همسایگان بنام های : افغان ، اوغان ،اغوان یا الوان بنی اسراییل نامیده میشود» (۱۰)

کتاب « افغانستان در پنج قرن اخیر» از قول کتاب « افغانستان» تالیف دبلیو فریزر تتلر مینویسد: « جد اعلا پشتونها شخصی بنام «افغانه» بوده است که در عهد داود بنی (ع) میزیست. در هنگام پراگندگی یهودیان ، اولاد افغانه به جبال غور پناه برده و در آنجا اقامت گزیدند. پس از اعلان دین اسلام از جانب حضرت محمد (ص) رییس این طایفه که «قیس» نام داشت دین جدید را پذیرفته و در راه نشر و تبلیغ آن به جهاد پرداخت. در این ضمن وی به مدینه رفت و توسط خالد بن ولید سردار معروف عرب که با او وابستگی قومی داشت به حضور پیغمبر اسلام مشرف گردید.

حضرت پیغمبر نام او را از قیس به عبدالرشید تبدیل نمود و به علت خدماتش در اعلای کلمه الله او را به «بتهان » که بموجب این روایت در معنی تیر چوب زیرین کشتی میباشد ملقب ساخت. این نظریه که در بین خود پشتون ها یک تعداد طرفدار دارد ، از جانب دانشمندان به دلایل متکی به تاریخ و زبان شناسی رد شده است. اینان پشتون ها را شعبه ای از شاخه هند و اروپایی نژاد آرین میشمارند که در جریان تاریخ و در روند عملیه تشکل ملتها بعضی عناصر هندی، ترکی ، تاجیک و عرب را جذب کرده و ملتی را بزبان و فرهنگ مشخصی بوجود آوردند» (۱۱)

یادداشت ها :

۱. کتاب «افغانان»، تالیف مونت استوارت الفنستون، ترجمه محمد آصف فکرت، صفحه ۱۵۷، چاپ ایران، سال ۱۳۷۶

(*) کتاب های ویدا و اوستا کلمه های پشتو و پشتون و پخت و پختون را ثبت کرده اند که مسکن شان همین نواحی جنوب افغانستان امروزی میباشد. کلمه های پکتیا و پکتیکا که امروز دو ولایت جنوبی کشور ما را معرفی می کند خود مدعای استعمال این کلمه ها بوده است که در روند تاریخ اقوامی بدین نام ها یاد میشدند. از جنگ ده ملک در کتاب ویدا یاد شده که اکثر شان در سرزمین ما موقعیت دارد و یکی از آن ملک یا پادشاه در بکت و بکتیکا و بختیکا حیات بسر میبرده است.

کلمه «افغان» را طوریکه مونت استوارت الفنستون نیز یاد میکند آنقدر قدامت نداشته، بلکه واژه « پشتو- پختو» کاربرد دیرینه دارد. کلمه هاییکه در میان طوایف ده ملک که بعد ها با هم کشت و خون کردند و ویدا این جنگ ها را « جنگ ده ملک » یاد میکند درخت و ریشه چندین هزار ساله دارد که بعدها پشتون ها نام های تاریخی و دیرینه بخاطر پویایی دیرینه بودن شان بخود نسبت داده اند. این سرزمین های ده گانه از خود فرهنگ و زبان ویژه ای داشتند که اصلاُ ایشان را وابسته به تبار پشتون گرایی دور از انصاف تاریخ کهن ما میباشد.

۲. کتاب حدود العالم، مقدمۀ بارتولد، حواشی و تعلیقات مینورسکی، ترجمه استاد میر حسین شاه، چاپ کابل، سال ۱۳۴۲، صفحه ۳۷۹

۳. همان کتاب، صفحه های ۹۲ و ۹۴

۴. فرهنگ معین، جلد پنجم ، صفحه ۳۴۷، چاپ تهران، سال ۱۳۷۱

۵. کتاب افغانان، الفنستون، صفحه ۱۶۰

۶. کتاب طبقات ناصری، اثر قاضی منهاج سراج جوزجانی، به تصحیح عبدالحی جبیبی، چاپ کابل، سال ۱۳۴۲، صفحه ۲۸

(**) : و پسران شاول یوناتان ،بشوی و ملکیشو بودند.. و اسم سر لشکرش ابنیر بن نیر عموی شاول بود. و قیس پدر شاول بود

(کتاب مقدس، کتاب اول سامویيل، باب سیزدهم، سطر اول، باب چهاردهم، سطر های ۴۷ - ۵۲، و باب پانزدهم، سطر های ۷- ۹، چاپ ۱۹۰۴ میلادی بزبان فارسی / دری)

۷. کتاب « افغانان»، اثر الفنستون، صفحه ۱۶۱

۸. همان کتاب، صفحه ۱۶۳، بخش دوم

۹. کتاب « غرغشت یا گرشاسب »، اثر احمد علی کهزاد، چاپ پشاور، ماه حمل سال ۱۳۷۸، صفحه های اول و هفتم

(***) ملک طالوت در زمان حضرت داود پیامبر زندگانی میکرد. ملک طاعوت با ملک جالوت خصومت دیرینه داشت و یک بار منادی کرد: « هر کس جالوت را بکشد، برعلاوه اینکه دخترش را برای او به زنی میدهد و هم از ملک و دارایی بهره ور میشود»

در این ایام حضرت داود به میدان آمده و در کشتن جالوت اقدام کرد. داود پیامبر با سنگی که با او سخن گفته بود در دست گرفت و بر فرق جالوت بکوبید، با آنکه جالوت بر سرش یکصد و بیست رطل آهن کلاه خود داشت او را از اسپ فرو بیانداخت و بکشت. داود سر جالوت را به ملک طالوت بیاورد.

شاول سی ساله بود که بفرمانروایی اسراییل گماشته شد. شاول با پسرانش و سران قوم و سرلشکریانش یکجا شده فلسطینیان را شکست سخت داد. « شاول عنان سلطنت اسراییل را بدست گرفت و با جمیع دشمنان اطراف خود یعنی با موآب و بنی عمون و عدوم و ملوک صوبه و فلسطنیان جنگ کرد و بهر طرف که توجه مینمود غالب میشد. عمالی قییان را شکست داده اسراییل را از دست تاراج کنندگان ایشان رهانید. شاول عمالقه را از حویلی تا شور که در برابر مصر است شکست داد و اجاج پادشاه عمالیقه را زنده گرفت و تمامی خلق را بدم شمشیر با الکل هلاک ساخت»

روایت کرده اند که حضرت سلیمان از دختر ملک طالوت میباشد.

نگاه کنید به کتاب «طبقات ناصری »، اثر قاضی منهاج سراج جوزجانی، به تصحیح پوهاند عبدالحی حبیبی، چاپ کابل، ۱۳۴۲، صفحه ۳۸

۱۰. نشریهٔ آریانا برون مرزی، سال یازدهم، شماره دوم، سرطان سال ۱۳۸۸، چاپ سویدن، نویسنده هنری والتر بیلیو، برگردان ، سهیل سبزواری، پژوهشی درباره اتنوگرافی یا تبار شناسی افغانستان، سال ۱۸۹۱ میلادی، صفحه های ۶۰ - ۶۹

۱۱. کتاب افغانستان در پنج قرن اخیر، اثر میر محمد صدیق فرهنگ، صفحه ۳۶، جلد اول، چاپ ایران

کوه سلیمان، محل بود و باش افاغنه

چون سخن از کوه سلیمان است ، باید از ساحه جغرافیایی و موقعیت آن در مردمانی که در این کوه اسطوره یی بود و باش دارند حرف هایی را بمیان کشید.

الفنستون در کتاب « افغانان» در باره کوه سلیمان مینگارد : « سلسله کوه سلیمان از جنوب نقطه ء اتصال بلوت تاغ و یا هندوکش آغاز میشود و به شاخه جنوبی هندوکش پیوسته است . مسیر عمومی آن عرض ۲۹ درجه شمالی بسوی جنوب است. از این سلسله در میان ۳۲ و ۳۴ درجه ، سه شاخه بسوی شرق جدا میگردد که دوتای آن سند را قطع میکنند..

دو سلسله فرعی نیز موازی با سلیمان- که از مرز جنوبی افغانستان این سلسله را بسوی شرق همراهی میکند امتداد یافته اند و اقلا تا روغزی در عرض البلد ۲۰ و ۳۰ دقیقه میرسند. در میان این دو سلسله قوم شیرانی به زراعت مشغول اند.. کوه های سلیمان از سنگ سیاه و سخت تشکیل شده است. سنگ های سلسله دیگر قرمز است و بهمان اندازه سخت. اما سلسله دیگر نرمتر و خاکستری و شنی است .. فراز این کوه ها برهنه و اطراف کوه های بلند پوشیده از درختان کاج و زیتون مستور است»

باید تذکر داد که جلگه رود سند از سواحل دریا (بحر) تا سونگر داخل ولایت سند بوده است. سند در متون قدیمی سندهو که خدای رودخانه سند میباشد و نام این رودخانه از آن اخذ گردیده.

سند را بدو شاخه سند علیا و سند سفلی منقسم کرده اند در بخش غربی رود سند سرزمین بلوچان میباشد. بالاتر از سونگر تا شاخه های شرقی کوه سلیمان ، منطقه دامان واقع است. در بخش جنوبی دامان مسکن قبیله استوریانی و ساحه شمالی مسکن قبایل بابر، میاخیل، گنداپور ، دولت خیل و مروت اند که همه افغانان استند .. در امتداد مرز دامان قبیله عیسی خیل اند که در نواحی خوست ، بنو و دور سکونت دارند. در همین امتداد قبایل زمری ، شیرانی ، وزیری و حدران زندگانی دارند. « این سلسله تقریباُ به شمال و جنوب امتداد یافته و متوان گفت که از سفید کوه آغاز شده و تار رسیدن به کوه های تیرا در شمال پیوار میسر جنوبی را میپیماید. از کانیکرم گذشته به« تحت سلیمان » میرسد. تخت سلیمان ارتفاع ۱۲۸۳۱ پارا نشان میدهد.. شمال این کوه ها را درختان زیتون پوشانیده و در حدود کانیکرم معادن آهن بسیار مرغوبی است که از آن شمشیر های خوب میسازند. نمکی که از این کوه ها بدست میاید مانند بلور شفاف است. و مقداری از آن از قره باغ به سند و کشمیر فرستاده میشوند» (۱)

پشتون ها کوه سلیمان را « د کسی غر» یاد میکنند. باید یادآور گردید که «کسی» یا کاسی نام قبیله کوچکی است که اکنون در کویته و پشین سکونت دارند. کلمه کسی یا کاسی با کسی غر پشتو یا کوه سلیمان بی رابطه نمیباشد. نام های سلیمان و کاسی و کسی در تاریخ ذکر گردیده چنانکه کاسی فرزند خرشبون بن سربن است. پته خزانه مینویسد:

« نواسه ی عبدالرشید پشتون بابا ساکن کوه کسی بود. خداوند تعالی کمالات و کرامات به وی بخشیده به عبادت خدا مشغول میبود. نقل کنند که در حین حیات پدر مرخص شد، با اولاد خویش از کوه کسی به غوره مرغه آمد و گاه به کوه غندان میرفت و در آنجا به نیایش پرودگار می پرداخت» (*) (۲)

کوه سلیمان از جمله کونه های برازنده و مشهور کشور ما میباشد که مانند هندوکش، کوه بابا، سفید کوه، سیاه کو، ارتفاعات پامیر، تیربند ترکستان و فیروز کوه ، ساحه وسیع مناطق جنوبی ما را در بر گرفته است کوه سلیمان در ساحه جنوبی کشور ما قامت برافراشته و در طول ششصد کیلومتر از شرق و به غرب افتیده است. این کوه به دو بخش منقسم میگردد:

سلیمان داغ غربی

سرزمین رود های مقدس

سلیمان داغ شرق

عملیه تخریبی تکتونیکی (زلزله)در کوه سلیمان بوضاعت دیده میشود. (۳)

استاد عبدالحی حبیبی در حواشی کتاب «طبقات ناصری» درباره کوه سلیمان نوشته اند:

« کوه سلیمان در حدود جنوب شرق افغانستان کنونی کاین است و این کوه را مردم بومی کسی غر گویند و قله بلند آن تخت سلیمان ۱۱۲۹۵ فیت ارتفاع دارد. بالای این کوه وادی های پشتون خواه به نظر می آید.. و مردم گویند که « تخت سلیمان» (یا قالینچه سلیمان) به صخره های راس قله آن کوه تصادم کرد و شکاف صخره کوه پدیدار است و این کوه را منشاء اجداد نسل پشتون می پندارند» (۴)

تاریخ شهادت میدهد که یک قسمت ساحه جنوبی افغانستان نظر به موقعیت جغرافیایی اش به ساحه هند و سند ارتباط می گیرد ، این ساحه محل بود و باش قومی بنام «افغان» میباشد.

چرا سلسله کوه قسمت جنوبی کشور ما که محل بود و باش افاغنه باشد بنام کوه سلیمان یاد میشود؟ سلیمان بن داود برتخت خلافت بنشست و صاحب تخت و جاه و کمال بود. او پادشاهی بود که دیوان را مسخر کرد و و خودش را تحت فرمان داشتی و حتی زبان پرنده گان دانستی. (زبان مرغ میدانم، سلیمان بجان تو). حضرت سیمان دارای لا و لشکر عظیم بود که پهنای لشکریانش را بیشتر از یک فرسخ گفته اند. تخت و بخت سلیمان آوازه جهان است که «تخت» او چهار صد کرسی داشت. هرگاه بر تختی نشستی ، همه ای موجودات عالم از جنس آدمی تا غیر آدمی - یا بزبان دیگر انس و جنس در خدمت وی بودی. « بخت » او آن بود که او سه صد زن نکاحی و هفتصد کنیزکان و ماه روی و خوب صورت داشتی و بر علاوه اینها، ملکه سبا بلقیس خاتون که در یمن سلطنت داشتی نیز در عقد خویش در آوردی.

پس از تخت و بخت میرویم بسراغ پهنا و وسعت قلمرو حکمفرمایی او که : از بیت المقدس تا کابل و هندوستان و کوه سلیمان - از اصطخر پارس تا یمن و شام و عربستان - از شام تا بلخ و ترکستان بود.

تخت سلیمان خاصیت پرواز را داشت که دیوان خاصه حلقه بر گوش تخت فرمان او بودند تا تخت او را به پرواز در آورند. تخت سلیمان بنام قالینچه سلیمان نیز شهرت دارد و فرشی که حضرت سلیمان روی آن مینشسته و امر پرواز میداده ... کتاب طبقات ناصری در این باره مینویسد:

<< پس بامداد فرش (قالینچه سلیمان) را از بیت المقدس به اصطخر پارس میاوردند یکماه راه او (حضرت سلیمان) اینجا قیلوله فرمودی و بعد از نماز پیشین از آنجا به حد کابل آوردندی و بر سر کوه سلیمان برابر ملتان یکماه راه, شب آنجا بودی.. و با صبح روایت آنست که در آن عند ملک بابل منوچهر داشت و اصطخر پارس را بخدمت مهتر سلیمان باز گذاشته بود, و ملک هند و زمین کابل بخدمت او مفوض گردانیده بود...>> (۵)

مینگریم که هرگاه حضرت سلیمان دلش هوای کابل زمین میکرد. قدسیت این کوه به مراتب بالاتر از آن باشد که باید بنام << حضرت کوه سلیمان>> خطاب گردد. زیرا حضرت بمعنی پایتخت نیز میباشد.

اسطوره حضرت سلیمان که در سفر های هوایی اش سری بر سر کوه سلیمان نیز میزده و چاشتگاه او سیستان است که آنرا تاریخ سیستان اینگونه مینویسد:

<< سلیمان علیه السلام باد را فرمود تا او را با همه لشکر گرد عالم بگردانید و جهانیان او را بدیدند و فرمان او را بکار بستند و جن و انس با او بودند و طباخان برکار بودند. باد را گفت مرا به جایگاهی فرود آر که معتدل تر باشد و هوا سبک. باد او را به سیستان فرود آورد تا آنجا چاشت بخورد و بخوابد. پس سلیمان گفته که از چندین جای که رفتیم اینجا خوشترست...>> (٦)

کتاب تاریخ انبیاء شرح مفصلی در پیرامون تخت سلیمان نوشته و روایت بر آنکه مرکز اصلی و جایگاه زمامروایی تخت و بخت او شهر بیت المقدس بوده است. از شهر بیت المقدس بر روی قالینچه پرنده مینشسته و بیک بر هم زدن تمام امپراطوری سلیمانی را که تحت فرمان او بوده گزو پل میکرده است. طوریکه در نوشته ها دیدیم, شب را در کابل - چاشت را در سیستان- روز را به ترکستان - نیم روز را اصطخر پارس, روز دیگر به نواحی بین النهرین و به یک برهمزدن از بلخ زیبا نیز دیدن مینموده است.

<< روایت شده که سلیمان (ع) وقتی از بیت المقدس بیرون رفت... و باد ایشان را برداشت تا به مداین رسانیده و در همان روز در اصطخر برگشت و صبح به جزیره گاوان رسانید.. و روزی در صباح او را از ایلیا برداشت و در وقت چاشت به قزوین رسایند و شبانگاه به کابل گاهی از تدمر که شهری بود بر ولایت شام بیرون آمدی و قیلوله در اصطخر پارس کردی و شبانگاه به کابل رفتی و انجا خواب شبانه کردی. یک روز بامداد از اصطخر زمین عراق به مرو رفت و قیلوله کرد و نماز دیگر بر بلخ بگزارد و از بلخ به ترکستان آمد و از آنجا به چین رفت..>>

از یادکرد های بالا چنین استنباط میگردد که پهناء و وسعت قلمرو پادشاهی حضرت سلیمان (ع) یک سرحدش به چین و ماچین - سرحد دیگرش به ارض روم - یک ساحه حوضه درباری اش به هندوستان و دروازه دیگرش به سرزمین های پارس و بلخ و سیستان میرسد. سلیمان پیامبر شب را بر سر کوه سلیمان بسر میبرده که بنا بر تماس آنحضرت این سلسله کوه بنام وی مشهور گردیده و امروز قله بلند کوه سلیمان بنام << تخت سلیمان>> یاد میشود.

باید یاد آور شد که حضرت سلیمان چون خواب نیمروزی را به نیمروز انجام میداده, احتمال کلمه << نیمروز>> بنام ا ین منطقه که از خواب نیمروزی وی گرفته شده باشد بی مناسبت نمیباشد.

برخی از آگاهان غربی را باور برآنست که افغان ها از نسل یهودی نبوده بلکه مخلوطی از قوم سوریه یی استند که در ایام هجوم و برده گیری یهودیان توسط بابلیان, یکعده سوریایی هاییکه ایشان را << سولیمی>> یاد میکردند به اسارت گرفته شده باشند. بدون شک با این گروه سولیمی ها یکتعداد یهودیان نیز به غور مهاجرت کرده باشند که در دوره های بعدی اسلامی همه شان در غور نابود گردیدند (بنگرید به کتاب طبقات ناصری) و احتمالا یک عده ناچیز بکوه های سلیمان رهسپار شده باشند که <<افغان>> های امروزی را تشکیل دادند. پس نتیجه آنکه سولیمی های باستان که در اصل اهل سوریه استند با افغان های امروزی همریشه و یکی میباشند. (۷)

یادداشت ها:

(x) مرغه نام سرزمینی است در جنوب شرق قندهار که از ارغستان شروع شده آخر آن به کوه سلیمان و اواسط بلوچستان میرسد. کوه غندان کوهیست بین کلات (قلات) و شاه جوی و این محل در قسمت جنوب دریای ترنک واقع میباشد.

۱. کتاب «افغانان»، نوشته مونت استوارت الفنستون، ترجمه محمدآصف فکرت، چاپ مشهد، سال ۱۳۷٦، صفحه های ۱۰۳- ۱۱۲ - ۱۲۹ .
۲. کتاب «پته خزانه»، تالیف محمد هوتک بن داود، به تصحیح و ترجمه استاد عبدالحی حبیبی، چاپ کابل، سال ۱۳۷۴، صفحه های ۱۹ و ۲۱۲
۳. کتاب «جغرافیای صنف ۱۲» چاپ کابل، سال ۱۳۸۵، به کوشش وزارت معارف، صفحه ۱۹.
۴. کتاب «طبقات ناصری»، اثر قاضی منهاج سراج جوزجانی، به تصحیح استاد عبدالحی حبیبی، چاپ کابل، سال ۱۳۴۲، پا ورق صفحه ۳۹.
۵. همان کتاب، صفحه های ۳۹ و ۴۰.
٦. کتاب «تاریخ سیستان»، به تصحیح ملک الشعراء محمد تقی بهار، تالیف سالهای ۴۴۵.
۷. کتاب «تاریخ انبیاء از آدم تا خاتم»، نوشتۀ سید محمد جعفر موسوی، چاپ گیتی، سال ۱۳۷۳، صفحه های ۱۷۵ و ۱۷٦.

زبان ادبی پشتو

زبان ادبی پشتو پیش از سده شانزده میلادی گنگ بود

بعضی از دانایان پشتو را باور بر آنست که زبان و ادب پربار پشتو به چند خاندان کهن وابسته میگردد که عبارتند از:

لودین ملتان

لویکان غزنی

سوریان غور

گویش زبان پشتو با لویکان غزنی و سوریان غور منافات دارد. لودین ملتان و بعد دولت افاغنه سوریان در هند بودند که زبان پشتو را در سده شانزده میلادی رشد و گسترش دادند، در دوره لودیان و سوریان افغان در ملتان زبان پشتو از شکل و شمایل زبان عامیانه ادبی تکامل کرده شعر و نثر در زبان پشتو به شگوفایی رسید. بعضی از دانایان پشتون را باور بر آنست که ادب و شعر پشتو از سده دوم هجری آغازیده است که آنهم سروده حماسی امیر کرور جهان پهلوان بوده است.

در یادداشت ها تذکر رفته که پشتو در سرزمین غور و غرجستان درخشید و در دودمان سوریان، امیر کرور پهلوان رزمنده که شاعر نیز بوده و پارچه هایی از شعر حماسی پشتوی وی که به یکصدو سی سال هجری (۱۳۰ هجری) سروده شده میرسد. و دیگر همان تک بیتهای پشتو که به لویکان غزنی مربوط میشود میباشد. از این اشعار حماسی چنین وانمود میگردد که زبان پشتو از ملتان تا بادغیس و خراسان در سالهای پیش از آمدن دین محمدی پا برجاه بوده باشد که ما بحث روی ین موضوع را ارائه میداریم.

از رویداد ها و نوشته های < پته خزانه> محمد هوتک بن داود نیز آگاه میگردد که زبان پشتو زبان شاهان سوری غور و و غرجستان زمین بوده باشد، همچنان روانشاد پوهاند عبدالحی حبیبی از نقل ابوالفضل بیهقی میاورند که سلطان مسعود غزنوی بسوی غور روانه میگردد. (جروس غور) و در محلی بنام < میش پت > با زبان محل آشنایی ندارد و دو ترجمان غوری وی را همرایی میکنند. پس زبان آنجا را استاد عبدالحی حبیبی بجز < پشتو > زبان دیگری را سراغ نمی بیند. بناء به استناد عبدالحی حبیبی سلطان مسعود با زبان غیر از فارسی دری مواجه میگردد و عبارت از زبان پشتو بوده که در سرزمین غور زبان مروج همان روزگار بوده باشد.

قاضی منهاج سراج جوزجانی که در فیروز کوه مرکز و پایتخت شاهان غوری نشو و نما یافته، کتاب طبقات ناصری را به زبان ناب فارسی/ دری برشته تحریر در آورده که در آن از زبان پشتو سخنی بمیان نکشیده است، قاضی پر آوازه جوزجان بعضی جملات را که ثبت کرده: < و به لفظ غوریان شیت را شیش > و یا < به زبان ایشان بالا و دانیدن و به نشیب دوانیدن اسپ را..> گویند برشته تحریر کشیده که خود زبانهای ویژه محلی را تداعی میکند. (۱)

باید یادآور شد که زبان ادبی پشتو پیش از سده شانزدهم میلادی بکلی گنگ بود. سروده های پشتو پس از فروپاشی سلسله شاهان مملوک که همه شان غلامان سلاطین غوری بودند به قوام رسید و از آن بعد در ملتان و پیشاور، سرلشکریان شاهان مملوک هند یعنی افغانان زمام امور ملتان و پیشاور را بدست گرفته به شان و شوکت رسیدند. در هنگام زمامداری لودیان و سوریان (دولت افاغنه) که بدانسو خط دیورند بودند قوام گرفت. گویش زبان پشتو در نواحلی شمال هند تکامل نمود. با جابجایی دولت های افغانی در هند، ادب پشتو توسعه پیدا کرده و از هندوستان به جنوب هندوکش بزرگ راه پیدا کرد. در دوره زمامداری هوتکیان و درانیان زبان پشتو رسمیت پیدا کرد. تازه دولت های افاغنه نشو و نمای سیاسی را بخود گرفت که خاندان بابری در هندوستان حمله کردند و زمزمه های شعر های حماسی پشتو رویدن گرفت. سلطان بهلول، شاه زبردست لودیان ملتان که سی و هفت سال حکومت کرد و بعد ها سکندر ثانی و ابراهیم ثانی همه از دست بابریان از میان رفتند. اما دولت افاغنه به سرکردگی شیرشاه سوری بنیان گزاری شد که آنقدر دوام نکرد و بعد از شیرشاه سوری اسلام شاه، عادل شاده، ابراهیم و سکندر شاه ثالث به زمامداری رسیدند و اما باز هم تاریخ سخن دیگر دارد که آنرا به تحلیل میگیریم:

سلسله شاهان غوری از صلب بسطام بن ضحاک بوده است

زبان سلاله غوریان فارسی/ دری توام با لهجه های اویماق

غور/ غرجستان سرزمینی است که شاهان سوری و غوری و شنسبی از آن برخاسته اند. شاهان غوری و سوری صرف به غور/ غرجستان بسنده نکرده از آنجا بسوی هندوستان نیز یورش بردند و شمال هند را به تصرف آوردند. در سرزمین خودی نیزی بامیان، تخارستان و

غزنه را تحت فرمان خود ساختند. متون تاریخی و یادمانده های ادب و رزوان, گذرگاه و سریرگاه سلاطین غوری را بر کوهپایه های هندوکش بزرگ طرز دیگری وانمود میسازد که آنرا چنین مینگریم:

سرزمین کهن و کوهستانی غور/ غرجستان بدون شک مانند دیگر نقاط کشور ما پناهگاه گریزی های دودمان های شاهی و لشکری بوده که بعد ها آن گریزی ها با مردم بومی یکجا شده سلطنت و حکومت بناء کردند و در صخره های بالای کوه های غور/ غرجستان استحکامات حربی ساختند.

چون شاهان غوری نظر به موقعیت کوهستانی آن همه مواد لازم لشکریان دفاعی و پدافند منطقه را از لحاظ اقتصادی در خود استوار نمیدیدند بناء مانند دیگر شاهان خود کامه کشور ما بسوی هندوستان کهن که افسانه زر و زیور شان عالمگیر شده بود - هرحاکم زور آور و یا امیر/ شاه خراسانی را وامیداشت که بسوی هند لشکر بکشد تا آب و نانی برای نظامیان و سربازان شان تهیه دیده باشند. ما در تاریخ از این گونه لشکر کشی شاهان افغانی- ایرانی - ترکی - مغولی بسوی هندوستان زیاد داریم. لشکرکشی شاهان غزنه, لشکرکشی شاهان غوری و سوری - لشکرکشی شاهان صفوی و افشاری و بلاخره لشکرکشی شاهان درانی در هند موید این مدعا است. درخت کهن سال تاریخ, از گذشته های دور و دراز این مرز و بوم یاد میکند. یورش های تورانی ها, زمان تهاجم هان های سفید, ترکتازی یغما ها, چعانیان, یوچیان, یفتلی ها, غز ها و توکیو ها و مغل ها و اوزبیک ها در کشور ما صورت گرفته است. تاریخ شهادت میدهد که مردمان ما که بومی الاصل این مناطق بودند با آمدن یرغلچیان, اهالی بومی مجبور میگردیدند تا خانه و کاشانه را رها کرده به کوه پایه ها پناه ببرند. دیگر چه امید داشتند؟ بدون شک تا میتوانستند در مقابل صحرا گردان زور آور و زور گو- مقاومت میکردند - در صورت عدم چاره مجبور بودند که در کوه های وسطی خراسان کهن (هندوکش بزرگ وشاخه های آن) فرار و گریز کرده پناه گاه دیگری برای خود و خانواده خود دریابند. باشندگان بومی و اصیل سرزمین پهناور ما بنام های (تاهیا) و (دادیکا) و (غوری ها) و (باختری ها) و (تخاری ها) و (گوزگانی ها) و (موری ها) و (مرغابی ها) که

سراسر نواحی شمالی و مرکزی و شرق افغانستان امروزی را در بر میگرفته، مسکن گزینان اصلی و بومی این سرزمین استند.

این مسکن گزینان اصیل نظر به یورش مهاجمین صحرا گردان شمالی مساکن اصلی خود را رها کردند. این باشندگان اصلی به تعبیر کتاب < مراه الوصیه> و یادداشت کتاب < سراج التواریخ> در سرزمین خودی ملل غریبه گردیدند. عجب روزگاری شده است؟ که مردمان بومی این مناطق در سرزمین خودی < بیگانه> و<غریبه> محسوب میشوند.

هجوم قبایل یغماگر، اهالی غریبه را مجبور میساخت تا بسوی کوهستانهای مرکزی کشور شان کوچ بدارند. اهالی خودی را کوچ بدهند و اهالی غیر و بیگانه داخل آبادانی ها شوند. همان است که یغماگران بیگانه سرزمین های باختر، تخار، مروالرود و غور و سیستان را تحت تصرف در میآوردند. سرزمین های ما را که با نام های (اوستایی) یاد میشد همه با اسم و رسم طوایف یرغلچی تغییر هویت میافت. نام های اوستایی مناطق ما با اسم و رسم های یونانی هندی، ترکی/ مغولی، پارسی، غربی و بلاخره پشتو مزین گردید.

میرویم بسراغ غور / غرجستان:

ساحه پهناوری که پشتونهای ما خویشتن را از سلسله و دودمان شاهان سوری، غوری و شنسبی میشمارند از دیدگاه جغرافیایی و روند تاریخی مناسبت ندارد. سخن درست آنکه : طوایف سوری، غوری، و شاهان شان و اولاده شان از دادیک های بومی و پیشدامیان پیشین تشکیل یابیده و بعد ها قبایل یغماگر با ایشان مخلوط شده اند، از گذشته های دور طایفه <ایماق> ها استند که ولایتهای غرجستان/ غور را تحت سلطه خویش قرار داده و اینها همان اولاده بسطام بن ضحاک پیشدادی اند که در ولایت غور و نواحی آن زندگانی داشته و ولایت غور را با پهنای گسترده آن تحت قیادت و قیمومیت خویش داشته اند که آنرا چنین مینگریم:

طایفه سوری و غوری و زوری و شنسبی از زمان شاهان پیشدادی بدنیسو در این مرز و بوم حیات بسر میبرند. زمانیکه شاه ظالم و خونباره پیشدادی بنام ابیوراسپ (ضحاک تازی). جمشید - شاه پیشدادی را از صحنه اجتماعی و سیاسی آریانای کهن بیرون کشیده و خود

اقتدار را در دست گرفت - کار های دنیایی دگرکونه شد. ضحاک تازی پس از برانداختن جمشید با دو دختر وی بنام های <بامی> و <آریا> ازدواج کرد.

شاهدخت های آریایی بدون مبالغه از کاردانی هایی سیاسی و اجتماعی برخوردار بودند که بدین سبب ضحاک تازی از کاردانی و لیاقت شاهدخت های بلخی استفاده میبرد.

ملکه <بامی> که زن مدبر و با سیاستی بود و به تعبیر بحرالاسرار بلخ: < بامی نام عورتی که با او (ضحاک) قرابت قرینه داشت و در تنظیم مناظم ملک بغایت کافیه بود.. بحکومت کابلستان و سایر بلاد آنمداد نامزد فرمود.. و آن ملکه...نخست به بناء موضع بامیان شروع نموده بعد از اتمام قلاع و بقاع ولایت مذکور به اسم خویش گردانید.. دیگر بار به تاسیس ابنیه عالیه شغل نموده آنرا به اسم ضحاک تسمیه فرمود چنانچه امروز آن دو مقام به ضحاک و بامیان معروفست.> طوریکه گفته آمد ضحاک تازی با ملکه اش (بامی) قلمرو وسیعی را از کابلستان تا باختر و بامیان و غور - و احتمالا دیگر نقاط پهناور کشور ما را تحت تصرف داشته و در آن مناطق استحکامات و بناء هایی پدافندی نیز آباد ساخته و نظر به گفته بحر الاسرار ملکه بامی در محلی بنام (بهار دره) که در کوه شادیان مزارشریف موقیعت دارد به تعمیر قصر ها و تفریگاه ها مبادرت ورزیده است. طوریکه میدانیم چون کوه شادیان و کوه البرز در جنوب بلخ و مزار شریف موقیعت دارند. آن بالاکوه ها از زمانه های خیل قدیم پناهگاه و یا تفریگاه شاهان پیشدادی بوده اند. این دو شاهدخت باختری بدون شک چون از فر و صولت شاهی برخوردار بوده اند ضحاک ماردوش لازم دیده که یکی شانرا به حکومت کابلستان مقرر بدارد. (۲)

کوه البرز که به سی/ چهل میلی جنوب بلخ موقیعت دارد از سمنگان میاغازد و سرحدش به مروالرود و غور/غرجستان میرسد که این سلسله کوه از خود داشته هایی دارد و گرم و سرد روزگار را با مردمانش دیده است. به همین سان وتقی که ضحاک پیشدادی از فریدون و کاوه قهرمان اسطوره یِ باختری شکست میخورد بنا بر قولی او در کوه البرز به بند کشیده میشود. چون در زمان زمامداری ضحاک تازی سرزمین های هند و سند بدست بسطام بن ضحاک بوده است. فریدون پس از فروپاشی دار و دسته ضحاک بسوی بسطام فرزند ضحاک

بجانب هند و سند لشکر میکشد تا او را نیز به بند بیاورد. <ذکر بسطام ملک الهند و السند> را در کتاب <طبقات ناصری> چنین مینگریم:

<.. او یکی از فرزندان ضحاک بود. چون ضحاک گرفتار شد. فریدون بجهت ضبط هندوستان لشکر فرستاد, بسطام را طاقت مقاومت لشکر فریدون نبود. بجانب جبال شقنان (شغنان) و بامیان رفت و آنجا ساکن شد. دیگر بار لشکر فریدون در عقب او و نامزد شد - بسطام از جبال شقنان و تخارستان بروجه شکار و طوق جبال غور چند کرت آمده بود. و آن موضع را از کثرت چشمه سار ها, هزار چشمه نام بود. بسطام در این وقت به سبب لشکر فریدون به غور آمد و در پای کوه زار مرغ سکونت ساخت.. تور و سلم برادر ایرج را که بر تخت ایران بود بغدر کشتند و شاه فریدون را بدان سبب دل نگرانی و تفرقه ظاهر شد که به انتقام بسطام نرسید. چون بسطام فرصت یافت معتمدان بخدمت شاه فریدون فرستاد و صلح طلبید. بسطام چون امان یافت, اتباع و اشیاع و قبایل غرب که متصلان ضحاک بودند از اطراف روی بجبال غور نهادند و در آن مملکت سکونت ساختند و عدد آن قبایل زیاد شد...>

بسطام که در زمان زمامداری پدرش سرزمین های پهناور هند و سند را در اختیار داشت - پس از شکست پدرش بدست فریدون از راه های کشمیر و سند بسوی بدخشان و تخارستان میرود تا در آنجا از دست فریدون در امان باشد. طوریکه مشاهده کردیم فریدون به تعقیب وی بوده تا اینکه او در زمان جاه و جلال پدرش ضحاک تازی برای شکار سوی چشمه سار های < کوه زار مرغ> غور میرفته, همان است که در زمان ورشکسته شدنش, دلش آن هوای غور میکند و بدانجا در بالا بلند های کوه زارمرغ غور ستر و اخفا میگیرد تا به ادامه حیات بپردازد. با شرایط نامساعدیکه برای فرزندان سه گانه فریدون رونما میگردد. فریدون از تعقیب بسطام بسوی غور/ غرجستان دست بردار میشود و صلح نامه میان شان برقرار میگردد. بسطام بن ضحاک شهزاده ایست جهاندیده, از تخمه ضحاک و از نژاد آریایی _ او در مناطق صعب العبور و هزار چشمه غور قلعه ها و حصار های متین و قصر ها میسازد و آن هوا خواهان پدرش را که در سراسر قلمرو پهناور ضحاک پراگنده بودند در غور جمع میسازد (از عرب و عجم).

همچنان به قول منهاج سراج فریدون دو برادر داشت بنام سور و سام که با نام های اجدادی این سرزمین همخوانی دارد.(۳)

نام های تور و سور برگرفته از نام های خدایان کهن بنام های (زروان) و (تاری) که آب و ریشه بخاک هایی میان سبحون و جیحون دارند. (سوری) نام یکی از قبایل ایماق است که ریشه از خدای زروان دارد. (زور) و(سور) و (حور) و (هور) ,(هیر) همه آفتاب و روشنایی و آتش اند که با کلمه (سور) رابطه میگیرد. در زبان پشه یی خورشید را (سور) و در زبان هندی آفتاب را (سورچ) مینامند.

بدینسان سوری با کلمات ترکیبی سوریه, آسور و آشور, سوزول (پشتو), سوزش, گل سوری (گل سرخ), سورن (نام شاهان هفتگانه اشکانی), سورینگر که همه باپروردگار (سور) همریشه میگردند.

بنا بر قول فرهنگ معین, از گذشته های دور سرزمین بابل را (سورستان) یاد میکردند که مراد از نواحی غرق و بلاد شامات باشد سریانیها که زبان شان سریانی بوده به سورستان ارتباط میگیرد.

(سام) نیز نام روحانی و طبقاتی است که اگر آریایی اش بشماریم وابسته به سامان خدا, سام پدر اثرط جد گرشاسپ و سام پدر زال سفید موی میشود و به سام برادر فریدون رابطه میگیرد - اگر (سام) را واژه سامی بدانیم سرحدش به سام فرزند بزرگ نوح و با ریشه با سامری های یهودی تبار میرسد.

(تار) یکی از کهن خدایان ترکان میباشد که احتمال وابستگی کلمه های تاری وردی, تکر, تتار, ترکمن, تور (یکی از پسران فریدون) توره بوره, توره (شمشیر پشتو), توردی قل, توره شاه, توره بای, - تورایانا و حتی تاجیک نیز همریشه میگردد. (بحث بیشتر در پیرامون خدای ترکان (تاری) را در مورد ترک و تاجیک بنگرید)

(یهوه) و (تاری) و (الله) و (انورامزدا)

ای خدا خوانده (خدا) این همه مقصود تویی

سرزمین غور پیش از ضحاک گنگ بوده و روشن نیست که احتمالا بجز مردمان بومی و اهالی عادی که دور از شهر ها میزیستند در آن محل کوهستانی حیات بسر میبردند. اهالی غور/غرجستان به شکار داشته های کوهی خویش گزاره میکردند. اما در زمانیکه یرغلچیان بیشماری از صحرا های شمال به باختر و تخار و مروالرود و هرات و گوزگانان فرود آمدند, با زور و شقاوت و زنباره گی صاحب نفوس و نفوذ گردیده کار شان بالا گرفت و به امیری و حکمرانی رسیدند. مردم بومی را با خود مختلط ساخته دارای دستگاه منظم لشکری و کشوری شدند. بعد ها زورآوران دیگری بسراغ زورمندان سابقه میروند تا ایشان را تار و مار سازند که دسته های ضعیف و شکست خورده به پایه های مرکزی پناه میبرند و در آن جا مناطق مناسب و حیات بخش را برای حیات و ممات خویش مساعد میسازد.

قلمرو کوهستانهای وسطی کشور ما ساحه وسیعی را دربر گرفته که از بدخشان و تخارستان میاغازد و بسوی غرب تا سرحدات بادغیس/ هرات و مروالرود میرسد. شاهان پیشدادی و بعد ها شاهان باقیمانده پیشدادی و فراری های دادیک ها که از دست, هان ها, یوچی ها, یغما ها, کوشان ها و یفتلی ها به کوه های بامیان و تخارستان و غور پناه برده بودند در آن مناطق چند صباحی در امن و امان و دور از هیاهو بسر بردند و برای خود برج و قلعه و استحکامات ساختند. با ورود آیین اسلامی که اعراب به کشور های پارس, ماوراء النهر و خراسان هجوم آوردند, پس از شکست و هزیمت سردمداران و سرسپردگانی چون: ابومسلم خراسانی, حمزه سیستانی تا ظهاریان و صفاریان - کشور ما بدست شاهان خراسانی که در اصل تابع خلفای بغدادی بودند رسید تا رمز و راز کشور داری را آراسته ساخته برای باداران عربی خود باج و خراج سالیانه بپردازند (سامانیان - غزنویان- سلجوقیان و حتی دودمان غوریان). در سده های میان قرن پنج و هفت هجری شاهان غوری که گاهی تحت فرمان فریغونیان گوزگانان و زمانی تحت نگین شاهان سامانی و روزگاری تحت اداره غزنویان بودند و هم گاهی با استقلال در ولایت غور سلطنت میگردند طهور نمودند.

قاضی منهاج سراج جوزجانی یگانه تاریخ نگاری که در غور زندگانی کرده و از حال و احوال غور با خبر بوده, لذا نوشته های او در کتاب (طبقات ناصری) ملاک قضاوت هر نویسنده تاریخ میگردد. امیر سام و امیر سور نام هایست که بعد ها (ملک الجبال) غور به پسوند

نام های خویش آنرا علاوه کردند. مانند امیر محمد سوری، سیف الدین سوری، شهاب الدین غوری، سلطان محمد غوری، امیرفولاد غوری...

(سوری) و (سام) نامهای برادران فریدون بوده و این نامهای اسطوره یی القاب و نام های شاهان غوری گردید که در دوره اسلامی ظهور کرد و حتی سلاله پشتونهای ملتان نیز با نام (سوری) مزین شد. این همه نامهای تاریخی و اسطوره یی بنام نامی غور قدامت نهایت تاریخی و اسطوره یی داشته است که شاهان و سلاله غور/غرجستان آنرا نگارگر پسوند القاب خویش ساختند.

این نویسنده را باور بر آنست که غوری ها، سوری ها، شیش ها (شینسبی های بعدی) همه از گذشته های دور مردمان این مرز و بوم اند که ریشه به شاهان پیشدادی دارند و با زبان ویژه یی تکلم میکردند که امروز ما آنرا زبان ایماق ها میدانیم. شاهان پیشینه با اهالی بومی آن مناطق آیین آتش پرستی داشته اند که معبد جبل الزور، و معبد گاه زمین داور نشانه از آیین اتش پرستی این مرز و بوم را وانمود میسازد. پس بطور واثق این شاهان از اصل و نسب (پشتون) و یا (افغان) نبوده اند بلکه از نژاد ابیوراسپ (ضحاک) و صلب پیشدادیان و دادیکان اند.

سرلشکریانی که تحت فرمان شاهان غوری به هند و سند حمله کردند همه غلامان ترک بودند که تحت اداره و صلاحیت شاهان غوری قرار داشتند. این غلامان ترک تبار بعد ها پس از مرگ شاهان غوری سردمدار و سلطان و ملک شاهان هندوستان شمالی شدند که همه غلام و بنده زرخرید شاهان غوری بودند. غلامان که بعد ها سرلشکریان شدند و در لشکرکشی های هندوستان سهم فعال داشتند. پس از مرگ شاهان غوری در تاریخ بنام شاهان مملوک یاد شده در هندوستان بناء سلطنت را گذاشتند.

امیران مملوک در هندوستان بنام های:

قطب شاهیان،

شاهان تغلقیه

و شاهان خلجیه

که همه غلامان ترکی بودند عرض اندام کردند. پس گویش و پیشرفت زبان پشتو در غور که به شاهان غوری و سوری غور/غرجستان نسبت داده شده درست نمی باشد. زیرا در زمان شاهان سوری و غوری (سده های دوم و سوم هجری - بعدا سده های پنجم و ششم هجری) زبان پشتو گنگ بود و چه رسد به شعر پشتوی امیر کرور؟. چون شاهان مملوک هند که از غور بدانجا حکومت اختیار کرده بودند همه غلامان ترک بودند که با زبان فارسی/دری تکلم میکردند و احتمالاً بعضی واژه های ترکی نیز در میان بوده است. بعد ها شاهان مملوک از پشتونهایی که تازه در تحت لوای زمامداران غور و بامیان و غزنه و هندوستان قد بلندک کرده بودند داخل نظام شاهان مملوک (خلجیها - تغلقیه - قطبشاهیان) گردیده صاحب صلاحیت نظامی و لشکر شدند که در این راستا بدون شک سرافسران افغان بر سر قدرت رسیده (شاهان افاغنه) را در هند تشکیل داده به عظمت و پادشاهی رسیدند مانند سلسله شیرشاهیان و لودیان هندوستان.

کتاب (افغانستان در پنج قرن اخیر) در باره شاهان افاغنه چنین مینویسد: (لودی ها هفتاد و پنج سال در هند حکمروائی کردند, لیکن دولت ایشان در اثر نفاق خانوادگی و سرکشی امراء به تدریج به ضعف گرایید تا اینکه در سال ۱۵۲۴ سلطان ابراهیم آخرین زمامدار ایشان در میان جنگ پانی پت در مقابله با بابر سر و سریرش را یکجا از دست داد. یک بار دیگر در سال ۱۵۴۲ میلادی پس از مرگ بابر, افغانان هند برهبری قائد معروف شان فرید خان ملقب به شیرشاه از قبیله سوری (شیرشاه سوری) زمام امور را بدست گرفت... این دولت ها (لودی ها و سوری) هر چند از نگاه خصوصیت نژادی زمامداران شان پشتون بودن, لیکن از نظر محتوی بیشتر هندی شمرده میشدند. زیرا بخش بزرگ افراد اردو و کارکنان اداری آنان از مردم آن کشور تشکیل شده اصول و قواعد هندی را بکار میبردند. معلوم نیست که زمامداران شان زبان پشتو میدانستند یا آنرا فراموش کرده بودند؟.. کتاب یا رساله - فرمان یا سندی از ایشان بجا نمانده که مثال و نمونه زبان مکتوب پشتو در آن عصر باشد> (بنگرید به <افغانستان در پنج قرن اخیر> میر محمد صدیق فرهنگ سال ۱۳۷۱ جلد اول قسمت اول صفحه ۳۹)

داخل شدن زبان پشتو در سرزمین ما عیبی ندارد, همزیستی واژه گان و لهجه ها زیبایی هایی را خلق میکند که باعث گستردگی ادب و فرهنگ ما میشود. اما شاهان سوری و غوری زبان شان مانند شاهان سامانی, فریغونیان گوزگانانی, سلسله غزنویان و دودمان سلجوقیان فارسی/دری بوده است. نگارش کتاب حدود العالم در گوزگانان - نبشته تاریخ بیهقی - تحریر تاریخ ضحاک گردیزی - کتاب طبقات ناصری منهاج سراج جوزجانی که همه به فارسی/ دری برشته تحریر در آمده همه موید گفتار ما میباشد. تاریخ بیهقی, تاریخ طبقات ناصری یک حرفی از کلمه (افغان) بمیان نیاورده اند. کتاب تاریخ گردیزی صرف یکبار از (افغانان) ذکر بعمل آورده و کتاب حدود العالم دوبار کلمه (افغان) را ذکر کرده و از افغانان بصفت یک کتله کوچکی که در قریه یی بنام (سول) مسمی گردیده حیات بسر میبرند تذکر بعمل آمده است. هنگامیکه قلمرو سیاسی سلسله های غوریان وسعت پیدا میکند و بعد ها که مراودات میان شهر ها گسترش میابد و قلمرو سیاسی/اجتماعی توسعه پیدا میکند, شاهان غوری بخاطر پدافن ملی شان که قلمرو وسیعی را دربر میگرفته, از تبار های مختلف لشکر تهیه میدیدند - که بدون شک (افغان) ها و (بلوچ ها) نیز در این پدافند ملی شامل گردیده اند که داخل شدن واژه گان پشتو و اهمیت ادبی آن در زمان شاهان لودی و افاغنه در آن حتمی بوده است. به سخن دیگر انکشاف زبان پشتو در زمان شاهان لودی و سوری ملتان جامه عملی پوشیده که در آن شاهان لودی و سوری افغان در انکشاف زبان پشتو و گویش آن سعی بلیغ کردند. مخصوصاً در قلمرو آنسوی سرحدات دیورند بود که زبان پشتو توسعه پیدا کرد. بعد ها در دوران سلسله درانی ها زبان پشتو در نواحی غربی و شرقی و حتی شمال افغانستان شیوع پیدا کرده و داخل حوضه زبان فارسی/دری گردید. پیشتر تذکر رفت که شاهان مملوک ترک تبار بودند, به نسبت حکمروایی سلسله شاهان مملوک موجودیت دخول کلمات ترکی را در حوزه سند و ملتان به وضاحت مشاهده میداریم که زبان ترکی در ساحه قلمرو ایشان نفوذ خارق العاده کرده و حتی بعد ها تاثیر زبان ترکی را در زبان پشتو نیز مشاهده میکنیم. یکی از کلمه های که کمال قدرت و زور آوری را در میان پشتونها رایج ساخته کلمه (خان) میباشد. خان کلمه ترکی/مغولی است که معنی سردار و آقا و بزرگ و حتی پادشاه را میدهد. جالب آنکه این کلمه ترکی/ مغلی که سرفراز پسوند و بعضاً پیشوند و پسوند نام های اقوام پشتون ما میگردد سراسر دو ساحه خط دیورند را احتوا

کرده است. بدین شکل واژه گان دیگر ترکی/مغولی نیز داخل زبان پشتو گردیده است که از حوصله این نوشته بدور میباشد.

یادداشت ها:

۱. کتاب جغرافیای تاریخی افغانستان، اثر پوهاند عبدالحی حبیبی، چاپ دوم، پیشاور، ۱۳۷۸، صفحه های ۳۳۹ - ۳۴۲.

۲. کتاب بحرالاسرار بلخ، تالیف محمود ابن امیرولی کتابدار، به تصحیح مایل هیروی، چاپ کابل، ۱۳٦۰، صفحه چهل

۳. کتاب طبقات ناصری، اثر منهاج سراج جوزجانی، به تصحیح عبدالحی حبیبی، چاپ کابل، ۱۳۴۲، صفحه ۳۲۱ - ۳۲۲

امیر فولاد غوری شنسبی

امیر فولاد غوری یکی از فرزندان ملک شنسب بن خرنک بود. اطراف جبال غور را در تصرف داشت تا نام پدران خود را احیاء نماید. در هنگامیکه ابومسلم مروزی خروج کرده امراء بنی امیه را از خراسان اخراج نمود, امیر فولاد حشم غور را به مدد خواهی ابومسلم برد و با تبانی ابومسلم و خلافت بنی عباس کاردانی ها کرد. او عمارت مندیش و نواحی جبال و غور را تحت فرمان داشت. پس از فوت امیر فولاد امارت به فرزندان برادر او بماند. بعد ها این سلسله را تاریخ تا به میان آمدن امیر بنجی نهاران یاد نمی دارد. نگاه کنید به کتاب طبقات ناصری، اثر منهاج سراج جوزجانی، به تصحیح عبدالحی حبیبی، صفحه ۳۲۴، چاپ کابل، سال ۱۳۴۲

امیرکرور و فرزندان امیرفولاد را در کتاب "پته خزانه" اینگونه مینگریم:

شیخ کته متی زی غور یاخیل در کتاب خود <<لرغوین پشتانه>> از تاریخ سوری که آنرا در بالشتان دیده بود نقل میدارد: امیرکرور ولد امیرفولاد بوده که در سال ۱۳۹ هجری در مندیش مقام کرد. (مندیش دارالسلطنه بود) او را جهان پهلوان گفتندی که نامبرده قلعه

های غور, بالشتان, خیسار(قیصار) و تمران را فتح کرد امیرکرور جنگاور بی بدیل بود و لقب کرور به معنی سخت و محکم به وی زیبنده است. امیرکرور در موسم تابستان به زمین داور میرفت و در آنجا مانند قصر مندیش بناء با شکوه ساخت و در عیش و عشرت می پرداخت. محمد بن علی البستی در تاریخ سوری تذکر میدهد که امیرکرور ولد امیرفولاد از نسل <<سور>> فرزندان ضحاک تازی میباشد. و چون با اهل عباس معاونت کرد برای فتح و پیروزی خود و ایشان این سروده معروف را گفت:

زه یم زمری پردی نـــژی کی له ما اتل نسته

په هند و سند و پر تخار او پر کابل نسته

بل په زابل نسته له ما اتل نسته

ز ما توری تر شپول لاندی دی تر هرات و جروم

غرچ و بامیان و تخار بولی نوم زما په اودوم

زه پیژندوی یم به روم له ما اتل نسته

(کتاب «پته خزانه»، نوشته محمد هوتک بن داوده، به تصحیح عبدالحی حبیبی، ۲۴ حوت ۱۳۸۴، کالیفورنیا، صفحه های ۳۱ - ۳۴)

قاضی مهاج سراج جوزجانی از نام امیرکرور ذکری نمیدارد. صرف امیرفولاد یاد میدارد و از شاعر بودنش بزبان پشتو حرفی بمیان آورد. طبقات ناصری یگانه زبانی که سخن میزند فارسی/ دری است. هرگاه امیرکرور از خاندان که وابسته به سلاله غوری/سوری باشد با امیرکرور زمانه ما منافات دارد. چون پشتون ها نام های زور مندان و اسم های شهر های کهن را از آن خود نمودند, بناء امیرکرور را همه فرزند امیرفولاد ذکر کرده اند. امیرفولاد از فرزندش بنام امیرکرور ذکر بعمل نمی آورد. اینکه در اوایل دوره اسلام امیرفولاد در زمین داور باغ و قصر ساخته است درست تداعی باغی است که سلطان غیاث الدین غوری پادشاه بلند بالای غور آنرا ساخته بود.

در هنگامیکه امیرکرور جهان پهلوان بخاطر فخر و مباهات سلحشوری های خودش و آل عباس شعر حماسی سروده, در آن ایام پشتو صرف بصورت یک زبان محلی گفتاری در علاقه <<سول>> موجود بود. قوام شعر و نثر پشتو طوریکه تذکر رفت از سده پانزده میلادی آغاز شد که پشتو به حیث زبان مشترک و کتاب و قلم در آمد. سروده پشتو امیرکرور ولد امیرفولاد در سده هجری بکلی عاری از حقیقت است.

باغ ارم در زمین داور

« باغ ارم در میان دنیا مثل نزهت و طراوت آن باغ هیچ پادشاه را نبود»

(طبقات ناصری)

سلطان غیاث الدین غوری پادشاه مقتدر و بلند بالای سرزمین غور بود که مرکز تابستانی اش حضرت فیروز کوه و دارالملک زمستانی اش شهر زمین داور بود. سلطان غیاث الدین در زمین داور باغی ساخت عظیم که در جهان آنروز شهرت بسزایی داشت و آنرا «باغ ارم» نام نهاد در طراوت و شادابی باغ که هنر آفرینان در آراسته گی آن باغ کوشیدند که مثل هایی زبانبرد عام و خاص گردید. طول باغ را زیادتر از دو میدان ذکر کرده اند که در آن درختان مثمر و صنوبران سبزینه.قامت کشیده بودند و عطر های گیاهان خوشبو و ریاحین فضای باغ را مشکباران شاخته بود. میدان های وسیعی در اطراف باغ بیاراستند بخاطر شکار گاه سلطان که در آن میدان های وسیع که فرسنگ ها به درازا کشیده شد. انواع گوناگون «وحوش و پرنده ها و بهایم و سباغ از همه اجناس» تهیه دیده بودند. سلطان غیاث الدین سال یکبار برای دو ماه در این میدان وسیع شکار خیمه و خرگاه زدی و بعد بر قصر باغ لم داده تعیش کردی و مجلس بزم مهیا فرمودی. فخرالدین مبارکشاه شاعر دربار این رباعی برکشید:

اندر می معشوق و نگار آویزی

به زان باشد که در شکار آویزی

آهو بهشتی چو بدام تو درست

اندر بز کو هی بچه کار آویزی؟

(طبقات ناصر- منهاج سراج جوزجانی - به تصحیح عبدالحی حبیبی چاپ کابل ۱۳۴۲ ص ۳۶۴).

همانگونه که زمینداور سرزمین باغ و راغ شاهی بوده از صولت و دبدبه آیین های دیرینه نیز بر خوردار و نظر به موقعیت خاص جغرافیایی اش پایتخت زمستانی شاهان پیشین بود.

زمینداور در سپیده دم آیین های کهن، مقام و منزلگه خدایان بود.

در مسکوکات دیرینه که هیکل رب النوع بدان مزین است، نام «داور» نیز تذکر رفته، و کلمه داور معنی آنرا دارد. که از دم و دستگاه ویژه سیاسی مذهبی برخور دار بوده باشد. در این مسکوکات بر علاوه نام «داور» اسماء محلات مختلف منطقه نیز درج گردیده است. زمینداور کنار مجرای رودخانه مشهور هیرمند قرار دارد. بلاذری در کتاب خود مینویسد:

«زمانی که عبدالرحمن بن سمره در سال ۳۳ هجری (۶۵۳میلادی) وارد ولایت «الداور» شده با دشمن در کوه زور (جبل الزور) مقابل گشت و آنها تسلیم شدند. چون ابن سمره داخل معبد زور شد، هیکل طلایی دید با چشمان یاقوتی بن سمره دست های مجسمه طلایی را برید و چشمان یاقوتی اش را کشید و به حکمران آنجا گفت طلا و جواهرات را بگیر - مقصد من این بود تا به شما نشان بدهم که این هیکل قوه آزار و جنگ را ندارد.»

«معبد زور» در زمین داور قندهار شهرت جهانی داشته و مسکوکاتی نیز با نقش رب النوع آفتاب به ضرب رسیده که با معبد آفتاب زمین داور همخوانی دارد. هیوان تسونگ زایر چینایی در سفر هایش به ملتان با معبد آفتاب روبرو گردیده که در آن معبد هیکل طلایی نقش بسته است و زایرین بیشماری از اطراف و اکناف عالم هندوستان بدانجا سرازیر میشدند. رب النوع آفتاب معبد ملتان نیز مانند رب النوع آفتاب زمین داور کشور ما از طلا و جواهرات ساخته شده بود. و در حقیقت با هم همخوانی داشته است.

(بنگرید به کتاب تاریخ افغانستان جلد دوم - احمدعلی کهزاد - صفحه ۵۶۶ چاپ سویدن سال ۱۳۸۱ خورشیدی)

بایزید روشان (انصاری)

پیر روشن ضمیر و مبارز افغانستان

بایزید مشهور به « روشان» یا به حرف «روشن» پیر روشن ضمیر و مبارز افغانستان است که پدرش قاضی عبدالله نام داشت. بایزید روشان را بنام ها و القاب چون: میان روشان، پیرروشان، بایزید انصاری، میامسکین روشان و سراج الدین نیز یاد کرده اند. پیر خردمند و فقیر مشرب سلحشوری که در سال ۹۳۲ هجری قمری در ناحیه جالندهر پنجاب متولد گردید، پیرروشان را دشمنان وطنی و متحجران روحانی که با نظریات روشن و پاکیزه اش صادقانه نمی نگریستند و یا او را نمی پسندیدند وی را بنام < پیرتاریک> ویا <پیرتاریک بین> لقب داده بودند. یکی از بزرگانی که سرسختانه با پیرروشان ارادت منفی داشت < آخوند درویزه > بود.

آخوند درویزه را <دانشنامه ادب فارسی افغانستان>، آخوند درویزه ننگرهاری مینویسد. آخوند درویزه کتابی را نیز برشته تحریر درآورده بنام < تذکره الابرار والاشرار> که در این کتاب سرگذشت پیرش سید علی ترمذی را <ابرار> - و وطندار روشنگرش را <اشرار> نامیده است.

بدینسان کتاب آخوند درویزه یادداشتهایی دارد بر ضد بایزید روشان انصاری که بقول آخوند درویزه، پیر روشن ضمیر ما از زمره اشرار محسوب میگردیده. کتاب تذکره الابرار والاشرار بزبان فارسی/ دری نوشته شده است، کتاب از دو گروه خوب و بد و یا زشت و نا زیبای مذهبی یادکرد هایی دارد که از دیدگاه روانشناسی و فرهنگ مذهبی و قشری گرایانه میباشد.

تذکره الابرار و الاشرار در سال یک هزار و بیست و یک هجری در مذمت بایزید روشان سخن هایی دارد با آب و تاب که با روان شناختی و درستنگری پیر روشان متضاد مینمایاند. کتاب آخوند درویزه بر علاوه مذمت پیر روشان و دیگر هوا خواهان وی از قرمطیان، شیعیان، باطنیان، اسماعیلیان، محلدان و روشناییان (مراد از دودمان روشانی) به تبلیغات زهراگین متوصل شده که ایشان را به نظر قدر نمی نگرد.

همین تحریکات و تبلیغات (ضد اشرار) آخوند درویزه سبب تضعیف و عدم فعالیت ها و جنبش های روشنگرانه رشوانیان گردید. زیرا آن زمانه ها قضاوت سالم و وسعت نظر درست در فراخنای پاور ها موجود نبود. آخند درویزه تا آنجا به پیش میرود که پیر روشان را پیر تاریک میخواند.

غلام سرور لاهوری درباره آخوند درویزه مینویسد:

< مرید و خلیفه سید علی غواص ترمذی است، جامع علوم ظاهر و باطن بود. در دفع زنادقه و ملاحده و رفضه بسیار میکوشید و هر جا که محلدی یا رافضی را شنیدی نزد او رسیدی و با او مذاکره کردی. و بایزید محلد که خود را پیر روشن نام نهاده بود؛ باز مذاکره کردی و او را بنام پیر تاریک یاد فرمودی >

پیر روشان از دامن والا گهر زنی بنام (بیبن) که بعد ها او را < صورت مهند بی بی> یاد کردند بدنیا آمد. خانواده بایزید روشان در قندهار بودند که بعد ها به وزیرستان کوچ کردند و این دودمان دانشمند و مبارز به قوم <انصاری> وابسته اند که بدین حساب در یادمانده های زرین تاریخ بنام < بازید انصاری> نیز شهرت دارد. بایزید مرد فرهیخته یی که با وسعت نظر سالم و صدر فراخ با روان پاک و مبارزه بی امان در مقابل دشمن صادقانه ترین مرد زمانه بود.

او از ریا و ترفند مبرا بود. با دولت های اجنبی دست نداد و از ایشان صله نگرفت. با نیروی ایمان و کلام اسلام با یزیدیان و تعصبگران دینی مبارزه کرد. دشمنان داخلی و خارجی از گواه راستین و کلام صادق او در هراس بودند. مذهبیانی که دین را وصله ساخته بودند با حکومت مغلی دست یاری دادند و در پی آزار و اذیت مجاهدین راستین کشور ما بر آمدند و تا جاییکه لازم دیدند به نام دین شمشیر قساوت بدست گرفتند و سر مبارز واقعی و سلحشور هندوکش را بریدند و ره آورد فتح و پیروزی را نزد شاهنشاه مغل تحفه برکت بردند.

محمد انصاری سردسته و یا سرسلسله دودمان روشانیان بود که دوازده فرزند داشت. فرزندی را که نامش عبدالله بود از فضایل مبادی علوم برخوردار ساخته بعد ها بتدریس علوم متداوله گماشته گردید تا آنجا که به مسند قضا تکیه زد. همین قاضی عبدالله پدر پیر روشان

بود. به قول آخوند درویزه: اورمر از قبایل وزیرستان و میاروشان از قبیله انصاری اند. نظر به جو سیاسی خانواده بایزید از قندهار رهسپار ننگرهار شدند و بعد در دامنه های کوه سلیمان مقیم گردیدند که تا کنون هم بقایای خانوده انصاری در پنجاب بجا مانده که همه از نسل میاروشان میباشند. بنا بر روایتی از اخلاف روشانیان کتابی بنام < تذکره الانصار> باقی مانده است که نسب میاروشان را به ابوایوب انصاری صحابه حضرت پیامبر(ص) میرساند. بعضی ها انصاری های پنجاب را از قوم اورمر دانسته اند که درست نمیباشد. بایزید روشان از کودکی نزد ملا پاینده و ملا سلیمان کالنجری تلمذ نموده و از دامان شیخ بهاء الدین زکریا کسب فیض یابیده است. در عنفوان جوانی دست ارادت به خواجه اسماعیل بن خداداد و بعد طریق زهد و فقر پیشه کرد تا آنجا که پیر روشان از قاضی بودن پدرش میشرمید. بایزید بر پدرش که قاضی عبدالله بود میشورید و شغل پدر را مناست حال و احول خود نمیدانست. بایزید بنا بر ملحوظات عرفانی و معنوی - و بسا مسایل سیاسی با پدر از در مخالفت پیش آمده تا بدانجا که مناسبات پدر و پسر نمناک گردید. خصوصاً در هنگامیکه بایزید انصاری شبی حضرت خضر را در خواب میبیند و بعد از آن بسوی عشق یار به وادی فرار میرود. از دوستان دنیایی میگریزد و حتی ا ز برادر و پدرش که قاضی پر آوازه شهر اند دوری میگزیند. شور و عشق نیروی جاذبه معنوی او را سیاح روحانی میسازد و همانست که <فیل اش یاد هندوستان> میکند و در سرزمین پهناور هندوستان که بدست اجانب است، راز و رمز دنیایی را میاموزد و بعد سیر و سیاحت را پیشه گرفته از راه هند و قندهار سرحدش به سمرقند و بخارا در آنسوی مرز های جیحون میرسد.

پیر روشان در این سفر روحانی علم کلام آموخت، با دانشورزان ماوراء النهری در آمیخت و زبان و ادب عرب و عجم بیاموخت.

بایزید روشان برعلاوه سفر معنوی بخاطر معیشت روزگار گاهی به تجارت نیز اشتغال ورزید. چنانچه باری از سمرقند اسپ های تندرو را خریده به هندوستان بیاورد. پیر روشان مرد سفر و اندیشه و با ادب و فرهنگ متباین آغشته گردید. خرید و فروش بازاری را با داد و گرفت فرهنگی هماهنگ گردید. از بازار و سوداگری به سوی دریوزگی و بیچاره گی رفت و با حجم درد های بی پایان زندگی کرد. او از تنگ نظری مدعیان دینی، بیرحمی دولت مردان

ظالم اجنبی، ساده دلی مردمان و خلق های دنیایی که مانند گوسفند بهره کش میشدند به فغان آمد. چون چاره یِ درمان درد هایش را نمیدید همان بود که در کنج دِنج قناعت و درویشی بسنده کرد. از عالمان دین که متظاهر بودند کناره گرفت. بایزید در جالندهر با دختری بنام (شمسیه) ازدواج نمود.

در ایامی که پیر روشنضمیر افغانستان تازه از گرم و سرد روزگار برآمده بود که در کشور دیرپای ما ظلم تعدی مغل ها، ستم و زور آوری غز ها، تهاجم تیموریها، بلند بالایی بابری ها بیداد میکرد. شرح این تظلم در <تذکره الانصار> چنین بیان گردیده است:

<حکام مغل ظلم و ستم خود را بر افغانان بغایت رسانیدند. تا جاییکه روزی یکی از این ستم کاران یکنفر زن افغان را ماخوذ داشت و موی سر او را با سنگ آسیا فروبست. چون پله سنگ بدوران آمدی، آن زن نیز با آن گشتی و فریاد برآوردی.

یکی از مشاهیر آنزمان از آتش افروزی دشمن در کوهپایه های وطن چنین اندیشه دارد:

<در کوهسار آتشی باز برافروخت، خدا عاقبت را بخیر گرداند>. در روزگار پیر روشان حکمران قندهار بیرم خان بوده که از ظلم و بیخبری وی مردم به ستوه آمده بودند که آنرا چنین میخوانیم.

< در آنوقت در قندهار یک میر بود نام او بیرم خان بود، برآن کاروان ظلم کرد. پس وارثان یکجا جمع شدند برای فریاد کردن مرا نیز با خود روان کردند... گفتم (پیر روشان): امیران و پادشاهان را حق تعالی از عدل خواهد پرسید... پس بیرم خان قبول کرد و گفت تفحص حال بکنم و لیکن بر وعهده مخالف شد...>

هواخواهان سید علی ترمذی (پیربابا) و آخوند های سرکاری (پیردربوزه) که با سلاطین مغلی و بابری همدست بودند، بر علیه قیام های مردمی و نهضت اخلاق پیر روشنضمیر برآمدند. برعلاوه تکفیر او را در کابل بند ساختند. <پیر روشان> تا حدود (۹۸۰) هجری در سیه چال های کابل اسیر بود. چون صاحب ملامت و کرامت بود، حاکم کابل را دل نرم ساخت و به یاری دوستان از کابل به ننگرهار رفت و در کوهستانهای جنوبی بر ضد اشغالگران مغلی شورش هایی را براه انداخت و بعضاً موفق هم میگردید و لشکریان مغل را تار و مار میکرد.

در نبرد اخیرش که در نواحی شنوار در محلی بنام <تور راغه> بوقع پیوست با یاران خود با دست های خالی در مقابل نظامیان مغل مردانه جنگید تا جام شهادت نوشید.

سال وفات او را ۹۸۸ هجری وانمود میدارند که بعمر ۵۶ سالگی پدرود حیات گفته و در محلی از محلات وزیرستان امروزی آرام خوابیده است.

پیر روشان بزبان عربی مسلط بود و زبان فارسی/دری را توانا مینوشت چنانچه چند اثر منظوم و منثورش به زبان فارسی/ دری آراسته است. او را میتوان مؤسس ادبی پشتو و فارسی دانست.

بایزید روشان کتاب <خیرالبیان> خود را شیر و شکر نوشته است که بزبان های پشتو، عربی، هندی و فارسی یادداشت کرده است. از رویکرد ادبی و رویداد تاریخ بایزید دانسته میشود که او پیر واقعی و کامل بوده که در زبان ها تعصب نداشته و در خط روش هایی خاصی را پیگیری میکرده و همچنان از دیدگاه مذهبی نیز دل و دست فراخ داشته است. او مردی بوده سلحشور، مبارز، روشنگر، صادق در ملت و مردم، روان شناس و دراک بیگانه ها که با نیرنگ و ترفند حکومت میکردند و خلق های مبارز را منکوب میساختند. او چون از پدر و خانواده دل خوشی نداشت و هم در جو سیاسی و مذهبی ناهنجاری ها را لمس میکرد همانست که طریقه زهد و تقوا را پیشه کرده کار های دنیایی را ترک کرد. او با دور اندیشی مینگرد که تظلم و ناگسسته گی تا آنجا رسیده که پیر روشان در تاریکی های خراب آباد خرابه ها میخوابد و دست دعا بسوی پروردگار عالمیان دراز میکند تا داد رسی را گسیل سرزمینش بسازد. کتاب <افغانستان در پنج قرن اخیر) در باره روشان گفته هایی دارد:

بایزید اولین کسی بود که حرکت مذهبی را میان اقوام پشتون که پیروانش او را پیر روشان نامیدند آغاز کرد. او خودش از تبار پشتون هم نبوده است بلکه به عنصر قومی کوچک اورمر تعلق داشت. نام دیگر اورمر را <برکی> گفته اند که یکی از قوم های محلی خراسان زمین محسوب میگردد. اورمری های (برکی ها) زبان جداگانه داشتند که تا امروز از زمره زبانهای ویژه کشور ما بشمار میرود. گرچه منابع پشتو، زبان اورمری را در پهلوی زبان پشتو و پراچی قلمداد میکنند، و نام ارومر را در جمله پسران مترجنون بن سربن بن عبدالرشید قیس پتهان (جد افسانوی تمام پشتون ها) ذکر نموده اند. طوریکه تذکر رفت بایزید روشان کتاب

خیرالبیان را قسماً بزبان پشتو برشته تحریر کشید و خودش را پیر کامل معرفی میکند و در متن فارسی/دری کتاب را با این عبارت میآغازد:

< یا بایزید بنویس در آغاز کتاب به بزرگی و به درستی حروفها بسم الله تمام. من گم نمیکنم مزد آن کسانیکه مینویسند یا خراب میکنند یک حرف یا یک نقطه باز مینویسند برای درست شدن بیان>.

مرحوم فرهنگ در کتاب <افغانستان در پنج قرن اخیر> مینویسد: "هرچند حرکت روشانی به مقاصد مذهبی و سیاسی اش که بنایانگزاری طریقه تازه در دین و آزاد ساختن پشتون ها از سلطه دولت مغولی باشد کامیاب نشد, اما تحول ژرفی را در زبان و فرهنگ پشتو وارد نمود زیرا کتاب خیرالبیان چنانچه دیده شد قسماً بزبان پشتو نگاشته شده به گمان اغلب نخسین کتاب در زبان مذکور میباشد. کتاب در سال ۱۹۵۵ توسط مولانا عبدالقادر آمر اکادمی پشتوی یونیورستی پیشاور در آلمان بدست آمده و به همت حافظ محمد عبدالقدوس قاسمی در سال ۱۹٦۷ میلادی در پیشاور به چاپ رسیده است. و نتیجه آنکه کتاب خیرالبیان نخستین کتاب زبان پشتو است که بدست دنیای متمدن رسیده است.>

یادداشت ها:

۱. دانشنامهٔ ادب فارسی در افغانستان، به کوشش حسن انوشه، چاپ تهران، جلد سوم، صفحه ۳۹۷

۲. تاریخ مختصر افغانستان، اثر عبدالحی حبیبی، جلد دوم، ۱۳۴۹، چاپ مطبعه دولتی کابل، صفحه های ۴۸ - ٦۱.

۳. کتاب < افغانستان در پنج قرن اخیر>، اثر میرمحمد صدیق فرهنگ، جلد اول، ۱۳۷۱، قسمت اول، صفحه های ۴۷ - ۵۰

افغانستان در کتاب سراج التواریخ

و باشندگانی بنام ملل غربیه

کتاب <سراج التواریخ> ازقول کتاب مراه الوضیه> , بلاد و ولایات محدوده افغانستان را اینگونه مینگرد:

افغانستان از جانب شمال به بلخ که جزء مملکت تاتار مستقله است - از جانب شرق به ممکلت چین و هند و از سوی جنوب به بحر هند - از جانب غرب به کرمان و خراسان از مملکت ایران, محدوده افغانستان چهار قسمت را احتوا میکند:

۱. هرات ساحه شمال غربی.

۲. کابل که ساحه وسطی و یک قسمت شمالی ما را احتوا کرده.

۳. سیستان در قسمت غرب افغانستان.

۴. بلوچستان درقسمت جنوبی کشور قرار گرفته است.

به قول ملا فیض محمد کاتب که ممالک خراسان و ترکستان را که در تحت حکم دولت سامانیه بود - یمین الدوله سلطان محمود غزنوی در سال ۹۹۷ میلادی حوزه سیاسی ترکستان و خراسان را به شمول یک قسمت هندوستان تحت قلمرو خود در آورد. (۱)

سراج التواریخ در ذکر حدود سابقه افغانستان از قول <حیات خان> مینویسد که در دوره های کیانی و پیشدادی, افغانستان مشهور به کابلستان و زابلستان بوده تا اینکه در زمان اسکندر مقدونی این کشور بزبان یونانی معروف به < بکبریه > یعنی باختر گشته است. در دوره های اسلامی کشور ما بدو بخش شرقی و غربی منقسم گردیده که ساحه غربی اش از کابل و قندهار تا حد ایران که مشهور به خراسان و مرکز آن هرات بوده است. ناحیه شرق کشور ما به ملک <روه> یعنی کوهستان واقع شرق نهر سند تا حسن ابدال نامزد گردید. (۲)

باید بخاطر داشت که پس از مرگ بابرشاه (آرامگاه بابر در باغی بنام <بابر> به کابل میباشد). افاغنهء بنگاله تحت سرداری مرد با تدبیر و شیردلی چون شیرشاه سوری لشکریان مغلی را تار و مار کرده همایون پادشاه گورگانی هند را برای پانزده سال گریزان ساخت, جلال

الدین اکبر که جوان کوچکی بود تحت رهنمایی < بیرام خان> به تخت دهلی جلوس کرده قلمرو سیاسی اش را به صوبه جات منقسم کرد که از آنجمله کشور ما را به < صوبه کابل> مرقوم ساخت. طوریکه آگاه استیم کشور پهناور ما در قلمرو وسیع خود خاک های خراسان, توران, هندوستان و ایالت سند را تحت قیمومت سیاسی خود داشت. در قرن هژده میلادی در زمان احمد خان ابدالی نام کشور ما به دولت افاغنه ثم افغانستان مسمی گردید.

روانشاد ملا فیض محمد کاتب در کتاب < سراج التواریخ> از قول < جام جم > وسعت این کشور باستانی را از فرانسه بیشتر میداند و کشور ما را به اساس پایتخت اش که در گذشته غزنی و کابل و قندهار بوده میشناسد مانند: سلطنت غزنه, سلطنت کابل و سلطنت قندهار.. و این سلطنت ها خصوصاً مشتمل بر افغانستان و عموماً برقسمتی از خراسان و بلخ و سیستان و کشمیر و حصه قلیلی از لاهور و قسمت کثیری از ملتان است.

جمعیت همه این ولایات شامل: ملل غریبه, افغان, هندو, تاتار, ایرانی و قبایل دیگر همه به سی میلیون نفر بالغ میگردد که در محدوده کشور افغانستان حیات بسر میبردند که آنرا چنین مینگریم:

جمعیت ملل غریبه	پانزده ملیون جمعیت
جمعیت افغان	چهار ملیون و پنجصدهزار
جمعیت هندو	پنج ملیون و پنجصدهزار
جمعیت تاتار	یک ملیون وپنجصدهزار
جمعیت ایرانیان	یک ملیون و پنجصد هزار
جمعیت قبایل دیگر	دو ملیون

به اساس تذکر بالا نفوس افغانستان آنزمان که شامل خراسان و بلخ و سیستان و کشمیر و حصه قلیلی از لاهور و پیشاور و قندهار و اکثر نواحی ملتان میباشد مجموعاً به سی ملیون میرسیده است. جالب آنکه نفوس هندیان از افغانان (پشتونها) کرده بیشتر است. و هم جمعیت زیاد <ملل غریبه> که به پانزده ملیون نفر میرسد معلوم نگردید که کیستند؟

اگر ملل غریبه عبارت از تاجیک ها و هزاره ها و ایماق ها باشند نظر به احصایه گیری فوق باشندگان اکثریت افغانستان را تشکیل میداده اند.

اما به استناد کتاب (حیات افغانی) و (تاریخ سلطانی) افغانستان را به هشت ملیون چهار صد هزار و چهارده ملیون جمعیت مربوط دانسته اند.

انوشیروان که شاه عادلش میخوانند دست به کشتار دسته جمعی بلوچان دراز کرده زن و مرد و کودک را سر میبرد.

چو آگاه شد لشکر از خشم شاه — بسوی بلوچ اندر آمد ز راه

از ایشان فــراوان و اندک نماند — زن و مرد جنگی و کودک نماند (۱۱)

حکایت دیگری از کوچ و بلوچ در زمان زمامداری سلطان محمود پادشاه غزنه میباشد. در هنگامیکه سلطان محمود بسوی عراق (مراد از فارس) (***) لشکر کشید و عراق بگرفت. زنی که در کاروان < دیرگچین> بود دزدان کالا های موصوفه را بدزدیدند و کاروان ها را غارت کردند.

دزدان از طایفه کوچ و بلوچ بودند. (دیرگچین یا گنبد مجصص منزلی بوده است بین اصفهان و ری) زن که پیش سلطان غزنه رفت و شکایت سرداد که دزدان طایفه کوچ و بلوچ در منطقه دیرگچین اموال مرا دزدیدند. سلطان غزنه گفت: < دیرگچین کجا باشد ؟>. زن گفت :< ولایت چندان گیر که بدانی که چه داری و به حق آن برسی و نگاه توانی داشت> سلطان محمود به امیر کرمان دستور داد تا دزدان را گوشمالی بدهد. اما امیر کرمان از دست کوچ و بلوچ فغانش به آسمان رسیده بود و گفت:< جبال کوچ و بلوچ از کرمان بریده است و دریا ها و کوه ها محکم است و راه ها دشوار و من از ایشان به جان آمده ام که اغلب ایشان دزد و مفسدان اند و دویست فرسنگ نا ایمن میدارند و به دزدی میروند و خلقی بسیار اند و من با ایشان مقاومت نمیتوانم کردن..> سلطان غزنه تدبیری پیشه کرد و آن اینکه کاروانی پر تجمل در راه هایی که دزدان کوچ و بلوچ مترصد اند فرستاد و در کاروان چند اشتروار سیب بار کرد و طوریکه در سیب ها زهر تعبیه کرد تا دزدان در هنگامیکه کاروان را غارت کنند سیب ها را نوش جان بدارند و بعدا یکایک بمیرند و باقیمانده را هزار ها عساکر

مسلح که سلطان در راه ها گزارده بود یرغل بزنند و دزددان را بکشند. از جانب دیگر امیر کرمان را فرمود: < در زمانیکه ما دزدان را تار و مار کردیم وی به ولایت کوچ و بلوچ تاختن گیرد> امیر کرمان به منطقه کوچ و بلوچ یرغل کرد و ده هزار مرد ایشان را بکشت و غنایم زیادی بدست آورد. قرار روایت تاریخ که از آن مدت به بعد تا نیم قرن کوچ و بلوچ بنا به تعبیر خواجه نظام الملک < کوچان را هیچ فضولی بریاد نیامد> . یا بزبان دیگر که کوچ ها و بلوچ ها توان غارت گری از ایشان بکلی نابود شده بود. (۱۲).

کتاب سیاست نامه امیر کرمان را در آنزمان بنام بوعلی الیاس میداند. اما عباس اقبال در تحشیه کتاب صفحه ۷۷ مینگارد که امیر بوعلی محمد بن الیاس امیر کرمان در سال ۳۵٦ هجری وفات کرده و نباید با سلطان محمود که در سال ۳۸۷ به سلطنت رسیده همعصر باشد. در سال ۳۵۷ خاندان آل الیاس بدست سلطان الدوله دیلمی منقرض گردید.

داستان بالا را کتاب < سیستان و بلوچستان > چنین مینویسد:

< محمود غزنوی، برادر زاده خود امیر اسماعیل را مامور غارت بلوچستان کرد. هنگام حرکت لشکر او را بخلوت خواست و اظهار داشت که از راه کوهستانی نمیشود وارد بلوچستان شده راه آنجا فقط یک تنگه است به کرمان. و بلوچها در آن تنگه او را شکست خواهند داد، باید به حیله متوسل شد. اسماعیل شیشه های زهر را از محمود گرفت و بدستور او پیش از ورود به تنگه چندین شتر بار سیب زهر آلود را همراه عده ی سرباز جلو فرستاد. بلوچ ها سربازان را گرفتند و سیب ها را خوردند و فردا اسماعیل از روی جنازۀ بلوچهای مسموم شده رد شد...> (۱۳)

دادشاه بلوچ

دادشاه بلوچ ماجراییست واقعی و شرح زندگی مردیست که سالهای سال در کوهستانات بلوچستان یاغی شده و به آدم کشی پرداخت دادشاه بلوچ با برادرش به قتل و غارت صد ها بیگناه دست داشته و حتی به پدر و زن خود نیز رحم نکردند. داستان و قصه دادشاه در

کتاب <نگاهی به سیستان و بلوچستان > اثر ایرج افشار سیستانی و همچنان کتابی بنام <دادشاه بلوچ> نوشته مهندس منوچهر کاگر برشته تحریر درآمده.

در دهه ۱۳۳۰ خورشیدی، در گرماگرم ورود کارشناسان نظامی امریکا به ایران، در ناحیهٔ جنوب ایران شهر، در استان بلوچستان، سه نفر امریکایی و یک ایرانی بدست دادشاه بلوچ کشته میشوند. بدینسان دادشاه دو نفر تبعه ناروی را که برای خریدن خرما به قریه چانف میرفتند به قتل رسانید. کار جنابات دادشاه کم کم به جا های باریک میکشد تا آنجا که دیگر کسی بر جان و مال ایمن نبوده است. و او تا کنون تقریباً دو صد نفر را به قتل رسانیده است . دولت ایران مدت دو سال به دستگیری دادشاه بلوچ اقدام میکند و به نتیجه نمیرسد تا این روبای صحرایی را بدام اندازد. شاه ایران مدت سه ماه سران بلوچ را مهلت میدهد تا دادشاه را به دادگستر شاهنشاهی گسیل بدارند. سردار فهیم خان لاشاری انتخاب میگردد تا دادشاه را با خدعه و نیرنگ از بالا کوه به دامنه کوه بکشاند. همان است که کارش را یکسره میدارند و لشکریان او را در مقابل سردار فهیم بلوچ تیر باران میکند.

(درباره دادشاه بلوچ بنگرید به کتاب <دادشاه بلوچ >، نوشته مهندس منوچهر کارگر، چاپ پاریس، ۱۳۷۸)

یادداشت ها:

۱. کتاب حدود العالم مقدمهٔ بارتولد و تعلیقات مینورسکی، ترجمه میر حسین شاه، چاپ پوهنتون کابل، سال ۱۳۴۲، صفحه های ۲۲۲-۴۰۱

۲. بنگرید به کتاب : World History, Holt, Rinehart, Winston, 1999 Page 101

۳. فرهنگ معین، جلد ششم، صفحه ۱۷۳۵. همچنان: فرهنگ جهانگیری، جلد دوم، صفحه ۲۰۷۹

۴. کتاب <نگاهی به سیستان و بلوچستان>، اثر ایرج افشار سیستانی، صفحه های ۱۹۵ و ۱۹۸

۵. همان کتاب، صفحه های ۱۹۷ ۱۹۸

۶. کتاب تاریخ افغانستان، تألیف احمد علی کهزاد، چاپ سویدن، ۲۰۰۲ میلادی، جلد اول، صفحه ۲۵۹

۷. کتاب جغرافیای تاریخی افغانستان، اثر عبدالحی حبیبی، چاپ پشاور، ۱۳۷۶، صفحه های ۳۲۰-۳۳۰

۸. کتاب <تصویری از زندگانی مردم بلوچ در نیمروز و هلمند سفلی>، تألیف غلام رحمن امیری، چاپ کابل، سال ۱۳۶۵، صفحه های ۲۰۷ و ۲۰۸

۹. کتاب <لغتنامهٔ دهخدا>، تالیف علی اکبر دهخدا، زیر عنوان زبان بلوچی، سال ۱۳۳۷ شمسی

۱۰. کتاب <نگاهی به سیستان و بلوچستان>، اثر ایرج افشار سیستانی، صفحه های ۲۲۹ و ۲۳۰

۱۱. همان کتاب، صفحه ۲۳۱

۱۲. کتاب <سیاست نامه>، اثر خواجه نظام الملک، به تصحیح عباس اقبال آشتیانی، ۱۳۶۹، چاپ دوم، صص ۷۶-۸۴

۱۳. کتاب <نگاهی به سیستان و بلوچستان>، اثر ایرج افشار سیستانی، صفحه ۱۹۹

براهویی ها

زبان، فرهنگ و مردم

لهجه براهوی در حاشیه نابودی

زبان براهوی یکی از زبانهای شرق هندو /آریای بوده که با زبان دراویدی شباهت دارد و یا همریشه است . زبان براهوی متاءثر از زبان سندی و بلوچی میباشد که قومی از شعبه بلوچیان بدان تکلم میدارند . این زبان هنوز هم مانند زنده جان های زخم خورده با کم و کاستش در میان اهالی بلوچ گفتگو میشود . براهوی ها نام قومیست که در کشور ما در حوزه نیمروز حیات بسر میبرند .

آنها زبان گفتاری دارند و زبان قلم و کتابت ندارند . زبانی که با قلم سرو کار نداشته و روند نوشتاری نداشته باشد بصورت «لهجه » باقی میماند . سخن شناس سترگ داکتر پرویز ناتل خانلری «زبان » را لفظ قلم و « لهجه » را لفظ عامه میدانند .در درازنای سده ها و هزاره ها همین لهجه های امروزی بوده اند که در گذشته زبانهای رسمی و قلمی داشته اند . مانند زبان «سغدی » که بعضی آثار بودایی و مانوی بدین زبان نوشته میشد ،اما امروز صرف به صورت لهجه ها باقیمانده و شاید از میان رفته باشد . زبان طبری که « مرز بان نامه » و « مسته مرد » بقلم کشیده شد و کتابت شد ، با بمیان آمدن . کثرت گرایی زبان فارسی / دری ، زبان قلمی و نوشتاری طبری از میان رفته و امروز به صورت لهجه پا برجاست . پس زبان های گفتاری خاصه مردمان محلی در یک موقعیت جغرافیایی میباشد که آهسته آهسته لهجه ها گسسته شده جایش را به زبان نوشتاری (زبان مشترک) خالی میسازد . همین لهجه ها اگر توسط زبان ادبی و یا قلمی رایج در کشور تحت پژوهش و بررسی قرار نگیرد و از آن یادی نشود همان است که لهجه و یا زبان محلی نیز به سوی نابودی و فنا شدن میرود . (۱) (*)

زبان براهوی هم از این امر نابودی مستثنی نیست که اگر بدان توجه صورت نگیرد در میان زبان رسمی و قلمی فارسی /دری و پشتو ذوب میگردد. اقوام براهوی در کنار چپ رود هیرمند - و در ریگستان هیرمند و خاشرود زندگانی دارند. مناطقی که طوایف بشکل حیات

بدوی و محلی زندگی دارند بنام های « بکت » و « کجر» یاد میگردد . یا سخن بر آنکه مسکنی که ایشان در اختیار دارند از مرز ایران / افغان در کناره های رود هیرمند تا < ریگستان > و <گرمسیر> امتداد دارد . براهوی ها یکی از مردمان کهن حوضه ی سیستان بزرگ است که احتمالا از نواحی سند سفلی بدین مناطق کوچیده و در مناطق نیمروز ، هیرمند سکونت اختیار کرده و با بلوچ ها و پشتون ها و عرب ها مزج گردیده باشند .براهویها خود را وابسته به عشایر حسینی ،منگل و بلوچ مرتبط میدانند (**). استند براهوی هاییکه لهجه خویش را نظر به داد و ستد و رفت و آمد با دیگران از دست داده با زبان پشتو و فارسی و بلوچی آشنا و آمیخته شده اند. چنانچه طایفۀ شان که به زبان براهویی حرف میزنند از عشیره منگل استند. قبیله محمد حسینی پر جمعیت ترین اهالی براهویی را تشکیل میدهد. بر علاوه، بلوچ های رخشانی و پشتون های نورزی نیز گویش لهجه براهویی را دارند . یا به سخن دیگر ایشان نیز با زبان براهویی تکلم میکنند . (۲)

شورابک _ منطقه قبیله بریچ است که در ین منطقه در ساحه جنوبی آن « بلوچان براهویی » سکونت دارند . سلسله کوه عمران این اهالی را از نواحی « پشین » که مربوط قبیله ترین است جدا میسازد و در بخش جنوب غربی آن سرزمین « بلوچان رند » واقع است .

اهالی بلوچانی که نادار استند و هم آنهاییکه به لهجه براهوی سخن میزنند در مناطق خشک و سوزان و لامزروع زندگانی دارند که در موسم تابستان با خر .خرگاه و اشترشان به سوی قندهار و کناره های پر آب هیرمند / ارغنداب و حتی زابل رهسپار میشوند و به کار های کرایه کشی و باربری و درو کردن گندم و دیگر کار های مزدوری اشتغال می ورزند . براهویی هاییکه مالدار استند در این ایاب و ذهاب موسمی ، با فروش بشقل ،ذغال و پشم شتر مبادرت میورزند ، پس حیات حیرت آور براهوی های مالدار متکی بر تولیدات حیوانی است . در مقابل این تولیدات خویش از نواحی شهرک های نزدیک ، احتیاج زندگی شانرا با خرید بوره (شکر) ، چای ، تکه و دیگر اشیاء ضرورت را تهیه میدارند . براهوی های نادار در موسم تابستان در نواحی دلدلزار ها و باتلاق ها چند ماه تابستان را با ساختن خانه های گزی و حصیری سپری مینمایند و این نوع کلبه ها را بنام «کدول » یاد میدارند . (۳)

(به زبان بلوچی / براهوی کدول ، خرگاه و خیمه و سرا پرده فارسی / دری _ و غژدی پشتو - و بزبان پامیری یورت باشد)

دانشنامه ادب فارسی درباره زبان براهوی مینویسد : « زبان براهوی (دراویدی) که بیشتر آنها پشتو زبان و یا بلوچ زبانند از زمره نژاد مدیترانه یی با آمیخته گی اندک ، در ناحیه جنوب غربی افغانستان با جمعیت حدود ده هزار نفر . . . زبان براهوی را زبان « جت - فتح جیم » یا زبان اهالی « کولی = جپسی های اروپایی » ویا » گچی _ به ضم گاف » یاد میدارند که در ناحیه شمالی بنام « گجر - به ضم گاف و جیم » مسمی است » (۴)

شمس الدین ابو عبدالله مقدسی از سیاحین مشهور سده چهارم هجری که در فلسطین متولد گردیده در کتاب جغرافیای التقاسم فی معرفه الاقالیم مینویسد : زبان کوچ و قفص و یا کوفج و همچنان زبان بلوچ از زبان براهوی متاءثر می باشد (۵)

سخن بر آنکه بنا بر قول مقدسی، اگر زبان براهوی براستی هم متاثر از دراویدی باشد که قدامت این زبان بیشتر از بلوچی و کوچی میباشد . متون تاریخی نیز با کم و کاستن از تاثیر زبان براهوی بر بالای زبان های بلوچی و پشتو حرفایی را به میان کشیده است و این زبان ها یعنی براهوی ها ،دراویدی ، سندی ، پشتو و بلوچی در سراسر مناطق دور و نزدیک قلمرو جغرافیایی هند و سند و سیستان و بلوچستان پرگنده شده است . کتاب «افغانان » نیز از قومی بنام «گوجر » در منطقه دیره اسماعیل خان و لیا گوشزد میدارد: «در شمال لیا کوه های نمک واقع شده و آنسوی کوه ها ناحیه دشوار گذار کوهستانی است که در آن قبایل مخوف زندگی میکنند که طایفه هندی کاتیر (احتمالا کشور های نورستان و چترال بوده باشند) از همه مخوف تر استند در شمال کوه های نمک ناحیه حاصلخیز چچ و هزاره واقع شده و مسکن هندیانی است که به اسلام مشرف شده و (گوجر) خوانده میشود » در منطقه بهاول پور نیز طوایفی از «جت » و« بلوچ » زندگانی دارند .

(بنگرید به کتاب افغانان - الفنستون - ترجمه محمد آصف فکرت - صص ۴۴۵ و ۴۴۷.)

داکتر علی اکبر جعفری دانشمند ارانی در باره زبان براهویی مینگارد: «زبان براهویی از جمله زبان های دراویدی اند که در بلوچستان صحبت میگردد. زبان براهویی یک همبستگی با زبان غیر آریایی مانند دراویدی هند همچون تمیل، تیلگو و ملیالم دارد. براهویی دیرینه ترین زبان

در این مناطق بوده و تا کنون گویش داشته که پیشینۀ این زبان کما بیش به هفت هزار سال میرسد.»

(در اینباره بنگرید به فصلنامه ره آورد منتشر کالیفوررنیا شماره چهل سال ۱۳۷۴ صفحه ۹۲)

دانشمند غربی ایچ - دبلیو بیلیو در کتاب خود بنام « نژاد های افغانستان » مطالب جالبی را به بحث میگیرد و مینگارد: در اوایل سده میلادی یکعده اقوام هندی از نواحی سند و گندهارا (وادی کابل - پیشاور) به وادیهای هیرمند و ارغنداب (اراکوزیا) و سیستان حمله بردند و در آنجا رحل اقامت افگندند . که از آنجمله همین اهالی براهوی، (گجرها) نیز شامل میگردید . گندهارایی ها در هنگام هجوم شان به اراکوزیا نام آن منطقه را گندهار گذاشتند که امروز به کندهار و یا قندهار تغییر هویت داده است . با به میان آمدن سکا ها در سیستان که نام این منطقه از این قوم صحرا گرد اخذ شده مردمان هندی تبار به شمول یک دسته از گجر ها نیز به هر طرف پراگنده گردیدند. سکا ها اهالی بومی منطقه را که جت ها و گاتی ها باشند نیز متواری ساختند و آنها به دره های سوات و بنیر و باجور و وزیرستان و در دیگر مناطق اندوس که سده های پیش به وادی هیرمند مهاجرت کرده بودند واپس به اوطان اصلی خویش چار ناچار کوچیدند. «گاتی ها» دسته دیگر از جت ها استند که پس از مهاجرت از وادی هیرمند بجانب جنوب شرق غزنی در ناحیه کتواز اقامت جستند. (احتمال کلمه کتواز از نام قوم کاتی/گاتی بعید به نظر نمیرسد). طایفه گجر ها که همین جت ها باشند در منطقه بزرگ «گجرات» که اسم با مسمایی است مسکن گزین شدند. (٦)

از گفته های فوق چنین بر می آید که این اقوام هندی تبار (یک دسته از گجر ها/جت ها) در افغانستان باقیماندند که امروز اقوام براهویی را بازتاب میدارد.

برای شناخت زبان براهویی، برخی از واژه ها و کلمه های زبان براهویی را بیان میداریم:

فارسی	زبان براهویی
پدر	باوا
مادر	لوما
آب	دیر

بخش اول: آریانا / خراسان / افغانستان

گاو	خراس
آدم	بندق
زمین	دغار
کلاه	توپ
دندان	دنتان
پیراهن	گوس
دست	دو
بینی	باموس
چشم	خن
خانه	اورا
آتش	خاخر
خوردن	کن
خوابیدن	خاج
رفتن	کین
بزینه (شادی)	یت
مگس	مسس
نشستن	توس
همه	موچ
زن	زاییپا
مرد	هاری

سگ کچک (۷)

از تامین معیشت براهویی ها تا اندازه ای حرف هایی را بمیان کشیدیم و دانستیم که اهالی نادار و غریب و غریبکار، رنج های طاقت فرسای زنده گانی را قبول میکنند و از کار مزدوری تا دروگری و اشتر چرانی برای دیگران دریغ نمیورزند. اما اهالی مالدار و زمیندار عشیره براهویی پشتون، بیشتر در کار های زمینداری، مالداری و داد و ستد محلی مصروف استند که یکی از عایدات شان تهیه پشم از گوسفندان و بز ها و اشتران میباشد. از گوسفند سال دوبار، از بز سال یک بار و از اشتر تا چهار سالگی پشم میگیرند و به بازار های محلی آنرا بفروش میرسانند. پشم را دسته بندی میدارند و آن اینکه پشم را بر اساس یک راس گوسفند ارزیابی کرده و از هر گوسفند یک «ورک» بفروش میرسانند که این نوع عرضه پشم را «بندی سودا» می نامند. (مراد از ورک پشم یک گوسفند سالم است که دسته بندی میشود و بصورت حلقه در میآید. در آن مقدار تاب و رنگ پشم مدنظر گرفته میشود.)

پشم به حساب وزن هم بفروش میرسد که تقریباً در میان همه ی عشایر عمومیت دارد. (۸)

یادداشت ها :

۱. کتاب «زبان شناسی»، نوشتۀ داکتر پرویز ناتل خانلری، چاپ کابل، ۱۳٦۷، صص ۱۲۱-۱۲۲

(x) زبان های شعبه پامیری که در شمال شرق کشور زیبای ما راییج است، از روزگاران درازی بدینسو در دره های بدخشان و پامیر قامت کشیده اند امروز دارند روبه ضعف و نابودی میروند. اگرچه این زبان ها امروز هم از زمره زبانهای رسمی کشور (نی مشترک) درج اسناد میباشد، اما شور بختانه این زبان ها از خود کتابت و نوشته ندارند بر اساس زبانشناسی شامل «لهجه ها» میگردند. این لهجه ها شامل زبان های شرقی آریایی اند که حسب ذیل نامگذاری شده است:

لهجه ارشری (به ضم الف و شین) از لهجه های پامیر

لهجه اشکاشیمی

لهجه زیباکی

لهجه سریکلی- احتمالاً سرکولی باشد - پامیر

لهجه سنجی (به فتح سین) پامیر

لهجه منجی (به ضم میم) کران و منجان

لهجه سنگلیچی - پامیر

لهجه شغنی - شغنان بدخشان (منطقه خوش صورتان)

لهجه وخی (یا واخانی) واخان بدخشان

لهجه بازغلامی - دره باز غلام پامیر

لهجه یغنابی - نواحی رود زرافشان و حصار

لهجه بودغا - پامیر

لهجه یفتلی - در دره یفتل میان رود زرافشان و حصار

(درباره لهجه های بدخشانی و پامیری بنگرید به کتاب «تاریخ بدخشان»، تألیف میرزا سنگ محمد بدخشی، به تصحیح دکتر منوچهر ستوده، وقایع سالهای ۱۰۶۸ - ۱۳۲۵ هجری، سال ۱۳۶۷ خورشیدی، ناشر موسسه انتشارات جهانگیری، صفحه های ۳ و ۴)

(xx) عشیره حسینی ، که براهوییان خویش را از تبار ایشان میدانند و چنین وانمود میگردد که ایشان از نسل سادات بوده که در ایام حمله اعراب با براهویی ها یکجا شده با آنها خویشاوندی کرده باشند. از ایشان نسل براهوییی باقی مانده است. پس چنین غیر از عرب ها، با عشایر پشتون، بلوچ و خراسانی نیز مختلفط شده اند.

۲. کتاب «تصویری از زنده گانی مردم بلوچ»، تألیف غلام رحمن امیری، چاپ کابل، سال ۱۳۶۵، صفحه ۲۰۷

۳. کتاب «افغانان»، اثر مونت استوارت الفننستون، ترجمهٔ محمد آصف فکرت، چاپ ایران، ۱۳٦۷، همچنان نگاه کنید به کتاب «تصویری از زندگانی مردم بلوچ»، نوشته غلام رحمن امیری، صفحه ۲۰۸

۴. دانشنامهٔ ادب فارسی به سرپرستی حسن انوشه، چاپ ایران، سال ۱۳۷۸، صفحه های ۲۰۴ و ۲۰۵

۵. کتاب حدود العالم، مقدمهٔ بارتولد و توضحات مینورسکی، ترجمه میر حسین شاه، چاپ کابل، ۱۳۴۲ ص ۲۲۳

٦. مجلهٔ آریانا برون مرزی، چاپ سویدن، سال دوازددهم، شماره اول، سال ۱۳۸۹، صفحه ۱۱۲، «تاریخ افغانان»

۷. کتاب «نگاهی به سیستان و بلوچستان»، تألیف ایرج افشار سیستانی، چاپ ایران، ۱۳٦۳، صص ۱۱۴ و ۱۱۵

۸. نگاه کنید به کتاب «تصویری از زنده گانی مردم بلوچ»

بخش دوم

آمو دریا

Amu Darya

مرا هجران آن آهوی آمو   همی دارد چو بچه مرده آهو

(قطران)

آمــو دریا ، با آب زلالین ،

فرو پاشید از قامت پامیر

حیات آفرین بانــوی شغنان

و دخت نگـــــــــــارین *

(آب ناب)

آمو دریا در درازای تاریخ شکوهمند آریانای کهن ، خراسان پار و افغانستان امروز بنام های آمو دریا ، رود آمو ، نهر آمو ، دریای آمو ، اموی ، آمویه ؛ آمو ، آب آمو ، آب آمویه ، آمون ، جیهون ، آب جیحون ، رود بلخ ، آهو ، رود آهو ، اکسوس ، آبهی ، وخشو ، دایی تیک و وی یاد کرده اند . این رودبار افسانوی را یونانی های اکسوس Oxus (Vaxsu) و چینایی ها آنرا < وی > نامیدند ، عرب ها آنرا < جیحون > گفتند و پیشاپیش هزاره های دور بدان نام های < آبهی > ، < دایی تیک > و < وخشو > دادند .

< آبهی > نام کهنی است که رود آمو بدان مسمی بوده و در برهان قاطع آنرا چنین مینگریم :

< آبهی (به کسر ب) نام رودخانه ایست که آنرا < آهو > نیز یاد کردی > (۱) در زمانه های خیلی دور که کرانه های آمو گسترده و خرم و هر طرف چمنزار و پر طراوت بوده ،

در کنار های آن ، آهوان بسیاری به چراه مشغول بوده اند و از این سبب نام آهو بر آن رفته است .

مرا هچران آن آهوی آمو   همی دارد چو بچه مرده آهو (قطران)

از جانب دیگر اطلاق نام < آهو > به این رودخانه مناسبت روحانی و دینی داشته . و آهو Aho در اوستا معنی و مفهوم < بزرگ و پیشوا > را دارد که این نام به هیبت و بزرگی و سروری رود آمو شایسته است .(۲)

کلمه های < آمو > ، < آمون > و < آموی > را در فرهنگ جهانگیری و برهان قاطع اینگونه مشاهده میکنیم :

< آمو (به ضم ثالث و سکون واو) مخفف آمون است میان جیحون و فرات ، < آموی > نام شهری است بر کنار جیحون منسوب به آن شهر است > (۳)

< آمو دهی است در یک کناره ء این رودخانه و گفته اند که نام < آمو > از نام این ده مشهور شده است > (۴)

طوریکه مشاهده کردیم کلمه آمو از نام قریه یا ده و یا شهرک متصل آن نامگذاری شده و سابقه طولانی دارد و تا کنون نزد دانشمندان جایگاه این ده یا قریه برملا نگردیده است . این قشلاق آبی و یا شهرک دریایی بدون شک در جوار رود آمو موقعیت دارد و از برازندگی خاصی بر خوردار بوده از برج و باره مستحکمی نیز حکایت میکند و این بندرگاه آبی آمو از نگاه این نویسنده همین شهر پر آوازه و مستحکم تاریخی ترمذ است و بس . زیرا شهرک آبی ترمذ متصل رود آمو و در شاهراه بزرگ بین ماوراء النهر و باختر زمین قرار دارد و قلعه و گذر گاه دیگری در کناره رود آمو همان <واخان > است که مناطق صعب العبور دارد . پس ترمذ یگانه جایی است که آشوبگران ، شاهان و هنگامه پردازان از آنسوی رود به پارو پامیزاد مهاجرت و یرغل کرده به باکتریا Bactra سرازیر شده اند . ترمذ قدامت زیاد دارد و کهن دیاری است که حتی کیانیان و شاهان اسطوره یی آریانا این شهر را بحیث قله و بند گاه خویش انتخاب کرده بودند .

< گشتاسپ شاه بخاطر تهاجمات اتراک قلعه ای آباد کرد به نزدیکی ترمذ متصل رود آمو و آن قلعه را < ماداره > نام نهاد . و آنرا به یکی از امراء خود سپرد و خود عازم بلخ گردید .

بخش دوم: حوزۀ جغرافیایی آمو دریا و شهر ها

امام ابوالقاسم سمرقندی گوید که نام اصلی آن قلعه و یا حصار ترمذ < آب راهه > باشد که بنا بر کثرت استعمال به < ماداره > تبدیل شده است . بواسطه آنکه شهر همیشه معبر ممر بوده و ترکان از آمویه عبور کرده به تخت و تاراج اهالی و احشام عرصه بلخ قیام مینمودند > (۵)

قرار شهادت تاریخ نقطه دیگری را که ده یا قریه آمو بدان وابسته است و گفته اند که کلمه <آمو> از این دیهه اخذ شده و آن عبارت از < آمل > است . در ساحل چپ جیحون در صد و بیست میلی شمال شرق شهر مرو در محلی که بنام < آمل > یاد میگردد به قول یاقوت ، <آمل> را آمویه نیز میگفتند که احتمال میرود اسم رود آمو از این جا نشئت کرده باشد . زیرا آمو در قرون وسطی معروف به آمویه بود .

در هنگامیکه < نریمان > سپهسالار فریدون از راه جیحون بسمت بخارا و ماورا ء النهر میرفت در راه اش شهر آمل واقع بود . آمل از گوزگانان آنقدر فاصله ندارد . از گذشته های دور آمل و مرو و مروالرود و گوزگانان و پاریاب و اندخود با هم روابط نیک اجتماعی، فرهنگی و داد و ستد تجاری داشته اند . نریمان در شهر های شبرغان و بلخ و آمل و مرو رفت و آمد دارد . نریمان سپهسالار فریدون زمانی < کلفت > بندرگاه مشهور جیحون را سر راه شبرغان و آمل واقع است عبور کرده به ماوراءالنهر میرود .

به کلفت شد از بلخ گاه بهار　　　وز آنجایگه کردجیحون گزار

همه ماوراء النهر تا مرز چین　　　شمردند آنگاه توران زمین

< توران زمین > پهنای وسیع دارد که سرحدش از ماوراء النهر تا مرز چین میرسد . توران زمین مناطقی چون : چاچ ، کاشغر ، ختن ، شنگان ، ختلان ، سنجاب ، سمرقند ، خوقند را در بر میگرفته که این پهنای گسترده را نریمان سپه سالار فریدون تحت فرمان آورده :

از آموی و رُم تا بچاچ و ختن　　　ز شنگان و ختلان شهان تن بتن

سپهبد همی راند تا شهر چاچ　　　ز گردش بزرگان با تخت و تاج

و زآنجا سپه راند و بشتافت تفت　　　بشادی به شهر سپنجاب رفت

نریمان ماوراء النهر را که قلمرو تورانیان است فتح میکند و تا مرز های چین و ماچین میرسد و فغفور چین نیز باجگزار وی میگردد . پس از فتح و پیروزی نریمان بدربار فریدون میرسد که شاه آریانا از وی پذیرایی کرده و تقدیس فراوان کرد و او را تیولدار بلخ و زرنج و زابل و کابل و غور میسازد .

زرنج و همه غور و زابلستان — هم از بلخ تا بـوم کابلستان

بـدو داد پیوسته تا مرز سند — نبشته همین عهد ها بر پرند

(در این باره بنگرید به کتاب < غرغشت یا گرشاسپ >، اثر احمد علی کهزاد، چاپ پیشاور، حمل ۱۳۷۸، صفحه های ۲۰۰ - ۲۰۵)

پیش از آنکه در پیرامون این رودخانه بزرگ و اسطوره یی به تفصیل بپردازیم لازم می افتد که درباره کلمه های < دریا > و < رود > و کار آمد آن بزبان فارسی / دری توضیح گردد . در دوره های نخست و میانه اسلامی ، مورخین و جغرافی دانان از رود جیحون و رود آمو سخن گفته اند تا اینکه امروز رود آمو بنام <دریای آمو> مشهور شده است. صورت درست آن بزبان فارسی/دری باید <رود آمو> باشد نه دریای آمو .

زیرا رود عبارت از نهر بزرگی که پس از سیر در خشکی داخل دریا شود . تمام رود ها از بالا کوه ها سر چشمه گرفته سرزمین ها را طی کرده تا به دریا یا دریاچه میریزند . در فارسی / دری ، دریا همان < بحر > عربی است . مانند دریای عمان ، دریای مدیترانه . . دریا را واژه پهلوی دانسته اند که در حقیقت از واژه اوستایی دریه و زریه اشتقاق گردیده و عبارت از آب بسیاری که قسمت وسیعی از زمین را فرا گرفته و قابل کشتی رانی باشد که آنرا به عربی بحر گویند . (٦)

در برهان قاطع < زراه > بر وزن تباه مطلق دریا باشد و عربی بحر را گویند . < رود > عبارت از هر رودخانه عظیم و سیال را گویند عموما و رودخانه آمو را خصوصا . (بنگرید به برهان قاطع ابن خلف تبریزی _ ۵۷۴ و ۵۵۲)

کتاب حدود العالم بحثی دارد درباره رود ها < سخن اندر رود ها > ، که رود را به دو شعبه تقسیم کرده ، یکی رود طبیعی و دیگری رود غیر طبیعی . رود غیر طبیعی همانست که توسط انسان کشیده میشود تا برای آبیاری شهر ها مساعد گردد . اما رود طبیعی در

حدود العالم چنین تعریف شده : < .. اما رود طبیعی آنست که آبهای بود بزرگ که از گذار برف و چشمه هاییکه از کوه روی زمین بکشاید و برود ، و خویشتن را راه کند رود کده وی جایی فراخ شود و جایی تنگ و همیرود تا به دریا میرسد ..> (حدود العالم چاپ کابل صفحه ۳٦۴)

ریشه یابی < دریا > را روانشاد عبدالحی حبیبی در کتاب < پنجاه مقاله > چنین توضیع میدهند:

< دریا را در فرس قدیم < دریه > میگفتند ، دریه Daryah آهسته آهسته به < دریا > ی امروزی تغییر لهجه داده است و در اوستا به کلمه < زریه > برمیخوریم که < زرنگ > از آن اشتقاق یافته و احتمالا < زرنج > شهری مربوط به سیستان از آن حاصل گردیده باشد. دریا با دریه با زریه و زریه که در کهن زمانه ها آنرا < زره کسانسیه > یاد مینمودند که به مرور زمانه زره کیانسیه حذف گردیده به شکل امروزی < دریا > حاصل شده است و (۷) خلاصه رود آمو که امروز به دریای آمو ویا آمو دریا شهرت حاصل کرده آنرا در فرهنگ معین مینگیریم :

< آمو دریا amu- darya = آمو = آموی = آمویه نام قدیمی رودخانه جیحون که از کوه های شمال افغانستان سر چشمه میگیرد و سابقا به دریای خزر میریخته ولی امروز مصب آن در دریاچۀ آرال است . طول آن ۲٦۵۰ کیلومتر میباشد ، از آب آن برای آبیاری مزارع پنبه استفاده میشود . یونانیان این رود را اکسوس مینامیدند ، آمو ، آموی ، جیحون ، آبهی ، وخشو > (۸)

طوریکه گفته آمد رود آمو را در پیشاپیش هزاره ها با یار شمالی اش یکجایی یاد میکردند که عبارت از سیحون و جیحون باشند . سیحون و جیحون بعد ها سیر دریا و آمو دریا گردیدند .

در روزگارارن اوستا بنام وانگوهی دیتیا که در یادداشت بندوهشن < دایی تیک > یاد گردیده و نام رود آمو را تداعی میکند . رودخانه یاور آمو سیر دریا را بندهشن که یکی از کتاب های تاریخی و دینی زردشتی پهلوی است در پیرامون < درنگا > چنین مینویسد : < دو رود از شمال اپاختر هربورچ یکی به سوی خورواران (مغرب) جاری است و موسوم

است به ارنگ و دیگری به سوی خوراسان (مشرق) جاری است موسوم است به < وه رویت > به اساس گفته بندهشن که رودی که به شمال باختر قرار دارد و به سوی مغرب جریان دارد همان رود رنگه و یا ارنگ و یا رنگا است که مراد از رود سیحون میباشد . و رود دیگری که بسوی مشرق جاری است عبارت از رود آمو میباشد . و روت ویا رویت از دو واژه <وه> یا <وی> که بزبان چینایی عبارت از رود آمو باشد. و روت و یا رویت کلمه سچه اوستایی که تا امروز به شکل < رود > یا رودخانه باقی است و مراد از جریان آبی که از کوهپایه ها سر چشمه گرفته به دریا و یا دریاچه سرازیر میشود . رود واژه اصیل اوستایی که به آب رودخانه گفته میشود مانند رود آمو و یا رود هیرمند و یا رود سند . اما دریا که به رود گفته میشود بکلی غلط است زیرا دریا کلمه فارسی / دری که به بحر اطلاق میگردد . اما در افغانستان همه رودخانه ها را ما < دریا > خطاب میکنیم .

رود آمو را در دوره های اسلامی < جیحون > گفته اند ، در کتاب حدود العالم اینگونه مشاهده میکنیم : < . .. و دیگر رود جیحون است از حدود وخان < واخان > به رود و بر حد میان ناحیت بلور و میان حدود شکنان < شغنان > و وخان برود تا به حدود ختلان و تخارستان و بلخ و چغانیان و خراسان و ماوراءالنهر همی رود تا به حدود خوارزم و آن گه دریای خوارزم افتد > (۹)

دریای آمو را در کتاب جغرافیه معارف افغانستان چنین نوشته اند :

دریای آمو که بنام های آکسوس و جیحون شهرت یافته از ارتفاعات پامیر (سر چشمه رود آمو) تا بخیره آرال Aral (دهانه دریای آمو) دو هزار و پنصد کیلومتر طول دارد و به طول یک هزار و دوصد کیلو متر میان تاجکستان و ترکمنستان سرحد مشترک سیاسی را تشکبل میدهد و دریای آمو از یخچالهای پامیر کوچک سر چشمه میگیرد (به ارتفاع چهار هزار متر از سطح بحر) و در قسمت های بالایی با دریای واخان و آب پنج با آن یکجا شده دریای پنج را میسازد . از چپ و راست معاونین زیادی با دریای آمو یکجا میشود و معاونین طرف راست دریای آمو به کشور های آسیای میانه مربوط میگردد که عبارتند از چک Chak ، کوند cund قزل سو Qizil Su ، وخشن ، کافرنهان و سرخان اند .

معاونین طرف چپ رود آمو که به افغانستان تعلق دارد عبارتند از دریای شیوا Shiwa ، دریای کوکچه و دریا قندوز میباشد .

دریا های خلم ، قیصار ، شیرینتگاب ، بلخاب و اندخوی نسبت داشتن آب کم به دریای آمو نرسیده به ریگستان های جوار آمو جذب میگردند. دریای آمو از سرچشمه تا التقای دریای کوکچه به تیزی و سرعت زیاد در جریان بوده آبشار های زیادی را باعث میگردد که بعد ها از سرعت آن کاسته شده قابل کشتی رانی میباشد . این دریا در نواحی وسطی اش عریض گردیده و جزایر زیادی را تشکیل میدهد و از آب آن برای زراعت پنبه استفاده شده که در آخرین جریان خود کم آب میشود تا اینکه اندازه دابت Dabet آب دریا آمو در شهر کرکی Kerki در یک ثانیه به دو هزار و پنجاه متر مکعب رسیده و در نواحی دریاچه آرال اندازه آب به یک هزار و پنجصد متر مکعب تنزیل میکند .

قرار احصاییه بدست آمده بین سالیان ۱۹۶۰ _ ۱۹۶۶ مقدار آب دریاچه آرال بیشتر از پنجاه فیصد کاهش به عمل آمده و بنابر مشاهدات دانشمندان این رشته دلتای رود آمو به یک توده خاک مبدل گردیده است . از سالهای ۱۹۵۰ میلادی بدینسو آب رودخانه آمو در آنسوی سرحدات افغانستان برای آبیاری مزارع پنبه بهره گیری صورت گرفته و حجم بزرگ آب های سیحون و جیحون در این راه به مصرف میرسد . حفر کانال بزرگ قراقرم برای کشت مزارع باعث شده که مقدار آب دریاچه آرال کاهش یافته تا آنجا که صدمه آن به کشت سبزیجات و دیگر حبوبات مجرای دلتای آمو بی تاثیر نمانده است . با درد و دریغ فراوان که از آب لذیذ رود آمو در افغانستان استفاده قابل شایانی صورت نگرفته و دولت مردان نیز از این معبر حیاتی آبی مفیدیت حیاتی نگرفتند . امیدوارم در بازسازی پس از جنگ سه دهه ، روشن ضمیران دولت مردان آگاه ، درد های گذشته را درمان کنند و در این زمینه جدی شده چند قطره از آب گوارای آمو در حلقوم دشت های سوزان میهن بچکانند و از خضر سبز پوش یاری بطلبند تا باشد جامعه نا اباد ،آبادان شود .

دلتای دریای آمو مساحت یازده هزار کیلومتر مربع را احتوا میکند . بنادر تاشگذر (حیرتان امروزی) ، کلفت و قزل قلعه (شیرخان امروزی) از بندر گاه های مشهور آبی محسوب میشود . در گذشته ها بندر کلفت برای صادرات و واردات اهمیت حیاتی داشته ، مخصوصا وارد کردن تیل خاک و پطرول که در اطراف این بندر تانکر ها و ذخایر نفتی

تاسیس گردیده بود . همچنان اهمیت تجارتی بندر قزل قلعه که به کابل نزدیکتر است از اهمیت ویژه ای برخوردار است . (۱۰)

دریای آمو در اصل از دریاچه (آب ایستاده) زرقول یا زورکول که سه هزار و یکصد متر از سطح بحر ارتفاع دارد از دریاچه های مشهور پامیر کوچک میباشد آغاز می یآبد. کناره های شمالی زورقول شش کیلومتر و کناره های جنوبی آن ده کیلومتر طول دارد . عرض نهایی زره قول یا زورقول به چهار کیلومتر میرسد ،آب زره قول ذریعه دریای دیگری بنام < دریای پامیر > به دریای آمو ارتباط پیدا میکند . اطراف زره قول را چراگاه های سرسبز تشکیل میدهد . انگلیس ها زره قول را بنام < ویکتوریا > گذاشتند . دریای پامیر در قسمت واخان با آب واخان < دریای واخان > که از < چق مق تین > سرچشمه میگیرد با دریای پامیر یکجا شده < دریای پنج > را میسازد .

چقمقتین در شمال شرق کشور در منطقه پامیر کوچک واقع است . در ادوار تاریخ کاروان ها از شمال این آب ها به سوی کشمیر و گلگیت و چترال در حرکت بوده از لحاظ داد و ستد تجاری و فرهنگی این منطقه مخصوصا معبر واخان اهمیت شایانی داشته است . اطراف آب های چقمقتین و زره قول چراگاه های خوبی برای غژگاو ها و دیگر حیوانات مساعد میباشد. باشنده گان این مناطق را اقوام قرغز تشکیل میدهد. چقمقتین به درازای هفده کیلومتر و عرض دو یا سه کیلومتر را در بر گرفته است . طوریکه گفته آمد زره قول و چقمقتین و < آب ایستاده شیوا > سرچشمه دریا های پامیر ، واخان ، آمو ، کوکچه و شیوا بوده اند . دریای آمو از التقای آب واخان و رودبار پامیر ، دریای پنج را میسازد که آنرا در کتاب جغرافیای افغانستان چنین میبینیم:

< .. آب هاییکه امروز بنام < دریای پنج > نامیده میشود از سطوح مرتفع پامیر و واخان حدود زرقول (جهیل وکتوریا) سرچشمه گرفته و در طول مرز های افغان و تاجیکستان در حصص علیای بدخشان تا جزیره < درقدو > که محل التقای دریای کوکچه با آنست به همین نام <پنج> یاد میگردد و < قلعه پنجه > هم بر کنار آن در واخان واقع است . و مجموعه تمام این آب ها را در حدود پنجصد کیلومتر تخمین میتوان کرد (طول دریای پنج) و همین دریای پنج خط مرزی افغان / تاجیکستان شمرده میشود . > (۱۱)

دریای پنج از < واخان > می آغازد و به < خواهان > ختم میگردد . یا به سخن دیگر دریای پنج از التقای دریای واخان شروع گردیده در ناحیه < اشکاشم > بدخشان به جانب شمال به جریان می افتد و از شهر زیبا رویان < شغنان > گذر کرده و شهر تاریخی < آی خانم > سلام کرده از <درواز> عبور میکند و تا به < خواهان > میرسد و با دریای کوکچه متلاق شده به سوی غرب در حرکت می افتد و بنام دریای آمو تا علاقه < خمیاب > سر خم نمیکند . در علاقه خمیاب از سرحد افغانستان خارج میگردد. نا گفته نماند که دریای آمو از شش ولایت افغانستان میگذرد که عبارتند از بدخشان ، تخار ،قندز ، سمنگان ، بلخ ، جوزجان .

از معاونین برجسته دریای آمو از سمت افغانستان ، دریای کوکچه است که این نویسنده در هنگام کودکی ماهی های خالدار کوکجه را که با چنگک کش میکردم خاطره ها دارم . دریای کوکچه آب لذیذ دارد و ماهی خالدار آن لذیذ تر . رنگ لاجوردین آب کوکچه مانند سنگ لاجوردش حیرت انگیز است . دریای کوکچه را حدود العالم < رود خرناب > خواند و آنرا با معاونین رود آمو چنین مینویسد :

< .. و دیگر رودیست او را خرناب خوانند اندر جیحون افتد .دیگر رودیست از آنسوی بتمان به شست فرسنگ رود و چون به نارغر برسد اندر جیحون افتد . و دیگر رودیست که او را وخشاب خوانند به نزدیک وخشن به جیحون افتد . و دیگر رودیست که از حدود کیجان و از کوههای ایشان برود و بر میان نوذر بگذرد و به نزدیک قواد یار به جیحون افتد . و دیگر جغان رود است که از جغانیان رود به حدود ترمذ به جیحون افتد و دیگر دو روداست ، یکی مهمتر او را رود زغام خوانند از حدود تخارستان بروند و هر دو یکی شوند میان ولوالج و خلم بروند و به جیحون افتد > (۱۲)

در قسمت نام های که حدود العالم ذکر کرده شرح مفصل کار است که بحث آن طویل گردد . این نویسنده را باور بر آناست که افغانستان در حقیقت میان سه رودبار مقدس که قدسیت شان در ادیان مختلف بیان گردیده موقعیت دارد که عبارتند از دریای آمو ، دریای هیرمند و دریای سند که تاریخ دراز دامنی دارند و در روزگارانش جولانگاه دهقانان، پهلوانان ، کیانیان ، خسروان ، موبدان ، اسپهبدان ، شاهان ، خانان و راجه گان بوده و در کناره های این آب های مقدس مردمان هنر آفرین و مدنیت سازی زنده گانی میکرده

اند . قدسیت سه رودبار در کتاب های تورات ، اوستا و ویدا تذکر رفته است . رود هیرمند با دریاچه هامون در سروده های زردشت جایگاه خاص دارد و زردشت پیامبر دین بهی را از این سرزمین آغازیده از صولت و شکوهمندی این رودخانه اینگونه یاد میکند:

<رود هیرمند به دریاچه هامون فرو میریزد .آن حدودی که کوه اوشیدم بر آن محاط است و از اطراف آن رود های بسیاری سرازیر میشود و همه این رود ها به دریاچه هامون فرو میریزند که از آن میان < هیرمند > با شکوه و فرهمند است ، با امواج سپید گون .کف آلود و طغیان های بسیار که نیروی اسپی را دارا است ، دارنده فر کیانی آنچنان فره یِ زردشت پاک .. >

در سروده های زردشت ، علاوه از برازندگی سرزمین های سیستان و هیرمند ، از مناطق سیحون و جیحون نیز یاد شده است و سروده بهریشت که سرشار از نیروی شعری و آراسته با زیبایی های جغرافیایی آریانای کهن است رود دایی تیک Daitik که با رود آمویه مقایسه میگردد و رود رنگه Rangha که با سیر دریا (سیحون) همخوانی دارد ، محل خوش آب و هوا و خواستگاه پیامبر اسطوره یِ بوده است . (۱۳)

قدسیت و ارجگزاری < آب > در مناطق ما قدامت دیرینه دارد . آب که آب حیاتش خوانند از گذشته های دور از آن ستایش به عمل می آمده و نام های خدایی و الهی بدان داده میشده . اکثر نام های کهن رودخانه ها مانند سندهو، آهو ، دایی تیک ، رنگه ، اردی سورا ، اپام نپات ، هیتومیت و هیرمند . . اسم های خدایان بوده است ، چون بحث ما روی دریای آمو است ما از دیگر رودخانه ها صرف نظر میکنیم و میرویم به سراغ اوستا کتاب دیرپای سرزمین ما که رب النوع دیگری بنام اردوی سورا اناهیتا Ardvi sura anahita که به قول اوستا طویل ترین رودخانه دنیایی است مینگرد . اردوی سورا اناهیتا این رب النوع زیبای آب خروشان پیش از عصر زردشت شهرت داشته و نام رودخانه بزرگ اکسوس نیز بوده است .

گایگر دانشمند غربی به اثبات نظریه خود متنی را از اوستا آورد : < اردوی سورا اناهیتا را که از تمام رودخانه های روی زمین عریض تر است و با شدت تمام از کوه هوگریا و یا هوکریا پایین شده و به دریاچه وروکاشان میریزد ستایش میکنم . وقتیکه اردوی سورا

اناهیتا داخل این دریاچه میشود و به آن میریزد و تمام سواحل و وسط آنرا موج فرا میگیرد . این رودخانه هزار بازو و هزار شاخه دارد و هر یک از بازو های آن برابر چهل روزه راه سوار کار خوبی طول دارد >

گایگر خاطر نشان میکند که چون مسکن اصلی اوستا سر منزل هایست که دریای آمو بدان وابسته است یعنی سمت شرق، او متذکر میگردد کسانیکه مسکن اوستایی را به سمت غرب قرار میدهند ، برای تعیین اردوی سورا اناهیتا هیچ چیزی در مقابل خود ندارند .

باید یاد آور شد که هوگریا یکی از قلل بلند بالای پامیر است که دارمستر پژوهشگر غربی آنرا کوهی میداند که از بلندی به ستاره میخورد و از آن قله بلند بالای پامیر که به ستاره ها میرسد تمام رودخانه ها سرچشمه میگیرد .

(درباره اردوی سورا و هوگریا بنگرید به کتاب < تاریخ افغانستان > احمد علی کهزاد صفحه های ۲۸۸ و ۲۸۹ جلد اول چاپ سویدن)

دریای آمو و سیر دریا را یونانی ها اکسوس و جگزرتس نامیدند . عرب ها آنرا سیحون و جیحون خطاب کردند که از دو واژه عبری کیحون و پیسون اخذ شده که به صورت مزدوج مانند دجله و فرات ، یاجوج و ماجوج و یا هابیل و قابیل گفته میشود . (۱۴)

در بالا از قدسیت رود ها سخن گفتیم که سیحون و جیحون مانند دجله و فرات حتی به تورات نیز درج گردیده : < .. خداوند خدا باغی از عدن بطرف مشرق غرس نمود و آن < آدم > که سرشته بود در آنجا گذاشت .. و نهری از عدن بیرون آمد تا باغ را سیراب کند و از آنجا منقسم گشته چهار شعبه شد که نام نهر اول فیشون است که تمام زمین حویله را که در آنجا طلاست احاطه میکند و طلای آن زمین نیکوست و در آنجا مروارید و سنگ جزع است. نام نهر دوم جیحون است که تمام سرزمین کوش را احاطه میکند * * و نام نهر سوم حد اقل است که به طرف شرق آشور جاریست و نهر چارم فرات است .. >(۱۵)

< بحر الاسرار > جیحون را < نهر جیحون > مینویسد . (.. و دیگر نهر جیحون که احادیث در باب آن وارد است در شمال این شهر بلخ واقع است و بدو منسوب چنانچه ابن عباس (رض) گفت از رسول (ص) استماع دارم که فرمود :< یعنی فرستاده است خدای تعالی از بهشت به سوی زمین پنج دریا ، اول نهر سیحون و آن نهر خجند است که

الان به دریای شاهرخیه مشهور است . دوم جیحون که به آمویه معروف است به جهت آنکه < قریه آمویه > که در سابق معبر اهل خراسان به سوی ماورا النهر از آنجا بوده و بر ساحل این نهر واقعست به قرب < چهار جوی >) همچنین از ابن عمر (رض) روایت کرده از رسول (ص) که گفت : چهار دریاست از بهشت در دنیا ، سیحون و جیحون / ورس و نیل و همچنان آنحضرت فرمودند که: النهر ان المومنان الفرات و النهر البلخ (١٦)

خلیفه مسلمین معاویه ، فرمانروای خراسان را به < زیاد بن ابیه > داد . زیاد بن ابیه شخصی بنام حکم بن عمرو الغفاری را به خراسان مامور ساخت . حکم بن عمرو با مهلب بن ابی صفره از هرات به خراسان آمدند . مهلب کار ها و شطارت هایی از خود نشان داد که سعد ابن وقاص شمشیر ظفر و نیکویی به وی فرستاد . حکم بن عمرو نیز در شمال خراسان جنگید و به مرو رفت و پس از جنگ های زیاد در آنجا کشته شد .گفته اند: حکم بن عمرو نخستین امیری بود از مسلمانان که به خراسان زمین کشته شد . و همچنان اولین امیری که از رود بلخ آب خورد .(به کتاب < تاریخ گردیزی > صفحه ۲۳۷ به تصحیح استاد حبیبی ۱۳٦۳ چاپ تهران بنگرید)

طوریکه گفته آمد اکثر جغرافیا نویسان نوار رود آمو را مرز میان ایران (آریان) و توران میدانند آرش کمانگیر پهلوان اسطوره یی که تیرش قیامت آفرین بوده و همچون راکت های با پرواز دور امروزی عمل میکرده و مرز ایران / توران را با پرتاب تیری تعین کرده است .

< آرش کمانگیر تیری از کوه دماوند به جانب جیحون و مرو به همان تندی در حرکت افگند . تیر به کنار جیحون فرود آمده و در آنجا مرز میان ایران و توران را تعیین کرد . > (۱۷)

در زمان آرش کمانگیر < ایران > به نام امروزی اش نبوده است .نام ایران زاده چند سده اخیر است. مراد از ایران همان آریان و آریا و آریانا است که سرزمین شمال و جنوب هندوکش را احتوا میکرده. تیر آرش اگر قیامت هم میکرده از کوه دماوند مازندران تا مرو و گوزگانان و جیحون نهایت درجه فاصله داشته . مراد از کوه دماوند همین کوه البرز جنوب بلخ است که من در نوشته تحقیقی خود < کوه البرز و تصویر تاریخی آن در بلخ > شرح داده ام . آرش کمانگیر همان < ایرشاه > اوستایی است که تیرش طلایه دار لشکریان

گردیده و هنگامیکه پرتاب میکرده تا رود بلخ میرسیده است . و آنرا در کتاب حدود العالم اینگونه میبینم :

< به اساس یادداشت ابومنصور عبدالملک بن محمد ثعالبی (متوفی ۴۲۹) ، تیر آرش کمانگیر (ایرشاه) که میخواست در بادغیس فرود آید ، اما فرشته یی این تیر را به نزدیکی های < خلم > برد که این محل کورین (گوزگانان) نام داشت > (۱۸)

محل هایی را که تیر از آنجا پرتاب میگردد و یا تیر در آن دور دست ها به زمین میخورد همه اش در افغانستان امروز موقعیت دارند. بادغیس ، مرو ، مرو الرود ، خلم ، گوزگان (جوزجان امروزی) کوه البرز (جنوب بلخ) ، جیحون و آنسوی جیحون توران زمین . آرش کمانگیر یا ایرشاه اوستایی مانند رستم دستان پاسدار سرزمین خویش بوده و با پرتاب تیرش حماسه میافریده است . رستم دستان ، این تهمتین روزگار نیز با بازوان توانایش دست تاراجگران توران زمین را از سر شاهان کیانی کوتاه میساخته . این رستم بوده که به خدمت شاهان کیانی کمر همت می بسته و توسن طوفنده اش برق آسا آمویه را عبور کرده تورانیان ستم کیش را اخته کوب مینموده است . همانگونه که تیر آرش مرز میان توران (ماوراءالنهر) و آریانا (آریان ، ایران) را تعیین کرده ، فردوسی شاعر بزرگ اسطوره و تاریخ ، مرز دیگری را میان آریانا و ماورا النهر ایجاد میکند .

ز < خرگاه > تا < ماوراء النهر > بر

که < جیحون > میانش بُد اندر گذر

< خرگاه > منطقه وسیعی بلند بالا که آنسوی بدخشان زمین نهفته است و معبر بزرگ آن واخان که کاروانیان از چین و ماچین و توران و سغدیه به سوی هندوستان در حرکت می افتادند و خرگاه اسطوره یی را عبور کرده از بلورستان و گلگیت و کشمیر و قنوچ (سرزمین های زیبای سرچشمه های (سند هو) گذشته به هندوستان میرسیده اند . (درباره <خرگاه> رجوع کنید به نوشته تحقیقی این نویسنده)

دانشمند طوس در روشن ساختن درز های تاریخی و منزلگاه های اسطوره یی دست توانا دارد و دیده ی بینا ، موصوف از هر گوشه و کنار و مرز و طرز ، واژه ها دارد و در کتاب

سترگ شاهنامه چندین بار از آن ارجمند نام های نامبردار کهن دیار ما نام برده است . در یادمانده فارسی / دری اش رود جیحون کمابیش (هفتاد بار) یاد گردیده است .

< چو لشکر به نزیدک جیحون کشید

سپه را همه سوی جیحون کشید

که جیحون میانش بد اندر گذر

که از ما نه بیند جیحون به خواب > (۱۹)

اسکندر مقدونی ، در فتوحاتش به سوی شرق ، سرزمین های زیادی را فتح کرد و در هر موقعیت خوب و استراتیژیک ، شهری بنام خودش بنا، نمود . او در کناره های رود آمو و اطراف آن که از لحاظ آب و هوا و از نگاه استحکامات نظامی در خور اهمیت بود شهر های را بنام اسکندریه بنا کرد که از آنجمله یکی همین اسکندریه آمو دریا Alexandria ad Axiana یا اسکندر اکسوس بود . بدین سان شهر پر آوزه (آی خانم) * * * را در شمال بدخشان پایه گذاری کرده و شهر هایی نیز در نواحی شرق هندوکش ، یعنی در کناره های سرچشمه های رود سند تاسیس کرد که در تارخ بنام های اسکندریه بوسیفالا ،اسکندریه ایسچالا ، اسکندریه نیسایا مشهور میباشد: , Bucephala , Alexandria Nicaea Alexandria Eschala , Alexandria موقعیت شهر اسکندریه دریای آمو تا کنون معلوم نگردیده است و احتمالا که در همین نزدیکی های آمو دریا باشد . شهر بوسیفالا که گفته اند در نواحی نورستان امروزی است بنام اسپ اسکندر نامگذاری شده و اسپ بوسیفالای اسکندر مانند رخش رستم اهمیت تاریخی دارد . اسکندر اسپش را بسیار دوست داشته و در همین منطقه تلف گردیده که اسکندر به یاد بودش شهری را به نام وی مسمی میسازد (۲۰) .

در اطراف و اکناف دریای آمو ، در هزاره های گذشته ، دار و دسته های بزرگی مانند کوشانی ها ، یفتلی ها ، سامانی ها ، غزنوی ها ، و شاهان و امیران تخار و بدخشان ، شیران بامیانی ، دهقان ماوراء النهری ، کابلشاه کابلی ، گشتاسب بخدی ، ارجاسپ تورانی حکومت نموده. تهمتنان نامدار تاریخ مانند رستم زابلی ، ایرشاه باختری و هزار ها پهلوان دیگر در کناره های آمو رزم آوری ها کرده اند .

قلمرو پهناور آمو که از پامیر می آغازد ، بدخشان ، تخار ، کندز ، و سمنگان و خلم و بلخ و گوزگانان و مروالرود را در بر میگیرد ، با همین پهنا و گسترده گی ، زبان فارسی/ دری ، زبان جهان شمول و زبان ادب و دربار میشود . درین ساحه وسیع و زبان فارسی / دری با گویش ها و لهجه های متفاوت و نفوذ مستحکم با حجم عظیم ادبی و فرهنگی اش تا آب های وخش و کافرنهان ، دره زرافشان ، سمرقند و خوارزم و سغدیان ، دره های کشمیر و آب های سند و هندوستان ، و در غرب به سوی فارس با فراخنای گسترده تا رود های دجله و فرات و دریای مدیترانه میرسد .

نا گفته نماند که دودمان های سامانیان و غزنویان در پیگیری ادبی و ساحه عمل علمی این زبان کوششهای فراوانی کرده اند . سامانیان در رشد و پویایی زبان دری گام های وسیع گذاشتند و در کناره های دریای آمو با شان و شوکت و صولت پادشاهی حکمروایی کردند.

<قرن سوم تمام نشده بود که دولت قوی دیگر در کنار جیحون به وجود آمد که از نظر نژاد و خانواده مقبول تر از صفاریان بودند . این سلسله با کمال زیرکی توانستند با دربار بغداد کنار بیایند و سال های سال بدون دغدغه پادشاهی کنند .> (۲۱)

یکی از شاهان دودمان سامانی ، نصر بن احمد سامانی را عادت بر آن بود که زمستان به در دارالمک بخارا مقام کردی و تابستان به سمرقند رفتی یا به شهری از شهر های خراسان . یک سال نصر بن احمد تصمیم گرفت که در هرات بماند ، چرا که بادغیسات هرات خرم ترین ناحیهء خراسان بود و شاه خواست چند سالی در این جایگاه امن و امان و مردمان به فرمان سپری نماید . چون لشکریان و درباریان دلشان هوای ماوراء النهر داشت ابوعبدالله رودکی را جرئت بر آن بود که شاه را از این حادثه با خبر سازد و شعری بگوید تا شاه سامانی دل نرم و خوش خوی گردیده هرات زیبا را ترک گفته رخ سوی بخارا زمین بنماید . رودکی شاعر زمانه شعری بسرود و آن را به شاه تقدیم کرده و شاه را چنان هیجانی ساخت که در بادغیس لحظه ای درنگ نکرده با شتاب از رود آمو تاختن گرفت و روی سوی بخارا کرد و آن شعر چنین است :

بوی جوی مــولیــان آیــد همی یاد یار مــهربان آیــد همی

ریگ آمــوی و درشتی هـــای او زیر پایم پرنیان آیــد همی

آب جیحون از نشاط روی دوست　　خنک ما را تا میان آید همی
ای بخـــارا شاد باش و دیـــر زی　　میر زی تو شادمان آید همی
مـــیر ماه است و بـــخارا آسمان　　مـــاه سوی آسمان آید همی
میر ســـــرو و بخـــــارا بوستان　　سرو سوی بوستان آید همی

از دودمان های نامبرده دیگری که در انکشاف زبان فارسی/دری سهم ارزنده ای داشته اند غزنویان بودند . شاهنشاه غزنه یمین الدوله سلطان محمود غزنوی که چهار صد شاعر دری گوی در دربار داشت ، فارسی/دری را در آنسوی مرز ها کشانید و ساحه امپراطوی اش را وسعت بخشید . سلطان محمود در سال ۴۱۵ هجری بر بالای جیحون پلی بست و بعد به ترکان سلجوق اجازه داد که به خراسان اقامت گزینند . امیر طوس ارسلان جاذب، سلطان غزنه را از آوردن ترکان سلجوق هوشدار داد که : این ترکمانان را اندر ولایت چرا آوردی ؟ این خطا بود که کردی ! اکنون که آوردی همه را بکش ! و یا به من ده تا انگشت های نر ایشان ببُرم . . امیر محمود را از این گفتار عجب آمد و گفت : < بی رحم مردی و سخت ستبر دلی ! و امیر طوس گفت که < اگر نه کنی بسیار پشیمان خوری > (۲۳)

به راستی که گفتهٔ ارسلان جاذب صدق کرد و همین ترکان سلجوق بودند که شاهنشاهی غزنه را به باد دادند _ ابتدا مرو شاه جهان را به تصرف در آوردند و بعد نیشاپور را تحت قیادت خویش آوردند و همانست که فرمان فرمای خراسان و ایران گردیدند .

سلطان غزنه در هنگامیکه به بلخ بود خواست از رود جیحون بگذرد زیرا که از آنسوی رود آمو متظلمان علی تگین نزدش آمده داد خواهی کردند . به قول تاریخ گردیزی : < چون تظلم بسیار شد امیر محمود قصد کرد که آن جست بکند و آن مسلمانان را از آن رنج و بلا ها برهاند و نبز آرزویش بود که از جیحون گذاره شود و آن دیار را مطالعه کند و اندر آن تدبیر ایستاد . . > سلطان غزنه < بفرمود تا زنجیر های سطبر ساختند نر و ماده_هر یکی مقدار ارش (بلست) و سه ارش و همه زنجیر ها اندر چرم گاو گرفت و کشتی ها بیاوردند و اندر عرض جیحون بر یکدیگر ببستند . . و از سیستان لیف های قوی (ریسمان های مونجی که از درخت خرما پدید آید) آورده بودند ، چنانکه هر لیفی را اشتری برداشته

بود و بدان لیف ها کشتی ها را نیز بستند . . و پس لشکر را برین پل گذاره کرد و خود نیز گذاره شد >

(تارخ گردیزی مؤلف عبدالحی ضحاک گردیزی به تصحیح عبدالحی حبیبی چاپ تهران ۱۳۶۳ صفحه ۴۰۴)

میرویم باز هم به سراغ سلطان محمود غزنوی که بعد از گوشمالی بوری تگین به بلخ بازگشت . منوچهری دامغانی ،پل بستن شاه غزنه را روی رود جیحون چنین میسراید :

جیحون گذاره کردی ، سیحون کنی گذر　　زانسو مـدار کردی ، زینسو کنی مـدار

پل بـر نهادن تو به جـیحون نبود پـل　　غل بود بر نهاده به جیحون بر استآوار

جز تو نیست گردن جیحون کسی به غل　　وندر نراتد پیل به جیحون ، درون هزار

دو سال یـا سه سال در آن بود تا ببست　　جسری بر آی جیحون ، محمود نامـدار

دریا بُد، آن سپه که به جیحون گذاشتی　　دریا نکرده بود به جـیحون کسی گذار

سالار خـــانیان را ، بادخیل و با خدم　　کردی همه نگون و نگونبخت و خاکسار

تـــا بر کسی گرفته نباشد خـدای خشم　　پیش تو نـــاید و نکند با تـــو چار چار

بوری تگین که خشم خدای اندرو رسید　　او را از آن دیـــار دوانید به این دیـــار

دیگر از شاهان فرهنگ دوست و با افتخار تاریخ ما ، فریغونیان بودند که این سلسله سالهای درازی در گوزگانان (جوزجان امروزی) سلطنت کردند و با غزنویان و سامانیان روابط نیک داشته اند .در زمان فریغونیان بوده که کتاب برازنده و تاریخی <حدود العالم> در جوزجان یا گوزگانان کهن برشته تحریر در آمده و مؤلف نام خود را در کتاب ذکر نکرده است . در زمانی که عرب و عربگرایی مود روز بود و تمام آثار ما به زبان عربی نوشته میشد، مردی از گوزگانان جرات میکند تا کتاب حدود العالم را به زبان ناب فارسی/دری بنویسد .

همانگونه که شاهان سامانی ، غزنوی ، سلجوقی و خوارزمشاهی و درانی از جیحون عبور کرده حکام شمال آمو را گوشمالی دادند، در تاریخ دراز مدت ما اسکندر مقدونی نیز از

رود آمو گذر کرده است . با آمدن اسکندر در کشور ما که نهایت زود گذر بود . با آنهم اسکندر در لشکر کشی هایش بر علاوه گذر از ناحیه شرق رود آمو ، از ناحیه شمالی و شمال غربی نیز جیحون را عبور کرده و به سمت ماوراالنهر لشکر کشیده است. اعمار و تاسیس سد سکندر در مقابل یاجوج و ماجوج بر علاوه اینکه در کتب تاریخ تذکر رفته در کلام الله مجید نیز یاد شده است . یونانیان جیحون را < اکسوس > نامیدند و از رود اکسوس چندین بار به سوی چین و ماچین و کاشغر هجوم بردند . اسکندر بر علاوه اینکه از ناحیه شرق رود آمو در آن محلی که شهر آی خانم موقعیت دارد به سوی کاشغر لشکر کشیده و سدی را در مقابل یاجوج و ماجوج کشیده است او از ناحیه غربی رود آمو نیز به سوی ماوراء النهر گذر کرده و در منطقه کلفت پلی را نیز ساخته است . تاریخ گردیزی از پل بستن اسکندر بروی اکسوس در ناحیه کلفت یاد میکند . < . . ارسطاطالیس (ارسطو) وزیر اسکندر بود . اسکندر هرچه کرد به اشاره ی او کرد و بسیاری رسم های نیکو نهاد و چون به اقصای ترکستان مردمان پیش او آمدند از یاجوج و ماجوج بنالیدند . پس اسکندر سدی بساخت که تا امروز برجاست و شر یاجوج و ماجوج از همه ء جهان بریده شد ، و به کالف بر جیحون پل نهاد و از آنجا رباط کرد و پارس و ایران و هند و سند و شام و حجاز و حبش و مغرب و اندلس و چین و ماچین بگرفت ، و آخر اندر غز و ناز بمرد . . >

کلفت: شهرک بندری در کنار رود آمو که مربوط ولایت جوزجان میگردد هنوز هم پا برجاست . اما شهرت او در زمانیکه خراسان عظمت داشت و شهر های مشهور خراسان همچون مرو، بلخ، نیشاپور و هرات قیامت میکرد ، کلفت نیز از اهمیت ویژه یی برخوردار بود .

پارس و ایران: پارس و ایران دو منطقه جداگانه بوده است که عبدالحی ضحاک گردیزی آنرا جداگانه ذکر کرده است . پارس که همه میدانیم و ایران مراد از کشور خود ما میباشد . این نام بعد ها توسط پارسی ها اخذ گردیده پارس را به ایران مبدل کردند .

(کتاب < تاریخ گردیزی > به تصحیح عبدالحی حبیبی _ تالیف عبدالحی ضحاک گردیزی چاپ تهران ۱۳٦۳ صفحه ٦۰۴)

گنجینه جیحون : در سال ۱۸۷۷ در سواحل شن زار رود جیحون گنجینه ای یافت شده که به موزه بریتانیا راه یافت . با توجه به ساخت تاج ها و جزییات البسه ، دالتون Dalton باستان شناس انگلیسی بر آنست که این آثار کشف شده را هنر ساسانی تشخیص بدهد . بعد ها در سال ۱۹۰۹ دیرینه شناس روسی بنام سیمیرنوف Simirnov در باره گنجینه جیحون که ظرف نقره و سایر اشیاء سیمین که ضمن حفریات در روسیه بدست آمده و کتابی بنام < نقره های شرق > منتشر ساخت . سمیرنوف در کتاب خود مدعی شده بود که دلیلی نمی بیند که این آثار از هنر های ساسانی باشد بلکه هنرستان همین سرزمین است . (بنگرید به فصلنامه ره آورد شماره ۴۱ سال ۱۳۷۵ صفحه ۱۰٦)

من (کامل انصاری) با وجودی که متصل دریای آمو زاده شده ام ، صرف یک بار این رود افسانوی و تاریخی را دیده ام . رودباری که شکوه و عظمت اش را در کتاب ها خوانده بودم که با سکوت همیشه گی اش از صلابت خاصی برخوردار بود . در هنگام دیدار از این رودبار اسطوره یی بیاد فرخی سیستانی افتادم که در کنار رود هیرمند متصل شهر بست ، خروش آب هیرمند را مزه مزه میکرد و گفت :

اندرین اندیشه بودم کز کنار شهر بست   بانگ آب هیرمند آمد بگوشم ناگهان

من نیز لبالب رود آموی چامه میرزا تورسون زاده شاعر تاجیک زمین را ، که چگونه امواج سحر آمیز آمویه را مینگرد نزدم زمزمه کردم :

منه بر لب رود آمو رسیـــــدم

صدا های موجش به گوشم شنیدم

دو پا از جهان کهن بر کشیـــدم

به بالای سیر آب دریای آمو

روانم بسوی وطن شادمان رو

مرا انتظار اند در ساحل آن

همه دوستان و همه پاسبانان >

در اخیر سروده ی ناب در اسطوره و تاریخ این رود خروشان (آمو) را از داکتر ر . رویین بنگریم:

آمو !

آمو خـــرام ناز تو زیبا و دیدنی ست
آهنگ راز های نهانت شنیـــدنی ست
هـــــر بامداد خسرو سیاه گان شرق
صـد جویبار تو به راهت کشیدنی ست
زردشت در کتابهء < گاهان > ترا سرود
هر بند آن سروده که مـهر آفریدنی ست
آذر گسپ بـــــلخ به نــوروز بار بار
در مقدم تــو آتش گل آوریـــدنی ست
رامشـــگرانه می رود امواج مست تو
آخر خیال و خواب تو کی آرمیـدنی ست ؟
یک صبح گر سپیده نه روید ز چشمه هات
شب را شکوه خلوت ماهت دریدنی ست
از کوچه باغ سیب بدخشان چو بگذری
بـــویت ز یار پار سراپا شمـــیدنی ست
شاهان بازگیر دل از دست داده انـــد
تا دیده اند خشم و خروشت دمیدنی ست
بس دیدنیست رامش آن ماهیان مهر
در سینه است هزار دل اینک بپیدنی ست

ای گنج شاهـوار ، شتابنده مـــیروی

یک لحظه باش سوده ء لعل تو چیدنیست

آنگونه تلخ و تیــره فرا میــرسی ز راه

گوبی هـــجوم خیل نهنگان رسیدنی ست

همزاد سر بلند تو پـــامیر برف پوش

هـــمواره نام پاک ترا بر کشیدنی ست

دایـــم غزال صد غزل شاعران کوی

بر پرنیـــان ریگ تو آمو! چمیدنی ست

گر نیست رودکی و دقـــیقی و رابعه

رامشگران ساحـــل عشقت رسیدنی ست

آیینه دار حـــادثه ها بوده ای بسی

برگو ! دگر چه بـا غمی سر کشیدنی ست

آرامتر بران کته نـــه هموار می رود

این پیر پرفسون که کمانش کشیدنی ست

بالی اگر کنـــون نگشاید غمین مباش

آن شاهباز تکوه ، فـــراوان پریدنی ست

رخش زمین که روز وشبان رام شست تست

پروا مکن که اژدر گـــردون گزیدنی ست

ای مرزبان خاک خراسان به هوش باش

ما زمانه سوی تو روزی خـــزیدنی ست

فـــــردا که می وزد از کوی یا ما

جیحون جهنده باش خراسان جهیدنیست

مازنــــــدران بیشه اسطوره را بگوی

رستم نمرده ! کابــل و زابل رهیدنی ست

تیر گزین تر است که سیــمرغ روزگار

زخمی به چشم بد کنشان آوریــدنی ست

دریا بخوان ترانه رفتن ، که خــامشی

خار اهانتیست که بر جان خـلیدنی ست

امشب زبان خامه < رویین > ترا سرود

آمـــو ! هوای یاد تو عشق آفریدنی ست

یاد داشت ها :

(*)   نگارین : مگارین قریه ایست نزدیک شهرک بلخ

آب ناب : نام مستعار این نویسنده میباشد . (کامل)

۱. کتاب «برهان قاطع» نوشته ابن خلف تبریزی، به تصحیح محمد عباسی، انتشارات فریدون علمی، صفحه ۲۷

۲. کتاب < اوستا >، نوشته هاشم رضی، سال ۱۳۷۴، صفحه های ۲۰۶ و ۱۷۰

۳. «برهان قاطع»، صفحه ۵۲

۴. فرهنگ جهانگیری، جلد اول، چاپ دوم، ویراسته دکتر رحیم عفیفی، صفحه ۱۵۳

۵. کتاب < بحرالاسرار بلخ >، اثر محمود ابن امیر ولی کتابدار، به تصحیح مایل هروی، چاپ کابل، صفحه های ۳۴ و ۳۵

۶. درباره < رود > ، < دریا > و < بحر > بنگرید به :

الف _ «فرهنگ عمید»، موسسه انتشارات امیر کبیر، چاپ تهران، سال ۱۳۶۶، جلد دوم، صفحه ۱۰۶۸ و جلد اول، صفحه ۹۴۱

ب _ هفته نامه امید، منتشره ورجنیا، شماره 535، سال 2002، نوشته داکتر روان فرهادی

ت _ کتاب < حدود العالم >، چاپ کابل، صفحه 364

در زبان فارسی دریا معنی بحر را دارد (نه معنی رودخانه را . .) چون افغانستان محاط به خشکه است ، مردم بحر را ندیده اند و از روی سخنان حاجیان بحر را < دریای شور > میگفتند و این هم هشتاد سال پیش بود . . کلمه < جهیل > مانند جهیل آب ایستاده غزنی ، از واژه ایست که تنها در افغانستان مورد استعمال دارد . این بیان درست است اما این کلمه در کشور دیگری هم بکار میرود. کلمه < جهیل > در قاموس های معتبر عربی سراغ نمیشود . حکمت آنست که این کلمه قطعا عربی نیست و جهیل بر وزن رفیق معنی < مطلقا نادان > را دارد . همچنان کلمه جهیل در فرهنگ فارسی وجود ندارد . حکمت آنست که این کلمه قطعا فارسی نیست . این کلمه هندی است از منشاء سانسگریت آمده که آنرا معلمان مکتب حبیبیه هندی تبار در افغانستان رواج داده اند و قبل از قرن بیستم در افغانستان بکار نرفته است . اما اهل کابل و باقی مردم افغانستان این کلمه را غلط تلفظ میکنند . این کلمه هندی هر گز نباید به فتح جیم و کسر با بر وزن رفیق تلفظ شود . و باید جهل Jheel تلفظ شود . کلمات وارداتی از آنسوی خط دیورند (هند و پاکستان) زیاد است . مانند رهایش که به زبان دری رها شدن و از مشکل رستن است . اما به معنی اقامت عام شده مردود است . ویا < بجه > که نه فارسی /دری است نه هم عربی . همچنان < سرک > ، < باجه خانه > . کلمه سرک به زبان فارسی / دری غلط است ، اصل آن راه و شاهرا درست میباشد.

(برگرفته از نوشته داکتر روان فرهادی که در هفته نامه امید، منتشره ورجینیا، در سال ۲۰۰۲ میلادی نوشته بودند.)

۷. کتاب پنجاه مقاله، اثر عبدالحی حبیبی، چاپ پیشاور، سال ۱۳۷۸، صفحه ۲۹۶

۸. کتاب «فرهنگ معین»، جلد پنجم، صفحه های ٦۰ و ۴۱

۹. کتاب «حدود العالم»، چاپ کابل، مقدمه بارتولد و تعلیقاب مینورسکی، ترجمه میر حسین شاه، صفحه ۳٦۵

۱۰. کتاب جغرافیه صنف ۱۲، وزارت معارف، ریاست تالیف و ترجمه، سال ۱۳۸۱، فصل چهارم، دریا های افغانستان

همچنان بنگرید :

International studies, Engelmen Kurt, University of Washington

۱۱. کتاب جغرافیه صنف ۱۲، صفحه ۴۳. همچنان کتاب «جغرافیای تاریخی افغانستان»، نوشتۀ استاد عبدالحی حبیبی، چاپ پیشاور، صفحه ۲۳۲

۱۲. کتاب «حدود العالم»، چاپ کابل، صفحه ۳٦۵

۱۳. کتاب < اوستا >، نوشته هاشم رضی، سال ۱۳۷۴، صفحه ۲۹

۱۴. بنگرید به کتاب <اوستا >، نوشته پوهاند عبدالاحمد جاوید، چاپ سویدن، صفحه ۱۳

۱۵. کتاب «تورات»، به فارسی / دری، سفر پیدایش، باب دهم، سطر های ٦ _۱۰

(* *) کوش: نواسه حضرت نوح و پسر حام است . کوش بود که نمرود را آورد و وی به اجبار شدن در جهان شروع کرد که ازین بابت میگویند مثل نمرود جبار ، جباری جبارتر در حضور خداوند نبود . دیگر کوش نام سرزمین است در امتداد رود نیل در نواحی سودان و ایتوپی . درین سرزمین های کهن دو سلطنت جداگانه پی عرض اندام کرده بود که یکی را سلطنت کوش Kush و دیگریرا سلطنت اکسوم Aksum نامیده اند. در ناحیه جنوب غربی صحرای نوبیا Nobian Desert

و سمت شرق سودان پادشاه پی بنام < کوش > موقعیت اختیار کرده بود که مر کو فرماندهی آن نه په ته Napata بوده و کوش های سخت کوش و نیرومند آنقدر کوشیدند تا شهر تبس را در مصر به تصرف خود در آوردند . کوش ها در حوالی ۵۰۰ ق م (پنجصد قبل از میلاد) از دم و دستگاه دولتی و رونق بازرگانی برخوردار بودند که در سال ۷۳۰ ق م حکومت مصر را در چند دهه تحت فرمان خود داشتند. شاه پر قدرت کوش بنام پیانکی Piankhi شهر ممقیس را نیز تصرف کرد .

آشوری ها کوش ها را شکست دادند و درحوالی ۴۷۱ قم کوش ها مصر را از دست داده و سلطنت شان گسسته شده و آنها مرکز شانرا بسمت جنوب به شهر Meroe انتقال دادند. شهر میرو را هیرودت مورخ یونانی دیده است . پس جیحون تورات که سرزمین کوش را آبیاری میکرده همین رود نیل بوده باشد . بعد ها عرب ها نظر به بزرگی و هیبت آمو ، رود آمو را < جیحون > خطاب کردند .

بنگرید به کتاب World History / page 182 Holt < Rinehart . Wiinston 1999 USA

۱۶. کتاب «بحر الاسرار بلخ»، تالیف محمود ابن امیرولی کتابدار، به تصحیح مابلهروی، چاپ کابل، سال ۱۳۶۰، صفحه های ۲۱_۲۳

(***) آی خانم :

آی خانم شهریست کهن که در دوره سلطنت یونان / باختری آباد گردید و متصل دریای آمو در ولایت بدخشان موقعیت دارد . درسال ۱۹۶۳ میلادی شهر آی خانم توسط دانشمندان کشف گردید . در آن شهر آثار یونان / باختری با بالاحصار ، گذرگاه ها و کوچه ها ، جاده ها و خندقها و پایه های سنگی مقوش و خشت ها و تیکر های مزین و ستون های سنگی و برخی ابزار فلزی دیده شده است . شهر آی خانم آراسته با غنایم پر بهایی همچون مجسمه هیرکلیس Heracles و بازار های عمارت شده و ورزشگاه ها با هیکل هرمس Hermes در آن مشاهده گردید.

از این شهر پر هیاهو کتیبه هایی نیز کشف شده است که نوشته های مذهبی ، اخلاق و فرهنگی در آن دیده میشود .

کتیبه چهار سطری که آنرا مردی بنام تریبالوس ولد ستراتون به خدایان هیلینی وقف کرده و بر سنگی منفور است و از شهر آی خانم بدست آمده است. کتیبه ی که به خط یونانی در پنج سطر نوشته شده و از یک قبر مرد با دانش کشف گردیده سخنان حکیمانه ایست که آنرا چنین میبینیم:

I. در کوچکی خوب بگیرید

II. در پخته سالی راستکار باشید

III. در کهن سالی اندرز دهنده ی خوب . .

IV. و در آخرین روز های حیات آگاه باشید که: <چگونه بدون افسوس میمیرید >)

(کتاب < تاریخ خط و نوشته های کهن افغانستان >، تالیف پوهاند عبدالحی حبیبی، چاپ دوم، پیشاور، سال ۱۳۷۷، صفحه های ۱۸/ ۱۹)

۱۷. «فرهنگ معین»، جلد پنجم ، صفحه ۲۸

۱۸. کتاب «حدود العالم»، مقدمۀ بارتولد و تعلیقات منورسکی، چاپ کابل، ترجمه میر حسین شاه، صفحه ۱۷۰

۱۹. فصلنامه «ره آورد»، منتشره کالیفورنیا، شماره ۴۹، سال ۱۳۷۷، صفحه ۹

۲۰. بنگرید به هفته نامه امید، نوشته نبی کهزاد، «اسکندریه های اسکندر در نقاط مختلف آریانا» شماهیر ۳۷۴، جون ۱۹۹۹ میلادی

۲۱. کتاب < سبک شناسی >، اثر ملک الشعرا بهار، جلد اول

۲۲. چهار مقاله عروضی سمرقندی، چاپ پیشاور، صفحه های ۴۱ و ۴۲

۲۳. دیوان منوچهری دامقانی، به کوشش داکتر محمد دبیر سیاق، تهران ۱۳۷۰، تعلیمات ۲۲۹

سرکول / سرقول ، سرچشمه رود جیحون

سرکول در بلندای سطح مرتفع پامیر موقعیت دارد طول سرکول پامیر شش هزار و یک گز میباشد که شرقا و غربا افتاده است .عرض این کول تاریخی از شمال به جنوب یک هزار و سه صد و پنجاه ذرع کابلی است. وسعت کول موصوف بیشتر از شش لک ذرع میباشد .

محل وقوع این کول فراز کوه بلور داغ که منبع رود سیحون و جیحون است .روانشاد کاتب هزاره در سراج التواریخ مینویسد که در زمان حکمروایی امیر حبیب الله خان فرزند امیر عبدالرحمن خان ، محمد علی خان یاکوت حواله دار آن محل فرمان یافت تا عرض و طول سرکول را دریابد . محمد علی خان پس از مشاهده و سفر بسوی سرکول که کوه به کوه و دره به دره مدت دو ماه را به سیر و سفر پرداخت ، در آنجا برج ها و ستون های هفت گانه متعلق افغانستان را به تماشا نشست .

(بنگرید به کتاب سراج التواریخ کاتب هزاره جلد چهارم صفحه ۱۲۸ بخش اول چاپ کابل)

آب سرکول را کتاب جغرافیه وزارت معارف کشور « زره قول » یاد میکند. « زره » دریا را نامند ، « قول » واژه ترکی / مغولی است که معنی سپاه که در قلب میدان جنگ باشد . اما کلمه « کول » واژه فارسی /دری است که به معنی کولاب ، آب ایستاده ، استخر ، تالاب و حوض می آید .

در اصل باید سرکول با زره کول گفته شود . چون پامیر کوچک طوایف قرغز بود و باش دارند احتمال دارد به شکل سرقول کاربرد داشته باشد .

به هر حال سرکول آب وسیعی است در نواحی پامیر کوچک قسمت افغانستان که سر چشمه رود آمو میباشد . سرکول سه هزار و یکصد متر از سطح بحر ارتفاع دارد که از زمره آب های یخچالی محسوب میگردد . در کناره های شمالی سرکول شش کیلو متر و کناره های جنوبی آن ده کیلومتر طول دارد . عرض نهایی آب متحرک سرکول به چهار کیلو متر می رسد . آب سرکول توسط دریای دیگری به دریای آمو ارتباط میگیرد . اطراف و نواحی سرکول

چراگاه های سر سبز موجود است که در فصل تابستان مالداران و چوپانان حیوانات خویش را با رمه و گله می آورند و دو ماه از این چمنزار ها استفاده میبرند .

باید تذکر داد که انگلیس ها سرکول را بنام خلیج وکتوریا یاد میکنند .

آب « چقمقتین » در شمال شرق کشور ما موقعیت دارد و متصل پامیر کوچک است . کاروان های تجارتی از ناحیه شمالی کولاب چقمقتین میگذرد که در مقابل کوتل « تراجمیر » میباشد . چقمقتین از جانب شرق به دریای آمو و به ناحیه غربی آن دریای واخان واقع شده که از خلیج چقمقتین سر چشمه میگیرد .اطراف این اسطخر آبی علفزار بوده که خوراک غژگاو ها و گوسفند ها را تامین میدارد . طول آب چقمقتین از غرب به شرق هفده کیلو متر _ عرض شمالی و جنوبی آن به دو اعشاریه پنج کیلو متر میرسد .

(در این باره بنگرید به کتاب جغرافیه های ۴۲ و ۴۳ نشریه وزارت برای صنف ۱۲ کابل ۱۳۸۱

ذرع = اندازه کردن پارچه یا چیز دیگری. یا گز کردن . ذرع به معنی گز که مقیاس طول است و معادل شانزده گره و یکصد و چهار سانتی متر بوده است .

باکتریا (بلخ)، BACTRIA

بنام خـــــداوند روزی دهان　　　یـــکی قصه دارم برون از نهان
< فرامرز نامه >

نقشه ای که سال ۱۸۵ قبل از میلاد را در کتاب تاریخ جهان نمایش میدهد چند امپراطوری برجسته دنیای آسیایی به چشم میخورد که عبارتند از :

۱. باکتریا بلخ (Bactria (Balkh
۲. پارتی ها یا پارت ها Parthia
۳. سیلوکی ها یا سلوکیدها Seleucid Kingdom
۴. گدورزیا یا جدرزیا Gedrsia

در این نقشه وسعت امپراطوری باکتریا (باختر) از بحیره عرب آغاز شده تمامی نواحی پاکستان امروزی را در بر میگیرد . از جانب شمال سراسر کشور های آزاد شده تاجیکستان، اوزبکستان و ترکمنستان را تا لبه های سیر دریا احتوا میکند .طوریکه در نقشه مشاهده گردید در کنار امپراطوری باکتریا چند امپراطوری دیگری مانند سلوکی ها در مناطق غرب _ ایران و عراق _ پارتی ها در نواحی شمال غربی و امپراطوری گدورزیا یا بلوچستان در جنوب قامت کشیده اند . با وجود فرهنگ هلینگ که پس از مرگ اسکندر توسط جنرال هایش در شرق پا برجا گردیده بود ، امپراطوری باختر از یک ارگان مستقل سیاسی و اجتماعی برخوردار بود . مرکز امپراطوری باختر شهر باکتره Bactra یا بلخ بوده است . (۱)

انسایکلوپیدایی بریتانیکا درباره بلخ چنین مینویسد : باکتریا نام کهن سرزمینیست که میان کوه هندوکش و رود آمو موقعیت داشته و مرکز آن < باکتره > بوده است .این سرزمین در ساحه شرقی فلات ایران جا داشته که زبان کهن < زند > در زمانی زبان به پهنای وسیع و گسترده ء این مرز و بوم بوده و تا زمان بمیان آمدن زرتشت پیامبر مورد گفتگو بوده است. اما در زمان زردشت ، زبان < اوستایی > که احتمالا متاءثر از زبان های زند و سانسکریت باشد ظهور میکند . شاهان دیرینه ء باکتریایی جنگ های پر دامنه داری را با تورانیان ،

چینیان ، و پارسیان داشته اند . یکی از شاهان اسطوره ی این دیار گشتاسب شاه که بعد پیرو آیین اهورامزدایی گردیده هوا خواه زردشت پیامبر میگردد. آریایی هایی که از آسیای مرکزی به نواحی باکتریا سرازیر شده اند، به اساس باور بعضی مورخین که از شاخه ء هندو _ سیتیان Indo – Sythians بوده باشند . (۲)

< بلخ > در عربی به معنی درخت بلوط باشد . این شهر را یونانی ها < باکترا > ، در فارسی باستان < باکترس > و دانشمندان پر آوازه روسی بارتولد آنرا < باختر > خوانده است. بلخ با آن وسعت < باکتریایی > خود که پیش از اسلام داشت در دوره اسلامی نیز از نام و نشان مهم و برازنده ای بر خوردار بود و هم یکی از شهر های فرهنگ گستر و تجاری شرق زمین محسوب میگردید . این شهر زیبا با قامت استوار و صلابت نامدار جغرافیایی در حوضه اکسوس سردمدار شهرها محسوب میشد . همچنان بلخ یکی از شهر های برازنده خراسان کهن که موقعیت جغرافیای و سیاسی بزرگی داشته و در شمار دیگر شهر های خراسان مانند : هرات ، نیشاپور و مرو ، از اهمیت ویژه ی برخوردار بوده است .

< غیاث اللغات > بلخ را مربوط اقلیم چهارم و وابسته به ملک خراسان _ به طول هشتاد و هفت درجه و پنج دقیقه _ و عرض سی و شش درجه پنج دقیقه میداند (غیاث اللغات چاپ بمبیی سال ۱۲۴۲ هجری صفحه ۷۸۰) . برهان قاطع بلخ را اینگونه مینگرد :

< بلخ به فتح اول و سکون ثانی _ نام شهر است مشهور از خراسان و آن از شهری قدیم است همچو استخر فارس و آنرا قبۀ الاسلام خوانند و لقب آن بامی است . گویند برامکه از آنجا بوده است و مفتوح العنوه است > (برهان قاطع چاپ بمبیی _ محمد عباسی چاپ فریدون علمی ص ۲۰۰) فرهنگ جهانگیری نیز بلخ را از زمره شهر های مشهور خراسان زمین میشمارد و آنرا به لقب < بامی > مفتخر میسازد .

<u>در شاهنامه فردوسی نام بلخ هفتاد بار ذکر شده است</u> . هیوان تسونگ زایر چینی که از بلخ دیدن کرده این شهر را بنام < پو هو > یاد کرده و دانشمند کلمان هوارت Huart متذکر میشود که در اوستا به بلخ لقب Eredwodrafcha یعنی <بلند درفش ها > داده شده و به زبان دیگر لقب بلخ عبارت از < سرزمین درفش های بلند > . (۳)

طوریکه از القاب بلخ دانسته شد که بلخ بخاطر زیبایی طبیعت و همجواری با دریای بلخ و سرسبزی باغ ها و مزارع آن بنام های بلخ درخشان ، بلخ زیبا و بلخ گزین یاد گردید که همه ای افتخارات و تهذیب و نجابت نژاد آریایی از آن نشأت کرده است .. < آریانم هورینو > یا فر شاهی آریایی هم ازین جا طلوع کرده و بار اول < یما > پادشاه یا جمشید پیشدادی پرچم سلطنت و فر شاهی خویش را فراز کنگره های قصر < وارا > بلند کرد و < بخدیم سریرام > ، < اردو در افشام > شد یعنی بلخ زیبا دارای بیرق های بلند که این صفت را اوستا در تمام اراضی آریانا نشین به بلخ متصف ساخته است . اوصاف زیبایی و قدامت و صولت اسطوره یی بلخ چنین وانمود میکند که این شهر پر افتخار آریانای پیرار ، خراسان پار و افغانستان امروز با درفش های بلند پایتخت پادشاهان اولیه آریایی بوده است . (۴)

چون سخن از یما پادشاه رفت و این پادشاه اسطوره یی طوریکه تذکر داده شد در بلخ با فر و شکوه و صولت پادشاهی سلطنت داشته است که بنا بر شهادت تاریخ چند گفته ء مهم او شمار حکمروایی و نیروی او شمرده میشد که عبارتند از :

عصای سلطنت ،

نگین شاهی

گاو آهن ،

شمشیر و جام ،

با عصا زمین را برای ساختن قصر < وارا > و تعمیر شهر بخدی معین کرد که شعار حکم و فرمان بود .نگین علامه حکم او در اطراف و اکناف کشور بحدی بوده و گاو آهن آله سر سبزی و خرمی و کشت و زراعت محسوب میگردیده ، شمشیر که خود واضحا قدرت و زور و پهلوانی را ارایه میکند . مقام سلطنت بدون پشتوانه زور و شمشیر نبوده است . جام که علامه عیش و کامرانی بوده و فردوسی فرماید :

به شادی زمانی بــــــر آریم کام

ز جمشید گویم و نوشیم جام

بـــده ساق نوش لب جام می

که نوشم بباد شه ء نیک پی

قصهٔ < جام > و < جام جم > که با جمشید شاه رابطه میگیرد و بعد در ادبیات فارسی / دری داخل شده زیاد است که در این نوشته لازم نیاید .میرویم به سراغ ارگ شاهی و یا قصر پادشاهی که در آن زمانه ها مشهور به < وارا > بوده و موسس آن همان دودمان پاراداتا یا سر سلسله خاندان پیشدادیان بلخی بوده است . بخش < وندیداد > اوستا تا یک اندازه از جزییات این قصر و اطراف آن روشنی می اندازد که در اطراف قصر آهسته آهسته منازل و آبادی های دیگری افزوده شده که در آن زمانه بلخ با داشتن قصر وارا، با تعمیر های اطرافش و باغ های سرسبز و درفش های بلندش هنگامه می آفریده است . اهورامزدا به یما پادشاه گفته است : <زمین را با پاشنه پا بزن و مانند کوزه گر گل را با دست هایت تر و هموار کن . . یما اوامر اهورامزدا را بجا میکند و < وارایی > میسازد که هر ضلع آن برابر دوش اسپ طول داشت . درآنجا آبی کشید و در کناره های آن چمن ها و سبزه زارهایی بمیان آورد و در آنجا منازل و اعمارات اعمار نمود ... >

کلمه وارا را که اوستا ذکر کرده از بخدی و بلخ جدایی نداشته است . < وارا > در اصل به معنی <پناهگاه > است که به تدریج به معنی خانه و قصر و معبد هم استعمال شده . همچنان احتمال آن میرود که همین وارای اوستایی بعد ها مفهوم < آتشکده > و معبد گاه را پیدا کرده باشد .

در هنگامیکه جای دیانت اوستایی را آیین بودایی گرفت < وارا > تغییر شکل داده به <وبهارا> تبدیل شده باشد . ویهارا کلمه سانسکریت بوده که معبد بودایی را افاده میکند که فارسی / دری به < بهار > و < ناواوبهارا > به < نوبهار > جایش را گذاشتند.(۵)

بلخ یا سرزمین اوستا

بلخ با پهنا و وسعت گسترده یی که داشته بدون شک دارای کتاب و زبان ویژه یی نیز بوده است. این کشور زیبا را که اوستا <سریرا > یادش میکند از سریرگاه < گشتاسپ > شاه نیز

صحبت میدارد . در بخش وندیدا اوستا _ قطعات زمین های اوستایی که اکثر این قطعات در مدار حوضه اکسوس موقعیت اخذ کرده اند به شانزده قطعه میرسد :

۱_ ایریانم ویجو ۲_سغده ۳_مورو ۴_بخدی ۵_ نیسایا ۶_ هرویو ۷_ ویگره ته ۸_ اوروا ۹_ خنتا ۱۰ _ هره ویتی ۱۱_ هیتومتنت ۱۲_ راغا ۱۳_ کخره ۱۴_ وارنا ۱۵_ هپته هندو ۱۶_ رانگه/ رنگه

سرزمین هاییکه اوستا نام برده همه در حوضه های اکسوس و هیرمند نهفته است که همخوانی با عنوان کتاب < از آمو تا هیرمند > دارد . نام هایی چون : مورو (مرو و نواحی مرغاب کشور ما) ، سغد ، بلخ ، ایریانا ویجه ، هرات و نیسایا و ختن و وارنا و رنگه همه در خاک آریانای قدیم موقعیت اخذ کرده اند . روانشاد احمد علی کهزاد < آریانم ویجه> را < تخمگاه آریایی ها> معنی کرده اند . این تخمدان یا تخمگاه از نظر محققین همین حوزه علیای اکسوس میباشد . تخمه ها از برین و شمال اکسوس می آغازد و به حوضه <هیتومنت> سراسر سرزمین هیرمند باشد می انجامد . همه بدون شک تخمگاه مردان اصیل این مرز و بوم استند که با محیط و جامعه مان ریشه میگیرند . بخدی یا بلخ پرورش دهنده این تخمه ها میباشند که بخش <وندیداد > اوستا محل و زادگاه و تخمگاه آریایی ها را کنار رودخانه < وانگهی دیتیا > قرار میدهد . وانگهی دیتیا را بندهشن < دایی تیک > ذکر میکند که به قول دانشمندان هر دو یک چیز بوده و مراد از رود اکسوس (دریای آمو) میباشد . (٦)

یادداشت ها :

۱. World History _ Holt , Rinehart , Winston , USA print Page 101

۲. انسایکلو پیدای بریتانیکا، جلد ۲، صفحه ۹۱۱

۳. دو هفته نامه زرنگار منتشره کانادا، شماره ۱۱، جوزا سال ۱۳۷۸

۴. کتاب «تاریخ افغانستان» جلد اول، اثر احمد علی کهزاد، ۱۳۸۱، چاپ سویدن، صفحه ۲۱۵

۵. همان، صفحه های ۲۱۰ / ۲۱۱ / ۲۱۳

٦. همان، صفحه های۲۵۴ _ ۲۵٦

بلخ ، یکی از شهر های برازنده ی خراسان

بلخ قدیم و کهن است . به گفته ء دانشمند وطن که تاریخ آریانای کهن دوره یی را سراغ ندارد که در آن بلخ یاد نشده باشد و هرقدر به دوره های باستان برگردیم ، قدیمی ترین موخذ، دیرینه ترین روایت ، کهن ترین افسانه از بلخ ، از شکوه بلخ ، از عظمت و زیبایی های آن حکایت ها دارد . گفته اند که در خراسان زمین هیچ شهری قدیمی تر از بلخ سراغ نمیشود .شهر های مشهور خراسان زمین را اینگونه یاد کرده اند :

۱. بلخ / باختر

۲. مرو / مرو شاه جهان

۳. هرات / هری

۴. نیشاپور

از این چهار شهر تاریخی فقط دو شهر از دست تطاول بشر جان به سلامت برده اند و آن بلخ که از امپراطوری اش یک شهرک کوچک باقیمانده است و همچنان هرات که تا هنوز موقعیت خود را حفظ کرده است ، اما نه به شکل و شکوه پارینه که تاریخ از آن یاد میکند. و از مرو شاه جهان و نیشاپور ویرانه هایی به یادگار مانده است و بس . از توابع بلخ این سرزمین ها را یاد کرده اند . : تخارستان ، سمنگان ، بغلان ، سرای ارهنگ ، طالقان ، اندخود < اندخوی > شپورغان > شبرغان > فاریاب ، جوزجان > گوزگانان > بامیان ، غزنه، پنجهیر <پنجشیر> کابل، فروان > پروان > . کتاب مطلع العلوم در باب حدود خراسان چنین مینویسد : < غرب آن ملک فارس ، شرق آن هندوستان ، شمال آن ملک تاتار و بطرف جنوب خلیج عرب میباشد ، هرات و قندهار و غزنین و کابل را از بلاد خراسان دانسته اند و همین سان غرجستان را نیز از توابع بلخ گفته اند (۱)

طوریکه گفته آمد بلخ یکی از شهرهای چهار گانه خراسان و مقر حکمرانان تازیان و هم مبداء حرکات عسکری و لشکری اعراب برای ماوراء جیحون بوده است . به قول بشاری مقدسی ، بلخ شهری بود به حسن موقع و فراخی راه ها و فراوانی انهار و اشجار و صفای آب و بلندی کاخها و حصار ها و مساجد جامع . و از محصول غله های آن در هر سال مال عظیم به خزانه دولت رسیدی و دارای بازرگانی های سودمند و خواسته های فراوان .

بخش دوم: حوزهٔ جغرافیایی آمو دریا و شهر ها

همچنان بلخ تجارتگاه سند شمرده شدی و برج و باره آن در کمال استواری بوده . بلخ با داشتن مساجد جامع پر نقش و نگار ، مناره های بیشمار ، باغ های میوه دار ، آسیا های در قطار ، باب های در کنار و چهار سوق های بیروبار بر زیبایی و شکوه آن می افزوده است . بلخ را هفت باب حلقه کرده بوده است :

1. باب نوبهار
2. باب رحیه < باب رخته >
3. باب جدید
4. باب هندوان
5. باب یهودان
6. باب شست بند
7. باب یحیی < باب بختی >

اصطخری میگوید که بلخ حصاری دارد گِلی ، مسجد جامع در وسط شهر و در حوالی بازار که این مسجد همواره از مردم مملو میباشد و شهر به وسیله نهری که < ده آس > نامیده میشود و در ربض باب نوبهار جاریست سیراب میشود .

آب این نهر به اندازه ده آسیاب است که روستا ها را تا سیاگرد سرسبز میسازد . بلخ که بنا به گفته ها بیست بار خراب و تراب شده و باز تا اندازه ای آباد گردیده ، چنانچه ابن بطوطه بعد از ۷۳۲ هجری آنرا دیدن کرده و گفته که با وجود خرابی و واژگونه گردیدن ، بلخ هنوز هم از شان و دبدبه بر خوردار است . (۲)

از حسَن بصری نقل است که گوید کلام اهل جنت فارسی /دری است ، اما نصر بن ثمیل گوید که فارسی / دری کلام اهل بلخ است . چون بلخ همیشه حاجب و دربان‌دار بوده و به همین خاطر زبان دری را به آن، نسبت داده اند .

چون < خراسان > شامل بلخ و هرات و مرو نیشاپور است بناء زبان فارسی / دری در همین مناطق بالنده گی و رشد یابیده است و بعد ازین شهر ها به سر زمین های هندوستان و فارس و چین و دیگر مناطق توسعه و گسترش یافته است . بلخ از زمانه های دور بدینسو جایگاه اردو / لشکر ، بازار ، تجمع ادیان ، محل و تلاق بازرگانان ، مرکز داد و

ستد کاروانیان بوده است . بلخ گاهی خراب و واژگونه شده و زمانی آباد و معموره ، گاهی از سکنه تهی شده و زمانی کوی و برزن آن از انبوه جمعیت پر گردیده به شهر غلغله مبدل شده ، گاهی < محترقه ها > آنرا به آتش کشیده اند و زمانی صلح و صفا و باغ های با صفا داشته ، گاهی قاضی های عادل و دادگستر و زمانی قاضی های نا عادل و گژ ترازو داشته است . اما ! در همه ای حال و احوال بلخ بلخ مردمی داشته مهربان ، با احسان ، جوانمرد ، مهمان نواز و با تمام خصایل انسانی آراسته و پیراسته ، چنانکه بحرالاسرار دربناره چنین گوید: < و از جمله مواهب نعم آنکه حق سبحانه و تعالی ایشان را موصوف ساخته >

نظامی گنجوی در اسکندر نامهٔ، خود از نام آتشکده مشهور بلخ بنام < آذر گشسب > یاد میکند . فردوسی شاعر اسطوره و حماسه از < نوش آذر > نام میبرد و درین سروده میگوید :

شاهنشاه لهراسب در شهر بلخ
بکشتند و شد روز ما تــار و تلخ
وز آنجا به نوش آذر اندر شدند
ز دو هیربُد را هــمه ســر زدنـد
همه زند و استا بر افروختند
همه کاخ و ایوان همی سوختند

دقیقی شاعر حماسه سرا به تشویق بلعمی وزیر منصور بن نوح سامانی و یا ظاهرا به امر و خواهش نوح بن منصور سامانی < ۳۶۵ _ ۳۸۷ هجری > شروع به نظم < شاهنامه ابو منصوری > کرده و به هزار بیت رسیده بود که توسط غلامش به قتل رسید و شاهنامه نا تمام ماند . این هزار بیت را که فردوسی شاعر زمان غزنوی در < شاهنامه > ی خود آورده با این بیت آغاز میشود :

چو گشتاسپ را داد لهراسپ تخت
فرود آمد از تخت و بر بست رخت

دقیقی تا آنزمان مذهب زردشتی داشته که بنا به گفته خودش چهار چیز را خوش داشته که عبارتند از : لب سرخفام یار ، نوای نی و چنگ ، شراب ارغوانی ، و آیین آهورامزدایی ، و آنرا چنین ترسیم مینماید :

دقیقی چار خصلت بر گزیده است ••• به گیتی از همهخوبی و زشتـــی
لب یـــاقوت رنگ و ناله ء چنـــگ ••• می خونـــرنگ و دین زردشـــتی

از هفت آتشکده معروفی که در تاریخ یاد شده که عبارتند از :

آتشکده آذر مهر _ آتشکده آذر آیین _ آتشکده آذر نوش _ آتشکده آذر بهرام _ آتشکده آذر حزین _ آتشکده آذر برزین _ آتشکده آذر زرتشت

طوریکه تاریخ گواه میدهد از این هفت آتشکده به جز دو دیگر همه در نواحی بلخ کهن پابرجا بوده و خلایق از چین و ختن و هندوستان کهن بدین آتشکده ها روی میاوردند و سلاطین و پادشاهان عالم درین دیار بتخانه و اجاق مذهبی داشته اند . بنا بر روایت دقیقی لهراسب چهارمین شاه کیانی با بلخ عشق میورزید و همان است که اصطخر نیشاپور را ترک گفته به بلخ میرود و سی سال را در پرستش یزدان میپردازد . فردوسی که کار دقیقی را دنبال میکند میگوید که لهراسب دین مغان را داشت و در بلخ بزرگ < آتشکده آذر برزین > را بنا کرد و در آنجا با شادی های شاهی جشن ها بر پا میکرد . وی آنقدر به بلخ علاقه مند بود که او را < بلخی > نام نهادند . لهراسب هندی های زیادی را به بلخ گسیل کرده و قلعه ء را در آنجا بنا نمود که بنام <قلعه هندیان> معروف شد.

قرار نوشته فردوسی که لهراسب به کمک گشتاسب شاه به بلخ بر سریر شاهی نشسته است .

چو گشتاسب را داد لهراسب تخت ••• فرود آمد از تخت و بربست رخت
به بـــلخ گزین شد بدان نو بـــهار ••• که یـــزدان پـــرستان آن روزگار
مر آن خـــانه را داشتندی چنان ••• که مر مـــکه را تازیان این زمـــان
بدان خـــان شد شاه یزدان پرست ••• فـــرود آمد آنجا و هیـــکل ببست

فردوسی از شأن و بزرگی آتشکده آذر برزین چنین یاد میکند :

سرزمین رود های مقدس

به هر برزنی جای جشن سده   هـــــمه گرد بر گرد آتـــــشکده
یکی آذری ساخت برزین بنام   که بُد با بزرگی و با فر و کام (۴)

یادداشت ها :

۱. کتاب «مطلع العلوم»، تالیف واجد علی خان، سال ۱۸۵۹ میلادی، صفحه ۲۳۵

۲. کتاب «تاریخ افغانستان بعد از اسلام»، نوشتۀ پوهاند عبدالحی حبیبی، چاپ تهران، صفحه های ۶۷۵ _ ۶۷۸

۳. الف : کتاب < سیستان >، سرزمین ماسه ها و حماسه ها، نوشته محمد اعظم سیستانی، چاپ کابل، ص ۲۶۴

ب: «فرهنگ معین» جلد ششم، صفحه ۲۱۵۶

۴. کتاب < برمکیان >، ترجمه حسین میکده، سال ۱۳۶۵، صفحه های ۲۷ _ ۴۲

ابن بطوطه

ابن بطوطه مردی که در سده هفتم هجری با خواب طولانی که در جسم و جانش رخنه کرده بود به سفر دو صد هزار کیلو متری اش می آغازد . چنان عاشق و شیفته ی راه میشود که قافله سالار کاروانیان، سفیر کبیر درباریان ، قاضی القضاه مردمان و فقیر آوار میشود . ما از دیگر سفر هایش صرف نظر میداریم و او را در بلخ مینگریم . ابن بطوطه یک بار از سمرقند و ترمذ و نسف به بلخ میرسد . رود جیحون را عبور میکند و مینگرد بلخِی را که ام البلاد میخواندند و از وسعت دامنه داری حکایت میکرد، اکنون یورشگران مغل آنرا به خاک و خاکستر مبدل ساختند . بلخ که دارای شکوه و جلال بود و زمانی هم پهنا و وسعت داشت که یک سرش تا تخارستان و سر دیگرش تا گوزگانان، بخش شمالی آن ماورای جیحون و جنوب آن تا بامیان میرسد شهر بلخ پر از مدارس و مساجد و خانقاه و زاویه بود که در آنجا علم و دانش اسلامی به اوج خود می رسید .

ابن بطوطه می نویسد : « بلخ بکلی ویران شده بود لیکن منظره شهر چنان مینمود که گویی هنوز آبادان است . . . و آثار مدارس و مساجد آن تا کنون هم بر جای است . نقوش پایه های عمارات غالبا به رنگ لاجورد میباشد . و میگویند لاجورد مال خراسان است که از کوهستان بدخش می آید ، و یاقوت بدخشی هم از آنجاست . بلخ را چنگیز خان خراب کرد و یک سوم مسجد بلخ را به طمع گنجینه ای که میگویند زیر یکی از ستون های مسجد و نهفته است ویران کرد .»

همین مسجدی را که چنگیز خان بخاطر گنج نهفته اش خراب کرد یکی از بزرگ ترین و زیبا ترین مساجد دنیا بوده که به قول ابن بطوطه : مسجد بلخ شباهت های زیادی به مسجد رباط الفتح مغرب دارد ولی مسجد بلخ زیباتر از آن است . ابن بطوطه از قول دانشمندی تاریخچه این مسجد عظیم و حجیم را از ساختار خانمی میداند که زن یکی از امیران عرب بنام داود بن علی بوده است . موصوفه زن متمول ، پارسا و وطندوست بود . داستان چنان است که روزی خلیفه عباسی بر مردم بلخ خشم گرفت و امر کرد که همه از زن و مرد جریمه استند . فرمان خلیفه توسط مامور خاص صادر شد و مردم بلخ بسیار متاثر بودند که چه باید کرد ؟

زن امیر بلخ بخاطر حفظ آبرو و حیثیت وطندارانش ، جامه بسیار گرانبهایی که مرصع با گوهر ها بود و قیمت آن از جریمه خلیفه بیشتر به نظر میرسید نزد مامور خلیفه بفرستاد و گفت که این جامه را پیش خلیفه ببر که من آنرا به ملاحظه ضعف و بی نوایی مردم بلخ به مخارج خلیفه بخشیدم ، خلیفه عباسی که از این داستان مطلع شد شرمنده گشت و گفت : چگونه بود که زنی از خلیفه کرده کریم تر باشد ؟خلیفه مردم را از جریمه معاف کرده جامه را واپس به زن فرستاد زن که دید جامه را بر گردانیده اند ، از آورنده پرسان کرد که آیا خلیفه این جامه را دیده است ؟ گفتند بلی . زن که پارسا منش بود چنین وانمود کرد که چشم نامحرم بر آن افتاد هرگز به بر نه کنم . زن امر کرد که جامه را بفروشند و از پول آن مسجدی با زاویه بزرگ و رباطی آبادان کنند . این مسجد را از سنگ های « کذان» ساخته اند. راویان گفته اند که بهاء جامه پس از آبادی مسجد هم زیاد بود و زن موصوفه امر کرد تا باقیمانده ء پول را زیر یکی از ستون های مسجد دفن کنند تا بعد ها اگر به مسجد خساره یی برسد از آن استفاده نمایند .چون چنگیز از این واقعه خبر شد

مسجد را بخاطر یابیدن گنج زیر و زبر کرد. ابن بطوطه از آرامگاه عکاشه بن محصن الاسدی (خواجه عکاشای ولی) و منزل ابراهیم ادهم و قبر « جز قیال نبی » دیدن میکند. نامبرده از بلخ عازم قهستان (مراد از غرجستان) یعنی ساحه بادغیس که از آنجا به سوی هرات میرود و اینکه شهر های اندخود و اشپرغان و پاریاب را عبور کرده به سوی هرات می رود چیزی نمی نویسد .

(جلد اول بخش خراسان صفحه ۴۳۱ _ ۴۴۸ کتاب سفرنامه ابن بطوطه _ ترجمه دکتر محمد علی موحد چاپ ایران ۱۳٦۱)

القاب و نام های بلخ

واژه ها در اسطوره و تاریخ

۱. بلخ
۲. بل اخ
۳. بلخ بامی
۴. باختر
۵. باکتریا
٦. باکتر
۷. بخ
۸. بخل
۹. بخلی
۱۰. بخدی
۱۱. بلخ بامیک
۱۲. باختر یش
۱۳. ام البلاد
۱۴. بخدیم
۱۵. بخد

بخش دوم: حوزهٔ جغرافیایی آمو دریا و شهر ها

۱۶. شیر خانه
۱۷. معشوقه
۱۸. مبارکه
۱۹. مدینه الدم
۲۰. مدینه الغراب
۲۱. خیر التواب
۲۲. ام الـمداین
۲۳. مرجی آباد
۲۴. قبه الاسلام
۲۵. بلخ الهیه
۲۶. با لهیک
۲۷. بلخ الحسنا
۲۸. بلخ غزا
۲۹. بلخ گزین
۳۰. بلخ درخشان
۳۱. دارالفقه
۳۲. معدن مروه
۳۳. دارالنـعمه
۳۴. خزانته الفقعه
۳۵. ام النوابغ
۳۶. دار الا سام
۳۷. دار النعمه
۳۸. بقعه مبارکه
۳۹. ریاض جنت
۴۰. ناف زمین
۴۱. شهر خون (مدینه الدم)
۴۲. بلده طیبه

۴۳. گنجینه اسرار
۴۴. بلده مصطبحان
۴۵. معدن کرم
۴۶. جنت ثانی
۴۷. سراچه سعادت
۴۸. غیرت آفاق
۴۹. شاهراه سالکان
۵۰. خاک پاک
۵۱. عرصه دلکشا
۵۲. برخ
۵۳. مدینه دوم
۵۴. پوهو (هیوانگ تسانگ)
۵۵. شهر درفش های بلند
۵۶. بخدیم سریر ام
۵۷. باختریش

یادداشت ها:

۱. کتاب «بحر الاسرار بلخ»، نوشته محمود بن امیر ولی کتابدار، به تصحیح مایل هروی، چاپ کابل، سال ۱۳٦۰ خورشیدی، صفحه ۱۰ و صفحه ۵۴ و صفحه ۴۲

۲. نشریه امید، شماره ۲۴۱، نوشته داکتر عنایت الله شهرانی، سال ۱۹۹٦، صفحه های ۴۰ و ۴۱ و ۳۲

۳. کتاب «برمکیان»، پاورقی صفحه ۸، بخش وندیداد، ترجمه حسن میکنده، ۱۳٦۵

۴. جریده بلخ، نوشته محمد مومن بن شیخ عوض باقی بلخی، ۱۱۱۸ هجری

نو بهار بلخ

به بلخ گزین شد بدان نو بهار   که یزدان پرستان آن روزگار

نوبهار بتخانه ی معروفی که در جهان نظیرش نبوده ، و بلخ با داشتن < معبد نوبهار > شهره آفاق بوده است. بلخ باستان در درازای تاریخ قدسیت داشته و در هر هزاره ی تاریخ دارای مکان مذهبی و قدسیت روحانی و یا به زبان دیگر تاج و تخت باور ها و آیین ها بوده است . بلخ کهن اگر دارای مسجد و مزکت است یا معبد و دیر، اگر دارای آتشکده و بتکده است با صومعه و کنشت، در همه ای ادوار پر درخشیده و دارای عظمت و جلال مذهبی و جبروت باورگری بوده است .

تنـــها نه منم خانه ء دل بتـــکـده کرده

در هر قدمی صومعه ای است و کنشتی

به تذکر دایره المعارف اسلامی و دانشمند غربی راولینسون که < نوبهار > در حقیقت NAava Vihara < ناوا ویهارا > کلمه سانسکریت میباشد که از دو بخش < ناوا > و <ویهارا > تشکیل گردیده که به معنی <معبد جدید> باشد. قرار شرح و نوشته های مورخین عربی که از نوبهار داده اند: زایرین جوقه و دسته دسته و خیل خیل از جا های دور دست بدیدن نوبهار میامدند و تحفه ها نثار میکردند و دیوار های معبد نوبهار را از منسوجات گرانبها و نفیسه می پوشانیدند و درفش های گلگونه بر فراز گنبد آن می افراشتند که به همین خاطر <کلمان هوار> بلخ را <شهر درفش های بلند> نامیده است . گنبد بلند نوبهار را < اوست > یا < اوستن > میگفته اند که یکصد زراع دوره و یکصد زراع بلندی آن بوده و در ضمن ایوانی گردا گرد آنرا فرا گرفته بود، و این معبد دارای سه صد و شست مقصوره و حجر و در حوالی آن اوقاف فراوان و مزارع و قلعه های وجود داشته که جملگی به معبد نوبهار تعلق داشته است. در این معبد بر علاوه زایرین ، سلاطین و شاهان ممالک دنیا از هند و چین گرفته تا شاهان کابل ، زابل ، سند ، بامیان ، و ماورا النهر سر سجده به بت بزرگ معبد روا میداشتند و دستهای کاهن اعظم را می بوسیدند. کهانت و سدانت معبد بدست متولیان با نام و نشان آنجا که قدیم الایام ریاست آنرا

بدست داشته اند همان <خانواده برمکیان> اند. برمکیان بر علاوه قدسیت و بزرگی روحانی، روند اجتماعی و سیاسی را نیز به عهده داشته اند .

در باره نوبهار تقریبا همه ی مورخین با کمی اختلاف همنظر اند . ابن فقیه همدانی، یاقوت حموی، ارزق کرمانی در باره نوبهار چیزهایی نوشته اند. عمر بن الازرق کرمانی دانشمند نیمه اول قرن نهم میلادی مینویسد که پیش از ظهور <ملوک طوایف>، برمکیان بت پرست بودند و اولین مقام را بین ساکنین آن ناحیه داشتند. مملکت بلخ سریرگاه ایشان بود و از ملوک طوایف بودند. پیش از به میان آمدن اسلام کعبه از صلابت و دبدبه ء خاص مذهبی غیر اسلامی بر خوردار بود . از جمع و جوش این مرکز مذهبی اکثر کشور ها را به حسد واداشته بود که حتی مردمان یمن خواستند در کشور شان جایگاه خاصی مانند کعبه بسازند تا خلایق از کعبه رو گردان شده به شهر یمن روی آورند.

معبد قلیس در یمن

سرزمین یمن که در شبه جزیره عربستان موقعیت دارد از زمانه های کهن مرکز داد و ستد بازرگانی بوده که مال الاتجاره از سوی هند به بندرگاه یمن که آب های احمر و هند را وصل میکند به سوی روم قدیم و امپراطوری حبش در رفت و آمد بوده است. در داستان های پهلوانی ما از سرزمین < هاماوران > یاد میکنیم که در حقیقت همین یمن امروزی میباشد. کاووس شاه به سوی هاماروان لشکر کشید و بعد با سودابه دختر شاه هاماران ازدواج کرد. از دیر بار شاهان حبش قیصران روم و امپراطوری پارس چشم طمع بالای یمن داشته اند. زیرا که از لحاظ استراتژیک بندری مرکز مهمی نظامی و تجاری محسوب میگردد . این سرزمین از مواهب طبیعت نسبت به سایر صحرای عربستان معمور و آبادان بوده که بی موجب نبوده یمن را < عربستان خوشبخت > نامیده اند . افسانه ها یادکرد آن دارد که بعضی از پادشاهان حمیری (یمنی) از جیحون گذر کرده به سوی سغد و سمرقند رفته آن مناطق را به تصرف در آورده اند. ما در تاریخ از زنگیان شنیده ایم. در حقیقت آنها در آنسوی جزیره نمای عربستان ، آن کنار دریای احمر اخذ موقعیت کردند که امروز به کشور های ایتوپی ، سومالی و ایریبریا نامگذاری شده اند . اما ایتیوپی که در

تاریخ به نام زنگیان مشهور اند و عرب ها ایشان را < حبش ها > خطاب کرده اند ، تاریخ دراز مدت داردند و دارای شان و دبدبه امپراطوری وسیع. امپراطوری حبش نهایت مشهور است. این زنگیان همیشه چشم طمع به سوی یمن داشته اند. زیرا ایشان نیز در روند تاریخ باید از مال الاتجاره هند استفاده کنند که در این راستا یمن مرکز این داد و ستد بوده است . پیش از ظهور دین مقدس اسلام زنگیان (حبشی ها) بر یمن یرغل کرده و از ثروت های خیره کننده ی که در افسانه به پادشاهان حمیری نسبت داده اند استفاده کنند . هر باری که زنگیان بالای یمن حمله میکردند با کشتار ظلم بی رحمانه هاماوران را بستوه می آوردند . از سلسله شاهان یمن اصحاب اخدود، اصحاب فیل را میتوان یاد کرد. اصحاب فیل زنگیان اند که حکمدار یمن شدند و ابرهه شاه شان بود و با پسرانش بیشتر از نیم قرن سلطنت کردند . ابرهه در پراگندن آیین ترسایی میکوشید و گفته اند که او پرستشگاهی در صنعا بنام < قلیس > بساخت و کنیسه یی که در هیچ محل مثل آن نبود . او در صدد آن شد که عرب را از حج کعبه باز دارد و قبله را به سوی قلیس برگرداند . در این زمینه او به نجاشی امپراطور حبش نامه نوشت و دستور خواست . همین که عربان بر آشفته شده قلیس را آلوده کردند ، ابرهه با لشکر و سپاه فیل راه مکه را در پیش گرفت که این داستان در کلام الله مجید آمده و در تاریخ عرب بنام < عالم القیل> یاد میگردد. (۱)

معبد نوبهار

بدین سان در آریانای پیرار و خراسان پار نیز در داخل بتخانه بلخ معبدی شبیه به کعبه بنا کردند و در میانه ء آن بت های بسیار را نهادند و در و دیوار های بت خانه را با عبا و قبا ابریشمین و زردوزی و گذاشتن احجار کریمه مستور نمودند . دانشمند ازرق کرمانی سینویسد که در بناء عظیم بت خانه تاجی بزرگی از ریحان بر فراز عمارات میگذاشتند و یا بروایتی تمام دیوار های معبد را با ریحان اندود میکردند . گفته اند که این مراسم معمولا در بهاران هنگامیکه ریحان روییدن میگرفت برگزار میشد ، باید متذکر شد که نوبهار را مولفین چینی بنام < سن سه Sin _ SSo >یاد میکردند ابن حوقل در المسالک مینویسد که اسم < نوبهار > در بخارا یافت میشود ، همچنان محلی در سرزمین < ری > بنام نوبهار است . در بلخ و بخارا و سمرقند نیز دروازه هایی بنام نوبهار وجود داشته است .

لهراسب متولی معبد نوبهار

همانگونه که ابرهه معبد قلیس را در یمن بنا کرد _ عرب ها کعبه را تقدس کردند ، گشتاسپ شاه نیز میخواست < نوبهار > را مانند کعبه مرکز مذهبی شرق بسازد . چهارمین پادشاه کیانی بلخ، لهراسب است که یعضی از مورخین وی را بانی بلخ کهن میدانند . نامبرده عشقی که به بلخ داشت تخت و تاج اصطخر پارس را گذاشته رهسپار بلده بلخ گردید و نام خود را < بلخی > گذاشت و در آنجا نوبهار را بنا کرد . لهراسب هندی های بسیاری از سرزمین افسانوی هندوستان به بلخ بیاورد و قلعه را بنام < قلعه هندیان > بنا نمود . برای آنکه از عشق مذهبی نوبهار لذت ببرد ، سریر سلطنت را به پسرش گشتاسب شاه داد و خود به معبد نوبهار در پرستش و نیایش مشغول گردید و مدت سی سال بدرگاه ایزد به یزدان پرستی و عبادت مصروف شد . معبد مشهور نوبهار را به قولی < یزدان پرستان آنروز به همان اندازه آنرا محترم میشمردند که اعراب امروز مکه را >

ارجاسب تورانی که کینه دیرینه با بلخ دارد از آنسوی مرز ها به این آیین و باور حمله آورد و این شهر تاریخی را تصرف کرد . لهراسب را بکشت ، فردوسی دانشمند طوس از سروده دقیقی بلخی نقل کرده مینویسد که لهراسب در بلخ آتشکده عظیم و پر از جلال و جبروت بنام < برزین > بساخت و در هر یک از چهار راه های شهر محلی برای تجلیل جشن < سده > برپا کرد .

چو گشتاسب را بداد لهراسب تخت	فرود آمد از تخت و بر بست رخت
ببـــلخ گزین شد بــدان < نوبهار >	که یــزدان پرستان آن روزگــــار
سر آن خــانه را داشتندی چــنان	که مر مــکه را تازیـان این زمان
بــدان خانه شد شاه یزدان پرست	فــرود آمد آنجا و هیکل ببست
	< دقیقی >

فردوسی شاعر اسطوره و تاریخ درین باره میگوید :

گرانـمایه لــهراسب آرام یافت	خرد مایه و کام پــدرام یافت
وزان کس فـرستاد کس ها بروم	به هند و به چین و به آبـاد بوم
زهر مرز هــر کس که دانا بُدند	بهر کار نیکو تـوانا بُدند

ز هـــر کشور بـــــر گرفتند راه — رسیدند یکـــسر بـــدرگاه شـــاه
ببودند بیـــکار چندی به بـــلخ — ز دانش چشیدند هر شور و تلخ
به هـــــر شارسانی بر آورد شـــاه — پر از بـــــرزن و کوی و بازارگـاه
بـــهر برزنی جای جشن < سده > — همه گـــــرد بر گـــرد آتـشکده
یکی آذری ساخت <برزین> بنام — که بُد با بزرگی و با فـــر و کـام

مسعودی مینویسد که < نوبهار > معبدی بود که < منوچهر > آنرا در نهایت استحکام و بلندی برای تقدیس ماه ساخت و برفراز آن درفش هایی از ابریشم سبز بطول یکصد زراع آویخته بودند . و بر در نوبهار این جمله نوشته بود که : < بوداسپ فرموده است که برای خدمت به دربار شاهان سه صفت ضرورت دارد : فراست ، شکیبایی و ثروت > . (۲)

دیدار هیوان تسونگ از معبد نوبهار بلخ

طوریکه میدانیم دین بودایی از بلخ به جانب ماورالنهر و از آن بالاتر به سوی چین و ماچین راه یاب گردید . چینی ها بخاطری که از این دین اگاهی کامل داشته باشند ، رُهبان را به سوی هند و خراسان روانه کردند تا اوراق مقدسه ء < بودا چا کیا مویی > را زیارت کنند و از آنجا اندوخته هایی را جمع آوری کرده بدربار فغفور چین پیشکش نمایند . شرحی را که هیوان تسونگ زایر چینایی در قرن هفتم میلادی < پیش از فتح بلخ بدست مسلمانان > از <شهر درفش های بلند> داده جالب و خواندنیست .

هیوان تسونگ زایر معروف و نام آور چینایی که در قرن هفتم میلادی از بلخ (هیوانگ تسونگ بلخ را Po Ho نام گذاشته است) دیدن کرده درین قسمت گزارش های مفصلی دارد .

هیوان تسونگ < هیو تسانگ > در یادداشت های خود نوشته است که بلخ < پو هو > با داشتن یکصد معبد و سه هزار عابد معتقد به مذهب < هینایانه / سلک عرابه ء کوچک> شهره دهر بوده است . یکی از آن معبد مشهور وقت معبد نواسنگارامه No Po Seng Kia Lan که در ناحیه جنوب شرق پو هو واقع گردیده که دارای طالار بزرگی بوده که با طرز

بسیار مجلل تزیین شده و همین سان یک مجسمه عظیم بودا با محتویات گرانبها ساخته شده و با جبروت تمام در میان طالار جلب توجه میکرده است . ثروت و غنایم معبد طمع سلاطین همسایه را تحریک میکرده و همچنان نام و آوازه بلخ خود دال بر این بوده که بلخ مرکز تجارت و ثروت و تجمع داد و ستد فرهنگی بوده باشد .

تنها هیوان تسونگ نبوده که از معابد بودایی کشور ما دیدن کرده است . بلکه شی فاهیان در سال ۳۹۹ میلادی برای فراهم آوری کتب نایاب دینی چهارده سال مسافرت کرده از معابد پیشاور، هده جلال آباد دیدن کرده . همچنان سومگ ین راهب دیگر چینی از طرف ملکه تای هو به ممالک غربی مسافرت کرد . سون ین در سالهای ۵۱۷ و ۵۱۸ میلادی از شاهان یفتلی یاد کرده است . این راهب از وضع لباس و رسومات درباری بیشتر گفته تا نزاکت های مذهبی . از زایرین بر جسته ی که سراسر کشور ما را گز و پل کرده همان هیون تسونگ است که در سال ۶۴۵ میلادی با برخی از آثار مقدس بودایی و ۱۲۴ جلد کتاب مذهبی که بالای ۲۲ اسب حمل میشد به خاک چین برگشت . او در این سفر از شهر های : خلم (هولین) ، بلخ (پوهو) ، بامیان (فان ین نا) ، کاپیسا (کپیسا) ، قندز (هولو) ، لغمان (لا پو) ، ننگرهار (نگره هاره) ، بدخشان (کی پوکین) ، پامیر (کوی لنگ نو) ، منجان (منگان) ، غزنه (تسو کیو تو) ، افغان (اوپو کین ، پختیا) ، شمال مردان (اودیانه) دیدن کرده است .

(بنگرید به کتاب «جغرافیای تاریخی افغانستان»، اثر پوهاند عبدالحی حبیبی، ۱۳۷۸، چاپ پیشاور، بخش نهم، زایران چینی در افغانستان)

در عصر مسافرت هیون تسنگ که هنوز آثار فتوحات اسلامی به کشور ما نرسیده بود ، در تمام ولایات شمالی و شرقی مملکت ما کیش بودایی رواج داشت و معابد بی مانندی در شهر های برازنده کشور موجود بود . به اساس گزارش هیوان تسونگ یکی ار آن معابد عظیم الشان ، معبد نوبهار است که در بلخ (پوهو) مقام ارجمندی داشته است .

پیش از ورود زایرین چینایی یکی از خدایاین بزرگ که موسوم به پیچامین Pi Cha Men بوده دارای نام و نشان و حکمفرمای منطقه و نگهبان و حافظ معبد و پاسدار مرز ها

بوده که یکی از سلاطین تُرک موسوم به Ssc Chc Hou Khan پسر Chc Hou برای ربودن اشیای نفیسه این معبد را تصرف کرد .

بنا بر روایات افسانوی ، شاه تُرک شب هنگام ایزد پیچامین را در خواب میبیند که شاه ترک را ملامت و سرزنش کرده و با نیزه خود پیکر شاه را سوراخ میدارد . خان شاه / شاه خان و یا پادشاه خان با احساس درد شدید از خواب بیدار شده بلا وقفه قاصدی بدانجا میفرستند و ازین عمل زشت معذرت میخواهد . قرار گفته ها که شاه ترک پیش از رسیدن قاصدان به معبد جان میسپارد . هیوان تسونگ همچنان از موجودیت یک تشت بزرگ درین معبد که < بودا _ خدا > خود را شست و شو میداده و نامبرده از این ظرف عجیب که با رنگ های مختلف تزیین یابیده و از سنگ و فلز مخصوص ساخته شده یاد میکند .

درین معبد عظیم بر علاوه تشت که تذکر رفت ، یک دندان بودا و یک جاروی او را که از گیاه کاچه بود نگهداری میکردند . هیوان تسونگ که به زیارت ابنیه ء مقدسه ء بودایی در بلخ آمده بود ، مورد پذیرایی فروانی واقع میشود . او در نوا _ ویهاره عابد و پارسای دانشمندی را از اهل <چکا > Tacheka ملاقات میکند.

در سفرنامه هیون تسنگ علاوه گردیده که در معبد نوارسنگهارامه پو هو (بلخ) ، یک لگن ، یک دندان ، یک جاروب و یک مجسمه بودا که همه مرصع به جواهر گرانبها بوده وجود داشته است . بعضی شاهان روای دیدن این آثار و غنایم گرانبها را نداشته اند . به همین خاطر پسر شاهو خان یفتلی برای غارت اموال مقدس معبد نوبهار به بلخ حمله کرده بود . هیوان تسونگ که بلخ را پو هو نامیده در بیستم اپریل سال ۶۳۰ میلادی از این شهر پر عظمت بودایی دیدن کرده است . (به استناد سفرنامه هیوان تسونگ < جغرافیای تاریخی افغانستان > صفحه های ۵۹ و ۶۰)

این عابد بنام Pouan-jo-hie-lo در کیش ارابه ی کوچک مطالعاتی داشته است که زایر چین از آن استفاده میبرده و گفته اند که زبان های زیاد میدانسته و درمسایل شرع بودایی تبحر زیاد داشته است نا گفته نماند که زایر چینایی هیوانگ تسانگ ، هیچگاهی از خاندان اسطوره ای <برمک > در یادداشت هایش یادی نکرده است (۳)

منهاج سراج جوزجانی مورخ دوره غوریان در باره نوبهار نوشته ی دیگر دارد : او بهار را به لفظ هندی به معنی < مدرسه > میداند که بسیار جالب است . اگر بهار مدرسه باشد و نوبهار که به معنی معبد جدید نامگذاری شده است پس نوبهار به تعبیر جوزجانی به معنی مدرسه جدید یا مکتب جدید باشد که روند مذهب بودایی نیز در خراسان کهن مذهب جدید بوده است . هر مذهب به پایه ی مکتبی استوار است و بدون شک در معبد و پرستشگاه دانش مذهبی نیز موجود است که در آن ریشی ها و موبدان سهم ارزنده دارند . معبد است که ریشی ها و دانایان مکتب جدید را ابلاغ میدارند . اگر نوبهار مکتب جدید است یا معبد جدید با همدیگر همخوانی دارد . در هندوستان کهن امروز هم ولایتی است بنام < بهار >و در گذشته ها هم <بهار > جایگاه برهمنان بوده است . در زمان سلاطین غوری که در دهلی و لاهور حکومت میکردند ، شخصی بنام اختیارالدین خلجی مشهور به محمد بختیار بلاد غور و گرمسیر افغانستان بدست وی بود .. چون مرد جلد و تازنده و دلیر بود کارش بالا گرفت از غور به غزنین آمد و بعد عازم هندوستان شد و در < اوده > به خدمت ملک حسام الدین اغلبک آمد . شجاعت و تازندگی وی چنان شد که رخ به سوی < منیر > و < بهار > کرده آنجا را به تصرف در آورد . تصرف سرزمین های هندوستان کهن ، آنهم دیر و معبد و مندر با چور و چپاول همراه است . یرغلچیان از آنجا اسپ و سلاح و مرد بدست آوردند. در این حملات دو برادر دانشمند فرغانیچی نیز موجود بودند بنام های نظام الدین و صمصام الدین اند که در خدمت محمد بختیار قرار داشتند . در فتح بهار بیشتر ساکنان آندریا برهمنان بودند . سر های تراشیده داشتند که همه کشته شدند و در آنجا کتب زیاد بود و غنایم بی شمار . تمام داخل آن حصاری را که کشودند شهر مدرسه بود و و به لغت هندویی < بهار > اسم مدرسه باشد . (۴)

< بهار > را اسدی طوسی در < لغت فرس > ، به معنی و < بت خانه > یاد کرده است و این بیت را از < فرالاوی > آورده :

نه همچون رخ خوبت گل بـــهار　　　　نه چون تو به نیکویی بت بـــهار (۵)

یادداشت ها :

1. کتاب «دو قرن سکوت»، دکتر عبدالحسین زرین کوب، تهران، ۱۳۳۰، صفحه ۱۳_ ۲۵
2. کتاب «برمکیان»، تالیف لوسین بووا، ترجمه عبدالحسین میکده، چاپ سوم، ۱۳٦۵
3. کتاب «برمکیان»، صفحه های ۳۲ _۳۴ / همچنان بنگرید به کتاب < جغرافیای تاریخی افغانستان >، بخش نهم
4. کتاب < طبقات ناصری >، اثر وهاج سراج جوزجانی، به تصحیح پوهاند حبیبی، چاپ کابل ۱۳۴۲، صفحه های ۴۲۲ و ۴۲۳
5. < لغتنامه فرس >، از اسدی طوسی، به تصحیح فتح الله مجتبایی و علی اشرف صادقی، چاپ تهران، سال ۱۳٦۵، صفحه ۸۸

قصر واره

واره بر وزن چاره در فارسی / دری به معنی نوبت ، کرت و مرتبه _ شبه و مانند _ رسم و عادت _ فصل و موسوم و همچنان به معنی خداوند و صاحب را نیز گویند (۱)

این کلمه اوستایی را در زبانها و لحجه های دیگر مشاهده میکنیم :

اوستا	واره _ وار	Vara	به معنی حصار جمشید (یما) در بخدی
سنسگریت	وار	Var	به معنی محوطه بین دیوار
سنسگریت	واری	Vari	به معنی صحن دربار باغ محیط
بوداییان	وهار _ ویهار	Vahar	به معنی معبد _ بتکده
پارسی / دری	باره	Baroh	به معنی حصار و قلعه
پشتو	باره	Barah	بمعنی بند و حصار و دیوار سنگی (۲)

واره ، وارا ، وینهار ، وار ، وال ، دیوار ، باره ، وهار ، واری همه از یک ریشه آب میخورد که مراد از محلی که دارای در و دیوار و محوطه و صحن و منزل باشد و البته جایی که خاصه و ویژه گی دارد ..واره قصریست تابناک و معبدی است سترگ و حصاریست سر بلند و پرستشگاهیست جهان شمول. واره با نام های مذهبی و دینی استوار بوده و زبانهای محلی را بدان وابسته است و همچنان ریشه از سانسکریت ، اوستا ، ویدا و دیگر زبانهای باختری در آن موجود است . راولینسون اولین کسی است که تجانس لغت <نوبهار> را با لغت سانسکریت <ناوا _ ویهاره > Nava Vihara دریابیده.

اوستا این کتاب دیرپای باختری از واره / وارا و محیط آن در بخش وندیداد خود بحث هایی دارد . با تایید وندیداد که < یما > پادشاه پیشدادی برخوردار از یک امن و آرامش بوده با قلمرو سلطنت خود جامعه باختری در یک فضای صلح و آشتی و دور از کینه و حسد و نیرنگ بسر میبرده که حتی آب و هوا نیز سعد و گوارا بوده است . پس از سلطنت هزار ساله ، اهورامزدا به یما پادشاه گوشزد میکند که نظر به گرایش سردی هوا و نا به سامانی وضع جوی که به او اذیت نرساند هدایت میدهد تا برایش قصری بنا کند . جمشید به اساس فرموده هرمزد به ساختن قصر وارا مبادرت میورزد . قصری به پهنای آسمان و گسترش زمین . قصر وارا هر ضلع آن یک دوش اسپ طول داشت است . این قصر با آب ها و نهر های روان ، ساختمان های بیشمار و حصار های در قطار . بدون شک این پایتخت و مرکزی بوده که از شاه پیشدادی از گزند باد و باران و سرمای زمستان در امان باشد . یما در اوستا Yimakshaeta و در ویدا بنام Yimma Yrajan اولین شاه بزرگ و نیرومندی که در قصر وارا که به زیبایی خود شهره شهر بود در میان آن مردان قامت بلند و زنان زیبا روی را جای داد . بدین سان حیوانات و پرندگان خوش الحان را از اطراف عالم بیاورد . درحقیقت وارا ارگ شاهی و محل صحت مندترین اجناس و اموال بود . (۳)

روانشاد عبدالحی حبیبی به استناد وندیداد مینگارند :

<اهورامزدا به یما امر داد تا واره را تعمیر کند که هر ضلع آن به اندازه طول یک میدان اسپ دوانی باشد . و آتش در خاشن و یک یک جوره از نسل های گاو و گوسفند ، سگ و پرنده گانرا در آن جای بدهد و تخم های درختان بلند و میه های خوشبو را در آن بپروراند . و آدمان کوژ پشت و دیوانه و تنبل و بدخواه دروغگو و حاسد و مبروص و

خراب دندان و معیوب را در آن جای ندهد . در واره باید آب روان بطول یک هاتره (به اندازه یک میل) جاری باشد و چمن های سرسبز و خرمی را دارا باشد . و در حصه بزرگ این آبادانی باید شش جاده در حصه وسط کشیده شود و سه جاده فرعی کوچکی هم در حصه های دیگر آن تمدید گردد که جاده های کلان آن ظرفیت سکتای هزار مرد و هزار زن داشته و در جاده های کوچک هم ششصد نفر بگنجد . این شهر که باید دارای یک دروازه و یک کلکین باشد . یما امر یزدان را به جا آورد و از گل واره یی را که امر شده بود بساخت و در آنجا مسکنی آراست که صحن و یک بالاخانه و صالون داشت و نسل انسان و حیوانان و درختان و پرندگان را در آنجا پرورید > . واره بعد ها مرکز تهذیب و آیین زردشتی گردید . (۴)

یادداشت ها :

۱. کتاب «برهان قاطع»، نوشتۀ ابن خلف تبریزی، به تصحیح محمد عباسی صفحه ۱۱۷۰

۲. بر گرفته از کتاب < جغرافیای تاریخی افغانستان >، پوهاند حبیبی، چاپ پیشاور، ۱۳۷۸، صفحه ۱۳۰

۳. کتاب < تاریخ افغانستان >، اثر احمد علی کهزاد، جلد اول، ۲۰۰۲، چاپ سویدن، صفحه ۲۰٦

۴. کتاب «جغرافیای تاریخی افغانستان»، به قلم پوهاند حبیبی، بخش بیستم، عنوان <واره >

دیوان بلخ

گژ ترازوگان ناراست خوی

از روزگاران درازی، بلخ از < عدل و دادگستری> و قضاوت و صراحت در شرع اسلامی و دینی در سراسر سرزمین های اسلامی مشهور بوده است. در بلخ زمانی میرسد که عدل و

داد به پهنای آسمان میرسد و از جانبی، دیوان بلخ پر از دیو و دد میگردد و ترازوی شرع و انصاف پانگدار شده داد مردم سر میزند و به تعبیر فردوسی طوسی که: < ز داد این همه داد و فریاد چیست؟ > یا بزبان دیگر ترازوی عدل و داد دیوان بلخ گسسته شده قاضیان شهر به تعبیر سعدی شیرازی < کج ترازوی ناراست خوی > میگردند. این بیراهه گی عدل و داد را که زبان زد دنیای اسلامی میگردیده بنام < دیوان بلخ > یاد کرده اند و آنرا چنین می بینیم:

< گویند قاضی یا دادگاهی بوده در بلخ که حکم نا حق میداده بی گناه ها را محکوم میساخته است. اکنون هر دادگاه یا قاضی که حکم ناروا بدهد او را به < دیوان بلخ > تشبیه می نمایند > (۱)

قصه ای از یک قاضی ناعادل بلخ بنام < ابو عبد الله احمد حنفی > که دارلالقضا او در کوی نو بهار بلخ بوده است. این قاضی مشهور بلخ < کژ ترازو > در نظم و نثر مثل روز گردیده که :

گنه کرد در بلخ آهنگری — به شوشتر زدند گردن مسگری

از جمله داوری های قاضی بلخ یکی این بود که دزدی بنام < رجبک > یا < رجبک دزد > , آنچه می دزدید با قاضی تقسیم می کرد. قضا را شبی آن دزد بر دیوار خانه ای بازرگانی برآمد و چون دیوار خانه مرتفع بود , دزد از دیوار افتاد و پایش شکست , لذا به قاضی شکایت کرد . قاضی صاحب خانه را احضار و او را محکوم کرد که چرا دیوار خانه را از حد متعارف بالا برده است که دزد نتواند به آسانی از دیوارش پایین بیاید ؟ (۲)

خاقانی در مقام اشاره به چنین احکام ظالمانه ای که از قاضی بلخ صادر شده میگوید :

این مگر آن حکم بازگونهء بلخ است — آره بلخ است روستای سپاهان

در این راستا < داستان تمیز بلخ > را جناب عبالجلیل جمیلی در شماره هفتاد سال ۲۰۰۷ مجله < درد دل افغان > چنین مینگارد که در رابطه با < دیوان بلخ > بی تأثیر نمی باشد.

گفته اند در یکی کوچه های پر جمع و جوش شهر بلخ شخص معروف و سرشناسی عبور می کرد. شخص مذکور البته کوچه را زیر و زبر میکرده که ناگهان از زیر یک دیوار شکسته

گذر کرد و تصادفاً دیوار بالایش افتاد و مرد سرشناس جان به جهان آفرین میسپارد . خانواده متوفی به قاضی بلخ عارض شدند و صاحب خانه و دیوار فرورفته اش را به محاکمه میکشاند. مالک خانه هر قدر به دارالقضاهّ بلخ از شکسته شدن و غربت و بیچارگی اش که نمیتوانسته دیوار را آباد کند داستان سرایی کرد , قاضی کمتر شنید و چون در آن زمانه ها قاضیان بلخ در بی عدالتی و عدم داد خواهی شهره شهر بودند , مالک دیوار در این مورد گلکار را متوجه قاضی ساخت که در ساختن دیوار رول مهم داشته است و همچنان بر علاوه ملامت کردن گلکار مجبور شد با وسیله رشوت و حیله خود را از شرشان نجات دهد , قاضی شهر فرمان داد تا <گلکار> را احضار بدارند که بیچاره گلکار از اصل موضوع خبر نداشته و از این که < شهر فساد انگیز است > و ادعای بر حق او نیز جایی را نمی گیرد لازم دید تا دختر همسایه را ملامت بسازد.

به گفته ای گلکار که در هنگام بلند کردن دیوار، دختر همسایه با ناز و کرشمه اینطرف و آن طرف خرامان می کرد و حواسم را نا آرام میساخت . بر علاوه این که گناه را بالای دختر همسایه انداخت متوسل به ارتشاء نیز شد تا از شر قاضی شهر بیرون آید. اردلی های قضای دختر همسایه را با خانواده اش نزد قاضی بیاوردند. آنها دانستند که در تلک گیر مانده اند به قاضی گفتند که گناه گلکار نیست بلکه دختر ما همان روز جواهرات دانه نشان و گلو بند درخشان الماسی به گردن کرده بود که حواس گلکار را بر هم زده بود . پس گناه زرگریست که گلو بند دختر را ساخته است . به همین صورت زرگر به محکمه کشانیده شد و بعد به سلسله مراتب زرگر گناه را بالای تاجر انداخت و تاجر نگون بخت که جواهرات را از خارج کشور وارد کرده بود لا جواب ماند که کَی را گنهکار بسازد؟

دیوان بلخ تاجر بخت گشته را ملزم ساخته امر کرد تا تاجر را در ملای عام حلقه آویز بدارند . زمانی که حکم غرغره کردن عملی میشد نظر به دلایلی انجام نپذیرفت زیرا که مرد مجرم (تاجر) کوتاه قد بود - طنابِ دار بسیار کوتاه که به حلق مجرم نرسید.

نظر به علت های بالا مجرم غرغره نگردید و داروغه گران شهر در حل این معظله از مقام دادخواه خواستار جواب شدند . قاضی با قهر و لبخند نا بخردانه به داروغه شهر گفت : < نمی دانستم که شما اینقدر ساده لوح باشید ؟ مگر در شهر پر آوازه بلخ کسی یافت نمی شود که قدش به چوبه ای دار برسد ؟... پس از این ماجرای مجرم و طناب دار

و کار نا انجام شده ، همه داروغه گان و مامورین دار با سربلندی به قاضی شهر عرض کردند که برای دار زدن عوض یکی ، دو نفر را یافتیم و به مجازات رسانیدیم . قاضی شهر رو به حاضرین کرده گفت :

< متاثرم از اینکه اگر فردا من نباشم ، زندگی شما چطور خواهد شد ؟ ! .. >

محمود ابن امیر ولی کتابدار مؤلف بحرالاسرار بلخ می نگارد که در بلخ بشهادت تاریخ دارالفقه هایی بوده که در آن محدثین و فقها عرض وجود کرده اند . همچنان بلخ از داشتن قاضیان و عالمان بر خوردار بوده که در این ایام یک ساحه قبرستان بلخ کاملا وابسته و مربوط به قاضیان بوده که سرحلقه آنان را قاضی ابوالمطیع میداند . بحرالاسرار از چهار قاضی پر آوازه بلخ که در علم و عدل سرآمد روزگار بوده اند یاد میدارد :

۱. قاضی ابومطیع
۲. قاضی متوکل بن حمران
۳. قاضی عمر بن میمون الرماح
۴. قاضی عبدالله بن رماح (۳)

یادداشت ها :

۱. کتاب «فرهنگ عمید»، جلد اول، چاپ تهران، سال ۱۳۶۴، صفحه ۹۹۶
۲. فصلنامه «ره آورد»، نوشته پروفسور سید حسن امین، منتشره کالیفورنیا، شماره ۶۱، سال ۲۰۰۳، صفحه ۱۶۴
۳. کتاب «بحرالاسرار بلخ»، به تصحیح مایل هروی، سال ۱۳۶۰، چاپ کابل، صفحه های ۹ و ۷۲

کوه البرز و تصویر تاریخی آن در بلخ

سر از البرز بر زد جرم خورشید

جهان را تازه کرد آیین جمشید (نظامی)

کوه البرز در جنوب بلخ موقیعت دارد البرز به (فتح الف ضم ب و سکون ر) کوهی است بلند و دارای چشمه ها و آبشار ها که آب و هوای خوش و گوارا دارد که غیاث اللغات موقیعت آنرا بین ایران و هندوستان تعیین کرده است (۱) و برهان قاطع البرز را چنین میبیند: < نام کوهی است میان ایران و هندوستان _ نام پهلوانی هم بوده است و کنایه از مردم بلند قامت و دلاور باشد > (۲)

البرز Alborz یا هربرز Harborz واژه ایست اوستایی (فرهنگ عمید آنرا واژهء پهلوی میداند) که از دو کلمه < هر > و < برز > تشکیل یابیده است .< هر > را فرهنگ معین کوه معنی کرده است و < برز > که به معنی قد و قامت بالا و بلند باشد . همچنان برز به معنی کوه و پشته ، بزرگی و شکوهمندی نیز یاد شده است . (۳) بناًء کوه البرز در اصل < هربرز > بوده است و بمعنی کوه بلند و کوه بزرگ ، که در بلندی و بزرگی و قد و قامت کوه هیچ شکی نیست . اما مرا باور برآنست که کوه البرز یا هربرز در اصل < هربرز > بوده است . چه < هیر> به معنی <آتش مقدس > باشد. بلخ سر زمین آتش مقدس و جایگاه هیربدان و موءبدان بوده و کلمه <هربرز> به کوه البرز همخوانی دارد. همانگونه که هیربد خادم اجاق مقدس بوده است، <هیربرز> نیز پهلوان کوه پیکری است که نگهبان آتشکده ها در روند تاریخ از بزرگان دینی و دهقانان میهنی حمایت کرده است . هرگاه هیربدان از دست نابکاران و اهریمنان در خطر میشدند بسوی هیربرز میرفتند تا در جوار بلندی آن در امان باشد . کلمه های <هیر> در زبان فارسی\ دری گویش فراوان دارد مانند هیرمند، هیربد، پنجهیر (که بعد ها پنجشیر شده) هیری یا هری...

اگر بخطا نرفته باشم < البرز > در اصل < هیربرز> بوده است ، احتمالا دانشمندان همجوار ما < هیر > را به < ال > تبدیل کرده باشند زیرا که < ال > در لغت به معنی درختی است دارای برگ های دراز نوک تیز و گلهای زرد ، رنگ و میوه سرخ ترش مزه و چوبش سفت و سخت است، در جنگل های مازندران میروید (۴) که بدینسان هیربرز را

البرز ساخته باشند . چون موجودیت بته های < ال > در مازندران است آنرا به البرز مبدل کرده و با تایید نمو و پیدایش اینگونه بته های کوهی که به مازندران میروید ، نام هیربرز را به البرز تحریف کرده باشند که به اساس نوشته های سلسله کوه البرز در شمال شرق ایران امتداد دارد که قلعه ای معروف دماوند بر آن قد بر افراشته است . و دماوند کوهی است در مازندران که در داستان های باستانی آشیانه سیمرغ است . سیمرغی که زال پدر رستم دستان را پرورش کرده است . حالا بنگرید به رستمی که از پدر زابلی، مادر کابلی و همسرش شاهدخت سمنگانی باشد و پدرش زال اصیل هیربرز و هیرمند باشد حتمی است که پرورش دهنده او هیربدان و هیربرز است و بس . و محل پرورش آن همین کوه البرز جنوب بلخ میباشد. حالا چون کوه البرز نام شده است ما هم همانرا انتخاب میکنیم و کوهی است که بجنوب بلخ امتداد دارد و از سلسله کوه های هندوکش که در شمال افغانستان در قلب < تیربند ترکستان > جا دارد .و کتاب برازنده <حدود العالم > که در گوزگانان (جوزجان) نوشته شده ،در بخش کوه ها .. موقیعت آنرا در بلخ چنین تعیین میکند :

< .. آن شاخ دیگر از حدود هیتال اندر میان هندوستان برود .. حدود کشمیر، ویهند، دنپور و لمغان (لغمان) بر جنوب بارور شکنان ، وخان و بدخشان همی گذرد. و بر جنوب روستا های ختلان بگذرد تا اندر حدود تخارستان افتد میان طارقان و سکلنکند و خلم و سمنگان بر جنوب بلخ بگذرد و و اندر حدود سان و چهار یک (سنگچارک) افتد از گوزگانان> (۵)

کوهی که حدود العالم در < جنوب بلخ > از آن یاد کرده همین <کوه البرز> یا هیربرز است که به فاصله چهل\پنجاه کیلومتر از شهر بلخ فاصله دارد . اکنون تصویر کوه البرز در باختر که سرزمین پیشدادیان بوده است مینگریم :

بلخ امروز ، باکتریای پیرار که کانون مدنیت و تهذیب و آیین و زبان و ادب قوم نجیب ها بوده و همه ای افتخارات آریا یا ایری و یا ایران از آنجا نشأت کرده باشد کرده می باشد. بلخ زیبا و کهن همچنان مرکز سیاسی و اداری و کانون حکومت گری و جهانبانی هم گردید. <آریانم هورینو> ، <فر شاهی آریایی> هم از این جا طلوع کرد. اولین شاه پیشدادی جمشید کنگره قصر زیبایی <وارا> را بلند کرد و <بخدیم سریرام> , <اردو درفشام>

گردید . صفت اردو درفشام که معنی <دارای بیرق های بلند> میباشد این نام را واستا در تمام اراضی آریا نشین به بخدی داد که این خود مرکزیت بلخ قدیم را ثابت میسازد . اوستا , این کتاب دیرپای میهن گرامی ما نام بلخ را <سریرا > میداند . سریرایی که هیربدان، درفش های بلند را از قامت البرز می بر افراشتند.

اولین دسته شاهان آریایی بنام <پراداتا > یاد شده که معنی آن < شاهان اولیه > یا حکمداران زمان اولی که مؤسس اولین عدل داد و تهذیب بوده اند. پراداتا از دو کلمه ای پرا و داتا تشکیل گردیده که پارا بمعنی < پیش > و داتا بمعنی < داد و عدل > باشد . پس سلسله ای پراداتا را که اوستا ذکر کرده همان سلسله شاهان پیشدادیان بلخی میباشند که در سرزمین درفش های بلند حکمروایی داشته اند . شاهان پیشدادی و کاوی که در عصر قیل از تاریخ و یا پیش از اینکه آریایی های کتله باختر متفرق شوند بر همه یکسان سلطنت میکرده اند .

< یما > پادشاه پیشدادی قرار هدایت هرمزد قلعه یا قصر < وارا > را در بلندای کوه البرز بناء کرد که هر ضلع آن یک دوش اسپ طول داشت و در آن آب ها را از رودبار بلخ جاری کرد. در آن قصر زیبا ترین حیوانات و پرندگان نگهداری میشد و همچنان زیبا ترین مردان و زنان قامت بلند با بنیه توانا در آن جایگزین شده و اقسام میوه های خوب و حبوبات مرغوب کاشته میشد. این ارگ یا قصر شاهی با بیرق های بلند مزین شده بود. بیرق های بلند و زیبا، آدم های خوبصورت و صحتمند , پرندگان و حیوانات قشنگ , باغ های پر میوه و آب های زولالین روان , جا داشته که بلخ را زیبا , درخشان و قشنگ خطاب کنند. یما که اولین شاه پیشدادی بلخ یاد شده اسم پدر او را سرود ویدی < ویواسوات > یاد می کند که اوستا وی را < ویانگاتا > خطاب کرده است. ناگفته نماند که یما پادشاه دو خواهری بنام های < بامی > و < آریا > داشته است .

شاهان پیشدادی بلخی همانگونه که با فر و ناز و شوکت و شاهی در شهر زیبای بلخ آرام گرفته بودند , بدون شک این سلامت شاهی همسایه ها را ناآرام میساخته و ایشان را با دل و دیده روشن نگاه نمی کردند. این باعث میشود که پیشدادیان بلخی دشمن دار باشند که این دشمنان همان توریا ها < تورانیها > که از سلسله آریایی های بدوی ماورای آمو و سر دریا اند همیش با پیشدادیان در زد و خورد بوده اند . همینطور مردمان دیگری در

نواحی مازندران و طبرستان زندگانی داشنه اند که پیوسته درد سر شاهان پیشدادی بودی که بنام دیو های مازندران مشهور اند (*) که اوستا ایشانرا بنام < دیو های مازانا > یاد می کند . شاهان پراداتا و کاوی همیشه با آنها مصروف پیکار بوده اند . شاهان کیانی بخاظر تهاجمات و یرغل های تورانیان مجبور بوده اند مناطق صعب العبور دفاعی از خود داشته باشند. چون بلخ مرکز نخستین باشندگان < آریایی > یا < ایرانی > (*) میباشد جا داشته که مرکز کیانیان نیز باشد. دشمنان با چشم کین بسوی بلخ نگاه میکردند و ورای آنرا نداشتند که بلخ (این مرکز درفش های بلند و کوه های بلند) صاحب و نام و نشان باشد. سلسله < کوه البرز > که در جنوب بلخ موقیعت دارد لشکرگاه و قلعه نظامی و یا بصورت پناهگاه شاهان کیانی در آمد و شاهان بخدی در آنجا حصار های سنگین و دژ های مستحکم بنا کردند . (بنگرید به نوشته < شادیان > از این نویسنده)

البرز کوه را اوش دشتار Oshdashtar یا اوشیداشتار یاد کرده اند که در فاصله چهل\پنجاه کیلو متری جنوب بلخ موقیعت دارد و یکی از قله های آن بنام < ارزیفیه > میباشد که بنام ایزد آبهای مقدس و حامی شهر بلخ در آن محل قربانی ها صورت میگرفته است . اوشیداشتار با کوه البرز نزد شاهان کیانی مقام و قدسیت ارجمندی داشته که مذابح شاهان بوده . و آن کوه اوشیداشتار را محضر روشنایی و دانش تلقی میکردند . در مذابح و قربانی های شاهان حضور مؤبدان و ریشی ها حتمی بود . کیکاووس شاه (کی یوسان) پیش از نشستن بر تخت بر فراز قله کوه ارزیفیه قربانی ها کرده که مشتمل بر صد اسپ , هزار گاو , دو هزار گوسفند بوده . شاه کیانی برای بزرگداشت شاهی و فرمانروایی اش این گونه قربانی های شاندار را متقبل می گردیده است.

وقتا که بخواهیم از البرز کوه یاد کنیم میرویم به سراغ فرزانه فردوسی طوسی که چنین می سراید :

ببرم پی از خاک جا دوستان   شوم با پسر سوی هندوستان

شـــوم ناپدید از میان گروه   مر این را بـــرم تا البرز کوه

بیاورد فرزاند را چون نوند   چـو خرم ژیان سوی کوه بلند

< البرز کوه > ی را که فردوسی آنسوی هندوستان اشاره داده است همین کوه البرز جنوب بلخ است که فعلا هم بنام < کوه البرز> یاد میگردد. اینکه فردوسی البرز کوه را آنسوی هند میدانسته درست است , چه فردوسی بزرگ در تعیین موقیعت جا های تاریخی و سترگ موشگافانه و دقیق بوده است . بنا به گفته فردوسی البرز کوه یا < کوه بلند > که آنسوی هندوستان موقیعت دارد همین کوه ناحیه ای جنوبی بلخ است و بس . من شاهنامه را نخوانده ام و نه جرأت آنرا دارم تا کوه البرز را از دیدگاه فردوسی بزرگ بررسی کنم و آنرا میگذارم برای دانشمندان و پژوهشگران تا در این باره روشنایی اندازند ... من فقط از دید جغرافیایی و تاریخی آنرا مینگرم . اوستا که همانگونه که از شاهان کیانی یاد کرده , از سلسله کوه های آریانا نیز بحث کرده است . در یشت های اوستا در حدود چهل یا بیشتر کوه در آریانا قامت کشیده اند که مشهور آن پامیر , کوه بابا , هندوکش و البرز می باشد. قلمرو اوستایی سرزمینیست کوهستانی , شاهان کیانی برای احراز قتح پیروزی و مذبح و قربانانگا های شان دامنه ها و قلل کوه ها را انتخاب میکردند. کوه البرز و قله بلند آن ارزیقیه یاد شد که استناد اوستا از سلسله کوه < زره دها > منشعب شده و در آبان یشت اوستا ذکر به عمل آمده است . دارمستر نظریه پرداز غربی باورمند آنست که < زره دها > همین کوه البرز میباشد که کیکاووس بالای آن هفت قصر بنا کرد. بعد خودش در یکی از این قصر ها محبوس گردید. دارمستر عقیده دارد که کوه البرز در جنوب منطقه < خزر > نبوده بلکه در همین جنوب بلخ موقیعت دارد.

در داستانهاییکه هنوز هم بین اهالی بلخ و مزار شریف شیوع دارد , این مردمان بدون آنکه نام پادشاه را بدانند نقل قول می کنند که پادشاه قدیمه بلخ بالای خر های قشقه دار فراز کوه البرز آب بالا میکردند. (٦)

چون البرز با جمشید لازم و ملزوم است . اقامتگاه جمشید بلخ است و البرز به جنوب بلخ موقیعت دارد و خورشید از کوه البرز سر میکشد و پهنای گسترده ی از سرزمین اهورامزدایی جمشید را تابان می سازد.

سر از البرز بر زد جرم خورشید جهان را تازه کرد آیین جمشید (نظامی)

در این راستا سروده از منو چهری دامغانی شاعر دوره سلطان مسعود غزنوی داریم بدین مطلع:

سر از البرز برزد قرص خورشید　　　چون خون آلوده دزدی سر ز مکمن

به کـــــــردار چراغ نیم مرده　　　که هـــر ساعت فزون گرددش روغن

در بحث های قدیم مهریشت اوستا که یکی از دیرینه ترین یشت ها محسوب می گردد , در چند بند آن یادآوری شده که میتر , میترا و یا مهر از فراز کوه هرا < هرابروز = البرز > سراسر جایگاه های استقرار آریایی را مینگرد و بر آنها دیده بان است . در این مناطق رود های بزرگ بسوی ایشکت , پوروتا , مورو (مرو) , سغدانیا و خوارزم روانند.

(بنگرید به کتاب < زردشت >، اثر مهندس جلال الدین اشتیانی، بهار ۱۳۶۷، صفحه ۲۸)

باید خاطرنشان کرد که < مهریشت > اوستا درست ارزیابی کرده که مسیر آبها بسوی خوارزم و ماورإ النهر است رود هاییکه از فراز کوه البرز سرازیر میشود و بسوی خوارزم و سغدانیا و مرو و عشق آباد میرود همین رودخانه مرغاب است که بسوی خوارزم و دریاچه خوارزم می ریزد (دریاچه آرال امروزی).

ضحاک ماردوش پس از کشتن جمشید شاه در جستجوی فرزند او فریدون می افتد که مادر او فرانگ فرزند دلبندش را نزد کاوبانی به دایگی گذاشته بود از جان فرزندش بیمناک شده او را بسوی البرز کوه بلخ میبرد , زیرا از دست دیوان و اژی دهاک ها جان همه در خطر می باشد. در گذرگاه اسطوره , کیکاووس شاه بالای کوه البرز هفت قصر بنا کرده است (جالب آنکه خودش در قصر البرز کوه توسط دیو ها اسیر شد که رستم دستان او را از بند رها ساخت) رستم در این کار از هفت گذرگاه گذر کرده است که بنام < هفت خان رستم > مشهور است.

طوریکه میدانیم جمشید مؤسس پیشدادیان بلخی , که بر هفت کشور آریایی سلطنت میکند دارای فر ایزدی است. این هفت کشور برازنده آریایی که هفت قاره , هفت شهر و هفت ایالات را احتوا میکند که در آن وقت ها بنام های کشور درخشان , کشور نورافشان, سرزمین پاکنهاد , کشور نیک گهر , کشور آزاده گان , کشور درفش های بلند ,

کشور خنیرس بامی , کشور معروف آریانا که مرکز همه < بلخ بامی > بوده میباشد. هفت کشوری که جمشید شاه در آن حکمروایی داشته چنین یاد گردیده است:

۱_ زره ۲_ شبه ۳_ فرودقش ۴_ ویدوقش ۴_ دوربرست ٦_ دور جرست ۷_ خنیرس بامی

این هفت ساحه را دانشمندان نواحی کابل , زابل , غور , پکتیا , باختر , تخار و کندهار میدانند. اطراف این مملکت ها را مملکت های پهناور چین, هند , توران , سند , پارس , ماچین (منطقه سینکیانگ چین) و روم بوده است. ایران یا آریانای روزگار ما شامل همان شانزده قطه زمینی بوده که در < وندیداد > اوستا از آن دکر به عمل آمده است. در گذشته ها کلمه ای < خنیرس و خنیرس بامی > نام عمومی کشور ما محسوب میگردیده و خنیرس بامی در اوایل دوره اسلامی هم بشکل < هنیره بامی >یاد شده است .(۷)

در دایرةالمعارف آریانا تذکر رفته که یک سلسله کوه از جنوب بحیره خزر آغاز شده و یک شاخه آن به سمت جنوب شرق امتداد یافته به شمال افغانستان با نام های مختلف با سلسله پاروپامیزس اتصال و الحاق میابد . این کوهِ شمال افغانستان را که در آخرین قسمت ناحیه شولگره موقیعت دارد و بجانب مزار شریف و هژده نهر واقع گردیده شرقاً به کوه سمنگان و غرباً به تپه های خاکی شبرغان میرسد که حدود العالم نیز امتداد آنرا به گوزگانان میرساند . یا بزبان دیگری همین کوهی را که از سمنگان می آغازد و بجانب غرب امتداد داشته تا بادغیسات و غور و گوزگانان میرسد در کتاب های جغرافیایی افغانستان بنام < تیربند ترکستان > یاد میدارند . تیربند ترکستان در عمق خود بجانب بامیان راهگشایی دارد. کوه البرز که در جنوب بلخ واقع شده وابسته به همین سلسله کوه تیربند ترکستان است . که بلند ترین قله آن تایید اوستا <ارزیفیه > است . در گذشته یاد گردید که شاهان کیانی در کوه البرز قصر ها , برج و باره ها و حصین های مستحکم نظامی و سلکی اعمار نموده اند. کوه شادیان در ناحیه شرقی کوه البرز جاگرفته که در جنوب شهر مزارشریف واقع گردیده است . شادیان و البرز در جوار بلخ باستان اخذ موقع کرده , جایگاه تفرجی و نظامی که از نظر کارشناسان محل استراتژیک مهمی بوده که شاهان , امیران , دهگانان , سپهبدان , زرمنده گان , پهلوانان , کیانیان و دیگران بنا بر تعبیر بحرالاسرار < شدتی و یا عسرتی که از جانب دشمن میرسد > بدانجا پناه میبرده اند. کوه شادیان قشلاق دارد بنام < قریه شادیان > یا بزبان بحرالاسرار < ییلاق شادیان > که آنرا

چنین مینگریم: <... و دیگر نعم دنیوی متعلقه بدین بلده < بلخ > است که اگر <شدتی> بدین بلده روی آرد . اگر آن شدت از دشمن باشد به کوه یا بدریا نمایند . و اگر <عسرتی> بود همچنین به کوه های بدخشان یا تخارستان بیرون آیند تا به انواع فواکه و آثار فایز گردند. و اگر از راه تعفن هوا بود همچنین به قریه جات و قصاب بارةالبیوت توطن نمایند. چنانچه حضرت خلافت مکانی (پادشاه وقت) در هنگام تابستان که هوای بلده بواسطه اذدهام امام متعفن و مخرورالمزاج میگردد به ییلاق شادیان که در اصل به بهار-دره معروفست و از شهر تا آنجا چهار فرسخ (به روایتی شش فرسخ) باشد شرف نزول ارزانی داشته روزگار به نشاط و انبساط میگذراند.

< بر ناظرات منصف و مشاهدات به شعور متصف پوشیده نخواهد بود که در فصل مذکور به شادیان رفتن همانقدر حلاوت دارد که از دوزخ به بهشت رفتن . اما ادراک این لذت را هوش باید نه چشم و گوش. و آن حضرت را در آن ساحت فرحت فزای باغیست در کمال نزاهت و لطافت , مشتمل بر جمیع اثمار و اشجار و نیز آبی از فراز کوه بلند برآن میخیزد. بر کنار باغ عمارت عالیقدر از قصور علو و حمام و قوشخاته و کورنش خانه و سایر کارخانه جات ... در بعضی کتب تاریخ به نظر درآمده که تربت هابیل در قفای جبال شادیان به موضع چاه انجیر است .. > (۸)

از مضمون بالا دانسته می شود که کوه شادیان جایگاه رهایش و آسایش و منطقه خوش آب و هوا بوده که تمام وسایل زنده گانی شاهان و امیران و کلان شونده گان در آن بالا کوه ها مهیا میگردیده است. بر علاوهء آن شهرک شادیان دارای باغ و اشجار و شهر بازار و حمام نیز بوده که در آن حصار های مستحکم و برج و باره های سنگین موجود بوده که برجستگان و بزرگان بلده بلخ در روز های خوش و یا ناخوش بسوی کوه های البرز و شادیان میرفتند و در قصبه های آن چند ایامی را براحت و سلامت بسر میبردند.

از برگ واژه های بحرالاسرار چنین بر میآید که مردان نامدار و شاهان در آن روزگار , هر گاه <شدتی > یا < عسرتی > از جانب دشمن دامنگیر شان میگردید , بهترین امنگاه و پناه گاه شان همین ییلاق شادیان بوده .. بحرالاسرار متذکر میگردد که هرگاه دشمن مضرانه در پی آزار شان می برآمد , آنها از گذرگاه های تیربند ترکستان بسوی تخارستان و بدخشان گریز میکردند. که تاریخ شواهد بیشماری را در این باره به یادگار دارد.

در گذشته های دور ملکه ای بوده < بامی > نام از تبار سامی قوم عاد. در هنگامیکه ضحاک تازی در بلخ حکمروای میکرد , این ملکه با دربار ضحاک تازی روابط نیک و خویشاوندی داشته , تا آنجا که ضحاک شاه خونباره و زنباره , موصوفه را ارج گذاشتی و با دربار نزدیک ساختی . قرابت ملکه بدانجا رسید که ضحاک تازی شاهدخت زمانه را بحیث زمامدار کابلستان و نواحی آن مقرر کردی . آن ملکه فاخره بعد از وصول ولایت و حکومت به آبادی شهر ها مبادرت ورزیده و قلعه های استوار و حصار های مستحکم بنا کرد و آن مواضع را بنام های < بامیان> و < ضحاک > یاد نمود . ملکه با اختیار کامل مملکت داری و زمامداری به هر جانب تاخت و تاز کردی و از هر بلده دیدن نمودی تا اینکه گذارش در بلده کوهستانی شادیان بلخ که به < بهار-دره > مسمی بود رسید . آن بلده فرح گستر که آب های زولالین دارد و هوای عنبرین ملکه را شاد کرده و صد دل عاشق بهاردرهٔ کوه شادیان گردیده است . ملکه از اهالی شهر میپرسد که این بساط مسرت انگیز و روان بخش را چه نام است؟ گفتند که این عرضه را < شیرخانه > گویند. چون ملکه بر تمامی ساحات بلده بلخ مستولی گشت فرمود تا حصار های حصین بسازند و محافظان و معاملان در آن بگذراند. روزگار سرنوشت دیگر دارد . روزی ملکه از اسپ بر زمین میخورد و جان به جهان آفرین میسپارد . یکی از برادرانش شادی کنان واژه < بخ > را بزبان میآورد که بمعنی خوش و پسندیده باشد و بعد از ملکه زمامدار این کشور میشود .. (۹)

در زمانیکه بهرام چوبینه ساسانی کابلشاه را هزیمت داد و بلخ را متصرف گردید , اهالی بلخ از دست < بهرام چوبینه > به ستوه آمده به < خاقان چین > شکایت بردند. خاقان چین شخصی را بنام < نیزک ترخان > که از امرای او بود بصوب بلخ فرستاد و امیر مذبور بهرام را شکست داده به سلطنت بلخ جلوس نمود . وابسته گان نیزک در بلخ حکمروای داشتند تا اینکه سردار اسلامی < احنف بن قیس > خراسان را متصرف گردید و نیزک در کوهپایه های تخار و بدخشان متواری شده گاهگاهی در نواحی بلده بلخ آشوب برپا مینمود . نیزک تا زمانی < قتیبه ابن مسلم باهلی > قرار نمی گرفت و همیشه درد سر مهاجمین اسلامی شده بود . قتیبه ابن مسلم از راه بهاردره کوه شادیان بسوی کوه البرز رهسپار شده در محلی موسوم به < تلوریان > که حالا بنام <چمتال > یاد میگردد با نیزک به جنگ درآمد . لشکریان قتیبه همه ی سپاه نیزک را تار و مار کرده نیزک را به <دژ>

های بالای کوه های البرز فراری ساخت . سردار لشکر اسلامی او را تعقیب میکرد تا اینکه بنا بر بعضی روایات نیزک ترخان را در قلعه اشکمش بدخشان اسیر کردند. (۱۰)

چون سخن از کوه شادیان و کوه البرز است و کوهپایه هایی که به استناد تاریخ پناهگاه کیانیان و شاهان بوده , جا دارد که مقام ارجمندی را در تاریخ این کشور داشته باشد. دانشمند جوان زلمی باباکوهی که در کانادا زندگانی دارند, و تازه از دیار بلخ کهن دیدن کرده قصه جالبی داشتند که با این نوشته همخوانی دارد . باباکوهی فرمودند که تازه دانشمندان کشور دریابیده اند که در عمق دره های کوه البرز و در آن دور دست های <تیربند ترکستان > آبادی های مستحکم و قلعه های استوار و بنکر های صخره یی و باره های عظیم کشف گردیده است. ساختمان های <ملکه بامی > , < قصر های کیکاووس شاه > , دژ های سنگی و حُصُون نیزک ترخان , قلعه ها و بنکر های شاهی ضحاک تازی و حصار های برج و باره دار قصر < مادارہ > که بحرالاسرار از آن یاد کرده مؤید این گفته هاست.

چنانکه میدانیم کوه البرز شاخه یی از کوه های مرکزی افغانستان است. همانگونه که بلخ کهن ساحه های جغرافیایی عظیمی را احتوا میکرده بدون شبهه سلسله کوه های جنوبی بلخ تا نواحی غور و غرجستان امتداد داشته کوه البرز در بلخ قامت کشیده و کوه زار مرغ در غور و فیروز کوه بصورت استوار ایستاده اند کوه البرز و کوه زار مرغ را جا دارد که لازم و ملزوم همدیگر دانسته به یک سلسله کوه وابسته بوده و از دیدگاه شاهنامه نیز همخوانی دارد کوه زار مرغ که در غور موقعیت دارد بلند ترین قله آن بنام«چهل ابدال» به بلندای چهار هزار متر قامت کشیده است از کوه زارمرغ جنرال فوریه فرانسوی و هولدج در کتاب «دروازه های هند» یاد کرده اند کلمه های برز، زال زر ، ازریقیه ، زار ، زر ، سیمرغ ، ورز و زار مرغ همه دال بر این است که کوه البرز و قله بلند آن همان قله زار مرغ است.

به استناد کتاب تاجیکان قسمت اول نوشته باباجان غفوروف کلمه های «ورز» و «برز» را والیان نواحی هرات ، غرجستان، مرو و نیساء بحیث القاب نیز استعمال میکرده اند «زار» شکل دیگرگون شده «سار» که بمعنی جای و مکان باشد معنی اصلی «زارمرغ» محل و

مکان و مقام «مرغ» که مراد از سیمرغ باشد میباشد از جانب دیگر سار مرغ ، زار مرغ و سیمرغ با هم ارتباط میگیرند.(۱۱)

مرا باور برآنست که زارمرغ در اصل زرمرغ یا مرغ طلایی که در بلندا های البرز آشیان داشته و این مرغ طلایی همان سیمرغ افسانه ایی است که در اسطوره و میتالوژی کهن دیاران ما قامت کشیده است کشف تازه تصویر سیمرغ از خرابه های بامیان دال براین است که پادشاهی سیمرغ در بالا کوه های هندوکش بزرگ متبارز میگردد

کشف تصویر سیمرغ در بامیان

بتاریخ ۲۵ جولای سال ۲۰۰۶ میلادی یک عده دیرینه شناسان جاپانی در خرابه های معبد بامیان تصویر یک سیمرغ افسانه یی را کشف کرده اند این تصویر هنگامه یی آرکیالوژیک دارد که باستان شناسان را به حیرت واداشته است محققین جاپانی گفته اند که تا بحال چنین نگاره روشنی از پرنده افسانوی سیمرغ که تصویر برازندگی کهن دیاران باختر و پارسی را نمایان میسازد ندیده اند طوریکه میدانیم سیمرغ پرنده اساطیری که زال را در البرز کوه جنوب بلخ پرورش داد و مانند مادر دایه ء پدر رستم دستان گردید. نقش خاک آلود سیمرغ خرابه بامیان پس از خاک روبی و غبار روبی بصورت برجسته و روشن نمایان گردید که تصویر یک سیمرغ است و برباور دیرینه شناسان که رگ و ریشه سغدی دارد با وجودی که تصویر به تعبیر دانشمندان جاپانی وابسته به قرن هفتم است اما ریشه این تصویر نهایت دیرینه است که به هزاره های قبل از میلاد بر میخورد.

(بنگرید به هفته نامه امید، کشف سیمرغ، شماره ۷۴۶ صفحه ٦ ـ هفتم اگست ۲۰۰٦ میلادی)

واژه مرغ را برهان قاطع نام شهر دانسته است و هم کنایه از آفتاب است.(۱۲) سیمرغ همان مرغ بلند پروازی که در بلندای کوه زارمرغ مقام داشته است. زارمرغ همان محل پرورشگاه سیمرغ است و زارمرغ یا زرمرغ (مرغ طلایی) پرورشگاه زال زر که اولین تابش نور آفتاب بدان میرسیده است. از همین روست که این کوه بنام اوشید داشتار یعنی روشنی و دانش یاد گردیده است.

در هنگامیکه ضحاک تازی در بلخ حکومت میکرد پسرش بسطام را زمامدار سند و هند گردانید وقتیکه ضحاک بدست افریدون گرفتار آمد قصد هندوستان کرد و بسطام در مقابل افریدون مقاومت نتوانسته بجانب کوه های شغنان و بامیان رفت. در آن کوهپایه ها نیز تعقیب گردید که بسطام از جبال شغنان و تخارستان بسوی جبال غور پناهگزین گردید. او چند مرتبه به قصد شکار بسوی غور رفته بود و بدیدن چشمه سار های غور که آن محل را «هزارچشمه» نام گذاشته بود پسندید و غور را اقامتگاه خود ساخت او در جوار چشمه سارها و دامنه کوه زارمرغ مسکون گردید. بدون شک کوه زارمرغ منطقه صعب العبوری بوده که شهزادهگان و شاهان گریزی بدان پناه برده باشند و بسطام نیز در آن کوه بلند که چهار هزار متر ارتفاع دارد پناه برده است. نظر به شهادت تاریخ و قبول واقعیت جغرافیایی , ما را بدین باور متقین میسازد که بالا کوه های افغانستان کهن از سطح مرتفع پامیر و بدخشان گرفته تا تخارستان , بامیان , بلخ , غور، گوزگانان و دیگر جاهای صعب العبور پناهگاه شاهان و پناه جویان بوده است و مردم آزاده و مهمان نواز ما از قدیم الایام تا امروز به مردان گریزی تاریخ پناه داده اند و در مقابل نامردی ها دیده اند (۱۳)

ضحاک پسر ارونداسپ مرد ظالم و متمرد و ساحر بود. تاریخ مقدسی نام پدر ضحاک را بیوراسپ گذاشته است بیوراسپ پیش از طوفان نوح و ضحاک بعد از طوفان نوح بوده است ضحاک بر اساس وسوسه ابلیس بر گذر چاهی حفر کرد و ارونداسپ در آن چاه افتاده هلاک شد و پادشاهی بر ضحاک آمد. قرار شواهد تاریخی «جمشید» که خوب روی و کارفرمای کارساز بود بفرمان بیوراسپ پدر ضحاک وی را دو نیمه کردند و پادشاهی بلخ را از جمشید گرفتند.(۱۴)

یادداشت ها :

۱. «غیاث اللغات»، چاپ بمبئی، سال ۱۳۲۴ هجری، صفحه ٦۵

۲. «برهان قاطع»، اثر ابن خلف تبریزی، انتشارات فریدون علمی، به تصحیح محمد عباسی، صفحه ۱۱۰

۳. کتاب «فرهنگ معین»، جلد پنجم، صفحه ۱٦۹. همچنان، «فرهنگ عمید»، جلد اول، صفحه ۳۳٦، چاپ موسسه انتشارات امیر کبیر

۴. «فرهنگ عمید»، جلد دوم، صفحه ۲۱٦

۵. کتاب «حدود العالم»، مقدمه بارتولد و تحلیقات مینورسکی، چاپ کابل، سال ۱۳۴۲، صفحه ۳۵۹

٦. کتاب « تاریخ افغانستان»، بحث پیشدادیان، نوشته احمد علی کهزاد، جلد اول، سال ۱۳۸۱، ص ۲۰۲_ ۲۱۵

* دیو های مازندران:

دیو های مازندارن باعث درد سر باختریان گردیده بودند. روزگار چنان می شود که «تهمورس» دیوان مازندران یا سرزمین طبرستان را تصرف می کند و بر دیوان چیره شده سالار آنان را به بند می کشد. بنا بر بند کشیدن مهین دیوان توسط تهمورس، نامبرده به « دیوبند» مشهور می گردد که شاعر اندیشه ورز تاریخ فردوسی طوسی از آن یاد می کند:

پسر بُد مر او را یکی هوشمند　　گرانمایه تهمورس « دیوبند»

در هنگام پیروزی تهمورس که می خواهد بزرگان « دیوان مازنداران » را بکشد. دیوان از وی زنهار می خواهند و می گویند که اگر او از این کار دست بردار شود. در برابر عفو اش می خواهیم هنر نوی را به شاه بیاموزیم. تهمورس این شرط دیوان را می پذیرد و در برابر آزاد ساختن ایشان، از آنان « دبیره» و شیوه نوشتن را میاآموزد. که در این باره نیز فردوسی طوسی چنین می گوید:

کشیدند شان خسته و بسته خوار　　به جان خواستند آن زمان زینهار
که مـــــا را مکشن تا یکی نو هنر　　بیـــاموزی از ما کـت آید به بر
کی نـــامور دادشان زینــــهار　　بـــدان تا نهانی کنند آشکـــار
چـــــو آزاد گشتند از بنـد او　　بـــجستند ناچـــار بپوند او
نبشـــتن به خسرو بیـاموختند　　دلـــش را به دانـش بر افروختند

(بنگرید به فصلنامه «ره آورد»، شماره ۷۳، سال ۱۳۸۴، صفحه های ۱۱۵ و ۱۱۶)

۷. همان کتاب، در پاورق صفحه ۲۲۵ (کوه البرز)، و صفحه ۲۶۴

۸. کتال «بحرالاسرار بلخ»، تالیف محمود ابن امیرولی کتابدار، به تحصیح مایل هروی، کابل، ۱۳۶۰، صفحه های ۲۴، ۲۵، ۳۳

کتاب «افغانستان تاریخی»، به استناد از دایره المعارف آریانا و قاموس جغرافیایی افغانستان، صفحه های ۲۸۰و ۲۸۱

۹. «بحر الاسرار»، صفحه ۴۲و ۴۳

۱۰. همان، صفحه های ۵۰ و ۵۱

۱۱. کتاب «افغانستان تاریخی»، (یادداشت هایی که زلمی باباکوهی فرستادند)، صفحه های ۲۸۲ و ۲۸۳

۱۲. «برهان قاطع» اثر ابن خلف تبریزی، به تصحیح محمد عباسی، صفحه ۱۰۷۴

۱۳. کتاب «طبقات ناصری»، تعلیقات استاد عبدالحی حبیبی، چاپ مطبعه معارف کابل، سال ۱۳۴۲، صفحه ۳۲۲

۱۴. کتاب «طبقات ناصری»، صفحه ۱۳۶

(**) در باره ایران ، آریا، آریانا و آریایی میرویم به نوشته تحقیقی پژوهشگر میهن ما « داود شاه صبا» تحت عنوان « جستاری در راز های دانشی اساطیر و نگرشی بر شاهنامه» به مجله نقد و آرمان. داود شاه صبا تعبیر ملی گرایانه اساطیر را در جهان معاصر ارزیابی کرده ساختار سیاسی دولت ها را که به گذشته های افسانوی خویش پناه برده برای برچسب دادن آن به خود قلد بلندک می کنند وانمود می سازد. پژوهشگران ایران تحت تاثیر سیاست های ملی گرایانه دولت های شان قرار گرفته برای اثبات برتری نژادی و ملی در سال ۱۹۳۵ میلادی نام رسمی کشور شان را به « ایران» عوض کردند. غرض از این کار آن بود که کلمه «ایران» شاهنامه را که هزار سال و اندی پیش در شاهنامه گزارش یافته از آن خود بسازند. ایران، آریا و آریانای شاهنامه قلمرو وسیعی را در بر می گیرد که از

تخارستان می آغازد و پهنای گسترده یی را که شامل بلخ و بامیان و زابل و کابل و سیستان و هرات و مرو و گوزگانان و طالقان و فاریاب و غور و ماوراء النهر است احتوا می کند. پهنای این ساحه جغرافیایی شاهنامه؛ همین افغانستان امروز است. از آن نوشته ها کشور همسایه چنین برداشت کرده که قلمرو ایران شاهنامه همین سرزمین امروزی ایران است و بس. تا با دست باز تر از آثار کهن اوستایی و فارسی بهره ببرند. و بنا به تعبیر داود شاه صبا که در تعبیر ملی گرایانه این پژوهشگران واژه « ایران» کلید گشایش بوده است. (بنگرید به شماره های ۱۲ و ۱۳ نقد و آرمان ، ۲۰۰۰ و ۲۰۰۱، منتشره کالیفورنیا)

«گشتاسب»، شهریار بلخ

شهریاری که روند سیاسی را به بلخ و دین بهی را در سیستان پرورش داد

گشتاسب GOSTASP/ VISTASPA / YSTASPAS پادشاه مقتدر کیانی که در بلخ و سیستان و آریانای پیرار با شان و شوکت زندگانی داشته است. گشتاسپ پادشاهی است که پس از ملاقات زردشت پیامبر و پذیرفتن دین بهی ، در سال سی و یکم سلطنت اش آیین اهورامزدایی را در سراسر قلمرو اش انتشار داد. گشتاسپ یا ویشتاسپ از دو جز تشکیل یابیده که « ویشته» به معنی از کار افتاده و ترسو می باشد. « اسپه» به معنی اسپ که بدین باعث گشتاسپ یا ویشتاسپ و یا ویشتاسپه به معنی «دارنده اسپ از کار افتاده » بوده است.

تاریخ گواه آنست که نام اکثر شاهان و حکمداران پیشدادی و کیانی سرزمین پهناور و کهن دیار بلخ همه با پسوند « اسپ» و « اسپه » منتهی می گردیده مانند: گشتاسپ ، لهراسپ، بیوراسپ، اروندسپ، ارجاسپ، تهماسپ، هیتاسپ، اروت اسپه ، ویست اسپه، جاماسپ، فیدراسپ...

شاهان زبردست و اسطوره یی را شاعران و چکامه سرایان با صولت و دبدبه ایشانرا به نظم کشیده اند. چنانچه کارنامه های اسکندر مقدونی را « اسکندرنامه» کاردانی های گشتاسپ را «گشتاسپ نامه » یاد نموده اند. گشتاسپ نامه منظومه ایست از دقیقی بلخی

که در زمان پادشاهان نوح بن منصور سامانی آنرا به نظم کشید و هنوز به هزار بیت نرسیده بود که توسط غلامش کشته شد.

منظومه گشتاسپ نامۀ دقیقی بدین سروده می آغازد:

چو گشتاسپ را داد لهراسپ تخت فرود آمد از تخت و بر بست رخت

و بدین سروده می انجامد:

به آواز خـــــسرو نهادند گـوش سپردند او را همه گـــوش و هوش

منظومه های هزار بیتی دقیقی را در اوج شگوفایی اوائل دوره شاهنشاهی غزنوی ، فردوسی طوسی در شاهنامه کتاب سترگ فارسی / دری گنجانیده است. (۱)

منظومه دیگری که در پایان دوره غزنویان به نگارش رفته است از آن « اسدی طوسی» است . حکیم ابو نصر علی بن احمد الاسدی طوسی منظومه « گرشاسب نامه» را در پایان دوره های غزنویان (سلطان ابراهیم) به نظم کشیده و اثریست نیمه حماسی و نیمه تاریخی که اسدی طوسی در سالهای ۴۵٦ و ۴۵۸ آنرا تمام کرده و به « بودلف » مرزبان اران و نخجوان تقدیم می کند.

زکـــــردار گرشاسب اندر جهان یکی نامه بد یادگار از مـــهان (۲)

شاهنامه فردوسی طوسی یادگار دوره عروج و عظمت غزنویان ـ گرشاسب نامه یادگار دوره زوال غزنویان بشمار می رود. فردوسی طوسی در شاهنامه از گرشاسپ به حیث شاه و زمامدار نام برده است . اما اسدی طوسی کارنامه های وی را در نظم کشیده و بصورت کتابی عرضه کرده است . هر دو وطندار خراسانی در راه احیاء مفاخر ملی و فرهنگی و اسطوره یی مرز و بوم ما خدمات شایسته یی کرده اند . از شاهکار های اسدی طوسی کتاب (لغت فرس) یا (لغت دری) می باشد که کهن ترین لغت نامه فارسی/ دری می باشد. حکیم اسدی طوسی بر علاوه شعر در شایستگی خط نیز وارد بوده که کتاب « البنیه عن حقایق الدویه» ابو منصور موفق بن علی هروی را بخط خویش مزین ساخته است. (۳)

احمد علی کهزاد دانشمند و مورخ گرامی کشور ما (غرغشت) پهلوان تاریخی را با گرشاسپ و گشتاسپ یکی می داند و هر دو نام را یک شخصیت باستانی کابل می پندارند. گرشاسپ یعنی صاحب « اسپ تند رو کوهی» و (غرغشت) را که کلمه پشتو است « کوه گرد توانا » معنی کرده اند. (۴)

کهزاد در کتاب تاریخ افغانستان گرشاسپ را « کرساسپه» نیز یاد کرده اند که یکی از پادشاهان نیرومند و مقتدر دودمان (پاراداتا) است فعالیت کرساسپه بیشتر در ساحه جنوب هندوکش می باشد. یکی از اجر ات او که در آبان بیست فقره ۳۷ شرح یافته قتل پهلوان نامداری بنام (گنداریووا) است . گنداریووا احتمالا یکی از پلهوانان نامی منطقه گندهار بوده باشد که در کابل پهنای قلمرو ایشان محسوب می گردید. (از دره کابل تا اندوس) او بخاطر این پیروزی برای الهه اناهیتا قربانی هایی تقدیم کرد. (۵)

انگیزه اینکه اسدی طوسی به نظم گرشاسپنامه اقدام کرده چنین روایت گردیده : «روزی با دو تن بزرگان جاه محمد پسر اسماعیل حقی و برادرش ابراهیم باهم نشسته بودند. آنان تعریف کردند که همشهری اش فردوسی چگونه از به نظم آوردن شاهنامه سرفراز گشته که او هم بایستی بسان فردوسی ، داستانی از داستانهای کهن ملی را به نظم در آورد تا نامش به جاویدانان بپیوندد. پس او هم دست بکار می شود»

به کردار گرشاسپ اندر جـــهان　　یـــکی نـــامه بـــد یادگار مهان
پـــر از دانش و پند آمـــوزگـــار　　هم از راز چرخ و هم از روزگار
ز فرهنگ و نیرنگ و دادو ستم　　ز خـــوبی و زشتی و شادی وغم
که چون خوانی از هر دری اندکی　　بـــسی دانش افـــزاید از هر یکی
زنـــخجیر و گردنـــفرازی و رزم　　ز ســره دل و کیـن و شادی و بزم
به شهنـــامه فردوسی نغز گوی　　که از گـــویندگان بـــرد گوی
بـــسی یاد رزم یلان کرده بود　　از ایـــن داستـــان یاد ناورده بود
من اکـــنون ز طبعم بهـار آورم　　مر ایـــن شاخ نـــو را ببار آورم

چنان اندرین معنی سعی بردم زبن ز هــر در بسی گـرد کردم سخن

بدانسان که بینا چو بیند نخست بــد از نیک زین گفته آید درست

ز توراندرون تا که گرشاسپ خاست گذر کرده بد هشتصدسال راست

ز گـــرشاسپ آمد نریمان پدید که چــون او دو چشم زمانه ندید

که پـــور نریمان یل سام بود خــداوند شمشیر و کــوپال بود

جــهان پهلوان زال سام ســوار از و مـــاند اندر جــهان یادگار

بزرگان ایـــن تخمه کز چم بدند ســـراسر نیاکان رستـم بدند

به تعبیر اسدی طوسی، داستان گرشاسپ در شاهنامه فردوسی کم بار و ناقص و ناتکمیل بوده که بنا بر علاقمندی خراسانیان و هم میهنان آن زمان که کارنامه های گرشاسپ را بدل و جان گرامی می داشتند. وی نا گزیر به نظم مکمل گرشاسپ نامه پرداخته است. گرشاسپ نامه از کارنامه های سترگ پهلوان و شاه زمانه یاد کرده از کشتن اژدها که گرشاسپ بدان وظیفه داشته یاد می دارد و سپس از جنگی یاد می دارد که گشتاسپ در هند انجام می دهد و پس از شکست دادن شاه هند بنام (بهو) . باهمراهی معراج شاه به اطراف هندوستان و جزایر سفر می کند. گرشاسپ به سراندیب می رود و از درختی که هفت نوع میوه دارد دیدن می کند و از دیگر عجایب و اسرار جزایر آگاهی حاصل می دارد. بدین حساب گرشاسپ نامه را می توان یک منظومه خوارق عادت و شگفتی ها وانمود کرد که اگر کارنامه های شگفتی آور آنرا به حساب نگیریم. می توان گفت که گرشاسپ نامه یک اثر مکمل حماسی سرزمین ما می باشد.

(بنگرید به کتاب « سیستان..»، نوشته محمد اعظم سیستانی، چاپ کابل، سال ۱۳۶۴، صفحه های ۲۵۵ ـ ۲۵۸)

محمود ابن امیر ولی کتابدار در کتاب « بحر الاسرار» گشتاسپ را هم عصر حضرت ایوب می داند: « چون گشتاسپ بن لهراسپ که ملک عجم بود اخبار نزاهت و لطافت هوا و ساحت خراسان را استماع نمود عنان اختیار از دست داده از فارس متوجه مملکت مذکور گردید چون ساحل دریای مرغاب منزل نمود. حضرت ایوب علیه السلام به وحی آسمانی با

او ملاقات نموده به بنای بلده بلخ امر فرمود و گشتاسپ عنان سوی بلخ گردانید و بی توقف روی بدان مهم آورد. نخست به بناء قلعه ترمز پرداخت و آن را « ماداره» نام نهاد و به یکی از عظمای امراء خود سپرد و خود به بلخ آمد . امام ابوالقاسم سمرقندی گوید: روا بود که نام آن « آب راهه» باشد بر کثرت استعمال به ماداره قرار یافته بود. بواسطه آنکه آن شهر همیشه معبر ممر بوده گویند سبب آنکه گشتاسپ نخست به تاسیس بنای حصار ترمز مبادرت نمود آن بود که اتراک مدام از آن ممر از آب گذشته به تاخت و تاراج اهالی و احشام عرصه ء بلخ قیام می نمودند. (٦)

قرار روایت تاریخ گشتاسپ و دیگر بزرگان وقت در بلخ به محلی که موسوم به « میدان» است دفن گردیده و همچنان هابیل بن آدم و حضرت ایوب نیز در این « میدان» آرام خفته اند. جایی که گشتاسپ بدان مدفون است بنام « تل گشتاسپ» معروف می باشد.

طوریکه گفته آمد در زمان سلطنت گشتاسپ ، زردشت بن پورشسپ بن فیدراسپ ظهور کرد. عبدالحی گردیزی در تاریخ گردیزی گشتاسپ را چنین می نگرد: «دو روز از پادشاهی گشتاسپ گذشته بود که زردشت بیرون آمد و پیش از آن دین صابی داشتندی و چون وی بیامد کتاب استا (اوستا) آورد . و آتشی پرستی فرمود و گشتاسپ دین او بپذیرفت و بفرمود تا آن کتاب استا را بر پوستهای گاو پیراسته به زر نوشتند و به حصار اسطخر بنهادند اندر خزینه ملوک عجم و سی و پنج سال زردشت اندرمیان ایشان بود. آخر او را مردی بکشت چون زردشت کشته شد، گشتاسپ جاماسپ را بجای او بنشاند او را موبد موبدان نام کرد» (٧)

با گرویدن گشتاسپ به آیین زردشتی، بعد ها پسرش اسفندیار نیز به این آیین در آمد و در راه دین بهی مبالغت ها کرد که این روند جدید آیین زردتشی را تورانی ها نمی پسندیدند بدون شک کینه دیرینه بردل داشته اند و آیین نو را بهانه می گرفتند . در هنگامیکه گشتاسپ برای کار های دنیایی به گرگان رفته بود، ارجاسپ تورانی بسوی بلخ رهسپار شده به یک حمله لهراسپ را که به آتشکده آزخداه (احتمالا آتشکده آذر گشسب) نشسته و به پرستش ایزد مصروف بود بکشت نعش لهراسپ را به چهار دروازه بلخ بیاویخت . ارجاسپ تورانی اسفندیار را به دژگنبدان محبوس نموده و دختران گشتاسپ را که بنام های « همای» و « اوفیه » بودند بسوی توران زمین برد. (٨)

کتاب <بحر الاسرار بلخ> درباره لهراسپ بلخی چنین می نویسد: « از خواجه یحی استماع دارم که فرمود لهراسپ در سمت شرق نوبهار آسوده است . چون گشتاسپ از قتل لهراسب بر دست ارجاسپ اطلاع یافت ، از فارس به بلخ آمده سیصد و شصت آتشکده (مطابق ایام سال) در حوالی نوبهار و مقبره لهراسپ بنا فرمود. هر روز به دلالت زردشت که مترع ملت مجوسیست. به خانه آتش می افروخت و ذخیره دوزخ می اندوخت و آنچه از منازل دور در آن حوالی واقع است از اثار ملوک عجم است ..» (بحر الاسرار بلخ صفحه ۶۵)

دساتیر کتاب آسمانی زردشتیان که آنرا به آذر کیوان نسبت میدهند، کتابیست مجعول که یک نسخه آنرا ملا کاوس از پارسیان هندوستان با پسرش فیروز به ایران رفته و از اصفهان بدست آورده است. ملا فیروز پس از سالهای زیادی دساتیر را در بمبئی در سال ۱۸۱۸ میلادی به خط فارسی به چاپ می رساند و در کتابخانه بمبئی موجود است . تاریخ و نام مولف کتاب روشن نیست. به تعبیر ایشان در این کتاب آسمانی از شانزده پیامبر سخن رفته است و نامی از «گشتاسپ» نمی باشد. پیامبران دساتیر چنین یاد گردیده:

مهاباد ـ جی افرام ـ شای کلیو ـ یاسان ـ گلشاه ـ سیامک ـ هوشنگ ـ تهمورس ـ جمشید ـ فریدون ـ منوچهر- کیخسرو ـ زرتشت ـ اسکندر ـ ساسان اول ـ ساسان پنجم . (۹)

در گشتاسپ نامه اسدی طوسی جمشید شاه فراری است که از دست ضحاک تازی گاهی به زابلستان ، زمانی به نیمروز و هنگامی به روم فراری می گردد. در زابلستان با دختر کورنگ زابلی به نام « گلرخ» که مانند گلهای بهاری شگفته و چهارده بهار زندگی را دیده ازدواج می کند.

مرآن شاه را نم کورنـــگ بود — گزو تیغ فرهنگ بی زنـــگ بود

یکی دخترش بود کز دلـــبری — پـــری را به رخ از دل بـــری

بکاخ اندورن بت بمجلس بهار — در ایوان نگار و به میدان سوار

شـــده ســال آن سرو آراسته — ده و چـــهار چون مان ناکاسته

زهر جای خواهشگران خـاستند — ز زابل مـــر او را همی خواستند

بخش دوم: حوزهٔ جغرافیایی آمو دریا و شهر ها

نه هرگز بـکـس دادی او را پدر   نه روزی زفرمانش کردی گذر(۱۰)

روایت دیگر برآنکه ، گشتاسپ در زمان حیات پدرش لهراسپ پادشاه بلخ از پدر رنجه خاطر شده رخ به سوی ارض روم می کند. چون شهزاده بلخی است در ارض روم قیصر روم او را گرامی میدارد دخترش «کتایون» را به عقد وی می گذارد. از کتایون فرزندی شجاع و دلیر بنام اسفندیار متولد می گردد. کتایون می خواست فرزندش صاحب تاج و تخت شهریاری بلخ گردد که در این رابطه گشتاسپ روای این کار را نمی پسندد. گشتاسپ فرزندش اسفندیار را به سیستان به جنگ رستم می فرستد که در این حادثه اسفندیار با فرزندانش بنام های نوش آذر و مهر نوش کشته می شوند . پس از این حادثه مادر اسفندیار نیز از غم و غصه فرزند جان به جهان آفرین میسپارد. (۱۱)

پس از مرگ کتایون گرشاسپ با دختر دیگر قیصر روم بنام (هرن) جفت می شود . هرن به شهر رومیه میزیست و روزگار او را عروس گرشاسپ ساخت .

به روم اندرون بد شهی نامجوی   که در رومـــــیه بود آرام اوی

به شاهین هـر سوی گسترده نام   بگاهش همه کشور روم رام

* * *

شــــه روم را دختری دلبر است   که از روی رشک بت آذر است

نــــگاری پری چهر کز چرخ ماه   نــــدارد بــدو تیز کردن نگاه

قیصر روم پیش شرط می گذارد که : « هر کمان بکشد و تیر به هدف بخورد ، هرن را در آغوش کشد»

رسم کمان کشیدن در افسانه های مشرق زمین بسیار دیده شده است . گرشاسپ مرد مجهول الهویه ایست که کسی از شهریاری وی نمی داند او بخاطر شرط کمان کشی آماده است تا دلبر را هر چه زود تر به آغوش بگیرد و کبک خوش خرام رومیه را اسیر خود بسازد. روز موعود فرا می رسد و گرشاسپ:

کمان کرد دو نیم و زه لخت لخت   همیدون بینـداخت در پیش تخت

بـــــرآمد یکی نعره زان سرکشان	در و خیره شد شاه چون بی هشان
کنون جفت تست از جهان دخترم	تو بی فـــــال فرخ ترین اخترم
و لیــــکن زمان ده که تا کار اوی	چــو بایـــد بسازم سزاوار اوی

قیصر از شهریار بلخ وقت خواست تا ساز و برگ عروسی را مکمل بسازد اما گرشاسپ در این راه عجله داشت که یک ساعت هم درنگ نکرد و دختر دست شهریارش را گرفت و رفت . (۱۲)

یادداشت ها:

۱. کتاب «فرهنگ معین»، جلد ششم، صفحه ۱۷۰۵

۲. کتاب «غرغشت یا گرشاسپ»، اثر احمد علی کهزاد، چاپ پیشاور، سال ۱۳۷۸، صفحه ۳۴

۳. همان، صفحه ۳۳

۴. همان کتاب، صفحه ۴۵

۵. کتاب «تاریخ افغانستان»، اثر احمد علی کهزاد، چاپ سویدن، جلد اول، صفحه ۳۱۸

۶. کتاب «بحر الاسرار بلخ» اثر محمود امیرولی کتابدار، به تصحیح مایل هروی، چاپ کابل، صفحه های ۳۴ و ۳۵

۷. کتاب «تاریخ گردیزی»، به تصحیح عبدالحی حبیبی چاپ تهران، ۱۳۶۳، صفحه های ۵۰ و ۵۱

۸. همان، صفحه ۵۲

۹. «لغت نامه»، تالیف علی اکبر دهخدا، ۱۳۳۷ چاپ خانه دولتی ایران، صفحه ۴۹

۱۰. کتاب «غرغشت یا گرشاسپ»، اثر احمد علی کهزاد، صفحه های ۷۴ و ۷۵

۱۱. همان کتاب، صفحه ۱۷۰

۱۲. همان کتاب، صفحه ۱۷۲ ـ ۱۷٦

ضحاک تازی (اژیدی ده آک)

بیوراسب پسر اروندااسپ ، پادشاه خون آشام بلخ و بامیان

ضحاک تازی مرد افسانوی اسطوره یی که در بلخ و بامیان به پادشاهی رسیده. نام اصلی اش بیوراسب ملقب به «ضحاک» که به تعبیر سراج جوزجانی < او مرد ظالم ، متمرد و ساحر بود . پدر ضحاک به نام «اروندااسپ» مَلِک عرب بود و عادل و گزیده اخلاق و نیکو سیرت . ابلیس پسر او ضحاک را وسوسه کرد تا بر گذر پدر چاهی حفر کرد. اروندااسپ در آن چاه افتاد هلاک شد . ضحاک پادشاه شد.>

ضحاک را در اوستا اژدهاک , اژی دهاک گفته اند که از واژه اژدر و هاک تشکیل یابیده . اژدها یا اژدهار بمعنی مار بزرگ است و «های» اژدها جمع نبوده بلکه جز کلمه است . اژدها را بمعنی مردم دلاور و شجاع نیز گفته اند و یا پادشاه ظالم و خشم آگین را نیز نامیده اند بیوراسپ پادشاه ظالمی است که بنا بر ظلم و ماردوشی اش که خون مردمان را می خورده ملقب به «اژدهاک» شده که معرب آن «ضحاک» گردیده است. (برهان قاطع ابن خلف تبریزی _ به تصحیح محمد عباسی_ص ۸۲)

«ده هاک» یا «ده آگ» بر وزن افلاک که به معنی «ده عیب» باشد مانند «ده ملا» که بعد ها «داملا» شده به معنی کسی که ده مرتبه از ملای مسجد کرده در علم الهی بالاتر باشد پس ده هاک به معنی شخصی که دارای ده عیب باشد _ بناءً کسی که دارای عیب ها گوناگون مانند غرور , بدقلیقی , زشتی , پر خوری , بی حیایی , زنباره گی , دروغگویی , اهریمن صفتی , کوتاه قد بد شکل و بددلی آراسته باشد بدون شک لقب «ده آک» بخود کمایی می کند. این اسم با مسمی برای ضحاک ماردوش زیبنده است. (صفحه ۵۱۷ برهان قاطع)

غیاث الغلات ضحاک را اینگونه می بیند:« ضحاک به فتح و حای مهمله مشدد بمعنی بسیار خنده کننده و نام پادشاه ظالم که در میان شانه او جراحت پیدا شده و در آن مار

پیدا گردیده بود که دماغ مردم غذای آن مار میشد و آخر ضحاک به دست فریدون گرفتار شده و لفظ ضحاک بمعنی نام پادشاه مذکور معرب «ده آک» ست یعنی خداوند ده عیب و ده عیش... اول زشت رویی . دوم کوتایی قد . سوم بیدادگری . چهارم دروغ گویی . پنجم بد دلی . ششم بی دینی . هفتم بسیار خواری . هشتم بی شرمی . نهم بی خردی . دهم بدزبانی»

(غیاث اللغات چاپ بمبئی _۱۴۴۲ هجری صفحه ۴۳۸)

مردی که ده و عیب و ده عیش داشته قرار روایت تاریخ این مرد دامان افسانوی و اسطوره یی نداشته بلکه موجودیت فزیکی داشته و نهایت درجه بداخلاق و بد کردار در شرارت و شقاوت مرد روز و در زنباره گی خود و بیگانه نمیدانسته هزار مرتبه بدجنس صد ها مرتبه عیب منظر بوده که تاریخ از نام آن شرم دارد.

او مریضی است که با خوردن خون مردم تسکین آرامش میکند , ظالمی است که با دریدن، پاره کردن ، بدار آویختن ، پختن و ده ها نوع شکنجه ی همنوع خودش سرمست میگردیده بد مستی میکرده , اوراق زرین تاریخ این نوع آدم های مریض , بی مایه و پست و فرومایه را به «ده ها خط مشق سیاه» ثبت کرده است.

به استناد تاریخ طبری بیوراسپ پیش از طوفان نوح بمیان آمد و مملکت جمشید بگرفت و جمشید را دو نیمه کرد و کارهایی دنیایی و دینی را واژگونه ساخت. خداوند حضرت نوح را نزد بیوراسپ فرستاد تا وی را از کار های نا شایسته اش بپرهیزاند. چون بیوراسپ نافرمانی کرد خداوند طوفان را فرستاد تا غرق شدند. ضحاک تازی از فرزندان سام بن نوح بود و او بعد از طوفان بمیان آمد و به سحر و جادو جهان را مسخر ساخت. او را اژی ده آک گویند که بلا از وی ظاهر میشود. تاریخ او را زنباره و خون آشام وانمود ساخته، اسطورهٔ ماردوشی او عالم گیر شده است. ماردوش بدان معنی که بر اکتاف او دو پاره گوشت ظاهر شده ماری خلق گردیده که گویی اژدهاست. از همین خاطر بنام <اژدی ده آک> مسمی گردید. از اینکه مار های اکناف اش هر روز دو انسان تغذیه مینمود اینگونه وانمود میگردد که ضحاک تازی در شقاوت و آدمکشی دست توانا داشته است تا آنکه مردم گِرد

پهلوان نامی بنام «کاوه» آهنگر جمع میشوند تا خود و مردم را از شر این فرماندار بی رحم برهانند.(۱)

ارمائیل و گرمائیل

ارمایل و گرمایل طباخ (خوالیگر) ضحاک تازی بودند که توانستند جان نیمی از مردم را از کشتن برای تغذیه ماران بیوراسپ نجات دهند. ارمائیل و گرمائیل را گفته اند نام دو پادشاه زاده ای که تن دادند تا خوانسالار بیوراسپ (ضحاک) باشند و توسط خوالیگری حداقل بتوانند جان چند تن از مردمان را نجات داده باشند . ارمائیل و گرمائیل دو فرشته نجات , دو انسان وارسته و دو بشر خیرخواه و از تن گذر . ارمائیل و گرمائیل بخاطر خیر خلق الله مطبخی ضحاک شده بودند چون ضحاک عادت بود که هر ماه مغز دو انسان را نوش جان ماران خود بسازد. ارمائیل و گرمائیل که در مطبخ ضحاک کار میکردند از دو نفری که مغز سرشان گرفته میشد یک نفر را آزاد میداشتند و بجای مغز سر نفر گریختانده گی مغز سر گوسفند را میگذاشتند شهامت و جوانمردی این دو شهزاده که بخاطر مردم شان کاردانی و فداکاری میکنند در اسطوره و تاریخ بماناد حکیم فردوسی دانشمند و شاعر طوس این صحنه را چنین وانمود میسازد:

چنان بود که هر شب دو مـرد جوان — چه کهتر چه از تـخمهء پهـلوان
خــــورشگر بـــبردی به ایوان شاه — وزو ســــاختی راه درمـــان شاه
بـــــکشتی و مغـــزش برون آختی — مرآن اژدها را خـــورش ساخـــتی
دو پـــــاکیزه از گـــوهـــر پادشاه — دو مــــرد گرانمـــایهء پـــارسا
یــــکی نامـــش«ارمایل» پـاکدین — دگـــر نام «گرمایل» پیش دیـــن
چـــــنان بـــد که بودند روزی بهم — سخن رفت هرگونه از بیش و کـم
ز بیـــــدادگـــــر شاه و از لشکرش — وز آن رسـم های بد اندر خورش
یــــکی گـــفت ما را بخـــوالیگری — بباید بـــــر شـــــاه زفت آوری
وز آن بـــس یـــکی چاره ای ساختن — ز هـــر گـــونه اندیشه انداختن
مـــگر زیـــن دو تن را که ریزند خون — یـــــکی را تـــوان آوریدن برون
بـــرفـــتند و خـــوالیگری ساختند — خــــورش ها به اندازه پرداختند
خــــــورش خـــانهء پادشاه جهان — گـــرفت آن دو بیـــدار خرم نهان

سرزمین رود های مقدس

چــو آمــدش هنگام خون ریختن	بشــیرین روان انــدر آویختن
از آن روز بــا نــان مردم کشان	گرفته دو مرد جــوان را کشان
دمــان پیش خــوالیگران تاختند	ز بــالا بــروی اندر انداختند
پــر از درد خــوالیگران را جگر	پر از خون دو دیده پر از کینه سر
هــمی بنــگرید این بدان آن بدین	ز کــردار بیــداد شاه زمین
از آن دو یــکی را بپــرداختند	جـز این چاره ای نیز نشناختند
بــرون کــرد مــغز سر گوسپند	بــرآمیخــت با مغز آن ارجمند
یــکی را بجان داد زینهار و گفت	نــگر تا بیــاری سر اندر نهفت
نــگر تا نبــاشی به آبــاد شهر	ترا در جهان کوه ودشت است بحر
بــجای سرش زان سر بی بهــا	خورش ساخــتند از پی اژدها
از این گــونه هر ماهیان سی جوان	از ایــشان همی یافتندی روان
چو گرد آمدنــدی از ایشان دویست	برآنسان که نشناختندی که کیست
خورشگر بر ایشان بزی چند و میش	بدادی و صحــرا نهادیش پیش
کنــون گرد از آن تخمه دارد نژاد	کز آبــاد بــاید بدل برش باد
بود خــانهاشان سراسر پــلاس	نــدارند در دل ز یزدان هراس
	(فردوسی طوسی)

در باره ارمایل و گرمایل بنگرید:

الف ـ برهان قاطع ابن خلف تبریزی ـ به تصحیح محمد عباسی ـ صفحه ۷۷

ب ـ کتاب «برمکیان» ترجمه عبدالحسین میکده ـ تالیف لوسین بووا ، چاپ سوم ۱۳۶۵ صفحه های ۵۰ و ۵۱

ضحاک تازی

آریایی الاصل و با نام اوستایی قدعلم میکند

ضحاک را گفته اند که از تبار سامی است و عرب نژاد میباشد یا بزبان دیگر ضحاک تازی از بین النهرین بسوی خراسان آمده و با زور و قساوت و خوی نمروده اش فرمانروای بلخ

و بامیان گردیده است گفتیم که ضحاک را از نژاد عرب دانسته اند که از آنجمله پژوهشگرو اوستا شناس سترگ پورداود نیز ضحاک را تازی تبار وانمود میسازد.

ضحاک از ما بود که جنیان و جن زده گان

بر او نماز می بردند در چراگاه هــــــاشان

شعر بالا را مربوط ابونواس شاعر عرب دانسته اند و شاعر تازی ضحاک را عربی تبار وانمود کرده که انس و جنس و یا احتمالا «جنیان و جن زده گان» همان اسلاف ما میباشد که از ضحاک خون آشام اطاعت میکردند و حتی در چراگاه هاشان بدرگاه ضحاک نماز میگزاریدند. اما ضحاک تازی را دانشمند جوان هموطن محمد صالح گردش چنین مینگرد:

اینکه ضحاک را تازی گفته اند درست و بجاست زیرا واژه «تازی» که بعد ها برای عرب ها بکار رفته درست نمیباشد زیرا تازی در یادمانده های کهن بشکل تازیک ، تاژیک ، تاجیک و تازی آمده که در حقیقت برگرفته شده از کلمه اوستایی «تئوزیه» می باشد. کلمه تاجیک را اکثر پژوهشگران با کلمه های تازی و تازیک همخوانی داده اند که درست میباشد تازی کلمه آریایی اوستایی است که برای ضحاک که او خود نیز آریایی است. احتمالا در دوره های اسلامی که «تازی» برای عرب ها لقب گردیده داده شده است. زیرا اعراب که در قساوت و بی رحمی کمتر از ضحاک خون آشام نبوده اند بدان سبب ضحاک به لقب «تازی» مزین شده است نام اصلی ضحاک در اوستا اژی دهاک است و فردوسی بزرگ نیز ضحاک را «تازی» خطاب کرده است نام ضحاک در منابع دیگر «بیوراسپ آمده که ثعالبی نیز ضحاک را بهمین نام یاد میکند بیوراسپ بمعنی دارنده ده هزار اسپ میباشد.

کجا بیور از پهلوانی شمار   بود در زبان دری ده هزار

فقره ۲۹ آبان یشت اوستا درباره ضحاک میگوید: «اژی دهاک سه پوزه در مملکت بوری صد اسپ و هزار گاو و ده هزار گوسفند برای ناهید قربانی کرد و از او درخواست کرد که وی را به تهی نمودن هفت کشور از انسان موفق سازد اما حاجت او برآورده نشد» دانشمند پورداود «بوری» را بابل وانمود کرده اند که در این راستا محمد صالح گردش هموطن عزیز ما چنین مینگرد: «بوری یکی از واژه های آریایی است و در زبان ایماق ها بوری زمین للمی و دیمه است و امروز اصطلاح زمین یکبوره دوبوره...مروج است و هم

بوری زمین کشت ناشده را میگویند. ...حقیقت دیگر اینکه طایفه یی که در بابل قدیم زندگی داشتند از طایفه همین تاجیک (تازی) ها اند»

هموطن ما می افزاید که جنگ ضحاک با جمشید که منجر به سقوط سلطنت وی گردید در حقیقت یک جنگ مذهبی بود زیرا جمشید در ضمن اینکه یک شاه و فرمانروا بود یک پیام آور مذهبی نیز محسوب میگردید جمشید که پیام آور آیین و اندیشه ساز باور های عصر نوین بوده که ضحاک و پیروان او را که وابسته به آیین های کهن بوده اند خوش نمیخورده و حتی خانواده عرق جمشید نیز با او خصومت داشته اند که طبق گزارش بندهشن «سپیتوره» برادر جمشید نیز با ضحاک همکاری کرده برادرش را با اره دو نیم میسازد ضحاک که پادشاه بیرحم و ظالم و خونریز بوده «ماردوش» لقب گرفته که مراد از خون خوری و آدم کشی وی است. زردشت پیامبر اسطوره یی باختر نیز از ضحاک و پیروانش نفرت داشته اند زیرا که آیین اهورامزدایی آیین مهر و آشتی و صلح و مدارا بوده نه آیین قساوت و زشتی و اهریمنی در حقیقت دین زردشتی ادامه دین جمشیدی است که توسط زردشت بنیان گزاری شد. جمشید برعلاوه صبغه شاهی حرمت پیامبری نیز داشته که وندیداد اوستا بدان اشاره دارد : « زردشت از اهورامزاد پرسید: ای خرد پاک و مقدس ای آفریدگار جهان معنوی در میان نوع بشر غیر از من دیگر با که نخستین بار مکالمه نمودی؟ دین اهورایی زردشت را به که سپردی؟ آنگاه اهورامزدا گفت: ای زردشت پاک من در میان نوع بشر بغیر از تو نخستین بار به جم (جمشید) زیبا و دارنده رمه خوب مکالمه نمودم و دین اهورایی زردشت بدو سپردم گفتم ای جم زیبا پسر وبونگهان ـ من آیین خویش بتو برگزار میکنم»

مینگریم که جمشید از طرف اهورامزدا بنام «جم زیبا» خطاب میگردد که قدسیت و پیامبری او مدنظر گفته میشود

(بنگرید به کتاب «واژه افغان و سرزمین سلیمان» محمد صالح گردش چاپ مزار شریف سال ۱۳۸۵ صفحه۹۸ و صفحه های ۷۶ ـ ۸۱)

اینکه ضحاک را برچسب تورانی بودن داده اند و یا اینکه ضحاک تازی را به عرب پیوند زده اند همه اش بخاطر آنست که خراسان پار و آریایی های پیرار دل خوش از ضحاک نداشته

اند زیرا او واقعا مرد زنباره و خونباره یی بوده است بخون باره گی اش کاری نداریم و حقیقت آنکه او یک مرد آریایی که زن هایی از نژاد جم گرفت و در مملکت جمشید یعنی بلخ و بامیان و تخارستان سلطنت کرد بدون شک بازمانده های ضحاک که نظر به ظالم بودنش به کثرت نفوذ و نفوس می انجامیده به هر جانب قد کشک کرده اند امروز اسلاف او در بامیان و بلخ و تخارستان و حتی تا پارس نیز میرسیده است قوم زور آور بهر طرف ریشه میدوانند و جای گیر و تیولدار سرزمین های بومی میگردند.

یادداشت دیگری از تاریخ داریم که ضحاک در شهر بغداد در کنار دریای دجله «اروند رود» قصر های بناء کرده است فردوسی طوسی در داستان ضحاک تازی (قسمت هشتم) میگوید:

به اروند رود اندر آورد روی — چنان چون بود مرد دیهیم جوی
اگر پـــهلوانی ندانی زبـــان — به تازی تو اروند را دجـله خوان
دگـــر منزل آن شاه آزاد مرد — لب دجـــــله شهر بغـــداد کرد

روانشاد عبدالحی حبیبی در کتاب جغرافیای تاریخی افغانستان متذکر میشوند که : ضحاک تازی از نژاد عرب نمی باشد و نه هم اسمش عربی است به استناد طبری نام اصلی ضحاک عربی نبوده بلکه عجمی است در فارسی/دری کلمه «تازی» بمعنی تازنده و تاختن است

سواران تـــازند را نیک بنگر — در این پهن میدان زاری و دهقان

و یا

سوران تـــازی سوی نیمروز — کسی کرد و خود رفت گیـــتی فروز

کلمه اسپ تازی , مراد از اسپ عربی نبوده بلکه اسپی که تاخت و تاز خوب دارد میباشد. زیرا در عربستان و در سرزمین بین النهرین بسوی ریگستانی عرب راهکشای مردان سفر اشتر بوده است نه اسپ .(۲)

بدین سروده حکیم ناصر خسرو بنگرید:

چند گـــردی گِـردم ای خیمهٔ بلند

چند تازی روز و شب همچون نوند

مراد از «نوند» اسپ تندرو و یا سوار تندرو میباشد (صفحه۱۲۲دیوان ناصر خسرو)

چـــــند تازی اسپان آگنده بال

به گیتی ندانست کس را همال (فردوسی)

از جانب دیگر «تازنده» مراد از سوارکار چابک باشد که آنرا از کتاب تاریخ بیهقی اینگونه مینگریم: « و امیر محمود برین حال واقف گشت وقت قیلوله (خواب نیمروزی) به خرگاه آمد و این سخن با نوشتگین خاصه خادم بگفت و مثال داد که فلان خیلتاش را که تازنده پی بود از تازندگان که همتا نداشت بگوی تا ساخته آید که برای مهمی او را بجایی فرستاده آید تا بزودی برود...» مراد از «تازنده پی بود از تازندگان» اسپ سواری که در تیز رفتن و چابک سواری دست توانا دارد میباشد.(تاریخ بیهقی صفحه ۱۴۶ دکتر علی اکبر فیاض چاپ کابل)

نام اوستایی ضحاک اژی دهاک و نام پیشدادی اش ابیوراسپ که معرب آن ضحاک میباشد ضحاک تازی بدون شک سوارکار ماهر و رزمنده ای بوده که در تاختن و تازنده گی سرآمد روزگار بوده. اگر سامی بودنش برملا شود پس ضحاک از آنسوی بین النهرین تاختن گرفت و کشور های پارس و خراسان را یکی پی دیگر به تصرف در آورد.

در این بحث که ضحاک تازی سامی نژاد نبوده بلکه آریایی است با روانشاد استاد حبیبی موافق استم زیرا نام های اجدادی ضحاک همه از کلمه های پسوند اسپ و اسپه ملقب گردیده مانند بیوراسپ و ارونداسپ. اسم خودش بیوراسپ است که کلمه های اوستایی میباشد که با شاهان و سردمداران و پهلوانان خاندان اسپه همخوانی دارد یا بزبان دیگر سلسله های زورمندانی که پسوند نام های شاهی شان به «اسپ و اسپه» منتهی میگردد همه از شاهان و فرمانروایان گذشته «باختر» زمین نمایندگی میکنند که با پیشدادیان همخویشی و پیوند عِرقی داشته اند احتمال اینکه کلمه ضحاک از «سهاک» اخذ شده باشد تا اندازه ای بجا بوده زیرا که تیره های آریایی بنام سکاها و سکزی ها از آنسوی جیحون به خراسان و حتی در شمال هندوستان مهاجرت کرده اند با نام ضحاک یکسویی دارد.(۳)

نفوس و نفوذ تازنده گان تاریخ

تاریخ دراز مدت کشور ما شاهد زورآوری های شاهان و زمامداران که تاخت و تاز داشته اند بوده است هر گروه تاختنده و تازنده و زورآور بوده و فرمانروای بی حدو پیمان ...بناءً قوم و تبار زورآور در هر ساحه با خویشاوندی های پیهم دار و دسته ای شانرا زیاد میسازند و هر یک شخص تازنده در یک مدت کم تازنده های بیشماری را گرد خویش جمع میگردانند گروه تازنده با پیوند های خویشی و عرق با گروه بازنده کثرتگرا شده با این جمع بندی های زناشوهری و عرق قوم تازنده فرمانروای آن حوضه گردیده از دم و دستگاه برخوردار و نسل های فراوانی را به تعقیب خویش بجا میگزارد که آنها مانند مور و ملخ در هر ساحه و قلمرو کلان شونده گان سرزمین میشوند و حکمداران منطقه. تازنده ها ـ کلان شده و کلان شده میروند و در کمترین ایام قوم زور آور و تاختنده قوم اکثریت میگردد دارای نفوذ نفوس نفوذ ثروت و دارایی اخذ ملکیت های بومیان و غصب جای و جایداد مردم محل که به زور اخذ شده ـ ایشانرا سرآمد روزگار میسازد خان و خاقان , بادار و سردار و شاه و شاهنشاه میگردند از این جمله ضحاک تازی بی بهره نیست او که تازنده و تاختنده بود صاحب نسل و نسب گردیده تا بدانجا که شاهان کابلستان نیز از صلب وی وانمود شده است بدین سروده فردوسی آگاه مرد زمانه و طلایه دار زبان فارسی/دری نگاه کنید:

یکی پادشاه بود مهراب نام

زبردست و با گنج و گسترده نام

ز ضحاک تازی گهر داشتی

ز کابل همه بوم و بر داشتی

بدین سان احفاد شاهان غوری را از سلاله ضحاک تازنده و بسطام فرزند وی دانسته اند. در تاریخ درخشان و تاریک کشورمان اقوام زورآور صحرا گرد و بیابانی که دل صحرا ها برایشان تنگ میگردید رخ بسوی جنوب میکردند و تا میتوانستند اقوام بومی را که بر سرراه شان می ایستاد فرش زمین کرده تمام ملکیت و دارایی شانرا بغارت میکشیدند. این اقوام صحرا گرد و بادیه نشین در روند تاریخ کم نبودند آریایی ها ، تورانی ها ، هان ها ،

بوچی ها ، سکاها ، یغما ها ، توکیوها ، غزها ، تتارها ، مغول ها ، اوزبیک ها ، ترک ها و قبچاق ها از کشور های غیر صحرا گرد که زمامداران شان «فیل شان یاد هندوستان میکرد» از سرزمین ما عبور میکردند و خاک ما را نیز به غربال میریختند مانند یونانی ها ، پارسی ها ، عرب ها ، در این اواخر انگلیس ها ، روس ها و امریکایی ها ...

دور نمیرویم در سده هژده میلادی در زمان پادشاهی احمد شاه ابدالی طایفه درانی قوم تازنده شدند و روییدن گرفتند و سراسر بلوچستان ، افغانستان ، پاکستان امروزی و حتی ایران در ساحه قلمرو شاهان درانی اخذ موقعیت نمود که تا امروز بشکل قوم اکثریت وانمود شده است کتاب حدود العالم که در جوزجان در سال ۳۷۲ هجری بزبان ناب فارسی/دری برشته تحریر در آمده دو بار کلمه «افغان» را نمایان میسازد که ایشان در قریه کوچکی بنام «سول» در نواحی کوه های سلیمان بسر میبردند این نویسند بصورت مفصل در فصل افغان و افغانستان آنرا شرح داده ام.

میرویم بسراغ ترکتازی ترک ها که از آنسوی جیحون به کشور ما سرازیر شدند و بنا بر تاخت و تازیدن شان قوم زورآور بار آمدند قومی که صرف در مناطق کوه های التایی سکونت داشتند این قوم صحراگرد و یغماگر که سراسر ماوراء النهر را به شمول افغانستان امروز و پارس دیروز در تصرف داشتند قلمرو پهناور ماوراءالنهر را از سینکیانگ چین تا سواحل بحیره خزر بنام ترکستان شرقی و ترکستان روسی مسمی ساختند تا جایی که شمال کشور ما را نیز «ترکستان» خطاب کردند و سلسله کوه شمال افغانستان را که از هندوکش مجزا شده «تیربند ترکستان» نام نهادند از آنست که قوم زورآور نام های بومی و وطنی را تغییر داده هویت فرهنگی مناطق بومی را کاملاً از آن خود میسازند.

تاریخ شاهد آنست که قوم زورآور پر نفوس نیز میگردد و این امر در اتراک پار و پشتون های امروز صدق میکند. راست گویی و درست نویسی تاریخ کسان بیشماری را آزرده خاطر میسازد که اگر بسوی حق بنگرند ما را ملامت نکنند. گفتم پشتون های ما نیز قوم زورآوری اند که یک هزار سال پیش در یک محله کوچکی بنام «سول» یاد میگردید و در کناره های کوه سلیمان موقعیت داشت زندگی داشتند و صرف چند خانواری بیش نبودند و داستان امروز چیز دیگری است...

بر میگردیم بسراغ ضحاک تازی که بنا بر استناد کتاب «بحرالاسرار بلخ) از قبل «جانب» شداد خون آشام به حکومت ممالک عجم فایز گردید در این زمان زنی به اسم «بامی» نیز از آنسوی دجله و فرات که «در تنظیم مناظم ملک بغایت کافیه بود» بحکومت کابلستان و سایر بلاد مقرر شد ملکه بامی وقتا که زمام امور را بدست گرفت به ساختن «بامیان» شروع نمود که پس از ساختن قلعه های حصین و استوار مملکت را بنام خودش که «بامی» بود گذاشت بعد ها در آبادی های دیگر نقاط کشور آغازید و به تاسیس مقام عالیه اشتغال نمود و آنرا به اسم «ضحاک» مسمی ساخت احتملاً شهر ضحاک در بامیان ساخته و یادگار ملکه بامی باشد چنانچه امروز آن دو مقام به ضحاک و بامیان معروف است.(۴)

ناگفته نماند که ملکه بامی با ضحاک تازی روابط نزدیک داشته و هنگامه «ملکه سبا» را بخاطر میاورد.

ضحاک تازی پس از برانداختن جمشید شاه دو دختر زیبا روی او را بنام سوان هاواک و ارنواک که شاهنامه از آنها بنام های ارنواز و شهرناز یاد میکند اسیر گرفت و کام دل ربود یا بزبان دیگر با دختر ها ی جمشید شاه عروسی میکند و آنرا چنین مشاهده می کنیم:

«...زمانی که ضحاک ظهور کرد کسی نبود که این فرمانروای خون آشام را به بند کشد . . ضحاک که معرب اژدهاک است فرمانروای افسانه ای است که بعد از جمشید بر ایران سلطنت کرد ضحاک پسر «مرداس» شاه ناحیه های عرب نشین بود اهریمن ضحاک را بفریفت و از او پیمان گرفت که سخنش را بپذیرد او را واداشت تا پدر خود را بکشد و بجای او بر تخت فرمانروایی جلوس کند اهریمن بصورت جوانی در آمد و خود را طباخ به شاه معرفی کرد در آن دوران کهن مردم گیاهخوار بودند او مردم را واداشت تا گوشت خوار شوند انواع چهار پایان و مرغان را بکشتند و گوشت آنها را به شاه میدادند تا او را به خون ریختن دلیر کنند و روزی به او گفت من حاجتی دارم ضحاک گفت بگو تا روا کنم وی کتف او را بوسید و ناپدید شد بی درنگ دو مار سیاه از دو کتفش سر بر کشیدند ضحاک غمگین شد و هرگونه چاره کرد نتیجه نداد پس دو مار را ببرید و باز دو مار سیاه بر دوش های او پیدا شدند از طبیبان و حکیمان چاره خواست آنها هم عاجز شدند و

پس اهریمن در سیمای حکیمی ظاهر شد و دستور داد ماران را به مغز آدمیان پرورش دهند تا آرام بگیرند ضحاک بدستور او عمل کرد . .

ضحاک بر تاج و تخت ایران دست یافت و دو خواهر جمشید شهرناز و ارنواز را به همسری گرفت . هر شب دو جوان را میشکتند و مغز سرشان را بدو میدادند.»

(فصلنامه ره آورد منتشره کالیفورنیا ـ شماره ۷۲ سال ۱۳۸۴ خورشیدی صفحه ۷۲)

در اوستا فصل یشت ها از دو خواهر جمشید شاه بنام های سنگهوک Sanghvak و وارنوک Arenavak نیز یاد کرده اند.

دو خواهر جمشید شاه را تاریخ بنام های «بامی» و «آریا» نیز متذکر شده است اگر مراد از «بامی» همان ملکه بامی که ضحاک وی را بزنی گرفت باشد آنست که این شاهدخت باختری به ملک کابلستان دست یافته و تاریخ گواه آنست که کلمه «بامی» از نام آن اخذ شده که بعد ها نام بلخ را نیز بامی گفته اند. همچنان روایت دیگری که شاهدخت دیگر بلخی بنام «آریا» نیز زن ضحاک گردیده و احتمالا از فر و دبدبه شاهی و حکومت گری برخوردار باشد که بعد ها نام آرین ، آریانا و ایران از همین شاهدخت آریا گرفته شده باشد. طوریکه میدانیم ملکه بامی را تاریخ از قوم عاد میداند و ضحاک تازی نیز از تبار عرب میباشد من با قول روانشاد عبدالحی حبیبی موافق استم که ضحاک را مال کهن دیار خود ما میداند زیرا مرا باور برآنست که نام اوستایی ضحاک «ابیوراسپ» است و اسم پدرش اروندااسپ. اسپ و اسپه آخر نام شاهان پیشدادی باختر زمین است پس شکی باقی نمیماند که ضحاک یا اژی دهاک که مرد خون آشامی بوده از همین سرزمین آریانا بوده باشد ملکه بامی و شاهدخت آریا خواهران جمشید شاه (به تعبیری دختران جمشید) نیز پخته آریایی اند . بامیان ، بامی ، آریا ، آریانا ، آرین و ایران کلماتی اند که ریشه اصلی وطنی دارند و وابسته به همین مرز و بوم اند. پس نام هایی چون ایران، آریا، آریانا، ایریان و آریاویجه همه یک ریشه داشته از همان ملکه آریایی که بنام «آریا» در تاریخ عرض اندام کرده گرفته شده باشد. (من در تحقیقاتی درباره آریانا ، آریا ، ایران در گستره تاریخ آنرا شرح داده ام).

عبدالحی بن ضحاک گردیزی در باره «ضحاک» چنین مینویسد: « نام او بیوراسپ و او پسر اروندااسپ بود . . و اروندااسپ را تازیان شاه گفتندی و مادر او دع بنت وینکهان بود (در روایت زردشتیان مادر ضحاک ماده دیوی است بنام اوذاک) و بعضی نسابان گویند او ضحاک بن قیس بن علوان الحمیری بود. دو مار از کتف او برآمد... و هر روز دو مرد بکشتی و مغز ایشان بدان ماران دادی و پادشاهی از جمشید بستد و او را بکشت و بروزگار او جادوی و فسق و فجور آشکارا شد و دیوان و بدان را بخویشتن نزدیک کرد و مردمان را عقوبت چنان کردی که اندر دیگ افکندی و بپختی...»(۵)

تاریخ نام های خشم مردان ، ستم پیشه گان ، اهریمن صفتان خون آشامان را بیاد دارد از آنجمه شداد و نمرود و ضحاک و یزید و مورخین دوره های اول و میانه اسلامی معمولا یادداشت های شانرا به زبان عربی که رواج روز بود مینوشتند بعضی شان که بزبان فارسی/دری یادداشت میکردند بنا بر رمز و رموز زورگویان عرب و عجم و ترس از بیم هلاکت ؛تاریخ را تحریف میکردند و حتی جرات آنرا نداشتند تا نوشته های فارسی/دری را به اسم شان بالای کتاب یا رساله بگذارند مانند تاریخ سیستان ، حدود العالم ، کتاب آغانی...

کشتار بیرحمانه ضحاک تازی به اوج افلاک رسید تا اینکه مردم تحت قیادت آهنگر زمانه بنام «کاوه» قیام کردند و او را در کوه البرز اسیر و در بند کشیدند. داستان کاوه آهنگر را میگذاریم و میرویم به سخن ارجمند فردوسی که «زمانه نبشته دیگر دارد» و ضحاک ماردوش اسیر پنجه افریدون است افریدون پس از بند کشیدن ضحاک تازی برای سرکوبی فرزند ضحاک که «بسطام» نام کرده اند اقدام میکند بسطام فرمانروای مملکت هندوستان را بعهده داشت «افریدون بسوی هندوستان لشکر فرستاد و بسطام را طاقت و مقاومت افریدون نبود بجانب جبال شغنان و بامیان رفت و آنجا ساکن شد. دیگر بار لشکر افریدون در عقب او نامزد شد. بسطام از جبال شغنان و تخارستان .. به غور آمد و در پای کوه زارمرغ سکونت ساخت» (نسل بشر را از «هفت کرشور» یا «هفت کشور» که جمشید بر آن سلطنت داشت بردارد اوستا فقره ۲۹ ازی دها کا را از سرزمین بوری Bawri میداند. دارمستر مینویسد که بوری عبارت از بابلیون است . . رام یشت اوستا فقره ۱۹ قصر مستحکم غیر قابل تسخیر بنام کوی رینتا Kvirinta و تخت و چتر طلا را به ازهی

دهاکا نسبت میدهد . . در بندهشن بزرگ شرح یافته که دهاگ قصری داشت در بابل موسوم به «کلنگ ویس حت» که فردوسی از آن «کنگ دژهوخت» ساخته است»(۷)

چون مردم از دست ظلم و تعدی ضحاک بستوه آمده بودند لازم دانستند که در مقابل این اهریمن پتیاره چاره یی بسنجند همان است که گرد فریدون جمع شده او را به پادشاهی میکشند زور مردم نیرومند تر و والاتر از همه است. اگر مردم با دست و دل یکجایی جمع شوند ضحاک های خونخوار و امثال آنرا به بند میکشند. در این باره «گلستان» حکایتی دارد: « در زمان مملکت ضحاک و عهد فریدون وزیر ملک را پرسید: « هیچ توان دانستن که فریدون گنج و ملک و حشم نداشته چگونه بر او مملکت مقرر شد؟ گفت: آن چنان شنیدی خلقی بر او به تعصب گرد آمدند و تقویت کردند و پادشاهی یافت گفت: « ای ملک چون گرد آمدن خلقی موجب پادشاهی است تو مر خلق را پریشان برای چه می کنی؟ مگر سر پادشاهی کردن نداری؟»

نکند جـــــور پیشه سلطانی که نـــــیاید زگـــــرگ چوپانی
پادشاهی که طرح ظلم افگند پای دیوار ملک خویش بکند

در هنگامیکه فریدون ضحاک ماردوش را به زنجیر میکشد به تعبیر عبدالحی گردیزی « و هم اندرین روز خبر رسید به همه کشور ها که پادشاهی از ضحاک بشد و با فریدون رسید و مردمان بر مال و ملک خویش مالک گشتند و با زن و فرزند خویش اندر ایمنی بنشستند که اندر روزگار ایمنی نبود.» گردیزی علاوه میکند که «این فیروزی فریدون بر بیوراسپ «ضحاک» رام روز بوده است از مهر ماه.»

خلایق برای شادمانی ببند کشیدن ضحاک و در امان شدن خویش جشن و سرور میکنند و آنروز را «مهرگان» میگزارند و چنین گویند: «که اندرین روز آفریدون (فریدون) با بیوراسپ که او را ضحاک گویند ظفر یافت مرضحاک را اسیر گرفت و ببست و به دماوند برد و آنجا به حبس کرد او را » (۸)

قیام کاوه آهنگر

آهنگری که با بازوان آهنین خود درفش کاویانی را به کیان باختری سپرد

کاوه مردیست پرشور که در زمان زمامداری ضحاک زندگی کرده از تظلم شاه ظالم در امان نمی ماند. او مردیست آهنگر که با کسب هنر و آهنگری خود شب و روز را به پایان میرساند. صنعت آهنگری وی را مرد آهنین میسازد که برعلاوه کوبه کردن چکش به سندان میخواهد زور آوران تاریخ را سندان فولادین خود چکشکاری کند. چون دو فرزند (بروایتی چند فرزندش را) خود را جهت ماران ماردوش که از خون انسان تغذیه میکردند کشته بودند، کاوه را غضب فراگیر شده پیشبند آهنگری را بر تن کرده به شهر بیرون آمد و خطاب به مردمان گفت: «همه کور استید که ظلم ظالم را نمی گیرید.» کاوه آهنگر پیشبند اش را بر سر چوبی بلند ساخت و آواز کرد که: « هرکه هوای افریدون دارد با من بیاید!»

کاوه که بخاطر انتقام ضحاک برآمده بود و سردسته جنگاوران شده بود میخواست مردم سرزمینش را از دست خون آشام ماردوش نجات بدهد او پس از نابودی ضحاک حکمداری و کشور داری را برای خود نمیخواست بلکه آنرا برای سلطه کیان واگذار میکرد که همین طور هم شد که او این نبرد مردمی را بخاطر رویدست آوردن افریدون شاه کیانی پیش گرفت. کاوه آهنگر مبارز ملی و حماسی آریانای کهن با انبوه مردم به کوه البرز رفت تا افریدون را سلام و کلام آزادی برسانند. فریدون کاوه را مرد خارق العاده دید و او را در آغوش کشید و آن پوست چرمین که کاوه بر سر چوب استوار ساخته بود «درفش کاویانی » نام کرد. فریدون فرمان داد تا خزاین بگشایند و همچنان درفش را با نگینه ها و جواهر گرانبها آراسته سازند که به اساس کثرت نگینه ها درفش در تیره شب چون چراغ میدرخشید. درفش کاویانی در سراسر سرزمین آریانا از احترام ویژه یی برخوردار بود که بعد ها ملوک عجم آنرا گرامی داشتند. از آن پس درفش کاویانی سمبول کاوه آهنگر مقام ارجمندی را بخود گرفت و در امور جنگی و غیر حربی طلایه دار لشکریان و مردمان گردید.(۹)

کاوه رزمنده یی بود که نخواست خودش زمام دار امور را بدست گیرد درست مانند مبارز ملی خراسان در زمان عربان ابومسلم خراسانی که میخواست سلطه خلفای اموی را بر اندازد و سلطنت و خلافت را بدست عباسیان بسپارد. خودش نخواست که این امر مهم را بدست بگیرد. اما بعد ها خلفای عباسی که دست نشانده ابومسلم خراسانی بودند بوی خیانت کردند و او را نا مردانه به قتل رسانیدند.

بر میگردیم به کاوه آهنگر که بعضی از محققین را باور برآنست که کاوه آهنگر در کتاب سترگ آریایی ها یعنی «اوستا» نیامده است که کرستین سین دانشمند و پژوهشگر غربی نیز این گفته را تایید میکند. اما به استناد پورداود دانشمند و اوستا شناس ایرانی که کلمه Gaus darfsa در اوستا که در تفسیر پهلوی از آن بنام «گاو درفش» یا بزبان دیگر (علم و رایت گاو) معنی شده کلمه سچه اوستایی میباشد که یادآور درفش کاویانی است که از چرم گاو ساخته شده بود. (قارن) و (قباد) ذکر گردیده است. بنا به گفته ها که قارن سپهسالار منوچهر و نوذر بود و از زمره پهلوانان سرشناس محسوب میگردید. قباد پسر دیگر کاوه نیز پهلوانیست ناترس که در سن و سال کهولت در یک لشکرکشی منوچهر کشته میشود. (۱۰)

یادداشت ها :

۱. کتاب «طبقات ناصری»، منهاج سراج جوزجانی، به تصحیح استاد عبدالحی حبیبی، چاپ کابل، ۱۳۴۲، صفحه ۱۳۶

۲. کتاب «جغرافیای تاریخی افغانستان»، اثر عبدالحی حبیبی، چاپ دوم، پیشاور، ۱۳۷۸ ، صفحه ۳۴۴

۳. کتاب «طبقات ناصری»، صفحه ۲۴۵

۴. کتاب «بحرالاسرار بلخ»، تالیف محمود ابن امیرولی کتابدار، به تصحیح مایل هروی، سال ۱۳۶۰، صفحه ۴۰

۵. کتاب «تاریخ گردیزی»، به تصحیح عبدالحی حبیبی، چاپ تهران، ۱۳۶۳، صفحه ۳۴

6. کتاب «طبقات ناصری»، صفحه ۳۲۱

(*) درباره کوه زار مرغ و کوه البرز به نوشته این نویسنده رجوع کنید«کوه البرز و تصویر تاریخی آن در بلخ»

7. کتاب «تاریخ افغانستان»، اثر احمدعلی کهزاد، جلد اول، چاپ سویدن، صفحه های ۲۱۵ و۲۱۶

8. «تاریخ گردیزی»، صفحه های ۵۲۰ و ۵۲۱

9. همان کتاب، صفحه ۳۵

10. کتاب «فرهنگ معین»، جلد ششم ، ۱۵۴۲

شادیان، تفرجگاه شاهان پیشدادی و باختری

شادیان دشتی است وسیع و فراخ که به سمت جنوبی شهر مزار شریف در شمال افغانستان موقعیت دارد و در هنگام بهار سراسر دشت پر از لاله های سرخ میگردد که مردم شهر در بهاران برای گشت و گزار به دشت شادیان میروند و کثرت گل لاله سرخ که دشت شادیان را شاد میگرداند هر آغاز سال میله نوروزی شهر مزار شریف که آرمگاه حضرت علی ابن ابیطالب(رض) نیز در آنجا اخذ موقع کرده بنام «میله گل سرخ » برای چهل روز جشن و شادمانی در کنار دشت شایان صورت میپذیرد. مراسم بزکشی (از سپورت های باستانی افغانستان) نیز در دشت شادیان برگزار میشود. این نویسنده را یاد است که در هنگام بهاران در ایام جوانی با خانواده برای تماشای گل لاله سرخ و گل «مامه چوچوک» که به دشت شادیان میروید و نهایت تماشایی است میرفتیم. بعضی ها در ضمن تماشای گلها دشت شادیان را طی کرده بسمت جنوب به کوه شادیان که محل خوش و آب و هوا است سری میزدند. کوه شادیان بسمت جنوبی و انتهایی دشت شادیان قرار دارد. در گذشته ها رسم چنان بوده که موقعیت شهر را نظر به اطرافش تعیین بندی میکردند و سمت های آنرا نظر به شهر یا محل همجوارش گذر بندی مینمودند تاریخ گذر و دروازه های شهر های مشهور خراسان را به اوراق زرینش ثبت کرده است. شهر مزار شریف که

چند سده پیش در جوار بلخ بزرگ آباد گردیده نیز به چهار گذر یا دروازه ارتباط میگیرد مانند: دروازه تاشقرغان، دروازه بلخ، دروازه شادیان، و دروازه قبادیان. و طوریکه میدانیم بلخ کهن نیز به «دروازه» های مختلفی سمت بندی گردیده بود که شرح دامنه داری را بکار دارد.

دروازه های شهر هر یک به سمت همان شهر یا کوه یا ولایت همجوار وابسته میگردید که بدان متصل و همسایگی داشته میبود چنانچه دروازه شادیان شهر مزار شریف مراد از سمت جنوبی شهر که بسوی دشت و یا کوه شادیان قرار گرفته میباشد. سمت شمالی مزار شریف به نظر این قلم دروازه قبادیان است که مراد از شهرک قبادیان است که بدانسوی دریای آمو در ناحیه شمالی مزار شریف موقعیت دارد که حکیم ناصر خسرو بلخی/یمگانی خود را قبادیانی یاد کرده و مرادش از همین قبادیانیکه در روزگارش دم و دستگاه داشته و شهر معروفی بوده میباشد. قبادیان در زمان ناصر خسرو مربوط بلخ کهن بوده و طوریکه میدانیم بلخ در درازنای تاریخ دیرینه اش مناطق وسیع و پهناوری را تحت قلمرو خود داشته که یک سرش به ماوراء النهر و سر دیگرش به گوزگانان و سمت شرقی اش به تخارستان متصل بوده. اکنون این قبادیان هنوز هم پابرجا و بدانسوی رود جیحون یعنی مربوط کشور اوزبیکستان فعلی است.

در باره شادیان اکثر پژوهشگران درنگ و توقف مختصر شاعر را در انجا صرف با نام «شادیان» بسنده کرده اند و فرار شاعر را بعد از بلخ قریه شادباخ و یا شادیان متذکر شده اند. نخست میرویم بسراغ دیوان خود حکیم ناصر خسرو بلخی/یمگانی:

«در نقشه افغانستان که اداره نقشه کشی هندوستان در سنه ۱۹۱۴ چاپ کرده قریهء به اسم «شادیان» به جنوب بلخ به مسافت تقریبا هژده میل (چهار فرسخ و نیم) دیده میشود .. بقول سمغانی شادیاخ بلخ قریه ای بوده در چهار فرسخی بلخ که نسبت به آن «شادیاخی » بوده ولی خود قریه گویا «شادخ» به تخفیف تلفظ میشده..»(۱) مرا باور برآنست همانگونه که نیشاپور بزرگ تفرجگاه های دور از شهر مانند شادیاخ داشته بلخ بزرگ نیز از خود تفرجگاهی داشته که همین کوه شادیان باشد. بلخ با آنهمه بزرگی میباید که تفرجگاهی برای شاهان و بزرگان داشته باشد. قشلاق شادیان در بالای کوه شادیان که

حکیم ناصر خسرو بلخی/یمگانی چند صباحی بدانجا منزل اختیار کرده اند در اوراق زرین کتاب «بحرالاسرار بلخ» چنین مشاهده میگردد:

«و دیگر از نعم دنیوی متعلقه بدین بلده (بلخ) آنست که اگر شدتی بدین بلده روی آرد، اگر آن شدت از دشمن باشد به کوه یا بدریا نمایند و اگر عسرتی بود همچنین بکوه های بدخشان یا تخارستان بیرون آیند تا به انواع فواکه و آثار فایز گردند. و اگر از راه تعفن هوا بود همچنین به قصبات و قریه جات بارهٔ البیوت توطن نمایند چنانچه حضرت خلافت مکانی (پادشاه وقت) در ایام تابستان که هوای بلده بواسطه ازدهام انام متعفن و محرورالمزاج میگردد به ییلاق شادیان که در اصل به «بهار دره» معروفست و از شهر تا آنجا چهار فرسخ (بروایتی شش فرسخ) باشد شرف نزول ارزانی داشته روزگار به نشاط و انبساط میگذارند. بر ناظران منصف و مشاهدات به شعور متصف پوشیده نخواهد بود که در فصل مذکور به شادیان رفتن همانقدر حلاوت دارد که از دوزخ به بهشت شتافتن، اما ادراک این لذت را هوش باید نه چشم و گوش. و آن حضرت را در آن ساحت فرحت فزای باغیست در کمال نزاهت و لطافت مشتمل بر جمیع اثمار و اشجار و نیز آبی از فراز کوه بلند بر آن میخزد. برکنار باغ عمارات عالیقدر از قصور علو و حمام و قوشخانه و کورنش خانه و سایر کارخانه جات ... در بعضی کتب تاریخ بنظر در آمده که تربت هابیل در قفای جبال شادیان به موضع چاه انجیر است . . » (۲)

گفته اند در گذشته های دور ملکه ای بوده از قوم عاد بنام «بامی». در هنگامیکه ضحاک تازی در بلخ حکمروایی داشته این ملکه با دربار ضحاک روابطه و خویشاوندی داشته چنانکه ضحاک تازی وی را محترم شمردی و قرابت وی چنان گردید که شاهدخت زمانه را بحکومت کابلستان و نواحی آن مقرر داشت. آن ملکه فاخره بعد از وصول ولایت به آبادی شهر ها مبادرت ورزیده قلعه های استوار و حصار های مستحکم سخره دار بنا کرده و آن مواضع را بنام های «بامیان» و «ضحاک» یاد میدارد.

ملکه بامی سامی تبار با اختیار کامل مملکت داری به هر جانب میتاخت و به هر بلده گذر میکرد تا اینکه گزارش در بلده کوهستانی شادیان بلخ که به «بهار دره» مسمی بود رسید آن بلده خوش آب و هوا که بساط فرح گستر و آب های زلالین و فضای گوارا داشت دل از دلخانه ملکه درربود تو گویی ملکه آن بلده شاد آفرین کوه شادیان را جایی ندیده بود. از

سرزمین رود های مقدس

اهالی شهر پرسید که این بساط مسرت انگیز و روان بخش چه نام دارد؟ گفتند که این عرصه را «شیرخانه» گویند. چون ملکه بر تمامی بلاد بلخ به شمول بهاردره مستولی گشت امر فرمود تا حصار های حصین بسازند و محافظان و معاملان دران گذاشتند . . روزگار سرنوشت دیگر دارد. قصه کوتاه که روزی ملکه از اسپ پایین می افتد و جان به جهان آفرین میسپارد و یکی از برادران شادی کنان واژه «بخ» را بر زبان آورد که بمعنی خوش و پسندیده باشد و از خوشحالی در پیراهن نمی گنجید که پس از ملکه زمامدار این خطه میگردد . . (بحرالاسرار بلخ صفحه های ۴۲ و ۴۳)

از مضمون بحر الاسرار بلخ دانسته شد که شادیان جایگاه رهایش و آسایش و سرزمین بلند و خوش آب و هوا بوده که تمام وسایل زنده گانی دهگانان , شاهان ، امیران ، خسروان و کیانیان در آن بالاکوه ها مهیا میگردیده و بر علاوه شهرک شادیان دارای باغ و اشجار و شهر و بازار و حمام نیز بوده است که در روز های خوش و ناخوش بزرگان و برجسته گان از بلده بلخ بسوی کوه ها میرفتند و در قصبه های آن جا چند ایامی را براحت و سلامت بسر میبردند. از برگ واژه های بحرالاسرار دانسته میشود که مردمان نامدار و کلان شونده گان روزگار هرگاه «شدتی از جانب دشمن» دامنگیر شان میگردید آنها بهترین امنگاه شان همین ییلاق شادیان بوده است و بس . . هرگاه دشمنی پی آزار شان مصرانه پیگیر میشد که به تعبیر بحرالاسرار اگر «عسرتی پدید میآمد» آنها دور تر از کوه شادیان بسوی بدخشان و تخارستان میرفتند تا جان بسلامت ببرند. این طی طریق درست روند فرار حکیم ناصر خسرو بلخی/ یمگانی را تداعی میکند که او نیز بنا بر «عسرت» و «شدت» دشمن خود از بلخ تبعید شده به شادیان ، سنگچارک ، سمنگان و بالاخره بدخشان گسیل شده است.

زنده یاد استاد خلیل الله خلیلی شاعر و نویسنده در کتاب «یمگان» میفرمایند که : «شادیاخ همین قریه مارمل و شادیان است که نزدیک بلخ و مزار شریف در یکی از دره های مستحکم و شاداب واقع شده و اکنون نیز به همین نام موسوم و آثار باستانی در آن هویداست» (۳)

طوریکه گفته آمد شادیان به سمت جنوبی مزار شریف قرار داد در حالیکه مارمل قریه دیگری است به جنوب شرق شهر مزار شریف و شادیاخ سرمنزل بلند بالایی است در نیشاپور که آنهم تفرجگاه شاهان مادی و پارسی است.

بخش دوم: حوزهٔ جغرافیایی آمو دریا و شهر ها

روانشاد مولانا خال محمد خسته دانشمند ژرف اندیش در کتاب «یادی از رفتگان» در بخش شاعر وارسته مارملی ، محمد رسول شهید در بارهٔ شادیان و مارمل که خود به چشم مشاهده کرده اند چنین مینگارند:

«قریه مارمل که در متن کوه شادیان سمت جنوب شرق شهر مزار شریف تقریبا به فاصله دوازده میل واقع است میباشد. قله «سیف الدین» که بلندترین نقطه کوه شادیان است در مارمل میباشد . . » (۴) (**)

همچنان کوه شادیان قله های بلند دیگری دارد که یکی از آن قله های بلند بالا بنام «اله کوه» است که در شادیان موقعیت دارد

(در باره اله کوه بنگرید به کتاب «واژه افغان و سرزمین سلیمان» محمد صالح گردش چاپ مزار شریف ۱۳۸۵ ص ۲۸)

از لحاظ ریشه یابی «شادیان» را از واژه «شاد» پهلوی دانسته اند که در لغت بمعنی شاد و خرم، بی غم ، خوشوقت ، شادمان و خوشحالی است. (عمید جلد دوم صفحه ۱۲۷۳) اما روانشاد استاد عبدالحی حبیبی در تعلیقات تاریخ گردیزی «شاد» را در زبان دری قدیم صورت قدیم کلمه «شاه» میدانند.(تاریخ گردیزی سال ۱۳۶۲چاپ تهران صفحه ۵۸۰)

اگر شادیان از واژه «شاد» است شادی آفرین است اگر از کلمه «شاه» است شاه نشین است.

هر دو معنا در باره «شادیان» صدق میکند که هم محل شاد و شاد دلی و هم سرزمینی که شاهان و امیران روزگاری را در آن سرزمین بخوشی و کامگاری بسر میبردند.

در دامنه ها کوه شادیان دسته مردمی زندگی دارند که بنام «کوشی» ها یاد میگردند کوشی به فتح اول و سکون دوم.

از دیدگاه صوتی اینگونه وانمود میکردید که کوشی ها طایفه و بقایای «کوشانی» های بزرگ باشند که در یک برهه تاریخ در کشور ما امپراطوری وسیعی را تشکیل داده بودند. کوشی را میتوان در دو بخش مجزا کرد: کوی و شهی که میتوان این مردم را بازماندگان شاهان کیانی دانست و یا شهزاده گان کوهستانی یاد کرد. به هر حال این مردم هر چه استند در

این سرزمین کوهستانی از زمانه های خیلی دیر زیست داشته و با حیات کوهی خوی و عادت گرفته اند. بعضی از محققین را باور برآنست که کوشی ها یک قسمتی از ایماق هایی اند که در سراسر نواحی مرکزی کشور ما جابجا گردیده اند. کوه شادیان با جایگاه این مردم بوده است. طوریکه میدانیم از گذشته های دور هجوم تورانیان و دیگر اقوام بدوی غیر آریایی که سرزمین آفتاب و آتش را زیر و زبر میکرد، مردمان شمال کشور ما بجز فرار در کوهستانهای مرکزی راه دیگری را سراغ نمیدیدند. ناحیه یی در شادیان بنام «ریژنگ» که باور مردمان بومی اش «راه جنگ» را تداعی میکرده خود نمایانگر جنگ و گریز اهالی منطقه را وانمود میساخته است. همچنان در جنوب شهر مزار شریف به محله یی بر میخوریم بنام «یولمرب» که از یول و مرب ترکی ترکیب یابیده که معنی اش «راه گریز» را میدهد. همچنان بخش دوم کلمه یولمرب را کلمه عربی «محارب» محاربه دانسته که باز هم «راه جنگ» را میسازد.

خلاصه بلخ بزرگ با نواحی اش همانگونه که ترصد گاه ها و حصین ها و قلعه های جنگی داشته راه های گریز نیز بخودش سراغ میدیده که بنا به تعبیر بحر الاسرار«هرگاه عسرت و شدت واقع میگردید» اهالی بلخ بسوی شادیان پناه میبردند.

(بنگرید به کتاب «واژه افغان و سرزمین سلیمان» نوشته محمد صالح گردش ـ چاپ مزار شریف سال ۱۳۸۵ خورشیدی صص ۷۴ و ۷۵)

همان سان که بحرالاسرار شادیان را جنت مکان بلخ نامیده است، بدون شک قریه کوچک مارمل نیز گوی سبقت را از قریه شادیان میرباید . . مردمان آن سرزمین مو های بور و چشمان میشی و سبزگونه دارند. طبق روایت مارملی ها از نژاد سامی بوده و یهودی تبار اند. قرار گفته ها که مارملی ها در هنگام دیدو بازدید شان از شهر مزار شریف به حرم روضه مبارک حضرت علی ابن ابیطالب (رض) داخل نمیگردند. در ناحیه شرق مارمل قریه «پیر نخجیر» و دورتر از آن دره زیبای «خلم» و قصبه «بابه صدیق» نهفته است. انار و انجیر درۀ فرحت بخش خلم (شقرغان) در لذت قیامت میکند و «تنگی تاشقرغان» تفرجگاه خوبی برای سیاحین محسوب میگردد. زیبایی درۀ پیرنخجیر چشمگیر است و «انگور حسینی» پیرنخجیر در نفاست و نازکی خود شهرت دارد که در میان مردم بنام «انگور کِلک عروس» معروف است. از مناطق بهره ور دیگر خلم قصبه «بابه صدیق» است که در بافنده گی

قالی شهرت دارد. و در سمت شمالی خلم شهرک شهربانو (شاهدخت ساسانی) است که کنون خرابه های آن بچشم دیده میشود و به اساس روایت تاریخ که شاه بانوی زمانه پس از فروپاشی و کشته شدن خانواده حضرت علی ابن ابیطالب بسوی خراسان آمده و در ناحیه خوش آب و هوای خلم جایگزین شده است. سرانجام باید گفت که کریم بخشی مردمان بلخ و کرامت آب و هوای آن باعث شده که یحی بن معاذ رازی در مدح بلخ زمزمه میکند:

بامداد از مردم بلخ دور شدیم

و بر بلخ و هرکه در او است سلام باد

در هرجا که بودیم غرق خوشی بودیم

و چنانکه ایشان مردم کریمند و بخشاینده

اگر از سرزمین دیگری دل نگرانی؟

در بلخ جایگزین که جایگاه خوشی است

پس دانسته شد که پهنای «شادیان» ایجادگر خوشی ها و شادمانی ها بوده و هم درمانگر الام دردها. باید یاد آور شد که سه دهه پیش کشور شورا ها دست به تاراج کشور ما زدند کوه شادیان پناه گاه خوبی برای مجاهدین و دیگر سر سپردگان آزاده ما بود. مجاهدین با ایمان راستین شبانگاه از کوه شادیان سرازیر شده به شهر مزار شریف و بلخ بالای روس ها عملیات و تهاجمات انجام میدادند. روان مجاهدین راستین که در راه جهاد و مردم کشورمان افغانستان جان باختند شاد باشد.

یادداشت ها:

۱. کتاب «دیوان ناصر خسرو»، تعلیقات علی اکبر دهخدا، به اهتمام مجتبی مینوی، و شرح تقی زاده، پاورقی ص ۲۸

۲. کتاب «بحرالاسرار بلخ»، اثر محمود ابن امیرولی کتابدار، به تصحیح مایل هروی، چاپ کابل، ۱۳٦۰، صص ۲۴.۲۵.۳۳.

۳. کتاب «یمگان»، تالیف خلیل الله خلیلی، تحشیه و تعلیق داکتر عنایت الله شهرانی، سال ۱۳۷۹، چاپ دهلی، ص ۱۰٦.

۴. کتاب «یادی از رفتگان»، اثر مولانا خال محمد خسته، جوزا سال ۱۳۴۴، صفحه ۵۱.

مارمل کجاست؟

مارمل قشلاق است کوهستانی و خوش آب و هوا؛ آب و هوای سرد و گوارا داشته و در قسمت جنوب شرق شهر مزار شریف در متن کوه شادیان موقعیت دارد. مارمل از شهر مزار شریف در حدود دوازده میل فاصله دارد. مردمان مارمل نظر به فضای لطیف و خوش آب و هوای منطقه، خوش مشرب و مهمان نواز و مردمانی اند با جلد اسمر و چشمان میشی سبز .. قرار گفته ها که مارملی ها از نژاد سامی بوده و یهودی تبار اند. خلق های شهر مزار شریف را باور بر آنست که مارملی ها در هنگام رفت و آمد شان به شهر مزار شریف بداخل حرم روضه شاه اولیاء قدم نمیگذارند سخنی است باور نکردنی. استاد خلیل الله خلیلی شادیان را با مارمل همسان میدانند که درست نمی باشد و ایشان در کتاب «یمگان» در باره شادیان و شادیاخ مینویسند: «شادیاخ همین قریه مارمل و شادیان است که نزدیک بلخ و مزار شریف در یکی از دره های مستحکم و شاداب واقع شده و اکنون نیز به همین نام موسوم و آثار باستانی در آن هویدا است.» قشلاق شادیان و قریه مارمل هردو به نزدیکی کوه شادیان موقعیت دارند و دو قریه کاملا جداگانه میباشند. فاصله شادیان نسبت به مارمل از مزار شریف زیادتر است. دانشمندان را باور برآنست که در مارمل امیر سبکتکین آرامگاه دارد. یا بزبان دیگر این شهرک کوهستانی را محل وفات سبکتکین دانسته اند. مارمل را از دید جغرافیای تاریخی افغانستان اینگونه مشاهده میکنیم:

«در حدود جنوبی بلخ به جنوب شرق مزار شریف موجوده به فاصله بیست سی میل در منطقه کوهستانی که در حدود پنج هزار فت از سطح بحر پاین است قریه ایست که اکنون آنرا مارمل گویند. از آنجا بطرف بامیان و کابل روند. بهمین مناسبت کوچه ای در شهر مزار بنام «کوچه مارمل» نامزد است که گذر مذکور به آن طرف شهر افتاده که مردم از آنجا بسوی مارمل آیند ولی این اکنون به سبب دشواری متروک گردیده و عراده رو نیست. یاقوت در معجم البلدان نیز این جای را ذکر کرده میگوید: « مارل بالفتح ثم السکون قریه فی جبال نواحی بلخ» چون در نسخه های خطی طبقات ناصری نام قریه یی که سبکتکین در آن جا مرده نزدیک به اشکال مارمل مرمل شده. پس میتوان گفت که جای مردن آن پادشاه (امیر سبکتکین) همین دیه باشد که تا کنون هم آنرا مرمل یا مارمل گویند.»

(بنگرید به «جغرافیای تاریخی افغانستان»، اثر استاد عبدالحی حبیبی، چاپ دوم، پیشاور، سال ۱۳۷۸، ص ۱۰۷)

ریشه یابی مارمل:

مارمل از دو کلمه «مار» و «مُل» تشکیل یابیده است. مار به سکون رای فرشت معروف است و عبارت از خزنده یی که زهرناک است و آنرا ریسمان هم گویند. مار مخفف مادر هم است که والیده باشد. مار بمعنی بیمار و مریض و معلول را گویند. بیمارستان را در گذشته ها مارستان میگفته اند. حساب کننده و محاسب را نیز مار گویند. مار به زبان هندی امر بزدن باشد یعنی بزن.

«مُل» در لغت بمعنی امرود باشد و شراب را نیز مل نامند. مل به واژه اندلسی دوایی است که انرا پرسیاوشان خطاب کنند. مل را به کسر اول بمعنی موی سر و موی ریش و اعضای بدن باشد. طوریکه گفته آمد در قدیم بیمارستان را مارستان میگفتند کلمه های دوا و درمان، بیمارستان، شراب و شربت دلالت به درمان و مداوا و تیمارداری مریضان بوده که احتمالا «مارمُل» محل درمان و علاج بیماران بوده باشد.

مردمانی که در مارمل زنده گانی داشته اند نظر به شواهد تاریخی از جاها و مناطق دور بدانجا نقل مکان کرده و با خود بعضی راز های درمانی و طبابت را آورده باشند. که بدین حساب مارمُل بیمارستان منطقه گردیده باشد. (والله اعلم)

در میتالوژی و اسطوره مار خزنده ایست درمان پذیر و هم بشمول آدم و حوا و شیطان و طاووس، از جنبنده های بهشت است پاد زهر دوایی که بیماران را شفا دهد. قدسیت و درمان پذیری مار باعث شده که تا هنوز هم تصویر مار سمبول تمام بیمارستان ها و شفاخانه ها بوده است و همچنان در بالای سر دروازه های دواخانه ها عکس مار قامت میکشد.

(درباره مار و مل بنگرید به «برهان قاطع» اثر ابن خلف تبریزی، به تصحیح محمد عباسی، صص ۱۰۹۲ و ۱۰۵۲)

قبادیان

زادگاه حکیم ناصر خسرو بلخی/یمگانی

قبادیان شهرکی است کنار رود آمو و متصل شهر ترمذ امروزی. در گذشته ها شهرک آبی قبادیان وابسته بلخ بود زیرا که بلخ در آن هنگام از وسعت و پهنای عظیم سیاسی و فرهنگی برخوردار بود. اکنون هم «قبادیان» به همین نام در کشور اوزبکستان متصل رود آمو یا برجا میباشد اما نه به آن وسعت و نام و نشان. در روزگاران خوب، قبادیان دم و دستگاه دولتی ویژه یی داشت و بنا به گفته حکیم ناصر خسرو که وی در قبادیان بلخ متولد گردیده است در گذشته های دور رسم چنان بود که شهر و یا بلده بزرگ را که وابسته به شهر های اطرافش میبود دروازه بندی میکردند بخاطر آن بوده که در سابق شهر های بزرگ برج و باره و دروازه داشته است یا بزبان دیگر سمت های شهر را به نام همان شهر و یا محل برجسته که متصل و پیوسته بدان بود نامگزاری می کردند تاریخ شاهد دروازه بندی شهر های مشهور خراسان را یادداشت دارد مانند شهر بلخ ، شهر نیشاپور و شهر مرو و شهر هرات. در شمال افغانستان متصل بلخ شهر مزار شریف واقع شده که به دروازه ها دسته بندی گردیده است و عبارتند از دروازه شادیان ، دروازه بلخ ،

دروازه تاشقرغان و دروازه قبادیان. احتمالا دروازه قبادیان که مردم محل آنرا «قوادیان» یاد میکنند سمت قبادیان همین سمت شمالی مزار شریف بوده باشد که بدانسوی دریای آمو قصبه قبادیان واقع شده که بروزگارش شهر بزرگی بوده است .

طبق نوشته دیوان حکیم ناصر خسرو شاعر نام بردار ما در قبادیان باغ و بته داشته و خیل و ختک(*) شاعر نیز در آن محل خوش آب و هوا حیات بسر میبرده اند. اکثر تاریخنگاران دوره اسلامی از قبادیان یاد میدارند و ما آنرا بطور نمونه به تاریخ بیهقی چنین مینگریم: «و در این وقت چنان افتاد از قضای آمده که فوجی ترکمنانی قوی به حدود ترمذ آمدند و به قبادیان بسیار فساد کردند و غارت چهار پای راندند» . «با وی نیز عهدی مقاربتی باید هر چند بر وی اعتمادی نباشد ناچار کردنی است و چون کرده آمد، نواحی بلخ و تخارستان و چغانیان و ترمذ و قبادیان و ختلان به مردم آگنده باید کرد که هر کجا خالی یافت و فرصت دید غارت کند و فرو کوبد » . «و لشکر باید فرستاد، مگر بلخ بدست ما بماند که اگر آن را مخالفان بستدند ترمذ و قبادیان و تخارستان بشود» . « امیر محمود رسولی نامزد کردند و این مثالها را بدادند و حیلت ها بیاموختند و رفت و وزیر در نهان کس فرستاد به ختلان و قبادیان و ترمذ تا تدبیر بکردند . .» (۱)

بدون شک این همان قبادیانی است که حکیم ناصر خسرو بدان متولد شده است.

مجمل التواریخ و القصص، نام قبادیان را از کلمه «کیقباد» کیانی میداند که نامبرده در پیروزی بر افراسیاب این شهر را نام گذاری کرده باشد و آنرا چنین مینگریم: « پادشاهی کیقباد صد سال بود و به دیگر روایت صدو بیست و شش سال . . بعد ازین کیقباد را با عبدالشمس ملک عرب و حمیر آل قحطان حرب افتاد و آخر صلح کردند و باز به زمین هیاطله رفت از آن رود جیحون و با ویسه او را حرب افتاد در آن وقت افراسیاب به رُم بود به حرب و کیقباد فیروزی یافت . . بر کنار جیحون شهری بنا کرد «قبادیان» خوانند و اکنون قوادیان خوانند.»

در دیوان حکیم ناصر خسرو اینگونه مینگریم:

«حکیم ناصر بن خسرو بن حارث القبادیانی البلخی المروزی . . ملقب به متخلص به «حجت» در قبادیان از نواحی بلخ متولد شد.»

در حاشیه دیوان در باره قبادیان از قول سمعانی چنین یادداشت شده: « قبادیان یا قوادیان که بنا بر قول سمعانی «قراذیان» هم نامیده میشد قریه یا قصبه کوچکی بود که در روی یکی از شاخه های جیحون و در ناحیه ای به همان اسم «قبادیان» واقع بوده، و به قول سمعانی تفرجگاه با صفایی بوده و آب شیرین و گوارایی داشته و دارای باغ های قشنگ زیادی پر از سرو و درختان با صفا بوده و قسمتی از سکنه آف از عرب تمیم بوده است. اشارات متعددی که در اشعار حکیم به ضیاع و عقار خود و باغ های با طراوتش و دیهقانی آمده و مدح زیادی که در سعادت نامه از دیهقانی و زراعت میکند و آنرا اشرف صنایع میشمرد و اشاره ای که در قبیله تمیم دیده میشود مؤید آن تواند شد که ناصر خسرو یکی از ملاکین قبادیان بوده و به دیهقانی و زراعت نیز اشتغال داشته است. امروز نیز قبادیان اسم بلوکی است در همان محل در شمال شرقی بلخ نزدیک ترمذ و نیز قریه ای به همان اسم موجود است ولی هر دو در ماورای جیحون در نقشه ها دیده میشوند.»

بدون شک قبادیان جایی خوش آب و هوا بوده است. زیرا که یکی از شاخه های جیحون از میان آن میگذرد که به قول سمعانی رامیل نامیده میشود و دارای گواراترین و زلال ترین آب است. رامیل را رامیت نیز گفته اند که اکنون رود بنام رود کافرنهان باشد در آن جا چشمه مشهوری نیز است. مردم محل این چشمه را «چشمه جان » مینامند که در ناحیه جنوب غربی قبادیان موقعیت دارد. (۲)

داکتر رحیم قبادیانی دانشمند تاجیکستانی که خود از منطقه قبادیان اند در این زمینه آگاهمندی وافری دارند و در کتاب «پارسی دری» در پیرامون زادگاه حکیم ناصر خسرو یادداشت های سودمندی برشته تحریر درآورده اند که روشنی درستی را از منطقه وانمود میسازد. دانشمند تاجیک قبادیان را دو گونه میبینند: یکی ـ قبادیان کنار راست دریای آمو ، دیگری ـ قبادیان سمت چپ دریای آمو.

(در افغانستان واژه دریا برای رود عام شده است و در نقشه های طبیعی افغانستان نیز «دریا» ذکر شده مانند دریای آمو ، دریای مرغاب ، دریای هلمند ، دریای کوکچه ، دریای سند . . اما درست آن رود است ـ کامل)

پژوهشگران در این راستا متردد اند. بعضی ها قبادیان کنار راست دریای آمو را که در تاجیکستان موقعیت دارد زادگاه حکیم ناصر خسرو میدانند اما اکثر دانشمندان قبادیان حوالی بلخ را که در آنسوی رود آمو قرار گرفته و زمانی وابسته به بلخ بود و اکنون در قلمرو اوزبکستان قرار دارد محل و زادگاه حکیم ناصر خسرو تلقی میدارند. باید متذکر شد که این قبادیان حوالی بلخ نزدیک ترمذ میباشد و شهرستانی است کوچکتر از ترمذ و ولایتی بنام «فز» دارد از شهر های دیگر قبادیان «نودیز» است که از قبادیان خردتر میباشد پیداور برازنده قبادیان روناس(*) (مردم محل آنرا روین Ruyan نامند) که قرار گفته ها به هندوستان میبردند روین را مردم سالهای پیش همچون رنگ سرخ (قرمز) بکار میبردند. (۳)

طوریکه میدانیم حکیم ناصر خسرو در کتاب «سفرنامه» خود «ناصر بن خسرو بن حارث القبادیانی البلخی المروزی» معرفی کرده که در سطر های بالا از آن یاد گردید. در زمانیکه حکیم ناصر خسرو در مصر بوده با دانشمندان و مبارزین اسلامی که بر ضد سلطه عرب قدعلم میکردند گفت و شنودی داشته است از آنجمله دو داشنمند معروف یکی ـ مؤید الدین شیرازی سلمانی اهوازی و دیگری - خداوند الموت حسن صباح میباشد. حسن صباح رهبر فرقه فداییان الموت پیش از مرگش که «بزرگ امید» را جانشین خود مقرر کرده بود نزد خودش خواسته گفت: « . . آنچه میخواهم بگویم راجع به دو نفر که من تا امروز نام آنها را بعنوان اینکه حقی بزرگ بر گردن من دارند نگفته ام . . ولی اکنون که مرگ را نزدیک میبینم حس میکنم که هرگاه حقی را که آن دو نفر بر گردن من و در نتیجه برگردن باطنی های و در نتیجه بر گردن اقوام ایرانی دارند بر زبان نیاورم با شرمنده گی خواهم مرد برای اینکه با شرمساری از این جهان نروم نام آن دو را میگویم:

۱. ناصر خسرو علوی قبادیانی

۲. موید الدین شیرازی سلمانی اهوازی

بزرگ امید گفت: ای خداوند منظور تو از ناصر خسرو علوی قبادیانی همان شاعر معروف است . . حسن صباح گفت: این دو نفر بر گردن من حق تعلیم و ارشاد دارند و این دو بودند که مرا تشویق کردند که برای رستگاری اقوام ایرانی قیام کنم و این ها بودن که بمن

فهمانیدند که در بین اقوام ایرانی زبان فارسی باید جانشین عرب شود. یکی از این دو یعنی ناصر خسرو اهل قبادیان نزدیک بلخ بود و خود او بمن گفت که در ۳۹۴ هجری قمری در قبادیان متولد گردید و پدرش از امنای دیوان محسوب میشد و مستوفی مالیات بود بعد از اینکه بسن رشد رسید قطعاتی از اشعار فردوسی طوسی را بدست آورد و خواند و متوجه شد که ایرانیان در قدیم اقوامی برجسته بودند و سلطه قوم عرب آنها را دچار انحطاط کرد . . . خود ناصر خسرو نیز بعد از مرگ پدر مستوفی مالیات شده بود و در بلخ بخوبی زندگی میکرد. بعد از شغل خود استعفا داده براه افتاده به مصر رسید. و همینکه به مصر قدم نهاد کیش خود را رها کرد و کیش اسماعیلی را پذیرفت . . مصر را بلد الامین میخواندند من در جوانی بسوی بلدالامین روان شدم وقتی که بمصر رسیدم ناصر خسرو را که «علوی» خوانده میشد و بعد وی را «فاطمی» (**) هم خواندند در آنجا دیدم.

بین من و او همچنین بین من و مؤید الدین شیرازی سلمانی الفت بوجود آمد. مؤید الدین شیرازی سلمانی در شهر (اهواز) متولد شده و بمن نگفت که در چه سال قدم به جهان گذاشت و وقتی من او را در مصر دیدم مردی چهل ساله به نظر میرسید.

من (حسن صباح) قبل از اینکه به مصر بروم اسماعیلی بودم اما این هر دو در مصر کیش اسماعیلی را پذیرفتند وقتی من وارد مصر شدم هردوی آنها دارای مرتبه داعی بودند و ناصر خسرو دارای مقام «حجت» بود. آنها مرا راهنمایی کردند که تاریخ ایران قدیم (مراد از ایران قدیم همین خراسان دوره اسلامی بوده) را فرا گیرم و بمن گفتند که یکی از شرایط اصلی تجدید حیات اقوام ایرانی این است که زبان فارسی جای زبان عربی را بگیرد و تمام کتاب ها بزبان فارسی نوشته شود.

میتوانم بگویم که نیمی از مجموع چیز هاییکه من در مصر آموختم از آن دو نفر بود و آنها لزوم احیای اقوام ایرانی و نجات آنها را از سلطه عرب در ضمیر من مستقر کردند و من بر اثر القاآت آن دو نفر ایمان پیدا کردم. هنگامیکه من در مصر بودم ناصر خسرو از آن کشور رفت . . چندی بعد مؤید الدین شیرازی سلمانی اهوازی هم نائل به مرتبه «داعی» شده بود برای تبلیغ از مصر خارج شد ممکن است این فکر برای شما پیش بیاید که چه شد من توانستم در کار خود توفیق حاصل کنم ولی آن دو نفر (ناصر خسرو و مؤیدالدین) با این که استاد و مرشد من بودند در کار خویش توفیق حاصل نکردند؟

جواب اینست که ناصر خسرو و مؤید الدین که هر دو شاعر هم بودند تصور میکردند که بوسیله تبلیغ میتوان سلطه مادی و معنوی قوم عرب را برانداخت اما من میدانستم که با تبلیغ این کار از پیش نمیرود و اسماعیلی ها باید دارای نیروی جنگی باشند تا بتوانند نیروی شمشیر را پشتیبان نیروی تبلیغ نمایند» (۴)

از این یادداشت ها بخوبی دانسته میشود که زادگاه حکیم ناصر خسرو «قبادیان» بلخ بوده است او خود در سفرنامه اش خود را قبادیانی گفته و هم در نزد حسن صباح رهبر فرقه باطنیه خویشتن را قبادیانی معرفی کرده و هکذا در دیوانش نیز اینگونه مینگریم:

پیوسته شدم نسب به یمگان

کز نسل قبادیان گسستم(۵)

باید متذکر شد که در «دیوان» حکیم ناصر خسرو با تعلیقات علی اکبر دهخدا ـ منجمله شاعران فارسی از «اهوازی» یاد کرده اند در مقدمه دیوان صرف «اهوازی» نام برده شده که آنرا چنین میخوانیم: «... و از شعرای فارسی باز چنانکه گفته شد از رودکی (که گاهی از او صریحا اسم برده و گاهی هم مانند دقیقی او را به کنایه «تیره چشم شاعری روشنبین»میستاید) و از اشعار زهد و پند او به نیکی یاد میکند. و اهوازی (که هویت او درست معلوم نشد) و عنصری و دقیقی و منجیک و قطران...» (٦)

اهوازی همان شاعریست که با حکیم ناصر خسرو مشحور بوده و نام مکمل شان مؤیدالدین شیرازی سلمانی اهوازی است.

و این همان استاد سخن و شاعر و داعی فاطمی که استاد مسلم داعی الموت حسن صباح بوده و حسن صباح از وی چیز ها آموخته است بدون شک اهوازی یار و رفیق همبزم ناصر خسرو نیز بوده است که حکیم زمانه ما از دوست دیرینه اش «اهوازی» در سروده هایش یادآور شده و آنرا اینگونه منگریم:

ای گشته سوار جلد بر تازی — خـر پیش سوار علم چو نتازی
تازیت ز بهر علم و دین باید — بی عـــلم یکیست تازی و رازی
گر تازی و عـلم بدست آری — شاید که بهـر دو سر بی فرازی
بی علم بدست نـاید از تازی — جز چاکری و فسوس و طنازی

نازت بطریق علم و دین یابد　　　بازش چکنی به شهر اهـــوازی
ای بـــر ره بازی اوفتاده بس　　　یک ره برهی ازین ره بازی (۷)

*　　*　　*

جـــهان بازیگری دان مکن با این جهان بازی
که درمـــانی بـــدام او اگر چه تیز پروازی
برآورده چو کاخی خوب و اکنـون میفرود آری
بـــرآورده فـــرود آری نباشد کار جز بازی

جوانی چون نشیبت بود از آن نازان هـــمیرفتی
فـــراز پیری آمد پیشت اکنـــون سر بیفرازی
همیـــــلافی که من هنگام برنایی چنین کردم
چه چیزیستت کنون حاصل نبوده چیزجز بازی

تو حـــــیلتساز کی ســازی بدل بامـــن بدین اندر
که من چون چاه سربازم تو همچون چاه صد بازی
خـــــزینه عـــلم فرقانست اگر نه بر هـــوایی تو
که بردت بس هوا زی جز هوی زی شعر اهوازی (۸)

کتاب «بحرالاسرار بلخ» درباره مولانا حسن قبادیانی که احتمالا همشهری ناصر خسرو بوده باشد چنین مینویسد: « مؤلد و منشا آنحضرت (مولانا حسن قبادیانی) ولایت با برکت قبادیان است که از ممالک سواحل سیحون رود است. آباء کرام و اجداد عظام آن عالی مقام در ملک اکابران آن حدود منظم بوده اند» باید متذکر شده که جناب مولانا «میرشاهم» نیز در خطه قبادیان متولد گردیده بعد مانند مولانا حسن قبادیانی عازم دارالخالفه بلخ گردیدند. (۹)

یادداشت ها:

(*) خیل و ختک: به کسره اول و خ دوم بعمنی عشیره و متعلقین باشد (کتاب لغات عامیانه فارسی افغانستان ص ۲۴۰ تالیف عبدالله افغانی نویس و خوش خطی مولانا خال محمد خسته ـ چاپ موسسه تحقیقات و انتشارات بلخ چاپ دوم سال ۱۹۹۸

۱. «تاریخ بیهقی»، به تصحیح دکتر علی اکبر فیاض، چاپ تهران، صفحه ۹۲۱

۲. «دیوان ناصر خسرو»، صفحه ۱۲ با حواشی چاپ ـ ۱۳۷۲ ناشر دنیای کتاب با شرح حال به قلم حسن تقیزاده. بنگرید کتاب «پارسی دری»، داکتر رحیم مسمانیان «قبادیانی»، حاشیه و صفحه ۸٦ ـ موسسه انتشارات امیر کبیر سال ۱۳۸۲

۳. کتاب «پارسی دری»، داکتر رحیم قبادیانی، صفحه ۸۴ و ۸۵

(*)روناس: روناس را روِیناس و یا روغناس هم گفته اند که عبارت از گیاهی است پایا و دارای برگهای نوک تیز و گلهای کوچک زرد رنگ ـ بلندیش تا دو متر میرسد. ریشه روناس سرخ رنگ بوده از آن ماده یی بنام آلیزارین گرفته میشود و در رنگریزی بکار میرود این گیاه را روین و رودن نیز نام میکند (فرهنگ عمید صفحه ۱۰۷۵ جلد دو ـ سال ۱۳٦۴ تهران انتشارات امیر کبیر)

۴. کتاب «خداوند الموت»، حسن صباح، پال آمیر ترجمه ذبیح الله منصوری، ۱۳۷۴، صفحه های ٦٦۷ ـ ٦٦۹

(**) اسماعیلی ها پیروان خود را فاطمی میخواندند و مخالف خود را «ناصبی» مینامیدند و در این سروده ناصر خسرو نگاه کنید:

نام نهی اهل علم و حـکمت را — رافضی و قرمطی و معـــتزلی
رافضیم سوی تو و تـو سوی من — ناصبی ی نیست جای تنگدلی
ناصــــبیا نیست منــاظـره جز — آنــــکه ز بوبکر به نبود علی
علم تو جنگست و بانگ بیمعنی — سوی من ای ناصبی نهی دهلی

ناصبی ای حجت ار چه با جدلست پای ندارد به پیش تو جـدلی

لـــــشکر دیـوند جمله اهل جدل تو جدلی را به خلق در اجلی

(بنگرید به دیوان ناصر خسرو ـ صفحه ۴۴۸)

5. «دیوان ناصر خسرو»، تعلیقات علی اکبر دهخدا، صفحه ۲۹۷ سطر ۲۳
6. همان، صفحه ۴۴
7. همان، صفحه ۴۷۵
8. همان، صفحه ۴۴۶
9. کتاب « بحر الاسرار بلخ»، به تصحیح مایل هروی، چاپ کابل، صفحه های ۲۲۷ و ۲۳۶

دهدادی

شهر داد و نظام

دهدادی از دو کلمه ترکیبی «ده» و «داد» تشکیل یابیده است بعضا واقع شده که «ده» بنام یک شخص متبرک و یا حاکم منطقه یا خان زبردست محلی نام گزاری شده باشد مانند قریه های ده قاضی ، ده سوار ، ده نیک پی ... همچنان ده ارباب و ده چقور مربوط نهر شاهی ـ ده بی بی و ده رازی وابسته به نهر بلخ اند. در این زمینه «ده دادی» نیز مقام ارزنده ی گرفته که نام یک علاقه داری مهم سرسبز بلخ میباشد طوریکه گفته آمد «دهدادی» از واژه «ده» و «داد» گرفته شده است..

ده به کسر دال در مقابل شهر میباشد که بمعنی روستا قریه و قشلاق بوده است. یا ده عبارت از آبادی کوچکی که در خارج شهر اخذ موقع کرده و دارای چند خانه روستایی باشد. ده را در زبان انگلیسی Country میگویند. فرهنگ عمید دِه را واژه پهلوی دانسته است اما «ده» کلمه اوستایی است که در گذشته ها صاحب ده و یا ملک ده را «دهخدا»میگفتند. (۱)

«داده و دادی» احتمالا از کلمه های اوستایی عدل و داد گرفته شده باشد زیرا در فارسی/دری کلمه داد بر ضد ظلم و ستم قرار میگرد. داد در اوستا عدل و انصاف را گویند از این کلمه دادا که بمعنی بزرگ باشد و دادار که داد دهنده باشد و مراد از پروردگار عالمیان است. همچنان کلمه «دادی» بر وزن هادی نام دانه و حبوبی است بسیار تلخ که بنام»جو جادو» مسمی گردیده و برای درد بواسیر نافع است.(۲)

هرگاه دهدادی ده ای باشد که درمانگر درد بواسیر و دیگر امراض گردد سخن بجا است اگر دهدادی مراد از قصبه کوچکی که نظر به موقعیت مناسب اش در جوار بلخ مرکز عدل و داد باشد نیز با نزدیک بودنش به بلخ و همچنان قریه مارمل که در ناحیه جنوب شرق مزار شریف در کوه شادیان موقعیت دارد و روزگاری مرکز دارو سازی بوده است موافقت و همسویی میگیرد. دهدادی از یکطرف مرکز نظامی زورآوران و از جانب دیگر نظر به نزدیکی اش به بلخ جایگاه خاصی را احتوا میکرده است. در آنسوی دهدادی تخته پل و چهل دختران (به تعبیر دانشمند محمد صالح گردش که چهل انبار و ذخیره گاه مهمات بوده) و موجودیت «قلعه جنگی» همه از یک موقعیت استراتژیک علاقه دهدادی حکایت میکند. دهدادی از ده بودنش برآمده به حکومت رسیده است. این شهرک زنده انار و اشجار در دوازده کیلومتری جنوب غرب شهر مزار شریف موقعیت دارد. از میان آن نهر مشهوری «بنام نهرشاهی» عبور میکند و به درک هایی منقسم شده که بنام های گلدر گوپ ـ گاوگم ـ پل نانوایی و پل تخته یی یاد شده است در آنسوی دهدادی «پل امام بکری» قرار دارد که بنا بر روایتی این نام از امام ابوبکر وراق اخذ شده است.

بصورت واضح وجه تسمیه دهدادی روشن نیست. نظر به اینکه دهدادی بنام دروازه نوبهار بلخ مسمی بوده باشد، یا اینکه دهدادی مرکز قطعات نظامی و عسکری بوده و بنام شهر نظامی نیز یاد شده است. و یا دهدادی را که این نویسنده بنام ده عدل و داد گذاشته امر نظریات مختلف ایجاد شده است. دهدادی بین ٦٧ درجه ٢٢ ثانیه طول البلد شرق و ٣٦ درجه ٣٩ دقیقه ٥٨ ثانیه عرض البلد شمالی واقع شده است. از دیدگاه زراعتی شهرک دهدادی حاصلخیز است زیرا دریای بلخ نزدیک آن میباشد و همچنان موجودیت آب باعث شده تا باغ و بته داشته باشد. انار دهدادی پس از قندهار و تاشقرغان در کشور ما مقام درجه سوم تولیدی دارد. انار آن شیرین و پوست آن نازک است. رنگ انار

گلابی مینماید. در موسم زمستان پته های انار را با خاک میپوشانند تا از سرمای شدید متاثر نگردد. بر علاوه حاصلات انار، در دهدادی درختان انجیر ، شفتالو ، آلو ، توت و شاه توت و سیب بکثرت دیده میشود. سیب رخش پس از انار تولید بیشتر دارد سیب رخش دهدادی به کابل نیز ارسال میشود.

دهدادی مانند دیگر نواحی کشور ما از اختلاط ملیت ها تشکیل یابیده است. تاجیک ها ، اوزبک ها ، ترکمن ها ، هزاره ها و پشتون ها همه با هم در فضای صلح و آرامش حیات بسر میبرند. فابریکه تولیدی کود کیمیاوی و برق حرارتی مزار شریف در ناحیه جنوب غربی دهدادی قرار گرفته که اگر فابریکات به سطح تولیدی کامل و ظرفیت سالم تخنیکی کار کند سراسر صفحات شمال کشور از برق حرارتی برخوردار میگردد و کود وافری که نه تنها تولیدات داخلی را مرفوع میسازد بلکه بخارج نیز صادر میگردد. افسوس که در سه دهه جنگ و ویرانی همه داشته های هنری و فرهنگی و منابع اقتصادی مردم به تاراج رفت و فلج گردید. (۳)

وجه تسمیه «چهل دختران» را دانشمند محمد صالح گردش به شکل دیگری تحلیل کرده اند: چهل دختران مراد از چهل دوخته و یا چهل توخته باشد. توخته از مصدر توختن و دوخته از ریشه دوختن و اندوختن گرفته شده. توختن و دوختن هر دو بمعنی جمع کرده و فراهم آورده باشند که مراد از ذخیره و اندوخته اند. پس کلمه ترکیبی چهل دختران را میتوان چهل ذخیره و یا چهل پاسره گاه و یا چهل انبار تعبیرش کرد.(۴)

اکنون میرویم بسراغ «پل امام بکری» که چه رازی در اسم آن نهفته است؟ پل امام بکری بالای دریای بلخ تعمیر گردیده که نواحی و محلات جنوب را با بلخ باستان وصل میسازد. دریای بلخ از دره های بامیان سرچشمه میگیرد در آن مناطق بنام دریای بند امیر یاد میشود. پل امام بکری سرزمین های حاصلخیز و شاداب شولگره ، سنگچارک و دره صوف را با بلخ مرتبط میسازد. دانشمند جوان کشور ما بدو نظریه بر پل امام بکری استوار اند:

الف ـ در زمانیکه سلطان العلماء پدر مولانای بلخی از بلخ میکوچیدند، خلایق و پیروان و هواخواهان سلطان العلماء برای وداع سلطان ادب و فرهنگ بلخ در بالای پل امام بکری

بخش دوم: حوزۀ جغرافیایی آمو دریا و شهر ها

جمع شده بودند و اشک خداحافظی میریختند. هنگامه فریاد و جدایی و ناله های مردم به چکاد کوه البرز میرسید. چون در زبان عربی گریه و ناله را «بکا» میگویند بناء این پل مسمی به «پل امام بکا» شد که بعد ها به امام بکری تغییر لهجه داد.

ب ـ این پل در اصل بنام «مامه هگری» مسمی بوده که پس از گذشت زمان ماموکری شده تا بالاخره به امام بکری گرایش یابیده است. مامه و ماموک واژه های اند که برای زن کهن سال و یا مادر بزرگ گفته شده که تا امروز هم در زبان ایماق ها «مامه» به معنی مادر بزرگ و بیوه زن یاد میگردد شاه مامه تندیسه بامیان با این نام همخوانی دارد. در میان حکومت های سنگچارک و شولگره کوه بلند قرار گرفته که آنر «ولگر» مینامند. احتمال کلمه «شولگر» با این اسم مناسبت دارد. معنی لغوی «شول» بر وزن غول نام طایفه را نیز افاده میکند مانند کرد ها و ایماق ها و شول ها .. واژه «گر» بمعنی گذشتن از آب باشد. اگر شولگر را مردمانی بدانیم و یا طایفه یی از مردم که از دریا گذشته بر بالا کوه ها پناه برده باشند در منطقه سازگار است. از گذشته های دور و دراز تاریخی: کیانیان، پیشدادیان و دیگر شاهان دوره های میانه اسلامی به کوهپایه های شولگره و سنگچارک پناه برده بودند. میرویم بسراغ پل امام بکری که به تعبیر دانشمند وطن در اصل پل مامو کری است. ولگر که کوه بلند شولگره بوده با گذشت اوراق تاریخی و برگ های اسطوره یی همان «هگر» اوستایی میباشد که جمشید شاه در قله هگر برای اهورامزدا قربانی کرد بدین سان در اصل پل امام بکری پل مامه هگری بوده که پس از سالیان متمادی به «ماموکری» عرض وجود کرده است. (۵)

بدون شک این پل در دوره های اسلامی آباد گردیده است که نام گزاری آن نیز برای مردان روحانی و اسلامی کاربرد درست مینماید. پس نام پل امام بکری ـ با نام امام ابوبکر وراق لازمی می افتد که این رقم بدان موافق استم.

در دهدادی دانشمندانی چون میرعصمت الله بن عبدالله متخلص به «کشوری» متوفی ۱۲۵۷ هجری ظهور کردند. میر عصمت الله کشوری صاحب دیوان نیز میباشند. مولانا صالح محمد «فطرت» دانشمند نبیل و جمیل مزار شریف نیز در دهدادی متولد گردیده اند. همچنان وکیل اخی زاده نیز از خبره گان این محیط اند که گاهگاهی شعر نیز میسرده اند.

۲۶۳

یادداشت ها:

۱. «فرهنگ عمید»، جلد اول، چاپ ۶، سال ۱۳۶۴، تهران، صفحه ۹۸۴

۲. «برهان قاطع»، از ابن خلف تبریزی، به تصحیح محمد عباسی، انتشارات فریدون علمی، صفحه ۴۶۷

۳. کتاب «گزیده اشعار غلام محمد اوج»، از احمد شاه دانش،چاپ مزار شریف، ۱۳۸۵، بخش دهدادی، صفحه های ۵۳ ـ ۵۵

۴. کتاب «واژه افغان و سرزمین سلیمان»، نوشته محمد صالح گردش، بهار سال ۱۳۸۵، چاپ مزار شریف، بخش چرا چهل دختران

۵. همان کتاب، صفحه های ۱۷ ـ ۲۰

برای ارزیابی واژه های شول و گر بنگرید به «برهان قاطع» اثر ابن خلف تبریزی، صفحه های ۹۷۶ و ۷۴۲

سنگچارک، [سان و چارک]

سنگچارک در دیرینه یادمانده ها به نام های «سانچ» , «سان و چهاریک» , «و سهاریک»، «سابخ» ، «صهاریک» , «سان چاره» و «سان چارک» بر میخوریم که اکنون این نام کهن تاریخی به نام «سنگچارک» پابرجا میباشد و در دل دره های تیربند ترکستان که شاخه از کوه هندوکش بزرگ میباشد قرار دارد. این شهرک کوهستانی پر شمالک از دو کلمه «سان» و «چاره» گرفته شده که در فرهنگ عمید واژه پهلوی دانسته و به نظر این نویسنده واژه های اوستایی اند «سان» بمعنی محل و مکان باشد و «چاره» معنی و مفهوم درمان و علاج را دارد. بصورت یکجایی «سان چاره» که بشکل امروزی آن یعنی «سنگ چارک» تغییر اسم داده محل درمان و علاج است.

به گمان اغلب درمان و علاج یا امن و امان منطقه به سان و چارک صدق میکند. زیرا در روزگاران جنگ و تعصبات مذهبی اکثر علما و مشایخ و دانشمندان علم و ادب و یا ائمه از دست حکام ظالم عرب و عجم به جا های دور از آشوب که آنهم خراسان بوده باشد

و مخصوصا کوهپایه های هندوکش پناه جسته اند که بدین وسیله بالاکوه های خراسان محل امن و آرامش و آرامگاه مشایخ و مشاهیر بوده است.

روانشاد خلیل الله خلیلی در کتاب «یمگان» مینویسند که: « ... سانچ همین «سان و چارک» است که یکی از مناطق سرسبز و کوهستان های شاداب مزار شریف میباشد و سابقاً از اعمال بلخ بود و «کوه صاف» نیز در آن منطقه است که سید نعمت الله کهسوی (کهسانی» موسس طریقه نعمت اللهی در اوائل زندگانی آنجا به ریاضت میپرداخت.»(۱)

در بالا کوه های منطقه شاداب و سرسبز سنگچارک منطقه «سرپل» که اکنون ولایت مستقل میباشد موقعیت دارد و در آنجا آرامگاه امام یحیی بن زید واقع گردیده که پس از شهادت در آن محل دفن شده اند. در هنگامیکه امام زید بن علی بن حسین بدست امویان کشته شد، فرزند امام زید بنام «یحیی» از ترس دشمنان به خراسان پناه آورد. در این زمان حاکم غدار خراسان نصر بن سیار بود و به وی خبر دادند که امام یحیی بن زید به بلخ میباشد نصر بن سیار به حاکم بلخ عقیل بن محفل عجلی فرمان داد تا امام یحیی را گرفتار بسازند. امام یحیی در منزل «حریش» پنهان بود که به حاکم بلخ موجودیت یحیی را انکار میکرد و بدین لحاظ نظر به فرمان حاکم بلخ حریش مظلوم را ششصد تازیانه بزدند تا اقرار کند و آن مرد خدا امام را به گیر نمیداد تا اینکه فرزند حریش پدر را رنجه خاطر دیده مخفیگاه امام را با یاران بدست عمال حاکم سپرد. امام یحیی را زندانی کردند که قرار شهادت تاریخ امام از زندان گریخته به نواحی مختلف خراسان پناه میبرد تا اینکه سرحدش به گوزگانان رسید که سرپل امروزی مربوط آن است. امام یحیی در سرپل امروزی که در گذشته بنام «انبار» یاد میگردید پناهنده گردیده و حاکم خراسان نیز از سر کل امام زمان دست بردار نبود تا اینکه او را با یارانش در روستای «ارغوی» بدست سوره بن محمد کندی سر میبرند. آرامگاه امام یحیی در سرپل امروزی افغانستان بنام «امام خورد» زیارتگاه عام و خاص میباشد.(۲)

مورخین«سنگچارک» را «سانچ» نیز گفته اند و متذکر میگردند که حکیم ناصر خسرو بلخی/یمگانی در بازگشت اش بسوی خراسان در سال ۴۴۴ هجری پس از دیدار برادر و اقوام عرضه را تنگ دیده به محلی بنام «سانچ» ساکن گردیده و این قریه را در نواحی بلخ موقعیت داده اند و قصبه متذکره همان قریه «سان» است که به نزدیک آن قریه

دیگری بنام «چاره» یا «چارک» موجود بوده و احتمالاً شاعر نامبردار ما همین قریه سان را که نزدیک بلخ و از علاقه «آق کپرک» آنقدر فاصله ندارد محل بود و باش خود قرار داده باشد زیرا هم میدانیم که دانشمند و شاعر بلخی مورد اذیت و آزار متعصبین واقع گردیده بود که مجبور میگردد تا فرار را بر قرار ترجیح بدهد.

نظریه دیگری که سنگچارک بدان نام مسمی است عبارت از «سنگ و چارک» مراد از سنگ یک چارکه که واحد وزن باشد میدانند مانند یک سیر کابلی یک چارک مزاری ...در حدود العالم کلمه «سان» سه بار ذکر شده که آنرا اینگونه مینویسند:

«سخن اندر کوه ها میان طارقان و سکلکند و خلم و سمنگان بر جنوب بلخ بگذرد و اندر حدود وسهاریک افتد از گورگانان اما این عمود کوه چون به حدود سان و چاریک رسد از گورگانان به دو شاخ گردد. . سان شهریست و مر او را ناحیتیست آبادان و از وی گوسفند بسیار خیزد» در مقدمه حدود العالم که بارتولد نوشته آنرا چنین مینگریم:«سنگچارک ناحیه ایست که در آنجا نهر های زیادی سرچشمه و آب های علیای آب سفید را تشکیل میدهد سان و چارک را «سان و صهاریک»نیز میخوانند» (۳)

روانشاد عبدالحی حبیبی در کتاب جغرافیای افغانستان در مبحث «سانچ» خاطر نشان میدارد که سانچ معرب و مزید الیه «سنگ» کنونی است و به همینگونه سان شکل مخفف سانچ میباشد سان و یا سانچ در دامنه کوهسار بر سطح مرتفع که در حدود هشتصد متر از سطح بحر کاین است و به جنوب غرب بلخ به فاصله تقریبا صد میل دور افتاده و نسبت به بلخ سرد سیر میباشد موقعیت دارد. استاد حبیبی به استناد دیگران مینویسند که سانچ قریه ای بوده از نواحی بلخ و این همان قریه سان است که نسبت به آن «سانجی» می آید و مجاور آن قریه دیگر به اسم چهاریک است و شرق شناس غربی بنام شیفر این کلمه را «سابخ» خواند که با شادیاخ دانشمند «اته» همخوانی دارد. (۴)

حکیم ناصر خسرو بلخی/یمگانی که در سال ۴۴۴ هجری بوطن عودت کرد پس از چندی نظر به مسئولیت «حجت» بودن مشغول به تبلیغ نمودن کیش و آیین خویش میگردد . . حکیم کاردان و متکلم زمانه بخود غوغا میافریند و مردم تحریک میگردند و حکام به تبعید وی بر میخیزند.

بدینگونه شاعر و متکلم ما عرضه بلخ را بخود تنگ مینگرد و میخواهد به اطراف بلخ پناه جوید. از گذشته های دور بزرگان و امیران ، شاهان و دانشمندان بنا بر گزارش «بحرالاسرار» در هنگام «شدت» و «نفرت» و یا «هجوم بیگانه» از بلخ بسوی قریه های بلند کوه های همجوار بلخ رهسپار میگردیده و تا دفع خطر در آن مناطق استراتژیک چند وقتی را بسر میبردند. در این رابطه دانشمندان و مشایخ ما نیز در مدار تاریخ روزگار تلخ را چشیده و به بالاکوه های «البرز» و «شادیان» پناه برده اند که از آن جمله همین شاعر قرن ما ناصر خسرو میباشد که پس از توقف چندی در بلخ به این بالا کوه ها رفته و در قریه کوه شادیان که به جنوب مزار شریف موقعیت دارد رحل اقامت گزیده باشد. ناخرد اندیشان و متحجرین وقت اقامت حکیم ناصر خسرو را در بالاکوه های مربوط بلخ نیز روا نمی دانسته اند و پی آزارش میبرآمدند. حکیم ناصر خسرو که طاسش از آب گوارای شادیان کوه لبریز نگردیده و جرعه ‌ی چند از آب زولالین شادیان نچشیده که روزگار وی را بجانب سنگچارک مربوط گوزگانان رهسپار میسازد. نامبرده چند صباحی به منطقه دور از آشوب بلخ دوری گزیده به منطقه سنگچارک رحل اقامت میگزیند و با دل جمعی خود را از بلخ بعید مینگرد و فکر میکند که ناخرد اندیشان از تعقیب وی دست بر میدارند. سان و چارک به تعبیر حدود العالم ناحیه ایست آبادان حکیم ما خویش را درین منزلگه آباد امن و آرام احساس میکند که این مبحث را در خود دیوان حکیم ناصر خسرو مشاهد میکنیم:

«سان قریه ایست که نسبت به آن سانجی که (فتح نون و کسر جیم) میاید و از نواحی بلخ بوده قریه دیگری به اسم چهار یک . .» و در دیوان های دیگری اینگونه مینویسند: «وقتیکه ناصر خسرو از مکه بخراسان برگشت در سانج مستقر شده مشغول دعوت فاطمی شد. بعضی از دشمنان اهل بیت رسول قصد کشتن او را کردند و او ترسیده و متواری شد و بکوه های بدخشان پناه برده و آنجا مخفی شد و بیست سال در آنجا بسر برد. در جامع التواریخ گوید ناصر خسرو پس از عودت از مصر در بلخ مشغول دعوت شد دشمنانش قصد هلاک او کردند و او به کوهستان سمنگان (احتمالاً یمگان) پناه برد و در آنجا بیست سال (بعضی قلمبدستان ما مدت حیات باقیمانده حکیم ناصر خسرو را به یمگان پانزده سال تخمین زده اند) به آب و علف زندگی کرد» (۵)

یکی دیگر از مشاهیر سترگ بلخ که فرار را بر قرار ترجیح داده و رخ بسوی سنگچارک کرده پدر امیر خسرو دهلوی است. امیر سیف الدین محمود پدر امیر خسرو دهلوی شاعر و دانشمند سترگ نیمقاره هند که بنا بر گفته ها اصلاً بلخی میباشد و از عشیره ترکان افغانستان است. امیر سیف الدین محمود در زمان صاعقه مغل از بلخ راهی هندوستان میگردد و در دربار عماد اللملک در دهلی داخل گردیده و دختر وی را بزنی میگیرد که از آن امیر خسرو متولد میشود. امیر سیف الدین به شهر پتیاله هند مسکن گزین میگردد. در باره امیر سیف الدین مولانا الوالاسفار میگوید:« زمانی که میر سیف الدین راه هجرت پیش گرفت از بلخ برآمده چندی در سنگچارک اقامت نمود و بعداً از طریق بلخاب و درهٔ صوف و بامیان وارد غوربند شد. مدتی در غوربند مسکن گزید تا اینکه از مسیر پروان و کابل بسوی هندوستان رفت.» (٦)

در گذشته های دور سنگچارک مربوط بلخ بود. بعد ها این منطقه مربوط جوزجان (گورگانان) گردید. اکنون از علاقه های بزرگ ولایت «سرپل» است. سنگچارک میان علاقه های «کوهستان»، «سرپل»، «اق کپرک» و «بلخ آب» واقع گردیده و باید خاطرنشان ساخت که سنگچارک دارای باغ های پر میوه و تاکستان های وافر و علفچر های سرسبز میباشد که قرار روایت حدود العالم گوسفند بسیار دارد. سنگچارک دارای کشمش ، بادام ، چارمغز (جوز) و انگور اعلی میباشد.

یادداشت ها :

۱. کتاب «یمگان»، استاد خلیل الله خلیلی، تحشیه و تعلیق دوکتور عنایت الله شهرانی، سال ۱۳۷۹، چاپ دهلی، صفحه ۱۰٦

۲. کتاب «جغرافیای تاریخی افغانستان»، اثر عبدالحی حبیبی، چاپ پیشاور، سال ۱۳۷۸، بحث گوزگانان

۳. کتاب «حدود العالم»، مقدمه بارتولد و تعلیقات مینورسکی، ترجمه میر حسین شاه، چاپ کابل، صفحه های ۳۹۰ تا ۱۳۴۲

۴. کتاب «جغرافیای تاریخی افغانستان»، بحث سانچ و سنگچارک صفحه ٦۴

۵. کتاب «دیوان ناصر خسرو»، تعلیقات آقای علی اکبر دهخدا و تصحیح مجتبی مینوی، پاورقی های صفحه های ۲۸ و ۲۹

٦. ماهنامه «کاروان»، شماره ۷۵، نوشته داکتر عنایت الله شهرانی، میزان سال ۱۳۷۹، صفحه ۸۳

برمکیان

خاندان باختری که سده ها کهانت نوبهار بلخ را بدوش داشتند

کلمه برمک در اصل از سانسکریت گرفته شده که پره موخه (پاراماکا) باشد که عنوان رییس و یا کلان روحانی بودایی میباشد. برمکیان در حقیقت لقب روحانی قبیلهٔ بود که ریاست معبد بودایی نوبهار بلخ را بدست داشتند (فرهنگ معین جلد ۵ صفحه ۲۵۹)

ابوحفص عمرو بن الازرق کرمانی مینویسد: «برمکیان قومی بودند با مروت و سماحت و سخاوت اهل شرف و بزرگی و کان مرحمت و عطا بحر نزد همت ایشان قطرهء بود . . از میان متنعمان جهان و متمولان زمان به عدالت و نصفت و کثرت مال و وفور منال ممتاز گشته و چندان ثروت و مکنت داشتند که تعداد آن در آوارجه ء حساب و روزنامه کتاب نمیگنجد . . و مملکت بلخ سریرگاه ایشان بود و از ملوک طوایف بودند و در اوایل حال دین و ملت ایشان بت پرستیدن بود » ازرق کرمانی مینگارد که برمک در زمان احنف بن قیس که خراسان را فتح نمود کهانت معبد نوبهار را داشت. برمک راهب بزرگ نوبهار بلخ با هدایا و گروگانها بنزد خلیفه اموی رفت و بنام «عبدالله» به دین اسلام مشرف شد که در مراجعت به بلخ اهالی بلخ به شمول شهزاده ترک تبار بنام نیزک طرخان نیز از ستولی بزرگ نوبهار برنجید و خانواده برمک را متواری ساخت که از این حادثه طفلی بنام «ابوخالد برمک» زنده ماند. بقول ازرق کرمانی که ابوخالد برمک در پایان عمر از کیش خود برگشته با وابسته گان خود به دربار خلیفه عبدالملک اموی در بغداد رفت. خلیفه اموی خالد برمک را به حکمرانی عراقین مقرر نمود. (۱)

خالد بن برمک نزد خلفای اموی قدر و منزلت فراوان یافت. او بر علاوه درایت و کاردانی اطلاعات عمیق در علم طب داشت. در شورش عراقین لشکر کشی سپهسالاری بیست هزار نفری را بر عهده داشت و کارش بالا گرفت. خالد بن برمک در زمان خلافت سفاح عباسی نیز لشکر کشی ها را موفقانه به پایان رسانید و مقام وزارت یافت و این شغل را تا زمان منصور عباسی نیز حفظ کرد و چند بار در موصل حکومت کرده حتی گفته اند که تا پایان عمر حکومت موصل را داشت.(۲)

خالد برمک فرزندی بنام یحیي دارد. ابوعلی یحی بن خالد در میان سالهای ۱۱۵ ـ ۱۱۹ هجری بدنیا آمده (در زمان هشام بن عبدالملک اموی) و به قول ابن عساکر تولد خالد برمکی در سال ۹۲ هجری اتفاق افتیده (در اواخر سلطنت عبدالملک بن مروان اموی) یحیي تحت تربیت پدر کاردان اش (خالد برمکی) قرار گرفته تا بدانجا که معلم برازنده و فاضل روزگار میشود.

خالد برمکی در زمان آخرین خلیفه اموی یعنی مروان بن محمد بن مروان (مروان ثانی) که مدت پنج سال خلیفه بود به رشد میرسد و در سال ۱۲۹ هجری بفرمان مروان ثانی به فتح عراقین بحیث سپهسالار بیست هزار نفری تعیین میشود.

یحیي بن خالد تازه سه دهه را پشت سر نگذاشته بود که به حکومت های آذربایجان و ارمنستان عز تقرر حاصل کرد. یحیي بن خالد معلم خانگی هارون الرشید پسر خلیفه مهدی عباسی بود. مهدی خلیفه یحیي بن خالد را احترام میگذاشت و فرزندش را به اطاعت وی دستور داد. یحیي بن خالد با فرزندان برومند و آگاهمندش تمدن عرب را چه در علم و دانش و چه در اندوختن ثروت و مکنت به اوج رسانیدند. آنها صاحبان قدرت بلاشریک دربار بغداد گردیدند. شهرت سخاوت و جود برمکیان عالمگیر شده رفت و هرکسی از شاعر تا طبیب از مسلمان تا یهود از خنیاگر تا عشوه گر همه از خوان گرم این خانواده برخوردار بودند. از اولاده یحیي برمکی فضل بن یحیي و جعفر بن یحیي ـ محمد بن یحیي و موسی بن یحیي نیز مانند پدرشان به بالاترین مقام های درباری رسیدند و وزارت و حکومت کردند.

فضل بن یحیی هفت روز پیش از تولد هارون رشید بدنیا آمد. خیزران مادر هارون رشید فضل بن یحیی را نیز شیر داد. همانگونه که خود هارون رشید شاگرد یحیی برمکی بود، امر کرد تا فرزندش محمد (امین الرشید بعدی) را نزد فضل بن یحیی به شاگردی بسپارد.

فضل بن یحیی برمکی تازه زمام امور حکومت را بدست گرفته بود که یحیی بن عبدالله از علویان در دیلم شورش را برپا ساخت که فضل را خلیفه بغداد بدین کار گمارید. فضل با پنجاه هزار کس رهسپار شورشیان گردید و یحیی بن عبدالله را گرفتار کرده به بغداد آورد و از خلیفه به او امان خواسته او را به اکرام به قصر جا داد. اما پس از پنج ماه خلیفه به عهد اش وفا نکرده او را بزندان انداخت.(۳)

همانگونه که رقابت های فراوان بین دو برادر (مامون الرشید ـ هارون الرشید) واقع بود ، میان فضل و جعفر برمکی نیز رقابت های گسترده موجود بود. فضل برمکی بر برادر از هر نگاه برتری داشت. فضل برمکی طوریکه از نامش پیداست دارای فضل و ادب و درایت بود. در سخاوت مندی حاتم طایی را زیر گرفته بود. جعفر برمکی مردی بود که هارون رشید او را یار گرمابه خود ساخت و با وی در شراب و کباب و احتمالا در زنباره گی شریک میساخت. در خراسان زمین فضل برمکی چنان محبوب القلوب مردم گردید که اهالی خراسان خلیفه هارون رشید را فراموش کردند. اکثر اهالی خراسان نسبت به احترامی که به فضل داشتند ، فرزندان نوزاد خود را «فضل» نام می نهادند.

یحیی پیر پدر فضل و جعفر ، از رقابت و همچشمی فرزندانش به درد و الم گرفتار شده و زوال خاندان خود را به چشم سر مشاهده میکرد. در باره فضل بن یحیی برمکی کتاب «برمکیان» مینگارد:

«سخی ترین برمکیان ، فضل، شایسته لقب خاتم الاسلام و خاتم الکرام بود. ولی او مرد خودبین بود و برخورد او بسهولت برخورد برادرش جعفر نبود. فضل نسبت به برادر خود جعفر با تقوی تر و پرهیزگارتر بود. از شرب خمر احتراز میورزید و بهمین جهت رفیق بزم و عیش و عشرت هارون نبود.» (۴)

در سال ۱۸۶ هجری خلیفه هارون رشید با بزرگان برمکی به زیارت بیت الله شریف رفت که در این سفر روحانی یحیی پیر (پدر فضل و جعفر برمکی) در خانه کعبه به فرزندانش

مخصوصاً «فضل» دعا میکند که این مطلب را احمد بن حسن بن حرب چنین مینویسد: (یحیی از خداوند مسئلت کرد که اگر باید مصایبی متوجه خاندان او گردد ، شخص او را دامنگیر شود و بدرگاه پروردگار تضرع کنان گفت: « بهتر است من بمیرم تا فرزندم فضل».

جعفر بن یحیی برمکی در سال ۱۵۰ هجری در مدینه متولد گردیده است. جعفر مردی بود خوب صورت و خوش چهره با مدیریت خوب و خطاط ماهر که در علم نجوم نیز دست رسی داشت. او در لباس پوشی آیتی بوده که میتوان او را یک مرد مفشن و درباری پنداشت. پس از خاموش ساختن اغتشاش سوریه ، خلیفه به جعفر برمکی لقب «سلطان» را مفتخر ساخت. جعفر پیوسته رفیق و همکاسه هارون رشید بوده است که صرف در ایام لشکر کشی از او دور میشد. هارون دوکس را بسیار دوست داشت ، یکی ندیم خاصش جعفر برمکی بود و دیگری عباسه خواهرش که در نزد خلیفه هر دو مقام ارجمندی داشتند. (۵)

زبیده حرم خاص هارون رشید از این محبت های خلیفه نسبت به جعفر و عباسه رشک می برد روابط جعفر و عباسه را در این نوشته به دور می اندازیم که داستان هفت من کاغذ میگردد.

قدرت و شوکت برمکیان در دربار بغداد مورد رشک و حسد بعضی از بزرگان دربار و هم ازدواج محرمانه جعفر برمکی با عباسه خواهر هارون رشید ، بغض و عداوت بی بی های حرم درباری ، ولخرجی های بی حد و اندازه این خاندان که در عطاء و بخشش زیاده روی میداشتند باعث مقدمات سقوط این خاندان گردید.

از دعا و پناء یحیی پیر (بزرگ برمکیان) در خانه کعبه چنین استنباط میگردد که خاندان وی در تهلکه و بربادی قرار گرفته است .

پس از عودت حج، خلیفه هارون رشید ، انس بن ابی شیخ را سربرید و با مباهات این شعر را سرود: « شمشیر از وجدانیکه انس را خواهد کشت درخشید و شمشیر مینگریست و تقدیر انتظار میکشید». بعد جعفر را که رفیق شفیق هارون رشید بود از منزلش به ریسمان بسته کرده به امر خلیفه سرش را از تن جدا کردند. جعفر پیش از مرگش به

مامورین مرگ گفته بود که بگذارند خلیفه را یک بار ببیند. خلیفه گفت که اگر یک بار او را بنگرم قدرت کشتن او را نخواهم داشت. حتی به کشتن جعفر برمکی ، «یاسر» یا بقولی «مسرور» مامورین دار خلیفه نیز باور نکردند و خود جعفر نیز امر خلیفه را به کشتنش شوخی میدانست و گفت که خلیفه مست شده باشد. پس از سربریدن جعفر، خلیفه زمانه امر به کشتن یاران و همکیشان و ندیمان و کنیزکان و غلامان برمکیان داده و هر کس که خدمتگزار این خاندان بود به یاسا کشانید. هارون الرشید حتی عباسه را نیز در صندوق انداخته خفه کرد و سه فرزند عباسه/جعفر را به قتل رسانید.

بقول کتاب «برمکیان» قتل خاندان برمکی سه روز دوام کرد. تمامی دارایی های غیر منقول برمکیان مصادره شده ، دارایی های منقول از زر و سیم تا درهم و دینار همه به خزانه دولت گسیل گردیدند.(٦)

باید تذکر داد که جعفر برمکی سکه بنامش زد که در تاریخ ادبیات بنام«زر جعفری» که همان سکه زر جعفری باشد زبانزد شعر و ادب فارسی/دری گردید.

خـــزان بیامد تا کیمیاگری کندا

کران باغ پر از زر جعفری کندا

سلیمان بن عبدالملک و برمکیان

سلیمان عبدالملک هفتمین خلیفه اموی ای بود که میان سال های ٩٦ ـ٩٩ هجری زمام امور را بدست گرفت و چون نامش سلیمان بود فکر میکرد که دولت و دبدبه حضرت سلیمان بن داود را دارد. روایت بر آنکه روزی سلیمان عبدالملک اعیان و بزرگان لشکری و کشوری را بار داد و وقتیکه در اطرافش این همه لاو لشکر و حاجب و دربان و ندیمان و غلامان را دید مغرورانه گفت:

«ملک من اگر از ملک سلیمان بن داود بیشتر نیست کمتر هم نیست ، الا آنکه او را با دیو و پری و وحوش فرمان بود و مرا نیست و آن گنج و تجمل و زینت و مملکت لشکر و

فرمان روایی که مراست امروز در همه عالم که راست و یا پیش از من که را بود و در چه در می باید در پادشاهی من که ندارم؟ » (۷)

از برگ های تاریخ گذشته چنین دانسته میشود که شاهان ، امیران و حکمداران ، در آن روزگاران از خود ندیمان و دبیران و وزیران و یا مشاوران برجسته و کاردان و دانش ورزی داشته اند تا کار های کشوری سر و سامان بیابد. به دور دور تاریخ نگاه میکنیم که پیامبران نیز از خود مشاور و مباشر داشته اند:

حضرت سلیمان بن داود ، آصف برخیا را داشت

حضرت موسی کلیم الله ، هارون را داشت؛ حضرت عیسی روح الله شمعون را داشت و حضرت مصطفی(ص) ، ابوبکر صدیق را داشت.

میرویم به سراغ شاهان کیانی:

گشتاسپ شهریاری که دین بهی را استوار گردانید ، جاماسپ را داشت، افراسیاب تورانی ، پیران ویسه را داشت، کیخسرو کیانی ، گودرز را داشت، منوچهر ، سام را داشت، و رستم دستان ، زواره را داشت.

بهمین گونه خسروان ساسانی، امیران سامانی ، شاهان غزنوی و سلاطین سلجوقی ، اتابکان پارسی و امیران گورگانی و تیموریان سمرقندی/هراتی همه از خویش وزیران و دبیران خردمند داشته اند.

سلیمان بن عبدالملک که در دربار عام مغرورانه به شان و شوکت اش افتخار میکرد و خود را هم کفو حضرت سلیمان میدانست ، باری به گفته بزرگمردی که او را متوجه حال ساخت و گفت: همهٔ شاهان عالم از پیامبران تا کیخسروان از خویش وزیران و دبیران با دانش داشته اند که ترا در دربار یافت نمی شود ترا شایسته برآنست که وزیر دانشمندی با اصل و نسب پیدا نمایی تا کارهایی دنیایی را با درایت و کاردانی اش به پیش کشاند. سلیمان عبدالملک که گوش هایش به بالا اوج گرفت پرسید چه کسی سزاوار این مقام در سلطنت من میباشد؟ بزرگمرد اندیشه ورز گفت: برمکیان بلخ.

گرچه تاریخ جعفر برمکی را نام برده است که بکلی افسانه است زیرا در زمان سلیمان بن عبدالملک حتی پدر جعفر برمکی تولد نگردیده بود.

«برمک» که جد خاندان برمکی است احتمالا در زمان امویان از بلخ به بغداد آمده باشد زیرا امویان از ثروت و مکنت ایشان در بلخ شنیده بودند. خواجه نظام الملک در کتاب «سیرالملوک» خود حکایت میکند و تذکر میدهد که چون سلیمان بن عبدالملک در باب فضیلت و مقام برمکیان بشنید ، به والی بلخ امر صادر کرد تا یحیی برمکی را به بغداد گسیل بدارد و او را با تمام دبدبه و ساز و برگ مقام وزیر با حرمت زیاد به دارالخالفه خود شهر دمشق بفرستد (این کتاب نیز از یحیی برمکی نام میبرد) در دارالحکومه دمشق بجز خلیفه دیگر همه ی بزرگان لشکری و کشوری به استقبالش آمدند و به حشمت تمام او را مقام دادند پس از سه روز او را نزد خلیفه بردند. در این دید و وادید حادثه ای اتفاق افتید. چون شاهان اموی در کیمیاگری دست بالا داشتند، در انگشتر بزرگ برمکی زهر تعبیه شده بود. خلیفه این راز را دانست و با غضب هر چه تمام او را از مجلس بیرون کشید و گفت: « اگر نه آن بودی که مرد بزرگ زاده و از راه دور آمده است ، بفرمودی تا گردن او را بزدندی همان ساعت که خویشتن زهر قاتل داشت و هم نخستین بار که پیش آمد زهر تحفه آورد».

یکی از بزرگان دستور خواست تا حال جویا شود . مرد برمکی گفت همین حالا در انگشتر خودم زهر دارم و این میراث پدران من است. من در حیات خود به مورچه آزار نرسانیدم تا به هلاکت آدمی چه رسد. چون سلیمان بن عبدالملک مرا بخواست، از مال و دارایی من واقف است ، فکر کردم مبادا بخاطر آن مرا شکنجه کند که طاقت آن ندارم. لهذا مرا اگر رنجی رسد در حال نگین انگشتری خودم را «برمکم» و زهر بخورم. مرد خبیر این سخن را به خلیفه رسانید و خلیفه زمان او را باز در دربار راه داد. (۸)

یادداشت ها:

۱. کتاب «برمکیان»، تالیف لوسین بووا، ترجمه عبدالحسین میکده، شرکت انتشارات علمی و فرهنگی، چاپ سوم، سال ۱۳٦۵، صفحه های ۳۸ و ۳۹، پاورقی صفحه ۲۸

۲. همان کتاب، صفحه های ۴۶ ـ ۵۰

۳. همان کتاب، صفحه های ۷۷ ـ ۷۹

۴. همان کتاب، صفحه ۸۶

۵. همان کتاب، صفحه های ۹۴ و ۹۵

۶. همان کتاب، صفحه های ۱۲۱ ـ ۱۲۹

۷. کتاب «سیاست نامه»، اثر خواجه نظام الملک طوسی، به تصحیح عباس اقبال، انتشارات اساطیر، چاپ دوم، ۱۳۶۹ هجری شمسی، صفحه ۲۱۸

۸. همان کتاب، صفحه های ۲۱۹ ـ ۲۲۱

درباره برمکیان از این یادمانده ها هم یاری بگیرید:

* کتاب «اخبار برمکیان» تالیف ضیاء الدین برنی (متوفی ۱۳۵۶ میلادی) که از عربی به فارسی/دری ترجمه کرد و در آن هفتاد و دو حکایت را برشته تحریر کشیده و کتاب را به فیروز شاه هشتمین شاه خلجی هندوستان اهدا کرده است.

* کتاب «تاریخ آل برمک» نوشته عبدالجلیل یزدی که آنرا به شاه شجاع ،سومین شاه آل مظفر اهدا کرده است تاریخ تالیف این کتاب ۱۱ نوامبر سال ۱۳۶۰ میلادی است.

عباسه عباسی و جعفر برمکی

داستان عشقی که باعث تباهی خاندان آل برمک بلخی گردید

ابوالفضل جعفر بن یحیی بن خالد برمکی در سال ۱۵۰ هجری (۷۶۹ میلادی) در مدینه متولد شده است. یحیی پدر جعفر مرد فقیه ی را بنام ابویوسف مامور ساخت تا فرزندش جعفر را تربیت و ادب کند. جعفر در بیست و پنج سالگی حکومت مصر را بعهده گرفت و از خود درایت و شجاعت و شایستگی نشان داده کارش بالا گرفت و تا حکومت و ولایت و

وزارت رسید تا بدانجا پیش رفت که او ندیم و همکاسه و همسفر هارون الرشید خلیفه عباسی گردید. امیر المومنین هارون رشید دو کس را دوست داشت:

یکی جعفر برمکی

دیگری خواهرش عباسه

در باره لطف و محبت خلیفه نسبت به عباسه و جعفر ، عبدالجلیل یزدی در تاریخ آل برمک می نویسد:

«هارون الرشید را با جعفر برمکی رغبتی اتفاق افتاد که یک ساعت از روز و شب نمیتوانست از صحبت او جدا باشد و با خواهر خویش عباسه هم محبتی به افراط داشت و خلیفه نتوانستی که از ملاقات خواهر زمانی صبر کند...چه آن خواهر در غایت دانایی و حسن و ادب و علم و دانش از همه اقرباء ممتاز بود. زبیده نام که حرم خاص خیلفه بود و اقرباء و نزدیکان را با عباسه مخالفتی بود و همه از جهت افراط محبت خلیفه که با جعفر و خواهر داشت در آتش رشک کبات بودند.» (۱)

روایت برآنست که هارون الرشید هیچ گاهی جعفر و عباسه را از خود دور نمی ساخت. صرف جعفر برمکی را که در لشکر کشی ها سوق میداد و باعث جدایی او و خلیفه میگردید. این مطلب را بارتولد مستشرق روسی نظر به روایت طبری اظهار نظر میکند که جعفر برمکی هیچوقتی حکومت نکرده است و پیوسته به نیابت خود کسی را گسیل میداشت. طبری در باره روابط جعفر و خلیفه چیز جالبی را متذکر میشود و آن اینکه : چون خلیفه زنباره و فساد انگیز و شهوت پرست و شرابی بوده بناءً او به یک ندیم با تدبیر و دانا که به دهل فحشاء اش برقصد احتیاج داشته است که بدین صورت جعفر مرد شریک شراب و کباب و زن و رباب وی بوده باشد. بارتولد از قول طبری مینویسد: «نفوذ و قدرت جعفر نزد خلیفه ناشی از مثالب و مفاسد اخلاق خلیفه بوده است» چون خلیفه و جعفر هر دو صاحب ثروت و جاه و جلال بودند باید که عیش و عشرت مینمودند زیرا پول ها و گنج های باد آورده دنیای نو مسلمان شده و غنایم سرشار کشور های مفتوحه ایشان را مست و سرشار با حجم عظیم دارایی کرده بود. هستی های مادی و دنیای پهناور اسلام همه به دمشق و بغداد سرازیر میگردید.

سرزمین رود های مقدس

بقول دانشمندی، غنائم «تربار و خشک بار» توسط کاروانهای اشتر و اسپ از خراسان و ماوراء النهر و پارس و هندوستان اعراب بادیه نشین را مفتون ساخته بود.

مراد از «خشک بار» غنایم و حجم بزرگی از دارایی های کشور ها که به بغداد سرازیر می شد و مراد از «تربار» پس از آنکه کشور های نو مسلمان شده فتح می گردید تربار نیز ضمیمه میگردید اعراب از هر قبیله ، از هر طایفه، از هر مبارز واقعی که با اعراب میجنگید دختران نازک و جوان شان چور می شد و باکره های خوب صورت و پری پیکر که اعراب سیاه چرده از دیدن ایشان شکر گزار بودند دسته دسته به بغداد و دمشق میرسید. این باکره ها سبب تعیش و همخوابه گی زمامداران مسلمان بغداد و نواحی آن قرار میگرفت. تمام حکمای مسلمان زبردست در خراسان و ماوراء النهر و پارس و آفریقا و هندوستان که از طرف خلیفه سمت حکمداری میافتند، اولین تحفه شان به خلیفه باکره خوش خط و خالی بود که شخصا برای خلیفه زمان رهبر مسلمانان جهان ارسال میشد. بدان هم بسنده نکرده فرزندان جوان کشور های مفتوحه را به گروگان گرفته ایشان را بصفت «غلام ـ غلام بچه» در لا و لشکر و یا بخدمت دربار و یا ساقیگری میگماشتند.

در این فتح و پیروزی و با آمدن غنایم از نبات تا حیوان ، از شراب تا انسان ، شهر های پرآوازه بغداد ، واسط ، انبار ،موصل و حیره جشن های شادمانی برپا میگردید. خنیا گران و رامشگران با پایکوبی ، شاعران دعا گوی به مداحی ، کنیزکان خوش صورت به همخوابگی در شبانگاه های خلیفه ها و شاهان و امیران و حاکمان عرب سرازیر میشدند. تاریخ نامهای نوازنده گان و رامشگران و شاعران دربار بغداد را به صد ها کس میرساند. «عریب» و «شریعه» زنان زیبا اندام و پری صورت نغمه پرداز بودند که در بغداد قامت کشیدند. حتی خلیفه ها در جنگ های شان نیز این دو آواز خوان دلربا را با خویش میبردند.

این نویسنده را گمان برآنست که برمکیان در دمشق و بغداد صاحب جاه و جلال شدند ، بدون شک ایشان از مقام های علمی و دانشی و درایت و کاردانی و امانت داری نیز برخوردار بودند که خلیفه ها به ایشان ضرورت اشد داشت. اول اینکه فرزندان شان را توسط برمکیان صاحب علم و کمال میساختند. دیگر اینکه ایشان برعلاوه تفکرات دانشی، اهل جنگ نیز بودند که تاریخ از فرونشانیدن شورشیان سوریه ، رزمنده گان طبرستانی و خراسانی توسط برمکیان شهادت میدهد. در کار های محاسبات و حکومت داری نیز دست

۲۷۸

بالا داشتند. در حقیقت برمکیان به دربار دمشق و بغداد همه کاره شدند. وقتی که جوان میبودند به کار های مهم حکومت داری و فرونشاندن شورش های اطراف بغداد رهسپار میشدند. در حین پختگی سن از ایشان به کار های مهم وزارتی و صدارتی استفاده بعمل میامد. در وقت کهنسالی آنها محافظ بی بی های حرم خلفا میشدند. چنانچه یحیی بن خالد کلید دار حرم هارون الرشید بود که حتی زبیده زن خواستنخواه هارون الرشید بدون اجازه او از حرم بیرون نمیگردید. (۲)

ابن القطقطی در کتاب «الفخری فی الاداب السلطانیه و الدول الاسلامیه» در باره اوصاف برمکیان می نویسد: « صفات عالیه و خصایل جمیله خالد ـ حزم و ذکاء طبع یحیی ـ سخاوت و سماحت و مهارت فضل ـ ذوق نویسندگی و حسن بیان جعفر ـ عواطف پاک و علو نظر محمد و مهابت و شجاعت موسی...»

کتاب برمکیان از قول صاحب مجمل التواریخ تذکر میدهد: «.. و جهان جمله بدست و قلم و فرمان برامکه اندر بود و کار ملکت به نظام همی داشتند به تیغ و قلم و روزگار ایشان سمر گشت اندر عالم و ذکر بزرگ همتی و سخا و جود ایشان معروف و مشهور است...» (۳)

داستان عشق جعفر و عباسه یکی از داستانهای حیرت آور حیات آدمی است در این عشق معشوقه درباری و عباسی و عرب تبار ـ عاشق (احتمال عشق زورکی) کسی بود از تبار عجم یا حوزه خارج دربار ، خراسانی الاصل ، صاحب رتبه و مقام ، ندیم و مشیر شخص خلیفه..

عباسه خواهر خلیفه هارون الرشید که اگر خلیفه اف بکشد هزار نفر از هول دهنش به آتش جهنم بسوزد. عباسه زنی است مدبر و کاردان و هم نهایت مقبول که برادرش هارون الرشید وی را صمیمانه دوست دارد و نمیخواهد که یک لحظه از چشمش غایب گردد. در مقابل شخصی که اجدادش کهانت و ریاست معبد نوبهار بلخ را داشته و از خود نام و نشانی هم در کمال دارد بنام «جعفر برمکی» ندیم خلیفه است. جعفر را خلیفه بسیار دوست دارد. عباسه را خلیفه بسیار دوست دارد و میخواهد هردو دوست او یکی خونی و دیگری غیر خونی ـ یکی زن و دیگری مرد ، همبزم و همسنگرش باشند. خلیفه

جدایی این هر دو را باعث آشفتگی خاطرش می داند دوری جعفر برمکی را بجز در خاموش ساختن شورش ها که ناچار او را به رزمگاه میفرستاد ، به دیگر وقت روا نمی پندارد. عباسه را همیشه باید با خود داشته باشد. حل این معما نهایت مشکل ، و چیستان سر در گمی گریده است.

روابط مرموز عباسه ، خلیفه و جعفر برمکی لغز شاعران و ادیبان گردید

قول واثق برآنکه هیچ چیز دنیا بدون علت نبوده است زیرا زیر هر کاسه نیمکاسه یی است. خلیفه با داشتن جاه و جلال و جبروت ، به یک همراز و همبزم و همکاسه نیاز داشت که برایش همه ی این غنایم معاشرتی را مهیا بسازد. جعفر برمکی بر این کار استوار است. او هم ساقی است و هم دلقک و هم همپیک و همساغر که احتمالا راز های درونی دربار را نیز بداند.

جعفر هم مال و دارایی دارد که سخاوت مندی اش برای رامشگران و شاعران حاتم طایی را می شرماند و هم کفو خلیفه است. مرد شراب و کباب و رباب و مرد زنباره و عیاش که خلیفه را در هر مورد خوش نگهمیدارد.

بقول کتاب «دو قرن سکوت» در قصه های «هزار و یک شب» سیمای جعفر برمکی جلوهٔ خاص دارد ... «جعفر» مانند «مسرور» خادم همه جا حریف و ندیم خلیفه است و چنان مینماید که همه کار های دستگاه خلافت بر دست این وزیر محتشم است. در آن شبگردی ها و عشرت جویی ها که هارون خلیفه را در این شهر هزار و یک شب گرد کوی و بازار و کنار دجله و میان نخلستان ها ، همه جا در جنب و جوش نشان میدهد ، جعفر برمکی همه جا همراه است. (۴)

چرا خلیفه عباسه را دوست داشت؟

یکی دوستی خواهری و مادری و خونی است ، دیگری دوستی تن تنی؟عباسه که خواهرش است و زنی زیبا صورت و استوار اندام که مراودات او با خلیفه باعث رشک «زبیده» زن خلیفه نیز میگردد. طوریکه میدانیم زنهای حرم تحت فرمان استند، کاری از دستشان ساخته نیست بجز اینکه تن به تقدیر بدهند و خلیفه را زهر بخورانند. چنانچه اکثر خلفای عباسی توسط زنها و یا سوگلی هایشان زهر خورانده شدند و به یاسای زنان گرفتار

گردیدند. سوال در اینجاست که چه رازی میان خواهر و برادر موجود بود؟ باوجودیکه عباسه دو شوهر را پشت سر گذاشته بود چرا به منزل شوهرش نمیرفت؟ قرار روایت ابن قتیبه که هارون الرشید عباسه را به زوجیت محمد بن سلیمان داد و پس از مرگ این شوهر او را به ابراهیم بن صالح بن علی داد.(۵)

داستان ازدواج عباسه و جعفر را تاریخ به روایت های گوناگون مینگارد. بدون شک هنگامیکه مراسم عیش و طرب بر پا میگردد عباسه و جعفر با خلیفه هارون الرشید در شراب و کباب شریک استند. در این عیش و طرب وقتی که خلیفه خلوت میکند و یا مست میشود در کنج قصر میخوابد، کار عباسه و جعفر جور است. عشق تن تنی می آغازد. خلیفه نظر به علایقی که به عباسه داشت او را از خود دور نساخت یک اشتباه محض است. در کجای کدام کتاب خوانده بودم که خلیفه هارون الرشید عباسه جوان را مانند ماه شب چهارده می درخشیده خلیفه که مست بوده خود عاشق عباسه گردیده و قرار روایت که با او همخوابه شد. برای شرم زمانه او را به دو کس نکاح کرده و بعد بقول کتاب دو قرن سکوت که آن شوهران عباسه را سر بریده و یا به جنگ فرستاده تا کشته شوند و خلیفهٔ مسلمانان جهان خواهرش عباسه را داشته باشد. و باز هم بخاطر شرم مردم در سن های میان سالی (بقول طبری در حدود چهل سالگی) خلیفه عباسه را به عقد نکاح جعفر درآورده (این مساله هم به شکل اجباری بوده) چرا خلیفه هارون الرشید نمی خواست که جعفر برمکی با عباسه (باوجود عقدنکاح) همخوابه شود؟ زیرا که خلیفه زنباره نمیخواست معشوقه اش یعنی «عباسه» همخوابه کسی دیگر باشد و آنهم جعفر برمکی که به مرض ابرص گرفتار بوده است. هارون الرشید که خلیفه جهان اسلام بود و دارای اصل و نسب عربی و مافوق تمام خلق دنیایی ، چگونه خواهرش را به یک عجم باختری النسل بدهد و آنهم با او همخوابه شود ؟ که این مطلب را ابن خلدون نیز تایید کرده است زیرا تاریخ گواه میدهد که خلیفه نظر به حمیت و افتخارات امیر المومنینی اش به نکاح عباسه و جعفر حاضر بود اما اجازه خلوت شدن آنها را مناسب حال نمی دانست. زیرا او عباسه را از ایام شباب و دوره های باکره گی شکار کرده بود و عشق آتشین و شربت ناب عباسه به دل خلیفه جای گرفته بود تا بدانجا که یکی از علت های شکست و بربادی خاندان برمکی همین هنگامه عشق «عباسه عباسی» بوده است زیرا خلیفه پس از درک

اینکه جعفر و عباسه مخفیانه با هم همآغوش شده بودند و صاحب سه فرزند نیز گردیده اند کینه بر دل گرفت و به اولین عمل نافرجامی که دست یازد بریدن سر جعفر برمکی بود. بعد خلیفه عادل و خونباره و زنباره سه فرزند عباسه و جعفر را در صندوق خفه کرد و سپس خواهر/معشوه اش را به یاسا رسانید.

در ایامیکه داستان عشق عباسه و هارون الرشید را خوانده بودم ـ با تاسف فراوان که در آن وقت ها به گرفت موخذ عادت نداشتم.

عبدالجلیل یزدی در باره کشته شدن عباسه در کتاب تاریخ آل برمک مینویسد:

«عباسه را در صندوق نشاندند با آن همه ملبوسات پر جواهر و لالی مرصع با جواهر گوناگون و با آن تاج که خراج ده سالۀ عراق برآن صرف کرده بود و بر فرق نهاده ...و چون وی را در آن صندوق نشاندند و در آن صندوق به مسمار ها مقید و مستحکم گردانیدند» و بعد در باره صفت عباسه میگوید: «آن سرو چمن لطافت و آن ثمرۀ شجرۀ خلافت و آن ماه آسمان سیادت و آن گل بستان ظرافت...» و آن صندوق که عباسه را در آن فرو انداخته بودند در چاهی که هشت گز در هشت گز بود انداختند

مرا چـــرخ گـــردنده گر بیگناه　　بدست بدان کرد خـــواهد تباه
بمردی مـــرا زور و آهنگ نیست　　که با کردگار جهان جـنگ نیست
چه گفت آن خردمند بسیار هوش　　که با اختر بـــد به مردی مکوش
پر از خون شد آن سینه مشکبوی　　بگفت و پر از آب غـم کرد روی
همی مشک باریـــد برکوی سیم　　دو لاله ز خوناب شد بر دو نیم(٦)

یادداشت ها:

۱. کتاب «برمکیان»، تالیف لوسین بووا، ترجمه عبدالحسین میکده، چاپ سوم، ۱۳۶۵، پاورقی صفحه ۹۵، به نقل از کتاب «آل برمک»

۲. همان کتاب، صفحه ۱۶۲

۳. همان کتاب، پاورقی و صفحه ۱۵۶

۴. کتاب «دوقرن سکوت»، دکتر عبدالحسین زرین کوب، چاپ تهران، ۱۳۳۰، ص ۱۹۹

۵. کتاب «برمکیان»، صفحه ۱۸۵

۶. پاورقی کتاب «برمکیان»، صفحه ۱۶۴

آرش کمانگیر

تیر انداز ماهری که با پرتاب تیرش قیامت میکرده

آرش کمانگیر مانند رستم دستان مال افغانستان کهن است . همانگونه که رستم دستان، این تهم تن و گُرد بن زابلی در راه پاسداری و حمیت ناموس کشورش از کیانیان و یا شاهان پیشدادی حمایت کرده و نخواسته که <تورانیان> از آنسوی جیحون بدیار زیبای آریانا یرغل کنند. رستمی که مادر کابلی، پدر زابلی و همسر سمنگانی داشته چگونه نتواند پاسداری و حمایتگر سرزمین خودش نباشد.

آرش کمانگیر نیز پاسدار سرزمینش بوده . او بخاطر پشتیبانی از داشته های فرهنگی و دست آورد های سیاسی سرزمینش دست به تیر میزند. او که در تیراندازی استاد ماهری است، تیرش قیامت میکرده و افسانه تیر اندازی وی در کهن ترین برگ های اوستا تذکر رفته است. داستان رستم دستان، حکایتگر رزم آوری ها و پهلوانی ها است. داستان آرش کمانگیر، قصه تیر اندازی ها است. هر دو تهمتن بخاطر حفظ و آبروی سرزمین شان یعنی آریانا، آرین، ایران، آریا و ایرن، در مقابل تورانیان می ایستند و از خویش شگفتی های رزم آوری و سلحشوری نشان میدهند. یکی به زور بازوی توانایش به تورانی ها ستم روا میدارد، و دیگری با مهارت نشان زدن و انداختن تیرش ترصدگاه دشمن را آماج تیر میسازد. سرزمین هردو قهرمان، بلخ، سمنگان، خلم ،مرو، جیحون، گوزگانان، تخارستان، طالقان، سیستان، البرز، فرخار، کابل و زابل است. هردو تهمتن در مقابل تورانیان ایستاده گی دارد. و افراسیاب تورانی مرکز ثقل نشانگیری شان است. از این معلوم میگردد که هردو با کمی تفاوت در یک زمان معین در مقابل زور گویان تورانی ایستاده گی دارند و افراسیاب ها را نمیگذارند تا چشم طمع بالای محیط شان داشته باشند.

داستانها و قصه های این ابر مردان تاریخ و اسطوره از شکل های حماسوی و نشانه های سمبولیک به ادبیات فارسی/ دری روی آورده است. اینکه تیر آرش از کجا پرتاب میشده و به کدام محل اصابت میکرده روایات مختلفی موجود است. بدون شک آرش کمانگیر تیرش از کرانه های هندوکش بسوی دشمن بیرون مرزی یعنی تورانیان گسیل میگردیده که بدین حساب تیر از بلخ و طالقان و تخارستان و گوزگانان و البرز و سمنگان و خلم پرتاب میگردیده که از دیدگاه جغرفیایی هم درست میآید. و اصابت تیر را مؤرخین آنسوی دریای آمو دانسته اند که باز هم درست به نظر میرسد. زیرا که تورانیان بدانسوی جیحون پراگنده بودند. ویا اینکه تیر آرش بسوی مرو پرتاب گردیده هم مناسب است زیرا مرو کهن نیز بدانسوی رود آمو موقعیت دارد.

اگر خوانند آرش را کمانگیر   که از ساری به مرو اندخت یک تیر

حبیب برجیان پژوهشگر ارجمند مبحث آرش کمانگیر را از <دانشنامه ایرانیگا> ترجمه کرده که آنرا چنین مینگریم:

«قدیمی ترین مأخذی که از آرش یاد کرده یشت هشتم "یشتر یشت" اوستا ست که به "تیر یشت" نیز مشهور است. بند ششم از این یشت به تیری اشاره میکند که آرش از کوه ایریو خشوته Airyo Khashotha به کوه خوانونت Khavanvant پرتاب کرد.

صورت اوستایی نام این پهلوان رخشه Rkhsha یا ارخش Erexsha است که همراه با صفات <تیر تیز> Khishviwi-ishu و <تیر تیز آریانا> Khishviwi-ishivatmo – airyanam از او یاد شده است .. از آرش در ادبیات پهلوی نشان بسیاری برجای نمانده است. تنها در رسالهء <ماه فروردین روز خرداد(بند ۲۲ متن پهلوی) آمده که در روز خرداد ماه فروردین منوچهر و ایرش شیباک تیر Erish – ishebag tir زمین را از افراسیاب باز ستاند..> آرش کمانگیر در کتاب های اوائل اسلامی بنام های <آرش>، <ایرش> ، <آرشش باطر> یا آرش شباتیر و <ارش> ذکر شده است. داستان تیر انداختن آرش بدینگونه نوشته شده:

«پس از آنکه افراسیاب تورانی منوچهر پادشاه پیشدادی را در طبرستان (احتمالاً طخارستان باشد) محصور کرد، سر انجام هر دو به صلح گراییدند و منوچهر از افراسیاب درخواست

کرد که به اندزاه یک تیر پرتاب از خاک او را به وی بر گرداند. افراسیاب این درخواست را پذیرفت.

فرشته ای .. حاضر شد و به منوچهر امر کرد که تیر و کمان خاصی بسازد. بنا بر روایت غررالسیر چوب و پر و پیکان این تیر و کمان هر کدام از جنگل و عقاب و معدن معینی تهیه شد.. به آرش که تیر انداز ماهری بود دستور دادند که تیری بیافگند. بنا بر روایت بیرونی در آثار الباقیه آرش کمانگیر برهنه شد و تن خود را بمردم نشان داد و گفت: بنگرید که تن من عاری از هر جراحت و بیماری است، لیکن پس از افگندن این تیر نابود خواهم شد پس بیدرنگ کمان را کشید و خود پاره پاره گردید»

«خداوند باد را فرمان داد تا تیر آرش را از کوه رویان بر دارد و به اقصای خراسان میان فرغانه (احتمالاً فرخار افغانستان) و طبرستان (ظاهراً طخارستان یا طالقان افغانستان) برساند. تیر رفت تا بر درخت گردوی (درخت چارمغز) تناوری نشست. بنا به روایت ثعالبی، این تیر که افراسیاب بر آن نشانه ای از خود نهاده بود در هنگام طلوع آفتاب رها شد و از طبرستان به بادغیس رسید. همین که تیر به فرود آمدن بود فرشته ای آن تیر را به پرواز در آورده تا زمین خلم در بلخ رسید و آنجا در محلی بنام "گوزین" یا "گوزبن" در هنگام غروب آفتاب فرود آمد سپس تیر را از خلم به طبرستان نزد افراسیاب باز آوردند و بدین سان مرز ایران و توران معین شد.»

مناطقی که تیر آرش کمانگیر پرتاب شده در اوستا کوه <ایریو خشوته> ذکر شده ، و بدین سان از جاهایی بنام طبرستان، رویان، قعله آمل، کوه دماوند و ساری نیز یاد گردیده است.

تیر انداختن آرش را فخرالدین اسعد گرگانی از رویان به مرو در این بیت چنین تمثیل میکند:

از آن خوانند آرش را کمانگیر   که از <رویان> به <مرو> انداخت او تیر

اینکه تیر به کجا اصابت کرده هم اختلاف نظر موجود است. اوستا این کتاب دیرپای ما محل فرود آمدن تیر آرش را کوه <خونونت> میداند. همچنان برخورد تیر آرش به مکان هایی چون، مرو، کوه هماون، عقبه مزدوران (میان سرخس و نیشاپور)، طخارستان، خُلم،

بلخ، کنار جیحون ، هریرود و گوزگانان .. بوده است. آرش پس از پرتاب تیر جان شرین اش را از دست میدهد و روایت دیگری است که آرش پس از انداختن تیر طلایه دار تیر اندازان شده و در این راستا پیشرفت های را نصیب گردیده ترق میکند و بحیث رئیس تیر اندازان مقرر میشود. (۱)

تیری را که آرش کمانگیر پرتاب میکند و آنهم در مقابل تهاجمات تورانیان است که بر خاک آریانا یا ایران (این موقعیت همین خراسان کهن است که مناطق دو طرفه هندوکش را در بر میگیرد که مراد از افغانستان امروز است) یورش دارند و مرد تیر انداز آریایی در مقابل تهاجمات تورانی می ایستد و از کشورش دفاع میکند. تیری را که آرش پرتاب میکند از قله های شرق کوه های شمال خراسان است که باز هم همین قله های هندوکش کبیر است که یک شاخه آن بنام ‹تیر بند ترکستان› که از جنوب بلخ میآغازد و تا بالا مرغاب و مروالرود میرسد میباشد. آغازین تیر بند ترکستان بنام ‹کوه البرز› در جنوب بلخ موقعیت دارد. اینکه تیر آرش مرز میان ایران و توران را تعین میکند درست است، زیرا در آن هنگام ایران، بنام امروزی اش موقعیت نداشت بلکه این ایران همان ایرن یا آریان و یا آریانا است که فردوسی از آن نام برده است. نام ایران و تشکیل سرحدات امروزی آن حاصل کمتر از یک سده اخیر (۱۹۳۵ میلادی) است. پس ایران دیروز همان سرزمین شمال هندوکش با پنها و وسعت بزرگش بوده است و بس.

تیر آرش از خاک افغانستان بسوی توران در حرکت میافتد و در آنسوی مرز های دریای آمو اصابت میکند و مرز کشور ها را تعین میسازد. نام های تاریخی که آرش تیر انداخته و تیرش بدانجا رسیده همه در موقعیت افغانستان امروز واقع شده که آرش را گفته میتوانیم همانند رستم دستان فرزند اصیل خراسان بوده زیرا جا هایی چون گوزگانان، تخارستان، طالقان، جیحون، هریرود، بلخ ، مرو، خلم، البرز همه در افغانستان است. قرار روایت تاریخ، رود آمو مرز میان ایران و توران بوده و این موقعیت مرز بندی ها همه اش بخاک افغانستان است. رود آمو مرز هایی سیاسی را تا امروز هم میان افغانستان، تاجیکستان، اوزبیکستان و ترکمنستان بر قرار میسازد.

جامعه کهن و دیرپای ما وابسته به حافظه اجتماعی است که در جوامع ابتدایی و قبیله سالاری، بزرگان و پیشروان قبیله بانک مرکزی این حافظه تجربی و فرهنگی بوده اند. اوستا

این کتاب دیرپای کهن دیار ما پر از اسطوره و باور های فرهنگی است که طبیعت و تاریخ مردم منطقه حافظ دیرپای این پدیده ها اند. در اوستا <ستاره تشتر> مورد نیایش و ستایش قرار میگرفته است که چه رازی در آن موجود بوده وابسته به پژوهش دامنه دار میگردد؟ این ستاره مقدس در اوستا جایگاه خاصی دارد که نام یکی از ایزدان اوستایی محسوب میگردد. در اوستا تشتر بدینگونه تعریف شده است:

«تشتر ستاره شکوهمند را می ستایم که شتابان و چالاک بسوی دریای "فراخ کرت" تازد، بسان تیر پران "آرش" تیر انداز .. که از کوه " ائیریو خشوت" بسوی کوه "خوانونت"، بینداخت.» تشتر Tistara در سنت اوستایی نام ستارهء "شعرای یمانی" و فرشته نگهبان باران است. این ستاره در زبان های اروپایی Sirius نام دارد. (۲)

مغان در روزگاران پیش روز های برازنده شانرا جشن میگرفتند و آنروز ها برای شان بس بزرگ و حماسه آفرین بوده است. روز های حماسه ساز که باعث جلال و کمال و سربلندی شان میگردیده، مبارک و میمون و در تاریخ زنده گانی شان ارجمندی خاص داشته که در جدول زنده گانی شان با خط های زرین درج گردیده است. ایام متبرک، چه از لحاظ حماسی و چه از نگاه دینی و عقیدتی و چه از دیدگاه مردمی ارج گزاری میشده است. مانند روز نورروز، روز فتح و پیروزی شان در مقابل دشمن، روز های عید و برات، روز های بارگیری و تولیدات زراعی و دیگر ایام سعد و نحسی که دامنگیر آدمی میشده است.

از آن روز ها و ماههای پر برکت یکی هم <تیر> است که در برهان قاطع آنرا چنین میگریم:

«تیر بر وزن میر معروف است و به عربی سهم خوانند. دیگر نام فرشته ایست که بر ستوران مؤکل است و تدبیر و مصالحی که در روز تیر و ماه تیر واقع شود به او تعلق دارد. نام او ماه چهارم است از سالهای شمسی و آن مدت بودن آفتاب است در برج سرطان. تیر نام روز سیزدهم است از هر ماه شمسی نیک است در این روز دعا کردن و حاجت خواستن .. و بعضی گویند چون در این روز میان افرسیاب که بربلاد ایران مستولی شده بود و منوچهر که بر قلعه ترکستان متحصن گردیده بود به این شرط صلح شد که یک کس از لشکر منوچهر با همه نیروی خویش تیری بیآندازد. هرجا که آن تیر بیفتد آنجا

سرحد باشد. گویند آرش تیری انداخت، آن تیر برکنار آب آمون افتاد و آنجا سرحد شد و فارسیان از نگبت و فلاکت نجات یافتند. بنا بر این در این روز از این ماه جشن سازند و عید کنند و این روز را مانند<مهرگان> و <نوروز> مبارک دانند و آن روز را <تیرگان> و جشن این روز را <جشن تیرگان> خوانند.» (۳)

همچنان آرش (به فتح را) نام پهلوانی بوده از لشکر منوچهر که در تیراندازی نظیر نداشته است. در یادمانده های اوستا این نام به شکل <ایریخته> که بمعنی درخشنده باشد درج گردیده. آرش را البیرونی در آثار الباقیه چنین بیان میکند: <آرش و کان شریفاً دیناً حکمیاً> و نیز میگوید :<از جبل رویان تیر انداخت و بین فرغانه و طبرستان افتاد> (احتمالاً طخارستان باشد زیرا مرو از طبرستان نهایت درجه فاصله دارد که در این راستا درست معلوم نمیشود و بعضی ها آنرا درست کرده بجای طبرستان، طخارستان نوشته اند - کامل)

از آن خوانند آرش را کمانگیر   که از آمل به مرو انداخت یک تیر (ویس و رامین)

(بنگرید به حاشیه صفحه ۵۱۸ زین الاخبار گردیزی)

پس دانسته شد که مغان بخاطر ظفرمندی انداخت تیر آرش کمانگیر، جشن برپا کردند و غسل ها نمودند و هم گفته اند که در آنروز اشیأ سفالین را شکستند و آتش دان ها را واژگونه کردند و گندم را با میوه پختند. (۴)

یادداشت ها:

۱. فصلنامه «ره آورد»، شماره ۷۲، سال ۱۳۸۴ /۲۰۰۵ م، صفحه ۱۰۹-۱۱۳، از دانشنامه ایرانیکا، ترجمه حبیب برجیان، کتاب «حدود العالم»، مقدمه بارتولد و تعلیقات مینورسکی، ترجمه استاد میر حسن شاه، چاپ کابل، سال ۱۳۴۲، صفحه ۱۷۱

۲. مجله نقد و آرمان، شماره ۱۲ و ۱۳، سال ۲۰۰۰ و ۲۰۰۱ میلادی، صفحه ۱۱۲، نوشته داود شاه صبا

۳. کتاب «برهان قاطع»، اثر ابن خلف تبریزی، به تصحیح محمد عباسی، صفحه ۳۳۱

۴. «تاریخ گردیزی»، به تصحیح عبدالحی حبیبی، چاپ تهران، سال ۱۳۶۳، صفحه ۵۸

حیوی البلخی کیست ؟

حیوی البلخی Hiwi Al-Balkhi از ساکنان خراسان زمین <بلخ> و شخصی است که در قرن نهم میلادی کتابی درباره رویداد های کتاب مقدس <تورات> نگاشته است. این دانشمند یهودی- خراسانی دوصد نکته انتقادی مهم در مفاد تورات یافته و آنرا انتشار داده، اما قشریون یهودی بدون آنکه پاسخ قانع کننده ی علمی به انتقادات او بدهند خشم شدید بر او گرفته و به شدت وی را تکفیر کرده کتاب هایش را نابود ساختند.

(رجوع کنید به ره آورد شماره ۵۶ سال ۱۳۸۰ نوشته دکتر میترا مقبوله - ص ۳۲۹ چاپ کالیفورنیا)

نو شـــاد بلـــخ

نوشاد Nowsad نام شهریست که به خوبرویان منسوب است. در لغت جوانی که تازه داماد شده باشد. نوشاد را <نوسار> و <نوشار> هم گفته اند. نوشاد شهری بوده است در حوالی بلخ که در سروده های اکثر شعرا، مانند فرخی، ناصر خسرو، مسعود سعد و کمال الدین اسماعیل آمده است. از چامه های شاعران چنین درک میشود که نوشاد شهری بوده که خوبرویان در آن بسیار بوده و یا بزبان دیگر شهر خوش صورتان و زیبا رویان که به گفته حافظ شیرین کلام (شهریست پُر کرشمه و خوبان ز شش جهت). بعضی ها گویند نوشاد شهری بوده دارای قصر های مجلل و با شکوه و هم شهری که بت خانه ها داشته و بُت های ماه پیکر در آن بتخانه ها برروی مِصطبه با بخت و تخت نشسته اند. گویند نوشاد مانند <نوبهار>، بتخانهء بوده بس عظیم که لعبت ها و بت های مرصع نشان

داشته که در زمان اوج آیین بودائی آباد گردیده است. به اساس نوشته های مؤرخین پیش، نوشاد بنائی بوده است در بلخ و یا شاید قصری بوده است با زینت و نقوش بسیار عالی و با نقش و نگاره های زیبا که ابتدا شعرا مانند (نگار خانه چین) محض نقش و نگاره ها و یا شاید پیکره هائی که در آن بوده، بخوبی و زیبائی وصف کرده اند.

نوشاد را یعقوب لیث صفاری بخاطر خوش خدمتی درباریان بغداد ویران و پاشان کرد و بت های سیمین تن و زیبا صورت را روی خراشید و همان هائی که با جواهرات آراسته بودند تحفه دربار بغداد گردیدند. از نوشاد مانند همزادش نوبهار، جز نام در تاریخ دیگر چیزی بجا نمانده است.

خلق را قبله گشت خانهء تو   همچو زین پیش خانهء نوشاد
(فرخی)

زاهد به پند دادن بیچاره مست را   خاطر بسوی لعبت نوشاد میرود
(امیر خسرو دهلوی)

به چارصد جهان صیت مکرمات تو رفت   ز شام تا در چین و ز مصر تا نوشاد
(کلامی اصفهانی)

تا بوقت خزان چو دشت شود   باغهای چو بتکدهء نوشاد
(فرخی)

بزرگ شاهان رامش گزین و شادی کن   بخواه جام می از دست آن بت نوشاد
(مسعود سعد) (۱)

یعقوب بن لیث، عیار خراسان و سیستان پس از تصرف قلمرو <رتبیل> از سیستان بسوی غزنین و زابلستان و بعد بجانب بلخ آمد و بامیان را تحت تصرف آورد. یعقوب بن لیث عیار ویرانگر بود که <نوشاد بلخ> را ویران کرده بنا هایی را که داود بن عباس بن هاشم بن ماهجور ساخته بود همه را خراب و واژگونه کرد. کلمه نوشاد در کتیبه معبد بغلان (حدود ۱۶۰ میلادی) بشکل <نوشال> استعمال گردیده است.

نوشاد معابد زردشتی و بودائی در افغانستان قبل از اسلام موجود بوده است که یاقوت حموی نوشاد را قصری میداند که در بلخ موقعیت دارد. (۲)

کتاب <دو قرن سکوت> به نقل از فضائل بلخ می آورد: <در سال ۲۳۳ هجری والی بلخ داود ابن عباس بود. در هنگامیکه داود بن عباس در بنای "نوشاد" مشغول بود، حکومت بلخ را خاتون او از جانب وی اداره میکرد. در این ایام، بعضی از اصحاب تواریخ نقل کرده اند که از دارالخلافه بغداد بیش از وجوب خراج طلب کردند.. خاتون داود .. پیرایه های خود بدست عامل بدارالخلافه بغداد فرستاد و چنین گوید که آن پیرایه پیراهن او بود مرصع .. و گفت این پیراهن بجهت آن فرستاده شد تا از رعایا بیش از ادرار، غلهء خراج نطلبند و چون عامل با آن پیراهن به دارالخلافه رسید و قصهء حال به خلیفه رفع کرد، خلیفه خراج آن سال را بخشید و آن پیراهن باز فرستاد و گفت این خاتون، ما را جوانمردی و سخاوت تعلیم کرده است و ما را شرم میآید که پیراهن او بستانیم> (۳)

یادداشت ها:

۱. کتاب «فرهنگ جهانگیری»، جلد دوم، ص ۲۱۲۳، و کتاب «فرهنگ معین»، جلد ۶، ص ۲۱۵۶

۲. «تاریخ گردیزی»، به تصحیح روانشاد عبدالحی حبیبی، چاپ تهران، سال ۱۳۶۳، ص ۳۰۶

۳. کتاب <دو قرن سکوت>، نوشتۀ دکتر زرین کوب، ۱۳۳۰، تهران، صفحه ۳۶۰

کلمه های بامی / بامیان و رابطه آن با بلخ

به بلخ بامی بشتافتم بخدمت او　　　چنان کجا متنبی بخدمت کافور

(فرخی سیستانی)

واژه <بام> نهایت جالب است و کلمه اوستایی میباشد، اما فرهنگ های همسایه آنرا <پهلوی> دانسته که بمعنی صبح، صبح زود، نزدیک طلوع، آفتاب بامداد، جانب بیرونی سقف خانه، پشت بام میباشد. <بام> بمعنی درخشان و روشن است. در اوستا صفت <بامیه> بمعنی فروزنده و تابنده بسیار استعمال شده است. و در پهلوی <بامیک> و

<بلخ بامی> بمعنی <بلخ درخشان> میباشد. این صفت به نخستین موعود مزدیسنا داده شده و او را <هوشیدر بامی> نامیده اند.

بامداد بمعنی صبح از لغات فارسی/دری است. و در گذشته اسم اشخاص بوده که داده و بخشیده و یا آفریده فروغ میباشد، چنانکه پدر مزدک بنام بامداد شهرت داشت. همچنان بامی بر وزن جامی، لقب شهر بلخ است. در <خرده اوستا> روانشاد < پورداود> دانشمند ایرانی، از <هوش بام> ذکر کرده اند که مراد از نماز صبحگاهی میباشد. هوشبام، از هوش و بام تشکیل یابیده که <هوش> در اوستا_ اوشه و هوشنگهه آمده و در سانسگریت اوشاس Ushas و معنی آن نیم شب تا برخاستن خورشید باشد. این بخش را در ادبیات متأخر مزدیسنا Oshahim Gah نامیده اند. پس بصورت درست <هوشه> یا <اوشه> بمعنی سپیده دم باشد. جز دوم نماز سحرگاهی که <بام> باشد معنی روشن و درخشان است. صفت بامیه در اوستا بمعنی درخشنده و تابنده کاربرد فراوان دارد. (۱)

تقریباً اکثر فرهنگ ها لقب بلخ را <بامی> دانسته اند. دانشمند وطن پوهاند حبیبی در کتاب جغرافیای تاریخی افغانستان و هم در تعلیقات پته خزانه در باره <بامی> شرح مفصلی نوشته اند. بامی بر وزن <راضی> همواره با بلخ گره خورده و صفتی از آنشهر شمرده میشود. چنانکه القاب و صفت های آن کهندیار را بر شمردیم و اگر لازم افتد هر یک را شرح خواهیم داد. این سرزمین افسانه و حماسه در درازنای تاریخ دارای صفت های بیشماری بوده و مانند شاهان، دارای القاب بوده که در آغازین مدنیت اوستائی هم کلمه <سریرا> Srira صفت این شهر بوده است. سریرا که بمعنی <زیبا> باشد در ابتدا صفت بلخ بود که بعد ها کلمه <بامی> که آنهم بمعنی زیبا و درخشان است بکار رفته که ریشه این کلمه هم در زبان <زند> <بامیا> Bamya است که با نام <بامیان> همخوانی دارد. برخی باورمند آنند که بامیان با بلخ که هر دو شهر دارای مدنیت های دیرپا اند از یک ریشه آب میخورند. ابوریحان بیرونی درباره نام قدیم بلخ مینویسد:

بلخ و اسمه فی القدیم بامی - یعنی نام بلخ از قدیم بامی بوده است. زکی ولیدی توغان دانشمند استانبولی باورمند است که نام بامیان هم از بامی اخذ شده و بامیان یعنی بلخیون، که ازین نگاه بامیان متعلق به بلخی ها باشد در نسخه پهلوی اوستا که از سمرقند بدست آمده و بقرن هشتم مسیحی تعلق دارد <بخل بامیک> تذکر رفته که

همین بلخ بامی فارسی/ دری میباشد. پوهاند حبیبی مینویسد که <بامی> در زبان پشتو نام <گُل> است که شیخ اسعد بن محمد سوری <متفی ۴۲۵ هجری> در قصیده ای کلمه <بامی> را سروده اند:

نه غتول بیا زرخونیزی په لاسونو نه بامی بیا مسیده کا په کهسار

(لاله در کمر های کوه باز نمیشگفد و نه بامی در کهسار میخندد)

چون نام <بامی> در فارسی/ دری بمعنی <زیبا> آمد و در پشتو بمعنی <گل> و احتمالاً گل لاله باشد که خود زیبا بوده و این مفهوم آنرا میدهد که کلمه <بامی> در هردو زبان روابط نزدیک داشته است. (۲)

یادداشت ها:

1. کتاب <اوستا>، تالیف هاشم رضی، چاپ دوم، بهار ۱۳۷۴، انتشارات فروهر، صفحه های ۳۶۹ و ۳۷۰
2. کتاب <پته خزانه>، تألیف محمد هوتک بن داود، ۲۸ حوت ۱۳۸۴، چاپ هیوارد، کالیفورنیا، صص ۲۳۹-۲۴۱

ملکه بامی

ملکه <بامی> دختر جمشید شاه است که والی کابلستان گردید. کتاب بحر الاسرار بلخ کلمه بامی را طور دیگر مینگرد: <بامی> نام ملکه زیبا صورتی بوده که با ضحاک تازی رشته دوسی و قرابت خویشی داشته است. بنا به گفته ها که ضحاک عاشق ملکه بامی میگردد و بعد او را در عقد نکاح خود در میآورد. ضحاک تازی ملکه بامی را نظر به لیاقت و کاردانی که داشت بحکومت کابلستان مقرر کرد. ملکه بامی شهر های بامیان و بلخ را آبادان کرد و شهر ضحاک در بامیان از ساخته های دست اوست که به افتخار ضحاک آنرا آباد گردانیده. به قول بحرالاسرار مینگریم : <.. ضحاک تازی از قبل شداد به حکومت ممالک عجم فایز گردید. بامی نام عورتی که با او قرابت قرینه داشت و در تنظیم مناظم ملک

بغایت کافیه بود.. بحکومت کابلستان و سایر بلاد آمداد نامزد فرمود و آن ملکه بعد الوصول ولایت مذکور، نخست به بنای موضع بامیان شروع نموده، بعد از اتمام قلاع و بقاع ولایت مذکور را به اسم خویش گردانید... دیگر بار به تأسیس ابنیه عالیه شغل نموده آنرا به اسم ضحاک تسمیه فرمود، چنانچه امروز آن دو مقام به ‹ضحاک› و ‹بامیان› معروف است.›

ملکه بامی که دو شهر را بنام های بامیان و ضحاک بنا کرده همین بلخ و بامیان امروزی است که با ضحاک و ملکه بامی رابطه میگیرد. طوریکه این نویسنده در بخش ‹ضحاک تازی› مفصل نوشته ام و متذکر شده ام که جمشید پادشاه پیشدادی بلخ از دست ضحاک تازی که نام اوستایی اش ‹اژی دهاک› و نام پیشدادی اش ‹ابیوراسپ› است شکست میخورد. به شهادت تاریخ که ضحاک تازی خواهرزاده جمشید شاه نیز بوده باشد. در این حملات تازیانۀ ضحاک تازی، جمشید تار و مار شده ملک و دارایی اش به تاراج میرود و خانواده اش بدست ضحاک می افتد. به گفته منابع تاریخ که جمشید دو خواهری داشته بنام های ‹بامی› و ‹آریا›. ضحاک با هردو خواهر (روایتی دختران جمشید) ازدواج میکند. چون دختران جمشید شاهدخت های بلخی اند، زیبنده آنرا دارند که ملکه ضحاک شوند و ضحاک که شخص خونخواره و ظالمی بوده است که در سفاکی و آدمکشی دست چنگیز را از عقب بسته میکرده است. چون شاهدخت بامی که بعد ها ملکه ضحاک میشود از درایت و صلابت شاهی برخوردار میباشد به قول بحرالاسرار که ‹‹در تنظیم مناظم ملک بغایت کافیه بود›› ضحاک ماردوش لازم دانسته تا ملکه اش را بحکومت کابلستان مقرر بدارد. بحرالاسرار بلخ در چندین بخش از کاردانی ها و کارآیی های زنان و ملکه ها یاد میکند که دوشادوش با مردان در خدمت ملکی و اداری قرار داشته اند که یکی از آن ملکه بامی میباشد که در امور کار ها شایستگی دارد و نظام ملک کابلستان بدست موصوفه رهبری میشود. باید بخاطر داشت که ضحاک تازی هیچگاهی از قبل شداد نبوده و بعبارت دیگر او از نژاد سامی نیست بلکه نامش ابیوراسپ است که نام های پسوند کیانی را دارد. و همچنان که خواهرزاده جمشید نیز بوده بناً او یک مرد ظالم و خونخواره ایست که به همین مرزو بوم آریانا متعلق و وابسته است.

از نوشته بالا این قلم بدین نتیجه میرسد که نام قدیم بلخ بنام <بامی> از همین <شاهدخت باختری> بعد <ملکه بامی> اخذ شده است. و همچنان آریانا و آریانا ویچه و ایران و آریان همه از کلمه <آریا> ملکه دیگر ضحاک که دختر جمشید شاه بود گرفته شده باشد که آنهم مال اصیل این مرز و بوم کشور خود ما است. (۱)

خنیرس بامی :

بلخ زیبا که <معشوقه> روی زمین بوده، در درازنای تاریخ کسی نبوده که عاشق بلخ نمیگردیده و در گسترهء تاریخ از آریانای کهن تا خراسان پار و افغانستان امروز، تاریخی را سراغ نداریم که یکی از نام ها و یا القاب بلخ در آن یاد نشده باشد. هر قدر به تاریخ کهن و باستان برگردیم، قدیمیترین مأخذ و دیرینه ترین روایت، کهن ترین افسانه از بلخ و از دیار بلخ از شکوه و عظمت بلخ و زیبایی بلخ و باغ و بوستان بلخ حکایت ها دارند.

<خنیرس بامی> با بلخ بامی رابطه ناگسستنی دارد. نام خنیرس بامی که سرزمین درخشان و مهد آزدگان کشور آریا نشینان یاد شده در تاریخ دراز مدت ما سهم ارزنده دارد. بلخ بامی مرکز و پایتخت خنیرس بامی بوده است. خنیرس بامی مراد از زمره هفت کشوری که جمشید بر آن سطنت داشته و عبارتند از:

زره - شبه - فرودفش - ویدوفش - دوربرست - دور جرست - خنیرس بامی

هفت کشور خارجی عبارتند از : پارس - توران - چین - ماچین - سند - هند - روم

خنیرس بامی اوستایی بعد ها در دوره های اسلامی نیز عرض اندام کرده بشکل <هنیره بامی> یادداشت گردیده. هنیره بامی را بر هفت بر تقسیم کرده اند و خنیرس بامی میان اقالیم هفتگانه همان سرزمین آریانای کهن است. خنیرس بامی کشور وسطی سرزمین ما بوده که قلمرو وسیعی چون بلخ، کابل، طخارستان، هری، زابل، غور و هفت شهر دیگر را دربر میگرفته است. دانشمند هموطن احمد علی کهزاد را باور بر آنست که اصطلاحاتی چون <هفت شهر> ، <هفت کشور> و <هفت بر> به اولین مملکت روی زمین و یا به سرزمین وسطی (میانه) داده شد و این هفت بر و یا هفت کشور در سرزمین میانه جهان

به القاب زیبائی چون: کشور درخشان، کشور آزادگان، کشور نورافشان، کشور پاکنهاد، کشور نیک گهر، کشور خنیرس بامی (مرکزش بلخ بامی) و کشور آریانا مسمی گردید. (۲)

بلخ شهر خون و آتش ، شهر افسانه و حماسه، شهر هزار آیین و باور، سرزمین هزار شهر،. شهر با فرهنگ و هنر، شهر آموزش و پرورش، شهری با داشتن قاضی های عادل و راست جوی و شهری با جمع قاضیهای نا عادل ** (به اساس سروده‌ء شیخ مصلح الدین سعدی شیرازی : <گژ ترازوگان نا راست خوی>)، شهر رابعه و بکتاش، شهر گشتاسب و ارجاسپ، شهر زرتشت، شهر اهورامزدا و شهر باور های بودا، شهر باغها و جویباران و <برج عیاران> شهر هندو و نصاری و شهر گبر و ترسا و <خواجه پارسا>، شهر مؤمن و مسلمان، هم پیمان و هم زبان، شهر قصه و غصه، شهر بومیان آراسته و مهمانان نا خواسته، شهر <دوازده نهر> (*) و <هجده نهر> * ، شهر آمو و آهو، شهر اسپ و اشتر Bactrain Camels، شهر برج های گِلی و باره های سنگی، کهن دژ و موهن دژ، شهر مفاهمه و مهاجمه و بالاخره شهر جلال و کمال بوده است.

بلخ سرزمین هزار شهر

البته هزار شهر مبالغه می آید، اما مراد از هزار شهر آنست که بلخ امتداد پهنای جغرافیایی اش از آبادی ها و حصار ها، قصرها و اماکن مقدسه و تفریحگاه ها و قلعه های بیحسابی بر خورد دار بوده است. هر قسمت باختر زمین دارای آب و هوای خاص خودش و دره ها و کوهپایه های زیبا مخصوصی را داشته. از پامیر و بدخشان و واخان تا تخارستان و کابلستان و بامیان و اندراب و لغمان و طالقان - از کهندژ (قندز) و سمنگان و خلم و بلخ و ترمذ و قبادیان و شبرغان و اندخود و میمنه و پاریاب و مروالرود و هرات و بادغیس. همه ی این مناطق معمور و آبادان و خوش آب و هوا، از یک تمدن ویژه شهری و مدنی آراسته بوده است. مخصوصاً در زمان حکمروایی یونان/ باختری، بلخ مرکز علم و صنعت، دانش و بینش و دارای یک اقتصاد منظم زراعتی و فلاحتی بوده که در هر کنج و کنار وادی اکسوس به مشاهده میرسیده و بدین حساب مؤرخین و یادداشت نگاران جغرافی و اجتماعی از <هزار شهر> بلخ قصه ها دارند.

اینکه گفته اند بلخ یعنی سرزمین هزار شهر و هزار باور- درخشش و عظمت دوره های پیش از اسلام را نمایان میسازد. چون یونانی ها که مردمان متمدن و تهذیت پرور بوده اند با مستعمره کردن سرزمین های شرقی، با گسترش آیین و هنر یونانی (فرهنگ هلینگ) قدعلم کردند. در سرزمینی که قبلاً واجد هنر پروری و هنر دوستی بوده و در آنجا هنر های سیتی، باختری، هندی، سکزی و حتی نگارستان چینی از برنایی گذشته به اوج پختگی خود رسیده بود که هنر و فرهنگ هلینگ نیز در آن افزوده گردید. چنانچه کشف<طلا تپه> در شبرغان هنر نگارگری و فرهنگی آن دوره را نمودار میسازد. کشف طلا تپه شبرغان هنر نگارگری و اسطوره یی را از فرهنگ بودایی (هندی)، سیتی، باختری و چینایی به مشاهده میرساند که این خود باورمندی مانرا به هنر هزار شهری و آیین هزار باوری میرساند.

باکتریا یا باختر از کهن ترین زمانه ها تا کنون مهد پرورش هنر، فرهنگ و ارزش های رنگارنگی بوده که از استعداد سرشار مردمان این مرز و بوم نمایندگی میکند. آزمایش این هنرمندی ها در عصر شاهان یونان/ باختری به شگوفایی و حاصلمندی بیشتر خود میرسد. بطلیموس پدر جغرافیای کهن (**) در باره باختر یادداشت های ارزنده یی دارد که برگ های یادمانده های جغرافیایی اش از یک تمدن با شکوه خاطره میگیرد. گرچه یادداشت های بطلیموس سه و یا چهار سده بعد از شاهان یونان / باختری نوشته شده ولی نام ها و ترمینالوژی های جغرافیایی بطلیموس کهنه گی نداشته در زیر شن های اسطوره و تاریخ پنهان نمی ماند.

بطلیموس باشندگان باختر زمین را بدسته های شرقی و غربی تقسیم بندی کرده که همه دسته ها در اطراف جیحون قامت کشیده و برومندی حاصل کرده اند و در ادوار تاریخ از خود هنر ها و نگارگری ها و کارنامه هایی را بیادگار گذاشته اند. بطلیموس از نام ها، دسته ها و اقوامی چون : تخارها، سالاتارها ، کوم ها، اکی ناک ها ،تماروزها، کومارا (کوم ها) زری اسپه ها، ماروکه ها، خورد ها، ورن ها، اوادرها، سبادی ها، اورفیست ها، اماری ها، خره خرته ها، سوروگانا، پرتوها، الی خوردا، خومارا، کوراندرا، استاگنه، توسمواناسا، باکترا، استوبارا، مناپیا، مارگندا، ایوکاتیدیا، ماراکودرا..

قرار معلوم نام ها و ترمینالوژی ها اکثراً اوستایی بوده اند که بعد ها به کلمات یونانی جای خالی کرده که بدون شک استعمار، چه در گذشته و یا امروز همین کار را میکند. نام شهر ها و اماکن را بنام شاهان شان و یا سردمداران شان به نشان میکشد. تاریخ شاهد نامگزاری های بی پایان در این رابطه است. من در یک یادداشتی <هژده نهر بلخ> اسامی قریه ها و قشلاق هایی که تعداد شان به سه صد قریه میرسد ثبت کرده ام که نام ها از اوستایی می آغازد و بعد بومی میشود و باز یونانی میگردد و در یورش مسلمانها در باختر نام های اسلامی علاوه میگردد. در ترکتازی ترک ها نام ها به ترکی و مغولی و اوزبیکی مبدل گردیده تا اینکه بعد ها در دوره بارکزایی ها و محمد زایها کلمات <پشتو> نیز داخل میگردد. هزار شهری را که بطلیموس در باختر نام میگیرد. تعیین موقعیت آنهم خالی از اشکال نیست که بدون شک همین نواحی لبه های اکسوس میباشد که با کناره های راست و چپ رود آمو و معاونین آن سروکار دارد. (۳)

یادداشت ها :

۱. کتاب <بحرالاسرار بلخ>، تألیف محمود ابن امیرولی کتابدار، به تصحیح مایل هروی، چاپ کابل، سال ۱۳۶۰، صفحه ۴۰

۲. کتاب <غرغشت یا گرشاسب>، اثر احمد علی کهزاد، حمل سال ۱۳۷۸، چاپ پشاور، صفحه ها ۱۹۵ و ۱۹۶

۳. کتاب <تاریخ افغانستان>، اثر احمد علی کهزاد، جلد دوم، چاپ سویدن، ۱۳۸۱، صفحه های ۱۸ - ۲۱

(*) دوازده نهر : بلخ در زمان کتاب <حدود العالم> به دوازده نهر منقسم شده بود که آنرا چنین مینگریم : «بلخ شهری بزرگ است و خرم و مستقر خسروان بوده است.. و او را رودیست بزرگ از حدود بامیان برود و به نزدیک بلخ به دوازده قسم گردد و به شهر فرود آید همه اندر کشت و بزر روستأ های او بکار شود..» این همان دریای بلخ است که از بند امیر بامیان سرچشمه میگیرد و به بلخ میرسد. طوریکه حدود العالم متذکره نهر یا دریای بلخ به دوازده نهر

منقسم میگردیده است. از سده های میانه اسلامی دریای بلخ به هژده نهر منقسم گردید که تا کنون پا برجا میباشد و تمام نواحی بلخ و حتی جوزجان را نیز آبیاری میکند. (حدودعالم چاپ کابل صفحه ۳۹۱)

(**) بطلیموس : بطلیموس یک منجم، جغرافی دان و کیهان شناس سترگ یونانی بود که در سال ۷۵ در حوالی اسکندریه مصر تولد یافت. همانگونه که هیرودت را پدر تاریخ گفته اند، بدرستی بطلیموس را کهن مرد جغرافی تعریف کرده اند. بطلیموس واژه جغرافی را خلق کرد Geo_Graphy. اهل این فن را عقیده بر آنست که جغرافیه از <نقشه> شروع شده و قدیمی ترین نقشه یی که روی لوحه سفالی حک شده بود و در آن کوه و دریا به مشاهده میرسید از سرزمین بابل کشف گردیده بود. در این نقشه دیرینه دو کوه و دو رودخانه نمایان میگردید. در دوره های تابان اسلامی جغرافیه بطلیموس از یونانی به عربی برگردان شد و بعد متن کامل جغرافیای بطلیموس در سال ۱۳۰۶ بوسیله دانشمند ایتالیایی بنام جاکوب انجیلیکو بزبان لاتین ترجمه شد.

(فصلنامه ایران شماره هفت ۱۳۷۶ - نوشته دکتر سیروس علایی - صفحه های ۲۴-۲۶)

اشتران باختری

BACTRIAN CAMELS

بدون موجودیت اشتر<استر> زندگانی در صحرا محال است، صحرای سوزان با اشتر رابطهء تنگاتنگ دارد. در زمانه های دور نظر اندازیم که هزار ها کاروان اشتر در دنیای کهن با بار های مملو از ابرشیم، چای و نمک مایحتاج انسانها را در مرز های مختلف مرفوع میساختند. از کرانه های چین راه ابرشیم را میساختند و از نواحی جنوب چین و هند و سراندیب راه های چای و در صحرا های افریقا شاهراه های نمک را. یا بزبان دیگر همین اشتران اند که شاهراه های پُر آوازهء ابریشم، راه های نمک و چای را میسازد. اشتر را بنام کشتی صحرا یاد میکنند. این کشتی های صحرائی بر علاوه باربری، بانی تغذیه و

دیگر مواد حیاتی میگردند. خان صحرا را شیر تهیه میدارد و داشتن قطاران اشتر خان را از اعتبار ویژه ای برخوردار میسازد. از پشم و پوست آن نیز کار گرفته میشود. شتر <به ضم ش و ت> که به پهلوی اشتر گویند حیوانی است قوی جثه و پُر طاقت، نشخوار کننده و حلال گوشت. این حیوان دارای گردن دراز و دست و پای بلند دارد. شتران در اصل به دو نوع اند:

۱. اشتران یک کوهانه یا اشتران عربی Aravian Camels

۲. اشتران دو کوهانه یا اشتران باختری <اشتران بلخی> Bactrian Camels

اشتران عربی که یک کوهانه اند ساحه زیست آنها صحرا عربستان و افریقای شمالی و دیگر نواحی شرق میانه و هندوستان میباشد. جزیرهء العرب بهترین زادگاه و پرورشگاه شتر های یک کوهانه بود.

نوع دیگر اشتران باختری <بخدی> که دو کوهانه بوده و بنام اشتران باکتریایی یاد میگردند. فالح یا فحل شتری که از او شتر بخدی بوجود میامد که آنرا از سند میآوردند و دارای دو کوهان بود که جز در خدمت شاهان نبود. بخدی و جمازه های سریع از جفتگیری فالح بلخ با ناقه های عربی متولد میشد، اما خود این بختی ها عقیم بودند. باید گفت آن شترانی که تیز رو و تیز دونده اند بنام جمازه یاد میگردند. اینکه چرا این اشتران بنام باختری مشهور شده اند؟ جا دارد که گفته شود چون بلخ نظر به دیگر مناطق دارای تمدن و شهر بزرگ و امپراطورری بوده و بنا به گفته روانشاد احمد علی کهزاد که اولین مقام آریائی ها در بخدی و اولین کانون فرهنگ ویدی و اویستائی است که جا دارد این اشتران در تاریخ بنام <اشتران باختری> مسمی گردد. سرزمین اصلی اشتران باختری یا باکتریائی را صحرای گوبی و آسیای شمال شرق یاد کرده اند. اشتران باختری دارای پاهای کوتاه و گُند و پشمدار میباشد. تحقیق کنندگان بدین باور اند که نوع سومی اشتر نیز موجود است که بنام اشتران درامیدری Dromedary یاد میشود؛ نوع خاصی که مانند اشتران عربی دارای یک کوهان بوده اما از اشتران نوع عربی بزرگتر و همچنان چابک رو اند و یا بزبان دیگر تیز گام تر راه میروند.

اشتران درامیدری را نسبت سرعت شان در مسابقات دوش استفاده و در سابق در سواره نظام عسکری از آن کار میگرفتند. زولوچست ها و دانشمندان این رشته اشتران را به سه دسته جدا کرده اند: اشتران یک کوهانه - اشتران دو کوهانه - اشتران بدون کوهان

از دو نوع اشتر کوهاندار صحبت کردیم، اشتران بدون کوهان همان اشتران کوچک امریکای لاتین اند که دارای کوهان نمیباشند و این نوع اشتران را بنام لاما <در زبان اسپانوی آنرا پاما> LLAMA یاد میدارند.

تاریخچهء اشتران

قدامت اشتران به ملیون سال میرسد که گذر آن از امریکای شمالی میآغازد و به اشتران امروزی میرسد. امروز اشتران کوچک و بدون کوهان امریکای جنوبی در حقیقت نسل اولین این خانواده را تشکیل میدهد. قرار شواهد تاریخی اشتران ابتدا کوچک و خالی از کوهان بوده است. در امریکای شمالی نوع اشتران بدون کوهان که بلندی آن به پانزده فت میرسید است. دانشمندان گفته اند که اشتران امروزی بقایای همان نسل هائی اند که از شمال امریکا آغاز شده (یا بزبان دیگر سرزیمن اصلی و مبدا اولی بود و باش اشتران همین امریکای شمالی میباشد که در هزاره های کهن از میان رفته اند) بعد به دیگر نقاط دنیا گسترش یافته اند. همین اشتران شمال امریکا یک قسمت بجنوب پراگنده شده به کوهپایه های هندیز رسیدند که امروز بنام <لاما> ** یا اشتران کوچک بدون کوهان یاد میشوند. که این لاما ها در واقعیت امر عموزاده های اشتران امروزی اند. شاخه دیگر این اشتران از آبنای بیرنگ ایلاسکا گذشته <باید گفت که گپ از ملیون سال است که در آن وقت آبنای بیرنگ وجود نداشته است> سرحد شان تا آسیا و افریقا شمالی میرسد. اینکه در امریکای شمالی چه عواملی بار آمده که اشتران نابود گردیده اند ساینتست ها را در حیرت انداخته است. امکان آن میرود که مانند دیگر حیوانات ماقبل التاریخ اشتران نیز در امریکا از میان رفته باشند. این نویسنده در یک سفر امریکای لاتین در سال ۱۹۷۶ از کشور پیرو دیدن کردم. درین سفر از شهر های اره کیپه، کوزکو و لیما و همچنان از ترصدخانه امپراطوری اینکه ها در <ماچه پیچو> دیدین کردم که بسیار جالب بود. من لاما ها را در ماچه پیچو و کوزگو که مناطق کوهستانی اند دیدم. این حیوانات برای مردم منطقه به اصطلاح آب حیات اند برای مردم شیر، لباس، پشم، گوشت و در ضمن وسایل حمل و نقل شانرا

برابر میسازد. من لاما را برنگ های سفید، زرد، سیاه و ابلق نیز دیدم. این حیوان درست مانند گوسفند چاری افغانستان جسامت دارد. اما شاید کمی بزرگتر از گوسفند و گردن دراز مانند دارد، بعضی شانرا که کوچکترند بنام <ال پکه> یاد میدارند که پشم نهایت نفیس و نازک داشته که از آن جاکت ها و دستکش های مرغوب تهیه میدارند. ناگفته نماند که لاما ها دور از روی شما بروی تان تُف میاندازند. میرویم بر اصل مطلب که اشتران باشد. در گذشته ها باور بر آن بود که کوهان های اشتر ذخیره گاه آب است.

اما این باور درست نمیباشد بلکه کوهان اشتر از چربی غلیظ انباشته شده که وزن بعضی از این روغن دنبه ئی به هشتاد پوند نیز میرسد. این چربی کوهان برای اشتر انرژی تولید میکند تا در هنگام قلت غذا <یعنی خار های صحرائی> ازین چربی ها تغذیه بدارند. حتی زمانی که اشتران به راه های دور و دراز میروند و در راه کمتر غذا میخورند که در اثر کمبود غذا این کوهان کوچکتر شده میرود. باید گفت که اشتران آب را در داخل وجود و جسم خود نگهداری میکنند تا در مورد ضرورت از آن استفاده کنند. درجه حرارت اشتران نظر به تغیرات آب و هوا و شدت گرمای تابستان تغییر پذیر است. همچنان پلکان اشتران نیز در مقابل ریگ بیابان از خاصیتی برخوردار است که چشم ها را از ریگ محفوظ نگهمیدارد که این خاصیت در هیچ حیوانی به مشاهده نمیرسد. (۱)

رجوع به کتاب Ship of the desert, Blazing Trails HBJ Publishers 1983p 84-89

تاریخ تمدن اسلامی در قرن چهارم هجری تألیف آدم میتز ص ۱۹۲ ج دوم

اوصاف بلخ در کتاب مقامات حمیدی

المقامهء فی اوصاف البلخ

« سپاس خداوندی را که بیاراست ارواح ما را به وجود اصل، و بپیراست اشباح ما را به سجود وصل، گوهر جان در نهاد ما نهاد، و خلعت ایمان بر سرما افگند»

قاضی حمیدالدین ابوبکر بن عمر محمود بن بلخی از مشاهیر زمان خود و ادبای معروف شهر بلخ و مرد متدین و قاضی وارسته یی بود. کتاب <فضائل بلخ> درباره قاضی

حمیدالدین بلخی مینوسید : < قاضی القضاهء الحسین المحمودی است رحمتهء الله و مدتی قاضی و حاکم عدل بود. چنانچه به راستی و دیانت و زهد و ورغ بر او مثل زدندی. و مستحق و محقق و مهیب و محتشم و با صلابت بود..>

قاضی حمید الدین پسر عمر که در کلام شهرتی تمام داشته و در اقالیم عالم در نهایت عقل و کمال فضل بود. قاضی حمید الدین از دانشمندان و علمای سده ششم هجری است که کلام و سلامش زبانزد خراسان زمین گردیده است. قاضی حمیدالدین تقریباً صد سال پس از بدیع الزمان همدانی و ابوالقاسم حریری در نثر مسجع سر آمد زمان گردید. کتاب <مقامات حمید> که در زمان خودش انتشار یابیده نزد بسیاری از دانشمندان، علما و شعرا و فضلا مورد ستایش قرار گرفته و به شهرت و فضیلت وی می افزاید.

انوری ابیوردی در ستایش قاضی پر آوازه بلخ سروده هایی دارد:

ای مسلمانان فغان از دور چرخ چنبری
وز نفاق تیرو فصد ماه و سیر مشتری
افتخار خاندان مصطفی در بلخ و من
کرده ام سلمانی اندر خدمتش هم بوذری
سمند قاضی القضأ شرق و غرب افراشته
آن که است از مسندش عباسیان را برتری
گو حمید الدین، که گر وقتی بخواهی در دو لفظ
مطلقا هرچ آن حمید است از صفتها بشعری

قطعه برازنده انور در ستایش قاضی بلخ این است:

هر سخن کان نیست قرآن یا حدیث مصطفی
از مقامات حمید الدین شد اکنون ترهـــــات
اشک اعمی دان مقامات حریری و بدیع
پیش آن دریای مالا مال از آب حیات
از مقامات تو گر فصلی بخوانم بر عدات
حالی از نا منطقی جذر اصم یابد نجات (۱)

عروضی سمرقندی در چهار مقاله خود از قاضی برازنده بلخ چنین یاد میکند:

<... و مقامات حمیدی که حمامه طبع او همه سجع سرای بوده است..> (۲)

قاضی حمیدالدین اوصاف بلخ را در خیال میبیند نه در شکل فزیکی آن .. البته به شهر بلخ قاضی بوده، اما به تعبیر دکتر انزابی نژاد که از مقامات حمیدی بهره مردم شناسی، روند جغرافیایی و متود های تاریخی بکار گرفته نشده است. به هر حال اگر به خیال است یا تصور اوصاف بلخ قابل یادآوری است و نامبرده در این سفر تصویری، تصاویر آزر کنعانی و مانی ایرانی و اشجار سدره و طوبی را به نظاره می نشیند و چنین میگوید:

<.. و آغاز از مکتب ادبا و مجلس علما کردم. دانستم که ازدحام عوام درنگی ندارد.. آمدم.. هزار ادیب زمان و امام صاحب طیلسان و مفتی مصیب و واعظ مهیب دیدم. هر یک منقلد به منصبی و متفاخر به منسبی. هر یک مقتدای جماعتی و پیشوای صناعتی. از پیران متطلس و از جوانان متلبس و واعظان شرین زبان و مناظران نیکوبیان، مدرسان معتبر و فقیهان مشتهر و متبحران درجه فتوی مبرزان قدم تقوی..

همه از غایت ترقع و قدر   همچو شیخی بزرگ و صاحب صدر

صوفیان صاحب مجاهده و صافیان صاحب مشاهده..

همه چون بایزید صافی دم   همچو شبلی همه عزیز قدم

چون به خلوتخانه زهاد و عباد بار یافتم و به خدمت آن خاصگیان شتافتم، در هر کنجی گنجی دیدم آراسته و در هر ویرانه خزانه ای دیدم پر خواسته.... چندان مزار متبرک و ریاض مبارک مشاهده کردم و از سعدا و شهدا و اولیا و اصفیا و علما و عظما، که ذکر زندگان بر طاق نسیان نهادم.. به رسته عوام آمدم و به جمع اقوام گذر کردم، به هر طرفی که رسیدم پنداشتم که واسطه قِلاده شهر آنجاست. همه آراسته به زیور سنت و جماعت، در هر قدمی لاله رخساری و در هر طرفی مشک عذاری.

شهر شان از خوشی چو خلد برین   رویشان در کـــشی چو حورالعین

تیره از رویشان بـــدور و نجـــوم   خیره از زلفشـــــان زمان و زمـین

گفتم چشم بد از خاک پاک این شهر مکفوف باد و دست توایب از او مصروف. چون از نظر اعتبار به حجره اختیار آمدم.. هر یک را امتحان کردم، همه را رفیق طریق و یار غار و دوست یک پوست و صدیق صادق و خیل موافق یافتم و این قطعه بر خواندم:

یا ارض بلخ و یا روضـات جنات روضهء انت ام ارض المسرات

* * *

و اینما سرت من شام و من یمن علی تـراک مدی الدنیا تحیات

ترجمه:

« ای سرزمین بلخ و ای باغ های بهشت، نمی دانم تو بهشت هستی یا دیار شادمانی ها! ای کسی که شادمانه ، نام و یاد بلخ را تکرار میکنی، از بستر رودخانه های آن سخن بگو. ساکنان آبادی های آن مردمی بزرگوار و بخشنده استند که بر رهگذر و سائل و مهمان، به رزق و خوراک بخل نمی ورزند..

ای شهر بلخ! هر چند من از چراگاه های تو کوچ کرده ام، اما شب و روز فکرم به تو مشغول است. هر جا که باشم _ در یمن یا در شام سلام و تحیات من برخاک تو باد.» (۳)

یادداشت ها:

1. گزیدهٔ «مقامات حمیدی»، به کوشش دکتر رضا انزابی نژاد، تهران، ۱۳٦۵، صفحه های ۱۳. -۱۴. - ۱۵
2. «چهار مقاله عروضی سمرقندی، چاپ بمبئی
3. «مقامات حمیدی»

بحر الاسرار بلخ

راز های نهفته را در بلخ بر ملا میسازد

بحر الاسرار بلخ کتابیست که در زمان حکمروایی ندر محمد خان از دودمان اشترخانیان در بلخ توسط محمود ابن امیرولی، کتابدار این دودمان برشته تحریر در آمده و در سال ۱۰۴۵ خاتمه یافته است. در کتاب مذکور است که بلخ در اصل <برخ> بوده معنی آن حصه و نصیب است. بعضی ها گفته اند که بلخ را <بلخ بامی> گویند. <بامی> نام رفیقه و بعد ها زن ضحاک تازی بوده که آبادی و معموری شهر های بامیان و بلخ را بوی نسبت داده اند. ملکه بامی از طرف ضحاک تازی (بیوراسپ) بولایت کابلستان مقرر گردید. ملکه بامی در آبادانی شهر ها سعی بعمل آورده شهر ضحاک بامیان ساخته دست اوست. احتمالاً قرار گرفتن نام بلخ از بامی به سبب نام همین ملکه بامی بوده که در کابلستان سلطنت داشته است. تاریخ شاهدت میدهد که ضحاک تازی <جمشید> پیشدادی را در بلخ سرنگون ساخت، دو دختر (به روایتی دو خواهر) جمشید شاه به تصرف ضحاک درآمد که با هر دو دختر بنام های آریا و بامی همخوابه شده بعد ها زن های ضحاک تازی میگردند. شاهدخت های بلخی بدون شک از دبدبه و فر شاهی برخوردار بودند و از زناشوهری با ضحاک (چارناچار تن دادند) و سعی در راه آبادانی کشور شان نموده از شاهدختی به مقام ملکه یی رسیدند. بحرالاسرار در باره ملکه بامی گوید: « در آن آوان که ضحاک تازی از قبل شداد به حکومت ممالک عجم فایز گردید، بامی نام عورتی که با او قرابت قرینه داشت و در تنظیم مناظم ملک بغایت کافیه بود.. به حکومت کابلستان و سایر بلاد نامزد فرمود و آن ملکه بعد الوصول ولایت مذکور، نخست به بنای موضوع بامیان شروع نموده بعد از اتمام قلاع و بقاع ولایت مذکور به اسم خویش گردانید» پس از سالهای فرمانروایی ملکه بامی، او به تأسیس دیگر ابنیه عالیه شروع کرد که آنرا به اسم <ضحاک> مسمی ساخت. و امروز هم شهر ضحاک در بامیان نامش جاویدان است. (صفحه چهل بحرالاسرار)

بحر الاسرار بلخ درباره القاب بلخ مینگارد: بلخ را به لقب هایی همچون شیرخانه، معشوقه، مبارکه، مدینهء الدم، مدینهء الغراب و مرجی آباد یاد کرده اند. (صفحه ۵۴ بحرالاسرار)

روایت است که مدینه اول شهر <اوق> است که حضرت آدم علیه سلام در سراندیب بنا کرده است. مدینه دویم شهر بلخ است که بنا آن بدست قابیل صورت پذیرفته است. روایت دیگری که در <میدان>، محلی نزدیک بلخ قابیل برادرش هابیل را کشته در آنجا دفن کرده که آن موضوع را < میدان گشتاسپ> نامند، در بلخ محلی مشهوری بوده بنام <میدان> که تاکنون هویت اصلی موضع آن برملا نشده است. از عمر بن هارون روایت است که روزی به طلب علم از بلخ بیرون شده بسوی عراق روانه گردیدم. از دریایی گذشته به جزیره یی رسیدم، در آن جزیره کسی سوال کرده که از کجا میآیی؟ گفتم : از بلخ. گفت: <میدان> را میدانی؟ گفتم نه، مادرم که در آن سفر با من همراه بود به سوال مرد پاسخ گفت که بلی میدانم. آن مرد گفت در آن <میدان> یکی از پیغمبران خدا مدفون است. آن پیامبر خدا حضرت ایوب علیه سلام است. پس در <میدان> بلخ بنا بر روایت بحرالاسرار بلخ، محلی که نهایت پر اهمیت بوده، آرامگاه حضرت ایوب قرار دارد. این روایت را حسن بصری نیز تاکید میکند که مقبره حضرت ایوب صابر در بلخ موقعیت دارد. از ابومطیع قاضی پر آوازه بلخ نقل کرده اند که در قرب مناره بلخ قبر نبی است. (صفحه های ۳۸ و ۳۹ بحرالاسرار بلخ)

سخن دیگر آنکه هابیل را که برادر کشته بود، در آنسوی کوه شادیان در محلی موسوم به <چاه انجیر> دفن کرده اند ... اگر هابیل فرزند حضرت آدم (ع) در <میدان> بلخ دفتن باشد و یا در کوه شادیان منطقه چاه انجیر با دفنگاه حضرت بابای آدم که در سراندیب باشد از لحاظ مکانی آنقدر فاصله نمیگیرد. ساختار بلده بلخ را به <کیومرث> آدم اسطوره یی و تاریخی نسبت میدهند. کیومرث دید که این عرصه در کمال لطافت و نزاهت و فلاحت است، امر کرد تا بلده عظیم الشان بسازند. کیومرث را برادری بود بنام <بلخ> که پیوسته در حجاب و پوشیده گی بود و چون روزی در بلده آباد شده برادر بیامد و کیومرث از خوشحالی که برادر را دید اسم این بقعه را بنام برادر یعنی <بلخ> مسمی ساخت. (بحرالاسرار بلخ صفحه ۳۳)

گشتاسپ بن لهراسپ، بعد از طی مراحل منازل بسوی خراسان آمد. در نواحی رود مرغاب (مروالرود) فرود آمده و نظر به وحی آسمانی حضرت ایوب علیه سلام با وی ملاقات کرد. و بعد به بنا بلده بلخ مبادرت ورزید. چون بلخ همیشه از طرف شمال مورد هجوم ترک و

تتار و تورانی ها واقع میگردید، ابتدا خواست سدی را در مقابل آنها ایجاد کند تا بلخ این مرکز فرهنگ و دبدبه شاهی در امان بماند. گشتاسپ اولین کاریکه کرد ساختن حصار های استوار و متین در ترمذ شد. زیرا ترمذ یگانه راهی بود که اتراک و مهاجمین آنسوی جیحون به بلخ سرازیر میشدند. ترمذ در حقیقت یک منطقه استراتیژیک دنیای کهن بود که ایلغارچیان از رود جیحون گذر کرده داخل خراسان پار میشدند، ترمذ از گذشته های دور محل تردد کاروانها و جهانکشایان بوده است. گشتاسپ شهر معروف <ماداره> را در ترمذ آباد کرد که به قول امام ابوالقاسم سمرقندی، نام ماداره را <آب و راهه> میداند. این کلمه هم درست به نظر میاید زیرا ترمذ متصل رود آمو و یگانه محلی است که از رود آمو عبور و مرور صورت میگیرد. و چون این شهر متصل رود آمو قرار دارد نام آب راهه با آن همخوانی دارد.

وقتی که گشتاسپ از بنا حصار های مستحکم دفاعی ترمذ فارغ شد، به آبادانی بلده بلخ قیام کرد. گشتاسپ برای مدت ده سال سعی بخرج داد تا شهر بلخ را بصورت زیبا و مناسب حال و احوال زمانه که به قول حافظ شیرازی <شهریست پر کرشمه و خوبان ز شش جهت>. او در بنای شهر مردانی که بخدمت نظامی گماشته شده بودند، به قلت امور اداری سردچار میشد و شاه فرمانگر فرمان داد تا از تمام ممالک تحت فرمانش زنان را به کار های دولتی و ملکی بگمارند. < .. به بنای بلده طبیه شروع نمود، معاملانرا فرمان داد تا از تمامت ممالک محروسه مردان را فراهم آورده و زنان را به ضبط و ربط و مهام مملکتی مشغول و منسوب دارند> (بنگرید به صفحه های ۳۴ و ۳۵ بحرالاسرار)

چنانچه ضحاک نیز که برادر زاده جمشید شاه بود، در کار های امور ملکه هایی را تعین بندی کرد که در بخش ضحاک آنرا مفصل نوشته ام.

شهربانو

شهربانو نام شهری بوده در کنار رود آمو نزدیکی های <خُلم> متصل بلخ، شهر بانو، نام دختر یزدگرد سوم شاه ساسانی است و چرا این شهر بنام این شاهدخت پارسی گذاشته شده است؟ پاسخ آنرا در تاریخ مینگریم.

بنا بر شهادت تاریخ، یزدگرد سوم شاه ساسانی وقتا که از لشکریان اسلام شکست میخورد، به خراسان زمین پناه میبرد که در آنجا کشته میشود. خودش کشته میشود و اولاده اش را بدربار خلفا میبرند که رسم و رواج آنزمان بوده است، شاه ساسانی دارای پنج اولاد بوده که بنام های :

دهرام، پیروز، ادراکه، شهربانو و مرداوند.

دهرام و پیروز دو پسران و سه دختر ادارکه، شهربانو و مرداوند که بدست سپاه عرب میافتد و قرار آن میشود که اولادهء شاه بدربار خلیفه بروند و چون پادشاه زاده باید به پسران خلفا تعلق داشته باشند و همان است که :

شهربانو را به ازدواج امام حسین بن علی،

ادارکه را به عقــد نکاح عبــدالله بن عمر،

مرداوند به ازدواج محمد بن ابی بکر بن ابی قحافه،

حضرت امام حسین <نواسه پیغمبر خدا> از شهربانو صاحب چهار فرزند میگردد که عبارتند از:

علی اکبر

علی اصغر

علی اوسط

سکینه <دختر>

باید یاد دآنی کرد که <علی اوسط> همان <زین العالبدین بیمار> اند که گویند نسبت بیماری به جنگ با پدرش اشتراک کرده نتوانست. بعد از واقعه کربلا که همه بجان خاندان نبوت افتیده بودند، شهربانو، این عروس نگونبخت که به خاندان بنی هاشم تعلق داشت، قتل شوهر را با اولاد ها و یاران شوهرش تحمل نتوانسته راه گریز را پیش گرفته بسوی خراسان عزم سفر میبندد. تا اینکه کناره های رود آمو در دره سرسبز خُلم متصل بلخ مقیم میگردد، شاهدان عینی گفته اند که کناره ی رود آمو املاک وسیعی بنام

شهربانو <عروس شیرخدا> مسمی است که تا امروز قدی دفتر مالیاتی ولسوالی خلم<تاشقرغان> میباشد که فعلاً جز خرابه ها چیزی دیده نمیشود که مردم محل آنجا را بنام کافر قلعه یاد کرده اند.

چون از خلم یاد گردید باید گفت که خلم نام قصبه ایست از توابع بلخ و بنام ده فرعون اشتهار داشته است. حکیم آذری گوید:

بلخ را قریه ایست نام خُلم

دِه فرعون خواندش مردم

حدود العالم در باره خلم گوید: خُلم میان بلخ و تخارستان و اندر صحرا نهاده بر دامن کوه و او را رودیست و خراجشان بر آنست و جائی بسیار کشت و بزر است. عنصری گوید:

خراج قیصر روم است سر گزیت خلم　　　بهای بندگس داد سراء با جیپال

(درباره خُلم بنگرید به فرهنگ جهانگیری ج اول ص ۱۶۱۴ و حدود العالم چاپ کابل ص ۳۹۱)

باید یاد آور شد که زید بن حسین ملقب به امام زین العابدین که در زمان جهاد حضرت امام حسین بیمار بودند، در زمان هشام اموی در سال ۱۲۲ هجری امامت و خلافت خود را در کوفه برخلاف خلیفه اموی بشمول پنجصد نفر اعلان کردند. امام زین العابدین بیمار با یوسف بن عمر ثقفی حاکم عراق داخل جنگ شده خوب جنگیده تا اینکه زخم خوردند و به خانهء یکی از دوستان جان داده و مخفیانه بخاک سپرده شدند. امام حاکم ظالم بعد از دو سال جسد امام را یافته و سر شانرا نزد هشام اموی خلیفه اموی فرستاد و هشام <ظالم خونخوار دیگر> سر بریده امام را بدار اویخت. (۱)

۱. رجوع کنید به :

مجله آیینه افغانستان شماره ۳۲ سال ۱۳۷۲ ص ۱۵۲

مجله آیینه افغانستان شماره ۱۸ و ۱۹ سال ۱۳۷۰ نوشته پوهاند میر حسین شاه

تاریخ مزار شریف تألیف جناب مرحوم کهگدای صفحه ۲۸

سَمنگان Samangan

کهن دیاران بُت ها و صنم ها

سمنگان شهریست از تخارستان آنسوی بلخ و بغلان. همین شهر است که بروایت شاهنامه رستم برای یافتن <رخش> بدانجا رفت و تهمینه دختر شاه سمنگان عاشق رستم گردید و از او بار گرفت و سهراب از این پیوند متولد شد. (۱)

سمنگان به تعبیر دیوان حکیم ناصر خسرو بلخی / یمگانی، شهریست که حکیم زمانهء ما در فرار و قرار در آن شهر چند صباحی اقامت گزیده است. شاعر پس از کوچ از سنگچارک باز هم از راه کوهپایه های البرز و شادیان، رخ بجانب سمنگان کرده است.

سمنگان را یاقوت حموی سمنجان نوشته که شهری بوده از مربوطات تخارستان، در ماورء بلخ در وسط راه میان خلم و اندراب. فاصله سمنجان (سمنگان) از اندراب و خلم پنج روزه راه است. در سمنجان دره ها و مغاره های زیاد موجود بوده و جماعتی از قبیله تمیم در آنجا ساکن بودند. این دو قرینه اخیر هر دو رفتن حکیم ناصر خسرو را بدانجا متحمل میکند که ممکنست وی ابتدا به سمنجان رفته و پس از چندی به یمگان بدخشان رهسپار شده باشد. (۲)

سمنگان را فرهنگ جهانگیری شهری میداند در آنسوی توران زمین که دختر پادشاه آنجا را رستم در حباله نکاح خود درآورد و سهراب از او متولد شد. احتمالاً در توران زمین شهرکی بنام سمنگان وجود داشته باشد. اما سمنگان تاریخی در شمال افغانستان است که روزگاری تورانیان بدان دست داشته اند. در پاورق فرهنگ جهانگیری آنرا چنین مینگریم: سمنگان شهریست اندر میان کوه نهاده و آنجا کوه ها است از سنگ سپید چون رخام و اندر وی خانهای کنده است و مجلس ها و کوشک ها و بت خانه هاست و آخر اسپان.> مقدسی گوید سمنگان از خلم بزرگتر است. مسجد جامع و میوه بسیار دارد.

فردوسی گوید:

چو نزدیک شهر سمنگان رسید　　　خبر زو به شاه و بزرگان رسید (۳)

ریشه یابی ایبک و سمنگان

سمنگان احتمالاً از صنمجان عربی گرفته شده باشد. در هنگام حمله تازیان، عرب ها در هنگامیکه کثرت بت ها را در سمنگان دیده اند به تعجب افتیده این ناحیه را صنمجان نامیده باشند. <صنم> واژه عربی که بمعنی بت است، <جان> نیز به شکل عربی اش به اسم جمع بمعنی جن و پری می آید. در نزد عرب ها بت ها و صنم ها شکل جن و پری را داشته و از دید تازیان نام صنمجان به سمنگان همخوانی داشته است. بعد ها در گذشت زمان صنمجان به سمنجان و بعد به سمنگان امروزی تغییر لهجه داده است. با یورش عرب ها حرف <جان> در اکثر کلمات به <گان> جای تبدیل کرده، مانند جوزجانان که در اصل گوزگانان بوده..

در هنگامی که عرب مآبی از خراسان زمین کاهش می یابد، مردم از زبان تازی دست شسته از <صنم> و <جان> گریز کرده کلمه فارسی/دری ناب <ایبک> را بالای سمنگان میگذارند. در ادب فارسی/دری <ایبک> بمعنی بت و معشوقه یاد گردیده است.

سمنگان فارسی/دری شده سمنجان اکنون ولایتی است در شمال افغانستان که در گذشته ها وابسته تخارستان بوده و در گزار تاریخ زمانی به بلخ مربوط گردیده است. اکنون بنام ولایت سمنگان که مرکز آن ایبک میباشد عرض اندام کرده دارای دره های زیبا و شاداب و دارای آثار تاریخی و غنایم دیرینه است. در سمنگان <تخت رستم> یکی از یادمانده های کهن آرت و هنر مردمان دیرینه را به نمایش میگزارد. در گذشته ها سمنگان دارای پادشاهی بوده که شاهنامه از آن یاد کرده است. سمنگانیان نیز مانند باختریان از یرغل های اتراک و تورانیان در امان نمانده و یرغل چیان همیشه باعث درد سر آنها میگردیده که چندین بار رستم به یاری شان قد علم کرده است. زمانی رخش رستم در نواحی سمنگان ربوده شد و رستم برای یابیدن اسپ تیزگامش به سمنگان میآید و آنست که با تهمینه دختر سمنگان دیدار میکند و روابط خویشی بین تهمتن سیستان - زابل و شاه سمنگان بر قرار میگردد.

نقشه جغرافیایی نشان میدهد که راه بازگشت حکیم ناصر خسرو از سنگچارک بلخ بسوی یمگان بدخشان حتمی است که از همین راه دره های تیربند ترکستان عازم سمنگان شود و بعد از راه اندراب بسوی کران و منجان و دره یمگان گسیل گردد.

امروز حدود مرزی سمنگان را بلخ و قندر و بغلان و بامیان تشکیل داده که از جانب شمال به کشور های اوزبیکستان و تاجیکستان وابسته میگردد.

سمنگان را <ایبک> نیز گفته اند ایبک را در غلیث اللغات چین مینگریم : «ایبک بالکسر و یای مجهول و فتح بای موحده و کاف عربی بمعنی بُت که به عربی <صنم> گویند، گاهی مجازاً بمعنی معشوق آید..» (۴)

ایبک را که بمعنی بت نام کرده اند سخن درستی است ، زیرا سمنگان با داشتن بت های سیمین تن و صنم های رنگارنگ و منقوره های زیبای مغاره ها و تخت های صخره یی معروف بوده است. کشفیات آثار تاریخی و غنایم گرانبها نمودار یک هویت هنری و اسطوره یی سمنگان زمین میباشد، همچنان که تندیسه عظیم خوابیده بودا در بامیان کشف نگردیده، کشف صنم های رنگارنگ سمنگان نیز قابل دقت است که امید در آینده کاوش هایی صورت بگیرد.

به اساس تحقیقات و کاوش های باستان شناسی که از جانب داکتر کارلتن کون، دانشمند برازنده امریکایی صورت پذیرفته، نامبرده در مغاره قره کمر در مجاورت ایبک در دامنه های شمالی هندوکش بزرگ آثاری را که دیرینه گی چندین هزار ساله دارد کشف کرده است، کارشناس امریکایی ثابت کرده که حوالی قره کمر ایبک ، از سی، پنجاه هزار سال پیش مرکز رهایش یکعده شکارچیان بوده که از کهن ترین دوره حجر Palcolithique در صید و شکار حیوانات مشغول بوده اند. این مردمان با حیات غار نشینی و با ادوات بسیار ابتدایی که از سنگ چماق میساختند، مدنیت دوره اول سنگ را نمودار میسازد.

بدین سان در مغاره های هزار سم سمنگان که در شانزده کیلومتری آن موقعیت دارد و از نشیب های هندوکش به ارتفاع ۲۲۰۰ فت میرسد، به دیوار های هزارسم: هزار ها رسم و نگاره مشاهده میگردد. قدامت این منقوره ها و نگاره ها را دیرینه شناسان و خط آگاهان آنرا به خطوط ماقبل التاریخ رجعت میدهند. گفته اند که منقوره های (هزار سم) ایبک از لحاظ قدامت و دیرینه گی، با مغاره های کشف شده تاریخی هسپانیا، ایتالیا، سویس و فرانسه همخوانی دارد. هنر دیرینه هزارسم را باستان شناسان پنجاه هزار سال تخمین زده

و شباهت هایی را میان منقوره های هزار سم ایبک و نگاره های مغاره های کشف شده اروپا مینگرند. (۵)

تخت رستم در سمنگان

تخت رستم یکی از آثار و غنیمت های دیرینه سنمگان زمین محسوب میگردد. تختی که بر روی ستون سنگی حک شده و از زمانه های دور بنام <تخت رستم> معروف گردیده است. استوپه سنگی تخت رستم با جایگاه طواف در حصه فوقانی یک تپه سنگی به شکل دایروی در بدنه سنگ تراشیده شده - قطر استوپه نود متر و ارتفاع آن ده متر میباشد. و بر استوپه یک تخت بطول و عرض هشت متر و ارتفاع سه متر تراشیده شده که معروف و مشهور به تخت رستم است. در آنسوی شمالی تخت رستم در حدود صد متر دورتر بر یک تپه سنگی پنج سموچ به شکل های مختلف در داخل تپه تراشیده شده که بنام <تخت بانو> یاد میگردد. سموچ اولی در شروع تپه بوده که نظر به دیگر سموچها کلانتر مینماید و به شکل دایروی به طول ده متر و ارتفاع ده متر در داخل تپه ساخته شده است. این سموچ از داشته های هنری زیادی برخوردار است مانند: روشن دانی، محل مجسمه بودا و سقف آن به گلهای نیلوفر و لوتس مزین گردیده است. در امتداد آن دو دهلیز بزرگ و دو سموچ کوچک حفر شده که طول دهلیز ها را پنجاه متر - با عرض چهار و ارتفاع سه و نیم متر کنده کاری شده اند. در امتداد دهلیز ها رواق هایی نیز به نظر میخورد که تعداد آن به سیزده میرسد. بدون شک رواق ها جایگاه مجسمه ها بوده است که از دو طرف دهلیز راهبان به سجده کردن و پرستش مجسمه ها میپرداختند. سموچ دیگری دایروی و مربع شکل دیده میشوند که قسمت تحتانی بصورت مربع و فوقانی آن دایروی بوده که مساحت آن به چهل متر مربع و ارتفاع آن ده متر است و دارای یک دهلیز کلان میباشد. سموچ دیگری که نامکمل است بنام <حمام> تخت رستم مسمی گردیده است. در داخل سموچ ها محلی برای ایستادن و نصب مجسمه ها و هم جای هایی برای طواف کنده شده اند.

اهالی کهن سال سنمگان را باور بر آنست که رستم در هنگامیکه با تهمینه شاهدخت سمنگان ازدواج میکرد در یک شب برایش تخت گِرد تراشیدند و متباق پنج سموچ را دختر شاه سمنگان برای خودش ساخت که محفل برگزاری عروسی رستم و تهمینه در این منطقه صورت پذیرفته است.

اگر این تخت براستی بنام نامی رستم حک شده باشد، پس تاریخ احتمالی دیرینه گی تخت رستم بیشتر از سه هزار سال قدامت دارد. این اندیشه را یوسف شاه یعقوب اوف رئیس باستان شناسی اکادمی علوم تاجیکستان نیز تایید میدارد. یعقوب اوف که از شهر باستانی ایبک دیدن کرده و تخت رستم را دیده و مطالعاتی در این زمینه انجام داده میگوید : «استوپه بزرگ تخت رستم یکی از نادرترین پیکره زمان زردشتی ها بوده که تا حال نا شناخته باقی مانده است» او باورمند بر آنست که زردشت پیامبر مدت ده سال به کوه های سیلان (سمنگان امرزوی) و در ساختن این معبد (تخت رستم) خود زردشت سهم داشته و قدامت تاریخی آن به بیش از سه هزار و پنجصد سال میرسد. (٦)

در تخت رستم چون آثار و علایم آیین بودایی دیده میشود این امر دلالت بر آن میکند که تخت رستم در دوره انتشار بودایی در افغانستان کنده کاری شده و موجودیت نقش گل نیلوفر و مجسمه های بودا و سموچ ها، از زمان آیین بودایی حکایت دارد. از جانب دیگر سمنگان که با رستم دستان خویش است، و رستم در اسطوره دیرینه و آیین زرمندگی آریانا مقام خاصی را دارا است جا دارد که گفته شود، ساختمان تخت رستم طوریکه از نام آن بر میآید قدامت بیشتر از بودایی ها را وانمود میسازد.

کتاب حدود العالم شهر سمنگان را اینگونه مینویسد: <سمنگان شهریست اندرمیان کوه نهاده و آنجا کوه هاست از سنگ سپید چون رخام و اندروی خانهای کنده است و مجلسها و کوشکها و بت خانه هاست و اخراسپان - با همه التیکه مرکوشکها را باید بر وی صورت هاء گوناگون از کردار هندوان نگاشته و از نبیذ نیک خیزد و میوه بسیار> (٧)

یادداشت ها :

۱. «فرهنگ معین»، جلد پنجم، اعلام، صفحه ۸۰۱

۲. «دیوان ناصر خسرو»، تعلیقات استاد علی اکبر دهخدا، ناشر دنیای کتاب، سال ۱۳۷۲، صفحه ۳۲

۳. «فرهنگ جهانگیر» جلد دوم، صفحه های ۱۷۱۳ و ۱۷۱۴

۴. «غیاث اللغات»، چاپ بمبئی، صفحه ۸٦

۵. کتاب <تاریخ خط و نوشته های کهن افغانستان>، اثر پوهاند عبدالحی حبیبی، چاپ پشاور، سال ۱۳۷۷، صص ۱۹ /۴.۵

٦. هفته نامه امید، منتشره ورجینیا، شماره ۷۸۰، و ۴ اپریل، صفحه ۱۳، سال ۲۰۰۷ میلادی، از قول نشریه پژواک منتشره کابل

۷. کتاب <حدود العالم>، مقدمه بارتولد، ترجمه میر حسین شاه، چاپ کابل، ۱۳۴۲، صفه ۳۹۱

بدخشان

جایگاه لعل و لاجورد و سرزمین هزار دستان و هزار زبان

بدخشان سرزمین وسیع و پهناوریست که یک سرحدش به چین و ماچین، سرحد دیگرش به هندوستان، و سوی دیگرش به تخارستان میرسد، بدخش مخفف بدخشان باشد که <بدخش مذاب> کنایه از لعل بدخشان گداخته شده که عبارت از شراب سرخ باشد. (۱)

معنی کلمه <بدخش> یا <بلخش> نوعی یاقوت است که فقط در ناحیه بدخشان در لبه های رود کوکچه (ککچه) یافت میشود. احتمال لغت های فرانسوی Balais و انگلیسی Balas که با لهجه واژه بلخش یا بدخش همخوانی دارد از همین سرزمین لعل خیز بدخشان گرفته شده باشد. این کلمه در ابتدا نام منطقه یاد گردیده بعد ساکنین آنجا با ذرات یاقوتی برخوردند و با کشف معدن یاقوت (*) که همان نگینه های یاقوتی است یاد گردیده باشد. (۲)

در فرهنگ جهانگیری کلمه <بدخش> با اول و ثانی مفتوح نام ولایت بدخشان بوده و چون لعل از آنجا حاصل شود ، گاه لعل را نیز بدخش گویند.

صبح ستاره نمای حنجر تست اندرو   گاه درخشش جهان بدخش مذاب
(خاقانی)

بازارگان عیش و زجام بدخش جرم   بازارگان جرم و بدخشان شکستنش
(خاقانی) (۳)

بدخشان نظر به موقعیت جغرافیایی اش و نظر به اینکه معبر کوهپایه های پامیر و هندوکش بوده و هم بخاطر موجودیت رودخانه بزرگ آمو از اهمیت بزرگ اقلیمی و سیاسی برخوردار بوده است.

غیاث اللغات بدخشان را از اقلیم چهارم محسوب ساخته و بطول هشتاد و چهار درجه و بیست و چهار دقیقه - و عرض سی و چهار درجه و سی دقیقه دانسته و بدخشان را در قلمرو ملک توران مینگارد. (صفحه ۷۸۰ غیاث اللغات چاپ بمبئی)

سرزمین لعل و لاجورد از کهن زمانه ها بنام های بدخشان، بدخش، بدخشانات ، بلخش یاد شده است. بدخشان امروز از دو حصه که یکی مربوط تاجیکستان و دیگری وابسته به افغانستان است که در گذشته ها این هردو توأم دارای سلطنت نشین و شاهی و امیری بوده اند. مرکز بدخشان تاجیکستان بنام <خاروغ> و مرکز بدخشان افغانستان بنام <جوزگون> در تاریخ ذکر شده است که بعد ها مرکز بدخشان اینسوی رود آمو با جابجایی خرقه مبارک سرور کاینات در جوزگون به <فیض آباد> تغییر نام داد. مردمان بدخشان آنسوی رود آمو را بازماندگان شغنان و اسماعیلیه تشکیل میدهند. اما اکثریت قاطع اهالی بدخشان افغانستان اهل سنت اند و نویسندگان قدیم بدخشان را به <ذ> مینویسند <بذخشان> و نخستین با نام بدخشان در یادمانده های چینایی قرند هفتم تذکر رفته است. در هنگامیکه هیون تسنگ زایر چینایی بخاک خراسان وقت و افغانستان امروز داخل شد از راه سمرقند وارد خلم گردید (۵ مارچ سال ٦۳۰ میلادی). او در این طی طریق و سفر پر خطرش بلخ، بامیان، کاپیسا، لغمان، ننگرهار، گندهارا، اوده خند(ویهند)، اودیاته (شمال مردان)، سراستو (سوات)، سپس به کشمیر و هند میرود. پس

از چهارده سال از هند برگشته به بنو و پکتیا و غزنه بکابل میرسد. از راه کاپیسا و اندراب – تخار به کران و منجان بسوی بدخشان و پامیر رهسپار میشود. هیوان تسونگ بدخشان را بنام <کی پو کین> یاد میدارد که بتاریخ دهم سپتمبر سال ۶۴۴ میلادی وارد بدخشان گردیده، یادداشت های پرباری را بیادگار میگزارد. هیوان تسونگ پامیر را بزبان خودش بنام < کوی لنگ نو> مسمی میکند. (۴)

بدخشان سرزمین دور افتاده ایست که در روند های سیاسی تاریخی از گزند روزگار بدور مانده است. بجز از اسکندر مقدونی دیگر کشور کشایان در آن دیار کمتر دست رسی داشته اند. اکثر فراریان سیاسی و یا دانشمردان ادبی که از جور و ستم دهر بستوه میآمدند به کوهپایه های تخارستان بدخشان گریز میکردند. فراریان سیاسی مانند شاهان، شهزداه گان و اسپهبدان و امیران نه تنها در ادوار اسلامی بلکه از گذشته های دور نیز به دره های شاداب بدخشان رحل اقامت می افگندند و دم دیرپا میگرفتند. طوریکه میدانیم ضحاک تازی که نام اوستایی اش بیوراسپ بن اورنداسپ بوده که این نام ها با داشتن پسوند <اسپ> و <اسپه> چنین وانمود میسازد که ضحاک تازی، عرب تبار نبوده بلکه اصیل آریانای کهن است. چون شخص ظالم و خونباره و زنباره بوده بناً مؤرخین اسلامی او را شکل و شمایل <تازی> گری دادند. زیرا مسلمانها از حکمرانان تازیان که خونباره و زنباره بودند دلی خوش نداشته اند. ضحاک در اصل نام اوستای اش <اژی دهاک> بوده است. در هنگامیکه ضحاک در سریر سلطنت بلخ و بامیان مینشیند، فرزندانش به ملک های همجوار مقرر میگردند. دو برادر ضحاک بصفت سپه سالاران وی ایفای وظیفه میکردند – فرزند ضحاک بنام (بسطام) ملک هندوستان و حوزه سند مقرر گردید. یکی از ملکه های ضحاک بنام <بامی> که دختر جمشید شاه بود به حکومت کابلستان و بامیان مقرر میشود. پس از آنکه ضحاک به توسط فریدون با همکاری کاوه آهنگر به بند کشیده، خراسان و هندوستان و تخارستان و زابلستان و سیستان و کابلستان از جور و تطاول وی در امان گردید، فریدون شاه کیانی در هند و سند لشکر کشید تا بسطام فرزند ضحاک را که از طرف پدرش حکومت سند و هندوستان را داشت دستگیر کند. بسطام که دید طاقت مقاوت از نزدش سلب شده بجانب کوه های شغنان بدخشان و دامنه های بلند بامیان در کند و گریز شد و چندی در آن دیاران پناه جست. اما

فریدون بودن او را به ساحه کشورش به مخاطره میدید لذا در تعقیبش برفت - بسطام از کوه های شغنان و تخارستان به بهانه شکار بسوی کوهپایه های غور رفت. بسطام در هنگام زمامداری اش چون چندین مرتبه به شکار و تعیش به بلندا های غور و غرجستان آمده بود و از این محیط خوش آب و هوا که چشمه سارها داشت (بخاطر ازدیاد چشمه ها این سرزمین را <هزار چشمه> نام نهاده اند) از گذشته دل گرمی داشت و بدین سبب این منطقه را قرارگاه خود ساخت. بسطام که از رمز و راز کوه ها میدانست، در پای کوه زارمرغ مربوطه مندیش اقامت دایمی اختیار کرد. فریدون (افریدون) از موجودیت بسطام در کوه های غور واقف گردید و میخواست لشکر بکشد تا بقایای ضحاک را از سرزمینش بر چیند- همان است که فرزندان فریدون بر سر مقام و منزلت پادشاهی (تور و سلم و ایرج) در نزاع شده با هم فساد میکنند. فریدون که مصروف دلنگرانی های خانواده شد از بسطام دست کشید. از جانب دیگر بسطام نیز با فریدون عهد صلح بست و از جانب فریدون امان یافت. در این فرصت مساعد بسطام با خاطر جمعی تمام هواخواهان پدرش را در غور جمع میکند و حتی عرب و عجم و عبری را به غور دعوت میکند. اولاده این سلاله بعد ها بنام های سوری ، شنسبانی و غوری - در غور/ غرجستان عرض اندام کردند و سالهای سال در آن کوهپایه های دور از هیایو حکومت نمودند. (۴)

از این مثال چنین برداشت گردید که کوهپایه های بامیان، بدخشان و تخارستان جایگاه گریز های بیشماری بوده است.

در دوره های اسلامی منیگریم : هرمز شاه ساسانی سپه سالار برازنده خود بهرام چوبیه را بحکومت بلخ فرمان داد، پس از چندی اهالی بلخ و بامیان از دست بهرام چوبینه به تنگ آمده بودند و نزد خاقان چین فریاد رسی کردند و خاقان چین شخصی را بنام <نیزک ترخان> که در قساوت دست کم از بهرام چوبیه نداشت عازم بلخ گردید. در زمان خلافت عمر خطاب (رض)، احنف بن قیس به خراسان آمده تا حوالی مروالرود را فتح کرد. پس از آن امرای دیگر عرب یکی بر دیگر عازم خراسان گردیدند تا اینکه دوره زمامداری قتیبه بن مسلم الباهلی در خراسان رسید. در این هنگام نیزک ترخان که از دست لشکریان اسلامی فرار کرده بود، در شواهق کوه های بدخشان قد بلندک میکرد و گاهگاهی از راه کوه ها از بدخشان و تخارستان بسوی کوه لبرز و کوه شادیان که در جنوب بلخ موقعیت

دارند حملات باصقین را انجام میداد. قتیبه بن مسلم با لشکر زیاد جهت درگیری نیزک ترخان که به منطقه <بهار دره البرز - شادیان> رسیده بود مقابل گردیده و در موضع <تلوریان> که امروز چمتال نام دارد به مقاتله پرداختند. نیزک ترخان با لشکریانش در مقابل سپاه اسلامی تاب مقاومت را از دست داده راه فرار را پیش گرفته و در ته ی قله های بلند البرز گریخت - اما هواخواهان قتیبه بن مسلم او را در بالا بلند های کوه البرز گرفتار ساختند و به قول فیض محمد کاتب هزاره که به <یاسا> رسانیدند. بعضی از تاریخ نگاران را باور بر آنست که در گیرودار و مقابله بین نیزک و قتبیه، نیزک بسوی کوه های شغنان فرار کرد و قتبیه نیز او را تعقیب مینمود تا اینکه دست گیر شده به جزای اعمالش رسید. (۵)

ما از دو رویداد تاریخی که یکی پیش از ادوار اسلامی و بحث دیگر در دوره اسلامی بوقوع پیوست که چگونه حکومتگران زمانیکه ناچار میگردند و بیچاره میشوند بسوی کوه های بدخشان و تخارستان میروند. کتاب <بحرالاسرار بلخ> شیرینی های دیگری دارد که قابل توجه است، بحرالاسرار میداند که از دوره های دور پیشدادیان و کیانیان و دیگران و حتی به ادوار امیران اسلامی نیز بلخ مورد هجوم همسایه های شمالی (مانند غز ها، ترک ها، تاتار ها، مغل ها، اوزبیک ها و تورانی ها) فرار میگرفته که اهالی با نفوذ بلخ با زور آورانی که در مقابل یرغل های همسایه های شمالی ناچار به هزیمت میشدند، از بلخ به کوه های البرز و شادیان که در قسمت جنوبی بلخ موقعیت دارند پناهنده میگردیدند. بحرالاسرار مینویسد که هر گاه به شاهان و امیران اگر<عسرتی پدید> می آمد بسوی کوه های شادیان میرفتند، و باز مینویسد که : «هرکاه عسرت و شدت زیادت میشد» آنها بسوی کوه های بدخشان و تخارستان رهسپار میشدند.

این روند برای دانشمند ادب و فرهنگ کشور ما حکیم ناصر خسرو بلخی/ یمگانی نیز صدق میکند که حکیم زمانه ما در سال ۴۴۴ هجری نظر به عسرت مخالفین که در بلخ واقع گردید در ابتدا بسوی کوه شادیان، بعد بسوی سنگچارک و بعد بنا بر <عسرت و شدتی> که از جانب متحجرین و سنتگرایان بوقوع پیوست شاعر و فیلسوف ما مجبوراً از راه سمنگان و اندراب و کران و منجان بسوی دره یمگان با آه و ناله فراوان فرار کرد. چون حکیم ناصر خسرو بلخی/ یمگانی حق زیادی بالای ما دارند لذا در بحث های مفصلی من

فرار و قرار این مرد برازنده خراسان را از بلخ تا بدخشان صرف از دیدگاه شاهراه جغرافیایی برشته تحریر کشیدم - این فرار ابدی شاعر زمانه در بدخشان بوده چون بحث روی بدخشان است که به فرار دایمی و قرارگاه آخری حکیم همخوانی دارد، امیدوارم خواننده عزیز کشورم از آن بهره مند شوند و در فراز کمبودی ها مرا یاری رسانند.

یادداشت ها:

۱. «غیاث اللغات»، تألیف محمد غیاث الدین مصطفی آبادی، چاپ بمبئی، ۱۲۴۲ هجری (مطابق سال ۱۸۲۷ میلادی)، صفحه ۱۰۲

(*) یاقوت نوعی از سنگ گرانبها که از معدن بدست میآید. غالباً برنگ سرخ است اما برنگ های زرد و کبود و سبز نیز دیده میشود، نوع سرخ شفاف رنگ آن قیمت بها است که بعد از الماس بهترین احجار کریمه میباشد. هر قدر یاقوت بزرگ و خوش رنگ باشد به همان اندازه پر بها است. در فارسی/ دری یارکند گفته اند، یاقوت زمانی عبارت از یاقوت سرخ رنگ و درشت شبیه دانه انار است. یاقوت روان کنایه از شراب و یاقوت را به لب معشوق نیز اطلاق کرده اند. یاقوت را لعل نیز گویند که در فارسی لال شده (فرهنگ عمید جلد دوم ص ۱۹۹۲)

۲. کتاب «بدخشان»، میرزا سنگ محمد بخشی، به تصحیح دکتر منوچوهر ستوده، دیباچه ۱۲

۳. «فرهنگ جهانگیری»، جلد اول، صفحه ۷۸۳

۴. کتاب <طبقات ناصری>، اثر منهاج سراج جوزجانی، به تصحیح استاد حبیبی، چاپ کابل، سال ۱۳۴۲، صفحه های ۳۲۱- ۳۲۳

۵. کتاب <بحرالاسرار بلخ>، نوشته امیر ولی کتابدار، دوره اشتر خانیان، به تصحیح استاد مایل هروی، صفحه های ۴۸-۵۱

لاجورد بدخشان

لاجورد در بدخشان پیدا میشود که معدن آن از گذشته های دور در بدخشان شهرت جهانی حاصل کرده است. معدن لاجورد در دره یمگان بدخشان در نزدیکی راه <کران> و حوالی قریه <فرگامو> وجود دارد. معدن لاجورد در بدخشان هیچگاهی بصورت رسمی و درست تخنیکی آن مورد استفاده قرار نگرفته، بلکه در ادوار تاریخ از این معدن قیمت بها هر کس سهمی برداشته است. سهم بزرگتر برای کسی است که سردمدار منطقه میگردد. نظر به مطالعات و بررسی های کشف معادن و حجر شناسی، جایگاه اصلی معدن لاجورد بدخشان وانمود گردیده. در کتب دوره های اسلامی و در آثار نظم و نثر ادبی فارسی/ دری لاجورد بدخشان هنگامه آفریده است. معدن لاجورد بدخشان خالص و ناب است که بدین شکل و شمایل معدن دیگری در چیلی امریکای لاتین موجود است که از لحاظ کیفیت کم بها و مانند لاجورد بدخشان شفاف و برازنده نمی باشد.

از زمانه های پار و گذشته های دور دور ، لاجورد بشکل احجار کریمه و قیمتی از بدخشان بدیگر مناطق متمدن جهان برده میشد. مراودات تجارتی در بدخشان بخاطر موجودیت معدن لاجورد صورت میگرفته و هم موقعیت استراتیژیک و محل گذرگاه و معبر زمین بوده که منطقه را سرآمد روزگار ساخته است. محققین را باور بر آنست که لاجورد بدخشان در مناطقی که آدمیان پا به شهر سازی گذاشتند و تمدن و فرهنگ آراستند برده شده که پیدا گردیدن نگینه های لاجورد در آثار و غنایم وادی سند (تمدن موهندیجارو و هارپه)، وادی هیرمند، وادی نیل (فراعنه)، وادی دجله و فرات مخصوصاً در خرابه های شهر یور UR و تپه سالک شهر کاشان بدست آمده که همه این نگینه ها برای تزینات و زیورات مورد استعمال قرار گرفته و از بدخشان بدان سرزمین ها به شکل محلی اش صادر میگردیده است. لاجورد بدخشان و موجودیت آن در نقاط مختلف آسیای غربی حتی در شش هزار سال پیش از امروز دلیل قاطع از تجارت لاجورد بدخشان میکند. بارتولد محقق روسی در تحقیقات خود از لاجورد در آثار کهن مصر و آشور یاد کرده به این نتیجه میرسد که در قدیم ترین ازمنه تاریخ میان آریایی های باختری و ساکنین کشور های غربی آسیا و باشندگان سواحل دریای سفید روابط تجاری و فرهنگی برقرار بود. باید بخاطر داشت که نگینه های لاجوردین که در سقف های ساختمان شاندار < تاج محل>

حک کاری شده همه اش از بدخشان کشور ما اخذ گردیده است. (بنگرید به کتاب <تاریخ افغانستان> احمد علی کهزاد جلد اول چاپ سویدن ۱۳۸۱ صفحه های ۳۰-۳۱) تجارت لاجورد بدخشان نه تنها بسوی هندوستان صادر میشده بلکه سرحدش تا بین النهرین نیز میرسیده است. از ساختمان های کهن شهر سوخته و دهانه غلامان سیستان چنین استنباط میگردد که در هیرمند دستگاه های تراش سنگ های قیمتی و زینتی و آلات صیقل احجار کریمه موجود بوده است. تجارت لاجورد بدخشان در هیرمند صورت میگرفته و برعلاوه از سیستان و هیرمند بسوی کرمان و پارس نیز صادر میشده. مدنیت باستانی شهر سوخته و مندیگک و کشف اشیأ مهره دار برای نخستین بار در این دوره نمایان میگردد. باید گفت که لاجوردی که در شهر سوخته و < حصار> بدست آمده بسیار نادر و کمیاب است. این سنگ ها از راه ترکمنستان بداخل سیستان میرسیده است و معبری بوده کهن که مناسبات تجاری را میان شمال و جنوب مساعد میساخته است، جاده شمالی و جنوبی _ شمال شرق افغانستان در هزاره چهارم از بدخشان میآغازد که بدون شک همین معبر واخان بوده که داد و ستد تجارت لاجورد بدخشان را مهیا میساخت. کشف لاجورد صیقل شده در تزینات دیرینه شهر های سیستان چنین وانمود میگردد که شهر سوخته در کنترول و حمل و نقل تجارت لاجورد بدخشان سهم فعال داشته است. (بنگرید به کتاب <سیستان> محمد اعضم سیستانی چاپ کابل سال ۱۳۶۴ صفحه های ۴۰ و ۴۱)

علاقه بهاری بدخشان

بهارک را که از حکومت های برازنده بدخشان زمین است در گذشته ها بنام <بهارستان> یاد میکردند، از دید موقعیت جغرافیایی بهارک (بهارستان) را میان شهر های فیض آباد و جرم وانمود کرده اند. بهارک منطقه خوش آب و هوایی که مانند جزیره ی در میان رود های خروشانی همچون رود زردیو، رود سرغیلان (کتاب تاریخ بدخشان میرزا سنگ محمد بدخشی آنرا سرغلام نوشته) رود وردوج و رود کوکچه قرار گرفته است. به قول کتاب تاریخ بدخشان در زمان امارت امیریاری بیگ در بدخشان مناطق زردیو و سرغلام بدست پسران امیریاری بیگ اداره میگردید. پس بهارک محلی است که براستی در لبه های رود های خروشان موقعیت دارد که نهایت سرسبز و دیدنی است. کتاب ارمغن بدخشان نوشته شاه

عبدالله بدخشی، بهارک شاه نشین توصیف میدارد: «حاصل کلام ملک جهان شاه یکی از حکمروایان با اقتدار و فاضل و علم دوست محیط بدخشان بوده از حیث حسب و نسب، نسب شریفش به یازده مرتبه به حضرت سیدالعرب و العجم محمد مصطفی (ص) واصل میوشد. مقر سلطنتش بهارستان و حدود فرمانروایی او از بلخ تا ترکستان چین توسعه داشت.>

از گذشته ها نقل قول های از اوراق یادمانده ها ماندگار مانده که بهارک را دریای است که در آب آن خاصیتی نهفته است که هرکه بنوشد مریض میگردد و آنرا چنین مشاهده میکنیم: «بهارک همان منطقه ایست که دریایی داشت و هرکسی که از آن آب مینوشید مریض میشد. میگفتند که این دریا مارخانه های زیاد دارد و زهر مار با آب ترکیب میگردد. برای اینکه اهل منطقه در آن محیط تولد میشوند به نوشیدن آب دریا عادت گرفته و مریض نمیشوند. اما کسانی که از نقاط دیگر می آیند با نوشیدن آن آب مریض گشته بعضاً وفات می یابند. از تصادف روزگار و از قضایای جهانی باری در منطقه بهارک باران بسیار میبارد و در قریه <ملنگ او> یا <ملنگ آب> چنان سیل مدهش میآید که قریه مذکور و دهات دیگر را یکسره ویران کرده با خود میبرد. در طول راه سیل همه جا را خراب ساخته مارخانه را با مار ها بیجا و خراب ساخته مار ها را یا میکشد و یا بدریای کوکچه حواله مینماید. مردمان بدخشان گفتند که بعد از آن سیلاب مدهش هیچ مسافری با نوشیدن آب دریای بهارک مریض نشد> احتمال اینکه استاد خلیل الله خلیلی در راه مسافرت به بدخشان در بهارک مریض شده باشند علت همان آب رودخانه بوده است؟

اما در آنجا سیلاب مدهشی بوقوع پیوسته بود که استاد خلیل الله خلیلی نیز قصیده پر محتوایی در باره سیل خانمان برانداز <ملنگ او> سروده بودند. ملنگ او یا ملنگ آب عبارت از دریای بهارک است. قریه ها و دهات بهارک را چنین یاد کرده اند:

اصل بهارک، ربابی، چیچی یردار، چیچی مغزار، فرمراغ، یهاب، یوشت، غرالیو، مغائب، لوچیو، پنجگیو، آی وینگ، سرشهر، خیر آباد، پایان شهر، ولار، سرپل تنگ، زرغنج خوره (ارغنج خواه) پارخاب، پس خم، پجوج، ملنگاو، قشلاق مزار، یخ چیو و پاسیچ.

(در باره بهارک بنگرید به کتاب<یمگان> نوشته استاد خلیل الله خلیلی - حواشی و تعلیقات داکتر عنایت الله شهرانی صفحه های ۱۱۴ و ۱۱۵ چاپ دهلی سال ۱۳۷۹)

بدخشان در تاریخ میرزا سنگ محمد بدخشی

تاریخ بدخشان تألیف میرزا سنگ محمد بدخشی میباشد که با رویداد های ثقه و عینی، روشنایی درستی از یک قسمت تاریخ سیاسی و فرهنگی کشور ما را نمایان میسازد. بعد ها میرزا فضل علی بیک سرخ افسر وقایع نگار زمانه تاریخ میرزا سنگ محمد بدخشی را کامل میسازند و در آن اضافاتی کردند و بنام <تتِمه تاریخ بدخشان> شهرت حاصل کرده که وقایع سالهای یک هزار و شصت و هشت هجری را تا سیزده صد و بیست و پنج هجری درج میدارند. و این مجموعه را دانشمند <دکتر منوچهر ستوده> تصحیح و تحشیه نموده اند.

دکتر ستوده در این مجموعه شرح مفصل سی صفحه دیباچه بدان اضافه کردند که در آن زبان، لهجه، آیین و در پیرامون مردم بدخشان ابراز نظر کرده رویداد تاریخی و گذشته های دور دور بدخشان را ارزیابی نموده و حکومت های خود مختار کوهستان بدخشان را به بحث کشیده اند و بعد قسمت هایی از نوشته تاریخ بلد روف Bolderov که تحت نام بدخشان نگارش یافته بدان گنجانیده اند. همچنان بحث کوچکی درباره آرامگاه حکیم ناصرخسرو بلخی/ یمگانی را نیز بدان افزوده اند.

آغاز <تاریخ بدخشان> با بمیان آمدن امیر یاری بیگ بن شاه بیک است که مردم یفتل که بدخشی الاصل این ناحیت اند، خانواده یی را از منطقه ده بید سمرقند دعوت کردند تا زمام امور بدخشان را بدست گیرد. امیر یاری بیگ مردی بود هوشمند و هم پیر بود و هم مراد و هم امیر که بدین سروده او را ستوده اند.

بالای سرش ز هوشمندی ـــــ مـــی تافت ســـتاره بلندی

چندی مردم یفتل پایان در مقابل امیری که مردم یفتل بالا هواخواه او بودند بشوریدند_ امیریاری بیگ رنجیده خاطر شده چندی بسوی هندوستان رفت و باز توسط سیزده افسقالان معتبر که به قول تاریخ میرزا سنگ محمد <سیزده آدم شونده دست> را اختیار

کردند تا پیر را از هندوستان واپس بیاورند. خلاصه کار امیریاری بیگ بالا گرفت و با سبحانقلی خان حاکم بلخ روابط دوستی برقرار کرد و در زمان همین امیر است که خواجگان سمرقند خرقه حضرت رسول اکرم (ص) را میخواستند از راه بدخشان و چترال به هندوستان برسانند. امیریاری بیگ مانع این کار گردید و خرقه مبارک رسول مبارک را در جوزگون که مرکز بدخشان آنزمان بود نگهداری کرد، امیریاری بیگ پنجاه سال بمقام امیری نشست و صاحب فرزندان بسیار گردید و از جمله فرزندانش شاه سلیمان بیگ بود که در زمان امیری پدر صوبه حکومت جرم را بعهده داشت. در تِتِمه داستان واقعات شاهان ملک درواز - فتح ملک چترال - واقعه بردن خرقه مبارک توسط شاه ولی خان وزیری به امر احمد شاه درانی به قندهار - درباره شاه ونجی خان حاکم شغنان... تذکراتی رفته است. تِتِمه تاریخ بدخشان در سال ۱۳۲۵ هجری (مطابق ۱۹۰۷ میلادی) به پایان رسیده است که آنرا چنین میخوانیم: «.. بندهء کمترین مؤلف ثانی میرزا فاضل بیگ سرخ افسر به قدر هنر بی هنری خود از جایی رسید و موقوف گذاشت مؤلف اول ابتدا کرده، تِتِمه او را به تِتِمه خود به تکمیل رسانیده وقایع ایام گذشته یکصد و بیست ساله را از مردمان معتمد صادق القول کهن سالان به چشم دیده، و به قید تحریر رسانیده..» (۱)

زبان های پامیری - بدخشانی

بدخشان سرزمین بلند بالای است که با پامیر که بام دنیا است ارتباط مستقیم میگیرد، بام مرکز سرچشمه های رود باران، مرکز معدن لعل بدخشان، مرکز معدن کوه کبود (کبود که اهالی اشکاشم به شکل <کبوت> تلفظ نمایند واژه ایست اشکاشمی که بخاطر موجودیت کوه کبود که معدن لاجورد بدخشان باشد این نام بزبان اشکاشمی جلب توجه کرد)

بدخشان مرکز بلبل هزار دستان و مرکز هزار واژه و زبان است. بدون مبالغه که در این راستا کار های علمی و مکمل صورت نگرفته، بدخشان از زبان های خاص برخوردار است که هر کناره هر دره بخاطر صعب العبوری اش و دوری اش از مراکز فرهنگی دارای زبان ویژه خود است و بدین خاطر کثرت زبانهای تیپ کوهستانی در این منطقه به مشاهده

میرسد. زبان های کوهستانی را بنام <غلچه> یی یا گلچه یی Galta یا زبان کوهی پامیری که شامل زبانهای پامیری مانند منجی، زیباکی، اشکاشمی، سنگلیچی، واخی و شغنی میگردد.

زبانهاییکه از تیپ کوهی اند و در بدخشان و نواحی آن تکلم میگردند اینها اند:

۱. ارشری (به ضم الف و شین) از لهجه های پامیری
۲. اشکاشیمی (به کسر الف و ضم شین دوم) با لهجه سنگلیچی نزدیک است
۳. زیباکی (به کسرزن)
۴. سیکلی (به فتح سین و ضم کاف)
۵. سنجی (به ضم سین)
۶. سنگلیچی
۷. شغنی (به ضم شین) در منطقه شغنان تکلم میشود که لهجه روشانی از شاخه های آنست.
۸. منجی (به ضم میم) این زبان در منطقه جنوبی بدخشان درکران و منجان گویش فراوان دارد.
۹. وخی (به ضم واو) در منطقه واخان بدخشان سخن گفته میشود
۱۰. باز غلامی
۱۱. یغناب (به فتح یا) به دره یغناب میان رود زرافشان و حصارک گفت و گو میشود.
۱۲. یودغا از زبان های پامیری (۲)
۱۳. یارک (یارک بر وزن بارک نوعی از گیندگی باشد که خلج های بدخشان بدان تکلم کنند) (۳)

۱۴. کتاب <دانشنامه ادب فارسی در افغانستان> در زمره زبانهای شمال شرق هندو - آریای زبانهای پشتو و پامیری را بر علاوه زبانهای شغنی، اشکاشمی، سنگلیچی، منجی و واخی شامل میسازند. (۴)

گویش زبانها و لهجه ها در بدخشان بنام منطقه و محل شان در تاریخ زبانها ثبت گردیده است. مانند زبان شغنی که در نواحی شغنان افغانستان و تاجیکستان گویش فراوان دارد و یکی از زبانهای مهم و ارزنده بدخشان زمین است. زیرا شغنان با داشتن سرزمین خوب و نزدیکی به رود آمو که از ناحیه شرق آن میگذرد و رود هایی نیز از جانب تاجیکستان در قسمت شغنان به رود آمو ضم میگردد که خود در محیط و آب و هوای آن تأثیر زیبایی میبخشد. شغنان چه از لحاظ پیداور و چه از بابت اینکه مردمان خوش صورت دارد زبانزد شاعران و بزم نویسان گردیده است. دختر شغنان در لطافت و زیبایی شهره جهان است، بنگریم بدین سروده <میر سعید میر شکر> شاعر آزاده تاجیک که در باره پریرویان شغنان چه خوش گفته است:

مه یی که بر رخ او تیره است خانه دل

درون کوه بدخشان زمن شده است پنـــهان

گلی که بلبل عشق مــــرا بجوش آورد

درون گلشن شغنان گرفـــــته است مگان

نه خواب می بردم، تا که بینمش در خواب

نه بال و پر بـــودم، تا پرم بجـــانب آن

گذر نمای تـــو، ای باد تـــازه سحری

ببر سلام مـــــرا سـوی دختر شغنان

اسکندر مقدونی زنباره که برای خاطر زیبا رویان سرزمین پریستان قفقازیه رخ کرده بود با دیدن سرزمین بدخشان انگشت حیرت بدندان گرفت و بدان خاطر بلنداهای پامیر را <هندو کاکازیه> نام کرد. که معنی قفقاز هندوستان باشد. بخاطر همین پریرویان بود که شهر آی خانم را در لبه های رود آمو بنا نمود. اسکندر مقدونی بخاطر زیبایی های این

مناطق سه شهر دیگر را در نواحی کشمیر، نورستان و چترال بنا ساخت که یکی از آن شهر های سکندر بنام اسپش اسکندریه باسیفالا یاد گردید.

یکی از معابر و گذرگاه های اسطوره یی که شمال و جنوب را با هم پیوست میکرده - معبر بزرگ واخان که درست مانند بندرگاه ترمذ از موقعیت ویژه یی برخوردار بوده است. معبر واخان بوده که تمام کاروانهای توران زمین و چین و ماچین بسوی چترال و کشمیر و سند و هندوستان میرفته است. کاروانهای بزرگ چینی وقتی که از شهر تکله مکان سینگیانگ چین به امن و امان میگذشتند رخ بسوی واخان میکردند و بعد بسوی چترال هند رفته مال التجارهء را تسلیم تجار آنجا میکردند. رفت و آمد کاروانها در این قلمرو جغرافیایی از اهمیت تاریخی برزگی برخوردار بوده است. در زمانیکه یوچی ها بسوی تخارستان آمدند و هان های سفید لبه های آمو رود را عبور کردند، دادیک های دیرینه و ترک های زور آور نیز این بندرگاه ها را مانند بندرگاه درواز، بندر گاه واخان، بندرگاه شغنان، بندرگاه خواهان و بندر گاه ینگی قلعه و معبر ترمذ را گذر کرده بسوی هندوستان رهسپار شوند و خود را به وادی کابل یا مناطق گندهارا برسانند.

یادداشت ها :

۱. «تاریخ بدخشان»، اثر میرزا سنگ محمد بدخشی، به تصحیح دکتر منوچهر ستوده، چاپ مؤسسه فرهنگی جهانگیری، ۱۳۶۷، تِتِمه داستان امرای نامدار بدخشان

۲. «تاریخ بدخشان»، اثر میرزا سنگ محمد بدخشی، مقدمه دکتر ستوده، دیباچه ۱-۴

۳. «فرهنگ جهانگیری»، به اهتمام رحیم عفیفی، جلد اول، صفحه ۵۵۲

۴. «دانشنامهٔ ادب فارسی در افغانستان»، به سرپرستی حسن انوشه، جلد سوم، صفحه ۲۰۸

رستاق یا ولوالیج کهن

بروز چهارشنبه چهارده ماه دلو سال ۱۳۷٦ خورشیدی زلزله مدهشی در شهر رستاق تخارستان و مربوطات آن بوقوع پیوست. این زلزله به اساس زلزله سنجی شماره شش را داشته که تلفات انسانی را در حدود ۴۷۰۰ نفر تخمین زده اند. جناب عبدالحی آرین پور ولوالیجی دانشمند وطن در باره رستاق نوشته ارزشمندی دارند که اینگونه مینگریم:

«رستاق با داشتن تاکستانها، باغ های مشحون از درختان مثمر چون ناشپاتی، امرد، سیب رخش، توت بیدانه، آلوی بخارایی، انگور صاحبی، زردآلوی قیسی مشهور میباشد. اراضی حاصلخیز مخصوصاً پالیز های للمی که خربوزه قندک امام جان و خربوزه پاچایی و خربوزه حکیم بیگی آن شهرت دارد.

آن کود نمک مهروشی چشم کبودی شرین و شکر خربوزهء قنـــد امامی

رستاق با داشتن چایخانه ها و قوشخانه هایش که در شب های زمستان و دیگر فصول سال مردان سالخورده و میانه سال محفل های چای سبز خوری و کتاب خوانی برپا میدارند .. مثنوی خوانی، شاهنامه خوانی، خاورنامه، امیر حمزه صاحبقران مجلس های شبانه بود.

این شهر آرام و بی سرو صدا و راز دار قرون، ناگهان از دامنه غربی کوه ماله کش و کوپایه گنج آواز سهمگین بلند میگردد و آنچه از انسان و حیوان و خانه کاشانه بود به چقوری ها فرو رفتند و با این فاجعه در حدود شش هزار انسان نابود گردید. احتمالاً این شهر در ادوار تاریخ زمین لرزه های زیادی دیده باشد که ما از آن واقف نمیباشیم..

رستاق در گوشه شمال شرق ولایت تخار در ارتفاع (۴۷۷۰) فت از سطح بحر فاصله دارد و تعداد جمعیت آن در سال ۱۳۵۰ به شصت هزار نفر میرسید. اهالی رستاق را ازبیک ها، تاجیک ها، پشتون ها و هزاره ها تشکیل میدهند. شهر رستاق از شرق به بدخشان، شمال آن چاه آب و غرب آن ینگی قلعه و بسوی جنوبی آن خواجه غار است که بسمت جنوب غربی آن دریای کوکچه و شمال غرب آن دریای آمو موقعیت دارد.

از غذا های خوش مزه رستاق میتوان از حلوای سفید، شورچای، کلچه ورق و کباب لوله یاد کرد. قالین بافی، چپن و دستمال دوزی خامکی، الچه بافی و صابون سازی از کار های دستی مردم محسوب میگردد.

رستاق که نام تاریخی آن <ولوالیج> یا <ولوالیز> میباشد و نیز محلی بنام <کافر قلعه> موجود است. شهر کافر قلعه سیستم آبیاری مخصوصی موجود بوده که در آن تمدید لوله های آب آشامیدنی با لوله های گلی (بلول) به فاصله بیست کیلومتر از < چشمه ترکان> به شهر کافر قلعه انتقال میگردیده که تا هنوز آثار آن پا برجا میباشد.

باید یاد آوری کرد که شهر تاریخی < آی خانم> در بیست و پنج کیلومتری غرب رستاق موقعیت دارد. در گذشته ها کاروانهای تجاری و رهروان مهاجر از آنسوی پار دریا بسوی کشمیر و هندوستان از رستاق میگذشتند و کاروانهای بخارایی و شهر یارکند ختای زمین از رستاق بسوی قنوج و کشمیر میرفتند. قالی های یارکندی و بخارایی شهرت جهانی دارد که هنوز هم از این قالی های در منازل رستاق ها دیده میشود..

ولوالیج قدیم و رستاق امروزی خطه دانشورزان و هنر آفرینان است که از این خطه بسا از راد مردان علم و فرهنگ بروز کرده که مولانا عبدالحکیم ولوالیجی مؤلف کتاب < چراغ انجمن> و علامه مولانا عبدالله رستاقی که در زمانه اش فقیه و طبیب و خطاط بزرگی بشمار میرفته است.»

(بنگرید به نوشته عبدالحی آرین پور ولوالیجی - هفته نامه امید شماره ۳۰۴ سال ۱۳۷۶)

یمگان (Yamgan)

مرا مکان به خراسان زمین به یمگانست کسی چرا طلبد در سفر خـــراســـــانرا

یمگان دره ایست در قلب بدخشان. <یمگان> به فتح (ی) تلفظ میگردد، ولی اندر میان مردمان سرزمین اش به ضم (ی) ارائه میگردد، یُمگان به ضم (ی) بزبان ترکی بمعنی (پت کردن و پنهان نمودن) باشد. (۱) یمگان نام قصبه ایست در بدخشان. نام این قصبه بدان جهت که ناصر خسرو از بلخ بدانجا رفت و هم در آنجا درگذشت، در ادبیات فارسی

شهرت یافت. (۲) به استناد روانشاد استاد خلیلی، یمگان را مردم محلی به فتح (ی) و بسکون <م> و برخی به <ک> عربی و بعضی به <گ> فارسی تلفظ میکنند، خود ناصر خسرو نیز در اشعار خود یمگان را به سکون میم آورده است: (۳)

مرا مکان به خراسان زمین به یمگانست　　　کسی چرا طلبد در سفر خراسانرا

شاه عبدالله بدخشی شاعر و دانشمند معاصر در کتاب <ارمغان بدخشان> یمگان را چنین میبینند:

«یمگان دره ایست که دریای کوکچه از منتها الیه آن (کوه های جنوب غربی انجمن بدخشان) نبعان کرده به فاصلهء شانزده میل از غرب جنوب انجمن بطرف شمال و به مساله شش میل از غرب بطرف مشرق سرازیر شده و بیک حوض بزرگی که تقریباً دو میل مربع کلانی دارد داخل شده و مجدداً از قسمت شرق حوض مذکور بر آمده مستقیماً حرکت خود را به طرف شرق ادامه داده و از وسط قریهء انجمن عبور و بعد از طی فاصله ی چهل و شش میل راه داخل محیط <کران> میشود که این منطقه فعلاً حیثیت مرکزیت علاقه داری را در مربوطات حکومت جُرم بدخشان دارد... از منبع دریای کوکچه تا مرکز جرم که فاصلهء آن بالغ بر ۱۵۴ میل به حساب میرود به نام دره یمگان موسوم است. این دره در طول و عرض خود دارای اقسام معدنیات از قبیل طلا، لاجورد، سرب، گوگرد، چودن، سنگ نجف و غیره بوده جبال آن از انواع متعدده و اقسام متنوعهء نباتات کیمیاوی که نظیر آن در دیگر نقاط کمتر یافت میشود مملو بوده مخصوصاً زیره و سمارق از پیداوار مهم تجارتی آن میباشد. هوای این محیط در زمستان قدری سرد و در تابستان معتدل و خوشگوار است . علاقهء خوستک به فاصلهء چهارده میل به سمت جنوبی جرم بیک دره شاداب و لطیف بسیار خرمی که تمام تپه ها و کوه های آن با جنگلات طبیعی مستور و مزین است واقع میباشد. این دره مدت های درازی حیثیت مرکزیت یمگان را داشته و با قلاع متین و مشیدی که آثار آن تا کنون در هر طرف آن محیط مشهور است محصور بوده است.

در مرور اوقاتی که این منطقهء شاعرانه یک مرکزیت علمی را داشته، بسا اشخاص نامور و مشهور (عالم ، ادیب، مفسر، محدث وغیره) از این نقطه ظهور کرده که آثار هر واحد آن

ها نه تنها ذریعه احیای نام جاودانی خودشان شمرده میشود، بلکه نام خوستک را هم به عنوان یکی از مقامات ادیب پرور بدخشان ثبت صحایف تاریخ روزگار مینماید». (۴)

خلیل الله خلیلی، در کتاب <یمگان> چاپ کابل، برهان الدین کشککی در کتاب <رهنمای قطغن و بدخشان> و کتاب <ارمغان بدخشان> معلومات پر باری را در باره منطقه <جرم> به ضم جیم و سکون <ر> و <م> ارائه میدارند. اما ایشان جرم را از دید جغرافیایی و طبیعی طبق آمار نقشه و خط بندی نشان نداده اند و نه این موضوع در کتاب بدخشان نوشته میرزا سنگ محمد بدخشی بصورت درست درج گردیده است. یمگان که با <جرم> لازمی میافتد و مخصوصاً که حکیم ناصرخسرو، ابر مرد فرهنگی ما در آن بخاک ابدی نهفته است، جا داشت که دانشمندان ما از این منطقه یادداشت های علمی و جغرافیایی را درج تاریخ میکردند تا یمگان بصورت درست و به اساس نقشه کشی لازم موقعیت اخذ میکرد و مؤخذی میبود در نسل آینده ما. جرم را سرزمین زیبایی و جایگاه گل و بلبل دانسته اند. <بلبل هزار دستان> که شاعران و منظومه سرایان بر آن اشاره کرده در همین سرزمین نشؤ و نما دارد.

از جنت است قطعه و باغ و بهار جرم   یاد از بهشت میدهد آن لاله زار جرم

جرم یکی از مناطق نامدار و خوش آب و هوای بدخشان زمین است. مخصوصاً نام آن وقتی زبانزد ادب گستران و سر آغاز یادداشت تاریخ نگاران ادب فاسی/ دری گردید که حکیم ناصرخسرو در آن دیار از دست <چرخ سمتگار> پناه آورد.

قریه ها و قشلاق های مربوطه جرم را کتاب رهنمای قطغن و بدخشان اینگونه نام میبرد:

آهنگران، چرمگری، قشلاق چنگ ها، نفس جرم و دشتک، نوجرم، فرغامرد، فرغامنج،، کهیب، لاریب، خوستک، دره جوخان به قرب اسکان، یرغس، سوچ، غرمی، کلفزار، خواری، دره بزرگ، اسکان، حضرت سید (آرامگاه حکیم ناصر خسرو)، تلویچ، اسمچی، و دره اشتیگان. (بنگرید به کتاب رهنمای قطغن و بدخشان نوشته برهان الدین کشککی سال ۱۳۷۶ مؤسسه فرهنگی جهانگیری ص ۱۴۴)

وقتی فرا میرسد که محترمان نور محمد کهگدای و خلیل الله خلیلی همرکاب محمد ظاهرشاه، پادشاه سابق افغانستان به سفر پامیر و بدخشان پرداختند. استاد خلیل الله خلیلی میخواست در این سفر، سیری به دره یمگان آرامگاه حکیم ناصر خسرو بزند که در راه ناخوش گردیده و این گام را جناب نور محمد کهگدای تعقیب کرده از راه <جرم> وارد دره یمگان شدند. ره آورد این سفر معنوی جمع آوری یادداشت ها و عکس برداری های چند قطعه وثیقه ی تاریخی بوده که از سده های دور نزد متولیان و به اصطلاح مجاوران مقبره ناصر خسرو محفوظ مانده است. قدیمی ترین این وثایق از اواخر قرن نهم هجری که دوره استیلای تیموریانست آغاز میگردد و آخرین آن بسال ۱۲۹۰ هجری قمری یعنی دوره سلطنت امیر شیر علی خان پادشاه افغانستان به پایان میرسد. من از شرح کامل وثیقه ها پرهیز کرده صرف مختصراً از آن یاد میکنم:

وثیقه اول - مؤرخ چهارم ربیع الاول ۹۱۳ هجری قمری

این وثیقه بفرمان < ناصرمیرزا> یکی از حکمرانان تیموری بدخشان است. مع الاسف مهر مدور که بخط ثلث است دست خوانده نمیشود. در قسمت پایانی مهر<سلطان ناصر بهادر> و در قسمت بالایی <عمر شیخ > خوانده میشود که مراد از عمر شیخ پسر سلطان ابوسعید بن محمد میرانشاه بن میر تیمور کورگان است. عمر شیخ پدر محمد ظهیرالدین بابر، مؤسس سلطنت مغلیه در هندوستان است که در سال ۹۳۷ در کابل مدفون گردید. ناصر میرزا برادر کوچک بابر شاه است که مادر وی <غنچه جی امید> از مردم اندیجان بود، این وثیقه به شکست بسیار زیبا نوشته شده و بخط درویش عبدالله سلطان بلخی شباهت دارد.

وثیقه دوم - شوال سال ۸۹۲ هجری قمری

این وثیقه به فرمان سلطان محمود بهادر بن سلطان ابو سعید کورگان به حکام و داروغگان هزارجه یمگان حکم شده است. حکم فرمودیم که مِن بعد در مهم سی و دو خانه وار درویشان و مشایخ مزار پر انوار حضرت سلطان الاولیأ و برهان الاتقیا سید ناصر خسرو قدس سره از جهت داروغه گی و مهارت... مشایع مذکور را از هزارجه سوی و

مستثنی شمرند.. و رعایت جانب ایشان واجب دانسته، ایشان را به جرم و جنایت منسوب نسازند.

وثیقه سوم - سال ۱۰۰۷ هجری

به استناد استاد خلیل الله خلیلی که تاریخ این سند درست نبوده و این وثیقه از فرمان همایون پادشاه کورگانی نقل شده و مهر را جعل نموده اند. اما در این وثیقه القاب ناصر خسرو در کمال احترام مذکور است که آنرا چنین مینگریم : <سلطان سریر شوق و عرفان- تاجدار دیهیم ذوق و وجدان / مهر سپهر ولایت - اختر آسمان هدایت - سید المجاهدین - فی مسالک سنن سید المرسلین> این وثیقه در مورد عفو مالیات و عواید اراضی موقوفهء آرامگاه ناصر خسرو است.

وثیقه چهارم - صفر سال ۹۲۷ هجری قمری

این وثیقه نیز در باب مالیات و عواید دیوانی است که به حکم سلیمان میرزا حکمدار بدخشان صادر گردیده است. خط نستعلیق معمولی است اما در کمال صحت نگارش یافته و سلیمان میرزا در آخر مهر بنام پدر خود اشاره میدارد: < پادشاه بابام انارالله تعلی برهانه>

وثیقه پنجم - صفر سال ۱۰۲۹ هجری قمری

این وثیقه بفرمان < ندرمحمد خان> امیر اشترخانی است که در مورد عفو عواید دیوانی از زمین های موقوفه مزار ناصر خسرو صادر گردیده است. وثیقه در کمال اختصار میباشد. القاب های متبرکه در حق ناصر خسرو در این وثیقه دیده نمی شود و شاعر زمانه ما را صرف به عنوان <شاه> در این وثیقه مزین ساخته اند.

وثیقه ششم - یا وثیقه آخرین یوم سه شنبه تخاقوئیل سال ۱۲۹۰ هجری قمری

این وثیقه مختوم به مهر نائیب حفیظ الله خان میباشد، وثیقه به حکم امیر شیر علی خان چنین یادداشت شده: « غرض از تحریر و باعث از تسطیر آنکه، جمهور و عموم متوطنین جمیع رعایا و برایا و عملداران و صاحبکاران اطلاح یافته بدانند که جامعه شیخان مزار فیض آثار حضرت سید شاه ناصر خسرو، از قدیم الایام تا بدین هنگام در

پایه آستان متبرک شان متولی بوده و میباشند. بنا بر آن لطف بندگان اشرف اقدس همایون اعلی، امیر گردون سریر، امیر شیر علی خان بهادر را شامل حال و کفیل احوال مشاوراليهم شناخته به دستور قدیمه پادشاهان سلف از جمیع عملات و اخراجات و مالیات و حواله جات و تکالیفات مرفوع القلم و خارج الجمع گردانیدیم باید که هیچکدام از حاکمان و ضابطان به مجاوران دخل و تعلق نداشته واگذار باشند که مجاوران مزار متبرکه آرام و آسوده بوده به دعا گویی ازدیاد عمر و دولت بندگان ذیشان ثریا مکان اشرف اقدس امجد والاشاغل و مشغول باشند> (۵)

از فحوای وثیقه ها چنین دانسته میشود که رؤسأ، حکمأ، امیران و شاهان همه در وثیقه های شان که برای متولیان آرامگاه حکیم ناصر خسرو فرمان داده اند- همه از جلال و کمال و سخن دانی و بزرگمنشی حکیم نامبردار خراسان واقف بوده اند. همان است که در وثیقه ها نام و لقب حکیم زمانه را به نیکی و منزلت و شکوه یاد میدارند. چنانکه در وثیقه، حرمت واژه هایی چون : سلطان الاولیأ- برهان الاتقیأ - سید المجاهدین ، سیدالمرسلین - سلطان سریر شوق و عرفان- تاجدار دیهیم ذوق و وجدان- مهر سپهر ولایت - اختر آسمان هدایت- شاه زمانه - یاد گردیده است.

وثیقه های بالای نزد متولیان مزار حکیم ناصر خسرو محفوظ میباشد و آرامگاه ناصر خسرو در روستایی واقع شده که نظر به اخلاص و احترام مردم به حکیم بزرگوار، آن روستا را بنام <حضرت سید> یا روستای حضرت سعید مسمی کرده اند. طوریکه گفته آمد روستای حضرت سعید که آرامگاه روانشاد حکیم ناصر خسرو در آنجا است به دره یمگان واقع شده و دره یمگان در منتهای دره <جرم> بدخشان واقع گردیده..فاصله جرم و روستای حضرت سعید را هفتاد و دو میل تخمین زده اند. از جرم تا روستای حضرت سعید در دره یمگان جاده قابل عبور عراده جات موجود است. در باره جرم و یمگان حکیم ناصر خسرو میفرماید:

من به <یمگان> به بیم و خوار، و به <جرم>   ایمنند آنکه دزد و میخوارند

آرامگاه ناصر خسرو بلخی/یمگانی در فراز یک پشته که در حدود سی و چند متر بلندی دارد واقع گردیده و ارتقاع سقف مزار از سه متر تجاوز نمی کند و اطراف قبر را کناره های

چوبی احاطه کرده و روی قبر را با پارچه های مختلف پوشیده اند. دو قبر دیگر طرف آفتاب برآمد قبر حکیم ناصر خسرو موجود است که مردم آنرا خواهر زاده گان و یا از احفاد وی خوانند. قبر های متذکره نوشته ندارد. یک پنجره آهنین نیز در داخل بنأ موجود است که مقبره حجت خراسان را از سائیر قسمت ها جدا میکند.

دو نسخه قرآنکریم در سه جلد بر سر تربت حکیم ناصر خسرو قرار گرفته و آن نسخه پاک که در دو جلد نوشته شده خط آن قدیمی و کاغذ آن نیز بسیار مستعمل است. به اساس گفته متولیان، جلد اول به خط ناصر خسرو و جلد دوم بخط میر سید علی همدانی (*) (متوفی ۷۸٦) میباشد. خط نسخه دوم بسیار متأخر است که از طرف <میرشاه بدخشی> وقف گردیده.. صندوق های محفظه قرآن کریم قدیمی بوده و از چوب ساخته شده و از نقش ها مزین است. یک کچکول فلزی نیز به گوشه دیوار مرقد آویخته شده است.

طوریکه میدانیم حکیم ناصر خسرو بلخی/یمگانی در مسافرت ها با برادرش بنام <ابوسعید> و غلامک هندی در سفر و حضر همراه بوده است، ابوسعید برادر همراز و همساز و همسفر در تبعید نیز با حکیم ناصر خسرو بوده و مردم دانشورز بدخشان بر علاوه احترام خالصانه برای ناصر خسرو، از برادرش نیز حمایت و احترام مینمودند. قرار گزارش مقبره ابوسعید نیز در بدخشان بوده و به فاصله صد میل از آرامگاه حکیم دور افتیده است. قبر ابوسعید در علاقه <کشم> بدخشان موقعیت دارد که متصل آن <دریای کشم> موجود است و دریای کشم به دریای کوکچه سرازیر میگردد. یک روستای کوچکی بنام <تکیه مشهد> به ناحیه کشم است که مقبره ابوسعید برادر حجت خراسان در آن جا قرار دارد و باید گفت که قبر ابوسعید کتیبه ندارد. (٦)

هموطن ما داکتر لعل زاد که تازه از آرامگاه حکیم ناصر خسرو دیدن کرده اند، مانند دیگر فرهیخته گان ادبی کشور آه در جگر دارند که چرا آرامگاه مردی چون ناصر خسرو این اندیشه ورز خراسان بزرگ چنین متروک و خرابه در قلب دره یمگان به اصطلاح خراب و تراب افتاده و ایشان چنین مینگارند: <.. ماه سپتمبر سال ۲۰۰٦ میلادی ضمن سفری کوتاهی به این دره افسون برانگیز بزیارت آن پیر بزرگوار نایل گردیده و فلمی از آن تهیه نمودم. بلی! آرامگاه این حکیم بزرگ در دامنه بلند، سر سبز و پوشیده از درختان در بین پشته ای

سنگ-ریگی قرار دارد که اطراف آن در اثر بارندگی ها وغیره عوامل طبیعی و غیر طبیعی در جریان یک هزار سال مورد فرسایش و ریزش قرار گرفته و خطر لغزش و فروپاشی آن وجود دارد.. در بالای پشته تعمیر محقری با دیوار های سفید شده قرار دارد که بنا به گفته <مجاور> آن قدامت چهار صد ساله داشته و تاریخ تعمیر آن در چوب های آن حک شده است. در پیش روی تعمیر محوطه نسبتاً همواری به پنجه چنار های بزرگ وجود دارد که از آنجا یک منظره زیبایی از دره یمگان را در مقابل چشم بیننده قرار میدهد..> قرار گزارش داکتر لعل زاد که ستون ها، تیر ها و دستک های تعمیر حکایت های زیبایی از دانشمند خراسان حک شده مانند چگونگی دفن حکیم ناصر خسرو و غیره.. شور بختانه در این اواخر وهابی ها که با فر آورد های دانش و بینش حکیم ما در تضاد اند دست برد هایی را بر آرامگاه حکیم زدند، دروازه ورودی آرامگاه را شکستاندند، پارچه های ابریشمین قدیمی را که بالای قبر استوار بوده، پارچه پارچه کردند و بعضی آیات کلام الله را که بروی دیوار ها حک شده با برچه کنده اند و مجاور را لت و کوب هم نمودند. وهابیها باری میخواستند که آرامگاه را بکلی واژگون بدارند که به وصاطت علما و مردم محل از این کار ابا ورزیدند.

(<آرامگاه ناصر خسرو نیازمند توجه جدی است> بنگرید به سایت گفتمان نوشته داکتر لعل زاد- لندن اکتبر سال ۲۰۰۶ میلادی)

از دید جغرافیایی ، جرم در قلب بدخشان واقع گردیده که بسمت شمالی آن حکومت بهارک و در قسمت جنوبی آن دره وسیع افتیده که رود کوکچه در آن جریان دارد و تا نواحی کران و منجان میرسد. ناحیه غربی جرم را علاقه کشم تشکیل میدهد. اشکاشم و علاقه زیباک به ناحیه شرق جرم موقعیت دارند.

حکیم ناصر خسرو برادر دیگری داشته بنام خواجه ابوالفتح عبدالجلیل که در بلخ کارمند بوده و ناصر خسرو در سال ۴۴۴ هجری پس از مسافرت هفت ساله اش در سال ۴۴۴ هجری از وی دیدن کرده است.

بخش دوم: حوزهٔ جغرافیایی آمو دریا و شهر ها

غارت آثار و غنایم ارامگاه حکیم ناصر خسرو بلخی/یمگانی

چیزی را که باید خاطر نشان کنم آنست که از زمانه های دور کژ اندیشان و زور آوران دیده ی آنرا نداشتند تا مردمان غیر تباری و نا همشهری شان دارای نام و نشانِ باشند. آنها از فرح مندی و شهرت ادب ورزی دیگران که زبانزد عام و خاص میگردیده رشک میبردند و روای آنرا نداشته اند که ایشان را در کنار خود داشته باشند. اگر پس از مرگ شان هم اثری و یا داشته های هنری بجا میگذاشتند کس یا قوم زور آور دیگر تأمل دیدن آنرا نداشته، سعی بعمل میآوردند تا شخص نام آور و دانشمند را معدوم بسازند. پس از مرگش نیز میخواستند تا آثارش را نابود و واژگونه بدارند و یا اینکه آثار و غنایم دیگران را از آن خود گردانیده بنام خود ثبت تاریخ بسازند. خرابی ها و نا زیبایی ها و اثر پراگنی ها و مسخ شده ها را اوراق تاریخ بیاد دارد که در این نوشته نگنجد، چون روی سخن از سخن شناس سترگ حکیم ناصر خسرو بلخی / یمگانی است میرویم بسراغ آن مرد فرهیخته که نه تنها خودش را از بلخ فراری کردند، بلکه پس از مرگش نیز داشته های ناچیز معنوی اش را میخواستند و میخواهند نابود گردانند. آوردن خرقه مبارک حضرت رسول اکرم (ص) از فیض آباد بدخشان به قندهار در زمان زمامداری احمدشاه درانی (۱۱۸۲ هجری)، و بیرون کشیدن نسخ خطی قرآن پاک از قبر حکیم ناصر خسرو توسط استاد عبدالحی حبیبی به امر رئیس جمهور سردار محمد داود از یمگان بدخشان به کابل در سال ۱۳۵۶ خورشیدی که قرار گفته ها آنرا باید به موزیم نگهداری کنند. (۷)

بیرون کردن نسخ خطی کلام الله مجید را داکتر لعل زاد چنین مینگارد: « یکجلد قرآن بزرگ و نهایت زیبای قلمی که بقلم آن بزرگوار در پوست آهو نوشته و با آب طلا مینا کاری شده تا سالیان آخر در بین صندوق در این مرقد نگهداری میشده که متأسفانه در زمان داود خان (رئیس جمهور افغانستان) با چال و فریب و به بهانه نگهداری در آرشیف ملی بکابل انتقال داده شده است.»

در این اواخر یک عده وهابی ها وحشیانه به چور و چپاول آرامگاه حکیم ناصر خسرو پرداختند و هم یکتعداد دزدان نیز دست برد هایی بر قبر حکیم ناصر خسرو زدند که در این صورت صدماتی را بر آرامگاه حکیم وارد ساختند.

درباه خرقه مبارک حضرت رسول اکرم (ص) که از سالیان درازی در بدخشان موجود بود و بعداً احمد شاه ابدالی آنرا به قندهار انتقال داد چنین مینگریم: «در جوار آرامگاه احمد شاه درانی، زیارتگاه خرقه مبارکه حضرت محمد (ص) پیامبر اسلام قرار دارد که یکی از مقدس ترین مکان ها در افغانستان است. خرقه مبارکه به ندرت از محفظه اش خارج ساخته میشود. یکبار در مراسم تاج پوشی شاه امان الله درسال ۱۹۲۹ به منظور اتحاد مردم و بار دیگر در زمان وقوع مرض همه گیر کولرا در سال ۱۹۳۵ برای رفع مرض به نمایش گذاشته شد. مگر در سال ۱۹۹۶ بخاطر مشروعیت بخشیدن بحکومت خود و از اینکه نشان دهد او از جانب خداوند مأمور گریده است که حکومت نماید، ملا عمر و رهبر طالبان افغاستان خرقه را از محفظه خارج نمود، خود را در آن پیچانید و در برابر اجتماع طالبان ظاهر شد. بعد تر آنها ملا عمر را بصفت <امیرالمؤمین> تعیین کردند. (۸)

بالاخره دزدیدن سنگ آرامگاه ناصر خسرو بلخی/یمگانی را در ماه جولای سال ۲۰۰۵ میلادی که اینگونه ذکر شده: «وزیر اطلاعات و فرهنگ افغانستان گفت مقبره حکیم ناصر خسرو در ولسوالی یمگان بدخشان از سوی افراد ناشناس مورد کاوش غیر قانونی قرار گرفته است. داکتر سید مخدوم رهین وزیر اطلاعات و فرهنگ به گزارشگر بی بی سی گفت که سنگ مزار ناصر خسرو بلخی با بعضی اشیأ دیگر سرقت شده است. وی این سرقت را بزرگ و جبران ناپذیر توصیف کرد..» (۹)

امید روزی حکمتی پدید آید تا حکیم را در قبرش آرام گزارند. کسی پیدا شود تا دست بشر خواهی را دراز کرده آرامگاه را تعمیر و مرمت کاری کند تا از گزند روزگار در امان ماند. به امید آنروز!

یادداشت ها :

۱. کتاب <یمگان>، نوشته استاد خلیلی، تحشیه و تعلیق دکتور عنایت الله شهرانی، ۱۳۷۹، چاپ دهلی، صفحه ۱۱۶

۲. «فرهنگ معین»، جلد ۶، صفحه ۲۳۳۹

۳. کتاب <یمگان>، صفحه ۹۷

۴. کتاب <یمگان>، صفحه ۱۱۷

۵. کتاب <یمگان>، در باره وثیقه ها به صفحه های ۸۷- ۹٦ نگاه کنید.

(*) میر سید علی همدانی معروف به علی ثانی از کبار عرفای قرن هشتم هجری است. در بلاد متعدد سیاحت نمود بلخ، بدخشان، کابل و کشمیر راه دیده سر انجام در عرض راه منطقه <کنر> مناطق ننگرهار در سال ۷۸٦ وفات کرده که بعد ها پیکرش را از کنر به ختلان بردند.

کتاب ذخیرهء المملوک و اوراد فتحیه از وی است. شرح فارسی وی بر فصوص الحکم از بهترین کتب در این مورد شمرده میشود.

(حواشی صفحه ۹۹ کتاب <یمگان> از داکتر عنایت الله شهرانی)

٦. کتاب <یمگان>، صفحه های ۱۰۰-۱۰۱

۷. کتاب <یمگان>، بخش حواشی و تعلیقات از داکتر عنایت الله شهرانی، صفحه های ۱۲۳-۱۲۹

۸. کتاب <طالبان>، تألیف احمد رشید، ترجمه عبدالودود ظفر، سال ۲۰۰۱، چاپ کالیفورنیا، صفحه ۳۴

۹. هفته نامه امید، شماره ۹۸٦، منتشره ورجینیا، ۴ جولای ۲۰۰۵ میلادی مطابق ۱۳ سرطان ۱۳۸۴ شمسی، صفحه اول

سروده های یمگانی

پانزده سال بر آمد که به یمگانم   چون و از بهر چه ، زیرا که به زندانم

فشرده ی چکامه های حکیم ناصر خسرو را که در یمگان سروده، از آن طراوت جوی شغنانی و یم یمگانی بر میخیزد بر میگزینم تا باشد که ارباب دانش و بینش از حال او بدانند که مادر بی مهر فلک چه جفا های به شاعر اندیشه مند و خجسته مرد روزگار ببار

آورده است. استاد سخن، حکیم ناصر خسرو بلخی / یمگانی ، سخنی دارد از کناره گیری اش در میان جبال و تنهایی اش در کوه یمگان. با سربلندی سخن، با سرفرازی شعر با غرور خراسانی اش فریاد میکشد که با وجود کوه نشین شدنش، دست توانا و دل بینا دارد و هوا خواهان بی شمار او در عمق دره های یمگان بی سر پناه و بی یار نبوده است و هیچ گاهی خسته و نا امید هم نیست. این شیر مرد شعر و اندیشه میداند که در میان دره ها نیز عشاق و سر سپرده گان او گاه و بیگاه از وی خبر میگیرند و سخنش در خراسان زمین پراگنده، و نامه اش در نگارستان چین زیبنده است. نظم و نثرش جادوگری است که از دره های یمگان قامت میکشد و بدانسوی مرز های خراسان سحر گستر میگردد و تا آنجا که پدر و پسر عرب تبار<روبه> و <عجاج> که شاعران عرب اند با شنیدن شعر شاعر ولو که از دامنه های شاداب یمگان باشد، گنگ و لال میگردند.

مانده به یمگان به میان جبال   نیستم از عجز و نه نیز از گَلال

یکسره عشاق مقال مننـــــد   در گه و بی گه بـــخراسان رجال

در سخن و نسخهء من گشته خوار   نامه مانی و نــگارش نـــــکال

نام سخن های من از نظم و نثر   چیست سوی دانا سحر حـــلال

گر بشنودندی اقوال مــــــن   گنگ شدی روبه و عجــاج لال (۱)

درین کنجی که بجز سنگ و خاک چیزی دیگری نیست و نه هم گنج پر بهایی که او را دلبسته باشد. قشلاق که یمگانش مینامند نه مزرعه دارد و نه دکان و نه شهر و نه هم سود و زیانی در آن نهفته است که خود شاعر به صراحت بدان گوشزد میکند:

مال نجستست به یمگان کسی   زانکه نبودست در اینجای مال

دانشمند ما از شهر و بلده ی که در آن جمعیت مردم باشد و مدرسه و مسجد جامع داشته باشد و نه هم بازار و تیم و حمام که شاعر را خوی و عادات شهری موجود است. در این جا نه قوم است و نه خویش و نه هم همسایه، شاعر همچنان از وابسته گان نزدیک که کاکا و ماما باشد نیز محروم است. در این کنج دِنج، شاعر فقط جان به سلامت برده است و بسو پناه دهنده شاعر فقط پرودگار عالمیان و پیامبر برحقش محمد

مصطفی (ص) است. او در آخر درد دلش را میکشد و میگوید حالا که بلخ زیبا را با دره یمگان، این سنگلاخ دور از انظار مردم معاوضه کردم، دیگر دست از سرم بردارید و قیل و قال را رها کنید و به اصطلاح مردم <از سر کل ما دست بردار شوید>.

نیست درین کنج و درین نیز گنج — نامدم اینجا ز بهر منال
مال نجستست به یمگان کسی — زانکه نبودست در اینجای مال
نیز درین کنج مرا کس نبود — خویش و نه همسایه و نه عم و خال
بل چو هزیمت شدم از پیش دیو — گفت مرا بختم از ینجا تعال
با دل رنجور درین تنگ جای — مونس من حب رسولست و آل

****

بلخ ترا دادم و یمگان بمن — این دره خشک و جبال و تلال
چون ز تو من باز گسستم زمن — بگسل و کوتا کن این قیل و قال

<حجت خراسان> در اینوقت است که دل بدریا می برد و صبر ایوب گونه را بر جبین می آلاید، یمگان را بهشت طرب و جایگاه ادب میشمارد و به این گنج کوهی که مالا مال از صفا و گوارایی طبیعت است دل بسنده کرده آنرا از بلخ و بخارا هم بهتر میشمارد. دره یمگان نزد شاعر ما گنج شایگان و منزلگه جان و روان است. کلبه ی یمگان، آبستن نور است و روشنایی، آبش از <پغمان> و چوبش از <لغمان> (*) و شاعر ما در این کلبه ی محزون با پاکیزه گی جان و صفای دل زنده گانی دارد.

اینجاست به یمگان ترا دبستان — در بلخ مجویش نه در بخارا
گنجیست خداوند را به یمگان — صد بار فزون تر ز گنج دارا
بر گنج نشست کرد <حجت> — جان کرده منقا و دل مصفا (۳)

فرق میان انسان و حیوان موجود است، انسان با کسب ادب و دیگر فضایل ارزنده از خوی و خاصیت حیوانی بدر میشود، خرد و اندیشه است که آدمی را متفکر و اندیشه ورز میسازد. شاعر اندیشه ورز ما نه تنها از چرخ و دهر و فلک و دیو و دد روزگار گله مند

است، بلکه از انسان هایی که هوا و هوس حیوانی و بهیمی دارند بستوه آمده و حتی در دره یمگان نیز میخواهد از جمعیت این گروه جنگلی دروی بجوید.

ای آنکه جز طرب نه همی بینمت طلب — گر مردمی ستـور مشو مردمی طلب
بر لذت بهیمی چون فتنه گـــشته ای — بس کردهء بدانکه حکیمت بود لقب

****

ای حجت خراسان از ننگ این گروه — دین را بشعر مرتبت آور ندب ندب
وز آفتاب چو ســـــر زد مترس اگر — بیرون کنی تو نیز به یمگان سر از سرب (۴)

حکیم ناصر خسرو <گیتی> را مانند <مادر> میداند، مادری که هم مهربان است و هم نا مهربان، مادر همیشه به فرزندش انس و الفت طبیعی دارد و او را تحت بال خودش میگیرد. اگر مادر گاهی بر فرزند قهر میکند، به اولادش لازم نبوده است تا به مادرش نا سپاس باشد و او را مورد طعن و ناسزا قرار بدهد. گاهی اتفاق می افتد مادر فرزند ریاکار و چابلوسش را دوست داشته باشد. زمانی میآید که مادر فرزندانی را که راستگوی و درست نگر و زبانباز و سخن گستر باشند از خود دور بسازد. چونکه فرزند نا کژ اندیش ما (ناصر خسرو) روی و رخسار ریا را ندارد از برِ مادر گیتی بدور مانده و به درون دره یمگان بجان خود افتیده است و گله هم ندارد زیرا که او راز مادر را میداند.

از گـــردش گیتی گله روا نیست — هر چــــند که نیکیش را بقا نیست
خوشتر ز بقا چیزی نیست زیرا — ما را زجهان جــــز بقا هوی نیست
چـــون تو ز جهان یافتی بقا را — پس چونکه جهان در خور ثنا نیست
گیــتی بمثل مادر است و مادر — از مــــــرد ســـزاوار نا سزا نیست

****

من مانده به یمگان درون از آنم — کاندر دل من شبهت و ریا نیست
آهــــــوی محالات و آرزو را — اندر دل مـــن معدن چرا نیست
ای خـواجه ریا ضد پارسائیست — آن را که ریا است پـــارسا نیست(۴)

بخش دوم: حوزهٔ جغرافیایی آمو دریا و شهر ها

حضرت ناصر خسرو، جهان را شکارچی بزرگی میداند که کارش شکار کردن است و بس. شاعر بیکس ما در حصار یمگان از درد تنهایی و ناسپاسی دهر دامن دامن گله دارد. از اینکه در هنگام کهنسالی دور از یار و دیار، و از دست دیوان ستمباره به زندان سلیمان می افتد و کسی را ندارد که معلوم کند ‹حال او چون است›؟ او که خود مانند سلیمان تختگاه داشته چرا از گاه به چاه می افتد؟ چاره را حصر میبیند و در جستجوی یاری که سراغش را در زندان بگیرد میشود. او که مانند سلیمان صاحب گاه و درگاه بود و دارای حاجب و دربان، و در سخن و ادب نیز همه مسخر سحر کلام او بودند، حالا چگونه شد که همچون سلیمان پیامبر اسطوره یی (**) که از دست دیو به دریا می افتد، سلطان ادب ما از دست دیوان خراسان توسط سنگ های دره یمگان سنگباران گردیده و در زندان یمگان پانزده سال تا دم مرگ زندانی میشود؟

جهان را نیست جز مردم شکاری	نه جز خور است کس را نیز کاری
بلی مر گاو پر پرواز را کس	جز از قصاب ناید خواستگار

****

جو خلق اینست و حال این تو نیابی	زتنهایی به ای خواجه حصاری
به از تنهائیت یاری نباید	که تنهایی به از بد مهر یاری

هندو کُش بزرگ، HINDU KUSH

هندوکش بزرگ!
حماسه آفرین کهنسال روزگار
پیش سر سفید و بلندت خجالتم
پیرامن تو رقص شیاطین به پا و من
رقصم به بزم سبز نگاهان زرد موی
نفرین بمن که سنگدل و بی شهامتم

(رازق فانی)

هندوکش سلسله کوه با شکوه و بزرگی است که از پامیر میآغازد و رُخ بجانب غرب داشته ساحات مرکزی افغانستان را در برمیگیرد. این سلسله کوه افسانوی و اسطوره یی سنگلاخ نهایت بزرگی است که از بام دنیا آغاز گردیده و از وسط کشور از شمال شرق جانب جنوب غرب امتداد دارد و سایر کوه ها چه در شمال و چه در جنوب شاخه های فرعی سلسله کوه محسوب میگردد، و همین سلسله جبال است که در ادوار طبقات الارضی به شکل یک فلات مرتفع در آمده است.

به اساس تحقیقات باستان شناسی که از جانب داکتر کارلتن کون دانشتمند و کارشناس معروف امریکایی در مغاره‌ء قره کمر در مجاورت ایبک در دامنه های شمالی هندوکش صورت گرفته است، از حوالی سی تا پنجاه هزار سال قبل مرکز رهایش یکعده شکارچی ها بوده که از قدیم ترین دوره های مدنیت حجر Palcolithique در صید و شکار حیوانات مشغول بودند و با زندگانی مغاره نشینی با ادوات بسیار ابتدایی که از سنگ چقماق می ساختند، مدنیت دوره‌ء اول حجر قدیم را به میان آورده بودند.

در مغاره های هزارسم که در شانزده کیلومتری سمنگان موقعیت دارد و از نشیب های شمالی هندوکش ، به ارتفاع ۳۳۰۰ فت، بدیوار های مغاره های هزارسم اشکال و رسم های منقوره دیده شده که باستان شناسان و خط آگاهان بعضی شانرا به خطوط ماقبل التاریخ هسپانیا، ایتالیا و سویس مشابه یافته اند. عمر هزارسم را پنجاه هزار سال پیش

تخمین زده اند که در آن شباهت هایی میان خطوط منقوره هزارسم سمنگان و نقوش سنگی لغمان نیز دیده میشود.

بدین سان در دره الیشنگ لغمان در سلسله کوهساری که راه های دره های آن شرقاً به دره های شمالی مجرای دریای کنر میگذرد، در سال ۱۹۱۱ میلادی کتیبه یی کشف گردیده که عکس آن کتیبه در شماره ۱۶ پنجم حمل ۱۲۹۶ خورشیدی جریده سراج الاخبار کابل نیز نشر گردید. در سال ۱۹۶۳ میلادی در شهر قدیم آی خانم کتیبه یی بخط یونانی که چهار سطر داشته از طرف مردی بنام تریبالوس به هرمس و هیرکلیس وقف کرده بود از زیر خاک بر آورده شد. سطر های کتیبه مملو از اندرز و گفتار نیک است که آنرا چنین میبینیم:

<در کوچکی خوب تربیه بگیر

در جوانی خواهش های خود را ضبط کن

در پخته سالی راستگار باش

و در کهن سالی اندرز دهنده خوب

و در آخرین روز های حیات آگاه باش که چگونه بدون افسوس میمری!>

<بنگرید به کتاب <تاریخ خط و نوشته های کهن افغانستان> پوهاند حبیبی ۱۳۷۷ چاپ پیشاور صفحه های ۱۹-۴-۵>

سلسله کوه های هندوکش طبق شواهد تاریخی و دانش جغرافیایی کانون رهایش باشندگان کهن افغانستان دیرپا بوده است و قدیمی ترین نام این سلسله کوه (یوپایی ایری سینا) UpairiSaena است که بنلد تر از پرواز عقاب معنی دارد. همین کوه اسطوره یی وطن در <بندوهش> بنام (اپارسین) یاد شده که از دو واژه <اپار> یعنی ماوراً یا بالا و <سین> بمعنی عقاب میباشد. کوه اپارسین یا هندوکش از نگاه عساکر اسکندر مقدونی که فکر میکردند به قفقاز یا آخر جهان رسیده اند این سلسله کوه را (کوکاروس اندیکوس) یا <کوه قفقاز هند> یاد کردند. <هندوکش> اصلاً از همین کلمه ی <اندیکوس> بمیان آمده که بعد ها به <هندوکش> تغییر شکل داده است. این سلسله کوه از گذشته های دور

سرزمین رود های مقدس

محل و مسکن مردمان آزاده و استوار بوده است که آنها را مردمان <کوه نشین> OmoAlpinus و یا <کوهی> یاد کرده اند و این گروه بومی/ کوهی باشنده گان اولی این سرزمین بوده اند که بعد ها با اقوام آریایی مخلوط گردیده میباشند. در نواحی نجراب، خنجان، تگاب، لغمان، کتور، نورستان، چترال، سوات، باجور، پنجشیر، اندراب، شتل، سالنگ، سنجن، درنامه، کوهستان و دامنه های پامیر مردمانی زندگانی دارند که وارث تهذیب و ادب و فرهنگ هندوکش استند. مردمان نورستان و یا بلورستان قدیم باشندگان اصیل هندوکش شرقی میباشد. به اساس تحقیقات دانشمند دنمارکی بنام هارپ که متذکر میشود، آرت و هنر و موسیقی که آنها استعمال کرده اند به ادوار سومری ها همسری میکند. (۱)

اینکه گفته اند <هندوکش> بمعنی کُشنده هندو میباشد، آنقدر دلچسپ به نظر نمی آید چون در زمان هجوم گوپتا های هند به قسمت های جنوب افغاستان اکثر لشکریانی که بسرزمین های سرد و صعب العبور و کوهستانی بلد نبودند و هم شدت سرمای زمستان را لمس نکرده اند ناگزیر در این نوع اتومسفیر و آب و هوا بود و باش اهالی نیمقاره را مشکل و سخت میسازد. با آمدن هندی ها چه به صفت لشکریان زمامداران و چه به واسطه تبلیغات مذهبی. اکثراً در حوزه ی هندو کش تلف گردیده اند. این کوه ها بسیاری از هندو های که بفرمان شاهان گوپتا به عنوان مذهبیون آیین بودایی به افغانستان آمده اند نظر به ناسازگاری جو آب و هوا احتمالاً اکثر شان نابود شده باشند که از آن باعث در میان عامه به خاطر تلفات هندی ها به <هندوکُش> به کشنده هندو ها لقب احتیار کرده باشد. اما محقیقین هندوکش را واژه سانسیکریت میدانند که <هندو> بمعنی <معبد> بوده است. موجودیت تندیسه های کوهپیکر بامیان در مرکز هندوکش و ارج مندی روحانیت آیین بودایی در سرزمین افغانستان گفته میتواند که < هندوکش> را سرزمین معبد ها نامگزاری کرد. پس چنین نتیجه میگیریم که هندوکش بزرگ، کشنده هندو نبوده بلکه سرزمین معبد ها بوده است.

پارا - پامیزوس \ کوه بزرگ هندوکش

با ورود اسکندر مقدونی بخاک آریانا حوزه بزرگ جنوب و شرق کشور ما بنام پارا، پامیزوس معروف گشت، در هنگامیکه اسکندر یونانی در دامنه های کاپیسا رحل اقامت افگند و با دیدن صخره های بلند و شامخ فکر کرد که به کوه های افسانوی قفقاز دست یابیده است. مؤرخین یونانی پارا پامیزوس را به مردمی اطلاق کرده اند که در آن نواحی کوهستانی سکونت اختیار کرده بودند. به قولی یونانیان در پارا پامیزوس غاری را دیدند که مبارز افسانوی بنام پرومته (*) از آن غار توسط هر کولیس پهلوان اساطیری یونانی رهایی یافته است. باید دانست کوه های قفقاز که در قسمت غربی دریای خزر موقعیت دارد و به Caucasian Mountains شهرت دارد سرزمینیست افسانوی و حیرت آور، کوه های قفقاز در تاریخ و اسطوره نام آورترین قسمت آسیایی است که به قول بعضی از مؤرخین آریایی های بومی اصیل در این مناطق عرض وجود کرده اند و نژاد آریایی اروپایی از همین حوزه بسوی اروپا مهاجرت کرده باشند که حتی امروز در امریکای شمالی سفید پوستان خود را از نژاد کاکاژین میدانند، افسانهٔ بند گردیدن پرومته در کوه های قفقاز بحیره خزر بیشتر صدق میکند تا قفقاز افغانستان، زیرا که این منطقه بیشتر به یونان نزدیکتر است. آنسوی کوه های قفقاز، کوه های زاگروس Zagros و در ناحیه شمال غربی زاگروس کوه های طورس Taurus (احتمالاً کوه های ارارات موجوده در شمال شرق ترکیه امروزی) اخذ موقعیت کرده اند. کتاب <نورستان> درباره پارا پامیزوس مینگارد:

« پارا میزوس یا پارو پامیزاد بحیث یک ولایت به یک حصه بزرگ مرکزی آریانا اطلاق میشد، پاراپامیزاد اسم عموم کسان و مردمانی بوده که در ولایت پاروپامیزاد یعنی دامنه های جنوب هندوکش بود و باش داشتند.» کتاب نورستان به اساس نظریه بطلیموس مینگارد که : قبایلی که بصورت مجموعی بنام پارو پامیزاد ها یاد میشدند در جنوب دامنه های شرقی سلسله هندوکش اقامت داشته اند. بطلیموس از شانزده شهر در نواحی پاراپامیزاد یاد میدارد، یکی از قبایلی بنام کاتی – سا Kati-SA که بگمان اغلب همان کاتی ها یا < که ته> بوده باشد. <که ته> یکی از قبایل بزرگ و پر جمعیت نورستان کهن بوده است، بیلو دانشمند غربی از قول بطلیموس مینگارد که پارا پامیزوس همین ولایات هفتگانه آریایی ها بوده باشد که در قلمرو هندوکش بزرگ حیات بسر برده اند که عبارت از هزاره

جات، کابل و وادی آن، نورستان و داردستان و اراضی میان جمنو و چیلاس کشمیر در آن شامل بوده است. هموطن فرهیخته محمد اکبر شورماچ در کتاب نورستان مینگارند که یکی از مناطق برازنده پارو پامیزوس، منطقه نورستان که در گذشته بنام <داردستان> یاد میشده است. پس از سقوط دولت یونان/ باختری نام این ساحه جغرافیایی به <کی پن> تغییر یافت، جان روزنفلید شرق شناس غربی کی پن را بسرحد شمال غربی هند رابطه میدهد که در زمانی تحت سلطه یونانی ها، پارتی ها و ساکی ها و کوشانی ها بوده است. در زمان زمامداری کانیشکا شاه بزرگ کوشانی، کشمیر نیز تحت اداره کی پن شامل گردیده است. (بنگرید به کتاب <نورستان در گستره تاریخ> محمد اکبر شورماچ چاپ پیشاور سال ۱۳۷۹ صفحه های ۲۵۷-۲۶۱)

اسکندر پس از آنکه قلعه های جنگی اسکندرانی در هرات و اراکوزیا بساخت رخ بجانب پارو پامیزوس کرد که به قول اکثر مؤزخین همین نواحی شمال کابل در قسمتهای جبل السراج و پروان حالیه میباشد. اسکندر و یارانش در همین جایگاه قلعه مستحکمی بساختند و طوریکه میدانیم هر قلعه و شهری را که بناً میکرد بنام اسکندر مسمی میساختند.

گوپته و اسپه

در هنگامیکه در حوضه اکسوس پیشدادی ها، کاوی ها و اسپه ها با حیات نیمه مدنی خویش زندگانی میکردند، در شمال اکسوس (آمو) در نواحی (تلی برزو) نزدیکی های سمرقند طایفه ای بنام گوپت ها به حیات شبانی خویش ادامه میدادند. بر اساس کشفیاتی که در اکادمی روسیه شوروی در سال ۱۹۳۹ بعمل آمده درتالی بروز یا تلی برزو مدال تیکری یافت شده که در آن تصویر مردی را وانمود میسازد که نصف بدنش گاو میباشد. هنر های اساطیر نیم تنه ی انسان - گاو، انسان- اسپ و انسان - فیل در روند تاریخ بشر دیده شده است.

دانشمندان روسی تصویر و هنر انسان - گاو را که نماد شاهی در آن دیده شده به (گوپت شاه) که عبارت از پادشاه شباتان باشد معرفی کردند. در اساطیر آمده که نام قدیمی

سغدیانا، گاو Gave بوده که این نام با کشف تیکر نیم انسان و نیم گاو در سمرقند همخوانی دارد، اسم های گوپت Gopat یا گوپت شاه از گذشته های دور در میان اهالی سغد و باختر ظاهر میشده است. همانگونه که اسمای اهالی اکسوس به اسپه و اسپه خواه و اسپ ختم میشود، اهالی آنسوی اکسوس قدسیت گاو را ارج میگذاشته اند و گذاشتن پسوند نام هایشان به گاو دال بر این مدعا میکند، این قلم را باور بر آنست که نام شاهان <گوپتای هند> ریشه از گوپت های ماورأ النهر داشته باشد که آریایی ها آنرا از باختر به هند نقل داده باشند و قدسیت گاو در این سرزمین پهناور دال بر این اندیشه باشد.

(بنگرید به کتاب تاریخ افغانستان - احمد علی کهزاد چاپ سویدن صفحه های ۱۰۷-۱۰۹ جلد اول ۱۳۸۱)

کوه هندوکش که غرباً و شرقاً در افغانستان امروزی امتداد دارد، از نگاه موقعیت دارای ویژه گی های خاصی است، این مَناره ی طبیعی در بطن خود شاهنشاهی ها و حکومت داری های برازنده ای را جا داده و گرم و سرد روزگار بسیار دیده که شاهنشاهی غزنه، دودمان غور/غرجستان که <حضرت فیروز کوه> مرکز آن بود، شاهان کرت در اطراف این کوه بزرگ قد کشیده اند. بدینسان شاهان پیشدادی و کیانی و اسپه که مرکز آنها سیستان، کابل ، زابل، سمنگان، حوضه هیرمند، حوضه مروالرود، زرنج و بلخ کهن بوده است، کابلیان، زابلیان، ایبکیان، تخاریان، فریغونیان (گوزگانان)، سکزیبان در سیستان، کوشانیان و شاهان بدخشان و شیران بامیان در گرد نواحی کوهپایه های هندوکش حکمروایی داشته اند.

هندوکش بزرگ رستم دستان دارد که از مادر کابلی، پدرِ زابلی و همسر سمنگانی قامت کشیده است، رستم نسل بالنسل هندوکشی است، او در آنسوی این مناره طبیعی، تورانیان ستم کیش را اخته کوب کرده و در غرب هندوکش دیوان مازندران را از دم تیغ کشیده است. رستم دستان این تهمتن زمان در شمال شرق هندوکش حمیت بخرج داده تا ننگ و ناموس وطن را از شر تورانیان در امان بسازد. نزد رستم هندوکش پهنای وسیع دارد. او با تاخت و تاز رخش سیستانی، سرخن سمنگانی، بور زابلستانی و قره ای گوزگانانی دست تاراجگران شمال هندوکش، دیوان مازندران، و دیگر اهریمنان مرز های هندوکش را

گوشمالی داده و شر شانرا تا ابد از رسیدن به دره های پر هیاهوی هندوکش کوتاه ساخته است. بدینسان آرش کمانگیر یا (ایرشاه اوستایی) که تیرش قیامت میکرده و از کوه البرز بدانسوی جیحون پرتاب تیرش مانند راکت انداز های امروزی قیامت میکرده تا قامت و استواری تورانیان را بشکناند. کوه البرز که در چند کیلومتری جنوب بلخ موقعیت دارد از شاخه های مهم هندوکش کبیر است که مربوط سلسله های تیربند ترکستان میگردد (۲)

کوکاروس اندیکوس را که یونانی ها به هندوکش نسبت داده اند و به معنی قفقاز هند یاد گردیده، از سمت جنوب غرب واخان میآغازد و از طرف شمال شرق به امتداد جنوب غرب افتاده و همراه سلسله کوه هایی که در غرب افغانستان واقع اند میان شمال و جنوب دیوار بزرگی را تشکیل میدهد.

هندوکش از کوتل بروغیل که به ارتفاع ۳۸۰۴ متر بلندا دارد با کوه قراقرم فاصله میگیرد، مانند سلسله کوه های آسیای میانه جوان میباشد و صورت تشکیل هندوکش را احجار ناریه و ولکانیک میسازد، سلسله کوه هندوکش دره ها و وادی های بیشماری دارد که هر کدام از زیبایی و طبیعت خاص صخره یی برخوردار است، قسمت های مرکزی هندوکش پستی ها و بلندی هایی وجود حاصل میکند که باعث سلسله های دیگری شده و بنام های مختلف بسمت غرب در امتداد است.

سلسله کوه هندوکش از شرق بطرف غرب در طول ششصد کیلومتر افتیده که بلندا های شرقی آن بالا تر از نواحی غربی آن میباشد.

قسمت های شرقی نسبت ارتفاع کوه ها، سرسفید دارد و برزگی و سرسفیدی اش باعث میگردد که عبور و مرور شمال و جنوب دشوار پذیر شده و صرف موجودیت گردنه ها و کوتل ها است که رفت و آمد را امکان پذیر میسازد. در دره ها و گردنه ها علامات و نشانه های دوره سوم زمین شناسی به مشاهده میرسد که دوره یخچالی را نمایان میسازد. موجودیت یخچالها ذخیره خوب آبی که باعث سرازیر گردیدن دریا ها میشود میباشد، دریا های که طرف شمال هندوکش معاونین دریای آمو، و ساحه جنوبی هندوکش معاونین رود سند را میسازند. سلسله غربی کوه هندوکش از کوتل خاواک میآغازد و بواسطه بند امیر از کوه بابا مجزا میشود، طوریکه گفته آمد ارتفاع وسطی سلسله های غربی نسبت به سلسله

های شرقی کمتر است و همچنان گذرگاه های هندوکش غربی بمراتب سهل تر و آسان میباشد زیرا گذرگاه ها و کوتل های سلسله غربی هندوکش بیشتر از چهل و چار هزار متر بلندی ندارند.

گذرگاه های مشهور هندوکش کبیر عبارتند از:

الف - دره شکاری

در دره شکاری دریای بامیان و سرخاب جریان دارد و کوتل شبر با ۳۲۰۰ متر ارتفاع در جنوب این دره واقع شده تا سال ۱۳۴۳ از جمله راه های پر اهمیت افغانستان شمالی و جنوبی بود این نویسنده کوتل شبر را عبور کرده و از دشوار گذاری آن خاطراتی دارم.

ب - دره سالنگ

کوتل سالنگ پس از حفر تونل سالنگ و افتتاح آن بسال ۱۳۴۳ خورشیدی راه رفت و آمد شمال و جنوب راه نهایت آسان ساخته است، راه دره سالنگ نسبت به راه دره شکاری کوتاه تر میباشد. دره سالنگ شمالی دریای خنجان را میسازد که بعد ها با دریای اندراب یکجا میشود و در سمت جنوبی آن دریا های سالنگ و غوربند جریان دارد.

ت - دره بامیان

کوتل آق رباط که در ناحیه شمالی دره بامیان واقع شده است پیش از راه ترانسپورتی دره شکاری (راه شبر) تا سال ۱۳۱۱ خورشیدی راه کاروان ها بود. (۳)

در سال ۱۹۶۳ پوهنتون اکسفورد انگلستان کتابی زیر نام <بین آمو و جمنا> توسط توین بی تاریخنگار نامدار نوشته شده که برخی از یادداشت های آن خالی از دلچسپی نمی باشد، کتاب متذکره مینویسد که:

« هندوکش به معنای کشنده هندوست و نام اقدم آن بزبان یونانی پاراپامیزاد است که بمعنی <بلند تر از پرواز عقاب> باشد، این سلسله کوه بین شبه قاره هند و سرزمین های آسیایی قرار دارد. حدود امپراطوری کوشان از آمو تا جمنا بود، امپراطوری کوشان یکی از جمله چهار قدرتی بود که جهان را بین شان تقسیم کرده بودند، کوشانی ها با اشکانی ها و چین سرحد طبیعی داشت و با امپراطوری روم از راه بحر تجارت میکردند. منطقه بین آمو

و جمنا صحنه رخداد های بزرگ تاریخ بشری است. اروپایی ها تصور میکردند که همه راه ها به روم ختم میشود، اما اروپا فقط گوشه یی از جهان کهن بوده است، عراق مرکز تاریخی جهان مسکون است. بگرام شهر تاریخی کاپیسا قدیم در جنوب کوهپایه های هندوکش مرکزی و در تلاق سه رودخانه قرار دارد..» (۴)

طوریکه میدانیم ساختار فزیکی سرزمین افغانستان کوهستانی بوده هفتاد فیصد ساحه جغرافیایی آنرا سیستم کوه ها در برگرفته که هندوکش و پامیر از جمله کوه های برازنده خراسان زمین محسوب میگردند. افغانستان در ناحیه جنوب و جنوب شرق آن که سلسله کوه سلیمان موقعیت دارد، پوشیده از جنگلات است که آنهم از تأثیر رو بحری و باران های مانسونی نیم قاره هند میباشد که باران های وافر در این مناطق باریدن میگیرد و منطقه را سرسبز و جنگلی میسازد. صادرات چوب چهار تراش بصورت غیر فنی توسط اهالی صورت میگیرد و درختان جلغوزه نیز در این مناطق می روید، دیگر کوه ها در افغانستان فاقد پوشش نباتی و جنگلی اند که از لحاظ محیط زیستی برای نمو نباتات و حیوانات چندان مساعد نمیباشد. اما با آنهم در مناطق پایانی کوه پایه ها و ارتفاعات کم، بته ها و نبات های کوهی میروید که بانی تداوم حیات منطقه میگیرد، یکی از نبات مفید و برازنده که قابل استفاده مردم و حیوانات میباشد نبات <پسته> است که طور پراگنده در اکثر دامنه های شمال و شمالغربی سلسله هندوکش روییده و گذشته از اثرات استفاده گی و خورش، آب و هوا را نیز مساعد میسازد، همچنان نبات پسته برای افغانستان قلم مهم صادراتی محسوب میگردد. (۵)

با دریغ و درد فراوان که درین چند دهه جنگ و ویرانی، اهالی منطقه بخاطر احتیاجات روزمره و دیگر مسأیل محیطی جنگلات را قطع کرده و دار و ندار طبیعی کشور بباد فنا میرود. اهالی طماع و بیخرد چوب های چهار تراش را ببازار پاکستان عرضه میدارند و درختان پسته را از بیخ میکشند که ممکن در ظرف چند دهه به سرزمین مان قحطی و خشکسالی نا مناسب طبیعی رونما گردد. در صورت عدم دستگاه دولتی نا منظم که جنگ باعث آن گردیده، و عدم ثبات و سلامت سیاسی، مردم ما نیز بجان طبیعت بلا میگردند و بدون توجه به داشته های غنیمتی شان به توصیه همسایه های طماع به چور و چپاول دست می یازند.

هندوکش بحیث سرحد علمی

هندوکش بزرگ بحیث سد مقاوم سنگی میان روسیه و هند برتانوی قرار داشت، انگلیس ها میخواستند این سد را به تصرف داشته باشند و تجاوز اول انگلیس در افغانستان تخیل بر جابجایی بر کوهپایه های هندوکش بزرگ بود تا سد مقاومی باشند در مقابل روسیه. در سیاست انگلیس این سلسله کوه عظیم (هندوکش) بنام <سرحد علمی> هند انگلیسی نام گزاری گردید. انگلیس ها برای بدست آوردن سرحد علمی یک بار با یورش چهل هزار عسکر میخواستند به آرمانهای استعماری خود برسند که موفق نگردیدند. (٦)

هندوکش در کتاب اوستا

اوستا کتابیست دیرپا که قدامت و دیرینه گی آن تا هزاره دوم قبل از میلاد میرسد. اما تعیین درست و دقیق تاریخ اوستا هنوز بصورت درست میان اکثراً پژوهشگران بر ملا نگردیده است. اما بررسی های دینی تصریح میدارد که قسمت اعظم تورات مقدس پس از تبعید بنی اسراییل به بابل تنظیم گردیده است و هیچ بخشی از آن قدیمتر از قرن هفتم قبل از میلاد نبوده است. در حالیکه اوستا قدیمی تر از کتاب مقدس است، همانگونه که اوستا کتاب مذهبی و ادبی و اخلاق است، از روند های حیات اجتماعی و طبیعی و جغرافیایی سرزمینش نیز یاد آوری های مستند میکند، نزد اوستا رود ها و کوه ها و دریا ها و دریاچه ها قدسیت روحانی دارد. اوستا در بخش زامیادیشت که ویژه آب و کوه است از موقعیت های برازنده جغرافیایی خراسان پیرار سخن میزند. زامیادیشت که از زمین و از یزد و مؤکل زمین بحث میکند رابطه زیست آدم ها را با کوه و آب همآهنگ میسازد. زمین عنصر حیاتی آدمی است که پیوند ناگسستنی میان آدم - زمین موجود است، در هشت بند زامیادیشت اوستا از آغاز یشت نزدهم اوستا از پنجاه و سه کوه بلند یاد میدارد. زامیادیشت از زمین و کوه ها که آسایش دهنده عمرند یاد میکند. بلند بالاهایکه زامیادیشت یاد میکند همه در قسمت شرق فارس موقعیت اخذ کرده اند. این بلند بالا های صخره یی همه در قلمرو مرکزی و شرق و غربی افغانستان امروز اند. در مقدمه زامیادیشت کوه مزدا آفریده و آسایش دهنده و کوه Ushi Darena از فر کیانی برخوردار

بوده و قله شامخ دارد <ای زردشت نخستین کوهی که در این سر زمین بالا آمده هری تری Haraiti بلند است> زامیادیشت اوستا بر علاوه پنجاه و سه کوه بزرگ از تعداد بیشماری از کوه بچه ها نیز تذکر میدهد که در سرزمین آهورامزدایی پهنگستر شده اند که اوستا تعداد شانرا به دو هزار و دو صد و چهل و چهار میرساند (۲۴۴ کوه بچه) که این سلسله کوه ها همه برای آسایش و سعادت و بهره بخشی آفریده شده اند.

(بنگرید به کتاب اوستا نوشته هاشم رضی- چاپ دوم ۱۳۷۴ صفحه های ۳۲۹-۳۳۴)

روانشاد احمد علی کهزاد در کتاب تاریخ افغانستان از هریتی بارز Haerati –Barez یا کوه هرابرازاتی که به تایید اوستا دورادور زمین را فرا گرفته و تا مناطق شرقی امتداد داشته و پای آنرا آب تر میکرده است. گایگر دانشمند غربی موقعیت این کوه را در پامیر وانمود میسازد که همان کوه های بلند آریایی است، از کوه دیگری که زامیادیشت اوستا متذکر میگردد کوه <زره دهازا> Zeredhaza میباشد که اگر کوه هریتی بارز هندوکش بزرگ باشد زره دهازا کوه بابا خواهد بود. براساس فقره دوم زامیادیشت از کوه زره دهازا شاخه هایی بنام های اوشیدارنا، ارزیفیه، فرارارویا منشعب گردیده است. کوه اوشداشتار را کوه <روشنی و دانش> ترجمه کرده اند. ارزیفیه را کوهی دانند که کیکاوس در آن هفت قصر بنا کرده که به گمان اغلب همین کوه البرز بلخ میباشد که در چهل کیلومتری جنوب بلخ موقعیت اخذ کرده است. اوستا طوریکه پیشتر ذکر کردیم بیشتر از دو هزار کوه را یاد کرده که ما از نام همه شان صرف نظر کرده و موقعیت آنها هم درمنطقه ما مشکل به نظر میرسد.

(کتاب تاریخ افغانستان جلد اول چاپ سویدن احمد علی کهزاد ۱۳۸۱ صفحه های ۲۶۳ - ۲۶۵)

منهاج سراج جوزجانی تاریخنگار دوره غوریان در کتاب طبقات ناصری از ولایت های غور/ غرجستان حکایت هایی دارد. نامبرده بر علاوه شرح دودمان و سلاله غوری، سوری و شنسبی، از موقعیت های سخت و صخره یی و کوه های غور / غرجستان سخن میراند. غور/غرجستان ناحیتی است که در قلمرو مرکزی و شرقی کشور ما موقعیت دارد و با داشتن کوه های بلند و صخره های عظیم که در حقیقت باعث ستر و اخفا شاهان و

حاکمان میگردیده و همچنان مرکز فرماندهی سلاطین غوری نیز گردیده است. چون سخن از کوه هندوکش و سلسله های آن است میرویم به سراغ کتاب طبقات ناصری دودمان غوری ها را به ضحاک تازی و پسرش بسطام و برادرانش سام و سور میرساند. این دودمان سلسله به سلسله درغور حکمروایی داشته اند و در زمانیکه قدرت شان بیشتر گردیده و دستگاه منظم اداری و نظامی را حاصل کردند رخ بجانب هندوستان نیز کردند که سلسله شاهان مملوک هند را تشکیل داده اند. در هنگامیکه ضحاک تازی از دست فریدون و کاوه آهنگر شکست میخورد، فریدون شاه پیشدادی میخواهد پسر ضحاک را که ولایت سند و هند را داشت منگوب بسازد که بدینسان بسطام از دست فریدون ابتدا بسوی کوه های شغنان و بدخشان و تخارستان و بعد بسوی کوهستانهای غور که در آن مناطق هزار چشمه موجود است رهسپار میشود. بسطام در مندیش در جوار کوه زارمرغ که بلند ترین قله محسوب میگردد قرار میگیرد و پس از آنکه فریدون با پسرانش بجان هم میشوند استفاده برده با فریدون صلح میکند و با خاطر جمع در کوهپایه های غور به استحکامات نظامی و ساختن قلعه های و حصار ها میپردازد. او هواخواهان پدرش را با اقارب خویش و عرب و عجم را نیز به غور دعوت میکند در نواحی مندیش کوه های بلند قامتی قد بر افراشته اند که بقول منهاج سراج: « در غور پنج باره کوه بزرگست و عالی.. که از راسیات جبال عالم است» (سای در زبان ایماق ها بمعنی تپه بلند باشد و راسیات مراد از کوه بلند بالا باشد، اما در غیاث اللغات راسیات جمع راسیه بوده که بمعنی کوه استوار ذکر شده است.)

این پنج باره کوه را طبقات ناصری چنین یاد میکند:

۱. کوه زامرغ مندیش

۲. کوه سرخ غر

۳. کوه اشک

۴. کوه ورنی

۵. کوه رویین

در اطراف کوه زارمرغ مندیش قصر ها و حصار های سلاطین شنسبانی غوری موجود بوده که دارالمُلک ایشان انجاست. در این کوه سیمرغ پرنده بلند پرواز زال زر پدر رستم دستان را پرورش داد. روایت است که در هنگام مرگ زال زر - از کوه زارمرغ فغان و ناله تعزیت برون آمد. سرخ غر نیز در نواحی مندیش افتاده است، در کتاب پته خزانه از <اته غر> یاد شده که مراد از هشت کوه باشد که سرزمین های هوتکیان بوده است. کوه اشک طوریکه از نامش پیداست بنام اشکانیان یاد شده که در روزگارش به غور پناه آورده باشند، این کوه در بلاد تمران موقعیت دارد. کوه ورتی در مناطق زمین داور و والشتان بوده و قصر مشهور کجوران در آن بلندا موجود بود. کوه رویینن طوریکه از نامش هویدا میگردد در حصانت و رفعت و بلندی کوهی همانند او نبوده است، به هر حال سلسله هایی که در غور و غرجستان موجود است همه سرچشمه از کوه هندوکش بزرگ دارند که در شاخه های آن در نواحی شرقی و غربی و مرکزی افغانستان بنام های مختلف عرض اندام کرده است.

(کتاب طبقات ناصری - تألیف منهاج سراج جوزجانی به تصحیح عبدالحی حبیبی چاپ کابل ۱۳۴۲ صفحه ۳۲۸)

یادداشت ها :

۱. هفته نامه امید شماره ٦٢٦ سال ۲۰۰۴ میلادی صفحه ۱۱ نوشته استاد نبی کهزاد.

(*). پرومته کیست؟ پرومته در اساطیر یونانی رب النوع آتش است، رب النوع انسان نمایی که در زمره تیتان ها محسوب میگردید. پرومته با دخترایی مته ازدواج کرده و در مقابل زئوس خدای نیرومند ایستاده آتش را از آسمان ربوده به انسان داد، این آتش ربایی اش را زئوس نه پسندیده او را به بند کشید. پرومته را در صخره کوه قفقازه چهار میخ کردند و کرگسان را رها کردند تا جگر او را پاره کند، پس از رنجهای بسیار پرومته توسط هراکلیس پهلوان اساطیری یونان نجات مییابد.

(بنگرید به فرهنگ معین جلد پنجم صفحه ۳۴۲)

۲. درباره <کوه البرز> بنگرید به نوشته تحقیقی کامل انصاری بنام <بلخ/ باکتریا>

۳. کتاب جغرافیای معارف افغانستان صنف ۱۲ بخش سلسله کوه های هندوکش سال ۱۳۸۱ وزارت معارف صفحه ۱۵

۴. هفته نامه زرنگار منتشره کانادا اکتبر سال ۱۹۹۹ ترجمه سید ذوالمجد عالمشاهی <بین آمو و جمنا>

۵. مجله مردم نامه باختر منتشره کانادا شماره های ۲ و ۳ سال ۱۳۷٦ خورشیدی صفحه ۵۴ <وضع محیط زیست در افغانستان>

٦. کتاب <افغانستان در مسیر تاریخ> میر غلام محمد غبار - صفحه ۵۹٦ چاپ ایران سال ۱۳۵۹

ابن بطوطه جهانگرد اسلامی در سفر نامه اش پس از دیدن شهر کابل بسوی وادی های هندوکش سرمیزند.

« در راه ما کوهی واقع بود که هندوکش نامیده میشود یعنی قاتل هندو ها، چون برده گان و کنیزکانی که از هند میآوردند اغلب از شدت سرما و یخبندان در این ها تلف میشوند نام آنرا هندوکش نهاده اند»

هندوکش را کوهی میداند که تعداد کثیری از هندو ها در آن محل نظر به سردی هوا جان هایشان را از دست داده اند. بعد سرحدش به درهء اندراب میرسد و از آنجا سری به پنجهیر میزند. «هیر» را کلمه سانسکریت میداند که به معنی کوه میباشد

(هیر در اوستا به معنی آتش است مانند هیرمن، هیربد و پنجهیر.)

پنجشیر که در اصل پنجهیر میباشد و ابن بطوطه نیز پنجهیر ثبت کرده و این نویسنده پنجهیر را «سرزمین پنج معبد مقدس» نوشتم.

(سفرنامه ابن بطوطه جلد اول ترجمه دکتر محمد علی مؤحد - سال ۱۳٦۱ صفحه های ۴۳۱-۴۴۸)

الفنسوتون در کتاب «افغانان» در باره کوه هندوکش می نگارد :

سلسله بزرگ و پر برف هندوکش در ناحیه شمال غرب معمولاً با نام هندوکش می شناسند، هر چند که این نام مربوط یک قله پربرف آن است .. از شمال کشمیر تا هندوکش فاصله ی در حدود صد و چهل میل را در بر میگیرد. این سلسله در این فاصله جهت شرق و غربی دارد، ارتفاع سلسله هندوکش از شرق بجانب غرب کاهش می یابد. همه رودخانه هاییکه از کشمیر تا هندوکش از شمال این سلسله سرچشمه میگیرند به جنوب جریان دارند بجز رودخانه های سند و کامه (کامگار) که به جانب جنوب روانه اند. سلسله های کوه پامیر هر چند به بلندی هندوکش نمی رسند اما سطح قاعدهء آن بسیار بلند است.. دره کنر از دره های سر سبز هندوکش است که در آن رود قاشقار جریان دارد و به رود کابل می پیوندد. در غرب کنر در ناحیه مندور، رودخانه الینگار است که به رود کابل می ریزد همچنان در دره الیشنگ رودخانه الیشنگ هم به رود کابل می افتد. سلسله پاروپامیز در ناحیه غربی کوهدامن است.

(کتاب افغانان تألیف استوارت الفنستون ترجمه محمد آصف فرکت صفحه های ۵۷۳ و ۵۷۴ و صفحه های ۱۱۰ و ۱۱۱ چاپ اول سال ۱۳۷۶)

غور و غرجستان، GHORE & GHORJISTAN

سرزمین < زور > آوران و کوه مردان

استانلی لین پول Stanley Lane Pool محقق و پژوهشگر انگلیسی بیش از پنجاه کتاب نوشته و رساله هایی در باره مسکوکات سلاطین کشور های اسلامی بیادگار گذاشته است . یکی از کتب برازنده استانلی پول < طبقات سلاطین اسلام > نام دارد که در سال ۱۹۸۳ میلادی درست در زمان زمامداری امیر عبدالرحمن خان برشته تحریر درآمده است . درفصل یکصدو چهار - بخش <غوریان > است که آنرا اینگونه مینگریم: < ولایت غور مابین هرات و غزنه از خیلی قدیم مرکز سلسله کوچکی بود که در حقیقت استقلال داشت و قلعه فیروز کوه قرارگاه آن محسوب میشد.>

این ولایت از زمانه های بسیار کهن مرکز فرمانروایان و شاهان و سپهبدان و امیران بوده است . ولایت غور با داشتن قلعه ها و حصار های سنگی و بنکر های مستحکم صخره یی اش بی مانند بوده که قلعه فیروزکو گواه آنست و این قلعه یکی ازقرارگاه های افراد شاهان غوری محسوب میگردیده و همچنان بحیث پایتخت ولایت غور نیز عرض اندام کرده است . یمین الدوله‌ء سلطان محمود غزنوی درسال ۱۰۱۰ میلادی این ولایت را تحت اطاعت خود در آورد و این در موقعی بود که اهالی غور بریاست محمد بن سام غوری زمام امور را در دست داشتند .

فرزندان این شخص از طرف غزنویان مدتها بود حکومت فیروز کوه و بامیان را در دست داشتند و بعضی از ایشان با غزنویان وصلت نیز کردند و از این رو با ملوک غزنه متحد گردیدند > اما زمانی سر رسید که بخاطر کسب قدرت و صولت پادشاهی شاهان غوری با شاهان غزنوی با همدیگر به دشمنی گراییدند و بسوی یکدیگر خنجر کشیدند . بهرامشاه غزنوی پدر زن غوری خود قطب الدین محمد را کشت که در این هنگام برادر قطب الدین بنام سیف الدین سوری درسال ۱۱۴۸ میلادی غزنه را تحت تصرف در آورد . بهرامشاه غزنوی بار دیگر بغزنه داخل شده سیف الدین سوری را نیز حلق آویز کرد و این حرکت دومی که باعث قتل دو برادر گردید برادر دیگر شان را که علاءالدین حسین بود بر آن

داشت تا پایتخت زیبای غزنه را به انتقام خون برادرانش واژگونه سازد. علاءالدین حسین مشهور به < جهانسوز > غزنه را به آتش کشید و به غور برگشت .

به آتش کشیدن غزنه را منهاج سراج جوزجانی اینگونه شرح میدهد: <و علاءالدین شهر غزنه را بگرفت و هفت شبانه روز غزنین را آتش در زد و بسوخت محکابره فرمود . راوی چنین میگوید : که در این شبانه روز از کثرت سواد دود چنان هوا مظلم گردید که شب را مانستی و شب از شعله های آتش که در شهر غزنین میسوخت هوا چنان مینمود که به روز مانستی ، و درین هفت روز دست کشاد و غارت و کشتن و مکابره بود . هرکه را از مردان یافتند بکشتند و عورات و اطفال را اسیر کردند و فرمان داد تا کل سلاطین محمودی را از خاک برآوردند و بسوختند مگر سلطان محمود و سلطان مسعود و سلطان ابراهیم را . . > شعر معروفی را که سلطان علاءالدین جهانسوز پس از سوزانیدن غزنه در مدح خود گفته اینست :

جهان دانـد که سلطان جهانم　　　چراغ دوده عبـــــاسیانم
علاءالــدین حسین بن حسینم　　　که باقی باد ملـک جاویدانم
چــو بر گلگونه دولــت نشینم　　　یکی باش زمین و آسمـــانم
امـــل مصرع زن گـرد سپاهم　　　اجل بازیگر نـــوک سنانم
همه عالم بگیرم چـون سکندر　　　بهر شهری شهی دیگر نشانم
بران بودم که با اوبــاش غزنین　　　چو رود نیل جوی خون برانم

(علاءالدین حسین جهانسوز و شعرش را بنگرید به کتاب طبقات ناصری صفحه های ۳۴۳ و ۳۴۴)

ولایت غور در روند تاریخ نشیب و فراز های را دیده شهرت آن در هنگام بروز کرد که سلسله ، شاهان غوری یکی بعد دیگری زمام امور غور را بدست گرفتند . این سلسله به ولایت صخره یی غور بسنده نکرده بلکه بسوی پنجاب و سند حملات پیگیر کردند و یک قسمت هندوستان را بدست گرفتند . از سلسله های معروف سلاطین مملوک غوری در هندوستان میتوان از < قطیبه > ، < تغلقیه > و < خلجیه > نام برد . از گذشته های دور غزنه و غور و بامیان و گوزگانان با هم روابط نیک فرهنگی و همزیستی داشتند . این چند

ولایت معروف مرکز خراسان کهن حتمی با هم روابط نیک خویشاوندی و عِرق را قایم میکردند تا در هنگام بروز واقعات به کمک همدیگر بشتابند . زیرا این مناطق قلب کشور ما را تعیین میکند و از طرف دیگر حوزه پهناور کوهستانی غور/غرجستان مناطق صعب العبور داشته که برای ستر و اخفا جا های مناسبی بوده و برای حفظ لشکریان شاه - امیرو خان - دهقان از اهمیت استراتیژیک برخوردار بوده غوریان از سلاله غزنویان دل خوش نبودند زیرا که یمین الدولهء سلطان محمود، محمد سوری را در فیروزکوه شکست داد و بعد با غوریان طرح آشتی را پیشه گرفت و پس از وی بهرامشاه غزنوی کار های نابکار و کشنده یی را انجام داد .

طوریکه در سطر های بالا خاطر نشان کردم بهرام شاه غزنوی با وجود که داماد قطب الدین غوری بود ، خسرش را به هلاکت رسانید که از آن به بعد رشته های مؤدت و ایمانداری میان غزنویان و غوریان گسسته شد . سیف الدین سوری بر علیه بهرام شاه غزنوی قیام کرد و یکسال غزنه را تحت نظارت داشت اما بهرام شاه دوباره به غزنه داخل شده سیف الدین بن عزالدین حسین را سر برید ، بدین حساب غوریان را برآشفته ساخته برادر دیگر قطب الدین بنام علاءالدین حسین که در غور بالای سلطنت نشسته بود با قهر چنگیزی و غضب تیموری بسوی غزنه لشکر کشید .

علاءالدین حسین تا توانست غزنه را خراب کرد و بسوخت و به آتش کشید . قبر های سلاطین غزنه را بجز از سلطان محمود دیگر همه را واژگون کرد . پایتخت یمین الدولهء سلطان محمود که در زیبایی شهره آفاق بود هفت شب و هفت روز به آتش کشیده شد و شهر را آتش و خاکستر فرا گرفت که قرار گفته ها ، علاءالدین خاک و خاکستر غزنی را باخود به غور نقل داد . از این سوختن و در دادن های علاءالدین حسین بود که او را لقب < جهانسوز > دادند .

در اواخر دورهء شاهان غزنوی که رو بزوال میرفت ،ترکان بسوی خراسان گیسل شدند و در سرزمین های مرو و نیشاپور خرگاه زدند . در اواخر سلطنت شاهان غزنه ، در مرو ترکان بنام ابو سلیمان جعفری بیک داود بن میکاییل بن سلجوق بود و نیشاپور نیز طغرل بیک محمد برادر ابو سلیمان امیر بود . در زمان همین امیران ترک سلجوق بود که حکیم ناصر

خسرو بلخی عازم سفر هفت ساله میگردد و حکیم موصوف از این امیران در سفرنامه اش یاد میکند . (۱)

طوریکه در سطر های بالا خاطرنشان کردم که امیر محمد سوری زمامدار مشهور غور که در زمان غزنویان سلطنت بزرگی را در غور تشکیل داده بود با سلطان غزنه سلطان محمود در تقسیم قدرت و هم در خراج جور نمی آمدند که کتاب طبقات ناصری آنرا اینگونه مینگرد : <چون تخت به امیر محمود سبگتگین رسید ، امارت غوریان به امیر محمد سوری رسیده و ممالک غور را ضبط کرده ، گاهی سلطان محمود را اطاعت نمودی و گاه طریق عصیان سپردی و تمرد ظاهر کردی و آنچه از خراج اسلام مقرر بود بازداشتی .. و دل سلطان محمود بدان سبب نگران میبود . . تا با لشکرگران بجانب غور آمد و او (محمد سوری) درقلعه آهنگران محصر شد و مدت ها آن قلعه نگهداشت و قتال بسیار کرد و بعد از مدت ها بطریق صلح از قلعه فرود آمد . . سلطان محمود او را پسر کهتر او را که شیش نام بود بجانب غزنین برد > چون سلطان محمود بسوی غور لشکر میکشد تا او را در قلعه آهنگران تار و مار کند و به قولی گفته اند که امیر محمد غوری از حمیت زیادی خود را کشت . سلطان محمود غزنوی پسرش شیش (شیث) را که تابع سلطان گردید به حکومت غور تعیین کرد . طبق نوشته محمد هوتک بن داود در کتاب <پته خزانه > در بحث < ذکر شیخ اسعد سوری علیه رحمه > مینگارد که: < اسعد سوری در غور میزیست. او در آنجا به دوران پادشاهی خاندان سوری بسیار معزز بود . شیخ اسعد پسر محمد بود که درسال ۴۲۵ هجری در بغنین وفات یافت . شیخ اسعد اشعار بسیار نیکو میگفت. سلطان محمود غازی در غور با امیر محمد سوری در آویخت و وی را در آهنگران محصور ساخت . در این وقت شیخ اسعد هم در قلعه آهنگران بود . وقتیکه سلطان محمود امیر محمد سوری را گرفت و محبوس به غزنین برد ، پس امیر محمد سوری که امیر دلیر و ضابطی بود از غیرت حبس مرد و شیخ اسعد که دوست امیر محمد سوری بود بر مرگ وی نوحه و فریاد برآورد در یک قصیده گوید >

د قلک له چارو خه وکرم کو کار　　ز مولوی هر گل چه خاندی په بهار

هرغوتل چه په بیدیا غوریده وکا　　ریژوی ېی پانی کاندی نـــار په نـــار

بخش دوم: حوزهٔ جغرافیایی آمو دریا و شهر ها

      ×   ×   ×

خه تیری خه ظلم کانید ای قلکه   ستا له لاسه ندی هیخ گل بیله خار

(بنگرید به کتاب < پته خزانه > صفه های ۳۹ و ۴۰ چاپ کالیفورنیا حوت ۱۳۷۳) به اساس این قول قصیده پشتو شیخ اسعد سوری درقرن پنجم هجری سروده شده است .

سلاطین و شاهان غوری

سلاطین و شاهان غوری را بدو دسته متمایز میسازیم :

۱. شاهان پیش از دوره اسلامی

۲. شاهان دوره اسلامی

شاهان پیشین غوری مانند دیگر سلاله های شاهی باختر و بامیان و سیستان , از سلاله های کیانی و پیشدادی عرض اندام کرده اند . سلاله شاهان قدیم غوری به شاهان عجم که ریشه به کیومرث , هوشنگ , جمشید , ضحاک و بسطام پیشدادی دارد میرسد . این سلاله از دوره جمشید و ضحاک و فریدون و بسطام فرزند ضحاک قدعلم کرده اند . اکثر امرای گوزگانان , غرجستان , غور , بامیان و دیگر مناطق شمالی کشور از ملوک اطراف بودند . ملوک اطراف نیز ریشه از آب و خاک آریانای کهن دارد . به قول دانشمند شهیر کشور میر غلام محمد غبار , خانواده سوری که در غور پیش از اسلام زمام امور حکمرانی را بدست گرفتند از <u>ملوک اطراف</u> بودند . از مشاهیران سلسله همان <u>ملک ماهویه سوری</u> زمامدار مرو بود که در زمان یورش عرب ها یزدگرد ساسانی را اسیر گرفت و بکشت . ملک ماهویه سوری بدست اعراب مسلمان شد و خاندان شان در غور سالهای سال استقلال محلی را بدوش داشتند . ولایت غور و غرجستان بنا بر منطقه کوهستانی و راه های صعب العبور که متهاجمین را یارای دست رسی بدانجا نبود. استان غور/غرجستان را تا اندازه از استقلال محلی استوار ساخته بود. در اوایل دوره های اسلامی خاندان شنسب و شیش بحکومت رسیدند . در دوره های مشعشع اسلامی با وجود تعصبات عرب و عرب مآبی , غور و غرجستان پناگاه اقلیت های مذهبی بود . برعلاوه آن علما و مشایخ مذاهب مختلف

بدین سرزمین از حرمت زیاد نصیب میشدند. غور و غرجستان و بامیان و غزنه نظر به موقیعت مهم جغرافیایی شان مرکز خوب دفاعی و پدافند ملی نیز محسوب میگردید . حکمرانان این مناطق بخاطر یورش های مغل ها , غز ها و دیگر قبایل ترک مجبور بودند از خود سیستم دفاعی داشته باشند . آنها بامناطق صعب و بلند که یگانه وسیله دفاعی شان بوده بسنده نکرده , بالای کوه های غور و غرجستان را مرکز و قوره خانه اسلحه ساخته بودند و همچنان این مناطق در ساختن سلاح های کشنده دست توانا داشتند . در هنگامیکه یمین الدوله سلطان محمود غزنوی به غور حمله کرد و امیر محمد سوری را شکست داد . بوعلی بجای امیر محمد گماشته شد که سالانه مالیات کمرشکن محمودی را میپرداخت . برعلاوه باج و ساو , نقدیه و شکرانه , اسلحه ساخت غور نیز به سلطان غزنه ارسال میکرد . غور که مرکز اسلحه سازی نیز بوده در آسیای وسطی زبانزد عام و خاص گردید . جوشن و زره و خود جنگی و دیگر سلاح های کشنده غور اهمیت جهانی پیدا کرد. بدون شک آهنگران غور و دره آهنگران بامیان در آنروزگاران که اسلحه سازی و صنعت آهنگری داشته بیانگر نمایشات سلاح های آن زمانه ها بوده است. دانشمند وطن میر غلام محمد غبار آنرا چنین مینگرند: < . . و امیر ابوعلی پسر محمد سوری را بجای پدر گماشت که سالانه مالیات جنسی و آنهم اسلحه باب چون جوشن , زره و خودجنگی با پایتخت میپرداخت , زیرا فلز کاری و اسلحه سازی غور در آسیای وسطی شهرت داشت >

(کتاب < افغانستان در مسیر تاریخ > میر غلام محمد غبار - چاپ ایران صفحه ۱۲۹- سال ۱۳۹۵)

کتاب سترگ حدود العالم نیز از ساختن زره و جوشن در غور یاد کرده مردمانش را با خوی و خواص کوهی میداند که شغل جنگجویی دارند و حدود العالم از ناسازگری و بدخویی شان تذکر داده است . < غور ناحیتیست اندر میان کوه ها و شکستگی ها و او را پادشاهیست که غورشاه خوانند . . و اندر قدیم این ناحیت غور همه کافران بودندی اکنون مسلمانان اند و ایشانرا شهرک ها و ده ها بسیار است و ازین ناحیت برده و زره و جوشن و سلاح ها نیکو افتد و مردمانش بدخو اند و ناسازنده و جاهل و مردمانش سبید اند و اسمر >

بخش دوم: حوزهٔ جغرافیایی آمو دریا و شهر ها

(کتاب حدود العالم، چاپ کابل، صفحه ۳۹۲، مقدمهٔ بارتولد و ترجمه میر حسین شاه، ۱۳۴۲)

شهزاده بسطام فرزند ضحاک تازی سلطنت هند و سند را در زمان پدرش بعهده داشت. در هنگامیکه ضحاک تازی بدست کاوه و فریدون شکست میخورد , فریدون لشکری تهیه دیده بسوی بسطام میشتابد . کتاب طبقات ناطری مینویسد: > بسطام را طاقت مقاومت لشکر افریدون نبود بجانب جبال شقنان (شغنان) و بامیان رفت و آنجا ساکن شد . دیگر بار لشکر افریدون در عقب او نامزد شد , بسطام از جبال شقنان و تخارستان بر وجه شکار و طوف جبال غور چند کرت آمده بود و آن موضع را از کثرت چشمه سار ها هزار چشمه نام بود بسطام در اینوقت به سبب لشکر افریدون به غور آمد و در پای کوه زارمرغ سکونت ساخت >

تاریخ واضح میسازد که بسطام در زمانیکه ضحاک تازی پدرش بحکومت بلخ و بامیان بوده بسوی هزارچشمه و کوه های غور برای شکار میرفته است که در آن سرزمین ها بلدیت داشته . با بند شدن ضحاک بر دست فریدون و کاوه , بسطام به کوه زارمرغ غور پناهنده شد و دو برادر ضحاک بنام های < سور> و < سام > که یکی امیر بود و دیگری سپه سالار به قول منهاج سراج جوزجانی به کوه دماوند به بند کشیده شدند . اولاده سام و سور نیز خویش را به کوه های غور بپراگندند و آنجا مقام کردند و گفتند: زو مندیش!

درین مبحث کوه دماوند قابل بحث میباشد. دماوند در ایران امروزی موقعیت دارد در حالیکه آنها سر و کارشان با بلندی های غور بوده است و در مندیش و کوه زارمرغ همان سلسله های کوه البرز است که به جنوب بلخ موقعیت دارد که امروز بنام تیربند ترکستان در مبحث جغرافیایی نام برده میشود .

چون بسطام و اقربای او در بلند بالا های غور مقام اختیار کردند و از فیض چشمه سارها و آب و هوای آن مستفید شدند , فریدون خواست که دوباره لشکر بکشد و آنها را تار و مار کند اما نامبرده به کشمکش پسرانش سلم و تور و ایرج گرفتار شده دست از تعقیب بسطام بن ضحاک برکشید . در این هنگام بسطام نیز با ارسال معتمدان بخدمت شاه افریدون - امن و امان خواست . بسطام که از تعقیب افریدون فارغ شد به

ساختن قلعه ها و استحکامات دفاعی پرداخت و با خاطر آرام تمام اقوام و هوا خواهانش را از هر طرف به غور جمع کرد و به قول کتاب طبقات ناصری که: <بسطام چون امان یافت , اتباع و اشیاع و قبایل عرب که متصلان ضحاک بودند از اطراف روی به جبال غور نهادند و در آن مملکت سکونت ساختند و عدد آن قبایل بسیار شد . و چون حق تعالی خواسته بود که از آن اصل پادشاهان دیندار و ملوک کامگار در رسند >

(در این باره بنگرید به کتاب < طبقات ناصری > منهاج سراج جوزجانی صفحه های ٣٢٢ و ٣٢٣)

از این رویداد های تاریخی چنین دانسته میشود که از دوره های دور بدینسو در مراکز کوهستانی کشور مخصوصاً غور/غرجستان اولاده پیشدادیان دست داشته اند که از نسل بسطام و سور و سام پشت بر پشت بمیان آمده و امروز کلمه های سوری , زوری , شنسبی , شیشی و غوری متعلق به منطقه و زمامداران آن محیط و منطقه گره میخورد . دودمان این سلسله میان کوهستان های غور که به تعبیر کتاب طبقات ناصری که: < در غور پنج باره کوه بزرگ است و عالی که اهل غور اتفاق دارند که از راسیات (راسیات جمع راسیه که بمعنی کوه استوار است - غیاث اللغات) جبال عالم است . یکی از آن زارمرغ مندیش است که قصر و دارالملک شنسبانیان در دامن آن کوه کنند و گویند که سیمرغ زال زر را که پدر رستم بود در آن کوه پرورده است >.

این پنج باره کوه که مرکز اجتماعی , دفاعی و نظامی و سیاسی شنسبانیان بوده و وابسته به همان دودمان پیشدادیان میباشد که قرنها در آن سرزمین صعب العبور به اصطلاح دور از هیاهو حیات بسر میبردند .

در اوایل دوره های اسلامی ما از نام های ماهویه سوری و امیر فولاد غوری , ملک شنسب بن خرنک , بن امیر بنجی نهاران شنسبی و شیث بن بهرام غوری نام میبریم که همه به تعقیب همدیگر دست ارادت به خلفای اموی و عباسی دراز کرده بیرق و لوا میگرفتند. تاریخ از زمامداران اوایل دوره اسلامی غور صرف نام میبرد. از نام های اجدادی این نام آوران غور چنین استنباط میگردد که آنها همه از نژاده بسطام و ضحاک تازی اند. بطور مثال : امیر بنجی شنسبی بن نهاران بن درمیش بن وزن بن هین بن بهرام

بن حجش بن حسن بن ابراهیم بن معدل بن باسد بن سداد بن ضحاک. امیر بنجی نهاران اولین کسی از دودمان شاهی غور بود که بدربار خلیفه اسلامی رفت و عهد و لوا آورد .

(کتاب طبقات ناصری صفحه های ۳۲۳ و ۳۲۴)

کتاب < پته خزانه > از امیر کرور جهان پهلوان فرزند امیر فولاد غوری یاد میدارد که در سال ۱۳۹ هجری در مندیش غور به امیری رسیده است و وی را جهان پهلوان میگفتند . شاعر نیز بوده و شعر مشهور پشتوی وی در پته خزانه از قول محمد ابن علی البستی که مؤلف تاریخ سوری بوده است مینگارد که: < چون در دعوت عباسی , امیر کرور فتوحات زیادی نمود پس ابیاتی (پشتو) سرود که آنرا ویالنه گویند و آنرا شیخ کته از تاریخ سوری چنین نقل کرده است >

زه یم زمری پر دی نری له ما اتل نشته

په هند و سند و پر تخار او پر کابل نشته

بل په زابل نشته

له ما اتل نشته

(درباره امیر کرور جهان پهلوان ولد امیر پولاد بنگرید به کتاب پته خزانه صفحه های ۳۰-۳۸)

کتاب طبقات ناصری دودمان شنسبانیان غور را به چهار دسته تقسیم میدارد :

۱. طایفه اول سلاطینی اند که مرکز و پایتخت شان حضرت فیروز کوه بود
۲. طبقه سلاطین بامیان که دسته یی از زمامداران غوری در آنجا حکومت میکردند
۳. سلاطین غزنی که دارالملک سلطان معزالدین (محمد سام غوری)
۴. طبقه سلاطین هندوستان که ممالیک بودند

دودمان شاهی غور در ادوار طاهریان و صفاریان با کشمکش هایی روبرو گردیدند . در هنگامیکه یعقوب لیث صفاری بر سریر قدرت گام میزد , امیر سوری در غور مَلک بزرگ بود . یعقوب لیث بلاد نیمروز , تیگین آباد , رخج و بست و زمین داور را به تصرف آورد که

در آن هنگام ولایت غور نظر به صعب العبوری اش به دین اسلام روی نیاورده بود . بناءً میان اهل اسلام و کفر زد و خوردهایی بعمل میآمد , چنانچه در این کشمکش های میان غوریان کافر و مسلمانها , اهالی و طوایف غور بسرحد های سند تحصن می جستند و زمانی به بلند بالاهای مندیش پناگاه میساختند تا از دست اجانب در امان باشند .

پس از آنکه علاءالدین حسین ملقب به جهان سوز غزنه را به آتش کشید و بعد ها خودش بدست سلطان سنجر سلجوقی به زنجیر کشیده شد . و چون مرد مدبر و شاعر و عالم و دلاور بود , کاردانی هایی او را سلطان سنجر خوش آمد و با وجودیکه او را شکسته و به پای بوسی اش کشانید اما او را عفو کرده به ولایت غور فرمانروا بساخت . پس از مرگ <جهانسوز > , برادرزاده اش غیاث الدین بن سام غزنه را از چنگ طایفه غز که در آن زمان بر خراسان تاخت و تاز میکردند رهایی بخشید (۱۱۷۳ میلادی) , بعد ها برادر جوان او شهاب الدین ملقب به معزالدین که غالباً به محمد غوری معروف گردید حکمران پر عظمت حوضه غور گردید زیرا که قسمتی از خراسان را از سلاجقه گرفت و سلاله غزنویان را از لاهور برچید و خود پس از شکست و موفقیت های نواحی شمال هندوستان را تحت فرمان در آورد. در عهد سلطنت محمد غوری غلامان ترک که بر سر لشکری در هندوستان اقامت داشتند پس از مرگ وی آنها خواستند از خود به آزادی خواهی و استقلال طلبی برآیند و اولین ایشان قطب الدین لیبک بود که سلسله قطب شاهیان را در دهلی گذاشتند. و بدین قسم ناصرالدین قباجه در سند و یلدز سپه سالار دیگر محمد غوری در غزنه به امارت رسیدند. بعد ها محمد بن تغلق سلسله تغلقیه را در هندوستان پی ریزی کردند که پس از آن سلسله های سادات و لودی و بعد ها شیرشاه سوری دولت پانزده ساله افاغنه را رویکار آوردند .

از مشهورترین شاهان لودی ملتان هندوستان سلطان بهلول لودی است که بعد از سلسله تغلقیه هند بمیان آمدند . < کتاب پته خزانه > درباره سلطان بهلول لودی از قول <مخزن افغانی > مینویسد که ملک بهلول پسر ملک کالا بود از طایفه لودیان که پس از وفات اسلام خان در سرهند مستقلانه سلطنت کرده خطبه بنامش یاد گردید و سکه به مقامش زدند و مدت سی و هشت سال سلطان عادل و فاضل بوده و هم شعر میسروده است که

در دوره وی یک تجدد ادبی و هنری بروز کرد . سلطان بهلول لودی درسال ۸۹۴ هجری مطابق ۱۴۸۸ میلادی درقصبه جلالی وفات یافت .

به هشت صد و نود و چهار رفت از عالم   خدیو ملک ستان و جهانکشا بهلول

این رباعی پشتو را از ملک بهلول لودی دانسته اند :

ملک به زرغون کرم په ورکره راسه
گـــــوره اوریحی د داد له پاسه
خـــول می دعدل په درون دی
جهان به زیب مو می زما له لاسه

پس از سلطان بهلول لودی فرزندش اسکندر ثانی و بعد ابراهیم بن اسکندر به مقام حکومتداری رسیدند .

(درباره سلطان بهلول لودی بنگرید به کتاب پنه خزانه صفه ۷۷ و کتاب طبقات سلاطین اسلام صفحه ۲۶۹)

حضرت فیروزکوه

پایتخت شاهان غوری

فیروز کوه از نقاط مهم و استراتیژیک جغرافیایی افغانستان است که میان قرن شش و هفت هجری به شهرت رسیده است و در عصر سلسله شاهان غوری پایتخت و مرکز ولایت غور محسوب میگردید . در متون کهن معمولا < فیروز کوه > را < حضرت فیروز کوه> تذکر داده اند که مراد از پایتخت فیروز کوه میباشد . پیش از دوره های اسلامی پایتخت غور بنام <ورساد> یاد شده است . احتمال قوی میرود که ورساد کهن در دوره های کیانیان واژگونه شده باشد که بعد ها بجایش فیروز کوه را ساخته باشند . در هنگام فتح و حمله مغل پایتخت غوریان چنان منهدم شد که هیچگونه نام و نشانی از آن باقی نماند . بزبان دیگر نه واراسته گی ورساد ماند و نه پیروزی فیروز کوه . احتمال آن دارد که علاءالدین جهانسوز که غزنه را سوختاند، به انتقام آن شاهان دیگر شهر زیبای غور

<حضرت فیروز کوه > را بکلی نابود کرده باشند . نام و نشان فیروز کوه در دوره های سامانیان و اوایل غزنویان سر زبان ها نبود . تاریخ های برازنده کهن دیار مانند :تاریخ مسعودی بیهقی ، تاریخ یمینی عتبی و تاریخ ضحاک گردیزی از فیروز کوه ذکری بعمل نیاورده . کتاب فارسی/دری حدود العالم که در گوزگانان برشته تحریر درآمده از فیروز کوه سخن نمیراند . یگانه کتابی که از فیروز کوه و قد و قامت شهر کوهی که پایتخت بوده یاد میدارد < کتاب طبقات ناصری > منهاج سراج جوزجانی است که نامبرده در حضرت فیروز کوه سکونت اختیار کرده است .

سرزمینی که شاه نشین باشد بدون شک دارای قله های بلند و مستحکم و حصار ها و قصر ها بوده میباشد . ولایت غور برعلاوه فیروز کوه بدون شک شهر های کوهی دیگری نیز داشته که از دم و دستگاه و حاکمیت مدنی استوار بوده است .

در هنگامیکه یمین الدولهء سلطان محمود به غور تاخت ، حکمران آنجا بنام < ابن سوری> در حصار آهنگران که محل حکمرانی او بود محصور گردید و ابن سوری تسلیم نشده خودکشی کرد. (۲) بدینسان شهاب الدوله مسعود غزنوی در هنگامیکه از راه هرات به غور تاخت وی از راه <چشت > به کوه برتر رسید و از آنجا بسوی ناحیت رزان (زران) آمد . باید بخاطر داشت که <فیروز کوه > پایتخت بهاری شاهان غوری بوده و مرکز زمستانی شان شهر < داور > در قندهار میبوده است . < . . چنین روایت کنند که سلطان غیاث الدین غوری در اول جوانی معاشر عظیم بود و شکار دوست داشت ، و از فیروز کوه که دارالملک او بود تا بشهر داور که داروالملک زمستانی او بود هیچ آفریده را مجال نبود که شکار کردی و میان آن دو شهر چهل فرسنگ (*) بود . . و در (زمین داور) باغی ساخته بود آنرا (باغ اِرم) نام نهاده بود و الحق در میان دنیا مثل نزهت و طراوت آن باغ هیچ پادشاه را نبود > (۳) برگردیم به ولایت غور که گفته آمد برعلاوه فیروز کوه که پایتخت غور بود شهر های آهنگران و مندیش دارای جاه و جلال کوهی داشت بدین سان <حمران> نیز به صفت دارالملک غوریان در نیمه سده پنجم بوده است . پس معلوم گردید که حمرانی یا حمران مرکز دیگر غوریان در ولایت غور بوده است . چون ولایت غور کوهستانی بوده عرب ها سلطان غور را < مالک الجبال > میگفتند . ملک الجبال قطب الدین محمد بن ملک عزالدین حسین بود که به بناء شهر فیروز کوه مبادرت ورزید .در این

رابطه چنین تذکر رفته است : < سلطان سوری . . ولایت ورسل (ملک العلما جلال الدین ورسل شیخ الاسلام بلخ بدان منسوب بود) به ملک الجبال داد که دارالملک خود ملک الجبال آنجا بود . و بعد از آن او را چنان اتفاق افتاد که موضعی طلب کند تا قلعه حصین موضع شگرف بنا کنند که هر حضرت را شاید به اطراف متعدد آن فرستاد تا رای او بر موضع فیروز کوه قرار گرفت و قلعه و شهر فیروز کوه را بنا فرمود > (۴) منهاج الدین سراج جوزجانی در< طبقات ناصری > مینویسد که شهر فیروز کوه را لشکریانی که با اوکتای بطرف غور آمدند منهدم ساختند و ملک عمادالدین را حلق آویز کردند . فیروز کوهی که بقول مؤلف طبقات ناصری دارای قصر با شکوه بود : < آن قصر عمارتیست که در هیچ ملک و حضرت مثل آن به ارتفاع و تذویر و ارکان و منظر ها و رواقات و شرفات هیچ مهندس نشان نداده و بر لای قصر پنج کنگره زرین مرصع نهاده اند ، هر یک در ارتفاع سه گز و چیزی در عرض دو گز . . > از جانب دیگر در ولایت مندیش که قسمت مهم اداری غور محسوب میگردد زمانی مقام < بسطام > پسر ضحاک ماردوش بوده است . بسطام در بالا کوه های آنجا قلعه های مستحکم آباد کرد تا از دست فریدون ، شاه پیشدادی که به تعقیب وی بود در امان باشد .

بسطام در کوه < زارمرغ > غور پناه جسته بود که بلندترین قله در سرزمین غور و غرجستان است . عباس بن شیث بن محمد بن سوری در کوه زارمرغ ، جاییکه بسطام قلعه و حصار ساخته بود قصری بنا کرد . < فرمود تا بالای تلی قصری بنا کنند ، قصری که دوازده برج داشت و هر برجی صورت برجی از فلک بنگاشت ، و وضع آنچنان کرد که هر روز خورشید از یک دریچه به نسبت آن درجه که مطلع او بودی درتافتی چنانچه او را معلوم بودی که آنروز آفتاب در کدام درجه و از کدام برج است > جالبست که عباس بن شیث حکمدار غور با وجود قساوت و زشتی نامردمی ، مردی بود که علم نجوم میدانست . او را مرد زنباره و زن دوست گفته اند . در کجا خوانده بودم که دانستن علم نجوم صرف بخاطر ارضای شهوانی است ، از همین خاطر او راز و رمز زن ها را میدانسته و بخود جلب میکرده است ، او را گفته اند که یک مرد سگ باز نیز بود . به قول تاریخ که او دو سگ داشت : نام یکی آن اسم خودش بنام < عباس غور > و نام سگ دیگرش را <ابراهیم غزنوی> نام گذاشت . او همیشه سگ ها را به جنگ گسیل میداد (یا بزبان

دیگر عباس و ابراهیم باهم گَسَو میکردند) و هرگاه سگ عباس غالب میشد بخشش ها میکرد و شادی ها سر میداد ، و هرگاه سگ ابراهیم غزنوی برنه میشد ، رنج بسیار میکشید <از خواص کسی را زهره نبودی که با وی مقابل شدی > (۵)

حضرت فیروز کوه در کجاست؟

طوریکه در سطر های بالا نوشته شد فیروز کوه از شهر های ویژه ولایت غور بوده و هم مرکز آن محسوب میگردیده و دارای قصر و بنا و حصار و قلعه نیز بوده که از آن یاد گردید .تاریخ بناء قصر ها که در زمان کدام سلاطین غوری آباد گردیده و قدامت آن از زمان ظحاک ماردوش میرسد که بامیان را آبادان کرد و بعد پسرش بسطام در حوالی فیروز کوه درقله کوه زارمرغ پناهگاه ساخت میباشد . باید یادآور شد که بنا هر شهر را خاصیت آنست که متصل رودباری و یا دریاچه ی بوده باشد و یا حداقل نزدیک آب روان باشد . زیرا گفته اند < آنجا که آب باشد آبادانی است > . حضرت فیروز کوه نیز متصل رودباری بنا گردیده است که آنرا چنین منگریم : < . . و جمعی از ایشان شبها بر کوه آزاد که برابر قصر خوابگاه سلطان بود برآمده . . از آن جماعت چهار تن بر بام قصر سلطان برآمدند و سلطان را شهید کردند ، و هم از راهی که برآمده بودند باز رفتند و از آب فیروز کوه که پیش قصر میرود عبره کردند . . >

سلطانی را که شهید کردند مراد از سلطان غیاث الدین محمود است که ترکان او را به شهادت رسانیدند . پس شهر فیروز کوه دارای آب بوده و اکثر دانشمندان منجمله اندری ماریک باستان شناس بلژیکی را نیز بدان باور است که فیروز کوه متصل آب هریرود که مناره جام در آنجا نیز موقعیت دارد اخذ موقع کرده است . یا بزبان دیگر موقعیت شهر تاریخی فیروز کوه باید در حدودد مناره جام باشد . (۶)

موجودیت رودخانه های هریرود و جام رود در نزدیکی مناره جام و هم در اطراف و اکناف مناره جام قطعه زمین های خراب و کهن دیده میشوند که تا اکنون مردم محل گرد و نواحی آنرا بنام < ارگ > و یا < بازار > یاد میدارند . این واژه ها نمایانگر موجودیت یک ارگان مرکزی و اداری و شهری را وانمود میسازد .

بخش دوم: حوزهٔ جغرافیایی آمو دریا و شهر ها

منهاج سراج که خود در حضرت فیروز کوه بسر برده از اشارات و نوشته هایش بخوبی معلوم میشود که ساحه هریرود و جام رود موقعیت فیروز کوه بوده است .

منهاج سراج در طبقات ناصری میگوید: < کوشک در میان فیروز کوه > کوشک مراد از قصر سلطانی میباشد و به تعبیر استاد حبیبی اکنون جایی بنام کوشک بر کنار غربی < جام رود > به فاصله چهار کیلومتر در جنوب غربی مناره جام موجود است و کوهی هم بنام < کوه کوشک > دارد .

Gioris Vercellin محقق اروپایی از برازندگی مناره جام و موقعیت آن در یادداشت هایش مطالعات دامنه داری کرده و هم در نقشه یی که رسم کرده محلی را در مقابل شرق < کوه آزاد> در شرق مجرای رود جام - و در ناحیه جنوب شرق مناره جام < کوه سنگ منار > را نشانی کرده است . کوه سنگ منار را به ارتفاع ۶۲۶۰ متر ارتفاع داده کوه سنگ منار بی ارتباط با مناره یی جام نمی باشد . (۷)

یادداشت ها :

۱. کتاب < طبقات سلاطین اسلام >، اثر استانلی پول، ترجمه عباس اقبال، ۱۳۶۳، طبع دنیای کتاب، صفحه های ۲۶۲-۲۶۴

۲. کتاب < جغرافیای تاریخی افغانستان >، نوشتهٔ عبدالحی حبیبی، چاپ پشاور، سال ۱۳۷۸، صفحه ۳۷۴

۳. کتاب < طبقات ناصری >، به تصحیح استاد عبدالحی حبیبی، ۱۳۴۲، چاپ کابل، صفحه ۳۶۴

(x) فرسنگ یا فرسخ چیست ؟ فرسخ و یا فرسنگ معیار و اندازه مسافت راه میباشد . در دنیای قدیم اسلامی درازی راه ها را به فرسخ مقایسه میکردند ، که در مأخذ عربی بطور تخمینی هر چهار کیلومتر برابر یک فرسخ راه بوده است .

۴. کتاب < جغرافیای تاریخی افغانستان >، صفحه ۳۷۵

۵. کتاب < طبقات ناصری >، منهاج سراج جوزجانی، صفحه ۳۳۱

۶. کتاب < طبقات ناصری>، صفحه ۳۷۷. و کتاب <جغرافیای تاریخی افغانستان>، تألیف عبدالحی حبیبی، صفحه ۳۷۹

۷. کتاب < جغرافیای تاریخی افغانستان >، اثر عبدالحی حبیبی، صفحه های ۳۸۱ و ۳۸۲

غرجستان، سرزمین شار شاهان

ایستاده به بامیان شیری - بنشسته بعز در بشین شاری

غرجستان , غرستان , غرشستان و غرچه طوریکه از نام آن پیداست سرزمین کوهستانی محسوب میگردد و یکی از ولایت های کوهستانی در خراسان قدیم است . غرجستان از جانب مشرق به ولایت غور و از سمت مغرب به هرات و از شمال به مروالرد (مرغاب) و از ناحیه جنوبی به غزنه محاط میباشد . شاخه اصلی آب < هریرود > از آن میگذرد و سرزمین را شاداب میگرداند . عنوان قدیم شاهان غرجستان را < شار > مینامیدند (۱)

روانشاد عبدالحی حبیبی در تعلیقات < زین االخبار > غرجستان را بین هرات و بامیان پنداشته و آنرا در شمال مجرای هریرود میداند و پایتخت آنرا < بیشین > گفته اند .و اندرسنه ثلث و اربع مایهء (۳۵۶ هجری) یمین الدولهء سلطان محمود غرجستان را بکشاد و (شار) شاه غرجستان را بیاورد و بند کرد و به شهر مستنگ (شهریست در بلوچستان) فرستاد . ابوجعفر احمد بن الحسین عتبی اسم شار شاه را <شاه محمد> و نام پدرش ابی نصر محمد بن اسد میگذارد و هردو لقب < شار > را داشته اند . از خاندان شار شخصی بنام < رشید > در سال ۳۸۹ هجری به سلطان غزنه سر اطاعت پیش کرد . و سلطان محمود ابونصر محمد بن اسد را حبس کرد . نفر سوم از خاندان < شار > غرجستان کسی بنام شاه ابومحمد بن محمد را یاد کرده اند که بعد ها شاراردشیر, شارابراهیم , و شارشاه بن ابراهیم است که سلسله < دودمان شار > شاهان غرجستان را میسازند - شارشاه ابراهیم بن ابراهیم دختر سلطان علاءالدین جهانسوز غوری را که بنام (حور ملک) یاد میگردید بزنی گرفت (۲)

غرجستان یا دغرستان و یا غرشستان و یا غرستان از ولایات باستانی و کهن کشور ما میباشد که عرب ها آنرا < غرجستان > گفته اند . بنا بر قول مقدسی ویا قوت - غرج یا غرش بمعنی کوه است که حکمران آنرا غرج الشار یا ملک الغرچه نامیده اند . البشاری تصریح کرده که غرج الشار بمعنی جبال الملک باشد. اصل کلمه غرجستان , غرستان بوده که منهاج سراج جوزجانی مؤرخ سلسله غوریان غرستان را بصورت واضح در کتاب < طبقات ناصری > میویسد . کلمه <غرستان> در کتاب سیفی هروی نیز گنجانیده شده که بصورت نام اصلی و بومی آن یعنی <غرستان> ذکر گردیده است . شاهان غرستان بصورت آزاد در ادوار تاریخی زندگانی میکرده اند اما در عصر اسلامی دوره های غزنویان نیز پا بر جا بودند. این شاهان گاهی تحت فرمان دودمان فریغونیان گوزگانان و زمانی تحت سلطه غزنویان بسر میبرد . در وقایع سال ۴۰۶ هجری نام شار ابونصر محمد بن اسد و پسرش شارشاه محمد را نام برده اند . تاریخ شهادت میدهد که دودمان شاری و فریغونی , سلسله های فرهنگ دوست و علم پرور بوده اند . دربار ابن فریغون گوزگان خدا - و شار ابونصر شاه غرستان مرجع دانشمندان و شاعران بوده که از اقصای بلاد نزد شان میآمدند .

شیران بامیان , شاران غرجستان را در سروده حکیم ناصر خسرو مینگریم :

مرطغرل ترکمان و جغری را

با بخت نبود و با مهی کاری

ایستاده به بایـــــمان شیری

بنشسته بعز در بیشین شاری (۳)

بیش از همه شاهانست در ماضی و مستقبل

بیش از همه شیرانست در شیری و در شاری

چون در بامیان < شیر > ایستاده بود و در بیشین (مرکز غرجستان) شار ایستاده بود و شاهانی بوده اند که به بزرگی شیر و شار نمیرسیدند که با القاب < شیر باریک > و یا < شیر لباده > و یا < شیر کشور > و یا < شیر شاه > و یا < شیرمه > یاد گردیده .

طاهر بن خلف از اعقاب صفاریان سیستان در حدود سال ۳۸۱ به لقب < شیر باریک > یاد میگردید .

به قول تاریخ سیستان , لیث بن علی صفاری را به لقب < شیرلباده > گفتندی . در تاریخ بخارا (نرشخی) فرزند پادشاه ترکان قراجور بن پیغورا بنام < شیر کشور > گفته اند . و شاه املج را <شیراملج > خطاب کردند . (۴)

یادداشت ها :

۱. «فرهنگ معین»، جلد ششم ، صفحه ۱۲۴۵

۲. کتاب < زین الاخبار >، گردیزی، به تصحیح عبدالحی حبیبی، صفحه ۳۹۳ به شمول تعلیقات تهران سال ۱۳۶۳

۳. کتاب < جغرافیای تاریخی افغانستان >، اثر عبدالحی حبیبی، چاپ پشاور، سال ۱۳۷۸، فصل بیست ویکم< غرجستان>

۴. کتاب < زین الاخبار >، اثر گردیزی، تعلیقات عبدالحی حبیبی، صفحه های ۶۶۰ و ۶۶۱

غور/غرجستان از لحاظ ریشه یابی

کلمه های غرچ ، غر ، غرچه ، غوری ، غوریان ، غرج ، غرش ، گر، گُیری با واژه < غور > بی رابطه نمیباشد . همچنان مناسبت و همخوانی این کلمات با زبان های سانسکریت ، اوستایی ، فارسی\دری و پشتو هم بی رابطه نیستند . از واژه غور کلمات ترکیبی مانند ، غورستان ، غوربند ، غورماچ ،غرچستان ، غرجستان ، غوریان و غورات آمده که همه در یک ساحه جغرافیایی افتیده اند .

< غرچه > را در فرهنگ جهانگیری مینگریم :

غرچه برعلاوه معانی نادان ، احمق ، و نامرد - معنی دیگرش مردم غرجستان را گویند .

چون ماه رخ حوروش غرچـــه نژادی
عاشق دوصدش بیش بروی چو قمربر (حکیم سوزنی)
ای تازه تر از ترب وسفاناج بپرهیز
پرورده ترا غوری و غرچه به ذکربر (حکیم سوزنی)
که ره سوی این رزشما را که داد
کدام ابله غرچه این در کشاد (گرشاسپ نامه اسد طوسی) (۱)

غرچه را برهان قاطع غرجستان گفته و آنرا ولایتی میداند مشهور که مربوط خراسان است (برهان قاطع به تصحیح محمد عباسی ص ۷۹۰)

< غوری > واژه ایست فارسی\دری که منسوب به غور یا غورستان باشد . مردم غور که در ناحیه وسیع کوهستانی میان هرات و غزنه موقیعت دارد بود و باش میکنند . (۲)

منخب اللغات و غیاث اللغات غور را ملک عجم دانسته است و هم کلمه غور بمعنی مقیاس آمده که هر غوریه اندازه ده فرسخ راه بوده است .

غور بر وزن مور نام ولایتی است معروف نزدیک به قندهار . (برهان قاطع به تصحیح محمد عباسی - ص ۸۰۳)

در فرهنگ جهانگیری و برهان قاطع < غر > و < گر > بمعنی < قدرت و توانایی > نیز آمده که با سرزمین کوهستانی و رادمردان غور بی رابطه نمیباشد . احتمال قوی میرود که <غر> پشتو که بمعنی کوه باشد و < گر> سانسکریت نیز کوه معنی میدهد از کلمه <گیری> اوستایی اخذ شده باشد . زیرا آریایی های صحرا گرد و بیابانگرد که در باختر سرازیر شدند با سرزمین های کوهستانی و دره های شاداب هندوکش و بابا و البرز و پامیر برخورد کردند و مسکنن جدید شان سرزمین بود کوهستانی . با بود و باش دایمی و سرزمین کوهستانی جا داشته که ایشان را مردمان کوهی و سرزمین شانرا غرجستان ، بامیان ، پار و پامزاد ، اپارسین و غور یاد بدارند . آریایی ها با ایجاد همزیستی با باختریان و تخاریان و بامیانیان و مروالرودیان با قدرت شده در منطقه حکمدار و فرمانروا گردیدند که شاهان شان بنام های غورشاه ، شیروانشاه ، شروانشاه ، < غرج الشار > ، < ملک الجبال > مسمی شدند . حتی نام < شیرشاه > سوری نیز ریشه از شاهان گذشته دارد .

فتوح البلدان بلاذری القاب شاهان خراسان را یاد کرده و از آنجمله شاهان و امیران غرجستان را: برازبنده ، ورازبندک ، شار ، غورشاه ذکر میکند و شهر های زیبای < زمین داور > را که پس از فیروز کوه مرکز زمستانی شان بوده بنام < دوران شاه > مسمی ساخته اند . احتمالا < دوران شاه > از کلمه ترکیبی < شاه دوران دار > ایجاد شده باشد .

اوستا کتابیست روحانی و دینی که برعلاوه مباحث روحانی و باور های مذهبی ، از سرزمین ها و محیط جغرافیایی اش نیز بحث کرده است .

در زامیادیشت که ویژه زمین و آب و کوه است از جا های مهم و برازنده جغرافیایی خراسان پیرار و افغانستان امروز سخن میگوید. زامیادیشت که از زمین و ایزد موکل زمین بحث میکند روابط همزیستی و زندگانی آدم ها را با کوه و آب و وادی همآهنگ میسازد و زمین را عنصر حیاتی میداند که یک نوع پیوند ناگسستنی را میان (زمین - آدم) بهم گره میزند . در هشت بند <زامیادیشت > از آغاز یشت نوزدهم ، اوستا از پنجاه و سه کوه یاد میکند . زامیاد یشت از زمین که مادر و ایزد نیک کنش میباشد سخن میراند . از کوه ها که آسایش بخشنده عمرند یاد میکند و از فر کیانی سخن بمیان میآورد که همه با هم در روند حیات انسانها جاویدانگی و برازندگی دارند . این منطق جغرافیایی یشت ها همین سرزمین شرق که متصل پارس کهن موقعیت اخذ کرده میباشد . سرزمینی که از آنسوی سیر دریا تا بدینسو آمو دریا پهنا دارد و سلسله کوه های وسطی افغانستان امروز ساحه قلمرو آنست. در مقدمه یشت کوه مزدا آفریده و آسایش دهنده راستین و کوه Ushi darena و فر کیانی دست نیافتنی درود گفته شده . و آهورامزدا از کوهی یاد میکند که قله شامخ دارد: < ای زردشت ، نخستین کوهی که در این سرزمین بالا آمده هریی تی Haraiti بلند است > . اوستا برعلاوه اینکه از(۵۳) کوه یادآور میشود از کوه بچه های دیگری که در سرزمین آهورایی اش پهنگستر است شماره آنرا به دوهزار و دوصد و چهل و چهار کوه میرساند و این کوه ها همه برای آسایش و بهره بخشی و سعادت آفریده شده اند . (۳)

این عناصر بلند بالای طبیعی آفریده پروردگار برعلاوه آنکه سرزمین اوستا را سعادت میآفریده و محل آسایش بوده ، روییدن اشجار و گیاه های کوهستان ها نیز < ممد حیات مفرح ذات > بوده است که مراد از نوشابه < هوم > یا < هوما > یا < سوما > است که در اوستا بشکل <هوم > آمده است . با نوشیدن هوم و یا هوما آرامش و شادی فراگیر

میشود و روح آدمی از گسستگی ها نجات میابد . گیاه نوشابه هوم در بلنداهای کوه بوجود میآید . هومی که بته آن بر فراز کوه البرز و دیگر کوه هاییکه در افغانستان امروز موقعیت دارند یافت میشود و از شیره آن حاصل میگردد . از بخش < هوم یشت > اوستا چنین برمیآید که هوم در بلندی کوه ها میرویده و هم هوم است که تسکین دهنده درد ها میشود و آنرا چنین میخوانیم :

< ای هوم ، آن هاون مقدس را میستایم که شاخه ها در آن با نیرومندی کوبیده و ساییده میشوند . میستایم ابر را و باران را که میپرورد پیکر ترا به بلندی کوه ها . در هر خانه یی که بیماری پلیدی پیدا شود ، چون تو در آنجا روی راستی ستوده و درود گردد هوم درمانبخش . . ای هوم مرا درمانی ده که بدانها آراسته استی ، مرا پیروزی هایی بخش که بر اثر آن دشمنان شکست یابند . . خداوند به زیبایی بیافرید ترا با چابکی و توشه خرد بر فرازین گاه البرز کوه Hara Berezati ، آنگاه مرغان پاک تند پرواز دانه های ترا به هر سو به بلندی های کوه ها بپراگندند ، بر بلندی کوه Kusro Para و بر کوه سپید گون Spita Gaona (۴)

از نظر من کوه سپید گون همین سفید کوه کشور ما میباشد که در پشتو < سپین غر > است . کوه البرز که در جنوب بلخ موقعیت دارد و کوه سفید دارندگان گیاه هوم اند که نیاکان ما از شیره آنها استفاده میکردند . گیاه هوم درست مرا بخاطر گیاه مومیایی انداخت که آنهم در همین بالا کوه های کشور ما در فراز هندوکش بزرگ و نواحی بدخشان یافت میشود .مومیایی را طوریکه میدانیم گیاه شفا بخشی که درمانگری درد ها و شکستگی هاست و از زمانه های دور تاریخ به هر درد دوا بوده. مومیایی را بنام های مرهم کوهی ، روغن کوهی ، خون کوهی و یا شربت کوهی یاد کرده اند که از کلمه یونانی اخذ شده بمعنی < حفاظت بدن در مقابل امراض > میباشد . رنگ مومیایی سیاه گونه و مایل به قهوه یی که از < دل سنگ> و قعر کوه تراوش میکند.

مرا از شکستن چنان درد ناید　　　که از ناکسان خواستن مومیایی

(انوری ابیوردی)

میرویم به واژه < غور > که به تعبیر بعضی از دانشمندان کشور ما از کلمه اوستایی <گیری > گرفته شده است . پانی نی در شرح ایالت کاپیسا از کوهی یاد میکند حایل واقع شده و کاپیسا را از بلهیکا مجزا میسازد . این کوه را بنام < روهیتاگیری > یاد میدارند که مراد از همین هندوکش بزرگ است که از گذشته های دور میان اهالی گندهاره بنام روهیتاگیری یاد میگردید . روهیتاگیری به استناد استاد عبدالحی حبیبی < روه گیری > یعنی < غر > پشتو است . اما دانشمند جوان وطن < محمد صالح گردش > واژه گیری اوستایی را به شکل < گیرو > مینگرند که هنوز هم در گویش مردمان ایماق کشور ما کاربرد فراوان دارد . ایماق ها قله بلند کوه را که مانع تابش نور خورشید شود < گیرو > گویند .

گیرو با بار معنایی خود با واژه < گیرا > همسان به نظر میرسد (در زبان سانسکریت نیز گیری Giri کوه معنی میدهد) زیرا قله کوه نه تنها اینکه مانع تابش نور آفتاب میگردد ، بلکه نسبت کمی اکسیجن گاهی سبب از پا افتیدن و گیر ماندن انسانها نیز میشود . این دانشمند جوان کوه و کوی را با < کوت > معنای جای و محل باشد مانند امران کوت و نغاره کوت . و برعلاوه کوت اشاره به بلندی دارد مانند کوت گندم . واژه غور و کوه را به کوتی که عمارت است که از زمین بلند اعمار شده و هم جوانانی که بسن بلوغ میرسد و صدایش < غور > میشود و مراد از بالایی سن و سال است رابطه میدهد . (۵)

ایماق ها (اویماق ها)

ایماق ها و هزاره ها مردمان کوهنیشین استند . آنها در روند اسطوره و تاریخ کشور ما که در دل منطقه و قلب کوه ها از قدیم الایام سکونت دارند باشنده گان اصیل این مرز و بوم استند . این مردمان از کناره های رود مرغاب (مارگوس) و بلندا های هیریرود - غور و غرجستان تا امتداد بند امیر و بامیان در پهنای جلگه ها و وادی های سرسبز و دامنه های بابا کوه و هندو کوه و سیاه کوه با حیات بومی و مدنی از دوره های پیش پیش تاریخ حیات بسر برده اند . بنا بر قول مونت استوارت الفنستون نوسینده کتاب (افغانان) که : مردمان ایماق و هزاره در کوهستان پاروپامیزاد در میان کابل و هرات زندگی میکنند . ایماق ها و هزاره ها در میان تبار های تاجیک و ازبیک و ترکمن در شمال و شمال شرق - و

ناحیه جنوب با عشایر پشتون مخلوط گردیده اند . زبان این اقوام فارسی/دری بوده که لهجه های خاص خودشانرا دارند . هزاره ها خود را از اصل نژادی به کلموکان ها که روزگاری در کابل زندگانی داشتند همنژاد میدانند . کتاب افغانان مینویسد که هزاره ها از بقایای ارتش شهزاده مغولی بنام منکو خان بوده اند که در هنگام فتح بامیان در این منطق جایگزین شده اند و چون قسمتی از سپاهیان مغل به گروه های هزار نفریت تقسیم میشده اند که شاید بخشی از این سپاه تاتاری در منطقه مفتوحه باقیمانده و ملت هزاره را تشکیل داده باشد . در گذشته ها هزاره گان با زبان مغلی حرف میزدند که آهسته آهسته زبان فارسی/دری که زبان مشترک خراسان زمین بود ، داخل زبان مغلی گردیده است . هزاره ها با ترکان و ایماق ها رگه های عرقی دارند با فرقی که امروز هزاره ها شیعه استند و ترکان ایماق ها در مذهب تسنن . بدین سان تمایز استخوان بندی و دیدگاه چهره یابی چنین وانمود میشود که هزاره ها بینی های پهن و چشمان تنگ و اکثراً قد و قامت متوسط دارند. در حالیکه ایماق ها تنومند تر و بلند تر و چشمان برجسته و قامت استوار دارند و دارای بینی های کشیده استند . بنا بر نوشته کتاب افغانان که : مردمان ایماق سنیان سختگیر و مردم هزاره شیعیان سختگیر استند .

نواحی بود و باش ایماق ها منطقه غور/غرجستان است که ساحه وسیعی را در بر میگیرد و کوه های صعب العبور و بلند بالا دارد . سکونت و بود و باش این حوزه جغرافیایی از زمان ضحاک تازی و بسطام بن ضحاک ادامه دارد ، که پس از شکسته شدن شان از دست افریدون به کوهپایه های غور/غرجستان پنا آورده اند . همچنان موجودیت معابد زوری در بلندا های این مناطق خود نمایندگی از یک باور و فرهنگ غنامند و استوار میکند. در هنگامیکه شاهان پیشین خراسان و بعد ها امیران اوایل دوره اسلامی با آوردن غلامان ترک در لشکریان شان بخاطر پدافند ملی مبادرت کردند ، نسل دیگری در میان ایماق ها روییدن گرفت که با اهالی بومی مزاوجت و خویشی کردند و بعد ها تعداد بیشماری از این ترک ها توسط سلاطین غور به فتح هندوستان سوق داده شدند که پس از مرگ شاهان غوری بنام شاهان ممالیک این غلامان در هندوستان بنام سلسله قطب شاهیان ، غلجاییان و تغلق شاهیان را تشکیل دادند که همه غلامان شاهان غوری بوده اند .

سرزمین ایماق را کتاب افغانان چنین منویسد :

« منطقه ایماق در مقایسه با منطقه هزاره کمتر کوهستانی است اما در همین منطقه کوهها بر جانب هرات مرتفع و دارای شیب تند است . راه از یک سلسله کوه ها و دره ها میگذرد و بالا رفتن به برخی از قله ها چنان دشوار است که باید روندگان با محکم گرفتن ریسمان ها به کمک افراد مؤظف بالا روند ، ولی دره ها قابل زراعت است . . بخش شمال غربی این منطقه که در آن جمشیدیان زندگی میکنند از دیگر نقاط هموار تر و حاصلخیز تر است . . و دره ها سرسبز است و با رود مرغاب (مارگوس) آبیاری میشود . جنوب آن منطقه تایمنی ، دره های سرسبزی دارد همه این کوهها پر از چشمه سار هاست » (۱)

ایماقها (*) را اگر دودمان یا طایفه بپذیریم بقول کتاب افغانان از چهار طایفه تشکیل یابیده اند که عبارتند از :

۱. تایمنی
۲. هزاره
۳. تیموری
۴. زوری

این تشکیل به « چهار ایماق » مسمی میگردد که تشکیلات قبیلوی ایشان نظر به استناد و پژوهش های دانشمندان فرق میکند . دسته های جمشیدی ها و فیروز کوهی ها نیز بدان وابسته میگردد . طوایف قبچاقیان و درزی ها را نیز بدین اقوام هم رابطه میدانند. طایفه زوریان در جلگه های فراخ سبزوار در میان کوه های مملو از صنوبر زیست دارند . (۲)

کلمه های تیموری ، قبچاق ، جمشیدی در اصل از طوایف نه گانه ترک استند که احتمالا بمرور زمان در درازنای تاریخ در مناطق کوهستانی و صعب العبور کشور ما که در پدافند رزمندگی پناهگاه خوبی بوده چه به صفت لا و لشکر توسط امیران و چه به شکل خانه کوچ کوچیده باشند و با مردمان بومی سرزمین ما خویشی و رگ و خونی را بهم آمیخته باشند . اما نام های کهنی چون زوروانیان و فیروز کوهیان بومیان اصیل کشور ما استند که از هزاره های دور بدینسو در سرزمین ما اقامت داشته اند .

بخش دوم: حوزهٔ جغرافیایی آمو دریا و شهر ها

طوریکه آگاه استیم ، جمشیدی ها که در دامنه های کوهپایه های غور و غرجستان و هرات زندگانی داشته اند ، مانند هزاره ها و دیگر اقوام کم زور تاریخ در ادوار سلسله درانیان نظر به دلایل مختلف سیاسی و یا اجتماعی از جایگاه اصلی خویش بیجا شده اند که کتاب « افغانستان در مسیر تاریخ » بدان اشاره دارد :

در اثر فشار مالیات در زمان امیر حبیب الله سراج ، صد ها خانواده دهقان از صفحات شمال کشور از آمویه گذشته بسوی روسیه فرار کرده اند و یا اینکه از راه هرات بسوی ایران پناهنده گردیدند . اراضی سرسبز و خوش آب و هوای مردم جمشیدی در هرات که مطمع نظر ملاک مقتدر و بزرگ آنجا بود ، در طی یک سازش خاینانه استملاک گردید . و آن اینکه فیودالهای دربار هرات که معروف به چهارکلاه بودند ، بدستیاری محمد سرور خان والی هرات که معروف به بابای کرام بود ، پانزده هزار مرد جمشیدی را متهم به ضدیت دولت نموده اجازه سرکوبی شانرا از امیر حبیب الله خان سراج اخذ نمودند . مردم بیگناه و بیدفاع جمشیدی که در این حادثه غافلگیر مانده از چهار طرف محاصره شدند . مردم جمشیدی چاره یی جز فرار را بخود نمیدیدند و با حرمان بی پایان بسوی مرز های روسیه فرار کردند که تمام جای و منازل و زمین شان بین متجاوزین تقسیم گردید . در زمان زمامداری امیر امان الله خان ، والی هرات معزول و به جمشیدی ها امر عودت بوطن داده شد .سراج الاخبار در شماره ۱۱ سال چهارم ۱۹۱۴ خود این گزارش را نیز مینگارد که ششصد خانوار از اهالی هزاره خانمان شانرا رها کرده بسوی ایران فرار نمودند (۳).

یادداشت ها :

۱. کتاب «افغانان»، نوشته مونت الفنستون، ترجمه محمد آصف فکرت، صفحه ۴۲۶، چاپ اول، مشهد، سال ۱۳۷۳، موسسه چاپ و اتشارات آستان قدس رضوی

*ایماق یا اویماق کلمه ترکی بوده بمعنی قبیله، طایفه و دودمان را میرساند . ایاز بن ایماق غلام خاص یمین الدوله سلطان محمود بود . اویماق یا ایماق لهجه زبانی خاصی دارند که زبان فارسی/دری بوده و در آن واژه های ترکی نهفته است .

کتاب دانشنامه ادب فارسی در افغانستان ، ایماق را از نژاد مغلی میداند . کتاب افغانان ، چهره ایماق ها را ایرانی توصیف کرده و ویژه گیهای نژاد تاتاری در ایشان مشاهده میکند .

مونت استوارت الفنستون از قول سرجان ملکم مینگارد که در سوریه قومی بنام ایماق حیات بسر میبرند که در زمانش از لارستان آمده بدانجا مقیم گردیدند و بعد ها بر سر اقتدار آمده اتابکان ایران را تشکیل دادند .

۲. کتاب «افغانان»، اثر مونت استارت الفنستون، ترجمه محمد آصف فکرت، صفحه ۴۲۷

۳. کتاب «افغانستان در مسیر تاریخ»، اثر میر غلام محمد غبار، چاپ ایران، ۱۳۹۵، صفحه ۷۰۷

ایماق ها / اویماق ها

باشندگان اصلی غور/غرجستان

ایماق یا ایویماق ترکی است که معنی قوم و قبیله را وانمود میسازد . (غیاث اللغات چاپ بمبیء صفحه ۱۸) ایماق ها مردمانی اند که ساحه قلمرو جغرافیایی شان در سرزمین خراسان کهن و در مناطق کوهستانی بوده و این طایفه بخشی از مردمان بومی کشور ما را میسازند . ایماق ها مردمانی اند که سفید گونه و از نژاد سپید و چهارشانه و قوی اندام . آنها ابروان گشاده دارند و چشم های سیاه متمایل به میشی و بینی های بلند . وقتی به تصاویر شاهان اشکانی نظر اندازید ایماق ها بخاطر مجسم میگردند . ایماق ها قومی اند که از لحاظ استخوان بندی و قد و قامت استوار شباهت به پشتون های کشور ما دارند . (*)

طوریکه دربالا اشاره شد , ایماق را واژه ترکی گفته اند که بمعنی اولس و قوم باشد . طوایف ایماق را دانشمندان به چهار بخش منقسم کرده اند :

1. جمشیدی ها

۲. فیروزکوهی ها

۳. تایمنی ها

۴. سوری ها

جمشیدی ها پاره یی از طوایف ترکمن که در ایران و افغانستان در زمره لشکریان و سپاهیان زورمندان به خراسان آمده اند میباشد . احتمالا جمشیدی ها در زمان صفویان به افغانستان آمده باشند و بعد بنا بر تضاد های مذهبی و جو سیاسی به کوه پایه های مرکزی پناه برده باشند اما نظر به شهادت تاریخ قدامت ورود جمشیدی ها در هزاره های پیش از مسیح سراغ میتوان کرد , که نشانرا از < جمشید > شاه پیشدادی میتوان گرفت. حقایق دیگر اینکه این گروه بسان غلام و برده به خراسان زمین آورده شده باشند که بعد ها در صف لشکریان درآمده از خود هویت کسب کرده اند .

فیروز کوهی ها را طوریکه از نام آن برمیآید در کناره های بلندی های کوه فیروز کوه سکونت اختیار کرده باشند که مردمانی بومی منطقه اند و احتمالا با جمشیدی ها روابط خویشی و عرق را برقرار کرده باشند . واژه < فیروز > و < پیروز > کلمه اوستایی و هم نام کوه بوده است .

سوری ها طایفه یی اند که ریشه در روزگار اوستا و ویدا دارند . این کلمه از سوری , سوریا, زوری و زروان گرفته شده باشد که همه الهه خورشید و پروردگار بیکرانه بوده اند . زروان خدای نیرومند است مربوط زمانه بیکران - در اوستا چند بار کلمه زروان بحیث دیگر ایزدان نام برده شده است . در آیین زروانی اهورامزدا و اهریمن فرزندان او اند . موبدان و هیربدان زردشتی , آیین زروانی را مانند عقاید مانوی بدعت و رفض دانستند . واژه سور در ترکیب کلمه < سورچ > هندی و < سور > زبان پشه یی بی رابطه نمیباشد . کلمات ترکیبی مانند سوریه , سورستان , آسور, آسوری , گل سوری رابطه با <سوری> دارد . کلمه سوراک با سروبی سر و کار دارد . پس همخوانی کلمه سور و سوری با واژه های زور, هور, خور و غور را در یادمانده های جغرافی مشاهده میکنیم .

تایمنی نام دیگری از اقوام ایماق ها اند که به قول دانشمند جوان کشور ما (محمد صالح گردش) از واژه < تای > اخذ شده و مراد از تای کره اسپ باشد و یا بزبان دیگر کره

اسپ که هنوز قابل سوارکاری نگردیده باشد . چون اسپ و اسپ سواری از عادت های دیرینه مرز و بوم ما بوده احتمالا در ترکیب طوایف ما نقش داشته باشد . تایمنی ها در ولایت غور و کوهستانات ولایت سرپل زندگی دارند . ناحیه یی در کابل بنام < تایمنی > ریشه از همین قوم دارد . در زبان ایماق ها < چُق و یا چُغ > بمعنی آتش بوده که در اسم چُقماق (سنگ آتش) و چُغچران مرکز فعلی ولایت غور همخوانی دارد . ترکیب چغچران در اصل (چیغ - شاران) بوده باشد که مراد از شهر که شاه نشین بوده و آتش مقدس و یا اجاق مقدس در آنجا موجود بوده باشد . بهمین ترتیب در کلمه < چغانسور > که بمعنی محلی باشد که در آن مهر تابان درخشندگی خاصی دارد میباشد . (۶)

روانشاد عبدالحی حبیبی در تعلیقات کتاب < پته خزانه > از قول کتاب < حیات افغانی > و <آثار هرات> مینگارد : اهالی < تیموری > از بقایای مردمانی اند که در تمران زندگی میکردند و در اصل شاید تمرانی بوده باشد . بعد ها طوایف تمرانی به تیموری تغیر نام داده که در حصص تولک و فرسی غور سکنی دارند . تمرانی های پار و تیموری ها امروز یکی از طوایف چهارگانه ایماق اند .

در زمان شاهنشاهی زمانشاه ابدالی چندین فرقه فوج های لشکری در سراسر شاهنشاهی درانی موجود بوده است . این فرقه های عسکری از طوایف مختلف تشکیل یابیده که در شمولیت برازنده آن پشتون ها برنده اند . اما طوایف دیگری مانند تاجیکیه , اوزبکیه , قزلباش , هزاره , بلوچ , قلماق , حبشی , و مردم متفرق مانند موکری , کردی (ریکا), جمشیدی , سوری و فیروز کوهی همان طوایف چهار ایماق اند که از سرزمین کوهستانی یا غرجستانی کشور ما قد برداشته اند . تشکیلات عسکری طوایف ایماق در ولایت هرات منصوب میگردیده . مؤرخ < درهءالزمان > مینویسد که: < از صاحب منصبان معروف طایفه چهار ایماق , محمد یوسف خان , کریم دادخان و عبدالعزیز خان بودند مگر در وقت حملات محمد شاه قاجار بعضاً همین اشخاص پست مشرب و حقوق ناشناس از راه خیانت علیه سلطنت افغانستان با بیگانگان کمر میبستند >

(درباره تشکیلات فرقه عسکری زمانشاه بنگرید به کتاب < درهءالزمان > عبدالعزیز وکیلی فوپلزایی - صفحه ۳۰۰ طبع کابل ۱۳۳۷)

تاریخ یادداشت میکند که: آذری ها ,ترکمن ها , قشقایی ها , شاهسون ها , تیموری ها و افشار ها از دسته و خیل ترکان اند که بیشتر از سی فیصد نفوس مردم ایران امروزی را میسازد . این حساب اگر راست باشد پس تیموری ها (تایمنی ها) و یا جمشیدی هاییکه در غور و غرجستان سکونت دارند و از جمله چهار طایفه ایماق محسوب میگردند آنها نیز ریشه از تبار ترک دارند . بدون شک موقعیت جغرافیایی ایران امروز و خراسان پار با ترکان و تورانی ها و تتار ها همسرحد میباشند که در اثر تعاملات و تبدلات سیاسی و جنگ ورزی و قلدری این طوایف با هم مخلوط شده اند و امروز سهم برازنده در قلمرو سیاسی و اجتماعی ایران و افغانستان دارند . تیموری ها و جمشیدی ها همان قبایل ترک اند که چه بصورت آزاد و یا بصورت غلام و برده بر دیاران ما آمده و در مناطق صعب العبور ما جاگزین شده اند . بعد ها که نسبی زورآور شدند مردمان بومی را کوچانیده خود جای ایشان را گرفته اند . پس دانسته شد که < تمران > و < تیمور > و یا < تمرون > و یا < تهامنی > کلمه ترکی میباشد که منطقه ترک نیشین بوده و مردمان آنرا تمرانی و یا تیموری میگفته اند . در این رابطه ابن خردابه در کتاب مسالک الممالک خود اسامی پادشاهان خراسان و مشرق را مینویسد: < پادشاه بخارا را بخارا خدا , پادشاه سروشنه را افشین و ملک سمرقند را طرخان گویند . ابن خردابه پس از یادآوری شاهان دیرینه یادآوری میدارد که پادشاهان کوچک ترک را بنام های < طرخان > , < نیزک > , < خورتگین > , < تمرون>, < غوزک > , < سهراب > و < فورک > گویند .

از یادداشت ابن خردابه چنین وانمود میگردد که کلمه < تمرون > با < تمران و تیمور > رابطه میگردد و مراد از همین طوایف ترک تبار اند که در زمانش سردمدار نیز بوذه اند .

(بنگرید به کتاب < هویت ملیت ها در ایران > صفحه ۲۶ نوشته یونس پارسا بنات چاپ واشنگتن دی سی سال ۱۹۹۰ میلادی - همچنان به کتاب < بحرالاسرار بلخ > به تصحیح نجیب مایل هروی صفحه ۳۰۲ تألیف امیر ولی محمود کتابدار)

ایماق ها را بدینگونه نیزیاد کرده اند :

۱. زوری دوره پیش و سوری دوره اسلامی .

۲. طایفه تیمنی که هیرددوت و استفن آنرا تهامنی Thamani گفته اند.

۳. هزاری که شامل جمشیدی و فیروز کوهی است .

پس دانسته شد که: سوری , تیموری , (تیمنی) و فیروز کوهی - جمشیدی از زمره چهار طایفه ایماق ها اند . و به قول روانشاد استاد حبیبی که زبان اهل غور و تیمنی پشتو بود و تا کنون هم بخش بیشتری از تایمنی ها بدین زبان سخن میگویند و در قدیم شعرای نامداری بزبان پشتو در این قبیله سر برآورده اند . (۷)

اما - این نوسینده را باور عمیق بر آنست که ایماق ها در مرز و بوم غور/غرجستان سکونت دارند مردمان خالص و دیرینه استند که در کوهپایه های غور/غرجستان و بادغیس و گوزگانان و پاریاب و مرغاب و بامیان و غزنه و ارزگان و چغچران و زمین داور زندگانی داشته اند . از لحاظ عِرق و خونی بدون شک همه آریایی اند که ریشه از آب های کهن رودباران خراسان پیرار دارند . با بمیان آمدن شاهان اسطوره یِ همچون پیشدادیان و کیانیان , بقایای ضحاک و فرزندش بسطامی , و بعد ها حکمداران توری و دادیکی - عربی و عجمی - تورانی و ترکی که با مردمان بومی غور/غرجستان خویشی نمودند شکل و شمایل - قد و قواره - و لهجه و زبان نیز تغییر کرده است .

در غور/غرجستان , حکمداران پسین بخاطر حفظ و توامیت ارضی شان مجبور بودند تا به تهیه و تجهیز لشکر و دسته های پیشقراوان نظامی بپردازند که ایجاب یک دستگاه منظم اداری و نظامی را منماید. این دستگاه نظامی با داشتن قصر ها و بناء های سنگی - بنکر ها و حصار ها و لشکرگاه ها که در تاریخ غور/غرجستان کم نیستند و این استحکامات در وادی ها و کوهپایه های این سرزمین کوهستانی بکثرت دیده شده اند , خود از یک نوع درآمد اداری اقتصادی و اجتماعی آنساحه حکایت میکند .

چون غور/غرجستان پهنای وسیع زراعتی و فلاحتی ندارد که آنقدر حجم وسیع امیر/شاه - لشکر/نظام و حاجب و دربان را تکافو کند - لهذا شاهان و زمامداران < زورآور > مجبور میشدند تا به جنگ متوصل شوند تا لشکر و عسکر را معاش و خوراک تهیه بدارند . هندوستان کهن و دیرینه که در افسانه ها و حکایت های شرق و غرب سرشار از غنایم و زر و زیور بوده یگانه شکار خوبی در منطقه بوده است . این شکارچیان زر و زیور از لشکریان غلام و برده ترک که جنگجویان خوبی اند تهیه میدیدند و هم از طایفه

کوچ/بلوچ همکاری میگرفتند که آنها نیز نظر به ساحه تنگ و محدوده جغرافیایی بجز جنگ کار دیگری را سراغ نمیدیدند با لشکریان ترک و عرب به امر و هدایت شاهان سوری و زوری و غوری یکجا میشدند و بسوی هندوستان گیسل میگردیدند . چون مردمان بومی نواحی غور/ غرجستان از منطقه نزدیک و جوار حود معلومات وافر دارند و هم ساحه جغرافیایی شان وابسته به سند و هند است بناء رهنمای خوبی برای لشکریان ترک و عرب و عجم میگردیدند . آنها به حیث رهنما و کارگزاران جنگی بسوی هندوستان یرغل میکردند و پس از فتح و پیروزی اکثر مردمان بومی که به جنگ گیسل میشدند پس از فتح و پیروزی و غارت و بیحرمتی , در مناطق مفتوحه حاکم و سردمدار میگردیدند . این حکومتگرایی و قدرت نمایی و زورآوری بوده که آدمی را زنباره و خونباره میسازد . زنبارگی باعث کثرت فرزندان شده که آنهم زور آور میگردیدند و چون زن ها از نسل های خوب کشور های مفتوحه اند بناء نسل های شان مقبول و هوشیار بار میآیند و بعد از مرگ پدران شان , آنها در منطقه جای شانرا میگیرند . این دلیل روشن زورگویان است که با نفوذ و با نفوس میشوند و بعد احفاد شان در تاریخ قد بلندک میکنند که دوران ساز روزگار بوده و استیم . ما مثال های برازنده یی از این گونه شاهان و حکمدارانی که در تاریخ دراز مدت کشور ما قامت کشیده اند بسیار داریم , طایفه با نفوس و با نفوذ زورآور دونیم قرنه شاهان سدوزایی و بارکزایی در افغانستان معاصر از اینگونه حکمداران قد و قامت دار اند -همچنان شاهان ترک تبار که کم نیستند و در تاریخ طوایف بیشماری از ایشان بیادگارمانده است . از شاهان زورمند و زور آوری که در تاریخ بمیان آمده اند بدون شک از ایشان خیل و ختک و ایل و ایلجاری بیشماری با قدرت بی مانند و کثرت گرایی در میان عوام میگردند که سالهای سال بعدی نیز با سربلندی بی مانندی برای زورآوری نیاکان شان مباهات میکنند.

شاهان غوری قدامت دیرینه دارند و هم بقایای شان مقارن شاهان سلسله سامانی و غزنوی و سلجوقی میزیستند . بدون شک رشته های مؤدت و خون شریکی نیز میان این سلسله های حکمداران خراسانی موجود بود . همانگونه که زبان اداری و درباری شاهان سلسله سامانی و غزنوی و سلجوقی فارسی\دری بود که اکثریت اهالی خراسان بزرگ و کهن بدان تکلم میکردند - بدون شک سلسله های شاهان غوری نیز بزبان فارسی\دری بود

سرزمین رود های مقدس

حرف میزدند که در گرد و نواحی ساحه قلمرو شاهان غوری زبان های پشتو ، بلوچی و پشه یی و بعضی لهجه های محلی نیز در گفتگو بوده است . موجودیت و نزدیکی غور و غزنه و بامیان تحت قدرت غوریان کوه های سلیمان و داخل گردیدن اهالی کوچ و بلوچ در نظام عسکری غوریان تأثیر زبان پشتو را نمایان میسازد . داخل شدن سرداران افغانی تحت فرمانروایی شاهان غوری در فتوحات هندوستان و دست یابی سرلشکریان پشتون در زمام حکومت داری های ملتان و پنجاب و سند گویش زبان پشتو در آنسوی خط دیورند بیشتر قوام گرفت – این نویسنده را باور بر آنست که در تدوین و انکشاف زبان ادب پشتو از سده نهم هجری (قرن پانزده میلادی) به بعد پس از تشکیل شاهان لودی (سلطان بهلول لودی) و بعد سلسله شاهان < افاغنه > در سند و ملتان و پنجاب به تکامل رسید و آثاری در این زبان به رشته تحریر درآمد .

اما زبان پشتو ، هرگز زبان مردم غور نبوده است . شاهان و اهالی غور به زبان فارسی\دری تکلم میکردند . زبان فارسی\دری در غور زبان فرهنگی و سیاسی و درباری بود. اما زبان ایماق های غور با لهجه های خاصه کوه بند غور آراسته بود .اینکه به استناد <تاریخ سوری > شاهان غوری به پشتو شعر سروده اند و آنهم سده دوم هجری (شعر افتخاریه پشتو از امیر کرور جهان پهلوان) و سده پنجم هجری (سروده پشتو شیخ اسعد سوری به مرگ فاجعه انگیز محمد سوری توسط سلطان محمود غزنوی در قلعه آهنگران) و سده ششم هجری (قصیده شکاروندی بن احمد) در مدح سلطان غیاث الدین غوری به زعم این نویسنده قابل تأمل است . پدر شکارندوی احمد نام بوده و زمانی کوتوالی فیروز کوه را داشته است . (کتاب پته خزانه – صفحه های ۴۹-۳۱-۳۹)

کتاب < پته خزانه > مؤخذ درستی درباره تاریخ سوری نداده و صرف از < تاریخ سوری > یاد گردیده و همچنان روانشاد عبدالحی حبیبی که پته خزانه را تصحیح فرموده اند از نام و نشان درست تاریخ سوری ذکری بعمل نیاورده اند . از طرف دیگر در سده دوم هجری شعری که امیر کرور سروده آن زمان فارسی\دری به پویایی نرسیده بود ، چه رسد به شعر اوزانی پشتو . سده های اول و دوم هجری سروده های فارسی\دری همان سروده های شفاهی < خاتون بخارا > ، سروده های < اطفال بلخ > و نظم ابوحفض سعدی < آهوی کوهی در دشت چگونه دو دا> بود . از سده دوم هجری تا عصر منهاج سراج جوزجانی که

۳۹۲

در قرن هفتم هجری در هند و غور زیسته و از غور معلومات وسیعی داشته هیچگاه از زبان پشتو حرف نزده و نه هم شعر پشتو را در کتاب طبقات ناصری درج نموده است . از شعر های سلاطین غوری و چامه های منهاج سراج جوزجانی که به فارسی \دری به نظم کشیده شده خود واضحاً نمایانگر دانش ادب زبان فارسی\دری را برملا میسازد . به دانشنامه ادب فارسی در افغانستان مینگریم: < در تواریخ و تذکره ها نیز از بهره مندی دانشمندانی چون فخر رازی و سرایندگی مانند فخرالدین مبارک شاه مروالرودی از نواحت آنها سخن رفته است . با این وجود بزعم آنکه زبان مادری غوریان نیز فارسی بوده است . معزالدین محمد سام غوری در نوازش و پیشتبانی از سرایندگان و نویسندگان فارسی گوی به هیچ وجه به پای محمود غزنوی ترک زبان نمی رسید >

(دانشنامه ادب فارسی در افغانستان - حسن انوشه جلد ۳ صفحه ۹۷۱)

در زمان سلطان غیاث الدین و سلطان شهاب الدین بود که غور ها (فیل شان یاد هندوستان کرد) در سال ۵۸۲ هجری (۱۱۸۶ میلادی) سند و ملتان را به تصرف در آوردند. غلامان خاصه شان بنام های :

قطب الدین ایبک ،

اختیارالدین محمدبلخی ،

ناصرالدین قباچه

و تاج الدین یلدوز

نام گرفته شده است . پس از فوت سلطان معزالدین که بنام < محمد غوری > معروف بود ، این غلامان ترک تبار سلسله های قطب شاهان ، خلجیان ، تغلقیه و افاغنه (شیرشاهیان) را در سرزمین گهن هندوستان بنا گردند . این سلسله ها را تاریخ بنام شاهان مملوک یاد میدارند . بزرگترین سلطان سلاطین مملوک ، سلطان التمش است که بیست و پنج سال با داد و عدل سلطنت کرد . سلاطین مملوک بجز سلاطین افاغنه و لودیان دیگران همه ترک تبار بودند که بحیث غلامان شاهان غوری درآمده به منصب های سپه سالاری تقرر جستند و بعد در سرزمین پهناور هند اولین اداره شاهی غوری بنیانگزاری کرده و زمام امور را بدست گرفتند . چون در نظام شاهان مملوک ، سرداران افغانی و بلوچی

نیز سهیم بودند بناء بعضی از سردمداران افغان پس از مرگ شاهان مملوک در ملتان زمام امور حکومتداری را بدست گرفتند.

از سلسله شاهان افاغنه نام های : شیرشاه ، اسلمشاه ، غازی سور عادل شاه ، ابراهیم ثالث و سکندر شاه را میتوان یاد کرد . دوره شاهان سلسله افاغنه از سال ۱۵۴۰ میلادی میآغازد و به سال ۱۵۵۴ میلادی می انجامد . سلسله یی که در مدت کوتاهی اداره بنگاله را بدوش داشتند ، دوره شاهان افاغنه بیشتر از پانزده سال نبوده است و این سلسله هنوز قد نکشیده بودند که توسط امپراطوران مغلی هند از میان برداشته شدند .

امپراطور بابر تمام شمال هندوستان را تحت قیادت خود آورد . پس از مرگ بابر بنگاله تحت اداره شیرشاه سوری درآمد . شیرشاه مدبر و رشیدی بود که در مقابل بابر ایستادگی کرد تا اینکه همایون فرزند بابر هند را مسخر ساخت .

(کتاب طبقات سلاطین اسلام صفحه ۲۶۷)

زمین داور

پایتخت زمستانی شاهان غوری

زمین داور یکی از ساحات سرسبز و خرم و کوهستانی که به قول کتاب < طبقات ناصری > پایتخت زمستانی شاهان غوری بوده است . شهر داور در شمال شرق وادی پهناور هیرمند قرار دارد که معبر کوهستانی مهم بشمار رفته و از موقعیت جغرافیایی ویژه یی نمایندگی میکرده است . از گذشته های دور بدینسو شهر داور (زمین داور) حاصل خیز و پر جمعیت بوده و اطراف آنرا چهار شهرک برازنده دیگر احاطه کرده است :

۱. درتل
۲. درغش
۳. بغنین
۴. شیروان

این شهرک های مهم و استراتیژیک سیاسی و اداری ، از روستا ها و قریه های آبادان برخوردار بوده و دارای آب و هوای گوارا و معتدل است . زمین داور در جوار شاهنشاهی غور قرار داشته که اکنون هم به همان اسم کهن یاد میشود و نظر به پایتخت بودنش قصر های شاندار و تاجداری داشته که کنگره های آن مانند صخره های کوهی به آسمان کشیده شده بود. قصر باغ ارم و یا بهشت داور از قصر های بلند بالای آن محسوب میگردد. < درتل > شهر مهم آن بوده که < اصطخری > تاریخنگار معروف اسلامی از آن یاد میدارد و آنرا < تل > میخواند .

< درتل > قلعه مستحکمی داشت در سه منزلی شهر < بست > . بر علاوه قلعه های مستحکم در حوالی کوهستانی ورتل یا درتل کوهی است موسوم به < جبل الزور > که در آنجا خانه هایی پابرجا بوده ، اما مشهور ترین بت که در معبد آفتاب پرستان موجود بود ، نهایت برجسته و یا به اصطلاح < شاه بت > بود که مردمان و خلایق از هر کنج و کنار به زیارت شاهِ بتان روی میآوردند . عبدالرحمن بن سمره حاکم عرب درسال ۳۲ هجری (۶۵۲ میلادی) در فتوحاتش بسوی خراسان وارد < زمین داور > گردید و داخل < معبد زور > گردیده چشمان یاقوتی بت را کشید و بت را که از طلای ناب ساخته شده بود دست برید و موبدان معبد را سرزنش کرد . زوار چینایی از این بتکده معروف زمین داور به کثرت یاد کرده اند .

(درباره زمین داور بنگرید به کتاب < غرعشت . . > احمد علی کهزاد - ۱۳۷۸ چاپ دوم پیشاور صفحه های ۱۸۲ و ۱۸۳)

نتیجه :

* زبان مردم غور\غرجستان فارسی\دری بوده لهجه های محلی نیز در آن سرزمین بکثرت دیده میشود .

* شاهان مملوک در هند همه ترک تبار اند و بعد ها پشتون ها نیز تحت قیادت شاهان مملوک هندی در هند به حاکمیت رسیدند .

* از شاهان غیر مملوک که در هند حکومت کرده شاهان لودی و افاغنه سوری اند.

* پایتخت غور < حضرت فیروز کوه > بوده و مرکز زمستانی دودمان غوری < زمین داور > میباشد .

* در غور بر علاوه مردمان بومی که بنام ایماق ها مسمی اند طوایف دیگری مانند: اعراب ، ترک ها ، عبرانی ها ، طایفه اسماعیلیه ، و بعد ها پشتون ها نیز اقامت داشته اند .

* موقعیت حضرت فیروز کوه را در جوار مناره جام تعیین کرده اند که موجودیت رودخانه جام و رود هریرود بر اهمیت آن می افزاید .

* پشتون ها هیچگاهی از تبار سوری و یا غوری نبوده اند ، بلکه تحت شاهان و زمامداران سوری و غوری در سده های اخیر در هند حکومت کرده بعد ها دولت های افاغته و لودی را بنیان گذاشتند .

تحلیلی از طوایف ایماق ها

بهترین ملاک قضاوت ما درباره مردمان غور و غرجستان ، یادمانده همدیار ما منهاج سراج جوزجانی اند که دانشمند کشور رویداد ها و واقعات خوب غور را با سلسله کوه ها آن بر ملا ساخته است . هرقوم و طایفه نظر به موقعیت جغرافیایی و سکونت دایمی اش در آن خطه معرفی میشود . این نویسنده طوایف ایماق را از نگاه موقعیت جغرافیایی و گذر تاریخی آن به بحث کشیده ام :

قوم و طایفه سوری - زوری ، که در حقیقت بقایای زورمندان - و خدایان آیین <زروانی> استند از کهن زمانه ها و بیکران دوره ها در این مرز و بوم مردمانی با < عقاید زروانی > سکونت داشته اند . معابد زروانی و آفتاب پرستی در کوهپایه های غور شاهد مدعاست. نام های امروزی زمین داور ، زورآباد در جنوب سرخس ، اورزگان ، زارمرغ ، جبل الزور با سوری و زوری همریشه میگردد .

ایماق ها طوایف کهن مردان و زنان این مرز و بوم اند که در امتداد دره های کوه زارمرغ و جبل الزور ، زمانی منزلگاه و خوابگاه و کشک بسطام بن ضحاک بوده زندگی داشته اند و قدامت باشندگان این منزلگه کوهی که < زومندیش > در آنجاست به هزاره های پیش از میلاد مسیح میرسد . در پیرامون این طوایف مینگریم :

قوم و طایفه فیروز کوهی ، بدون شک این قوم طوریکه از نام آن هویدا میگردد به منطقه کوهستانی فیروز کوه تماس دارد . فیروز کوه اسم کوه و نام مردمی که از واژه <پیروز> گرفته شده - مردمانی که در آن ساحه زندگی دارند بنام آن محل محسوب میگردند. فیروز کوه اسم کوهی است در ولایت بادغیس و در گذشته ها مربوط غور بوده که نام و نشان این کوه با مردمش همخوانی دارد . همچنان < حضرت فیروز کوه > به نام پایتخت سلاطین غوری نیز یاد گردیده است که درباره حضرت فیروز کوه منهاج سراج جوزجانی روشنی انداخته است .

قوم وطایفه تایمنی ، مراد از مردمی اند که مانند فیروز کوهی ها و سوری ها آب از کهن دیاران رودبار این دیار میخورند - طوریکه گفتم نام طایفه با اسم منطقه یاد میشود که من با روانشاد استاد حبیبی موافق استم که تایمنی ها همان تمرانی هایی اند که در کناره های کوهپایه < اشک> زندگی داشته اند . < اشک > نامیست آشنا که سلسله های شاهان اشکانی بدان وابسته اند . تایمنی ها مردمان اصیل و بومی این مرز و بوم استند . این طایفه احتمالا با اشک ها خویشی کرده باشند که ایشان از دست نابکاران تاریخ فرار کرده به کوهپایه های غور پناه آورده باشند .

قوم و طایفه چغانسوری - چغچرانی ، چغانسور که از ترمینالوژی < چغ > و < سور > تشکیل گردیده است . < چُغ > و < چق > و < قُغ > در زبان ایماق ها < آتش > را گویند که ترکیب <سنگ چقماق > از آن گرفته شده است . واژه های سور و سوز مراد از رنگ سرخ و سوختن که با < چغ > درمیآمیزد ، و با فعل < سوزول > پشتو همریشه میگردد . بدین سان کلمه <چغچران> که امروز پایتخت ولایت غور میباشد از کهن درخت زبان تاریخ و اسطوره ریشه میگیرد .

ما از واژه چغ که زبان ایماق است دانستیم که مراد از چوغ آتش میباشد . کلمه < چران > در گذشته ها < شاران > بوده که مراد از شاه و ملک است . چغشاران سرمنزل شاهانی که با آتش مقدس سر و کار داشته اند ، همچنان سان چارک < سنگچارک > که در حقیقت سانشارک بوده باشد که آنهم تداعی شاه نیشینی دارد . این کلمه ها همه از آب و خاک غور نشأت کرده که با زبان و مردم آن سامان بافت فرهنگی دیرینه دارد . زبان غوری ها زبان ویژه خودش را دارد که تا بحال تحقیقات از لحاظ آرکیالوژیکی ویا اتنولوژیکی و یا ترمینالوژیکی صورت نگرفته است . زبان غوری که روانشاد استاد حبیبی بدان زبان پشتو را وانمود میسازد عاری از حقیقت است . طوریکه در بالا گفته آمد شاهان بومی غور که لشکریان شان از افغانان نیز تشکیل شده و با ترکتازی های شان بسوی هندوستان که بعضی طوایف افغان دارای دم و دستگاه شدند ، زبان پشتو را گسترش دادند که زبان امروزی پیشاور و سرحد آزاد پاکستان شاهد این مدعاست . حکام افغانی چه در قلمرو خودی و چه در خارج مرز های تحت سلطه ، صرف به انتشار و توسعه تباری خویش مبادرت ورزیدند - با زبان دیگر خواستند در هر منطقه سرزمین هند و سند حکام و سردمداران افغانی داشته باشند و در ضمن با کثرت نفوس تباری خویش پیشی گیرند . اما با تاسف باید گفت که حکام افغانی به انتشار زبانی و قوام بخشیدن فرهنگ زبان و هنر مبادرت ورزیده اند و ایشان صرف با جنگ و مقام های اجتماعی سرو کار داشتند و بس . غور و غرجستان با آنقدر قدامت دیرینه مردمی و شاهی جا داشته که از خود زبانی داشته باشند . در زمان زمامداران شاهان پیشدادی ما از زبان های مشخص اقوام نمی دانیم ، اما در دوره های پیش از اسلام و یا در قرون میانه اسلامی فارسی\دری در پهلوی زبان پَهلَوی و سغدی قوام گرفت ، پویایی آن به دوره های تابان سامانیان و غزنویان و حتی سلجوقیان بود که زبان فارسی\دری زبان دربار بود . حتی شمال هندوستان و دولت عثمانی نیز بدان زبان تکلم میکردند . در دوره فریغونیان که در گوزگانان سلطنت داشتند و کتاب فارسی\دری < حدود العالم > برشته تحریر درآمد ، دولت های محلی غور تحت فرمان شاهان گوزگانی (گوزگانان خدا) بودند . بعد ها سلاطین غزنوی ولایت غور و غرجستان را تحت فرمان داشتند . صرف بیک دروه کوتاه شاهان غوری از سلطه غزنویان در امان ماندند و بعد ها تحت حاکمیت سلسله سلجوقیان درآمدند . تا اینکه مُغل های ویرانگر

آمدند و همه سلسله ها را تار و مار کردند . ولایات بلخ و هرات و غور و بامیان را واژگونه ساختند .

امیر فولاد غوری که در زمان ابومسلم خراسانی ظهور کرده ، در آن هنگام هنوز کتاب <حدود العالم> نوشته نشده بود - حدود العالم درسال ۳۷۲ هجری در دوره سامانیان و فریغونیان که در گوزگانان سلطنت داشتند بزبان فارسی\دری برشته تحریر درآمد . کتاب حدود العالم صرف در دو جای از افغانان نام میبرد که آنرا چنین میخوانیم :

< سخن اندر ناحیت هندوستان و شهر های وی > < سول دهیست بر کوه با تعمت و اندرو افغانان اند و ازنجا بروی تا بجینستان راه اندر میان دو کوهیست و اندرین راه هفتاد و دو آب بباید گذشتن و راهیست با مخاطره و بیم > < بنیهار جایست بادشاه او مسلمانی نماید و زن بسیار دارد از مسلمانان و از افغانان و از هندوان بیش از سی و دیگر مردم بت برستند و اندروی سه بت است بزرگ > (۸)

در زمان حدود العالم قوم افغان صرف بیک دهی زندگی داشته اند بنام < سول > . از حکومت و به قول حدود العالم از < پادشاهی > این قوم ذکری بعمل نیامده است . قشلاقیکه افغانان در آن بالا کوه موقعیت داشته از آنجا راه به جینستان میرفته که به قول حدود العالم پر مخاطره بوده است .

امیر کرور فرزند امیر فولاد که درسال ۱۳۹ هجری در مندیش غور امیر شد و وی را جهان پهلوان میگفتند . امیر کرور قلعه های غور ، قصر های بالشتان و قیصار و تمران را فتح کرد و با دودمان خلفای اموی مراودت هایی داشته است . کلمه < کرور > با رای پندک دار پشتو بمعنی دلاور و سخت و محکم است . امیر کرور به موسم تابستان در زمین داور میبود . در زمین داور قصری داشت که مثل قصر مندیش بود و در آنجا به شکار و عیش میپرداخت . (۹)

امیر فولاد غوری یکی از فرزندان ملک شینب بن خرنک بود و اطراف جبال غور در تصرف او بودند و نام پدران خود احیا کرد چون صاحب الدعوت العباسیه ابومسلم مروزی خروج کرد، و امراء بنی امیه را از ممالک خراسان از عاج و خراج دور کرد . امیر فولاد حشم غور را به مدد ابومسلم برد و در تصرف آل عباس و اهل بیت نبی کاردانی کرد ، و

مدت ها امارت مندیش و فرماندهی بلاد جبال غور مضاف بدو بود . امیر فولاد درگذشت و امارت به فرزندان برادر او بماند . . (۱۰)

کتاب < پته خزانه > از قول محمد ابن علی البستی مؤلف تاریخ سوری مینویسد که امرای سوری از قرن های زیاد در غور و بالشتان و بست حکومت داشته اند و این امراء از همان کلمه <سور> نامی اخذ شده که نژاد < سهاک > بود . در جنگ هاییکه ابوالعباس سفاح و ابومسلم با بنی امیه میکردند در دعوت عباسی ، امیر کرور فتوحات زیادی نمود . و به افتخار این فتح و پیروزی امیر کرور که شاعر نیز بوده ، نظمی را بنام < ویالنه د امیر کرور جهان پهلوان > در پشتو سروده است .این سروده را شیخ کتهٔ علیه رحمه از تاریخ سوری بر میگزیند که محمد هوتک بن داود در پته خزانه خود جای داده است.

در پهلوانی و شهامت < امیر کرور فرزند امیرفولاد > شکی باقی نمیماند . چه شاهان آن زمانه ها حتمی از نیروی جسمی و شهامت و حمیت برازنده برخوردار میبودند تا در مقابل دشمن صف آرایی میکردند . اما در شاعر بودنش ، آنهم در شعر پشتوی او درست نمینماید . زیرا در آن هنگامیکه امیر کرور زنده بود زبان پشتو صرف بصورت گویش محلی موجود بود نه به اساس زبان ادب که شعر نیز بدان پختگی سروده شود . زمان امیر کرور اوایل قرن دوم هجری بود . در نیمه قرن سوم که حدود العالم به تحریر درآمد . افغانان صرف به یک قریه زندگی داشتند که آنهم قریه سول بوده که در حدود کوه های سلیمان موقعیت دارد . این سروده حماسی پشتو از امیر کرور نیست و احتمالآ بعد ها توسط کسان دیگری برشته تحریر درآمده باشد که از کاردانی و سلحشوری امیر کرور خوشش آمده باشد. در زمان احتمالی این سروده را میتوان در روزگاران لودیان و شیرشاهیان در قرن های نهم و دهم هجری تعین نمود . من مخالف زبان زیبای پشتو نیستم و خودم پشتو را مکمل یاد دارم و افتخار هم میکنم که زبان مردم خودم را یادگرفته ام . دانستن زبان و آنهم زبان مردم خودی باعث افتخار آدمی میشود . خانمم از طرف پدر اندری و از جانب مادر توخی است . خودم از طرف پدر و مادر تاجیک\ترکمن استم - با این نسل همبسته و همریشه ، پسرانم خوب و هوشیار و با استعداد بدنیا آمده اند که برای این رشته خویشی مباهات میکنم . اما واقعیت تاریخی چیزی دیگری است که باید کسی بنویسد و مردم شریف ما از آن آگاه شوند که مردمان در

زمانه های زورآوری و قلدری شان ، داشته های فرهنگی مردمان همریشه و همتبار شان را تحریف میدارند . کاش شاهان افغان (مراد از شاهانی که پشتون بودند) بجای برادرکشی و آمیختن با جنگ داخلی و خارجی ، چیزکی برای فرهنگ و ادب پشتو احتمام بخرج میدادند تا امروز گنجینه وسیع این زبان در دست میبود . کاش بجای تعصبات قومی ، رشته های مؤدت و برادری میدوختند . کاش زبان پشتو را از کنج های تاریک دره های سلیمان کوه ، با نو آوری ها دست اندرکاری های علمی و ادبی و اخلاقی به سوی دره های هندوکش و بابا و لبه های جیحون و هیرمند گسترش میدادند . شاهان ترک که خود ترکی صحبت میکردند با گسترش زبان و ادب فارسی\دری ، چه درقلمرو جغرافیایی خود و چه در بیرون مرز ها سعی بلیغ کردند و اگر آنها ادبا و شعرا را ارج نمیگذاشتند ؟ امروز زبان فارسی\دری جایش را بزبان زورآور عربی و یا ترکی میسپارید . اما ترک ها از ساحه نفوذ زبان و فرهنگ ادب فارسی\دری درک عالمانه کردند . زیرا زبان فارسی\دری زبان عام و خاص و جهان شمول بود . زبانی که از سیر دریا میآغازید تا رود گنگا میرسید و در آنسوی غرب تا ارض روم و لبه های دجله و فرات گسترش داشت بدون شک تأثیر زبان پشتو از دیدگاه واژه ها و آوانگاوی ها در دوره های تاریخی بر بالای زبان ها و لهجه های مردم ما سهم خودش را داشته است که در اکثر زبان های محلی امروزی ترکیب زبان پشتو در آن به کثرت مشاهده میشود که این خود زیبایی را در زبان های محلی بار آورده است . وارد شدن لهجه و زبان پشتو در زبان های محلی و زبان فارسی\دری یک نوع همآهنگی و همبستگی و پیوند واژگان را نمایان میسازد که هیچ جامعه یی از تلاطم حرکت واژه گان در امان نمی ماند . ما که فرهنگ و واژه های عرب را میپسندیم ، به زور یا به رضای دین - کلمه های ترک و تتار را ضمیمه میسازیم ، چرا از پیشآمد زبان و واژه های پشتو که در سالیان دراز با ما همریشه و هم عریق بوده و خویشی واژه گان در همه ساحه ها نمایان میشود شرم داشته باشیم ! . من در این یادمانده صرف یک واقعیت تاریخی را برملا کردم تا باشد دانشمندان از یادمانده های مستند و علمی بهره گیرند .

طوایف دیگری که در غور حکمروایی داشتند و خویش را وابسته به ضحاک میدانستند عبارتند از طایفه < شیشانیان > است . شیشانیان همان مردمان اصیل بومی اند که بعد ها سلسله شنسبانیان غور\غرجستان گشته و خود را متعلق بدیشان میدانند . در زبان

ایماق غوری <شیش> یا < شیث > بمعنی < شُش > باشد و شیشانیان احتمالا از همان شش سلسله شاهان اشکانی باشند که در غور به حکمیت رسیده اند ، شیث بن بهرام از دودمان همان سلسله است که با بنجی بن نهاران بن میش با گرفت زمامداری غور به جنگ و مناقشه افتید . خلیفه بغداد امیر بنجی را صاحب اقتدار غور گردانید . (*) پس امیران غوری ، سوری و شنسبی همه ریشه به درخت دیرینه شیشان غور دارند . این امیران خالص از نژاد بیوراسپ پیشدادی که آریایی اند میباشند . اما امیران و شاهان بعدی غور که غلامان ترک تبار شاهان شیشانی اند - سلاطین قطبی و خلجی و تغلقیه و دیگر سلاطین مملوک و دیگران از نژاد ترک\مغلی اند که برعلاوه مناطق جنوبی و مرکزی افغانستان در شمال هندوستان نیز دم و دستگاه داشته اند . .

(درباره شاهان مملوک - قطب شاهیان ، تغلقیه ، خلجی ها بنگرید به کتاب < طبقات سلاطین اسلام > از استانلی لین پول)

(*) باید یادآور شد که امیر بنجی نهاران پس از اخذ لوا و امیری از جانب خلیفه بغداد ، یک تعداد عبرانی ها را به ولایت غور منزل داد . همچنان سلاطین علاءالدین جهانسوز نیز یک گروپ ملاحه الموت (پیروان حسن صباح) را در غور جابجا ساخت . موجودیت مقابر یهودیان در غور دلالت به بود و باش اهالی یهودی تبار اند که در غور زندگانی داشته اند .

یادداشت ها :

۱. «فرهنگ جهانگیری»، جلد اول، صفحه ۱۰۴۶

۲. «فرهنگ عمید»، جلد دوم، صفحه ۱۴۹۸

۳. کتاب < اوستا >، نوشته هاشم رضی، چاپ دوم، بهار سال ۱۳۷۴، صفحه های ۳۲۹ - ۳۳۶

۴. کتاب < اوستا >، صفحه های ۳۴۹ و ۳۵۰

۵. کتاب < واژه افغان و سرزمین سلیمان >، نوشتهٔ محمد صالح گردش، چاپ مزار شریف، سال ۱۳۸۵، < درنگی به ریشه واژه غور >

٦. کتاب < واژه افغان سرزمین سلیمان >، اثر محمد صالح گردش، چاپ مزار شریف، سال ۱۳۸۵، درباره ایماق ها ، صص ۴۳- ۵۵

۷. کتاب < پته خزانه >، تألیف محمد هوتک بن داود، به تصحیح عبدالحی حبیبی، چاپ دوم، کابل، ۱۳۳۹، تعلیقات صفحه ۲۳۰

۸. کتاب < حدود العالم >، با مقدمه بارتولد و ترجمه میر حسین شاه، چاپ کابل، ۱۳۴۲، صفحه ۳۷۹

۹. کتاب < پته خزانه >، ترجمه فارسی\دری توسط روانشاد حبیبی، صفحه ۳۱ و ۳۳

۱۰. کتاب < طبقات ناصری >، صفحه ۳۴۲

ولایت غور در کتاب حدود العالم

حدود العالم در سال ۳۷۲ هجری که مؤلف نظر به جو سیاسی از گذاشتن نامش خود داری کرده به زبان ناب فارسی/دری در گوزگانان (جوزجان) برشته تحریر درآمده از گوزگانان که سر منزل خود نویسنده کتاب حدود العالم بوده تعریف هایی دارد . این کتاب در زمان زمامداری شاهان چغانیان نوشته شده که به قول حدود العالم از شاهان با ادب فرهنگ کشور ما محسوب میگردید . چون ناحیه جنوبی گوزگانان ولایت غور و سمت غربی اش مروالرود و ناحیه شرق اش بلخ کهن قرار داشته بناء از اهمیت ویژه یی برخوردار بوده است . حدود العالم گوزگانان را اینگونه مینویسد :

<گوزگانان ناحیتست آبادان و با نعمت بسیار و با داد و عدل و ایمان , و این ناحیتیست که مشرق او حدود بلخ و تخارستان تا بحدود بامیان , و جنوب وی آخر حدود غور است و حد بُست , و مغرب وی حدود غرجستان است و قصبه بشین - و شمال وی حدود جیحون و باذشاهیاین ناحیت از ملوک اطرافست و اندر خراسان و او را ملک گوزگانان خوانند و اولاده افریدونست و هر مهتری که اندر حدود غرجستان است با حدود غورست همه اندر فرمان او اند . . >

از این جمله اینگونه وانمود میشود که حدود غرجستان با حدود غور بکلی مجزا بوده است. یا بزبان دیگر ولایت غور با ولایت غرجستان هم متمایزاند . غرجستان بجانب غرب گوزگانان اخذ موقیعت کرده و ولایت غور بسمت جنوب آن , ولایت غور با ولایت غرجستان هم مرز اند . پادشاهان غور وغرجستان از ملوک اطراف اند . غور را حدود العالم چنین تعریف کرده است: «غور ناحیتیست اندر میان کوه ها و شکستگیها و او را پادشاهیست ک غورشاه خوانند - او را قوتش از میر گوزگانان است و اندر قدیم این ناحیت غور همه کافران بودندی - اکنون بیشتر مسلمانان اند و ایشان را شهرک ها و دهها بسیار است و ازین ناحیت برده و زره و جوشن و سلاحهای نیکو افتد و مردمانش تند خو اند و ناسازنده و جاهل و مردمانش سپید اند و اسمر >

مردمان غور از گذشته های دور بدینسو کافران بودند که بدون شک از قدامت نژادی و مذهبی آن حکایت دارد . همچنان مردمان سفید گونه و اسمر چهره اند - موجودیت زره و جوشن و اسلحه از یک دستگاه جنگی و لشکری حکایت دارد . زیرا جنگ زاده مردمان جاهل و ناسازکاری که از خرد و تفکر کار نگیرند میباشد .از جانب دیگر منطقه کوهستانی که در آن سلسله و شکستگی هایی دیده میشود که برای جنگ و استحکامات جنگی استوار است . بناء واژه غور با کوه و قدرت نمایی و سلحشوری و جنگ و مردان قچاق تن و دلیر همخوانی دارد .

زمین داور که مرکز زمستانی شاهان غوری میباشد شهرکی است برسرحد میان غور و بست که شهری آبادان و خرم میباشد . (۱)

غرج و غرجستان و یا غرشستان و یا غرستان او ولایت های بسیار معروف وطن ما است که حدود آن از شمال غور و هرات آغاز و تا مجاری آمویه میرسید . و غرباً هم به اقاصی مرغاب و مروالرود منتهی میشد , شرقاً به لواحق بلخ میپیوست و دارای حکمرانان محلی بود که تا عصر غزنوی ها هم تسلط داشتند . (درباره غرجستان بنگرید به تعلیقات کتاب < پته خزانه > محمد هوتک بن داود - صفحه ۲۳۴)

طوریکه از نام آن برمیآید , غرجستان نیز کوهستانی است و مردان جنگی دارد - نواحی سرسبز و آبی مرغاب با غرجستان همریشه و همکاسه است . شهر افشین مرکز و پایتخت

ولایت غرجستان بود که مرکز دانش و بینش و جایگاه مدرسین با نام بوده است . چون شاهان و امیران غور و غرجستان و گوزگانان از تعصب مبرا بودند . بناء اکثر شاهان غور و غرجستان پیرو مذهب کرامیه بودند . و همچنان اهالی با مذاهب کرامیه , قرمطیه , اسماعیلیه و موسویه و سامه همزستی داشتند . در این مناطق دور از هیاهو مذاهب مختلف مورد تفقد شاهان و حکمداران قرار میگرفتند , چنانچه واضح مذهب کرامیه ابوعبدالله محمد بن کرام سیستانی از کرامت ویژه یی برخوردار بود و امام صدرالدین علی هیشم نیشاپوری مدرسه شهر افشین مرکز غرجستان بود . (بنگرید به کتاب < افغانستان در مسیر تارخ > میر غلام محمد غبار - چاپ ایران ۱۳۵۹ صفحه ۱۳۵)

ربوشاران که از شایسته ترین شهرک های غرجستان است که بعضی از رود های مرو از این ناحیه سرچشمه میگیرد . شاهان ربوشاران را بنام < ربوشار > خوانند و از ملوک اطراف گورگانان میباشند که اکثرأ با مهتران گوزگانانی در تضاد اند . درمشان و یا درمیشان و همچنین مانشان همه از در ساحه غرجستان و غور موقعیت اخذ کرده و تا زمان تحریر حدود العالم تابع پادشاهی گوزگانان بوده اند . بارتولد در مقدمه حدود العالم در پیرامون ربوشاران مینویسد: <ربوشاران در قسمت بالای مرغاب در جریان سفلای مانشان و جریان علیای غرجستان واقع است . از نقطه نظر جغرافیایی این جا به غرجستان متعلق بود اما از نگاه سیاسی آنرا تحت حمایت گوزگانان قرار داده بودند . حکمران آنرا ملک الربوشاران نامند . یکی از وزرای محمد بن سام غوری , جلال الدین ربوشاری بود . (حدود العالم صفحه ۱۷۳)

بارتولد در مقدمه خود درباره درمشان مینگارد : درمشان که مربوط به ولایت غور میباشد اراضی سرحدی آن محسوب میشود که از خود خانواده سلطنتی جداگانه داشته است . درمشان Drm Shan بنام های ورمشان , ورمیشان نیز یاد کرده اند . درمشان ریاست نیشین عمه یی که ناحیه شمالی اش به حوزه مرغاب شده سمت جنوبی اش تا زمین داور میرسد . درحوالی سالهای ۳۷۲ - ۹۳۲ هجری امرای اینجا به < درمیشی شاه > شهرت داشتند . و القاب < غورشاه > احتمالا به زمامداران ولایت غور ارزانی میشد . زیرا درمیشان وابسته به غرجستان است . در نواحی مرغاب که وابسته به غرجستان شود ناحیه دیگری بنام < تمران > است . تمران در نزدیکی رباط کروان واقع بوده که بجنوب مانشان

مربوط شده که سرچشمه های مرغاب را از اینجا میتوان جستجو کرد . بلندترین قله غور که < اشک > نامیده میشود در تمران است . بلند ترین نقاط تمام اراضی این ساحه در کوه بابا در حدود ۱۶۸۷۴ فُت بجنوب بامیان واقع شده است . (۲)

تمران : تمران و تمازان دو ناحیه است در نواحی رباط کروان . پادشاه شان را بنام های <تمران فرنده> و < تمازان فرنده > یاد میکنند . از کوه های معروف ولایت غور که در نواحی مندیش افتاده یکی هم < کوه اشک > میباشد که در تمران موقیعت دارد . (حدود العالم صفحه ۳۸۹) حالا میپردازیم درباره ناحیه ربوشاران که بقول حدود العالم در قسمت بالای مرغاب در جریان سفلای مانشان و جریان علیای غرجستان متعلق است. از لحاظ امور سیاسی ربوشاران وابسته به گوزگانان است اما از نظر اخذ موقعیت جغرافیایی مربوط غرجستان میگردد . ابن خردابه حکمدار ریوشاران < ملک الریوشاران > مینامید . یکی از وزرای محمد بن سام غوری , بنام جلالدین ربوشاری بود . (۳)

مندیش کجاست؟ شهرک کوهی که برادر و برادر زاده های ضحاک از دست فریدون متواری شدند در آن پراگنده شدند . در زمانیکه فریدون ضحاک را شکست داد , برادر های ضحاک یکی بنام < سور > که امیر بود و دیگری بنام < سام > که سپهسالار بود . در میان دو برادر بسر یک دختر نزاع افتید و همان است که یک گروه شان عازم کوهپایه های غور میشوند . در محلی که آنجا مقام داشتند : زورمندیش ! آن موضوع بنام <مندیش > معروف گشت . (۴) مندیش پس از برقراری بازماندگان ضحاک به شهرت رسید و یکی از بلاد مهم سرزمین غوریان و غزنویان محسوب میگردید

در دوره غزنویان ابوالفضل بیهقی تاریخنگار این دوره درباره مندیش مینویسد : < امیر محمد بن محمود از طرف مسعود برادرش در قلعت کوهتیز (کوهشیر) موقوف کرده شد و از آنجا به قلعت مندیش بردند > از این روایت معلوم میشود که مندیش قلعه مستحکمی بود که تا زمان غزنویان نیز پابرجا بوده که سلطان مسعود غزنوی برادرش را دور از غزنه به قلعه مندیش غور بند میسازد . ابوالفضل بیهقی که امیر محمد را تا پای قلعه همرایی میکند آنرا چنین تعریف میدارد : < چون از جنگل ایاز برداشتند و نزدیک گوروالشت رسیدند از چپ راه قلعه مندیش از دور پیدا آمد و راه بتافتند و من و این آزاد مرد با ایشان میرفتیم تا پای قلعه - قلعه ای دیدیم سخت بلند و نردبان پای های بیحد

بخش دوم: حوزهٔ جغرافیایی آمو دریا و شهر ها

و اندازه - چنانکه رنج بسیاری رسیدی تا کسی برتوانستی شد > . ناصری بغوی دوست و هواخواه امیر محمد که در این حادثه سخت بگریست و چنین گفت :

ای شاه چه بود اینکه ترا پیش آمد

دشمنت هم از پیرهن خوی آمد

از محنت ها محنت تو بس پیش آمد

از ملک پدر بهر تو < مندیش > آمد   (۵)

ضحاک گردیزی تاریخنگار دوره غزنویان نیز از مندیش سخن زده که آنرا چنین میخوانیم : <و چون امیر به هیپان رسید آنجا مقام کرد , و امیر مجدود را با دو هزار سوار سوی ملتان فرستاد , و امیر ایزدیار را سوی کوهپایه های غزنین فرستاد که آنجا افغانان و عاصیان بودند گفت : آن ولایت نگهدار ! تا خللی نباشد . پس بفرمود تا همه خزینه ها و گنجها که امیر محمد رحمة الله علیه نهاده بود اندر قلعها و جایها همه به غزنین آوردند . چون قلعه دیدی رو - و مندیش - و نای لامان و مرنج و سامد کوت > (۶)

قلعه مندیش برعلاوه استحکامات عسکری و لشکری , گنج خانه و خزانه زر و زیور نیز بوده است که شاهان و حاکمان داشته ها و غنیمت های جنگ را بدان قلعه های دور از هیاهو قایم بندی میکردند . مندیش چه از لحاظ استراتیژیک نظامی و لشکری و چه از نگاه موقعیت بلند بالای جغرافیایی و چه از لحاظ قدامت تاریخی که سرحدش به دودمان ضحاک میرسد , جایگاه خاصی بوده است که در آنجا قصر ها , بنکر ها , بندیخانه ها , خزانه هایی که گنج های باد آورده غنیمتی در آن ریخته میشده - جا داشته که سردمدار آنها امیران شنسبانی بوده باشد . ولایت غور در گرد و نواحی مندیش کوه های بلند قامتی قد کشیده اند که این قلعه های کوهی به قول منهاج سراج جوزجانی < در غور پنج باره کوه بزرگیست و عالی که اهل غور به هم اتفاق دارند که از راسیات جبال عالم است >

< سای > در زبان ایماق های ولایت غور به معنی تپه بلند را گویند و یا همواری میان دو تپه را یاد میدارند .

این پنج باره کوه را :

۴۰۷

۱. کوه زارمرغ مندیش

۲. کوه سرخ غر

۳. کوه اشک

۴. کوه ورتی

۵. کوه رویین

در زارمرغ مندیش قصر سلسله های شنسبانیان غوری است که درالملک ایشان آنجاست . در کوه زارمرغ مندیش سیمرغ پرنده بلند پرواز زال پدر رستم را پرورش داده است . و روایت چنان است که در هنگام مرگ زال زر - از کوه زارمرغ فغان و ناله تعزیت برون آمد . سرخ غر را اگر به زبان پشتو بنگریم بمعنی < کوه سرخ > باشد . این کوه نیز در نواحی مندیش افتیده است . بابا هوتک فرزند بارو یکی از فضلا و مشایخ پشتو در کتاب پته خزانه چنین یاد کرده اند : < هوتک په اتغر کی زیژیدلی و, په سنه هجری ۶۶۱ کی , او هغه وقت چی لوی سو , نوی کا دخدای عبادت او به اتغر او سوری کی دو قوم سردار او بادار و > از قوم پدر مؤلف پته خزانه نقل شده <سور غر په دغه ورح د مغولو په وینو داسی لجند سو چه پلوشو د لمر به بریشانده کا > مراد از <اتغر > اته غر یعنی هشت کوه معنی میدهد - سور غر مراد از کوه سرخ است که مُغل ها در آن وقت بدانجا حمله ورشدند .

پرسور غر بل راته نن اور دی　　وکر په جور راته پیغـــــور دی

پر کلی کور باندی مغل راغی　　هم په غزنی هم په کا بل راغی (بابا هوتک)

کوهی که جناب بابا هوتک در آنجا تولد شده اند به قول روانشاد حبیبی نام جایی است در جنوب شرق قلات که مقر حکومتی و مسکن هوتکی ها میباشد موقعیت دارد. <سوری> یا <سیوری > بمعنی سایه علاقه ایست طرف جنوب قلات که آنهم مسکن هوتکی ها میباشد . نظر به این یادداشت پته خزانه اینگونه وانمود میگردد که زابل و غزنی و ارزگان نیز ساحه و قلمرو سوری ها بوده باشد و پنج کوهی که منهاج سراج جوزجانی در طبقات ناصری تذکرداده درست و بجاست . احتمالا آنجا چند کوه پایه دیگر هم بوده

باشد که در پته خزانه هشت کوه ذکر شده است . ذکر کلمه < سوری > نیز شاهد مردمانی اند که از طایفه سوری/زوری بوده باشند و منطقه نیز بنام شان مسمی شده باشد . (پته خزانه - محمد هوتک بن داود - چاپ کالفرونیا ۱۳۷۴ به تصحیح استاد حبیبی - صفحه ۸)

کوه اشک که به بلاد تمران موقعیت دارد کوهی است که با صولت دبدبده کوهی که در غور مقام ارجمندی دارد . مرا باور بر آنست که این کوه با نام < اشک > سر سلسله اشکانیان همخوانی دارد . احتمالا پس از شکست و همزیمت سلسله اشکانیان که بدین کوه ها پناه آورده باشند و کوهی نیز بنام شان یاد گردیده باشد . تمران و تمازان دو ناحیت اند پادشاه نشین که ایشان نیز در قامت های کوه استوار پادشاهی دارند . پادشاه تمران را < تمران فرنده > و پادشاه تمازان را < تمازان فرنده > یاد میدارند . همچنان رباط کروان شهریست در سرحد گوزگانان . کوه ورنی دارای قصر های زیبا بوده که در ناحیه والشتان و قندهار موقیعت دارد . قصر کجوران زمین داور معروف است . (۷)

آهنگران: آهنگران مشهور به بلاد غور میباشد که مرکز حکمرانی دودمان سوری محسوب میگردد . در زمان دودمان سوری/غوری شهر آهنگران از داد و عدل و امن استوار بود . قلعه معروف آهنگران است که یمین الدولهٔ سلطان محمود آن قلعه را به تصرف در آورد و محمد سوری شکسته شده و از غیرت بسیار زهر خورد .

یادداشت ها :

۱. کتاب < حدود العالم >، مقدمه بارتولد و ترجمه میرحسین شاه، چاپ کابل، سال ۱۳۴۲ خورشیدی، صفحه های ۳۸۹ و ۳۹۲

۲. «حدود العالم» مقدمه بارتولد، صفحه های ۱۷۴ و ۱۷۵

۳. «حدود العالم»، سقدمه بارتولد، صفحه ۱۷۳

۴. کتاب < طبقات ناصری >، اثر منهاج سراج جوزجانی، به تصحیح عبدالحی حبیبی، سال ۱۳۴۲، چاپ کابل، صفحه ۳۲۲

۵. < پته خزانه >، تألیف محمد هوتک بن داود، به تصحیح و ترجمه دری عبدالحی حبیبی، چاپ دوم، سال ۱۳۳۹، - تعلیقات ص ۲۲۶

٦. کتاب < تاریخ گردیزی >، اثر عبدالحی ضحاک گردیزی، به تصحیح استاد حبیبی سال ۱۳۶۳، ص ۴۳۸

۷. کتاب < طبقات ناصری >، صفحه ۳۲۸

موقیعت جغرافیایی امروزی ولایت غور

غور و غرجستان در گذشته از پهنا و وسعت بزرگی تشکیل یابیده که یک سرحدش به هند و سرحد شمالی اش به مرو شاهجهان و گوزگانان، سرحد دیگرش به هرات و نیشاپور , پیوست شرقی آنرا کابل و کاپیسا تشکیل میداد عرض اندام کرده . اما سرحدات کنونی غور را بادغیس , هرات , فاریاب , جوزجان , فراه , هیرمند , ارزگان و بامیان احتوا کرده است . ولایت غور و غرجستان از دیدگاه منابع طبیعی آب و هوا و همچنان از لحاظ سوق الجیشی نظامی و لشکری نهایت مناسب و با وجودیکه ساحه وسیع زراعتی کمتر دارد اما از لحاظ منابع آبی و داشته های اقتصادی پس از سیستان و نمیروز جایگاه خود را داشته . رودخانه های با عظمت و مهم کشور ما از همین ولایت غور و غرجستان سرچشمه میگیرد که منابع مهم آبی منطقه را مهیا میسازد . یا بزبان دیگر گفته میتوانیم که تمام حوضه های آبی خراسان کهن منبع آبی اش همین سرزمین کوهستانی غور/غرجستان بوده است . رود مرغاب که در گذشته ها مروالرودش میخواندند از ناحیه شمالی غور.غرجستان میگذرد. از مرکز غور رودخانه هریرود میگذرد که رود های کوچکی مانند رود جام -رود تگاب و رود جویند نیز قسمت های مرکزی این سرزمین را شاداب میسازد . از ناحیه جنوبی ولایت غور دو رود مشهور دیگر کشور ما در جریان است که عبارتند از فراه رود و خاش رود. این رود ها باعث شده که سرزمین غور و غرجستان به شکوه و شهرت خود بافزاید . جهانکشایان که از دست دیگر زورآوران بستوه می آمدند سرزمین خوش آب و هوای غور جایگاه و قرارگاه امن و امان شان بوده که بعد ها سلسله های برای خویش سربراه میساختند . شاهراه های کوهی غور بسوی هندوستان از راه ارزگان و غزنی و زابل که در گذشته ها جز علاقه دودمان شاهی غور محسوب میگردید مسیر گذرگاهای تجاری و فرهنگی بوده است . در سمت شمال غربی غرجستان دو منطقه حاصل خیز بادغیس و

فاریاب اخذ موقع کرده است که ما سرسبزی و شادابی و کثرت غله مندی بادغیس را بیاد داریم که شاه سامانی درهنگام توقفش در بادغیس بخارا را فراموش کرده بود . و شعر معروف < بوی جوی مولیان . . > رودکی سمرقندی موید گفتار ماست .

(بنگرید به نقشه طبیعی و سیاسی افغانستان سنبله سال ۱۳۷۶ چاپ کابل - ولایت غور)

مشاهیر و دانشمندان غور/غرجستان

< کتاب طبقات ناصری > منهاج سراج جوزجانی صرف درباره شاهان غوری و تا اندازه از رویداد تاریخی و جغرافیایی آن سرزمین کوهستانی سخن گفته است .

اما تارخ ادبیات غور\غرجستان گنگ بوده و کمتر در این باره سخن رفته است . کتاب تاریخ <ادبیات غوریا > نوشته پرفیسور بنیامین شل کُن هایم است که این کتاب تحت ملاحظات و توضیحات شیخ براق خان حاجبی درآمده است . جناب محمد بن فضل شاملو مشهور به < سنبلی > کتاب تاریخ ادبیات غوریا را خواسته اند توضیح بیشتری بدهند و با این سروده میآغازند :

چو دیدم جهان زسر تا به پا — به گندابی از جهل و ذلت فنا

یکی نامه پُر گند و بو ساختم — بکار گُـــل و مُل نـــپرداختم

بَرِ مـــرد فرزانه دُر سخـــن — چه بر تاج زرین چه درچاه عن (سنبلی)

< اما بعد چنین گوید نگارنده و فراهم آورنده این اوراق محمد بن فضل شاملو . . که تراجم احوال مشاهیر رجال دربار جهانمدار امیر غور خلدالله ملکه و سلطانه و شعرا و ادباء و فضلای نامی آن دیار را مرحوم بنیامین شل کن هایم مدیر کتابخانه بریشیش گیوزیم و رییس دایمی دارالفنون < چسام > در کتاب مشهور تاریخ ادبیات غور یا به شرح و تفصیلی شایان بیان کرده نامه نامی را به ضمیمه تعلیقات جناب دکتر سفکین برگ و ملاحظات و توضیحات حضرت استاد شیخ براق خان حاجبی در سال قبل از فوت پرفیسور مذکور از زبان فرنگی ترجمه نموده و در همان آوان در مدینه ریدنبرگ از بلاد

فرنگستان طبع و نشر گردید . . . شیخ براق خان حاجی از حجله فضلا و ادبای غور میباشد > (۱)

شیخ براق خان حاجی غوری ادیب فرزانه ای که از خود یاد مانده های جاویدان بجا مانده اند مانند :

* کتاب < طبقات الجار فی فضایل التتار >
* کتاب < کتائب الدمر وقبائل التتر >

کتاب های متذکره به طبع رسیده است . اما کتابی که شیخ براق را دست توانا داده است و به قول محمد بن فضل سنبلی : < بهترین کتابیکه از آن پایه کمالات صوری و معنوی حضرت شیخ (براق خان حاجی) را در زبان تازی و ادبیات فارسی و غوری توان شناخت همانا تفسیر سوره مبارکه ذیل از کتاب مقدس (خالد جزو) میباشد >

بسم الله الرحمن الرحیم – المار ما المار و ما ادراک ماالمار ، لایشتغل به الا الحمار ، و من غضب علیه الجبار ، و اما المشایخ الابرا ، لهم الاذرار . و فی المدرسهٔ القرا لا یشتغلون باالليل و النهار. هذا جزاء الاخبار و ذاک عقاب الاشرار.

سنبلی شاملو تذکر میدهند که تفسیر امام بن ابی البلید مبالی نهایت مشهور میباشد . اما تفسیر شیخ براق از لحاظ علوم ادبیه عرفانیه ممتاز است .

چیز جالبی که در تاریخ ادبیات غور مشاهده میگردد ، < تمام ابیات و قطعات آن در مدح و ذم اشخاص است و فقط کسی که از اینگونه منازعات دور بوده همانا مولانا حکیم علی ابن الدیلاق مؤلف طنزنامه مراۀ السرائر میباشد > (۲)

در میان دو دانشمند و شاعر غوری طنز هایی رد و بدل میگردیده که مطالب آن در کتاب <تاریخ ادبیات غور > درج نگردیده و این دانشمندان عبارتند از خواجه ابوالحسن مفخرالشعرای جیجکی و مولانا عبدالله الولان الجابلی النخجمعی بوده است .منازعات این دو ابر مرد شعر را جناب سنبلی شاملو درج کتاب < مراۀ السرائر> کرده اند که اینگونه مینگریم :

خواجه ابوالحسن مفخراالعرای جیجکی :

< جنابش از افصح و ابلغ شعرای مشهور دربار حضرت امیر جهانمدار خالدالله ملکه و سلطانه است چنانکه از دواوین متعدده ایشان معلوم و مشهود میگردد در حوالی این قرن و عصر هیچیک از شعرای نامی نتوانست که از حدود اقطار خیلات و تشبیهات شاعرانه و مبتکرات تصورات حکیمانه او قدمی بگذارد. در یکی از روز های جلوس که قصیده ذیل بحضرت امارت پناهی سرود همینکه بدین بیت رسید :

توبی که آشپز درگهت از دیگ سیاه   میان قاب بشب روز میکند کفگیر

ادبا و فضلای حاضر از موفق و معاند آنسان بانگ احسنت در گاه پراگندند که تزلزل در ارکان بنای گردون سای و بر حسب امر اعلی دهانش را به دُر گرانمایه انباشتند و آن قصیده اینست :

شاها تو شاهی و گیتی سراسرند اسـیر   نه مثل داری مانند نی شبیه و نظیر

که بود آنکه تو را بنده نیست در عالم   هرآنکه نیست بگو: آید و کند تقدیر

جهان سراسر در زیر حکم تست تنـها   کنونکه حکم چنین شد جهان به بند و بگیر

بگیرقیصر روم و فرست سوی کـلات   بیـار شنگل هنــــد و بنه بر او زنجیر

فرست لشکر جـــرار تا بملک حبش   بکوب ســــومه تاتار تا کنار سبــــیر

چو ملک تورج داری تنها بناز و ببال   چو تیغ سر کج داری بزن بفــرق نکیر

خـــدای نام ترا ورد و ذکر مرغان کرد   از آن همه جیک جیک کنند گاه صفیر

تـــوبی که آشپز درگهت ز دیگ سیاه   میان قاب بشب روز میــــکند کفگیر

که بود جز تو ز شاهان روزگار که داشت   بهر دهی ز اروپا چـــــهار فوج سفیر

زمدح جیجکیار قاصرست نیست عجب   کتاب حسن تو را وصف کند تفسیر (۳)

مولانا عبدالله الولان الجابلی النخجمعی :

این مرد فرهیخته وطن در ادبیات غور جایگاه خاصی دارد . مولانا النخجمعی سفر هایی دور و درازی نمودند که در مسافرت اخیر شان که در مصر اقامت داشته اند از راه ایران به غور تشریف آوردند . اهالی غور و مشایخ شهر ها بدیدن این مرد خدا میرسیدند و از انفاذ کلام وی مستفید میگردیدند . شهرت موصوف در غور بعضی از دانشورزان را خوش نمیخورده ، چنانچه خواجه ابوالحسن جیجکی قصیده زیر را در هجو مولانا عبدالله سرودند :

یکی از هرزه گویی بیامد ز ایران — که گویند نــــامش بود شیخ ولان
بویلانی اندر جهان رفته چندی — گهی هند بوده است و چین گاه توران
زند لاف های عجیبی که خندد — بر آن استـــــخوان سر خر به بستان

*   *   *

زمهمل بسی گفته برهم ببافد — نهد نام آن حکمت و علم عرفان
کتابی نوشته است اندر تناسخ — به رد فرنگ و به رغم مســـلمان
دوصد اسم گوید که انسان نداند — دوصد شعر سازد معما و چستان
تراجـیجکی هجو کردن نخواهد — که هجو خودی خود تو ای شیخ نادان

اینهم جواب مولانا عبدالله النخجمعی برای خواجه ابوالحسن جیجکی :

بود جیجکی شاعریست و نادان — که هجو است در حق وی مدح شایان
کسی کا عیادتش به خمر است وافیون — کسی کا عتبارش به هـذی است هذیان
کسیکه علوم و فنـون عـــجیبه — نخوانده مگر همه جـــزو گـــلستان
نشاید که با اهل دانش ستــیزد — دخالت نماید به معقول و عــــرفان
نه تنها تو بل جد مرحوم جدت — بنــــزدم بود کـــودکی از دبستان
تو با هرزه گویی چنین ارجمندی — و گر نه نبـــــودت به پا سترتنبان
بلی اندرین کشور سفـــله پرور — یکی همچو توبایدش حکم و فرمان (۴)

بخش دوم: حوزهٔ جغرافیایی آمو دریا و شهر ها

یادداشت ها :

۱. کتاب < طنزنامه مراة السرائر >، تالیف ابن دیلاق، استنساخ از روی نسخه خطی کتابخانه بریشیش گیوزیم، بقلم محمد ابن فضل سنبلی شاملو، صفحه چهارم

۲. همان کتاب، صفحه ۶ و ۷

۳. همان کتاب، صفحه ۸

۴. همان کتاب، صفحه های ۹ و ۱۰

پرفیسور بنیامین شل کن هایم ، نویسندهء « تاریخ ادبیات غور »

پروفیسور بنیامین کن هایم مستشرق شهیر انگیسی که در ادبیات فارسی/دری دست بلند داشت، در ایام زنده گانی اش سمت مدیر« بریتش گیژزیم » و بعد ها بحیث ریس دایمی دارالفنون « چسام » ایفای وظیفه میکرد .

دربار سلاطین غور ، چه در هنگامی که تحت فرمانروایی غزنویان و فریغونیان بودند و بعد ها که دولت مستقل را در غور تاءسیس نمودند ، به دربار شان شعراء، نویسندگان، ادبا و مؤرخین قامت کشیدند.

دربار شاهان غور/غرجستان شعرای ماوراءالنهری خوارزمی، غوری، هراتی و گوزگانی حضور میابیدند . در زمانیکه پرفیسور بنیامین در غور بودند ، در محافل ادبی که به اشتراک فاضل دانشمند محمد بن فضل شاملو مشهور به سنبلی ، مولانا عبدالولان الجاملی النخمعی ، فخرالشعراء خواجه ابوالحسن جیجکی ، شیخ براق خان حاجی ، امیر نغزی سیستان ، الحاج واعظ جوشقانی و مولانا حکیم علی ابن دیلاق بولاق قرغزی اشتراک میکردند .

شعراء و ادیبان این دوره در غور به یکدیگر حسادت میبردند و پیوسته هر یک را هجو و تمسخر ادبی میکردند . هیچ شاعری در این دوره از طعن زخم زبان یکدیگر در امان

۴۱۵

نبودند . شاعران و نوسیده گان این ایام بی باکانه حتی به انتقاد از پروفیسور شل کن هایم نیز فروگذار نکردند و پروفیسور نیز حق ایشان را ادا می نمود .

چون طنز و هجو ، انتقاد و رسوا سازی خاصه شعراء و ادباء غور و بادغیس و هرات است ، مولانا حکیم علی ابن دیلاق هم از این روش استفاده برده کتاب « طنزنامه مراه السرایر » را برشته تحریر کشید. نامبرده رساله هایی بنام « گند نامه یا گندستان » و «گنج باد آورده » را نوشت .

میرویم به سراغ پروفیسور شل کن هام که نوسینده متبحر و جستجوگر ماهری بوده است . چیز مهم و برازنده ی که این دانشمند غربی نوشت « تاریخ ادبیات غور » بود که در آن تمامی شاعران و ادبای غور و نواحی آن به قلم کشیده شده . (متاسفانه این نویسنده از این تاریخ غنیمتی دنیای غور آگاه نبودم و هم کتاب را ندیده ام - امید که این کتاب از دستبرد غارتگران در جایی به امان باشد)

همچنان نامبرده در دانستن زبان ها دست توانا داشته که بنابر قول خودش نامبرده به هفتاد زبان آشنا بوده است .

برعلاوه ی لهجه های محلی موصوف به السنه اسطوره و ادبیات دیرینه نیز دست رسی داشته است . او خطوط « کلنگی » و « تیشه یی » را چون آب روان تحریر و تقریر میکرد . بنیامین شل کن هایم نخستین مستشرق است که درباره « سد یاجوج و ماجوج » تحقیقات میدارد . زبانی را که اسکندر مقدونی (بقول این قلم ذوالقرنین) در این نواحی کشف کرده او آن زبان را زنده میسازد . در پیرامون سلسله « عیلامی ها » در نواحی خوزستان نیز یادداشت هایی حیرت آوری را بمیان میکشد . (۱)

تا زمان مستشرق و انگیسی شهر های « قزوین » و « غازیان »، که معنی لغوی آنان گنگ بود، پروفیسور در این کار پیشقدم شده ثابت کرد که در زمان هخامنشیان چون پول رایج وجود نداشت بناء تمامی امتعه و اشیاء وارده و صادره در شهر قزوین به میزان « غاز» صورت میگرفت (۲)

شهر قزوین جایگاهی بود که تمامی داد و ستد اسعاری و معاملات تجاری بدانجا صورت میگرفت . نام قزوین در اصل غازبین بوده است . امتعه و اشیاء داد و گرفت تجارتی پس

از تصفیه کاری و معاینه و عدل بندی و شمارش بعداً به « خزانه عامره غازیان » روانه میگردید کلمه « غاز » هم واحد پولی بوده و هم نام پرندهء بزرگی که امروز « قاز » نامیده میشود اما اکثراً به غین هم تلفظ میدارند .

علت انتخاب « غازیان » برای ذخایر گنجینهء پادشاهان هخامنشی صورت میگرفته مراد از شکل واحد پولی است که بصورت امتعه داد و ستد میشد . بناءً قزوین در آن ایام مرکز شرق و غرب برای وارد و صادر امتعه اهمیت خاصی داشت . اما کلمه غاز/قاز برآنست که در آن محل قزوین و غازان نظر با موقعیت دریایی و بحری برای نشوء و نماء قاز هایی که از اطراف و اکناف خزر بدانجا می آمدند در شهر غازان که متصل بحیره خزر میباشد خیل خیل قاز ها فرود می آمدند . پس غازیان با کلمه قاز یا غاز همخوانی دارد و مساعد ترین و امن ترین نقطه در سرزمین پارس کهن بوده است که همه ی دارایی های شاهان هخامنشی ذخیره میشد . (۳)

پرفیسور بنیامین شل کن هایم برعلاوه اینکه یک شعر شناس و ادیب فرزانه بود، ایشان در تحقیقات جغرافیایی و اسطوره یی شرق زمین نیز کاوش هایی را رویدست گرفت .

تحقیقات در پیرامون آرامگاه ملکه ایستر که در شهر همدان موقعیت دارد آنرا کشف کرد . پروفیسور یادداشت های را که « مرد خای » پس از فتح و پیروزی بر دشمنان در کنار معبد جهودان نصب کرده بود از قعر خاک بیرون کشید و برای تمام دانشمندان از یهود و نصاری به نمایش گذاشت. (۴)

ابن دیلاق دانشمند و شاعر غور که با پروفیسور همگام و همکار بود و او نیز از داغ هجو و سخره ی این مرد فرزانه بدور نمانده بود و از موصوف دل خوش نداشت ، اما باز هم نظر به اینکه نامبرده یک دانشمند بزرگ جهان معاصر بود مولانا ابن دیلاق حرمت این مرد را بجا ساخته و از نوشتن کارنامه های پسندیده ادبی و فرهنگی او به نیکی یاد میکرد .

طنزنامه ی را که مولانا ابن دیلاق نوشته تاریخ تحریر آن نمایان نگردیده و همچنان نام شهریاری که ایشان در آن مقام و منزلت و بهره گیری ادبی را بجا می آورده چیزی نمی نویسد . . همچنان از کتاب « تاریخ ادبیات غور » که برشته تحریر درآمده نام فریهخته گانی که در آن درج میباشد یاد نگردیده است .

باید یادآور شد که شیخ براق خان حاجی فاصل مرد زمانه درباره کتاب تاریخ ادبیات غور پروفیسور تعلیقات دانشمندانه ی را ضمیمه آن ساختند و ایشان صاحب یادمانده های قلمی استند که از آنجمله : « الدهر و قبایل التتر » و کتاب « طبقات الجازمی فضایل التاتار» می باشد .

کتاب اخیرالذکر درباره خوی و خواص قبایل تاتار و نواحی تاتارستان برشته تحریر درآمده که در شهر نورنبرگ آلمان به چاپ رسیده است .

در کتاب ابن دیلاق نوشته شده که بهترین کتاب با کمالات معنوی و صوری حضرت شیخ براق ، همانا تفسیری از کتاب تورات سوره « خاله جزو » می باشد که آنرا در زبان تازی و ادبیات فارسی/دری و غوری می شناسیم .

طنزنامه ابن دیلاق با این سوره از شاملو سنبلی می آغازد :

چودیدم جهان زسرتا به پا — بگندابی از جـــهل و ذلت فنا
یکی نـــامه پرگند و ساختم — به کار گل و مـــل نه پرداختم
بر مــــرد فرزانه در سخن — چه برتاج زرین چه درچاه عن

(این نوشته از روی نسخ خطی یادداشت های روانشاد ذبیح بهروز که ایشان « مجموعه آثار طنز و انتقادی » را جمع آوری کردند اخذ گردیده است .کاپی خطی این طنزنامه ها بنام «طنزنامهء مراه السرایر از ابن دیلاق » و کتاب « مراه السرایر و مفتاح الضمایر محمد بن فضل السنبلی شاملو » و کتاب های « گندستان » و « گنج باد آورده » که کاپی اصلی آن از بریتیش گیوزیم گرفته شده است .) (سنبلی)

یادداشت ها :

۱. عیلام و عیلامی یا ایلام ، قلمرو و یا نام سلسله شاهانی است که در غرب ایران موقعیت و پابرجا بوده است . امروز آنرا خوزستان و لرستان میخوانند . حدود کشور عیلام از جانب غرب به خلیج فارس و رود دجله و از جانب شمال به همدان و ناحیه شرق آن پارس بوده است . یکی از شهر های مهم عیلام قدیم

«شهر شوش یا شوشه » بود که مرکز علم و دانش و طب و ادب محسوب میگردید .

عیلام تاریخ بس پر جنجالی دارد که از جانب شمال یورشگرانی همچون آشوری ها ، اکادی ها و بابلی ها تاخت و تاز کردند و زمانی هم از جانب عیلامی ها شکست هایی دوامدار میخوردند . اما این داد و گرفت های سیاسی و جنگ آوری میان شان سده ها ادامه داشت تا اینکه در دوره بابلیان سپاهیان پادشاه مشهور « آشوربانی پال » به سوی سلطنت عیلام لشکر کشید و آخرین پادشاه عیلام بنام « شیل خاکین شوشناک » را گرفتار کرده شهر شورش را متصرف شده جمیع غنایم و داشته های سلطنتی به غارت برده شده و سلطنت یک هزار و پنجصد ساله عیلام را در سال ۶۴۵ پیش از میلاد از صحنه روزگار به دور انداخت.

باید از زبان و خط عیلامی که در این دوره تابان و طویل گفتگو و مکالمه میشد و هم عیلامی که « خط میخی» اش مینامیدند رایج بود . .

(فرهنگ معین جلد پنجم صفحه های ۱۲۲۴ و ۱۲۲۵)

۲. غاز یا غازی نام نوعی مسکوک قدیمی که برابر بیست قرش بود .

«غاز » مراد از واحد کوچک پولی که تا اوایل دوره قاجاریه متداول بوده است . یک قران به بیست شاهی و یک شاهی به دو پول و یک پول به دو جندک و یک جندک به دو غاز تقسیم میشد .

(فرهنگ عمید جلد دوم صفحه های ۱۴۶۵ و ۱۴۶۶ سال ۱۳۶۴ انتشارات امیر کبیر)

۳. غازیان: شهریست نزدیک رشت و متصل بندر پهلوی ایران . فاصله بین غازیان و بندر پهلوی کانال آبی و یا دلدلزاری موجود است که توسط پلی هر دو شهر را وصل میسازد . این کانال آبی طبیعی به بحره خزر منتهی میشود . عرض این کانل کمتر از یک کیلومتر میباشد . (فرهنگ معین جلد ششم صفحه ۱۲۳۶)

۴. ایستر و مردخای: ایستر دختر زیبا صورت یهودی تبار که در اسارت بابلیان افتاده بود، دختری بود که مادر و پدرش را از دست داده بود . او با عمویش بنام « مردخای » روانه شوش پایتخت شاهان هخامنشی گردید . در آن زمان به قول تورات « اخشورش » شاهنشاه بود که از هندوستان تا حبیش (ایتوپیا) را به شمول ماد ها و فارس ها تحت فرمان داشت . اخورش در شهر شوش که شهر سیاسی و فرهنگی و دانشی دنیای هخامنشیان بود ، در سال سوم سلطنت اش ضیافتی را در دارالسطنه شاهی برپا ساخت . در این ضیافت شاندار همه ی درباریان و سر لشکریان از هر ناحیه و قلمرو سیاسی حضور بهم رسانیده بودند. پادشاه که شاید هم مست شده بود ، به زن خواستنخواه و ملکه نامدار و بسیار خوب صورت اش امر کرد که به نزد مهمانان بیاید تا همه که ، از لذایذ خوراکی بهره مند شدند از دیدن ملکه زیبا روی شاه شاهان نیز برخوردار باشند . ملکه ء اخشورش که « وشی » نام داشت از آمدن بر این مهمانی شاه دوری جست و نافرمانی کرد .

شاه هخامنشی غضبناک شده با مشوره یاران و بزرگان خواست ملکه دیگری را انتخاب نماید تا تحت فرمانش باشد . در زمره دختران باکره ی که شاه میخواست یکی را به صفت ملکه انتخاب نماید ایستر را نیز شامل ساختند که این همه از کاردانی و و چابک دستی مردخای عموی ایستر بود ..

خلاصه کلام ، ایستر که دوشیزه ء مقبول بود و هم هوشیار و هم عموی برازنده داشت ، به حیث ملکه اخشورش انتخاب شد . با انتخاب ایستر در این مقام ، قدر و منزلت مردخای نیز بالا گرفت . چون ایستر زن یهودی بود در راه بهم سازی و آزاد سازی مردمش که به اسارت بابلیان رفته بودند رسانید و هم برای آسوده حالی شان خدمات شایسته نمود.

(کتاب مقدس بخش کتاب ایستر صفحه های ۷۷۳_۷۸۴ از باب اول تا دهم _ ترجمه فارسی _ چاپ انجمن پخش کتب مقدسه بر گرفته از زبان های اصلی کلدانی ، عبرانی و یونانی سال ۱۹۰۴ میلادی)

امیر حسینی غوری / هروی

شاعری که پانزده سوال عرفانی از شیخ محمود شبستری کرد

امیر حسینی غوری هروی از دانشمندان و عارفان اوایل سده هشتم هجری است که در مصرخ هرات در سال ۷۱۸ بخواب ابدی رفته است . حسین بن عالم بن ابی الحسین حسینی غوری مشهور به میر حسینی که خودش را در کتاب نزهت الارواح چنین معرفی میکند:

< چنین گوید منصف این بدایع و لطایف و مولف این غرایب و ظرایف فقیر حقیر حسین بن عالم بن ابی الحسن الحسین >

تاریخ تولد این دانشمند غور درست واضح نگردیده ، اما Edward Brown مستشرق معروف زادگاه او را < گریوه > (*) یکی از دهات غور میداند که در سال ۶۷۱ صورت پذیرفته است . آرامگاه میر حسینی در جوار ضریح سید عبدالله بن معاویه بن عبدالله بن جعفر طیار (**) قرار دارد . پدر میر حسیمی مرد عالم و با معرفت بوده و احتمالا در دستگاه حکومت های کرت و غور به کار گِل مشغول گردیده باشد . (۱)

باید یاد آور شد که امیر حسینی غوری هروی با مولف < مقصد الاقبال سلطانیه > _ امیر سید عبدالله الحسینی هروی غلط نگردد . امیر سید عبدالله الحسینی معروف به اصیل الدین واعظ هروی رساله مزارات هرات را به رشته تحریر کشیدند .

در این رساله اصیل الدین واعظ هروی ، امیر حسینی غوری هروی را در ردیف شصت و سوم آورده و بنام < امیر حسینی سادات غوری ۱۶ شوال ۷۱۸ > درج گردیده و درباره او چنین می نویسد :

< قطب ربانی و محقق صمدانی ، سید الکبیر ، حسین بن عالم بن ابی الحسین المشهور به امیر حسینی سادات العولی علام عارف و محقق موحد . اصلش از گریوه نواحی غور بوده از مریدان شیخ رکن الدین ابوالفتح و او مرید پدر خود شیخ صدر الدین و او مرید پدر خویش شیخ بهاءالدین زکریای ملتانی > در این اواخر به امر سلیمان خان نایب الحکومه

در عهد سلطنت امیر حبیب الله خان _ بر روی قبر امیر حسینی دو عدد لوح مرمرین نصب گردیده و لوح بالای سر این ابیات درج گردیده است :

این عالم امیر حسین که است
موطنش در گریو قریه ء غور
کاشف علم ظاهـــــر و باطن
واقف سر مشکلات امـــــور
عالم و عارف و محقق دین
کلماتش همی بـــــود مرفور
است زانجمله نزههء الارواح
که از او قلب میشود پر نور
نیز زاد المسافـــــرین باشد
از لب روح پرورش مذکور
روح ارواح و مستقیم صراط
همچو اکثیر کنز الرموز او منثور
گلشن راز شیخ محمود است
از سوالات او چنین مشهور
هم از او یادگار دیوانیست
هر یکی بیت او جهان سرور

بر روی قبر امیر حسینی این قطعه درج میباشد :

ده شش از مه ء شوال و هفتصد و هجده
نمود واقـــــعه ء افتخار آل محـــــمد
روان سید سادات عـــصر میـــــر حسینی
شد از سراچه ء دنیا بدار ملک مخلد (۲)

بخش دوم: حوزهٔ جغرافیایی آمو دریا و شهر ها

امیر حسینی غوری دانشمد پرکار و نستوه یی که همیشه با علم و دانش سروکار داشته و از خویش یادمانده های بزرگی در ادب فارسی / دری و عربی بیادگار مانده است . از جمله آثار برگزیده این دانشمند غوری :

۱. سی نامه (عشق نامه) که بر وزن خسرو شیرین نظامی و ویس و رامین فخرالدین گرگانی نوشته شده است

۲. قلندر نامه بر وزن لیلی و مجنون عبدالرحمن جامی میباشد که تنها هدایت در مجمع الفصحا از آن یاد کرده است

۳. پنج گنج در حقیقت پنج قصه ایست اخلاق و عرفانی

۴. دیوان امیر حسینی که او خود گفته : < او را دیوان اشعاریست به غایت لطیف>

۵. عَنقای مغرب که سید حسینی در معارف و حقایق پرداخته است

۶. پانزده سوال

۷. روح الارواح ـ یکی از اثر های برازنده و گرانقدر امیر حسینی در شرح اسما الله .

۸. طرب المجالس

۹. مثنوی کنزالرموز

امیر حسینی غوری از شیخ محمود شبستری پانزده سوال عرفانی و وحدت الوجودی کرده که هر سوال آدم را سر گیچه میسازد و اینگونه مینگریم :

سوال اول

نخست از فــکر خویشم در تحیر
چه چیز است آنکه گویندش تفکر ؟

سوال دوم

کدامین فــکر ما را شرط راهیست
چراگه طاعت و گاهی گناساست ؟

سوال سوم

که باشم من ؟ مــرا از من خبر کن

سرزمین رود های مقدس

چه معنی دارد : اندر خود سفر کن ؟

سوال چهارم

مسافر چون بود رهرو کدام است ؟
کـــــرا گویم که او مرد تمام است ؟

سوال پنجم

که شد از سر وحدت واقف آخر ؟
شناسای چه آمــــد عارف آخر ؟

سوال ششم

اگر مـــــعروف و عارف ذات پاک است
چه سودا بر سر این مشت خاک است ؟

سوال هفتم

کدامین نقطه را نطق است انا الحق
چـــه گویی ؟ هرزه گو بود آن مزبق ؟

سوال هشتم

چـــرا مخـــــلوق را گویند واصل ؟
سلوک و سیر او چون گشت حاصل

سوال نهم

وصال ممکن و واجب بـــــهم چیست ؟
حدیث قرب و بعد و بیش و کم چیست ؟

سوال دهم

چه بحر است آن که نصفش ساحل آمد ؟
ز قعـــــــر او چه گوهر حاصل آمد ؟

سوال یازدهم

چه جزو است آنــکه او از کل فزونست ؟
طـــریق جستن آن جـــزو چونست ؟

سوال دوازدهم

قدیم و مـــحدث از هم چون جدا شد

بخش دوم: حوزهٔ جغرافیایی آمو دریا و شهر ها

که این عالـــم شد ، آن دیــگر خدا شد

سوال سیزدهم

چه خواهد ؟ مرد معنی زان عبارت
که دارد سوی چشم و لب اشارت

سوال چهاردهم

شرا ب و شمع و شاهد را چه معنی است
خـــراباتی شدن آخر چه دعویست ؟

سوال پانزدهم

بت و زنــار و تــرسایی در این کوی
همه کفر است ور نه چیست بر گوی ؟ (۳)

شیخ محمود شبستری در کتاب گلشن راز خود سوال های امیر حسینی را جواب گفته اند که این راقم صرف دو سوال امیر حسینی را که توسط شیخ محمود شبستری جواب ارایه گردیده مینویسد :

سوال از میر حسینی غوری :

اگر معروف و عارف ذات پـــاکست
چه سودا بر سر این مشت خاکست ؟

جواب از شیخ محمود شبستری :

مکن بر نعمت حـــق نا سپاسی
که تــو حق را بنور حق شناسی
جز او معروف و عارف نیست در یاب
و لیکن خاک میابد ز خــور تاب
عجب نبود کـــه ذره دارد امید
هوای تاب مهـــرو نــور خورشید
بیاد آور مـــقام حال فــطرت

۴۲۵

کـــــز آنجا باز دانی اصل فکرت
الست ربکم ایــــــزد کرا گفت ؟
که بود آخر که آن ساعت بلی گفت ؟
تو بستی عهمد و عقد بندگی دوش
ولی کردی بنادانی فــــــــراموش
کلام حـــــــق بدان گشتست منزل
که تا یادی دهـــــــد آن عهد منزل
اگر تو دیده ای حـــــــق را در آغاز
در اینجا هـــــم توانی دیدنش بــــاز
صفاتش را ببین امــــــروز اینجا
که ذاتش توانی دید فــــــردا
وگر نه رنج خود ضایع مـــــگردان
برو بنیوش لا تهدی ز قـــــرآن

سوال از امیر حسینی غوری :

قدیم و مـــــحدث از هم چون جدا شد
که این عالـــم شد ، آن دیگر خدا شد

جواب شیخ محمود شبستری :

قدیم و محدث از هم خود جدا نیست
که از هستی است باقی دائما نیست
همه آنست و این مانند عنقاست
جز از حق جمله اسم با مسمی است
عدم موجود گردد این محال است
وجود از روی هستی لا یزال است
نه آن این گردد و نه این شود آن
همه اشکال گردد بر تـــــو آسان

جهان خود جمله امر اعتباریست
چو آن یک نقطه کاندر دور ساریست
برو یک نقطه ی آتش بـــــگردان
کــــــه بینی دایره ی از سرعت آن
یکی گردد شمار آید به ناچــــــار
نگردد واحـــــــد از اعداد ، بسیار
حدیث ما سوی الله را رها کن
به عقل خویش این را زان جدا کن
چه شک داری در این کاین چون خیالست
که با وحـــــدت دویی عین محالست
عـــــــــدم مانند هستی بود یکتـــــا
همـــــه کثرت ز نسبت گشت پیدا
ظـــــــهور اختلاف و کثرت شان
شده پیدا ز بو قلمون امـــــــکان
وجود هر یکی چون بود واحـــــد
بوحـــــــدانیت حق گشت شاهد (۴)

علامه محمد اقبال لاهوری دانشمند نیمقاره هند میباشد که به زبان های اردو ، فارسی / دری و انگلیسی تالیف و نوشته ها دارد وی همچنان در اردو و فارسی / دری شعر سرود است . اشعار فارسی / دری علامه اقبال لاهوری شامل غزلیات ،اسرار خودی ، رموز بیخودی ، گلشن راز جدید ، (بندگی نامه) ، پیام مشرق ، افکار ، نقش فرنگ ، جاوید نامه ، پس چه باید کرد؟ ، مسافر و ارمغان حجاز میباشد. اقبال لاهوری بزبان های اردو نیز یادمانده های ارجمندی دارد بنام های: بانگ درا (شعر) ، ارمغان حجاز(شعر) ، مجلس شورای ابلیس ، بال جبریل (شعر) و ضرب کلیم (شعر) . رساله علم اقتصاد و تاریخ هند برای دانشجویان بزبان اردو تحریر یابیده و کتاب < سیر حکمت در ایران > را در انگلیسی نوشته که میر حسن الدین آنرا بزبان اردو بنام < فلسفه عجم > ترجمه کرده

است . اقبال کتاب های دیگری همچون < احیای افکار دین در اسلام > و خلافت اسلامی و < نگاهی به جامعه اسلامی > را به انگلیسی به رشته تحریر در آورده است .

اشعار گلشن راز جدید اثریست که علامه اقبال لاهوری درست مانند شیخ محمود شبستری در گلشن راز بجواب امیر حسینی غوری هروی صوفی و عالم شهیر سده هشتم هجری افغانستان پرداخته است . این نویسنده صرف یک قسمت جواب سوال های حکمت آمیز امیر حسینی را که علامه اقبال در گلشن راز جدید به نظم آورده تذکر میدهم :

سوال امیر حسینی غوری هروی :

قدیم و محدث از هم چون جدا شد
که این عالم شد آن دیگر خــــدا شد
اگر معــــــروف و عارف ذات پاکست
چه سودا در سر این مشت خاک است

(امیر حسینی غوری هروی متوفی ۷۱۸ هجری)

جواب علامه اقبال لاهوری :

خودی را زندگی ایـــجاد غیر است   فراق عارف و مـعروف خیر است
قدیم و محدث ما از شمار است   شمار مـــــا طلسم روزگار است
دمادم دوش و فردا می شماریم   به هست و بود و باشد کار داریم
ازو خـــود را بریدن فطرت ماست   تپیدن نا رسیدن فـطرت مـــاست
نه مــا را در فـــــراق او عیاری   نا او را بی وصـــال ما قـــراری
نا او بی ما نه ما بی او چه حالست   فراق ما فراق انـدر وصال است

* * *

اگر ما زنده ایم از درد مندی است   و گر پاینده ایم از درد مندی است

بخش دوم: حوزهٔ جغرافیایی آمو دریا و شهر ها

من و او چیست ؟ اسرار الهی است \hspace{1cm} من او بر دوام ما گـــواهی است
بخلوت هم بجلوت نور ذات است \hspace{1cm} میان انجمن بودن حیـــات است
به بـــزم ما تجلی هاســت بنگر \hspace{1cm} جـــهان ناپید و او پیداست بنگر
درودیوار و شهر وکاخ وکوه نیست \hspace{1cm} که اینجا هیچکس جز ما و او نیست
گـــهی خـــود را زما بیگانه سازد \hspace{1cm} گهی ما را چـــو سازی می نوازد
گهی از سنگ تصویرش تراشیم \hspace{1cm} گهی نا دیده بر وی سجده پاشیم

* * *

خودی را تنـــگ در آغوش کردن \hspace{1cm} فنـــا را با بقا هم دوش کردن
خودی اندر خودی گنجد محال است \hspace{1cm} خودی را عین خود بودن کمالست

علامه اقبال در مقدمه < اسرار خودی > میفرماید :

پیکر هستی ز آثار < خودی > است
هر چه میبینی ز اسرار < خودی > است

سوال امیر حسینی غوری هروی :

مسافر چون بود رهرو کدام است ؟
کـــرا گویم که او مرد تمام است ؟

جواب علامه اقبال لاهوری :

اگر چشمی گشایی بر دل خویش \hspace{1cm} درون سینه بینی منزل خویش
سفر اندر حضر کردن چنین است \hspace{1cm} سفر از خود به خود کردن همین است
کسی اینجا نداند مـــا کجاییم ؟ \hspace{1cm} که در چشم مـــه و اختر نیاییم
مجـــو پایان که پایانی نداری \hspace{1cm} بیابان تا رسی جانـــی نداری
نه ما را پخته پنداری که خامیم \hspace{1cm} بـــهر منزل تمام و نـــا تمامیم

۴۲۹

به پایان ما رسیدن زنده گانی ست   سفر ما را حیات جاودانی ست
ز ماهی تا به مه جــــــــولانگه ء ما   مکان و هم زمان گرد ره ی ما

*   *   *

کمال زندگی دیدار ذات است   طریقش جستن از بند جهات است
چنان با ذات حق خلـــوت گزینی   تــــــــــرا او بیند و ائ را تو بینی

*   *   *

کسی کو دید عالم را امام است   من و تو نا تمامیم او تمام است (۵)

یادداشت ها :

(*)   گریوه : گریوه را در فرهنگ عمید کلمه پهلوی دانسته و به معنی بل ، پشته ، تپه و گردنه کوه میباشد . هموطن گرامی جناب مایل هروی از قول کتاب < طبقاب ناصری > منهاج سراج جوزجانی که در غور محلی بنام گریو یاد شده و در جنوب شرق غور بین جبال شامخ بر دو کنار دریای هیرمند افتاده و در ناحیه غرب گریو یعنی در مناطق جنوبی غور واشتان ، تهران و کجران واقع اند .
تعلیمات کتاب (مزارات هرات) به تصحیح فکری سلجوقی صفحه ۸۱ مینویسد که <گریوه ناحیه ایست در غور که اکنون آنرا کرو میگویند و کرو و اسفور دو قریه ایست متصل هم و میگویند قبر امیر عالم الحسینی پدر امیر حسینی تا کنون آنجا بر جای است> گریوه را < کوه بچه > نیز معنی کرده اند . نظامی کنجوی میگوید :

ره نوشتن گرفت و را نوشت   سوی شهر آمد از گریوه و دشت

(**) مزار سید عبدالله بن معاویه و مزار حضرت ابوالقاسم بن حضرت امام جعفر صادق را مرز سادات مصرخ میگویند . به قول صاحب روضهٔ الصفا ، پهلوان محمد منسوب به قریه کورت بلوک گذره هرات که کوتوال قلعه اختیار الدین بود این گنبد راترمیم یا اعمار نموده است . پهلوان محمد موصوف به سال ۸۹۳ هجری از جهان رفته و در جوار مقبره سادات به خاک سپرده شده است . در شمال هرات متصل به شهر حصار،

شهرکی بوده که آنرا مصرخ و کهندژ مصرخ میگفتند . نام اصلی این قلعه مصرخ بوده که به معنب محل استغانه و نوحه و فریاد باشد . یا بزبان دیگر مصرخ به معنی آواز هم میباشد . بعضی ها آنرا به سین هم نوشته اند مسرخ که به معنی پناهگاه باشد . این حصار مستحکم و کهندژ قدیم چندین بار خراب گردیده که آخرین بار توسط امیر تیمور کورگان بود که پناهگاه را بی پناه ساختند . در کهندژ مسرخ سرای ابو منصور محمد انصاری بوده و تا کنون باغچه سرسبز و خرم در ناحیه جنوبی مزار ابوالقاسم بن جعفر صادق که با باغچه شهزاده قاسم معروف است میباشد.

(در این باره بنگرید به کتاب < رساله مزارات هرات >، به تصحیح فکری سلجوقی، سال ۱۳۷۹ خورشیدی، چاپ هرات، صفحه های ۲۴۳ و ۳۴۴)

۱. کتاب < شرح حال و آثار امیر حسین غوری هروی متوفی ۷۱۸ >، تالیف مایل هروی، چاپ کابل، ۱۳۴۴، صفحه های ۱ و ۲
۲. کتاب «مزارات هرات»، بخش اصیل الدین واعظ هروی، به تصحیح فکری سلجوقی، هرات، سال ۱۳۷۹، صفحه های ۸۰ _ ۸۳
۳. کتاب < شرح حال و آثار امیر حسینی غوری . . >، مایل هروی، ٦٠ _ ٦٢
۴. همان کتاب، صفحه های ٦٦و ٦٧ و صفحه های ۷۲ و ۷۳
۵. کتاب «اشعار فارسی اقبال لاهوری»، مقدمه و حواشی از محمود علمی (م _ دوریش)، چاپ سوم ، ۱۳٦٦، بخش گلشن راز جدید

عبدالواسع جبلی غرجستانی، شاعر دربار غور و غزنه

اسمش را عبدالواسع گذاشتند ، از خاندان علوی غرجستانی ، عبدالواسع با وسعت سخن، مدح شاهان غور و غزنه و سلجوق را نمود. از شاران غرجستان تا سلطان غزنه ، از امرای کرت هرات تا زمان سلطان سنجر سلجوقی حیات بسر می برد و عبدالواسع بدیع الزمان بن عبدالجامع بن عمران بن ربیع غرجستانی بیست سال پس از فوت سنایی غزنوی در غرجستان متولد گردیده است . (۵۵۵ هجری)

عبدالواسع جبلی بیشتر در هرات نشو و نما یابیده است . با وجودیکه بیشتر عمرش در هرات گذشته از اشعارش پیداست که او از هراتیان روی خوش ندیده :

بر همت منست سخن های من دلیل
بر نیبت منست هنر های من گران
اهل هری کنون نشناسد قــــدر من
تا رحلتی نباشد ازین جایگاه مرا

بر اساس یادکرد تذکره نویسان که این سخنور بی بدیل کشور ما در قصیده سرایی سرآمد روزگار بوده و نمونه آنرا درج میداریم :

که دارد چون تو معشوق نگارو چابک و دلبر
بنفشه موی و لاله روی و نرگس چشم و نسرین بر
نباشد چون جبین و زلف و رخسار و لبت هرگز
مه ، روشن شب تیره گل سوری می احـــمر
ندارم در غم و جور و جفا و رنج تو خالی
لب از یاد و سر از خاک و رخ از آب دل از آذر
به حسن و رنگ و بوی و طعم در عالم ترا دیدم
قد از سرو بر از عاج و خط از مشک و لب از شکر
سزد گرمن ترا دائم بطوع و طبع و جان و دل
کنم خدمت برم فرمان نهم گردن شوم چاکــــر

گفته اند در هنگامیکه سلطان بهرام شاه غزنوی از غرجستان عبور میکرد ، اشتربانی را دید که سخنش به آسمان میرسیده و او را با خود به غزنه برد و ارج نهاد . تاریخ ادبیات افغانستان او را مرد زراعت پیشه میداند .

اشتر صحرایی گردنا   دانم چه خواهی کردنا
گردن درازی میکنی   پنبه بخواهی خوردنا

بخش دوم: حوزهٔ جغرافیایی آمو دریا و شهر ها

عبدالواسع جبلی هم عصر و دوست مسعود سعد سلیمان ، عثمان مختاری و سید حسن غزنوی بوده است . (۱)

دولتشاه مینویسد که زادگاه جبلی مرکز فهم و دانش و جایگاه کسب علوم بوده است . غرجستان در ایام شاران (شاهان غرجستان به لقب شار معروف بود) بیشتر توجه شان به کشت و زراعت و صنعت و مراکز علمی بوده که دانشمند کوهی در سرزمین کوهستانی اش اندوخته های علمی را فرا گرفته . زیرا که شاران غرجستان همه از علم و دانش آگاهی داشته اند که این مطلب را عتبی منشی سلطان محمود غزنوی در تاریخ یمینی اش تذکر میدهد : < شار به مطالعه کتب و مجالست اهل ادب پرداخت > گفته اند که عبدالواسع جبلی با دانشمند پر آوازه یی مانند محمد بن احمد بن ازهری همنشین بوده و با آن مرد خدا سخن داشته است .جبلی عده یی از کتاب های تهذیب از هری را درباره لغت به خط خودش نسخه نویسی کرده است . (۲)

جبلی غرجستانی بر علاوه زبان ادب فارسی / دری به زبان تازی نیز سرآمد روزگار بوده و به هر دو زبان اشعار خوب سروده است .

اگر در عرب و در عجم سمر گشتست
به شعر گفتن تازی و پارسی جبلی

ویا میگوید :

پیوسته به الفاظ دری وصف تو گویم
چون مدح خداوند به الفاظ مجازی

در جایی میسراید :

به پارسی و به تازیست نظم و نثر مرا
به شرق و غرب مسیر و به بر و بحر مجال (۳)

جبلی مانند نیاکانش به اعیاد باستانی و اسطوره ی کشورش ارج فراوان میگذارد . جبلی میداند که کیانیان نوروز را جشن میگرفتند و قرار روایت تاریخ ، جمشید _ شاه پیشدادی وقتیکه در جام جهانبین < شید > را که مفهوم روشنایی و درخشندگی دارد دید همان روز بر سریر تخت زرین نشست و با اعیان و سرکاریان و لشکریان شراب شادی سر کشید و رامشگران را به رقص و شادی امر کرد . بدین اساس آن روز را روز نو و یا نوروز نامیدند . فردوسی طوسی سر آغاز این جشنواره را چنین بیان میکند :

به جمشید بر گوهر افشاندند   مر آن روز را < روز نو > خواندند
بزرگان به شادی بیـــــاراستند   می و جام و رامشگران خــواستند

همین جشن نوروزی در سرزمین کهن ما پایید و سامانیان و غزنویان و سلجوقیان این روز را گرامی داشته تحفه های نوروزی به همدیگر گسیل میکردند . حتی خلفای بغداد را در روز نوروز تحفه باران میکردند . جبلی غرجستانی نیز در مقام نوروز ابیاتی دارد :

گرچه هر سالی بود یک روز نوروز جهان
در جهان از دولت تو هر زمان نوروز باد

و یا میگوید :

بگذران در خرمی نوروز کز آثار او
بــود خواهد در جهان هر روز نوروز دگر

ویا

راحت خواه و راحت افزای و ریاحین پیش نه
فصل نوروزی به پیروزی و بهروزی گذار

و یا

ای از نشاط مــــقــــدم نــــــوروز ساخته
جشنی که از بهشت بصد پایه خوشترست (4)

جبلی غرجستانی بدون شک شاهان و درباریان را مدح نمود : < از ممدوحان وی طغرل تگین بن محمد است که در سال ۴۹۰ هجری بر خوارزم استیلا یافت . . > این شاعر بهرام شاه غزنوی را نیز مدح کرده و مدت چهار سال به دربار او اقمت داشته . (۵)

یادداشت ها :

۱. کتاب < پر طاووس >، اثر مولانا محمد حنیف بلخی، ۱۳٦۴، صفحه های ۲۳۲ و ۲۳۴
۲. رساله < جبلی غرجستانی >، تالیف پوهاند شاه علی اکبر شهرستانی، چاپ کابل، ۱۳٦۷ صفحه ۳
۳. همان رساله، صفحه های ۴ و ۵
۴. همان رساله، صفحه ۵۸
۵. «فرهنگ معین»، جلد پنجم ، صفحه های ۴۲٦

داستان دو امیر در غور

« چون دو شود پادشاه ، شهر رود در فساد »

از گذشته های دور دور تاریخ حوضه جغرافیایی غور بدست اولاده بطسام بن ضحاک که در اصل از دودمان پیشدادیان کشور ما استند میباشد (نه از نژاد عرب). ضحاکیان که سراسر قلمرو هند آریانای کهن را تحت فرمان داشتند پس از شکسته شدن شان توسط افریدون (با همکاری کاوه آهنگر) به سلسله های جبال غور که بقول کتاب طبقات ناصری : « از راسیات جبال عالم است » زندگانی داشتند که بعد ها دودمان هایی چون شنسبیان و شیشانیان از بقایای همان کهن سلسله های پیشدادیان استند ، در غور و غرجستان زمام امور را بدست گرفتند . پس از استیلای عرب در خراسان و پدید آمدن آیین مبارک اسلام ، با دو قرن سکوت و نابسامانی ، دودمانهای مانند : طاهریان ، صفاریان ، سامانیان ، غزنویان و غوریان قد علم کردند که همه ی شان در امارات های سرزمین ما

توسط خلفای عباسی مهر و تایید میگردیدند . از جمله امیران و شاهان غور یکی هم دو امیری بود که بخاطر بدست آوردن حکومت غور / غرجستان هر یک خویشتن را حضور بر حق امارات میپنداشتند . جان کلام بر اینکه بخاطر رفع کدورت و کشاکشی ، قرار بر آن شد که هر دو امیر نزد امیرالمومنین خلیفه بغداد بروند که در انتخاب شان در غور برگزیده شوند تا باعث خاموشی شر و شور کشور گردد . هر دو امیر عزم و جرم سفر کردند و راه بغداد را بخاطر گرفتن مقام غور و غرجستان به پیش گرفتند . زیرا در یک کشور دو امیر جور نیاید و بر اساس سروده جلال الدین محمد بلخی :

فـــــرد چرا شـــــد عدد ، از سبب خوی بد
چون دو شود پادشاه ، شهر رود در فساد

این دو امیری که در مقام سلطنت غور خویشتن را حقدار نسل و نسب زمامداری میدانستند بنام های : امیر بنجی نهاران شنسبی و امیر شیث بن بهرام بودند .

طوریکه تاریخ روایت میکند از روزگاران دور ، در سرزمین غور یکعده یهودیان مقیم بودند که معلوم نیست چه وقت بدان سرزمین کوهستانی جابجا شده اند ؟ گرچه در زمان غوریان یک دسته از یهودیان به غور مهاجرت کردند و در آن جا مقیم گردیدند که اسنادی در این قسمت موجود میباشد . داستان چنین است که تاجر مردی از تبار یهود دوست امیر بنجی شنسبی بود که در غور به کار بازرگانی مصروف بودی . این مرد یهودی بر علاوه معاملات تجاری ، دوستی هایی را با ملوک غور بر قرار کرده روابط نیک را با ایشان مستحکم داشتی. امیر بنجی نیز با تاجر متذکره محبت تمام و اخلاص کامل داشت . بازرگان یهودی که رمز و راز دنیایی میدانست میخواست با ابتکار و درایت خود امیر بنجی را به امارات برساند و بپاداش آن به یهودیان خویش جای پایی در کشور داشته باشد که داستان را کتاب طبقات ناصری چنین مینمایاند :

«امیر بنجی را گفت ، اگر من ترا ادبی تعلیم کنم و حرکات و سکنات در آموزم، و معرفت و مراتب درگاه خلافت و حضرت سلاطین تلقین واجب دارم تا بدان سبب امارات و ایالت (ممالک) غور حواله تو شود ، با من عهد بکن که در کل ممالک تو بهر موضع که

خواهم جمعی از بنی اسراییل و متابعان مهتر موسی (ع) را جای دهی و ساکن گردانی تا در پناه تو و ظل حمایت ملوک و فرزندان تو آرمیده باشند » (۱) (*)

امیر نبجی نهاران شنسبی از این گفتار و کردار تاجر خوشحال گردیده پیمان عهد و میثاق ببستند . بازرگان یهودی به اخلاق و طمانیت به تعلیمات خویش آغازید و کار های درباری را نظر به شرایط دربار خلیفه آماده گردانیده و امیر را با عبا و قبای فاخر شاهانه و جامه های زربفت و اسپان تند رو را با آرایش زین و پلاس بیاراست . غلامان زرین کمر با شمشیر های مرصع که خاصه شاهان بود با رسم و رواج شهریاران دیرینه استوار گردانید .

در مقابل امیر شیث بن بهرام ، نهایت با سادگی و صفای دل زار مرغی (* *) و لباس غوریانه که در غور معمول بود نزد خلیفه رفتی . در بغداد منادی کردند که دو امیر از خراسان ، یکی امیر نهاران و دیگری امیر بن بهرام بدرگاه خلافت امیرالمومنین میرسند . هر دو امیران با همراهان شان به دربار بغداد رسیده رسم احترام به جای آوردند و خلیفه هردو را بار داد و ایشان نیز مراتب سپاس به جای آوردند و بعد از احوال و خوردن، عرض حال کردند و حدیث منازعت بگفتند . امیرالمومنین هارون الرشید چون هر دو را بار داد ، دید که ، یکی با لباس دهگانی ، و دیگری با مفاخر درباری پیش آمده است . چون امیرالمومنین دیدند که امیر بنجی نهاران با جمال کمال ، و آراسته با حاجب و دربان و غلامان که به قول منهاج سراج جوزجانی : « امیر بنجی نهاران از جمال نصیب شامل و نصاب کامل و بحسن طبیعت و طراوت زینت آراسته » بود ، بی مهابا صدا بر آورد : «هذا قسیم امیرالموءنین ـ یعنی ابن بنجی نهاران نیکو روی است، آداب امارات و اسباب فرماندهی و ایالت و حسن صورت و صفای سریرت جمع دارد ، امارات غور حواله او باید فرمود و پهلوانی (مراد از سرافسری) ممالک غور حواله شیث بن بهرام باید کرد » (۲) کاردانی تاجر یهودی، کارگر افتاد و امیر بنجی نهاران شنسبی امیر غور / غرجستان گردیده و طبق وعهده امیر بنجی جمعی از یهودیان را در غور پناه داد .

یادداشت ها :

۱. کتاب «طبقات ناصری»، اثر منهاج سراج جوزجانی، به تصحیح عبدالحی حبیبی، چاپ کابل، ۱۳۴۲، صفحه ۳۲۴ / ۳۲۵

(*) یهودی تبار پرتگالی بنام یوسف ناسی شخص تجار پیشه و ثروتمند بود که تجارت مروارید را بدست داشت . او پیوسته شهزاده سلیم ثانی را که حاکم کوتاهیه بود از تحایف گرانبها دریغ نکرده با دادن مروارید ها و جواهرات قیمتی و شراب لذیذ قبرسی شهزاده عثمانی را شاد میساخت . در زمانیکه شهزاده سلیم ثانی به پادشاهی دولت مقتدر عثمانی رسید ، کار یوسف یهودی بالا گرفت . یهودی موصوف همیشه سلطان عثمانی را برای گرفتن قبرس که غنایم سرشار دنیای مدیترانه را گرفته بود ترغیب مینمود . در جزیره قبرس از زمانه های دور خانواده وندیک ها فرمان میراندند .

نیکوسیا از قدیم مرکز قبرس بود که در دل این جزیره موقعیت داشت . سلطان سلیم ثانی به گرفتن قبرس عزم و جزم میکند و به تشویق یوسف یهودی بدین کار دست بکار شده الله مصطفی پاشا به سر عسکری ، پیال پاشا فرمانده قوت های بحریه ، و دیگر روسای لشکر ترک بنام های چاوش شعبان و دال محمد راتق و فاتق (کسانیکه مسولیت کار های علمی نظم و نسق امور را بدوش بکشند) امور بودند . دال محمد مرد دانشی بود که سمت کاتب دیوان را داشت و مثنوی معنوی مولانا جلال الدین بلخی / رومی را از فارسی / دری به زبان ترکی برگردان کرد . او را به جنگ شروان نیز فرستادند که بدست فداییان الموت گرفتار شده و در حمله تبریز از بند رها گردید. دال محمد تمام جنگ های شروان را به نظم و نثر کشیده است . دال محمد با عالی نامی که مورخ ترک ها در جنگ شروان بود دوستی داشت .

انجام کلام که عثمانی ها قبرس را متصرف گردیده ، جایگاه وندیک ها یعنی نیکوسیا که پایتخت قبرس بود دیواری داشت به مسافت ده میل و تقریبا چهار صد کلیسا داشت در سال ۱۵۷۰ میلادی همه مسخر و واژگونه گردیدند . تاریخ عثمانی که توسط هامرپور گشتال برشته تحریر در آمده از این غارت و چپاول ترکان چنین یاد میکند :

« اتراک به قهر و غلبه داخل شهر شدند . از قتل و غارت و ارتکاب اعمال شنیعه و افعال ذمیمه که دیده از دیدن آنها ملوث میگردد به هیچ وجهه کوتاهی و مضایقه نکردند . بسیاری از زنان با عصمت ، خویش را از بامها به زیر انداخته و هلاک ساختند و اغلب از آنها (قبرسیان) دختران سیمین بر خود را به ضرب کارد بکشتند تا از بی عصمتی عثمانیان مستخلص شوند . یکی از زن ها کاردی را بر دل پسر زیبا منظر خود فرو برده و گفت : من نمیگذارم تو غلام اتراک بشوی و آقای تو با تو مرتکب اعمال قبیحه شده دفع شهوت نماید ، او آن کارد را از دل پسر برکشید به شکم و جگر خود فرو کرد . هزاران نفر از مردان و زنان به کام مرگ رفتند و جزیره قبرس بدست عثمانیان افتاد . (بنگرید به کتاب تاریخ امپراطوری عثمانی _ جلد دوم ترجمه میرزا زکی علی آبادی ۱۳۶۷ صفحه های ۱۴۰۷ _ ۱۴۱۶)

(* *) یکی از جبال و کوه های سر بفلک کشیده شده کشور ما همین سلسله زارمرغ است که در غور موقعیت دارد و بنام کوه زارمرغ مسمی میباشد . زارمرغ را به زال زر نسبت میدهند که سیمرغ زال را در کوه زارمرغ پرورش داده است . چنانچه این مناطق نظر به کثرت چشمه سار ها موسوم به هزار چشمه نام گرفته است . به قول منهاج سراج جوزجانی ، ایالت غور دارای پنج باره کوه میباشد بنام های :

- کوه زار مرغ
- کوه سرخ غر
- کوه اشک
- کوه ورنی
- کوه رویین

درباره این کوه ها و موقعیت جغرافیایی شان بنگرید به نوشته تحقیقی این نویسنده بنام « غور / غرجستان »

۲. همان کتاب، صفحه ۳۲۶

سرزمین رود های مقدس

گوزگانان (جوزجانان) JOZJANAN

گر گوزگانان فرخنده جای　　　　　　نهادست نامش جهان کد خدای

(فردوسی طوسی)

گوزگانان که معرب آن < جوزجانان > است امروز آنرا < جوزجان > یاد میدارند و در شمال افغانستان موقعیت دارد . مرکز فعلی جوزجان شهر شبرغان است که در گذشته ها به شکل اشپورغان ، شپرغان و شپورغان یاد کرده اند .

گوزگانان در دو و یا سه قرن اول هجری ولایت معمور و آبادان بود . گوزگانان که حدود آن از کرانه های آمو رود تا مروالرود به جانب غرب و تا وادی های بامیان و غور وسعت داشته ، در روزگارانش از دم و دستگاه عظیم دولتی برخوردار بوده است .

این جایگاه خربوزه و انگور ، محل پرورشگاه گله های اسپ ، سرزمین چهار مغز باغ ها و بادام زار ها ، تاکستان های وافر ، زمین های حاصلخیز ، وادی های سرسبز ، رود های شفاف و نقره یی ، مردمان صلح پسند و دانش پرور ، جا داشته که مشاهیر علم و ادب بروز کند و مردمان صحرا گرد و بادیه نشین از < بار دریا > ها دسته دسته با حاجب و دربان و غلامان و کنیز کان خوب صورت به سوی گوزگانان گسیل شوند و در این محل شاد و دور از هیاهو دم دیر پا گیرند .

رودبار هایی که از بلندا های جنوب کوهستانی گوزگانان سرچشمه میگیرد باعث خرمی و سرسبزی و کشت و زراعت این منطقه میشود . رود های را که < حدود العالم > از آن یاد مینماید عبارت از : آب قیصره و آب سفیده که از صفحات شمالی تیربند ترکستان سرچشمه گرفته و در ریگزار های آمو غایب میگردند .

اما از این کوهستانها رود های چون :

- رود قیصار
- رود میمنه
- رود سرپل
- رود شیرین تگاب

- رود دو آب
- رود سه آب
- رود سیاه
- رود سفید

به هر جانب در جریان اند . موجودیت این آب ها باعث شادابی چراگاها ، کشت زار ها و تاکستان ها و بوستان ها گردیده و به گوزگانان شهرت سبزینه بخشیده است . در گوزگانان حاصل دهی زراعت و رشد فلاحت در هر فصل سال تعیین بندی گردیده و در هر ناحیت آن حاصلات سردرختی و محصولات زمینی به مشاهده میرسد . چنانچه خربوزه شپورغان (شبرغان) ، شراب کندرم ، انگور انبار (قسمت های سر پل و سنگچارک) اسپ های میمنه و اندخوی ، جوز و بادام شان بی نظیر بوده است .

همانگونه که بلخ ، هرات ، مرو و نیشاپور از شهر های برجسته و پر آوازه خراسان محسوب میگردیدند . گوزگانان نیز در ساحه حمکروایی فریغونیان شهر با نام و نشانی در قلمرو خراسان بوده است. گوزگانان به همانگونه که در پیداور انگور شهرت دارد ، شراب اش نیز زبانزد عام بوده است . در بالا از شراب کندرم گوزگان یاد گردید و حکیم ناصر خسرو نیز در هنگام سفرش سری به جوزجانان میزند و در اقامت یکماهه اش شراب جوزجانی نوش میکند :

< . . . پس از آنجا به جوزجانان شدم و قرب یک ماه ببودم و شراب پیوسته خوردمی ، پیغمبر(ص) میفرماید که قولوا الحق ولو علی انفسکم (راستی را بگویید اگر چه به زیان خودتان باشد) ... > (*)

(رساله سفرنامه ص ۹ انتشارات ایرانزمین به کوشش دکتر نادر وزین پور)

گوزگانان در کتاب حدود العالم

طوریکه گفته آمد گوزگانان از شهر های معروف و فرهنگ گستر خراسان کهن به حساب میامده که کتاب < حدود العالم > در ردیف و بخش : < سخن اندر ناحیت خراسان و

سرزمین رود های مقدس

شهر های وی > سخن های مفصلی دارد که نظر به دیگر مناطق کشور از گوزگانان به صورت گسترده معلومات داده است . حدود العالم که در گوزگانان در زمان سلطنت فریغونیان برشته تحریر درآمده و مولف نامش را ذکر نکرده از گوزگانان که محل بود و باش مولف بوده صفت هایی بلند بالای دارد . برای نویسنده حدود العالم گوزگانان موقعیت ویژه یی داشته و آنرا چنین مینگارد :

> . . . گوزگانان ناحیتیست آبادان و با نعمت بسیار و با داد و عدل و ایمن . این ناحیتیست که مشرق او حدود بلخ است و تخارستان تا به حدود بامیان ، و جنوب وی آخر حدود غور است و حد بست و مغرب وی حدود غرجستان است و قصبه بشین است تا به حدود مرو ... و شمال وی حدود جیحون است . و پادشاهی این ناحیت از ملوک اطرافست و اندر خراسان و او را ملک گوزگانان خوانند و از اولاد افریدون است و هر مهتری که اندر حدود غرجستان است و حدود غور همه اندر فرمان او اند . و از همه ملوک اطراف او بزرگتر است به پادشاهی و عز و مرتبت و سیاست و سخاوت و دوست داری دانش . و از این ناحیت اسپان بسیار خیزد و نمد و حقیبه و تنگ اسپ و زیلوی و بلاس خیزد و اندرو درختیست خنج خوانند و چوب وی هرگز خشک نشود و نرم بود ... و اندرین بادشاهی ناحیت های بسیارست .. >

از محتوای یادداشت بالا چنین دانسته میشود که در این دوره (فریغونیان) ولایت های غور / غرجستان تحت اداره شاهان فریغونی بوده است . گوزگانان سرزمینی بوده که با اسپ و اسپ سواری آلات و وسایلی که به اسپ رابطه میگیرد معمول روزگار بوده و از همین باعث است که گوزگانان با داشتن اسپ های اصیل معروف و مشهور می باشد . اسپ بخشیدن ها و اسپ سواری ها ، قصبه هزار اسپ و تحفه های شاهان که اسپ بوده همه نمایندگی از یک سرزمین > اسپ > مینماید . حدود العالم از نواحی گرد و نواحی که تا اندازه مستقل اند اما تحت اداره و قیمومیت نظام شاهی گوزگانان اند یاد میدارد که همه ی این مناطق در کوهستانهای جنوب و غرب و شرق گوزگانان موقعیت اخذ کرده اند و عبارتند از :

- ربوشاران
- درمشان

- تمران
- مانشان
- ساروان
- طالقان
- گرزیوان
- کندرم
- انبار / انبیر
- اندخود / اندخوی

اکثر این شهر ها در مناطق کوهستانی واقع شده سرسبز و شاداب اند زیرا که رودبار های وافر دارند . شاهان این نواحی همه از ملوک اطراف اند و تحت اداره شاه گوزگانان ، شاهان این نواحی اکثرا با خویش القاب میداشته اند که بصورت مثال : ملک تمران را <تمران فرنده > و مهتر درمشان را < درمشس شاه > و مهترمانشان را < برازبنده > و ملک گوزگانان را < گوزگان خدا > یاد میکرده اند .

حدود العالم از رودبار ها یاد میکند که اکثر این آب های زولالین ، از دره های شمالی تیربند ترکستان سرچشمه گرفته گوزگانان را سیر آب ساخته و بعد در ریگزار های نزدیک آمو غایب میشوند . یهودان و پاریاب روی دو شاخه مختلف آب قیصر جا داشت و اندخود در مجرای الحاق آنها ، انبار و اشپرغان روی آب سفید قرار دارد (۱)

گوزگانان را در فرهنگ معین اینگونه می بینیم :

< گوزگانان نام قسمتی از خراسان خاوری قدیم در حوالی ماورالنهر میان مروالرود و بلخ محدود بوده از جانب خاور به بلخ و تخارستان و بامیان ، از جانب جنوب به حدود غور ، از باختر به غرجستان و از شمال به حدود جیحون ، این ناحیه در قرون وسطی آبادترین بخش بلخ بود > (۲)

گوزگانان را پروفیسور نعمان نعمان اوف مستشرق روسی چنین تذکر میدهد :

سرزمین رود های مقدس

< در غرب بلخ و جنوب آمو دریا ولایت گوزگانان (جوزجان) واقع بود که وادی رودخانه آب شبرغان و حوزه رودخانه آب اندخوی را با شاخ آب هایش در بر میگرفت . همچنین روستای کوهستانی گرزیوان که در بالا آب رودخانه میمنه واقع بود در این ولایت قرار داشت . این ولایت جمعیت فراوان داشته در شهر های کوچک و قریه های کوهستانی دارای باغها و تاکستانها و در وادی ها دارای زمین های مستعد کشت بود . در گذشته ها شهر اصلی ولایت شاپورکان (اشپورکان) یا شبرغان کنونی محسوب میشد . قرارگاه حاکم در قرن ده میلادی در قریهء کوهستانی یهودان (روستای میمنه) قرار داشت . در گوزگانان منطقه جمعیت نشین انبر (سرپل) ، فاریاب (دولت آباد و خیر آباد کنونی) اندخود (اندخوی) و زیم (کر کوه و کرکیه ساحل آمو) قرار داشتند ، در قسمت شمالی گوزگانان دشتی بود که اهالی بادیه نشین در آن با گوسفند داری و شتر داری روزگار میگذرانیدند. در بالا مرغاب ، در طرف غربی گوزگانان ولایت کوهستانی قرج وجود داشت که دارای دو شهر مهم < پیشین > و < شورمین > بوده و در وادی رودخانه قلعه ولی ، شهر تلکن جای گرفته که متاع های پشمین آن شهرت بسزایی داشت > (۳)

در زمان فریغونیان ، وسعت و پهنای گوزگانان از دریای آمو تا غور / غرجستان و تالقان (طالقان) تا حوالی زمینداور و هیرمند بوده است ، غرجستان و غور در این ایام دست ارادت به فریغونیان داده و < غورشاه > حاکم و حکمروای غور زمین خدمت فریغونیان برسیدی . (۴)

ریشه یابی کلمه گوزگانان

اول _ < گوز >

در مقدمه بارتولد در حدود العالم < گوزگانان > از لحاظ ریشه یابی چنین ذکر شده : > ... معنی گوزگانان واضحاً درخت < گردو > است و تا حال نام قبیلوی قدیمی دیگری که بتواند دلیل منشاء قدیمی تری برای اینجا باشد به نظر نرسیده است . گوزگانان یا گوزگان یا گوزبون یا گوزبن یا گزبان که در جغرافیای ارمنی قرن هشت ذکر گردیده است . گویند تیر انداز اسطوره یی ، آرش کمانگیر (ایرشاه اوستایی) که با پرتاب کردن تیری سرحد بین

ایران و توران را تعیین کرده و به روایت طبری این تیر تا رود بلخ رسیده است . ثعلبی در صفحه ۱۳۲ کتاب خود مینویسد که تیر آرش کمانگیر میخواست که در بادغیس فرود آید اما فرشته ی این تیر را در نزدیکی خلم (تاشقرغان) (*احتمالاً شبرغان بوده باشد) برد که اینجا < کوزین > نام داشت .>

< ... معنی گوزگان واضحا درخت گردو است و تا حال نام قبیلوی قدیمی دیگری که بتواند دلیل منشاء قدیمی تری برای اینجا باشد به نظر نرسیده >

بناءً گوزگانان را طوریکه حدود العالم شرح نمود در حقیقت از < گوز > اشتقاق گردیده که به معنی چارمغز و گردو باشد . < گوز > را فرهنگ عمید واژه پهلوی میداند که احتمالا اوستایی باشد . جوز یا گوز کلمه است کهن . دارای پیشینهء محکم در ادب ما که به هیچ وجه قابل حذف از زبان نیست . ملک الشعرا بهار میفرماید :

جـــــوز ده سال عمر می خواهد تا قوی گـــردد و به بار آید
تو که بعد از دو روز خواهی مرد گردگان کشتنت چه کار آید ؟

چون در نواحی و اطراف کوهستانی (غرجستانی) گوزگانان درختان چارمغز و بادام فراوان میروید و چنانچه حدود العالم از منطقه < مانشان > یاد کرد که گوز و گردوی وافر دارد و بدین نام شهرت حاصل کرده است . به این حساب واژه < گوز > که با <گان> که در آخر کلمه میاید و علامت نسبت را میدهد و از آن گوزگان یا گوزگون برمیاید که بدون شک با گوزگانان رابطه میگیرد .(۵)

چرخ چون گوز شکسته بست از آن روی که ماه
چهره چون چهره بـــــادام از آن پر نــــقبست (انوری)

هیـــزم گـــوز را بر آتش نه
که توان بر شمرد شکستن گوز (ارزق)

باید یاد آوری کرد که از واژه < گوز > که معنی چارمغز را میدهد < گوزینه > آمده است که < حلوای چارمغز > را گویند و آنرا مولانا جلال الدین محمد بلخی چنین یاد میکند :

مانندهء عقل و دین بیرون و درون شیرین
نی ســـــیر در آگنده اندر دل گوزینه

دوم _ < گوزبان >

گوزبان در لغت به معنی تسمه عقبی اسپ میباشد . در ادوار تاریخ خطه گوزگانان محل پرورش ، تربیه و نگهداری اسپ بوده و اسپ های اصیل و نیکوی این منطقه شهرت جهانی داشته است . چراگاه اسپان و فسیله ها (گله های اسپ) و همچنان تربیه و نگهداری آنان در گوزگانان باعث آن میشود که کسب و کار و وسایل و لوازم اسپ مانند زین ، پلاس ،قیضه ، پاردُم (به ضم دال عبارت از تسمه ء که در عقب زین اسپ میدوزند و زیردُم حیوان میافتد) خورجین ، نمد ، قمچین و غجری (به معنی نمد رویه کجینی که زیر زین اسپ اندازند _ لغات عامیانه فارسی ، عبدالله افغانی نویس ص ۴۰۷) رونق فراوان گیرد . موجودیت چراگا ها ، فراوانی گله اسپ ها و همچنان ساختن لوازم و سامانی که با اسپ رابطه میگیرد و با سوار کاری همگام میشود ، جا دارد که این منطقه از لحاظ کثرت اسپ و سوار کاری معروف و مشهور گردد .

چون < گوزبان > معنی < تسمه عقبی اسپ > را گویند که با اسپ و سوار کاری روابط تنگا تنگ دارد و به احتمال قوی موجودیت اسپ و فسیله باعث کثرت واژه <گوزبان > گردیده آهسته آهسته این سرزمین به آن مسمی و با نام گوزگانان زبانزد عام و خاص شده باشد . و یا بزبان دیگر نام < گوزگانان > از همین نام گوزبان اشتقاق یافته است .(٦)

چو خر ندارم و خربنده نیستم ای جان
من از کجا غـــم پالان و گوزبان ز کجا
(جلال الدین محمد بلخی)

حدود العالم احمد بن فریغون شاه گوزگانان را مالک هزار ها اسپ میداند و همینطور هنگامیکه سلطان مسعود غزنوی به غور (غور در آن وقت مربوط گوزگانان بود) حمله کرد ، شیروان شاه با اهدای گله های اسپ (فسیله) از سلطان غزنه امان خواست . نا گفته نماند که از گوزگانان اسبان تیز گام به دیگر نقاط خراسان نیز صادر میگردیده است

که آنرا چنین مینگریم : <از گوزگانان اسبان نیکوی بسیار و نمد و خورجین و تنگ اسپ و ... پوست های دباغی شده به تمام خراسان و ماورالنهر برده میشد است . > (۷)

در آنسوی گوزگانان در ناحیه مرو شاه جهان قصبه ی است بنام < هزار اسپ> که سلطان سنجر سلجوق در سال ۵۴۲ هجری به خوارزم لشکر کشید و ابتدا قصبه هزار اسپ را مدت دو ماه تحت محاصره قرار داد . انوری ابیوردی شاعر فارسی / دری که هم رکاب سلطان سنجر بود این بیت را بر تیری نوشت و در هزار اسپ انداخت .

ای شاه همه ملک زمین حـــسب تراست
وز دولت و اقبال جـهان کسب تر است
امروز به یک حمله هـــــزار اسب بگیر
فردا خوارزم و صد هزار اسب تر است

در این هنگام رشید وطواط در هزار اسپ بود و وی با خوارزم شاهان همکاسه بود که شعری را در جواب بیت انوری در تیر کرد و بیانداخت .

گر خصم تو ای شاه شود رستم گُرد　　　یک خر ز هزار اسپ نتواند بُرد

سلطان سنجر سلجوق بر خوارزمشاه غالب گردیده و قصبه هزار اسپ را متصرف گردید . سلطان سنجر میخواست بعد از تصرف هزار اسپ ، رشید وطواط را هفت پارچه کند . اما منتجب الدین بدیع ریس دیوان رسایل سلطان سنجر که مرد مدبر و کاردان و عالم بود نمیخواست که سلطان ضرری به شاعر اندیشه مند رشید وطواط برساند بناء چاره این کار را اندیشید . احتمالا در زمانیکه سلطان سنجر به عیش و طرب بوده باشد . منتجب الدین بدیع که سلطان را در وقت مناسب میبیند به سلطان میگوید :

< رشید وطواط مرغکی ضعیف باشد و طاقت آن ندارد که او را هفت پاره کنند و اگر فرمان شود او را به دو پاره کنند . سلطان بخندید و جان وطواط ببخشید.> (۸)

این است کاردانی درست مردانی که میخواستند از عالمان و بزرگان زمانه حمایت بدارند . درست مانند ابوریحان بیرونی که به فرمان سلطان محمود او را از قصر محمودی پایین انداختند _ اما به برکت کاردانی حاجب سلطان زیر قصر را تور گرفتند تا عالم و منجم عالم اسلامی در امان باشد تا سلطان از غضب بدر آید .

هزار اسپ ، مالک هزار ها اسپ ، محل چراگاه های اسپ و گله های اسپ به ما یادآور آن میشود که کلمه < گوزبان > با < اسپ > گره بخورد و با اسپ پیوند نا گسستنی داشته باشد . همچنان باید گفت که در بازی های < بزکشی > وطن عزیز ما همین مردمان جوزجان بوده اند که در مسابقات سپورتی بزکشی گوی سبقت را ربوده و همیشه در بازی بزکشی قهرمان سال میگردیدند . .. . اسب (درست آن اسپ) واژه ایست اوستایی ، در اوایل به صفت حیوان وحشی که مربوط استیپ های آسیا _ اروپا < اوریشیا > یا <اوراسیا> بوده ، شکار میشده است . در ادوار تاریخ بر علاوه شکار ، رام شده و در شمار حیوانات دیگر برای آدمی شیر و گوشت و پوست بار میاورده که بعد ها برای سواری و حمل و نقل ، جواز کاری ، شخم زمین ، بستن به گادی و سپس در کشمکش های نزاعی و جنگجویی کار میگرفتند . با ورود اسب به میدان های کارزار < حدود ۱۷۰۰ ق م > دروازه تازه بر روی تاریخ بشر گشوده شد . (۹)

سوم _ کلمه ترکی < گویز>

برخی از پژوهشگران را باور بر آنست که گوزگانان از کلمه ترکی < گویز > اشتقاق گردیده است . در ادب ترکی اصیل ما با کلمات < گویز > و < گویزل > بر میخوریم . گویز به معنی < چشم > باشد و گویزل را < زیبا > و < خوش روی > تعریف کرده اند . این واژه گان ترکی با هم یکجا شده به شکل < گوزگانان > در آمده که به معنی < سرزمین زیبا رویان> بوده باشد . پس اگر کلمه گوزگانان با اسپ و اسپ سواری رابطه میگیرد و یا ریشه با درخت چارمغز دارد که در بالا کوه های جوزجان به کثرت میروید . و یا از کلمه ترکی اشتقاق یابیده که جایگاه خوش رویان و زیبا صورتان را تداعی کند . هر کلمه را که بگذاریم نیک و مبارک است . سرزمین ما محل خوب صورتان است ، جایگاه اسپ سواران و پهلوانان است ، سر منزل درختان انبوه چهارمغزان است درست و بجا است . (این مبحث را جناب داکتر عنایت الله شهرانی برایم تشریح کردند که از ایشان تشکر میکنم)

شهر های پُر جمع و جوش و تاریخی گوزگانان

کسانی که به جغرافیای افغانستان دست رسی دارند و یا گاهی سفری به جوزجان کرده باشند به نام های بوم و بر آن سرزمین همچون میمنه ، اندخوی ، شبرغان ، سرپل و سنگ چارک آشنایی کامل دارند ، اکثر این شهر ها جای و نام قدیمی شانرا حفظ کرده و یا با کمی تفاوت تغییر نام داده اند . اگر این شهر و یا شهرک ها در مناطق کوهستانی بوده و یا در دامنه های رود ها و یا در واحه های خشک و ریگزار رود آمو ، همه در آنروز ها از برج و باره و قلعه های مستحکم که در مقابل متهاجمین آنسوی مرز ها آباد گردیده بود میباشد که تا هنوز هم نام و نشانی از آن مستحکم حصار ها باقیمانده است .نام های پارایاب (فاریاب) ،اشپرغان (شبرغان)، اندخود (اندخوی) و سان چاره (سنگ چارک) تقریبا به همان شکل و شمایل پا برجاست . اما نام هایی چون : انبار ، کندرم ، ربوشاران ، درمشان ، یهودان ، تالقان (البته تالقان شبرغان) و مانشان که اکثرا محل های کوهستانی اند با تغییر نام پا برجا اند ، و ما سعی مینماییم تا روشنایی اندکی درباره آن کهن دیاران داشته باشیم :

سان و چارک و یا سنگچهارک

در نوشته های دیرینه ، به نام های < سانچ > ، < سان و چهاریک > ، < و سهاریک > ، < سان چاره > و < سان چارک > بر میخوریم که اکنون به <سنگچارک> معروف گشته است . این شهرک کوهستانی پر شمالک از دو کلمه <سان> و <چاره > بمیان آمده و در فرهنگ ها هر دو کلمه را <پهلوی > گفته اند که به نظر این نویسنده کلمات اوستایی اند .

< سان > به معنی محل و مکان و < چاره > معنی درمان و علاج باشد که ترکیب آن <سان چاره > که به شکل امروزی آن < سنگ چارک > تغییر اسم داده که معنی <محل درمان و علاج و یا جایگاه امن و آسایش> باشد ، به گمان من (کامل انصاری) همین معنی به سنگچارک صدق میکند زیرا در روزگاران جنگ و تعصبات دینی اکثر علما و مشایخ علم و ادب و یا امامان از دست حکام ظالم به جاه های دور از آشوب که آنهم خراسان بوده و مخصوصا در کوهپایه های هندوکش پناه جسته اند که بدینوسیله بالا کوه های خراسان

پار محل امن و آرامش و آرامگاه مشایخ و مشاهیر بوده است . مورخین سنگچارک را <سانچ > نیز گفته اند . و متذکر میشوند که امیر ناصر خسرو بلخی / یمگانی در بازگشت اش به سوی خراسان در محلی بنام < سانچ > ساکن گردید . و دانشمندان این قریه را در نواحی بلخ ذکر کرده اند و همچنان گفته اند که این قریه همان < سان > است که به نزدیک آن قریه دیگری وجود دارد بنام < چارک > . احتمال قوی میرود که حکیم ناصر خسرو همین قریه سان را نزدیک بلخ است و از علاقه < آق کپرک > آنقدر فاصله ندارد محل بود و باش خود قرار داده باشد . زیرا همه میدانیم که دانشمند و شاعر بلخی مورد اذیت و آزار متعصبین و متحجرین قرار گرفته بود . چون حکیم ناصر خسرو درین مکان هم آرامش نمی دیده بنا فرار را بر قرار ترجیح داده ابتدا در نواحی سمنگان و بعد ها به سوی یمگان بدخشان رفته تا از بلخ فاصله داشته باشد .

نظریه دیگری در نام سنگچارک نهفته است که بعضی ها کلمه سنگچارک را از <سنگ و چارک> که مراد از < سنگ یک چارکه واحد وزن > باشد دانسته اند مانند یک سیر کابلی ، یک چارک مزاری و غیره .

در کتاب حدود العالم سه بار کلمه < سان > ذکر شده است و آنرا اینطور مشاهده میکنیم:

< سخن اندر کوه ها میان طارقان و سکلکند و خلم و سمنگان بر جنوب بلخ بگذرد و اندر حدود و سهاریک افتد از گوزگانان . اما این عمود کوه چون به حدود سان و چار یک رسد از گوزگانان به دو شاخ گردد ... سان شهریست و مر او را ناحیتیست آبادان و از وی گوسفند بسیار خیزد . > در مقدمه حدود العالم نوشته شده که : <سنگچارک ناحیه ایست که در آنجا نهر های زیادی سرچشمه و آب های علیای آب سفید را تشکیل میدهد . سان و چارک را < اسان و صهاریک > نیز میخوانند (۱۰)

روانشاد عبدالحی حبیبی در کتاب جغرافیای تارخی افغانستان در مبحث سانچ (سنگچارک) خاطر نشان میسازد که < سانچ > صورت معرب و مزید الیه < سنگ > کنونی است و همینطور سان شکل مخفف سانچ میباشد . سان یا سانچ و یا سنگچارک در دامنه کوهسار بر سطح مرتفع که در حدود هشتصد متر از سطح بحر کاین است و به جنوب

غرب بلخ به فاصله تقریبا صد میل دور افتاده و نسبت به بلخ سرد سیر است موقعیت دارد . استاد حبیبی از جناب سید حسن تقی زاده که به استناد از دبستان مینویسد : <سانچ قریه ای بود از نواحی بلخ و این قریه همان قریه سان است که نسبت به آن سانجی می آید و مجاور قریه دیگر به اسم چهاریک >. دانشمند جناب سعید نفیسی بعد از نقل رای تقی زاده گوید : < شفر شرق شناس غربی این کلمه را < سابخ > خواند و شاید منشاء ادعای اته مستشرق دیگر غربی که ناصر خسرو را مقیم شادیاخ مینویسد تصحیف همین کلمه بوده است.> (۱۱)

طوریکه گفته آمده سنگچارک جایگاهی که حکیم ناصر خسرو بلخی / یمگانی پس از فرار از بلخ در آنجا مقیم گردید که ناخرد اندیشان وجود او را در بلخ و کوه البرز و کوه شادیان روا ندانسته او را فراری کردند و بعد ها موجودیت او را در علاقه سنگچارک تحمل نتوانسته بار دیگر او را گریزان ساختند ، مبحث سان و چارک را در دیوان حکیم ناصر خسرو چنین میبینیم :

< سان قریه ایست که نسبت به آن سانجی (فتح نون و کسر جیم) می آید و از نواحی بلخ بوده قریه دیگر به اسم چهار یک . . > همچنان < وقتیکه ناصر خسرو از مکه به خراسان برگشت در سانج مستقر شده مشغول دعوت فاطمی شد . بعضی از دشمنان اهل بیت رسول قصد کشتن او را کردند و او ترسید و متواری شد و بکوهای بدخشان پناه برده و آنجا مخفی شد و بیست سال در آنجا بسر برد و در جامع التواریخ گوید ناصر خسرو پس از عودت از مصر در بلخ مشغول دعوت شد دشمنانش قصد هلاک او کردند و او به کوهستان سمنگان < احتمالا یمگان باشد > پناه برد و در آنجا بیست سال مانده به آب و علف زندگی کرد > (۱۲)

در گذشته ها سنگچارک مربوط بلخ بود اما در تشکیلات بعدی وابسته به جوزجان (گوزگانان) گردید و اکنون وابسته به ولایت < سرپل > است . سنگچارک در میان علاقه کوهستان ، سرپل ، آق کپرک و بلخ آب واقع گردیده و در ضمن باید خاطر نشان ساخت که سنگچارک دارای باغ های سرسبز و تاکستانهای وافر میباشد . کشمش و بادام و چهارمغز سنگچارک از کیفیت خاصی بر خوردار است .

سر پُل

در جغرافیای کهن از شهر < انبار > سخن رفته است که در ساحه کوهستانی گوزگانان موقعیت دارد . انبار را مؤرخین به شکل انبیر، انبر نیز درج کرده اند. انبار در حقیقت سر پُل امروزی میباشد که در تقسیمات سیاسی امروز یک ولایت مستقل است. انبار از سطح بحر ۲۰۴۰ فت بلندی دارد و این شهر را طبری از مربوطات بلخ میداند و گفته است که در نزدیکی کوهی واقع گردیده است . شهر انبار نظر به اهمیت طبیعی و استرتژیک اش زمانی پایتخت گوزگانان بوده و با داشتن رمه های گوسفند و پوست قره قل شهرت داشته و در ضمن این منطقه بلند دارای باغ و راغ و تاکستان نیز است .

حاصلدهی انگور فراوان و کثرت تاکستانها در گوزگانان جا داشته که < انگور > و <تاک> نماد و سمبول خانواده شاهی و فرمانروایان شود . در یک سکه ده گرامه بنام < فلس شبرغان > که در یک روی آن نقش سه دانه انگور و روی دیگر آن فلس شبرغان حک گردیده یادآور آن میشود که پرورش تاک و تهیه انگور به حجم وسیع صورت میگرفته و از آن شراب نیز بدست میامده است . سر پُل امروزی در گذشته بنام های < سره پل > و یا < پل بلند > نامیده میشد که مردمان عرب نشین این منطقه هنوز هم آنرا < سره پل > خطاب میدارند . سره پل یا سریپل یکی از پنجصد و چهل بنا های عام المنفعه امیر علی شیر نوایی است که آباد گردیده و شرق و غرب سرپل را به صفت پل استوار با هم وصل میکند . (۱۳)

ابو مسلم خراسانی در سال ۷۲۰ در قریه سفیدنج (سپید دژ) از مضافات شهر انبار در شمال افغانستان متولد گردیده است . (۱۴)

طوریکه گفته آمد مناطق بلند و کوهستانی خراسان جای امن و امان برای بزرگان و دانشمندانی که روزگار بالای شان تنگ میگردیده و یا از دست تعدی و ظلم حکمداران به ستوه میامده آنست که ایشان در این مناطق دور از انظار مردم پناه میاوردند . حکیم ناصر خسرو از دست < کژ ترازوگان نا خوش خوی > به دره یمگان میرود و امام یحیی بن زید به سرپل آواره میگردد و همینسان آرامگاه های بیشماری در بلند بالا های میهن ما از

این بزرگان بی حساب اند . فرار و آواره گی و بالاخره کشته شدن امام یحیی بن زید را در سرپل گوزگانان چنین میخوانیم :

< امام زید بن علی بن حسین بدست امویان کشته شد و فرزند امام زید ، یحیی به خراسان پناه آورد . به نصر بن سیار حاکم و سردمدار خراسان خبر دادند که یحیی بن زید در منزل < حریش > در بلخ پنهان است . نصر بن سیار به حاکم بلخ عقیل بن معفل عجلی فرمان داد تا یحیی را گرفتار کند . حاکم بلخ حریش را که موجودیت یحیی را انکار میکرد ششصد تازیانه بزد ولی آن مرد خدا سراغ یحیی بن زید را نداد اما فرزند حریش که پدر را رنجه دید امام یحیی را با یاران بدست حاکم بلخ سپرد . نصر بن سیار چندی امام را به کهندژ مرو محبوس نگاه داشت که به قول یعقوبی وی از زندان گریخته به سرخس و بیهق آمده و از آنجا نیز عرصه را تنگ دیده روی به جانب هرات و بادغیس کرد . والی خراسان که از این واقعه واقف شد ، سر لشکرش را به تعقیب امام یحیی فرستاد تا به جوزجانان وی را با همراهان گرفتار کند . امام با یاران مشفق در یک جنگی در روستای ارغوی (قراغوی) بدست سوره بن محمد کنذی کشته شد . > (۱۵)

کشته شدن امام یحیی را تاریخ گردیزی چنین مینگرد :

< نصر بن سیار صاحب شرط خویش را سلم بن احوز > به تعقیب یحیی بن زید فرستاد که در قصبه < انیسو > حرب کردند و یحیی را بکشتند و سرش ببریدند و بر چوبی کردند و به مرو بردند . > (۱۶)

آرامگاه امام یحیی بن زید اکنون در سرپل جوزجان واقع است که آنرا <امام خورد> گویند و زیارتگاه خاص و عام گردیده و سبک تعمیر مقبره امام معماری سلجوقیان را بخاطر میاورد ، در غرب شهر سرپل < امام کلان > جا دارد که در هیچ موخذی از امام کلان تذکری به عمل نیامده است .

اند خوی

کتاب حدود العالم اندخوی را بنام های انتخذ ، انتخد ، اندخود یاد کرده که در جریان سفلای آب قیصار بوده و به روایت اصطخری دوصد و هفتاد شهر ناحیه اندخود <اشترج> Ushturj نامیده میشد ، اندخود شهری است کوچک در قسمت شمال

افغانستان میان مرو و بلخ و نزدیک شپورغان ، اندخوی از یگانه دریایی که آب میخورد عبارت از دریای سنگلاخ است که از تیربند ترکستان سرچشمه گرفته سرپل ، شبرغان ، میمنه را آبیاری کرده دشت های خشک اندخوی را نیز سیراب و شاداب میکند . اندخوی نزدیک مرز و سرحد ترکمنستان قرار دارد و مشهور ترین بندر میان ترکمنستان و اندخوی ، بندر < آق کینه > یا (آقینه) میباشد که سی کیلومتر از اندخوی فاصله دارد و احتمالا در این اواخر بخاطر آزاد گردیدن ترکمنستان این بندر از اهمیت ویژه ای برخوردار شده باشد (۱۷) .

جهودان : طوریکه از نام آن بر میاید در شهر جهودان (یهودان) روزگاری در آن اسرای جهودی حیات بسر میبردند و کذا به روایت کتاب مقدس یهودان روی رود گوزان اقامت داشته اند. یهودان عبارت از همین شهر میمنه ء امروزی است که در کتاب ها بنام < المیمنه و هو جهودان > یاد گردیده ، و در وقتش اردوگاه نظامی بوده است . بنا به گفتهء حدود العالم شهر جهودان را دارالاقامه پادشاه گوزگانان و شهر انبار را پایتخت ایالتی آن گفته است . < جهودان شهریست آبادان و با نعمت و بر دامن کوه نهاده و مستقر ملک گوزگانان است و وی به لشکرگاه نشیند و از شهر تا به لشکرگاه فرسنگی و نیم است و آن لشکرگاه را در اندره خوانند و جایی استوار است بر دامن کوه نهاده و هوای خوشتر و درست تر از آن < جهودان > تاریخ گواه آنست که یهودان در افغانستان کهن در قسمت های حضرت فیروزکوه و گوزگانان و شهر بلخ اقامت داشته اند که خود بحث جداگانه ی در کار است . در تاریخ تمدن اسلامی نوشته شده که در غزنین در حدود هشت هزار یهودی زندگانی میکرد . مقدسی در قرن چهارم هجری متذکر میشود که در خراسان شمار یهودان بسیار تر از مسیحیان است . در شرق اسلامی دو شهر بنام یهودیه وجود داشت ، یکی نزدیک اصفحان و دیگری در شرق مرو . (۱۸)

شبرغان: شبرغان را بنامهای اشپرغان، شپورغان ، و شبرقان یاد کرده اند. از سکه فلس شبرغا معلوم میشود که این شهر از یک نظام دولتی و اداره مستحکم برخوردار میباشد. همینگونه شبرغان با داشتن فالیز های خربوزه زبانزد خراسان بوده که خربوزۀ آن به همه ی اطراف و اکناف گسیل میگردیده است که آنرا در کتاب تمدن اسلامی چنین مینگریم:

<... از ناحیه شپورغان خربوزه اعلی که قرار گفته مارکوپولو به قاچ های نازک بریده شده و در آفتاب خشکانیده میشد و در حجم زیاد جهت فروش به شهر های دیگر خراسان حمل میگردید. از ناحیه مرو خربوزه بصورت تازه برای خلفای بغداد میفرستادند و آنرا داخل صندوق های سربی پر برف جابجا کرده به بغداد میرسید و به هفصد درهم میارزید.> حدود العالم شهر شاهراه میداند: <اشپورقان بر شاه راه است. شهریست با نعمت فراخ و اندر میان صحرا نهاده و اندر وی آب های روان>

شبرغان را در برهان قاطع مینگریم: <شبرغان بر وزن نمکدان و مردمان ، در قدیم الایام نام شهر بلخ بوده و درین وقت نام قصبه ایست نزدیک به بلخ مشهور به شبرغان> شبرغان در روزگارش مرکز داد و ستد کاروان های تجاری بوده که کشف ذخایر «طلا تپه» طلایه دار اوج اقتصادی و فرهنگی آن دیار میباشد. همچنان شبرغان از داشتن منابع گاز طبیعی نیز بی بهره نبوده است و در افغانستان یگانه جایی است که گاز طبیعی وافر دارد. (۱۹)

فاریاب : فاریاب یا پاریاب روی شاخه شرقی آب قیصار (آب قیصره) واقع گردیده و به اساس تذکر جغرافبه نگاران قرن نهم میلادی که فاریاب مربوط گوزگانان نبوده بلکه خود شهر مهم و مستقل و از شهرت جداگانه یی برخوردار بوده است. مطابق یادداشت یعقوبی، فاریاب شهر بسیار دیر پا و دارای کهن دژ و از لحاظ سوق الجیشی دومین شهر برازنده در آن ساحه محسوب میشده است. پاریاب را بعضی ها دارالاقامه نایب الحکومتی عرب نشین میدانند . محمد بن حریر طبری مورخ و مفسر قرن چهارم هجری از یک پادشاه پاریاب بنام < ترسل > ذکر میکند که غیر از حکمران گوزگانان بوده است . فاریاب را فرهنگ معین اینطور مینویسد : < پاریاب ، پاریاو ، فاراب ، و باراب نیز گویند شهریست مشهور به خراسان از توابع گوزگانان در نزدیکی بلخ و بر کرانه غربی جیحون که آنرا به اماله فیریاب نوشته اند . خرابه های فاریاب به اسم خیر آباد هنوز هم باق است>

به استناد زین الاخبار ، شهر فاریاب را فیروز بن یزدگرد ساسانی بنا کرده است . (۲۰)

طالقان : این شهر از طالقان (تالقان) تخار بکلی مجزا بوده و موقعیت آن در شمال گوزگانان واقع گردید است . نا گفته نماند که یک طالقان دیگری در غرب ایران موجود

است . طالقان گوزگانان به گفته حدود العالم که شهری است با اهمیت بسیار و از او نبیذ و نمد فراوان بدست آید . عبدالله بن خازم والی خراسان شد که در مرو مردم بر علیه وی شورش کردند و چنانچه : شهر های مرو ، مروالرود ، طالقان و هرات شورش برخاست . این همان طالقان نزدیک گوزگانان است . طالقان چون به سرحد شمالی گوزگانان قرار گرفته همیشه در هنگامیکه تُرک ها به سوی گوزگانان یورش میاوردند اولا داخل شهر طالقان میگردیدند و از آنجا به اندخود (اندخوی) و بعد به دیگر نقاط سرازیر میشدند .

شاهان غزنه از دست به مرگ رسیده بودند و در مقابل تهاجمات آنها از اعراب بادیه نشینی که در میدان های ساحل چپ آمو رود و اندخوی خر و خرگاه زد بودند استفاده میکردند . گارنیزیوم شمالی لشکر محمودی را اعراب ساکن گوزگانان تشکیل میدادند . در هنگام سعید بن عثمان بن عقان والی خراسان ، وقتا که سمرقند و بخارا و سغدیانه را فتح کردند ، والی خرسان فرمان بر قراری و سکونت اعراب را در مرو صادر کرد تا ایشان سدی باشند در مقابل تهاجمات ترک ها که از آب آمویه گذر نتوانند . (۲۱)

حکیم ناصر خسرو در سفرنامه اش نیز از طالقان گوزگانان (جوزجانان) یاد کرده است : < . . . پس از آنجا به شبورغان رفتم ، شب به دیه پاریاب بودم و از آنجا به راه سمنگان و طالقان به مروالرود شدم . پس به مرو رفتم و از آن شغل که به عهده من بود معاف خواستم و گفتم که مرا عزم سفر قبله است . . > (۲۲)

طوریکه میدانیم شاهان یفتلی با شاهان ساسانی که هم عصر بودند در مناقشه سیاسی میزیستند . < افتالیتو > شاه برازنده یفتلی با بهرام گور جور نمی آمد و در یک زد و خورد، بهرام گور شاه یفتلی را به قتل رسانید . در زمان یزدگرد دوم ساسانی نیز که یفتلی ها شکست بهرام گور را دیده بودند و در آن شکست از مرغاب و مرو به سوی تخارستان و باختر عقب نشینی کرده بودند ، اینبار بسرکرده گی شاه یفتلی بنام < مهرپور > ساسانی ها را در غرب شکست سخت داده سرزمین های غضب شده را گرفتند ، کلمان هارت و کرستن سین نیز از جنگ یزدگرد دوم که با بقایای کوشان و کیداری ها (مراد از یفتلی ها میباشد) یاد کرده و از شکست دولت ساسانی تذکر میدهد و بنا بر استناد تاریخ دولت یفتلی ، ساسانی ها را در نواحی <طالقان> حوزه مرغاب شکست سختی داد و آن قسمت هایی را که بهرام گور گرفته بود پس گرفتند . بناء این موفقیت در عصر سلطنت مهرپور

نصیب دولت یفتلی آریانا گردید . (بنگرید به تاریخ افغانستان _ احمد علی کهزاد _ ج ۲ صص ۴۲۱ _ ۴۲۳)

گرزیوان : علاقه ایست که از آنجا رود فاریاب و اندخوی و شیرین تگاب سرچشمه میگیرد و منطقه ء کوهستانی بوده و تا کنون درز آب و گرزیوان به همین نام مشهور اند . این شهرک کوهستانی با نعمت بسیار و هوای خوش و اندر قدیم جای ملوک گوزگانان آنجا بودی . گرزیوان از تشکیلات امروزی سرپل است . (حدود العالم ص ۳۹۰)

کتاب < حدود العالم >

کتاب حدود العالم که در گوزگانان نگارش یافته و مولف دانشمند آن نام خود را ذکر نکرده اند .

این کتاب نایاب در اصل بنام < حدود العالم من المشرق الی المغرب > یاد گردیده که در سالهای سال از نظر ها پنهان بود تا اینکه نظریه پرداز بزرگ تومانسکی Tomansky این کتاب را از ماورالنهر پیدا کرده و نام آنرا < کتاب حدود جهان از مشرق تا مغرب > گذاشت که امروز شکل فشرده آنرا < حدود العالم > میخوانیم .

کتاب حدود العالم از آغاز تا انجام و یا به گفته مولف < از گشایش تا اختمت > سخن اندر کوه ها ، رود ها ، جزیره ها ، بیابان ها ، و ناحیت های جهان رفته و در گشایش کتاب بعد از سپاس خدای توانا و درود بر روان پیامبر اسلام میگوید :

< آغاز کردیم این کتاب را اندر صفت زمین در سال سیصد و هفتاد و دو از هجرت پیغبر صلوات الله علیه و پیدا کردیم همه ناحیتهای مختلف اند و رسم های ملوک ایشان چنانک اندرین روزگارها است با هر چیزیکه از آن ناحیت خیزد و پیدا کردیم هسه شهر های جهان که خبر او یافتیم اندر کتاب های پیشینکان و یاد کرد حکیمان با حال آنشهر به بزرگی و خردی و اندکی و بسیاری نعمت و خواسته و مردم و آبادانی و ویرانی وی . و نهاد دریا ها همه جهان و آبهای وی از خرد و بزرگ و و مرداب های که او را خلیج خوانند با هر چیزی که از آن دریا خیزد و پیدا کردیم همه جزیره هایی که بزرگست از باذان وی

ویران و حال مردم وی و هر چیزی که از آن جزیره خیزد . . . و پیدا کردیم همه بیابان ها و ریگهای که معروفست اندر جهان با مقداری وی بدرازا و پهنا. > (۲۳)

پیشتر متذکر شدم که کتاب حدود العالم اولین بار در پار دریا توسط تومانسکی کشف کردید که بعد ها توسط دو پژوهشگران دیگر بارتولد و مینورسکی در باره آن نوشته های تحلیلی به عمل آوردند . بارتولد دانشمند نستوه روسی مقدمه ارزشمندی در آن علاوه کرد و مینورسکی شرح جامعی بر آن افزود . بخاطر باید داشت که نیم سده پیشتر از انتشار حدود العالم ، یکی از فرزندان صدیق و جغرافیا نگار این مرز و بوم < ابوزید احمد بن سهل > بلخی (متوفی ۳۲۲ هجری) کتاب جغرافیای آنروزگار را با شرح و نقشه های لازم ارایه کرده و آنرا بنام < صورهء الاقالیم > گذاشت . بعد از آنکه صوره الاقالیم یا الاشکال نوشته شد . ابواسحاق ابراهیم اصطخری (وفات ۳۴۶ هجری) آنرا بنام المسالک الممالک تهذیب کرد .

نوشتن جغرافیا و تاریخ در دنیای اسلامی رونق گرفت و جغرافیا دان های عرب بنام های ادریسی مراکشی و ابن ماجد کتاب هایی در این باره برشته تحریر در آوردند که همه ء اینها در یادداشت هایشان از جغرافیا نگار و ریاضیدان یونانی _ اسکندرونی کلاودیوس بطلیموس (پدر جغرافیا) کام و بهره گرفته اند . جغرافیای بطلیموس یکی از کتب بینظیر و قدیمی جغرافیای جهان است .

در این بحث مراد ما از شرح کامل کتاب حدود العالم نمیباشد بلکه تنها قسمت های را که مربوط خراسان و گوزگانان است در نظر گرفته و خاطر نشان میسازیم که جامعه پار و دیرپای ما با وجود نابسامانی ها ، جنگ ها و شهر سوزیهایی دامنگیر و طولانی ، آمد و رفت زور آوران ناخوش خوی ، کشمکش های ناخرد اندیشانه شاهان و امیران خود کامه ء عرب و عجم که همیشه جامعه را به گسستگی و آشفتگی کشانیده و حالت خراسان زمین را دگرگون ساخته اند . اما در پهلوی زرومندان جنگ افروز ، دولتمندان علم پرور و دانش پسندی هم داشته ایم که در جوار دولت مداری شان روشنفکران وطنخواه دست به ابتکارات ادبی و علمی میزدند و آثار گرانقدر شانرا بجا میگذاشتند . این روشن ضمیران حتی بخاطر ترس و اضطراب <سوسمار خواران> در نوشته های زبان خودی نتوانستند نام خود را ثبت تاریخ بدارند .

در زمانه های که حدود العالم نوشته میشد ، عرب و عرب مآبی و تازی پسندی شعار عام بود . کمتر شاعری و یا دانشمندی جراعت آنرا میکرد تا به زبان شیرین خودش (فارسی / دری) چیزی بنویسد که هرگاه در این بحث پیمانه تازی نویسی را در طول سده ها یادآور شویم مثنوی صد من کاغذ میشود که در این جا بحث نتوان کرد . کتاب حدود العالم در زمانی برشته تحریر در آمد که تعصب زبانی آتش میکرد ، عرب و عربگرایی شیوه روز بود . شاعران ، ادیبان ، دانشمردان ، تاریخ نگاران و هنگامه نویسان همه یادمانده های شانرا به < تازی > مینوشتند . با آن همه اختناق زبانی و عرب پسندی ، این کتاب در سال ۳۷۲ هجری مطابق ۹۸۲ میلادی به زبان ناب فارسی / دری در جوزجان امروزی (گوزگانان) به رشته تحریر درآمد و شوربختانه نویسنده نام خود را ذکر نکرده است و احتمالا از اینکه این کتاب را به زبان خودش نوشته می ترسیده است تا ذکر نامش باشد . نویسنده این غنیمت فرهنگی را بنام محمد بن احمد الحارث حاکم گوزگانان اهدا کرده است. عبدالحی حبیبی مؤرخ و دانشمند وطن در کتاب جغرافیای تاریخی شان در باره گوزگانان و خانواده ادب دوست فریغونیان دو فصل را اختصاص داده اند. گوزگانان بیشتر از یک و نیم قرن تحت فرمانروایی دودمان فریغونیان (۲۵۰_ ۴۱۰) قرار داشت که همگام با عصر سامانیان و غزنویان در رشد فرهنگ و پویایی زبان فارسی / دری گام میبرداشتند و همینطور فریغونیان با هر دو سلسله روابط نیک سیاسی ، فرهنگی و حتی خویشاوندی داشته اند . در دوره ء فریغونیان ، گوزگانان دم و دستگاه دولتی و استحکامات نظامی داشته و دروازه های دانش و سازش بروی رعایای وفا شعار باز بوده و کتب علمی برشته تحریر می درآمده است . شاهان فریغونیان پیش از اسلام بنام < گوزگان خدا > یاد میشد که به قول شمس الدین ابو عبدالله مقدسی جغرافیا نگار و عالم بیت المقدسی ، در رباط فریغون که از اند خود (اندخوی) چندان فاصله نداشته زنده گانی داشته اند . نظر به این قول باور بر آن میشود که فریغونیان مردسان اصیل این خطه اند نه مهمان های ناخواسته ء دیار دیگر . (۲۴)

ابوبکر شهاب الدین بن فقیه همدانی جغرافیادان مشهور که در سال ۲۹۰ هجری کتاب اخبارالبلدان را نوشت و در کتاب خود شاهان گوزگانان را < کوکابار خدا > یاد کرده است

و در همین ردیف نام اکثر شاهان خراسان زمین را درج نموده که ذکر آن در این بحث خالی از مفاد نمیباشد :

اسم مملکت	لقب امیر یا شاه و یا حاکم
نیشاپور	کیان
مرو	ماهویه (برازین ماهویه)
سرخس	راذ ویه
ابیورد	بهمنه
نساء	ایران
غرجستان	بران بنده (براز بنده و یا وراز بندک)
مروالرود	کیلان
زابلستان	فیروز
کابل	کابلشاه
ترمذ	ترمذ شاه
بامیان	شیر شاه
سغد(سغدیانه)	اخشید
فرغانه	اخشید
روشان	روشان شاه
گوزگانان	کوکا بارخذا
خوارزم	خوارزمشاه
بخارا	بخارا خدا (بخارا خذا)
سمرقند	ترخون یا طرخون با طرخان
سجستان	زنبیل شاه
اسروشنه	افشین
هرات	نرا ران (ورازان)
بادغیس	نرا ران (ورازان)

کش و رخج	بند ون
ماورالنهر	شار شاه
الحش	خنس کیلان
بلخ	سامان خدا (سامان خذا)
زمین داور	داوران شاه
جین (چین)	فغفور (۲۵)
اندراب	شهر سیلر (شاه سیلر)
ما نشان	برازبنده
پاریاب (فاریاب)	ترسل
غرجستان	شار
غور	غورشاه
ایلاق	دهقان ایلاق
فرغانه	دهقان
درمشان	درمشیشاه
غور و گوزگانان	شاروانشاه (شیروانشاه) (۲٦)
سروشنه	افشین
پادشاهان کوچک ترک را بنام های:	طرخان ، نیزک ، خورتگین ، تمرون ، غوزک ، سهراب ، فورک
	(فتوح البلدان بلاذری)

ابوالقاسم عبیدالله بن خردادبه (وفات ۳۰۰ هجری) در یاد مانده های خود شاهان غور ، غرجستان و مانشان را که < برازبنده > میگفتند مسلمان نه میداند که اکثر شان با داشتن رمه های خوک با مسلمانان تمیز میشدند و به روایت طبری که زبان مردم غور با زبان مردم خراسان تفاوت داشته است .. هموطن فرهیخته مایل هروی در حاشیه بحرالاسرار بلخ که تصحیح نموده اند مینویسند : ابن خردابه در کتاب <مسالک الممالک> در ضمن اسامی پادشاهان خراسان و مشرق مینویسد: پادشاه بخارا را بخارا خدا و پادشاه

سروشنه را افشین و مَلِک سمرقند را طرخان گویند . نامبرد پادشاهان کوچک ترک ها را ، طرخان ،نیزک ، خورتگین ، تمرون ، غوزک ، سهراب و فورک نام میگزارد . بلاذری در فتوح لبلدان مینویسد که قتیبه در هنگامیگه در شهر سغد استیلا یافت ، نیزک را در تخارستان بکشت . (بحرالاسرار بلخ _ چاپ کابل صفحه ۳۰۲)

چون سخن در باره فریغونیان و حدود العالم است و در تاریخ از شخص فریغون که موءسس این سلسله میباشد ذکری به عمل نیامده اما فرزند او احمد بن فریغون یاد گردیده که در دوره حاد اسلامی به شهرت رسیده است . احمد بن فریغون از جانب عمرو لیث صفاری به حکمرانی بلخ گماشته شد که قابوسنامه ، امیر احمد بن فریغون را مالک هزار ها اسپ میداند . در این دودمان ، یکی از حکمرانان معرفت اندیش گوزگانان بنام محمد بن حارث است که کتاب حدود العالم از روی تعریف هایی دارد و قرار نوشته ء ابو نصر بن عبدالجبار عتبی (وفات ۴۲۷ هجری) مولف تاریخ یمنی که ابو حارث دخترش را به عقد نکاح محمود بن سبگتگین در آورد و دختر سبکبگین را به پسرش بو نصر احمد بزنی گرفته است که بنا به روایات همین ابونصر بن حارث است که در جنگ های پل چرخیان و بیهمنگر هندوستان با سلطان محمود شاه غزنه همگام و همرکاب بوده . بعد از مرگ ابوحارث سلسله فریغونیان تا اندازه ی گسسته شده و خطه گوزگانان تحت اقتدار غزنویان باقی میماند .

کجاست آنکه فریغونیان ز هیبت او　　　زد ست خویش بدادند گوزگانان را

(حکیم ناصر خسرو) (۲۷)

ابوریحان محمد البیرونی در کتاب < الاثار > خود از یک موسس دودمان خوارزمی بنام <افریغ > یا < افریغی > یاد میکند که این دودمان قلعه فیر را در سال ۳۱۵ هجری آباد کرد . بارتولد مستشرق روسی یادآور میگردد که فریغونی ها ظاهرا در دوران جنگ های سامانی ها و صفاری ها رویکار آمدند . طوریکه گفته آمد نام مولف حدود العالم ذکر نه شده است اما پروفیسر مینورسکی در مقاله ء که در کتاب حدود العالم نوشته اند تذکر میدهند که همین < ابن فریغون > است که با خانواده فریغونیان روابط داشته و همین شخص مولف حدود العالم است و بس . از طرف دیگر همین ابن فریغون را پروفیسر

روزنتال مولف کتاب تاریخی < جوامع العلوم > میداند که در اوایل قرن دهم میلادی اثرش را نوشت که میتواند نوه ء این خانواده باشد زیرا در آنزمان مشکل به نظر میآمد که مرد اجنبی در روزگاری که فریغونیان حکمروایی داشته اند خود را ابن فریغون بنامد .

باید خاطر نشان ساخت که کتاب جوامع العلوم به امیر علی احمد بن ابی بکر بن مظفر اهدا شده که بجای پدرش از طرف سامانی ها نایب الحکومه خراسان گردید و در این وقت چغانیان در شمال آمو در مجاورت بلخ و گوزگانان در اقتدار بودند . چون آل فریغون که در دانش پروری سر آمد اند جا دارد که تحلیلگران و محققین کتاب های < حدود العالم > و < جوامع العلوم > را به نام فریغونیان گره بزنند زیرا که مناطق با صلاحیت این کتابها همین گوزگانان و اهدای هر دو کتاب نیز به شاهان گوزگانان و خراسان تعلق میگیرد .

فرق که بین دو کتاب یاد شده است آنست که :

* _کتاب حدود العالم به زبان ناب دری _ پارسی

* _ کتاب جوامع العلوم به زبان تازی نوشته شده

در هنگامیکه این کتاب ها نوشته شده ، < تازی > نویسی شعار عام و زبان بین المللی عصر عربی مآبی بوده . این تغییر زبان از عربی به دری یک تمایل جدید علمی و یا گام های فرهنگ دوستی و ملیت خواهی بوده که قرار گفته ها توسط سامانی ها تشویق گردیده است . به تذکر مینورسکی جای تعجب نیست که نویسنده مقتدر محلی که در اویل قرن چهارم هجری (دهم میلادی) عربی را پیشه ساخته و <جوامع العلوم> را برشته تحریر در آورده به پیروی از رسم عصر و یا حب وطندوستی اثر دیگرش را به فارسی / دری نگاشته و کتاب < حدود العالم > را به جامعه تقدیم کرده است . بدعت این اقدام ممکن است باعث شده باشد که تنها یک نسخه حدود العالم در بخارا بدست آید درست مانند دیوان رودکی سمرقندی که تنها نقل قولهایی از آن بجا مانده است . کتاب حدود العالم شاهکار خلاصه نویسی است که بر پختگی و تجربه مولف دلالت میکند . در این کتاب مؤلف از القاب افتخاری خودداری کرده است که خود علو همت و بزرگمنشی را

تایید میکند . مقدمه حدود العالم بطور استسنائی معتدل و متین است و در آن علامت توقع و انعام در میان نیست .

پروفیسر مینورسکی در مقاله ء که نوشته اند خاطر نشان کرده اند که یقینا مولف هر دو کتاب یک نفر که همین < ابن فریغون است میباشد و وظیفه را به جوانان <خرد و اندیشه> محول مینمایند تا در این باره تحقیق موشگافانه کنند و با این ضرب المثل روسی که: < شکار خود به جانب شکارچی ماهر میرود > مساله ء را در آینده درخشان مینگرد . (۲۸)

مشاهیر ، ائمه و دانشمندان ادب در گوزگانان

همانگونه که گوزگانان از لحاظ پیداوار زراعتی و حاصلات باغداری و پرورش دامداری سرآمد روزگار بوده از نعمت دانش دینی و بلاغت علمی نیز مقام ارجمندی داشته و در آن خطه ی حاصلخیز حاصل فرآورده های هنری و ادبی و دانشی به کمال رسیده و در آن بسا از مشاهیر و مفاخر فرهنگی و اسلامی بروز کرده است .

بزرگانی که در این جا به نام و نشان یاد شده اینها اند : ملا اکه ء شبرغانی ، ابراهیم بن یعقوب ابواسحاق السعدی جوزجانی ، احمد بن موسی الجوزجانی ، مولف حدود العالم ، دوستوم بن پیر علی اندخویی ، ابوسلیمان جوزجانی ، سید تاج الدین اندخوئی ، شیخ نزعی، ظهیر فاریابی ، امام یحیی بن زید ، مولانا شریف واله ، نعمت الله محوی میمنگی ، نادر نیار قادری معروف به < پلنگ پوش > ، میر جوجک جوزجانی ، ابوعلی جوزجانی ، مغموم شبرغانی و ابن فریغون .

ابن یمین شبرغانی : ابن یمین شبرغانی معروف به < ملا اکه > یا < اکه ملا > و یا <داملا اکه> (اکه واژه ترکی که به معنی برادر کلان باشد و داملا کلمه ای است که در ماورالنهر و خراسان کهن برای برای علمای دین و یا کسانی که به مدارج عالی علم دین برسند اطلاق میگردد و حتی امروز هم این کلمه در شمال افغانستان رایج میباشد) یکی از علمای جهید عالم اسلام میباشند . این عارف و شاعر شبرغانی در آنزمان مدرس با نام و نشان بوده که

تحصیلات اولیه را در شبرغان و بلخ به اتمام رسانیده و برای اکمال علوم به پاردریا سفر کرده اند .

وی در تصوف به مولانا خورد اخسیکتی (اخسیکت به غرب یمنگان امروزی است) و خلیفه خواجگی کاسانی (کاسان در شمال نمنگان و متصل نهری موقعیت دارد) دست ارادت داد ، ملا اکه پس از پایان تحصیل و پوشیدن < خرقه ارشاد > به زادگاه اش بازگشت و به تدریس و ارشاد مردم پرداخت . مرگش را در سالهای ۱۰۰۳_۱۰۰۷ قمری گفته اند که مزارش توسط مریدان و شاگردانش مزین گردیده و به روی آن گنبدی برافراشته اند که امروز از لحاظ تاریخی و جنبه تقدس و تبرک یادگار شایسته ی میباشد .

ملا اکه شبرغانی به دری شعر میسرود و ابن یمین تخلص میکرد . دیوان وی شهرت کامل دارد که تا امروز هم در مدارس علمی و خانگی شبرغان و فاریاب و اندخوی در شمار کتب آموزشی کار گرفته میشود .

گویند در هنگامیکه ملا اکه شبرغانی رهسپار بلده طیبه بلخ شدی ، خلایق را دست ارادت چنان بودی که راه ها از ازدهام مردم مسدود گشتی ...

از حضرت ملا اکه شبرغانی کرامات و خوارق عادات در صحایف روزگار مثبوت است و دیوان شعری اش را زمانی اسرار غیبی دانسته اند .

نشان اگر طلبی از خدای عزوجل _ به حرف ما نگر و راه خانه ما پرس

پدر محمود ابن امیرولی کتابدار با ملا اکه شبرغانی محشور بودی و دست ارادت به وی دادی ، همینسان بزرگانی چون مولانا محمد عرب ، شیخ بره کی ، میر محمد حسین علیابادی و صوفی تگین در مجالس و محافل ادبی و عرفانی ملا اکه حضور داشتی . به اساس تذکر بحرالاسرار ملا اکه در سده ۱۰۳۳ دار فانی را وداع گفته اند .

(رجوع کنید به کتاب بحرالاسرار بلخ چاپ کابل ص ۱۷۵ _ و به کتاب ادب فارسی در افغانستان جلد سوم چاپ تهران ص ۲۱) ابن یمین فریومدی شاعر و عارف دیگری است که در عالم اسلام به شهرت رسیده است. اسمش امیر محمود بن امیر یمین الدوله طغرایی از شاعران قرن هشتم هجری است . ابن یمین فریومدی که در قریه فریومد متولد شده در جنگ زاوه وجیه الدین مسعود سربداری و ملک معزالدین حسین کرت

واقع شد به اسارت افتاد و دیوان شعری اش به غارت رفت . شعرهایش قطعات اخلاق دارد که آنرا به یک هزار و پنجصد بیت شمارش کرده اند .

پدر که جان عزیزش به لب رسید چه گفت

یکی نـــصیحت من گوش کن جان پـــدر

اگر چه دوست عزیز است راز خـــــود مگشای

که دوست نیز بـــــــگوید به دوستان دگر

(درباره ابن یمین فریومدی بنگرید به < متون نظم تعلیمی > دوکتور عبدالغنی برزین مهر _ چاپ دوم پیشاور سال ۱۳۸۱ صفحه ۷۳)

دوستوم بن پیر علی اندخوئی : این دانشمند عالم خراسان به زبان های عربی ، ترکی و ادب دری تسلط کامل داشته و یکی از علمای جهید وقت بودی . دوستوم بن پیر علی فرهنگ < کنزالکنز> را از عربی به دری برگردان کردی که بدین لحاظ خدمت بزرگی به جامعه عرضه کردی .

ابوسلیمان جوزجانی : این عالم برجسته ی وطن به تحصیل علم فقه ید طولا داشته و آنرا نزد عالم فقیه و دانشمند عصر محمد حسین تلمذ آموخته اند . گفته اند که در برازندگی علم فقه و یا بزبان دیگر کسی که علم فقه را به کمال رسانیده امام ابوحنیفه بوده و شخص دوم در جهان اسلام در باب فقه همی ابوسلیمان جوزجانی میباشند . ایشان در فاریاب وفات یافته اند . (بحرالاسرار بلخ ص ۱۱۰)

سید تاج الدین اندخوئی : سید تاج الدین اندخویی مشهور به < میر برکت > ویا <میربرکه> ، از علمای فاضل دوره خود بوده که علوم متداوله را در اندخوی فرا گرفته و در نواحی بلخ رخ در نقاب خاک کشیدی که مرقد شان در جوار آرامگاه حضرت حیدر کرار (مزار شریف) بودی ، که این نویسنده مرقد شانرا چندین بار زیارت کردی .

شیخ نزعی : شیخ نزعی شبرغانی الاصل که آباء و اجداد شان در خطه گوزگانان حیات بسر میبرده اند .این شاعر و صوفی واراسته ، در فضای صوری و فواصل معنوی دست بالا داشته به وقت کم از علوم متداوله برخوردار و از چاشنی عرفان دینی بهره مند گردیده

اند . شیخ نزعی در زمان اش از جانب حاکم وقت به وظیفه سیورغالی (تیولداری) مشرف گردیده که بدبختانه عمر کوتاه مانع همه کار های علمی و اداری گردید و این بیت ها نمونه کلام وی است :

چنان کاست در بستر از ضعف هجران
تن زار من در فـــــراق صواحب

که بعد از وفاتم به تابوت یـــابند
چو نال قلم در قلمدان کـــاتـب

شورش ذوق جنون دارد دل مجذوب ما
رونق حس پریشانی برد آشـــوب ما

وای بر ما گرفتار آنکه از بـــار ملال
بال سیمرغ طلب را بشکند مکتوب ما

(بحر الاسرار بلخ چاپ کابل ص ۲۵۷)

ظهیر فاریابی : ابوالفضل طاهر بن محمد معروف به ظهیر فاریابی و یا ظهیر فارابی ، از مردم فاریاب ، شاعر و ادیب وارسته که در آغاز جوانی به سرودن شعر آغازید و در نیشاپور به تحصیل علوم پرداخت . در فلسفه ، منطق و علم نجوم سرآمد روزگار گردید و در نیشاپور به خدمت طغانشاه حاکم در آمد . ظهیر فاریابی چندی به اصفحان و مازندران و بعد به آذربایجان بخدمت اتابک ابوبکر شیکین درآمده و مدح وی بگفت . در اواخر عمر دَر و دَربار را ترک و گوشه گیری را انتخاب کرده در جوار کوه سرخاب تبریز جان به حق سپرد .

گرفتارم به دام چین زلف عنبرین مویی
فرنگی زاده شوخی ، کافری زنار گیسویی

دل از یوسف بری مجنون فریبی کوهکن سوزی
زلیخا طلعتی ، لیلی و شی ، شیرین سخن گویی

رسیده گوشه ابرو به چشم سرمه سای او
تو پنداری کمانداریست در دنبال اهویی
یکی خال سیه جا کرده در کنج لب لعلش
که گویا بر لب آب بقا بنشسته هندویی
دو پستانش زچاک پیرهن دیدم به دل گفتم
تـــــماشا کن که سرو ناز بار آورده لیمویی
برو چون مه ، ببو چون گل ،معذالله غلط گفتم
نـــــدارد مه چنین رویی ، ندارد گل چنین بویی
به آهو نسبت چشمش چو کردم چین به ابرو زد
کـــــه چـــشم شیرگـــــیر ما ندارد هیچ آهویی
میــــان خوب رویـــان سربلندی میسزد او را
که دارد چون < زهیر > او عاشق زار دوعا گویی

(درباره ظهیر فاریابی رجوع کنید به دانشنامه ادب فارسی در افغانستان چاپ تهران جلد ۳ ص ٦۴٨)

امام یحیی ابن زید : امام یحیی ابن زید پس از کشته شدن پدرش امام زید بدست امویان به خراسان پناه آورد . خلیفه اموی زنده بودن امام یحیی را خطر پنداشته نصر بن سیار را به تعقیب وی میگمارد . نصر بن سیار حاکم خراسان وی را در کهندژ مرو محبوس میکند . پس از چندی امام از حبس رها گردیده (به روایتی فرار کرده) روی به جانب هراب و بادغیسات میآورد تا اینکه در جوزجان (گوزگانان) اقامت میگزیند .

چون باز هم موجودیت امام را لازم نمیبینند ، لشکری به سوی او گسیل میدارند و امام یحیی با جمله دوستان در روستای ارغوی (قراغوی) گوزگانان بدست سوده بن محمد کشته میشوند . اکنون آرامگاه امام شهید در شرق سرپل امروزی واقع گردیده که بنام <امام خورد > زیارتگاه عامه است .

(جغرافیای تاریخی افغانستان بخش ۳٦ ص ۲۴۲)

مولانا شریف واله : محل تولدش قریه اشرف که از مضافات ولایت شبرغان است . اجداد مولانا واله همه عالمان دین بودند که در مسالک تدریس اشتغال داشته اند . وی علوم متداوله را نزد خانواده دانش پرورش آموخت و در ضمن شاعر روزگار گردید مولانا شریف واله نیز مانند شیخ نزعی شبرغانی در وظیفه سیورغانی گماشته شد و در سنه ۱۰۳۹ وفات یافت که نمونه کلام وی اینست :

یک دانه دلی دارم و صد آبله در وی

این بخیه ز انگشت هنرمند که باشد

صف صف مگسان فاتحه خوانند به شکر

پیداست که بیمار شکر خند که باشد

فصل دیم که بی نفس سرد نیستم

صید فریب مرغ چمن گرد نیستم

والله خوشم که پنبه داغم ز آفتاب

باری نصیب سینه ء بیـــدرد نیستم

(بحرالاسرار صفحه ٢٦٦)

نعمت الله محوی میمنگی : نعمت الله محوی معروف به < خلیفه > شاعر و عارف سده دوازدهم هجری که در جوانی بخدمت شیخ الاسلام در آمدی (شیخ الاسلام فرزند خدای بردی سر سلسله ی شیخ الملامتیان روستای خواجه کیتنی قیصار میمنه میباشد) و در محضر آن استاد دینی به تحصیل علوم پرداختی و بر علاوه شاگردی ، داماد وی نیز بودی . نعمت الله محوی چندی در هرات بسر برده و ماده تاریخ بناء مسجد کرخ هرات را از عبارت < چراغ داد > که برابر با ۱۲۱۳ قمری است پیدا کرده است . دیوان وی شامل غزل ، مثنوی و مستزاد است .

(دانشنامه ادب در افغانستان ص ۹۲۷)

قاضی منهاج الدین سراج جوزجانی : منهاج الدین مولف کتاب سترگ < طبقات ناصری > اند که در حدود هفت قرن پیش بزبان شیرین دری به دهلی نوشته شده است . این مولف دانشمند از رجال معروف وطن ما که اجداد شان از مردمان علم دوست جوزجان بوده که بدربار های غزنه ، غور در اواخر به خدمت شاهان هند رسیده اند . قاضی منهاج الدین جوزجانی در سالهای بعدی به صفت قاضی در هندوستان ایفای وظیفه میکرد . به اساس تذکر طبقات ناصری ، امام عبدالخالق جوزجانی (جد بزرگ منهاج الدین) نظر به خوابی که دیده گوزگانان را ترک گفته به سوی غزنین رهسپار میشود و در آنجا با شاهدخت زمانه (دختر داود سلجوقی حکمدار خراسان) ازدواج مینماید و از او پسری به دنیا می آید که نامش را <ابراهیم> میگذارند . ابراهیم پدر مولانا منهاج الدین عثمان جوزجانی است که پدر کلان منهاج الدین سراج باشد که بدین صورت منهاج الدین سراج از خانواده <عالمان دین> بودند .

(کتاب طبقات ناصری چاپ کابل سال ۱۳۴۰ ص ۲۳۹)

ابراهیم بن یعقوب ابواسحاق جوزجانی : این دانشمند متبحر از جمله ثقات و حفاظ بوده و در تاریخ دمشق ذکر او رفته است و وفات وی سال ۲۵۹ بوقوع پیوسته است .

ابوعلی جوزجانی : بنا به گفته تذکره الاولیا عطار ، ابو علی از کبار مشایخ و از جوانمردان طریقت بود و در مجاهده با کمال و او را تصانیف است و در معاملات معتبر و مشهور و کلماتی مقبول و مذکور و مرید حکیم ترمذی بود ... و گفت : <عارف آنست که جمله ی دل خوش به مولی داده باشد و تن به خلق .. > (از مشایخ شماره ۶۸ شیخ عطار در تذکره الاولیا چاپ کورش تهران ۱۳۷۳)

نادر نیاز قادری : نادر نیاز قادری معروف به < پلنگ پوش > شاعر و عارف قرن یازدهم هجری که در روستای اندخوی زاده شد و در سالهای پختگی سن به سرزمین های کشمیر ، بلخ ، بغداد ، شام ،بخارا ، و روم سفر ها کرده و چندین بار به <خانه خدا> رفته و پس از چند دهه مسافرت به زادگاه اش برمیگردد .

وی در خاک وطن میمیرد و در جوار بابای ولی دفن میشود . قادری پیرو سلسله قاردیه بوده که از همین باعث تخلص < قادری > را اختیار میکند . او مجموعه یی دارد بنام <

بخش دوم: حوزۀ جغرافیایی آمو دریا و شهر ها

غربت نامه > که شعر های عرفانی درونمایه ء سروده هایش را تشکیل میدهد (دانشنامه ادب فارسی در افغانستان ص ۷۹۵)

میر جوجک جوزجانی : میر جوجک از فضلا و ادبای عصرش که به گفته بحر الاسرار: <در شیوه ، سخن سنجی و سخن گویی دست بالا داشته و در مجالس امراء و خوانین سخنان نشاط انگیز و کلمات انبساط آمیز گفتی> میر جوجک در زمان خاقان عبدالمومن خان به سمت ملک الشعرائی سرفراز گشتی . این فرزند عالیجناب جوزجان در زبان های تازی، پارسی ، ترکی ، و هزارگی با فصاحت و بلاغت کامل شعر گفتی و نثر نوشتی . وی شاعر < هزل گفتار ، حاضر جواب و حریف شکن که در طبیعت آزمائی دست دراز داشتی > . بعد از وفات عبدالمومن خان او از وظایف کناره گرفته به طاعات و عبادات روی میاورد تا اینکه در قریه ء سید آباد جوزجان به حق میپیوندد .(بحرالاسرار بلخ چاپ کابل ص ۲۴۷)

مغموم شبرغانی : میرزا مدثر فرزند میرزا اقبال معروف به < مغموم شبرغانی > شاعر نیمه دوم سده سیزدهم که تاریخ تولد و مرگ وی درست در دست نیست. پدر مغموم در میان مردم شبرغان به میرزا اقبال شبرغانی شهرت داشته و دبیر میر شبرغان بود . در هنگامیکه امیر عبدالرحمان خان حکیم خان اتالیق میر شبرغان را بکابل خواست ، مغموم نیز با خانواده به کابل رهسپار گردید . به گواهی سید صدیق خان گوهری که مغموم خط نستعلیق را خوب مینوشته یا بزبان دیگر از نعمت حسن خط آراسته و در ضمن آن آثار منظوم از وی بجا مانده است . از سروده های صوفیانه مغموم شبرغانی چنین بر میآید که به عالمان دین و بزرگان صوفیه ارادت خاص داشته . (دانشنامه ادب فارسی در افغانستان ص ۹۷۶)

میرزا گیجک جوزجانی : میرزا گیجک برادر میر جوجک جوزجانی که در زمان ولی محمد خان حکمدار بلخ از مکارم و مفاخر بلخ بوده و به تدریس شیخ الاسلامی روضه مبارک مزار شریف سرفراز گردیدی و در مصاحبت ارباب حال و در مراسم قال اشتغال داشتی . ایشان یکی از مدرسین بنام مدرسه شاه ولایت مآب بوده و در سال ۱۰۳۳ در همان جا وفات و در جوار روضه حضرت علی ابن ابیطالب (رض) بخاک سپرده شد .میرزا گیجک شبرغانی تاریخ مزار فیض آثار را یافته که آن تاریخ تا کنون بر طاق دروازه نظرگاه بخط جلی مسطور و مرقوم است.

مولف کتاب حدود العالم : یکی از دانشمندان و جغرافیا نگار وطن ما بود که در سال ۳۷۲ هجری کتاب حدود العالم را به زبان خالص فارسی / دری برشته تحریر در آورده و آنرا به حاکم گوزگانان محمد بن احمد الحارث فریغون اهدا کرده که متاسفانه مولف تذکری از نام اش نداده است مینورسکی دانشمند غربی در یک مقاله خود خاطر نشان میکند که در زمان فریغونیان شخصی بنام < ابن فریغون > از همین دودمان علم پرور که عالم و فاضل بوده کتاب جوامع العلوم را بزبان عربی نوشته و احتمالا که بعد ها همین مولف کتاب حدود العالم را بزبان دری نگارش ساخته که بدین حساب ابن فریغون مولف هر دو کتاب بوده است .(حدود العالم بخش مقاله مینورسکی)

رویداد ها و قصه های تاریخی در گوزگانان

در هر جامعه رُخداد و روند های اجتماعی و فرهنگی عرض وجود مینماید که سازنده آن ، مردم آن جامعه میباشد . قصه ها ، افسانه ها ، اسطوره ها و دیگر خاطر های تلخ و شیرین است که جامعه را رونق میبخشد و رویداد میآفریند و داستان خلق میکند . جنگ اضداد و کشمکش های طبقاتی و دیگر روند های بالا و پایان زندگانی باعث آن میگردد که در جامعه و زندگی اجتماعی مردم رویداد خلق شود و هنگامه پدید آید . در آغاز ما دو داستان واقعی را به تاریخ بیهقی میگزینیم :

ابوالفضل بیهقی ، آن بزرگ مرد تاریخی و دانشمند ادب نثر دری _ پارسی که دیده ها را از شنیده ها جدا کرده و حکایت هایی دارد از خراسان قدیم که ما تاریخ اش ورق میزنیم و برگی را از درخت کهنسال آن بر میچینیم و دو داستانی را که در گوزگانان بوقع پیوسته درج مینمایم . داستان واقعی اول از امیر سبگتگین است که چگونه از چارپائی غلامی بر اورنگ امیری میرسد . حرف دیگر از گریز خواجه ابوالفظفر برغشی وزیر پر اقتدار سامانی که چگونه دم داده به گوزگانان لم داد . طبق شواهد تاریخی الپتگین از جمله ی جنگاورانی بود که امرای سامانی به مقامات مهم دولتی مقرر کرد . درین هنگام سبکتگین که غلام بود به خدمت الپتگین میاید و کار دنیائی رونق گرفته سبکتگین در عرصه روزگار بروز کرده و قصه اش را چنین می آغازد :

< . . و خواجه ما سیزده یار را به شمول خودم از رود جیحون بگذرانید و به شبرغان آورد و از آنجا به گوزگانان که پدر امیر الپتگین در آنوقت پادشاه گوزگانان بود و ما را به نزدیک او بردند . هفت تن را جز از من خرید . مرا و پنج تن دیگر را نه پسندید .

مرا سبکتگین دراز گفتندی ، در راه به قضا سه اسپ خداوندم ریش (زخم) شد . خداوندم مرا بسیار بزده بود و زین بر گردن من نهاده . من سخت غمناک بودم از حال و روزگار خویش که کسی مرا نمی خرید و خداوندم سوگند خورده بود که مرا به نیشاپور پیاده ببرد ، همچنان برد . آنشب با غمی سخت بزرگ بخفتم . در خواب دیدم حضرت خضر (ع) ، خضر نزدیک من آمد مرا گفت غم مدار که مردی بزرگ و با نام خواهی شد. چون این پایگاه بیافتی به خلق خدا نیکویی کن و دولت بر فرزندان تو بماند . از خواب برخاسته نیم شئ غسل کردم و در نماز استادم تا رکعتی پنجاه و دعا کردم ، بگریستم و در خود قوتی بیشتر میدیدم ، میخ برداشته و به صحرا بیرون آمدم و نشان فرو بردم . چون روز شد خواجه بار ها بر نهاد و میخ طلب کرد نیافت ، مرا بسیار بزد به تازیانه و سوگند گران خورد که به هر بها که ترا بخواهند خرید بفروشم ... و دو منزل تا نیشاپور پیاده رفتم و الپتگین به نیشاپور بود بر سپه سالاری سامانیان با حشمتی بزرگ ، و مرا با دو یارم بدو بفروخت و قصه پس از آن دراز است تا بدین درجه رسیدم که میبینید .. > (تاریخ بیهقی چاپ کابل ص ۲۵۴ _ ۲۵۵)

حکایت دیگری که ابوالفضل بیهقی دارد از خواجه ابوالظفر برغشی وزیر امیر سامانی است. وزیر کاردان و ژرفنگر اندیشیده بود که دولت سامانیان دارد گسسته میشود او بفکر افتاد که از این خدمت خود را برهاند و به گوشه ی از گوشه های خراسان به امن و امان و سلامت روان . دور از آشوب حیات بسر ببرد .

چون در آنزمان کنار گرفتن از مشاغل دولتی مشکل میآمد و آنست که وزیر کار کشته خویشتن را به مریضی میاندازد و به گفته ء بیهقی < حیلت ساخت که چون گریز > . وزیر پخته کار به طبیبی صلت نیکو داد در حدود پنج هزار دینار تا او را در موقع دست گیرد . در یکروز سرد و یخبندان وزیر خود را از بالای اسپ میاندازد و پایش را میشکند و خود را از هوش میبرد . امیر سامانی که وزیر را نهایت دوست داشت از این حادثه سخت نگران شده صدقه و قربانی را جاری نموده و از پزشک موظف هر روز حال وزیر پرسیدی .پزشک

بیمار نیز کار ها را طور دلخواه وزیر درست کردی و امیر را از حادثه سخت آگاه ساختی ، خلاصه نقشه وزیر کارگر افتاد و حیلت ها چلیدن گرفت تا اینکه صلاح بر آن شد که وزیر جهت آسایش و رهایش به یکی از نقاط خراسان که آب و هوای گوارا داشته باشد برده شود. پیش از آنکه گوزگان محل بود و باش وزیر تعیین گردد او چیز های گرانبها و قیمتی اش را بدانجا گسیل کرد و همچنان به حاکم گوزگانان فرمان صادر شد تا وزیر با تدبیر را عزیز بدارد . اینک وزیر حلیت ساز با چند بار اشتر ، تربار و خشکبار تؤام با حاجت و دربان _ کنیز و غلام راهی گوزگانان شده و تا پایان کار در آن سرزمین براحتی دم دیر پا گرفت .

(تاریخ بیهقی چاپ کابل به تصحیح دکتر علی اکبر فیاض سال ۱۳۶۴ صص ۴۵۶ و ۴۵۷)

این بود داستان غلامی که بر اورنگ پادشاهی رسید و وزیری که حیلت ساخته و از کار کناره گرفت . غلامی که خود و پسرانش چند سده شاهنشاه با عظمت غزنه بودند . قرار نوشته های تاریخی ، سبکتگین همان میخی را (گل میخ آهنی) در صحرا جهت نشانی مانده بود و آن صحرا را بنام < صحرای خاکستر > یاد میدارند که با فرو رفتن میخ ، < گل های میخی > روییدن گرفت . در هنگامیکه سبکتگین تازه به تخت امیری نشسته و در یک روزی که صحرا خاکستر پر از گل میخی شده ، امیر غزنه با جمله درباریان و لشکریان و اعیان که همان ایام تلخ را بخاطر میاورد و در جستجوی همان < میخ نشانی > روی به صحرا مینماید و میخ را میابد و بی درنگ در آنجا پیاده شده زمین پروردگار را بوسه میزد و نماز میگزارد و شکرانه خداوند عالمیان را بجا میکند و از غم های گذشته درباریان را آگاه میسازد . راویان بر آن اند که سبکتگین بعد از آن حادثات تاریک برده گی وقتی که بر اورنگ امیری مینشیند با صدر فراخ با خلق الله با نیکوئی رفتار میکند و دامن عدل میگشاید . ایکاش مردمان از این داستان پند بگیرند و بدانند یگانه چیزی که در بقای آدمی نام و نشان میگذارد ، انسان بودن است و بس .

رویداد دیگری را از «تاریخ گردیزی» بر میگزینیم :

گویند وکیع بن ابی سود غدانی سردمدار ظالم خراسان که با قتیبه بن مسلم (عرب ظالم دیگری که در سوختن و کشتن سرزمین های گوزگانان و خراسان دست دراز داشته) کینه

بخش دوم: حوزهٔ جغرافیایی آمو دریا و شهر ها

گرفت و وی را با جمله یازده تن فرزندان بکشت و تنها یک فرزند او بنام < عمرو > در گوزگانان زنده ماند . وکیع امر کرد تا سر های همه را ببریدند و سر ها را سوی خلیفه ی وقت سلیمان بن عبدالملک فرستادند. .

در هنگامیکه وکیع حکومت کردی انس و جنس از نزد وی در امان نبودی . گویند روزی مستی پیش او آوردند بفرمود : تا آن مست را گردن بزنند . او را گفتند : بر مست کشتن واجب نیاید ، بلکه حد تازیانه واجب شود . وکیع گفت : عقوبت من تازیانه و چوب نبود الا به شمشیر ! (تاریخ گردیزی ص ۲۵۰)

برگرفته از :

۱. کتاب «حدود العالم»، مقدمهٔ بارتولد و تعلیقات مینورسکی، ترجمهٔ میر حسین شاه، چاپ کابل، سال ۱۳۴۲، ص ۳۸۹ و مقدمه صفحه ۱۷۰

۲. فرهنگ معین، جلد ششم، صفحه ۱۷۴

۳. فصلنامهٔ خط سوم، چاپ ایران، شماره اول، خزان ۱۳۸۱، برگردان از روسی داکتر لقمان بایمت اوف، صفحه های ۴۲ و ۴۳

۴. کتاب «جغرافیای تاریخی افغانستان»، اثر عبدالحی حبیبی، چاپ پیشاور، ۱۳۷۸، فصل دوم

۵. حدود العالم، صفحه ۱۷۱

۶. فرهنگ جهانگیری، جلد اول، صفحه ۲۰۸۲. همچنان بنگرید به فرهنگ عمید، جلد اول، صفحه ۴۲۰

۷. کتاب «تاریخ بعد از اسلام»، اثر پوهاند عبدالحی حبیبی، صفحه ۴۵۲

۸. کتاب «عتبه الکتبه»، به تصحیح محمد قزوینی و عباس اقبال، سال ۱۳۲۹، صفحه جیم

۹. درباره اسپ بنگرید به مقالهٔ حبیب برجیان در:

۴۷۵

_ فصلنامۀ ره آورد، شماره ۵۲، سال ۱۳۷۸، صفحه ۱۹۰. همچنان بنگرید به «بزکشی در گستره تاریخ»، نوشتۀ کامل انصاری

۱۰. حدود العالم، صفحه ۳۹۰

۱۱. کتاب «جغرافیای تاریخی افغانستان»، اثر پوهاند حبیبی، چاپ پیشاور، ۱۳۷۸، صفحه ٦۴ تا ٦٦

۱۲. «دیوان حکیم ناصر خسرو»، ناشر دنیای کتاب، سال ۱۳۷۲، پاورقی های صفحه های ۲۸ و ۲۹

۱۳. دو هفته نامه «زرنگار»، منتشره کانادا، سال ۱۳۸۰، صفحه ۲۰

۱۴. کتاب «افغانستان در مسیر تاریخ»، اثر میر غلام محمد غبار، چاپ دوم، صفحه ۷٦

۱۵. «جغرافیای تاریخی افغانستان»، اثر پوهاند عبدالحی حبیبی، چاپ پیشاور، سال ۱۳۷۸، بخش ۳٦

۱٦. «تاریخ گردیزی»، به تصحیح عبدالحی حبیبی، چاپ تهران، صفحه های ۲٦۰ و ۲٦۱

۱۷. درباره «اندخوی» بنگرید :

_کتاب حدود العالم، صفحه های ۱۷۸

_ فرهنگ معین، ج ۵، ص ۱۷۲

_ کتاب «شناسنامه افغانستان»، اثر بصیر محمد دولت آبادی، چاپ قم، ص ۱٦۹

۱۸. درباره جهودان :

_ فصلنامه «ره آورد»، شماره ۴۹، سال ،۱۳۷۷، نوشته سید طیب جواد، ص ۲۰٦

_ کتاب «تاریخ تمدن اسلامی در قرن چهارم هجری»، تالیف آدم میتز، سال ۱۳٦۲، جلد اول، صفحه ۵۲

_کتاب «حدود العالم»، صفحه های ۱۷۲ و ۳۹۰

۱۹. شبرغان

_ کتاب «تمدن اسلامی در قرن چهارم هجری»، جلد اول، صفحه ۱۷۱

_ کتاب «حدود العالم»، صفحه ۳۹۰، بخش ۶۰

_ «برهان قاطع»، به تصحیح محمد عباسی، صفحه ۷۰۶

_ درباره طلا تپه بنگرید به نوشته کامل انصاری

۲۰. فاریاب

_ «فرهنگ معین»، جلد ششم، ص ۱۲۹۳

_ «تاریخ گردیزی»، به تصحیح پوهاند عبدالحی حبیبی، ص۷۹

۲۱. طالقان

_ کتاب «حدود العالم»، صفحه ۱۷۹

_ «زین الاخبار گردیزی»، صفحه های ۲۴۲ و ۲۳۹

۲۲. «سفرنامه ناصر خسرو»، به کوشش دکتر نادر وزین پور، انتشارات ایران زمین، چاپ کالیفورنیا، صفحه ۱۰

۲۳. «حدود العالم»، چاپ کابل، سال ۱۳۴۲، صفحه ۳۲۶

۲۴. کتاب «جغرافیای تاریخ»، اثر عبدالحی حبیبی، بخش های گوزگانان

۲۵. کتاب «اسرار التوحید»، جلد دوم، به تصحیح دکتر شفیعی کد کنی، تعلیمات صفحه ۵۳۴

۲۶. شهر ها و شاهان گذشته به صورت پراگنده از کتاب «حدود العالم» اخذ شده است

اندخود / اندخوی

خاکی که قُچاق مردان و قُلُق زنان برکت آفریده اند

اندخوی شهرکی است با برکت ، که از آن حقیر فقیر و اندیشه مرد با برکتی همچون میر برکت اندخویی به میان آمده است . دیاری که در قفر و ریکزارش سخن از قاق (*) است . قاق هاییکه از کناره های آن دریا مردان چون : مولانا < قربت > قاضی بابا مراد ، سید میر برکه ، محمد کریم نزیهی ، دوستوم بن پیر علی و نادر نیاز قادری پلنگ پوش قد علم کردند .

فرهنگ معین اندخوی را مساوی با اندخود دانسته و آنرا شهری میداند کوچک در ناحیه شمالی افغانستان میان بلخ و مرو بر کنار بیابان نزدیک شپورغان . (فرهنگ معین جلد پنجم صفحه ۱۸۳)

اندخوی در تاریخ دراز دامن خود به نام های چون : اندخود ، اندخوی ، انخود ، انخد ، اننتخد ، انخد و انده قوی یاد گردیده است . یاقوت حموی در کتاب معجم البلدان اندخوی را به شکل < نخد > به (ضم نون و فتح خا) و سمعانی در یادمانده ارزشمندش < الانساب > اندخوی را < نخد > (به فتح نون و خا) یاد کرده اند . اما در اکثر یادداشت های تاریخی اندخوی پیوسته به شکل < اندخود > یاد گردیده است . جالب آنست که اسم این شهر در نسخ خطی سالهای پسین بصورت < اندقوی > ثبت گردیده که آنرا در نسخه خطی < مجمع الغرائب > تالیف سلطان محمد بن درویش محمد (سده سیزدهم هجری) مشاهده میکنیم . این کتاب به خوشنویسی شخص بنام < نصرالله خواجه انده قودی > استنساخ گردیده که آنرا چنین میخوانیم : < تمه اکتاب معون الملک الوهاب یوم الجمعه فی شهر انده قوی فی ید العباد نصرالله خواجه انده قودی غفرالله ذنوبها و سترعیوبها ۱۲۹۵ هجری قمری >

از نوشته بالا بر می آید که تخلص نصرالله خواجه انده قودی و شهرش انده قوی بوده است . سخن دیگری حیرت آور آنکه راویان را بر آنست که اعمار شهر اندخوی را < بابا ولی> بنا کرده باشند و ایشان در موقع تعمیر و خشت گذاری و دیوار گری شهر ، به مزدور کاران میفرموده اند که : < انده قوی ، مونده قوی > بدان معنی که : < خشت را

آنجا گزار و اینجا گزار > . که بدین نسبت انده قوی اسم با مسمی شده و نام اندخوی از آن گرفته شده باشد . (۱) اندخوی با دیگر توابع آن وابسته دارالخلافه بلخ بوده است که در جغرافیای حافظ ابرو آنرا چنین مشاهده میکنیم : < بلخ از شهر های قدیمی است . گویند در خراسان هیچ شهری قدیمی تر از بلخ نیست توابع آنچه در کتب نبشته اند : تخارستان ، سمنگان ، بغلان ، سرای ارهنگ ، طالقان ، اندخود ، شبورغان ، فاریاب ، جوزگانان ، بامیان ، غزنه ، ، پنجهیر (پنجشیر) کابل ، فروان (پروان) تا کنار سند را از حساب بلخ شمرده اند > (۲)

کتاب بحرالاسرار بلخ درباره حمله بهرام چوبینه که از طرف هرمز پادشاه ساسانی جهت حمله به سوی کابلشاه روانه گردیده بود . کابلشاه در حوالی خیابان بدست لشکریان بهرام چوبینه کشته شد و ملک بامیان که بهمیاری کابلشاه آمده بود فرار اختیار کرد . ملک بامیان که با ملک هند دوستی دیرینه داشت از وی کمک خواست که بحر الاسرار آنرا چنین مینویسد : < از آنجا که حقوق والی بامیان در ذمه او بسیار بود . بذاتهء بی درنگ آهنگ بلخ نموده با سپاه گران سنگ در حدود ارهنگ به ملک بامیان پیوست > در آنزمان بندی را که کیکاووس بالای دریای ساره بسته کرد و آب بجوی فاخر آورده بود و از برکت بند تمام نواحی شمالی بلخ ، ساحه وسیعی از شبرغان ، سرزمین اندخوی و قسمت هایی رم و آمویه و تمام نواحی بیابان بسنگ که امروز بنام چول زردک یاد میگردد آبیاری میشد . شاه هند همه بند را خراب کرد و نهر ها را خشک که از آن روز به بعد به تعبیر بحرالاسرار که < آن جوی که به فاخر موسوم بود از آن هنگام تا ارتفاع رایات دولت خلافت مرتبت (عهد نویسنده بحرالاسرار) .. سمت اندراس و انطماس پذیرفته خراب و سراب میبود > .. ملک هند به سوی جوی ساره که امروز بدیاری آق سرا مشهور است رسید . آنها بخاطر عدم پیشروی عساکر شاه ساسانی همه بند ها و نهر ها را خراب کردند تا دشمن را صدمه زده باشند . بدین حساب تمام نواحی خراسان را از بلخ تا گورگانان و اندخود و آمویه به سراب و خراب تبدیل کردند . (صفحه های ۴۶ و ۴۷ بحرالاسرار بلخ)

مشاهیر ادب و فرهنگ در اندخوی

سید تاج الدین اندخویی مشهور به میر برکت : عالم نام آور و پیر شوریده حال و درویش با ادب سید میر برکت اندخویی از بزرگان سده قرن هشتم که با پادشاه نامبردار زمانه امیر تیمور صاحبقران مشحور بودند . سید تاج الدین اندخویی را امیر تیمور نهایت دوست داشتی ، از فیض علم و معرفت و مشوره های مقیده و با برکت سید برکت اندخودی کسب فیض بردی . گفته اند که سی و پنج سال میر برکت در خدمت امیر صاحب قران بسر برده و از برکت سید برکت اندخودی به جاه و مقام پادشاهی استوار گردیدی و همیشه پیر با برکت را در سفر و حضر با خود داشتی ، در کار های نظامی ، اجتماعی و فرهنگی از پیر خرد ورز اندخود مشوره های لازم گرفتی . مرگ میر برکت اندخودی را در سال ۸۰٦ هجری قمری تعیین کرده اند . قبر سید تاج الدین اندخویی در جوار مرقد شاه اولیاء مزار شریف قرار دارد .

یادداشت ها :

(*) قاق مراد از ذخیره گاه های آب های باران و یا سیل میباشد که مردم در موقع معین از آن استفاده میبردند . چون اندخوی سرزمین خشک و ریگستانی است ، یگانه وسیله مردم برای تامین آب آشامیدنی چاه و قاق میباشد . قاق درست مانند حوض هاییکه از باران و یا سیل حاصل گردد و به شکل مدور احداث شده به عمق سه یا چهار متر میرسد . بدون شک کندن قاق ها وابسته به خان و یا بای منطقه است که بعد از حفر ، قاق بنام همان شخص یاد میگردد . مانند قاق صفا خان ، قاق ملا چاری خان ، قاق میر اسماعیل عرب و دیگر قاق هایی که به ساحه آقینه کنده شده است . (بنگرید به صفحه ۱۴ _ کتاب < اندخوی > محمد امین متین اندخویی ۱۳۷۸ شمسی چاپ پیشاور)

قاق را فرهنگ عمید واژه عربی دانسته و به معنی مرد احمق و سبک روح ، مرد بلند قد و باریک و لاغر را میداند . در فارسی به معنی خشک و ترد نیز میگویند . مانند

بخش دوم: حوزهٔ جغرافیایی آمو دریا و شهر ها

نان قاق _ نان خشک . آدم قاق _ آدم لاغر . («فرهنگ عمید»، جلد دوم، صفحه ۱۵۶۶)

۱. بنگرید به کتاب < اندخوی و جایگاه آن در تاریخ >، اثر محمد امین متین اندخویی، سال ۱۳۷۸، پیشاور، صفحه های ۴ و ۵

۲. کتاب «بحرالاسرار بلخ»، به تصحیح مایل هروی، چاپ کابل، صفحه ۲۸۲ حاشیه نقل از حافظ ابرو

بخش سوم

حوزهٔ هیرمند

HIRMAND

رودباری که ماسه و حماسه آفرید

سراپرده زد بر لب هیرمند　　　بفرمان پیروز شـــاه بلند

(هیرمند) واژه ترکیبی اوستایی که از (هیر) و (مند) تشکیل یابیده و (هیر) با یای مجهول و رای قرشت، بمعنی (آتش) یاد شده است، (مند) بر وزن قند که معنی (صاحب) ، (خداوند) و (دارنده) را میرساند. (مند) معمولاً در آخر کلمه میاید مانند دانش مند، خردمند، دولت مند، و ارج مند. بناً (هیرمند) بمعنی (دارنده ای آتش) دارنده اجاق، یا صاحب آتش مقدس . همچنان (هیر) بمعنی طاعت و عبادت هم آمده است. (هیرمند) نام رودخانه ای میباشد که سرزمین پهناور سیستان را آبیاری میکند و تا امروز آن رودخانه اسطوره ای که (اصل مطلب) این نوشته میباشد بنام تاریخی و اسطوره یی اش یعنی (هیرمند) یاد میگردد. (۱)

فرهنگ جهانگیری (هیرمند) را یکی از القاب (گشتاسب شاه) نیز دانسته که معنی آن (عابد) است و این خود قدسیت واژه را تعیین میکند. (هیر) را با اول مفتوح و یای معروف بمعنی آتش میداند و این سروده امیر معزی را بیان میکند:

در هیر کده گر ز مدیح تو بخوانند　بیزار شود هیربد از زند و ز پا زند (۲)

کانون آتش و عبادت و القاب روحانی و سرزمینی که امروز نیز هیرمندش یاد میکنند بحث نهایت جالب و تاریخی و دیرینه یی که باید آنرا از دل قوغ تاریخ و خاکستر اسطوره بدر کشید.

پژوهشگر و جغرافی دان سترگ داکتر پرویز مجتهد زاده، هیرمند را یک واژه کهن فارسی دانسته و بمعنی (دارنده آب) نوشته اند (۳) که دارنده آب ، صاحب آب و یا محلی که آب در آن (مُمد حیات است مفرح ذات) با تعریف بالا همسویی دارد.

(هیتومنت) که در اوستا رود هیرمند میباشد، دانشمند فرهیخته وطن محمد اعظم سیستانی به استناد از پورداود (هیتو) را بمعنی (پُل و سد) دانسته و (منت) که معادل (مند) باشد و بصورت ترکیبی (رودخانه دارای پل و سد) معنی کرده اند، همینسان به استناد یشت ها که در بندهشن آمده، رود هیرمند (زرین مند) نیز خوانده شده (۴)

در سرزمین تاریخی ما افغانستان امروز در تقسیمات سیاسی، ولایتی بنام (هلمند) نامگذاری شده که از نام نامی رودخانه کهن و اسطوره یی (هیرمند) اخذ شده که در روزگارانش جولانگاه دهقانان، کیانیان، تهمتنان (تَهمتن) ، دلیر مردان، مؤبدان و رزمندگان بوده و تا هنوز هم راز و رمز قرون در دل (ماسه ها و حماسه هایش) پنهان است میباشد. (هیرمند) واژه ایست تاریخی که دیرینه گی آن با سرزمین آتش و خاکستر همخانی دارد که این کلمه بعد ها در زبانزد عامه به (هلمند) تغیر شکل داده است. این نویسنده کاربرد (هلمند) را درست نمی دانم زیرا که در شاهنامه فردوسی طوسی و دیگر متون ادبی فارسی/دری (هیرمند) نوشته شده است.

سرا پرده زد بر لب هـــــیرمند　　به فرمـــــان پیروز شاه بلند

چو آمد به نـزدیکی هـــــیرمند　　فرستاده ای برگزید ارجمـــند

اسدی طوسی نیز تلفظ کلمه (هیرمند) را در گرشاسب نامه بکار برده است.

دو منـــزل زمین تا لب هیرمند　　به آب خوش و بیشه کشتمند

ازین سروده ها معلوم میشود که هیرمند بُعد تاریخی و فرهنگی دارد. در شاهنامه فردوسی طوسی (هیرمند) و (زابل) شصت بار ذکر شده است و همچنان سیستان، زابلستان و نیمروز در شاهنامه یکصد و پنجاه بار یاد گردیده است.

(دکتر علی اکبر جعفری_ فصلنامه ره آورد منتشره کالیفورنیا_ شماره ۴۹ صفحه هفتم)

سرزمین رود های مقدس

وقتا که سخن از هیرمند است، زردشت پیامبر بیاد میاید، وقتا که از هیرمند یاد میگردد، رستم و کارنامه هایش بخاطر میافتد. رستمی که از (زال) پدر (زابلی) و رودابه (دختر مهراب شاه کابلی) و مادرکلان اش دختر شاه بلخ (زن نریمان) (*) بدنیا آمده و نیز با تهمینه دختر شاه سمنگان ازدواج کرده که بدون شک این پهلوان نامی از خاک افغانستان است. و رستم زابلی است، که زابلستان را تاریخ سیستان بین غزنی و هامون هیرمند دانسته است، زابلستان، کابلستان، سمنگان، سیستان و نیمروزان همه در خاک افغانستان موقعیت دارند، بناً رستم فرزند اصیل این سرزمین است و بس. (صفحه ۳۲۷ کتاب سیستان _ محمد اعظم سیستانی)

(*) ازدواج نریمان با دختر شاه بلخ: به اساس نوشته (گشتاسپ نامه) اسدی طوسی، نریمان سپهسلار فریدون که سراسر توران زمین را تا ساحه چین و ماچین به تصرف در آورد به پاس این فتح و پیرزوی فریدون، شاه آریانا او را نوازش کرده تیولدار کابلستان، بلخ، زابل، سیستان و نیمروزان گردانید. سپهسالار آتشین نفس آریانا که فریدون را خوش آمد بدان هم بسنده نکرده از دختر شاه بلخ برای نریمان خواستگاری کرد.

دختر شاه بلخ از تخمه و گوهر نیکو بوده است و دارای فر شاهی و صورت زیبایی. چون همسر نیکو فرزند نیکو بار میآورد. فریدون شاه به پاس این وصلت تمام سرزمین بلخ را به عنوان کابین بوی اعطا کرد. به شهادت گرشاسپ نامه، شاه بلخ بدختر خود جهیز بسیار داد: از دیبا و مشک و گوهر گرفته تا دو صد کنیز، دو صد جام عنبر، عود سوزان، چهار صد غلام کمر بسته، قرار نوشته ها که آنقدر گنج و بار جامه بود که از بلخ تا سیستان، قطار اشتران دوکوهانه بخدی مانند دیوار صف کشیده بودند.

(بنگرید به کتاب «غرغشت یا گرشاسپ» احمد علی کهزاد چاپ پیشاور سال ۱۳۷۸ صفحه های ۲۱۳-۲۱۷).

واژه هیرمند با رودخانه هیرمند حک شده و این رودخانه با دودمان کیانیان، دهقانان، سپهبدان، مؤبدان و تهم تنان گِره خورده است. هیرمند همچنان پیوند ناگسستنی با (هامون) و (ارغنداب) دارد. جائیکه از هیرمند یاد میشود از (دریچه هامون) سخن رفته است. رود هیرمند با صولت پادشاهی گشتاسپ شاه حلقه شده و گشتاسپ شاه با حاجب

و دربانش در آب زولالین هیرمند آب تنی کرده. و از آب و هوای گوارای سیستان لذت ها برده است.

گشتاسپ شاه بر علاوه تیولداری سیستان، نگهبان آتشکده کرکویه که معبدگاه آن است و این سرود کرکویه نشانگر مقام و منزلت معبد است.

فــــرخت بــادا روش | خُنیده گرشاسپ هوش
همی برست از جــوش | نوش کــن مـــی نوش
دوســـت بدا کــوش | بآفرین نهـــاده گوش
همیشه نیکی کـــوش | دی گـــذشت و دوش

(بنگرید به ص ۳۷ تاریخ سیستان ملک الشعرا بهار)

در اوستا بعد از دودمان (پاراداتا) یا پیشدایان بلخی ، دسته دیگری در (باختر) به سلطنت رسیده اند که اول نام شان با کلمه (کاوی) میآغازد. کاوی، کوی، کاویا بعد ها (کیانی) در سروده ها گاهی تنها و زمانی به اسم (یوساتا) متصل است. کاوی بمعنی (دانا) و کاویا (دانایی) که از عصر ویدی به اینطرف در ادب و فرهنگ دیرینه ما داخل گردیده است. (کواکواتا) مؤسس دودمان کاوی به شهادت تاریخ در کرانه های (کوه البرز) که در جنوب بلخ موقعیت دارد تاج بر سر نهاده است. این کاوی کواتا که اوستا از آن یاد کرده در جوانی با رمه های گوسفند در دامنه های کوه (اوش داشتار) Oshdastar یا کوه البرز که در سی/ چهل کیلومتری جنوب بلخ واقع است به رمه چرانی مصروف بوده که ناگهان دو باز سفید تاج طلایی را بر سر او میگذارند.. همان است که کاوی کواتای جوان را از دامنه های البرز کوه به شهر بلخ برده بر سریر شاهی می نشانند. پس از کاوی کواتا دیگر کاوی ها اند که در اوستا بنام های کاوی یوسا، کاوی یوسادان، کاو ارشان، کاوی سیاورشان... ذکر شده که در بلخ کهن به سلطنت رسیده اند. بدون شک سلسله کاوی ها دارنده گان فر شاهی اند که تورانیان را خوش نمیخورده است. کاویان همیشه با تورانیان ستم کیش در زد و خورد بوده و پیوسته آنها را سرکوب مینموده اند و همچنان تورانیان نیز درد سر هایی برای کاویان ایجاد میکرده اند. قرار یک داستان دیگر که رستم دَستان بعد از وفات گشتاسب شاه به البرز کوه بلخ رفته کوی کواتا را با خود به سیستان می آورد. کاوه یوسا (کیکاووس) هما پسر کاوی کواتا است که آبان یشت درباره اش چنین میگوید : "کاوه یوسای دلاور و خیلی دانا

به رب النوع آب بالای کوه ارزیفیه (یکی از قله های البرز کوه بلخ (*) صد اسپ ، هزار نرگاو و ده هزار گوسفند قربانی کرد و خواهش نمود که بر تمام ممالک حکمفرمایی کند و فرمانش بر تمام انسانها و ظالم ها، جاری گردد. اناهیتا این استدعای او را پذیرفت."

(کتاب «تاریخ افغانستان»، اثر احمد علی کهزاد، چاپ سویدن، سال ۲۰۰۲ میلادی، ص ۲۲۱-۲۲۵)

هیرمند با سیستان رابطه تنگاتنگ دارد و دو روی یک سکه اند، سیستان و هیرمند مانند آب و ماهی یی که از هم جدا ناپذیر اند. وقتا که از هیرمند حرفی بمیان میآید- سیستان پهناور قد علم میکند و ریگ ها ماسه های هیرمند بیاد می افتد. بی جهت نیست که دانشمند گرامی وطن (سیستانی) ، سیستان را (سرزمین ماسه ها و حماسه ها) گفته اند. رود هیرمند است که ماسه پدید میکند و حماسه می آفریند، در روند تاریخ، هیرمند با سیستان با کابلستان، زابلستان، و نیمروزان حماسه ها آفریده و غلغلستان برپا کرده است.

زکابلستان تا به زابلستان   زمین شد به کردار غلغلستان   (فردوسی)

هرگاه از هیرمند تذکر رود از رود ارغنداب و وادی سر سبز آن گپ ها زمزمه میشود. هیرمند و هامون و ارغنداب، مثلث گره خورده آبی در یک نوار اند که با همدیگر جدایی ناپذیر اند، و هر یک بحث جداگانه ای را احتوا میکند.

رود ارغنداب

رود ارغنداب یکی از معاونین بزرگ هیرمند محسوب میگردد. رود موسی قلعه نیز معاون دیگر هیرمند است که از بالا کوه های مرکزی کشور جاری میگردد. رود ارغنداب با هیرمند لازم و ملزوم می افتد.

چون سخن از ارغنداب رفت باید کمی درباره آن نوشت. وادی سر سبز ارغنداب از زمانه های کهن مورد توجه و علاقه مردم محلی و مردمان غیر آریایی قرار گرفته است. در سروده های ویدی حوزه ارغنداب و اراکوزی ذکر گردیده و رودخانه ای بنام (سراسواتی) چندین بار یاد گردیده است. هلبرانت محقق غربی بر این باور است که مقصود از سرسواتی ریگوید

رودخانه اراکوزی (ارغنداب) است که در اوستا بر طبق قانون صوتی زند (س) آن به (ه) تبدیل شده و (هیراویتی) تلفظ میشود.

سراسواتی در ریگوید به معنی (رودخانه پُر آب) میباشد که درین مفهوم هراویتی نام اوستایی این رودخانه هم مضمر است. و ارغنداب هم عین همین معنی را افاده میکند. (ارغند) بمعنی (خشمگین و تیز) است که (ارغنداب) معنی رودخانه خروشان خوانده میشود. در سروده های ویدی وقتا که آریایی ها از دره های کرم و گومل و کابل و سوات بسوی علاقه های سند و پنجاب گسیل شده باشند بدون شک که از دره بولان نیز عبور نموده و رُخ جانب سند کرده اند. پس از این یادداشت معلوم گردید که وادی ارغنداب با رود هیرمند گره میخورد.

(کتاب «تاریخ افغانستان»، اثر احمد علی کهزاد، جلد اول، سال ۱۳۸۱، صفحه های ۷۷ و ۷۸)

زمین دارو پایتخت زمستانی شاهان غوری

در شمال شرق وادی هیرمند، منطقه (زمین دارو) قرار دارد که حاصلده و خرم است. زمین داور در گذشته و حال سرزمین عدل و داد و شاد و خرم بوده است که هوای معتدل و آب گوارا و زمین سر سبز داشته و در آنجا شهزاده گان غوری و غزنوی و زابلی تحت تربیه گرفته میشده اند. زمین داور باغ های بهشت داور و آبادی های شهر داور داشته است. دهکده های انارزار و انگور باغ های بیشمار و باغ های ارم و قصر های حشم داشته و جا داشته که پایتخت زمستانی شاهان غوری باشد. زمین داور نظر بر موقعیت ویژه ی که دارد دارای چهار شهر مهم بوده که عبارتند از:

درتل - درغش - بغنین - شیروان

(درتل) شهری مهم استراتیژیک زمین داور بوده که دارای برج و باره مستحکم و در منطقه خوش آب و هوای کوهستانی موقعیت داشته است که در تاریخ این شهر را ورتل و تل نیز یاد کرده اند. در نواحی کوهستانی ورتل یا درتل کوهی است موسوم به (جبل الزور) یا کوه

زور که در اصل در آن بت خانه ای بوده مشهور. (زور) واژه اوستایی است که بمعنی قدرت و زور باشد که تا امروز در فارسی/دری استعمال میگردد.

(زروان) همان خدای زورانیان است که در اوستا خدای خدایان باشد. زروان پدر اهورامزدا و اهریمن است که تفصیل آن در اینجا نگنجد. بلا ذری میگوید که: (عبدالرحمن بن سموره در سال ۳۳ هجری قمری "۶۵۳ میلادی" وارد داور (زمین داور) شد و با آفتاب پرستان در آن معبد کوهستانی مصاف داد و غالب شد و سپس داخل شد (داخل بتخانه زور). بت مذکور از طلای ناب و چشمانش از یاقوت درشت ساخته شده بود) عبدالرحمن بن سموره چشم های بت را کشید و دست های آنرا شکست و کاهن را بدار زد.

(درباره زمین داور بنگرید به کتاب غرغشت یا گرشاسب/احمد علی کهزاد صفحه های ۱۸۲ و ۱۸۳)

چون هیرمند واژه اویستایی است لذا بدون یاد آوری این یادمانده نیاکان ما یعنی کتاب (اویستا) نمی توان از آن به ساده گی گذشت. در کتاب اوستا ، رود هیرمند جایگاه خاصی دارد که در هر بخش آن رودخانه مقدس یاد شده و به پاکیزه گی آب و آب بقا (آب حیات) بودن آن تاکید گردیده. رود هیرمند خضر سبزپوشی است که سراسر سرزمین اهورایی را سرسبز و سیراب میکند. در اوستا ستایش آب یکی از درود های کهن است که در یشت ها آمده و در بخش های آن ، اردویسور اناهیته Aredvisur Anahita (الهه آب) مقام ارجمندی دارد و چنین میستاید: " می ستایم ترا ای اردویسور اناهیته که نمایانگاه همه آب های پاک و درخشانی، بستاییم همه آب های پاک را که دادهء، اهوراست و آن ایزد بزرگ را که آب های مزدا داده را زیر گام دارد و سرپرست است ... ستایشگرم آب پاک سودرسانِ زندگی ساز را، ستایشگرم اناهیتا را که نگهبان آب های نیالوده گیتی است..." (۵)

هیرمند رود سرکشی که مؤرخین یونانی نیز بدان اشاره کرده اند: (... دجله در بین رود های مشرق زمین یک رود آرام بود، و مؤرخین قدیم از جمله مؤرخین یونانی میگفتند که در شرق بین دریای رود و رودخانه سند در هندوستان، فقط یک رود سرکش وجود دارد که آنهم"رود هیرمند" است که از افغانستان عبور میکند و وارد ایران میشود و به دریاچه هامون میریزد. و آن رود هیرمند هر سال دارای طغیان شدید میباشد و در هنگام طغیان

عرض رودخانه به چهارصد متر به مقیاس امروزی میرسد و ارتفاع آب سه متر میشود که بمقایسه آن رود دجله در هنگام طغیان بزرگ خود از یک متر تجاوز نمیکند.)

(بنگرید به کتاب "غزالی در بغداد" جلد اول صفحه ۳۴۲_ نوشته اوارد توماس _ ترجمه ذبیح الله منصوری ۱۳۶۹)

سیستان که با هیرمند وابسته است منطقه پهناوری که نظر به پایگیری و جابجایی مهاجمین سکزی (سکایی ها) یا (ساک ها) که از آنسوی مرز ها هجوم آورده اند میباشد. با جابجایی گردیدن سکا ها بعد ها این سرزمین بنام (طایفه زور آور) ساکا ها یا سکزی ها که در هیرمند و دیگر گرد و نواحی مانند وادیهای رود سند و رود پنجاب حیات دایمی را اختیار کرده اند این منطقه بنام شان سکستان، سکزستان مسما شده است. در ادوار تهاجمات عرب ها و جابجایی شان سکستان نام سجستان را گرفت که بعد ها به سیستان تغییر شکل داد. امروز همه این نواحی پهناور را غیر از وادی سند و پنجاب بنام (سیستان) یاد میکنند. پیش از سیستان نام این مرزوبوم (زرنگا) بوده که نام شهر زرنگ یا زرنج امروزی از آن گرفته شده. سیستان این سرزمین دامن گستر تاریخی شامل افغانستان، پاکستان و ایران است اما ساحه وسیع سیستان امروزی در خاک افغانستان موقعیت دارد.

هیرمند دریادمانده های کتاب اوستا

در اوستا از رودبار هیتومنت Haetumant که همین رود هیرمند است یاد شده و این هیتومنت به دریاچه کانسی یا کنسه هویه Kansaoya که (دریاچه هامون) باشد می ریزد. همچنان در اوستا از کوهی بنام هوشیدم Ushidham تذکر رفته که رود هیرمند از آن سرچشمه میگیرد. باید خاطر نشان کرد که هیرمند در بندهشن (کتابی است بزبان پهلوی) و اوستا رودخانه مقدس و با شکوهی است که سرزمین اهورامزدا را سیراب میسازد و روان پیامبر اسطوره یی را درخشان میکند و فره و درخشندگی میآفریند. گفته اند که آبانگاه (فرشته مؤکل آب) زردشت پیامبر را به آبراهه هیرمند فرود آورد.

از دید اوستا هیرمند رودخانه مقدسی است که آب های زولالین و سپیدگون دارد. خیزش این آب های نقره فام همچون اشتران بخدی سرکش و مانند (رخش) تیزگام است. رود

هیرمند همچون کیانیانش از (فره کیانی) برخوردار و مانند پیامبر اساطیری اش استوار از مقام روحانی و مذهبی است. هیرمند دارای آب زور آوری است که تهم تنان و رستمانِ دستان یارای ایستایی را در برابر آن ندارند. هیرمند حشمت و توان و قدرت اهورایی را دارد که اهورامزدای زمان هواخواه و پشیبان آن بوده است. بر علاوه آنکه هیرمند از پشتوانه عظیم روحانی و قدسی برخوردار است، شاه نیزومندی همچون (گشتاسب شاه) نیز (میراب) آن است. گشتاسب شاه به همینگونه (تیولدار) سیستان نیز به شمار میرود که در عرصه های درازی شاهان کیانی سردمداری خاک و آب این سرزمین را بدوش داشته اند.

کسانی که (فر کیانی) رود هیرمند را دارا و از آب زولالین آن نوشیده باشند. دیگران را زهرهٔ آن نیست تا در سرزمین اهورایی قدم بگذارند و فره کیانی را بربایند و یا از آنِ خود کنند. این مردمان رود هیرمند اند که دارنده فر کیانی اند و تیولدار مال و مکنت و صولت پادشاهی و قدسیت روحانی، همان است که تورانیان هر بار خواسته اند تا ازین رودبار های مقدس (شاخه های رود هیرمند) عبور کنند و (فره کیانی) را بدست آورند، نادم و پشیمان گشته و با خشم و غضب همیشگی شان بر میگردند، فره کیانی از آنِ هیرمندان است، (فر کیانی از آن کسی است که شهریاری خود را از آنجائیکه رود هیرمند دریاچه کیانسی (هامون) را تشکیل میدهد، بر انگیزد) در کتاب اوستا این فر کیانی را چنین می بینیم:

"فر نیزومند مزدا آفریده را می ستاییم ... که متعلق به کسی است که نیرو و شکوه وی از آن حدودی است که رود هیرمند به دریاچه کانسی میریزد. آن حدودی که کوه اوشیدوم بر آن محاط است. و از اطراف آن رود ها به دریاچه هامون فرو میریزند که از آن میان، هیرمند با شکوه و فرهمند است با امواج سپیدگون و کف آلود و طغیان های بسیار- که نیروی اسبی را داراست، نیروی شتری را داراست، نیروی مرد دلیر و زورمندی را داراست، و دارنده فر کیانی است) (٦)

در هنگامیکه سخن از (هیرمند) است، در آن سخن از سیستان است، همانگونه که رود نیل برای مصر آب حیات است، هیرمند وسیله هستی و موجودیت حیات سیستان است. تاریخ دراز مدت سیستان با هیرمند همبسته است. اوستا، شاهنامه، گرشاسپنامه از بنا ها و منزلگاه های تاریخی و اسطوره ای هیرمند و سیستان یاد کرده اند. زردشت، پیامبر کهنی

است که رسالتش را در بلخ و زابل و هیرمند و سیستان شرح و بیان گردیده است. زردشت در بلخ متولد شد و در سیستان رسالت را انجام داد.

در مجله کردستان نوشته شده که زردشت پیامبر در ناحیه شمال سرزمین ماد ها در محلی موسوم به مُکری Mukri تولد یافته است. احتمال اینکه زبان زند/اوستایی با لهجه مکری همآهنگی داشته باشد شکی باقی نمی ماند. از روی شواهد زبانی و لهجه مکری، کُرد ها پیامبر اسطوره یی را مال خود میدانند. مکری نزدیک به دریاچه ارومیه بوده و زردشت متصل این دریاچه متولد گردیده است.

بعضی گمان کرده اند که پیامبر مزدیسنایی در شهر راغ یا ری Ragha/Rayy_ Rai تولد یافته و در همین نواحی غربی خلیج ارومیه نشو نما کرده است. (رجوع کنید به Kurdistan Times_ Page V _Novemner 1997 Vol 2 No 1) کتاب اوستا یادمانده زردشت است که در آن از سرزمین نجیب زادگان و رزمندگان و کاردانان و دانایان از شاهان دیرپای آنزمان، از قهرمانان و پیل تنان یاد میکند. وقتا که از هیرمند و سیستان یاد میشود، کوه های تاریخی و دره های زیبای ارغنداب و ترنگ و موسی قلعه مجسم میگردد. از وادی سر سبز و فراخ دره ی ارغنداب، از دهنه غلامان، شهر سوخته، کوه خواجه، و آتشکده های معروف آن و یادآوری از ریگ روان و ماسه های پنهان آن است، حرف از باد های (۱۲۰ روزه) است. از آب و هوای بادخیزی و از دار و درختِ که باد برده و خار شده، از بنا هایی که زیر ماسه ها پنهان گردیده.

سیستان، زابلستان، کابلستان، غزنی، قندهار، زرنج و کرمان و بست از زمره اقلیم سوم در تاریخ شماره بندی شده که در آن اقلیم سوم (ولایت افغانان) نیز دیده میشود. این شهر های اقلیم سوم همه وابسته به اقلیم سوم که مربوط (ملک هند) میشوند میباشد. از جمله اقلیم های مشهور هفت گانه که شهر های زنده و پرجمعیت شرق در آن گنجانیده شده از ملک های هند، عرب، فارس، ایران، توران، عراق، مصر، خراسان، ارمنیه، شام، ترکستان، چین ، مغرب، بنگاله، یمن، زابلستان، دکن، عراق عرب و عراق عجم نام گرفته اند.

(درباره هفت اقلیم بنگرید به "خیاث اللغات" چاپ بمبئی صفحه های ۷۷۷-۷۸۴ سال ۱۲۴۲ هجری)

رستم دستان

پاسدار و نگهبان هیرمند و سیستان

وقتی که سخن از هیرمند است یاد از رستم دستان میرود، کارنامه های رستم دستان و زال و سام روح شاهنامه را میسازد، شاهنامه از هجوم تورانیان ستم کیش بیان میکند و از دیوان مازندران که رستم برای قلع و قمع شان هفت خوان را گذشته است سخن دارد. در شاهنامه همه قهرمانان از رستم و تخمه ها سلف او یاد میدارد. رستم با سیستان عرق و ریشه دارد. سیستان بدون رستم و رستم بدون سیستان مفهومی ندارد. سیستان و هیرمند را باید از دیدگاه نجیب زادگانش، دهقانانش، سپهبدانش، کیانیانش، تهم تنانش، خسروانش، سوارکارانش و دیگر رزمندگان اسطوره ای و تاریخی اش دنبال کرد. یاد شاهنامه فردوسی بخیر که این سرزمین را زنده جاویدان ساخته و در حقیقت شاهنامه است که واقعنگری هیرمند و سیستان را بما نمایان میسازد. شاهنامه بدون هیرمند و سیستان نبوده است. همینسان با رستم زال و سیستان گره میخورده و رستم با زابل و کابل - بلخ و سمنگان روابط خویشی و رگ و خونی دارد. رستم دستان عجیب رزمنده ای است که یک سرش به سمنگان و سر دیگرش به نیمروزیان، یک دلش به ایبک و دل دیگرش به ترنگ، گاهی سدی میشود در مقابل دشمنانِ که در سمنگان هجوم میاورند و زمانی در مقابل تورانیان می ایستد تا شاهان کیانی را از دستبرد ایشان در امان سازد. رستمی که از مادر کابلی، پدر زابلی و زن سمنگانی باشد او در حقیقت مال خالص همین مرز و بوم است. رستم دستان عرق و خون زابلی دارد _ رگ و ریشه کابلی، او جان سکزی دارد و روح بلخی _ نسل رستم پرورده آب و هوای فرحبخش سمنگان و روان رستم متأثر از رودبار هیرمند و سیستان است.

امروز (تخت رستم) که در سمنگان موقعیت دارد شاهد آنست که کارنامه های رستم تنها در سیستان خلاصه نمی شده است.

سخن گفتم درست و زود رفتم　　　به عالم نیست مردی همچو رســـتم

رستم دستان فرزند زال بن سام بن نریمان است. رستم شهزاده ایست پهلوان و یا پهلوانی است دلیر و رزمنده و شهزاده ی ماهر خراسان پیرار _ هرگاه گپ از رستم است سخن از شاهدخت بلخی است که زن نریمان گردید. هنگامیکه از رستم سخن بمیان میآید ما را به تخمه و گوهر پاک شاهدخت بلخی میبرد که رستم از آن تخمه زاده شده است. رستم مادری دارد از شاه کابلی، مادر رستم دختر مهراب شاه کابلی است که نام آور و برازنده روز گار است. رستم پدری دارد از نژاد کوهپایه های زابل که این خطه یل پرور نیز با کابل و هیرمند رابطه تنگاتنگ دارد. اگر داستانی از بلخ میشنوید از مارد و مادرکلان وی حرف هایی میشنوید که مراد از دختر شاه بلخ است که در عقد نکاح پدرکلان رستم سپهسالار نریمان درآمد. هرگاه حرف از رستم بمیان آید، تهمینه دختر شاه سمنگان بخاطر میگذرد که طرح دوستی و پیوند عِرق با رستم دستان دراز کرد. این مرد خجسته و رزم آور زمانه ، این ابر مرد اسطوره و تاریخ اگر از سیستان باشد مال این مرز و بوم بوده. اگر از تخمه کابلستان است عِرق و ریشه بما دارد. اگر از زابلستان است از ماست. هرگاه کسی تخمه یِ از نژاد بلخی دارد بدون شک مانند اشتران دوکوهانه بخدی راه پیما و خسته ناپذیر است. اگر نسلی از دختر شاه سمنگان دارد نیک و مبارک است. پس این شهسوار کابلی، زابلی، سیستانی، هیرمندی، سمنگانی، باختری و نیمروزی وابسته بخاک آریانا کهن است. همه تخمه اش نژاد پاک و وابسته به شاه و شاه مامه میباشد.

کتاب (نگاهی به سیستان و بلوچستان) در باره رستم مینوسید: " کلمه رستم مرکب از روده و تخمه_ رودس و تخمه_ که به مرور ایام رودس و رستهم و رستم گشته و معنی آن تقریباً (تهمتن) یا (روی توانا) میشود."

رستم مانند دیگر پهلوانان آریایی از سیستان برخاسته که نژاد و نسب شان به شاهان کیانی میرسد. نژاد رستم دستان به جمشید میپیوندد. جمشید در هنگام فرار از دست ابیوراسپ (ضحاک تازی) در زابلستان با دختر کورنگ شاه ازدواج نمود. از این ازدواج پسری بنام (تور) متولد گردید که بعد ها نسل هایی بنام های نریمان و سام و زال و رستم بمیان آمدند. در شاهنامه در زمان زمامداری منوچهر، داستان سام و زال ظهور میکند. سام

فرزند سپیده موی اش زال را به بلندا های کوه البرز که در جنوب بلخ موقعیت دارد گسیل میدارد. سیمرغ پرورنده زال در کوه البرز بود که داستانی دراز دامن دارد.

همانگونه که سپهسالار فریدون _ نریمان پهلوان است. سپهسالارِ منوچهر _ سام پهلوان فرزند نریمان میباشد. منوچهر با سام محبت بی پایان دارد و با وی عهد نامه مینویسد:

وزان پس منوچهر عهدی نوشت   سراسر ستایش بسان بهشت
همه کابل و زابل و مای و هند   ز دریای چین تا به دریای سند
ز زابلستان تا بدان روی بست   بنوی نوشتند عهدی درست

هنگامیکه سام بفرمان منوچهر مامور لشکر کشی به گرگساران (در اصل سگساران بوده باشد) و مازندران میشود، زال فرزندش را به زابلستان میگذارد:

چنان دان که زابلستان جای تست   جهان سربسر زیر فرمان تست

از این سروده معلوم میگردد که کلمه (زابل) و (زابلستان) از اسم معروف (زال) پدر رستم بمیان آمده باشد. زیرا زابلستان که خواستگاه زال است و به خاندان رستم تعلق دارد. از استقلال ویژه ی سیاسی و اجتماعی برخوردار بوده است. شاید زابلستان خارج از محوطه آریانای کبیر بوده باشد. زال تهمتنی است که حکمدار زابلستان است و میزیبد که با شاهدخت کابلستان ازدواج کند. بدین روی زال همسر رودابه کابلی دختر مهراب شاه کابلستان میگردد. پس از عقد عروسی خانواده زال و مهراب شاه به نیمروز سیستان میروند.

رسیدند پیروز تا نیمروز   چنان شاد و خندان و گیتی فروز

سام پهلوانیست که سراسر قلمرو سیاسی و فرهنگی را بدوش دارد. وی زال را به سیستان استوار ساخته خودش بسرکوبی گرگساران و مازندران میرود تا دیوان آنجا را لگد مال بسازد.

ببرد پی بد سگالان ز خاک   بروی زمین برنماند مغاک
نه سگسار ماند نه مازندران   زمین را بشوید بگرز گران

رستم کاردانی است که (کاکه) های کابلی را میشرماند. راهپیمایی که (ستنگ) های سمنگانی را زیر دست میگیرد. گُردی که (گردان) گوزگانی را سلام میگوید. در سلحشوری و رزمندگی پا به پای (پای لچان) قندهاری گام میبردارد. رستم حاکم بر توش و توان خود است که (اکه) های پاریابی و (قچاق تنان) تخاری و (اندام قدان) اندخودی و (چاپ اندازان) بلخی را بیک برهم زدن نعش زمین میکند. رستم دستان دست های کوچان و بلوچان را از سیستان کوتاه میسازد. برعلاوه این کاردانی ها، رستم دارای یک اخلاق و تهذیب آریایی که با کمال فضایل آراسته است. او مهربان مردی است با مهر فروان، دلیر مردی مردم گرا و خلق پسند، اندیشه اش انسانی و دل اش ، دل فیل را مانننده است. در صبوری اش حضرت ایوب و حضرت ادریس را مثال آورند. او صنعتگری است که در آبادی و سربلندی کشورش دست بلند دارد. خلاصه داستان رزم آوری ، دلیری، دلبری و مهربانی و صلح پسندی وی از کران تا کران_ از سرحدات چین و ماچین تا بلغار زمین _ از آنسوی رود های خروشان تا لبه های بحر عمان - از بلورستان تا طبرستان افسانه و حماسه وی زبانزد عام و خاص گردیده است.

(درباره رستم بنگرید به فصل هفتم کتاب "نگاهی به سیستان و بلوچستان" ایرج افشار سیستانی)

ایام جوانی رستم را از کتاب (سیستان سرزمین ماسه ها و حماسه ها) بر میگزنیم:

« کار های حیرت آور رستم از کودکی میآغازد. رستم پس از دوره مراهق در حالیکه پشت لب را سیاه نکرده بود، هنگامه می آفریند. او کک کوهزاد را که سر راه کاروان ها و راهپیمایان و سحر خیزان را میبست مهار کرد. کک کوهزاد پدر رستم را واردار کرده بود تا خراجگزار این رهزن قوی هیکل شود. رستم که این امر را روا نمیدید او را بیک چال پهلوانی سرنگون ساخت. رستم در زور آزمایی اُرزایی بود دلیر که بیک برهم زدن و تن به تن شدن، کک کوهزاد را نقش زمین کرد.

کاردانی های جوان سیستانی در میان سلحشوران پیچید و دلاوری وی را زال پسندید و خواست که او را بسرکوبی کسانی که خون نریمان را ریخته بودند رهسپار کند. رستم سخن پدر را بزمین نمیگذارد و به دژ سپید (دژگوه خواجه) میرود و با ترفند های زیاد و دلاوری

های بی پایان با یاران قلعه را واژگونه میدارد و فتح و پیروزی نصیب اش میگردد. رستم در عنفوان جوانی بسوی (افراسیاب) دست میازد تا رهبر تورانی را که همیشه درد سر سلحشوران آریانا میگردید به سزا برساند. اولین نبرد او با افراسیاب بود.

بـــــــروز نبرد آن یل ارجمـــند　　　به شمشیر و خنجر بگرز و کمند
برید و درید و شکست و ببســت　　　یلان را ســرو سینه و پا و دست»

(بنگرید به کتاب "سیستان " نوشته محمد اعظم سیستانی - صفحه های ۲۹۸ و ۲۹۹)

هیرمند در شاهنامه جایگاه خاص دارد و در حقیقت هیرمند در دل واژه های شاهنامه حک شده است. شاهنامه با شاهرود سیستان یعنی هیرمند رابطه تنگاتنگ دارد. شاهنامه است که راز های خاکستر شده را از جوف ماسه ها بدر میکند. شاهنامه است که دودمان سلطنتی کاویان،اسپه ها و تهم تنان کابل و زابل و باختر و زرنج و هیرمند و نیمروز را از دشمنان شان هوشدار میدهد. این دشمنان دیرینه و فتنه انگیز همان تورانیان ستم کیش و مازانا ها (دیو های مازندران) و سامی های آنسوی سرزمین های آریایی اند که پیوسته درد سر آریایی های باختر زمین میگردیدند. دیو های مازندران که مردمان بومی آن منطقه اند و آنها با تهذیب و آئین آریایی مخالفت میکردند. و اوستا ایشان را به همان نگاه میبیند که سرود ویدی (داسیو) های هند را دیده است. همچنان متهاجمین شمال مانند هان ها، یوچی ها، یغما ها، غز ها،مغل ها، ترک ها، خوارزمی ها، تورانی ها، قبچاق ها، اوزبیک ها، تتار ها و در این قرن روس ها همه در گزار تاریخ ناجوانمردانه هستی و دار و ندار باختر و کابل و تخار و زابل و غزنی و قندهار و نیمروز و هیرمند و سیستان و گوزگانان و بلخ و سمنگان و خُلم و بدخشان و قندز و بامیان و هرات و فاریاب و لغمان و بغلان و بلورستان کهن را بباد فنا کشیدند. باید گفت که بدون رود خروشان هیرمند و معاونین اش (ارغنداب و موسی قلعه) قندهاری وجود نمی داشت. بدون هیرمند سیستانی نمی بود. چه گفته اند آنجا که آب باشد آبادانی است.

زرنج / زرنگ

زرنج ZARANJ از کتاب های جغرافیون یونان تا جغرافی نگاران عرب و عجم بنام های درانجی، زرانچی، زریه، زرنگه، ژرنگانا، درنجیانا، و بلاخره در عصر اسلامی (زرنج) گردیده و اکنون خرابه های این شهر در اطراف قریه نادعلی سیستان افغانی موجود است. مرکز دیرینه سیستان (رام شهرستان) نام داشته است که پس از ویرانی شهرستان بجای آن (زرنج) تعمیر گردید.

زرنج / زرنگ / زرنگه اسم کهنی است که تا کنون نامش را در دل تاریخ و اسطوره حفظ کرده است. زرنج مرکز ولایت نیمروز امروزی است. تاکنون شهر کهن دژ زرنج نام تاریخی اش را در نبض اسطوره های دیرپایش نهفته دارد. زرنج مرکز نیمروز و یکی از ولایات جنوبغربی افغانستان میباشد و طبق روایت (گرشاسب نامه) اسدی طوسی، زرنج را گرشاسب، شاه سیستان بنا کرده است. گرشاسب در هنگامیکه میخواست نیمروز را بنا و آبادان بسازد، مهندسان سترگ را با کارگزاران و صنعتگران آگاه از هندوستان و روم به سیستان بخواست تا شهر پر عظمت زرنج را تأسیس کند. با وجودیکه او با کابلیان جنگ و دعوا داشت، اما در آبادانی شهر نو تاریخی زرنج دریغ نورزید.

یکی شهر نو ساختم چون (زرنج) بسی گنج گِرد آوریدم به رنج

بدون شک به ساختن (شهر نو- زرنج) که گرشاسب شاه آنرا بنأ نمود، لازم دانست نقشه ی شهری کشیده شود و هر طرف شهر، نظر به ساخت و بافت آن زمانه حتمی برج و باره ای داشته و آب های فراوان و روان بجریان بیافتد. طوریکه گفته آمد او برای این کار مهندسان زبردست را از روم و هند خواست تا در این کار یاری بدهند تا باشد شهری مستحکم نظامی و فرهنگی فراهم آید.

ز اختر شناس و مهندس شمار به روم و به هند آنکه بود نامدار
بیاورد و بنهارد شــــهر (زرنج) که در کار نــــاسود روزی ز رنج
ز گِل باره‌ء گِردش انــدر کشید میانش دژی سربه مه بر کشیـد
ز پیراهن دژ یکی کنده ساخت زهرجوی و شهرآب بروی بتاخت
بسا رود برداشت از هیرمنـــد وز آن جوی و کاریز ها برفگـنـد

به اساس این سروده ای حکیم اسدی طوسی، شهر زرنج آبادان گردید و هر طرف نهر هایی از رودبار هیرمند بدانسو کشیده شد تا سرزمین نیمروزان سیرآب و شاداب شود. نیمروز را گفته اند که مرکز شرق و غرب بوده است و در این محل رصدخانه ای نیز موجود میباشد سرزمین های پهناور سیستان ، زابل، کابل ، غور، هرات، نیمروز، هیرمند و ارغنداب، اسم های جغرافیایی و اسطوره ای شانرا تا کنون حفظ کرده اند، ولی وسعت خاک آنها و قلمرو مرزی شان خرد و کلان شده و بهمان پهنای وسیع دوره های گذشته نبوده است.

زرنج، سیستان، زابل و نیمروز مناطق پهناوری که با رودخانه هیرمند رابطه ناگسستنی دارد و آب این رودخانه (آب حیات) این سرزمین بوده است. در سده ها و هزاره ها، این مناطق حاصلخیز و شاداب و سرسبز که با رودخانه هایی چون ترنگ، ارغنداب، هیرمند، موسی قلعه، فراهرود و خاشرود گِره شده اند، سالهای سال معمور و آبادان و حاصلات فراوان داشته که بنا بر موقعیت و حاصلدهی این سرزمین تاریخی روزگاری (کندوخانه) دنیا نام داشته است. موجودیت آب فراوان است که شهر ها بنا میشود و داد و ستد تجاری و فرهنگی پدیدار گردیده شهر ها حیثیت اقتصادی و سیاسی و نظامی پیدا میکند و زراعت با حجم وسیع آن تولید میگردد.

سیستان، زرنگ، نیمروز و زابل از گذشته های دور با هم پیوند نا گسستنی دارند. این مناطق پهناور با آب هیرمند و معاونین شان سیراب میگردند. زمین های بایر و لامزروعی که (گودال مرگ) نام داشته، از برکت آب هیرمند به (بهشت عدن) مبدل میگردد تا آنجا که این سرزمین ها را روزگاری (کندوخانه) آسیا نامگذاری کرده بوند. زرنج با داشتن سار و تار، شهر غلغله، قلعه بست، قصر شاه، قلعه کنگ، نادعلی، چغانسور، بلنگی و چهاربرجک و صد ها قلعه های مستحکم تا هنوز هم در دل تاریخ استوار افتیده است. ابوالمؤید بلخی از شش رود مقدس در سیستان یاد کرده که عبارتند از: هیرمند رود، رخد رود، خاش رود، فراه رود، هری رود و خشک رود - شش رودی را که ابوالمؤید بلخی میشمارد، همه در خاک افغانستان است. (دهان شیر) یکی از دهانه های که در زمانه های قدیم آب هیرمند از آن عبور کرده به گود زره (دریاچه هامون) سرازیر میشود.

پس دانسته شد که زرنج یکی از شهر های مهم و استراتیژیک سیستان بوده و امروز هم مرکز ولایت نیمروز محسوب میگردد. زرنج بدون شک در کهن زمانه ها مرکز جهانبانی تمام علاقه های سگستان و همچنان مرکز کره زمین محسوب میگردیده و بدان سبب (نیم روز) یاد شده و یا بزبان دیگر، از ولایت نیم روز دنیا دو تقسیم میگردیده است. بعد ها انگلیس ها این بخش را بخود نسبت داده و گرینویچ را نیم دنیا بحساب گرفتند.

زرنج را جغرافیا نگاران عرب (مدینه سجستان) میخواندند و (یعقوبی) در قرن سوم هجری از شهر زرنج و موقعیت آن تعریف هایی دارد و از پنج دروازه شهر یاد میکند. پنج دروزاه یی که از آهن آبدیده ساخته شده است. پیرامون دروازه ها خندق ها کنده شده و طوریکه میدانیم در دنیای قدیم هر دروازه بسوی شهر مهم ویا محل برازنده نام گزاری میشده که بدین حساب دروازه های شهر زرنج نیز بنام های:

- دروازه کرکویه
- دروازه طعام
- دروازه دژ نبستگ
- دروازه خراسان

از این نام های سمتی و دروازه ها دانسته میشده که زرنج، نیمروز و سیستان در قلمرو سیاسی (خراسان) بشمار نمیرفته است. مراد از دروازه کرکویه بدان سمتی رهنمون میگردد که معبد مشهور (کرکویه) بدان سمت موقعیت داشته. معبد کرکویه که شاعران و ادب پژوهان برایش نظم و نثر ساخته اند از زمره پرستشگاه خاص زمانه بوده که حتی یک دروازه شهر بدانسو نام گزاری شده است. کرکویه این روستای مذهبی و روحانی درست مانند (معبد آفتاب) در جبل الزور غور از اهمیت خاصی برخوردار بوده و یکی از معابد معروف تاریخی و اسطوره یی کشورما محسوب میگردد. از گذشته های دور عجمان دارای (آتشکده) ها بوده اند که در سراسر خراسان و پارس در بالا کوه های صعب العبور موقعیت داشته اند که از آنجمله :

- آتشکده آذر برزین

- آتشکده آذر مهر
- آتشکده آذر بهرام
- آتشکده آذر زردشت
- آتشکده آذربایگان
- آتشکده کرکویه
- آتشکده نوبهار
- آتشکده آذرگشسپ

گفته اند لهراسپ پدر گشتاسپ، در ساختمان (آتشکده برزین) مبادرت ورزیده که فردوسی طوسی میفرماید:

بهر برزنی جـای جشن (سده)　　　همه گرد بر گرد آتشکده
یکی آذری ساخت (برزین) بنام　　　که بُد با بزرگی و با فرو کام

(آذر گشسب) در اصل بمعنی آتش اسپ فحل باشد. آذر گشسپ آتشی بوده خاص سواران و جنگجویان که محل آن در جا های مختلف ارزیابی شده است. بعضی محل این آتشکده را مراغه، برخی در اردبیل، برخی در گنجه و بعضی از تاریخنگاران آنرا نزدیکی های قم ایران میدانند.

املای اصلی آذر گشسپ <آذر گش اسپ> است.

<آتشکده کرکوی> یکی از معابد معروف سیستان است که تاریخ سیستان از قول ابوالمؤید بلخی آنرا چنین مینگرد:

« بوالمؤید اندر کتاب گرشاسب گوید که چون کیخسرو به آذربادگان رفت و رستم دستان با وی و آن تاریکی و پتیاره دیوان بفرایز تعالی بدید که آذر گُشسب پیدا گشت و روشنایی بر گوش اسب او بود و شاهی او را شد با چندان معجزه، پس کیخسرو از آنجا باز گشت و

به ترکستان شد به طلب خون سیاوش پدر خویش و هر چه نرینه یافت اندر ترکستان همی کشت و افراسیاب گریز گرفت بسوی چین شده به هند و باز به سیستان رفت .. کیخسرو به آتشکده کرکویه که معبد گرشاسپ بود به امید برکات و دعا و مراد آنجا رفت و ایزد تعالی مراد حاصل همی کرد.. کیخسرو پلاس پوشید و دعا کرد، ایزد تعالی روشنایی فرادید آورد که اکنون آتشگاه است»

رستم و کیخسرو بر آن قلعه و آتشکده کرکویه که جادوگران بودند دست یافتند و سرود کرکویه گفتند:

فـــــرخت بادا روش   خُنیده گر شاسب هوش
همی برست از جوش   نوش کن می نـــــوش
دوســـت بدان کوش   بآفرین نهاده گـــــوش
همیشه نیکی کـــــوش   دی گذشت و دوش
شاها خدایگانا - بآفرین شاهی

بعضی را باور بر آنست که چون کیخسرو روشنایی را دید و با نظاره نور و روشنایی آتشکده کرکویه را بنا کرد.

< در این باره بنگرید به تاریخ سیستان به تصحیح ملک الشعرا محمد تقی بهار چاپ مطبعه دولتی کابل ۱۳٦٦ صفحه های ۳۵-۳۷>

در سطر های بالا گفته آمد که زرنج، برج و باره ها و قلعه ها داشته و در ضمن شهر باید که از داشتن آب وافر نیز بهره ور باشد، چنانچه گفته اند در شهر زرنج نهر های روان جاری بوده و نهر مشهوری بنام <جوی سنارود> آب وافر به تمام نقاط شهر میرسانیده است. میان شهر زرنج و شهر بست راه آبی <کانال> موجود بود، دروازه یی که بسوی معبد کرکویه ساخته بودند درست رخ بجانب آتشکده مشهور کشیده شده و شهر زرنج بر علاوه نهر ها، از رودبار های سیاه رود و سرخ رود آب ضرورت شهر را مهیا میساخت.

سردار مبارز ملی کشور ما معروف به <حمزه خارجی> با حکام عرب از در ستیزه پیش آمده نبرد های بیشماری کرد تا اینکه عبدالرحمن نیشاپوری با بیست هزار نفر در زرنج تمام لشکریان حمزه را تار و مار کرده و این نام آور وطن را گردن برید.

درباره زرنج بنگرید به :

الف- < غرغشت یا گرشاسب> نوشته روانشاد علی احمد کهزاد / چاپ دوم پیشاور سال ۱۳۷۸ صفحه های ۱۷۷-۱۸۰ و ۱۸۵

ب - کتاب جغرافیای تاریخی افغانستان _ پوهاند حبیبی چاپ پشاور صفحه ۴۰

رصد خانه نیمروز

کهن ترین رصد خانه دنیا

کلمه نیمروز که فارسی/دری است در زبان عربی نصف النهار گویند. فرهنگ عمید که اکثر واژه ها را پهلوی میداند مینویسد: نیمروز یعنی میان روز، بعد از چاشت، وسط روز، ظهر، هنگام ظهر، نام قدیم سیستان، نام لحنی از سی لحن باربد. (۱)

در برهان قاطع ابن خلف تبریزی، معنی نیمروز تقریباً مشابه به فرهنگ عمید است. اما جمله دیگری که علاوه شده اینست: «.. ولایت سیستان را نیز گویند به این سبب که چون سلیمان علیه السلام به آنجا رسید زمین آنرا پر آب دید، دیوان را فرمود تا خاک بریزند در نیم روز. زیر خاکش کردند. بعضی هم گویند خسرو چین تا نیم روز آنجا را لشکرگاه کرده بود...» (برهان قاطع ابن خلف تبریزی صفحه ۱۱٦۵)

فکر میکنم در کتاب قصص الانبیا خوانده بودم که حضرت سلیمان(ع) در زمان پیامبری و حکومت داری اش سراسر شرق را در تصرف داشت. وقتی که بر بالای قالینچه پرنده اش می نشست در یک لحظه خود را به کابل و کوه سلیمان و چین و ماچین و اسطخر پارس می رسانید. نان چاشت را در اسطخر فارس، خواب نیمروزی (در قصص الانبیا خواب نیمروزی را قیلوله ذکر کرده است) را به سیستان، نان شب را در کابل نوش جان میکرد و شب کابل را می پسندید. پس کلمه نیمروز از خواب نیمروزی (قیلوله) حضرت سلیمان اخذ شده باشد بعید به نظر نمی رسد. حضرت سلیمان در حین بازگشت بسوی بیت المقدس ساعتی بر تخت و بخت خود در بالاکوه سلیمان (کوه سلیمان در ناحیه جنوبی افغانستان

موقعیت دارد) درنگ میکرده است. امروز بلند ترین قله کوه سلیمان بنام «تخت سلیمان» شهرت دارد.

کلمه نصف النهار یا نیمروز در حوزه سیستان از لحاظ تقویم سالشماری موجه به نظر می رسد. نیمروز نظر به سوابق تاریخی و کهن بودنش نامیست جهانشمول که در آن شهر، رصدخانه ی موجود بوده که تاریخ دیرینه گی اش در متون سالشماری های جهان درج میباشد. امروز ولایتی بنام نیمروز در ناحیه جنوب غربی کشور ما افغانستان موجود است که مرکز آن زرنج می باشد.

برخی از فرهنگ ها «نیمروز» را نام بسیار قدیم سیستان دانسته اند. اما بعد ها نام «زرنج» ساحه پهناور وادی هیرمند را در بر میگرفته، و نامی که تا زمان یورش سکا ها بدین نام معروف بوده است. کلمه زرنج از - زریه - زرنگ - دریه و زرنگه اخذ شده که معنی دریا یا رودخانه را میدهد. این نام با منطقه همخوانی دارد زیرا رود های هیرمند، خاشرود و هریرود در این ساحه در جریان بوده در قسمت های سیستان کوچک (ایران امروز) گودال ها و هامون ها را تشکیل داده است. کلمه زریه، زرنگ و زرنگه در اصل اوستایی اند که در زمان تسلط اعراب زرنج نوشته شد.

در کتیبه داریوش نام زرنگیانا و زرنگ آمده که خود شهرت تاریخی اش را نمایان میسازد. ابوریحان بیرونی در «تحدید نهایات اماکن» مینگارد: ابوالحسن احمد بن محمد سلیمان زرنج را رصد بست، و بر خلاف دیگران عرض آنرا «ال - نب» تعیین کرد. (۲)

کتاب حدود العالم که در جوزجان در زمان فریغونیان نوشته شده (۳۷۲ هجری) درباره زرنج مینویسد که زرنگ قصبهء سیستان است دارای حصار های مستکم که پیرامون آن خندق هاست. اما حدود العالم از شهر «نیمروز» ذکری بعمل نیاورده است.

نیمرور نامیست آشنا که هزاره ها را طی کرد و بعد، زرنگ، نام دیگری که سده ها را پی هم سپری کرد. پس از تهاجم سکا ها که در دوره های فرهاد دوم و اردوان دوم اشکانی (بین ۱۳۶ - ۱۲۴ قبل از میلاد) صورت گرفت، زرنگ تغییر هویت داده نام های دیرینه نیمروز و زرنگ با نام سکزی ها و یا سکا ها رقم خورد که شد «سیستان» امروزی. در دوره های اسلامی «سجستان» اش خواندند. یا بر سخن دیگر با آمدن سکا ها به زرنگ،

نام آن به سکستان یا سگستان و یا سکزیستان مبدل گردید. گواه تاریخ بر آنکه این دو نام یعنی نیمروز و زرنگ ورق های زرین یادمانده ها را مزین ساخته اما با کمال تأسف که نظر به خراب شدن کامل این شهر ها، اثر کارآمدی که مبدأ تاریخ شانرا تعیین نماید بجا نمانده است.

در تاریخ سیستان که مؤلف آن نامعلوم است، نام نیمروز با دو عبارت شرح گردید: نخست اینکه خسروان را عادت چنان بود که سال یک روز را به داوری می نشستند تا داد مظلومان کرده باشند. همه ی داد و عدل مردم ستمدیده به، نیم روز تمام شدی چون داد مظلومان به نیمروز آراسته میگردید بدانجهت این منطقه به ملک نیم روز یاد شد. اما قول دیگر آنکه حکما و دانشمندان زمانه جهان را به دو بخش منقسم کردند. برآمدن و فرورفتن خورشید به نیم روز. و حد آن چنان باشد که از سوی مشرق، از آن حد که خورشید به کوتاه ترین روزی برآید و از سوی مغرب از آنجا که خورشید به درازترین روزی فرو شود و این علم به حساب معلوم گردد. و این همه را به چهار قسمت کرده اند: خراسان، ایران (خاوران) و نیمرزو و باختر. هر چه حد شمال است باختر (بلخ) و هر چه حد جنوب است نیمروز ، جانب غربی آن ایران شهر و قسمت شرقی خراسان باشد. (بنگرید به تاریخ سیستان _ صفحه ۲۳ با تصحیح ملک الشعرا محمد تقی بهار)

رصدخانه نیمروز، این مرکز نصف النهار شرق و غرب، کهن ترین تاریخ کشور ها را در سالشماری و روز شماری تعیین میداشت که سده های بیشماری مورد قبول جوامع قدیم قرار گرفته بود. سده شانزدهم میلادی که انگلیس ها تاریخ نصف النهار گرینویچ را رویکار آوردند، نصف النهار نیمروز گسسته شد.

مهمترین راه برای اندازه گیری زمان و حرکت ستاره گان و اجرام سماوی، مراقبت پیوسته در طلوع و غروب آنها بوده و محلی که این مراقبت ها در آن صورت میگرفته در ایران و خراسان و ماورء النهر به نامهای جاودان کت، بهشت گنگ یا گنگ دژ (*) یا قبه الارض یاد میگردید . دور ه های بعدی نام «رصدخانه» را بخود اختیار کرده . ارصاد ستاره گان و طلوع و غروب و اوج و حضیض هر کدام در زمانی کوتاه میسر نیست و اگر هم باشد از دقت لازم بر خوردار نمی باشد. هرچه وقت و زمان صرف شده برای ارصاد بیشتر باشد، دقت در محاسبات و نتیجه یابی بهتر میسر میشود. نتایج ارصاد را در دفاتر ثبت کرده و از

این راه زیج یا زیگ (**) فراهم می آید و از روی آنها طول سال شمسی، ماه گیری و خورشید گیری، اعتدال بهاری و پائیزی، انقلاب های تابستانی و زمستانی و طلوع و غرب ستاره های مختلف با ملاحظات دیگر را تعیین می نمودند. رصدخانه باید محل مناسب و ثابت باشد. هرگاه در رصدخانه مبدأ روز و کبیسه ها معلوم باشد میتوان شماره دقیق از سالهای گذشته، مبدأ تاریخ بدست آورد و کلیه تاریخ رویداد ها را معلوم نمود. دایره ی نیمروزی یا نصف النهار رصد های قدیم از «نیمروز» میگذشت.

طوریکه آگاه شدیم دایرهء نیمروز از سیستان بزرگ میگذرد و از همین جهت این منطقه را ملک نیمروز و زابل (زاول= زابل. یمین الودله سلطان محمود غزنوی را تاریخ نگاران محمود زابلی نام برده اند) یاد کرده اند. زیرا کلمه «زاول» به معنی «ظهر» یا بعد از چاشت باشد. نام «مزوله» معنی ساعت آفتابی میباشد که از دو کلمه زاول مشتق گردیده است. زابل یا زاول نیز متصل سیستان ، یکی از ولایات افغانستان که مرکز آن قلات است می باشد.

خاصیت این نقطه (نیمروز) که برای رصدخانه جهانی انتخاب شده بود، آن است که وقتی آفتاب به محاذات نصف النهار این نقطه برسد و به اصطلاح ظهر این نقطه بشود، در تمام دنیای قدیم یعنی آسیا، اروپا و افریقا از جزایر جاپان تا جزایر آزور و کاناری در غرب یعنی از اوقیانوس آرام تا اوقیانوس اطلس و خشکی های روی زمین روز است. (۳)

بدون شک یافتن چنین نقطه یی در جهان کار آسانی نبوده است تا بدانند که سیستان محل نقطه رصد باشد. این کار نتیجه زحمات سالها بلکه سده ها که نیاکان ما تبحر در علم نجوم و ریاضی داشته اند.

نقشه «جاودان کت» مراد از قلعه ی میباشد که در کتاب مااللهند البیرونی درج گردیده است.

طول جغرافیایی نیمروز حدود شصت درجه شرق گرینویچ و عرض میانگاه اقلیمی آن بیست و سه اعشاریه پنجاه درجه شمالی میباشد. چون بالاتر از عرض ۶۷ درجه شمالی که فاقد شبانه روز و سالی شش ماه شب و شش ماه روز است منجمان باستانی به حساب آبادانی جهان و جزو اقالیم هفت گانه نیاورده اند. نیمروز جایگاهی بوده است که هیچ

موضع دیگری را روی کره زمین نمی توان یافت که از نظر رصد و احکام نجوم جغرافیا چنین امتیازی را در برداشته باشد. با تأسف باید یاد آور شد که از رصدخانه نیمروز یعنی باستانی ترین اثر علمی و فنی بشر تا کنون اثری دیده نمی شود و چه بسا که در زیر توده های از خاک و شن پنهان باشند. اگر روزی این علایم رصدخانه نیمروز با وسایل آن از زیرآور بیرون آید قدامت این رصدخانه بیشتر نمایان میگردد.

طول جغرافیایی رصدخانه نیمروز حدود شصت درجه شرق نصف النهار گرینویچ و عرض اقلیمی آن ۳۳/۵۰. درجه شمالی بوده است. رصد خانه نیمروز در میانه یا مرکز اقلیمی عرض شصت و هفت درجه یعنی در ۳۳/۵۰. درجه شمالی قرار میگرفته است. احتمال دارد که رصدخانه نیمروز مانند دیگر رصدخانه های دنیا از خود وسایل حسابی و اسطرلاب داشته است. مراد از اسطرلاب صفحه برنجی که در آن اعداد مندرج میشود و در این صفحات با دقت تمام درجات ستاره ها و ماه ها را کنده کاری میسازند و با گردش دوایر روی صفحه اسطرلاب وضع قراریابی ستاره گان در مواضع و درجات نشان داده میشود. اسطرلاب دیروزی در حقیقت کار ماشین حساب امروزی را انجام میداده است. (۴)

اسطرلاب را در بر هان قاطع ابن خلف تبریزی چنین می بینیم:

«اسطرلاب (به ضم اول و ثالث) مراد از آلتی که بیشتر از برنج سازند و بدان ارتفاع آفتاب و ستاره گان گیرند. گویند پسر ادریس پیغمبر آنرا وضع کرده و بعضی گویند ارسطاطالیس. و معنی ترکیبی آن به یوانانی ترازوی آفتاب است. چه اسطر ترازو و لاب آفتاب را گویند و جام جهان نما هم گفته اند.» (۵)

جلال الدین محمد بلخی درباره «آدمی که اسطرلاب حق» (***) است در فصل اول کتاب فیه مافیه میفرماید: «آدمی اسطرلاب حق است، اما منجمی باید که اسطرلاب را بداند. تره فروش یا بقال اگر چه اسطرلاب دارد اما از آن چه فایده گیرد و به آن اسطرلاب چه داند احوال افلاک را و برجها، تأثیرات و انقلاب را .. پس اسطرلاب در حق منجم سودمندست که من عرف نفسه فقد عرف ربه همچنانک این اسطرلاب همین آئینه افلاکست. وجود آدمی که اشرف مخلوقات باشد اسطرلاب حقست. چون او را حق تعالی بخود عالم و دانا

و آشنا کرده باشد. از اسطرلاب وجود خود تجلی حق را و جمال بیچون را دم بدم و لمحه به لمحه می بیند، و هرگز آن جمال از این آئینه خالی نباشد..» (٦)

تازه ترین کشفیاتی که از امریکای وسطی دنیای تقویم را برملا بسازد. تقویم م سالمشاری «مایا» ها در کشور گواتیمالا بوده که دانشمندان امریکایی در یک خرابه شهر آن تقویم را دریابیدند. باستان شناسان از شهر نو باستان شناس دانشگاه باستن معتقد است که اسطرلاب مایا ها تقویمی است شامل ۲۶۰ روزه مراسم مذهبی، تقویم خورشیدی ۳۶۵ روزه و همچنین یک دوره سالانه ۵۸۰ روزه متعلق به سیاره ونوس و یک دوره ۷۸۰ روزه متعلق به سیاره مریخ و تقویم هایی متعلق به مراحل مختلف کره ماه میشود. چرخه های اسطرلاب شناخته شده مایا ها تقویمی را نمایان میسازد که هفت هزار سال آینده در آن گنجانیده شده، و چنین پیش بینی مینمودند که جهان در ۷ هزار سال آینده نیز تداوم خواهد داشت. (۷)

در ادوار اسلامی شاهان و امیران رصدخانه هایی تأسیس کردند. این رصدخانه ها در پارس و خراسان و ماورأ النهر بوقوع پیوست. رصدخانه جلالدین ملک شاه سلجوقی (۳۷۱ هجری) در پارس که مشهور به رصدخانه جلالی میباشد. رصدخانه الغ بیگ در سمرقند و رصد ابوسعید در سیستان که بنام رصدخانه مومونی یاد میگردید.

رصدخانه الغ بیگ که بنا آن در حدود ۸۲۴ هجری گذاشته شد، یکی از مهم ترین رصدخانه های دنیای اسلامی می باشد. رصدخانه الغ بیگ در سمرقند ایجاد شد و مدت سه سال را در بر گرفت تا توسط دانشمندان و ریاضی دانان زمانه مانند غیاث الدین جمشید کاشانی، معین الدین کاشانی، قاضی زاده رومی و علاءالدین علی قوشچی تدوین جداول نجومی معروف به زیج الغ بیگ به انجام رسید. زیج الغ بیگ دقیق ترین و درست ترین زیج های زمان اسلامی به شمار میرود. (۸)

یادداشت ها

۱. کتاب «فرهنگ عمید»، جلد دوم، موسسه انتشارات امیر کبیر، چاپ ایران، سال ۱۳٦۴، صفحه ۱۹۳۷

۲. کتاب «جغرافیای تاریخی افغانستان»، تألیف پوهاند عبدالحی حبیبی، چاپ پیشاور، سال ۱۳۷۸، بخش ۸ صفحه های ۴۰ و ۴۱.

(*) کنگ دژ؟

کنگ دژ در ناحیه چخانسور قلعه بزرگ بندری موجود است که تا زمان امیر حبیب الله خانه محمد زایی این قلعه مرکز نظامی ویا تهانه عسکری بوده است.

سراج التواریخ مینگارد: افواج مقیمه کنگ دژ، از توابع چخانسور که مرکب و مرتب چهار صد تن پیاده و ساخلو و صد تن پیاده نظامی بودند.

موقعیت این قلعه (کنگ دژ) که البیرونی نیز تصویری از آن کشیده شاهد آنست که رصدخانه نیمروز موجود بوده است. (سراج التواریخ صفحه ۵۵۸ جلد ۴ بخش سوم).

کنگ دژ را فرهنگ معین طور دیگر مینگارد: «طبق کتب پهلوی محل کنگ دژ در میان کوهستانهای سرحد شرقی ایران باستان قرار داشته است. در بندهشن آمده که کنگ دژ در ناحیه خراسان چند فرسخ دورتر از دریای فراخگرت (سیحون) جای دارد. فردوسی در شاهنامه محل آنرا در سرزمین توران یاد میکند و آنرا بهشت کنگ نیز یاد میدارد:

چنین بشنو از کنگ دژ داستان   بدین داستان باش هـــمداستان

در تاریخ بخارا حصار ارگ بخارا یا کهندژ بخارا کنگ دژ محسوب میشود. دارمستر در زند اوستا کنگ دژ را در بخارا و یا خوارزم میداند. مارکوارت معتقد است که در زبان چینایی کنگ دژ مراد از سمرقند میباشد.

(**) زیچ که معرب آن زیگ است، مراد از جدولی میباشد که در قدیم برای محاسبات نجومی و تعیین احوال و حرکات ستاره گان و استخراج احکام بکار میرفت. حساب نجوم و طریقه ستاره شناسی را توسط زیچ بررسی میکردند. در عربی نیز این کلمه را زیچ میگویند. برهان قاطع زیچ را کتابی میداند که منجمان احوال و حرکات افلاک و کواکب را از آن معلوم کنند. در دوره های اسلامی زیچ سنجری که در زمان

سلطان سنجر سلجوقی بمیان آمد مراد از آن کتابیست به عربی در علم نجوم که توسط «خازنی» نوشته شده و نسخه آن در دست است. همچنان ما زیچ الغ بیگ (نواسه امیر تیمور کورگان) را داریم که در زمان وی در سمرقند تأسیس شد.» («فرهنگ معین»، جلد ششم ، صفحه ۱۶۱۲)

پس بصورت واضح گفته میتوانیم که کنگ دژ مراد از یک قلعه نظامی مستحکمی بوده که در خراسان پار موقعیت داشته است. بدون شک این قلعه و یا ارگ در بلند بالا های کوه ها ساخته شده است. اینکه کتب پهلوی آنرا در ناحیه شرق پارس منسوب ساخته قول روانشاد کاتب هزاره در کتاب سراج التواریخ که کنگ دژ به چخانسور موقعیت دارد افصح میباشد.

۳. کتاب «سالماری در ایران»، نوشته اصلان غفاری، ۱۳۷۹، چاپ امریکا، ص ۲۵ و ۲۶.

۴. همان کتاب، صفحه های ۲۷ و ۲۸ و صفحه های ۷۳ و ۷۴ و ص ۷۵ - ۷۸.

۵. «برهان قاطع»، اثر ابن خلف تبریزی، بقلم محمد عباسی، موسسه مطبوعاتی فریدون علمی، بر اساس نسخه ۱۰۶۳ هجری قمری، صفحه ۸۹

(***) اسطرلاب چیست؟ اسطرلاب به ضم الف و ط - آلتی باشد که بیشتر از فلز برنج سازند و بدان ارتفاع آفتاب و ستاره گان را تعیین بدارند و گفته اند که پسر ادریس پیغمبر آنرا وضع کرده است. و برخی آنرا به ارسطو نسبت داده اند. اسطرلاب از دو واژه اسطر و لاب تشکیل یابیده که در زبان یونانی اسطر به معنی ترازو و لاب به معنی آفتاب باشد که معنی ترازوی آفتاب تداعی کند. بعضی ها اسطرلاب را جام جهان نما گفته اند. (برهان قاطع ابن خلف تبریزی صفحه ۸۹ بقلم محمد عباسی).

۶. کتاب «فیه مافیه»، اثر جلال االدین محمد بلخی، با تصحیحات و حواشی استاد بدیع الزمان فروزانفر، چاپ کابل، سال ۱۳۶۹، صفحه ۱۰

۷. نشریه «ایران ژورنال»، تحت عنوان کشف قدیمی ترین تقویم ، جون سال ۲۰۱۲.

۸. «دانشنامه ادب فارسی در افغانستان»، به سرپرستی حسن انوشه، جلد سوم، چاپ ایران، سال ۱۳۷۸ خورشیدی، صفحه ۱۰۸ نوشته برزگر

قندهار / اراکوزیا

اشرف البلاد شاهان درانی

قندهار آن کشور مینو سواد — اهل دل را خاک او خاک مراد
رنگ ها بو ها هوا ها آب ها — آب ها تابنده چون سیماب ها
لاله ها در خلوت کهسار ها — نار ها یخ بسته اندر نار ها
کوی آنشهر است مارا کوی دوست — ساربان بربند محمل سوی دوست
(اقبال لاهوری)

پیشتر از دو سده شهر پر آوازه قندهار را که اشرف البلادش خوانند، مرکز سیاسی و جهانبانی شاهان درانی گردید. اما قندهار پیش از آنکه اشرف البلاد شهر ها گردد، از خود نام و نشانی در دل تاریخ داشته است. اراکوزیا و اراکوزی سرزمین افسانه و حماسه است. محلی است که اسکندر مقدونی، همانگونه که هرات را شهر مستحکم لشکری بساخت، اراکوزیا را نیز بنام خودش مسمی گردانید. اراکوزیا از راه جنوب بر دل ماسه ها قرار دارد و از شمال در قلب کوه ها و آبشار ها جای دارد که در آن بلندا های طبیعی مراکز زمستانی شاهان خراسانی و زابلی و غوری از مقامات ویژه یی برخوردار بوده است. کشور ما که به قول نویسنده کتاب (دره‌ء الزمان)،(سرزمین که بیش از هزار سال نام خراسان و کابلستان و زابلستان بسر داشت..) اکنون بنام (افغانستان) در قلمرو سیاسی عرض اندام کرده و در زمان تولد دوباره سیاسی اش بنام افغانستان، ساحه و پهنای وسیعی را در اختیار داشت. نام افغانستان در زمان احمد شاه ابدالی تأسیس و به قول جناب عزیزالدین وکیلی فوفلزایی: (نام افغانستان را در سطر اول فهرست بزرگترین ملل آزاد جهان ثبت.. و حصص اقصای افغانستان را از آنطرف دریای ستلج تا آخرین نواح مشهد و نیشاپور و عراق و مازندران و طبرستان و از رود جیحون تا بلوچستان و مکران تحت حکمرانی مطلق خود قرار داد.) (۱)

(غیاث اللغات) قندهار را در اقلیم سوم قرار داده و آنرا بطول یکصد و شش درجه و عرض بیست و هشت درجه و پنج میشمارد و در بخش ملک هند محسوب میدارد که در این راستا اکثر مؤرخین قندهار را تحت قلمرو هند میشمارند. چنانچه کتاب حدود العالم که در زمان فریغونیان در گوزگانان تألیف شده نیز قندهار را زیر عنوان «سخن اندر ناحیت هندوستان و شهر های وی» جای میدهد. حدود العالم که در سال ۳۷۲ هجری توسط شخصی که نامش را تذکر نداده است در گوزگانان (جوزجان) برشته تحریر درآمده از قندهار چنین مینگارد: « قندهار شهر عظیم است و اندرو بتان زرین و سیمین است بسیار و جای زاهدانست و برهمنانند و شهری با نعمت است و او را ناحیتیست خاصه» (۲) متذکر شدیم که غیاث اللغات قندهار را در اقلیم هندوستان قرار میدهد و بر علاوه اینکه کابل را تذکر میدهد قندهار را نیز یکی از صوبه های هندوستان محسوب میدارد. (صوبه قندهار - طول این صوبه سه صد کروه و عرض آن دو صد و شصت کروه- شرق آن سندهه شمالی غور و غرجستان و کابل و غزنین میان شرق و شمال) "غیاث اللغات صفحه ۷۹۰"

قندهار بر علاوه اینکه در اقلیم هندوستان قرار گرفته در اقلیم گرمسیر نیز موقعیت دارد. اصطلاح مناطق گرمسیر در تاریخ بیهقی نیز آمده است که مراد از مناطق جنوبی و جنوب غربی افغانستان بوده است. در هنگامیکه عرب ها از راه کرمان و بلوچستان و سیستان وارد کشور ما شدند این مناطق گرم را عرب ها (جروم) نامیدند که از جنوب غرب قندهار و ریگستان آنجا آغاز و تا سیستان و چخانسور میرسد اطلاق میشده است. و نواحی شمالی این مناطق را که سرد بوده «صرود» نامیدند. اکنون نیز نواحی جنوبی بست و گرشک با مجرای هیرمند تا حدود چخانسور سیستان را مناطق گرمسیر یاد میدارند. عرب ها جروم و صرود را استعمال میکردند که در دوره غزنویان گرمسیر و سردسیر فارسی/دری مستعمل گردید. ابوالفضل بیهقی تاریخنگار سترگ دوره غزنویان مینویسد: «بوبکر دبیر بسلامت رفت سوی گرمسیر تا از راه کرمان سوی عراق و مکه رود» کلمه (جروم) در سروده پشتوی امیر کرور جهان پهلوان نیز ذکر شده است.

زما د توری ترشپول لاندی دی هرات و جروم

غرچ و بامیـــــان تخار بولی نوم زما به اودم (۳)

در لغت گرمسیر عبارت از جایی است گرم که مردمان چادر نشین در زمستانها به آنجا کوچ میکنند. طوریکه از تذکر کتاب حدود العالم دانستیم، قندهار شهر مشهوری بوده که بر علاوه زیبایی طبیعی و آب و هوای مساعد جایگاه بت ها و صنم های زرین و سیمین بوده است. موقعیت بت ها و صنم ها بدون شک موجودیت راهبان و برهمنان را نیز استوار میسازد. این اندیشه ما را بسوی معبد جبل الزور غور رهنمون میدارد، و نیز ما را بسوی صنم هائیکه در زمین داور قندهار جابجا شده بود میبرد. کاوش های باستان شناسی از این معابد روشنی میآندازد. عرب ها نیز با دیدن این معابد انگشت حیرت بدندان گرفتند. بت های سیمن تن را برای خلفای وقت تحفه تقدیم کردند. موقعیت جغرافیایی قندهار که با هر دو آب و هوا (گرم و سرد) مساعد بوده چنین میرساند که جایگاه خاصی برای زاهدان و شب زنده داران و دین پرستان بوده است.

کلمه قندهار در اصل کندهار بوده که هنوز هم در پشتو این شهر را به کاف مینویسند. اکثر محققین قندهار را با (گندهار) مقایسه کرده بعضاً هر دو را یکسان میدانند. در حالیکه گندهار یا گندهارا یا ننگرهار یا ننگرهارا - نگرهار - ننهار و نینهار از چندین روند های جغرافیایی و تاریخی با قندهار امروزی فرق میکند. ننگرهار همین وادی سفلای کابل است که ساحه پهناوری را احتوا کرده است. امروز نیز با نام قدیمی اش یعنی (ننگرهار) قد بر افراشته است. در حالیکه قندهار در رویداد تاریخ جایگاه خودش را دارد.

کتاب حدود العالم ننگرهار را بنیهار ذکر کرده است و تحت عنوان بنیهار میگوید: «بنیهار جایست بادشاه او مسلمانی نماید و زن بسیار دارد از مسلمانان و از افغانان و از هندوان بیش از سی - و دیگر مردم پرستند و اندروی سه بت است بزرگ»

پادشاهی که از هر طایفه زن های بیشماری داشته باشد بدون شک از مقام ارزنده یی برخوردار است که پادشاه ننگرهار از طوایف افغان، مسلمان، هندو و دیگران زن هایی داشته و همچنان حدود العالم از موجودیت سه بت بزرگ در ننگرهار یاد میدارد که بارتولد مستشرق خبیر روسی نیز آنرا تأیید میدارد. پس بدین حساب ننگرهار پرورشگاه بتان سیمین تن، مرکز بزرگ بودایی، جایگاه راهبان و زاهدان و عابدان بالاخره سرزمین رودبار هائیکه همه برود کابل سرازیر میشوند میباشد. باید گفت که حدود العالم جایگاه و محل بود و باش (افغانان) را دهی میداند بنام (سول) به قول حدود العالم (سول دهیست بر

کوه با نعمت و اند و افغانان اند و جون از نجا بروی تا بجنیستان راه اندر میان دو کوهیست و اندرین راه هفتاد و دو آب بباید گذاشتن و راهیست با مخاطره و بیم).

بعضی از محققین ننگرهار را واژه پشتو دانسته آنرا به (نه رود) برگردان کرده اند. درست است که وادی ننگرهار رود های بیشماری را بخود ملحق میسازد و مشهور به وادی کابل میگردد. اما ننگرهار کلمه سانسیگریت است که از (نه که له هنو) بمیان آمده است. ننگرهار در ساحه وسیع و پهناوری قرار دارد که با پهنای گسترده ی میان رودخانه های اتک ،کنر ، الیشنگ، الینگار، لغمان و کابل قرار گرفته است. (۴)

باید گفت که گندهار و یا قندهار با (گندهار) خلط نه گردد. زیرا گندهار سرزمین وسیع رودخانه کابل است. یا بزبان دیگر گندهار عبارت از دره کابل است که آغازش کابل و انجامش پیشاور است. سرسبزی و استواری گندهار یا گندهارا که بروزگارش سرزمین دین و آئین و باور ها، سرزمین دادیک ها، سرزمین الینا ها (نورستانیها)، جایگاه لمغانیان و سرزمین آب های خروشان و معاونان رود کابل که از کوه های هندوکش بزرگ سرچشمه میگیرند. از سروده های ویدی و رگه های تاریخ معلوم میشود که گندهارا سرزمین غنی و حاصل خیز با رمه و گله حیوانات بوده است. (کتاب "تاریخ افغانستان" جلد اول احمد علی کهزاد صفحه ۷۶ چاپ سویدن اکتبر ۲۰۰۲ میلادی)

قندهار - کندهار:

کندهار از دو واژه (کند) و (هار) بمیان آمده که اگر به اساس کلمه بنگریم در میابیم که کند را فرهنگ ها (ده) یا (قشلاق) تعریف کرده اند و (هار) را به (هیر) مبدل ساخته که مراد از همان کلمه اوستایی میباشد که معنی (آتش) را میرساند. پس بصورت مجموعی کندهار بمعنی دهی که معبدگاه دران نهفته است. آثار کشف شده در زمین داور و دیگر نقاط کندهار مؤید این گفته ها است.

در یادمانده های تاریخی (هیر) را به شکل (هار) نیز نوشته اند. تاریخ گردیزی مینویسد: «سکندر بن فیلقوس پادشاهی بگرفت و از ایانیان بسیار بکشت و جایهایشان ویران کرد و

حصار های ایشان کند و خراب کرد و علمهای ایشان که مرایشان را هاربدان خوانند همه را بکشت و کتاب ها که اندر دین مغان و زردشتی بود همه بسوخت.»

برگ های زرین تاریخ نشان داده است که هر سرزمین زیبای که در آنجا شهر و تمدن است و باور های مردمی نهفته است بدون شک متصل آب و یا رودخانه میباشد. بسیاری از مراکز و تمدن های جهان پهناور در پهلوی رودخانه های بزرگ قرار گرفته اند که مثال های زنده از آن داریم مانند: تمدن هارپه و موهندجارو در وادی سند، تمدن باختر به روی وادی اکسوس، تمدن چین در نواحی رود زرد، تمدن بین النهرین میان رود های دجله و فرات، تمدن مصر کهن در وادی نیل، تمدن شاهان کیانی در کناره های رودخانه هیرمند، تمدن گندهارا در وادی رود کابل و بالاخره موقعیت فرهنگی کندهار متصل رود ارغنداب موقعیت اخذ کرده است. حوزه شاداب ارغنداب و اراکوزی در سروده های ویدی بیان گردیده که هیلبرانت دانشمند غربی یکی از طرفداران این امر است که رود ارغنداب همان سراسیواتی ویدی است که (هراویتی) اوستایی را تداعی میکند که مراد از رودخانه ارغنداب میباشد. ارغنداب از دو واژه (ارغند) و (آب) تشکیل یابیده که معنی (خشمگین و تیز) را وانمود میسازد و یا بزبان دیگر رودخانه پر آب و خروشان را میرساند. (درباره ارغنداب بنگرید به "تاریخ افغانستان" احمد علی کهزاد جلد اول صفحه ۷۸)

بدین سان پنجشیر نیز که در حقیقت "پنج هیر" بوده زمانی "پنجهار" نوشته شده است - سرزمین زیبای کوهستانی پنجشیر زمانی جایگاه پنج آتشکده مقدس بوده است. در یادداشت ها یعقوبی جغرافیا نویس عرب نیز پنجهار در ردیف شهر های : پروان، اندراب و غوروند ذکر شده است. واژه "کند" در ماوراء النهر کاربرد فراوان دارد مانند سمرکند، تاشکند، خوکند.. سمر معنی افسانه و حکایت را دارد و هم نام پادشاهی بوده از ترکان. اگر "کند" ده یا قشلاق باشد ، پس سمر قند بمعنی سرزمین افسانه یاد میگردد.

شهر قندهار بدین نام از سده چهارم هجری مزین گردیده که حدود العالم و تاریخ گردیزی و بیهقی نیز از "قندهار" یاد کرده اند. در زمانیکه انوشیروان شاه ساسانی بر سریر پادشاهی بنشست، تمام شاهان و امیران بوی باج و خراج را گردن نهادند که آنرا در تاریخ گردیزی چنین مینگریم: «.. پنج پادشاه بیک روز بخدمت او پیش آمدند مانند شاه هندوستان، شاه ترکستان، شاه سراندیب.. و خاقان بزرگ دختر خویش بزنی بدو داد و او

مادر هرمز بود. شاه هندوستان هر سالی ده پیل و دویست هزار پاره ساج و عاج بدهد و کابل و قندهار او را گشت و اندر همه جهان او را مخالفتی نماند..» در زمان فریغونیان که در گوزگانان سلطنت میکردند و حدود علام در آن شهر بزبان ناب فارسی/ دری نوشته شده کلمه (قندهار) ذکر گردیده است.

قندهار را بنام های "بخدی" ، "رخود" ، "تگین" ، " پنجوای" ، "داور" نیز یاد کرده اند. یعقوب لیث صفاری مردی بود مجهول و از روستای سیستان که رویگری کردی. از همان باعث عرب ها او را یعقوب لیث صفاری نام گذاشتند. چون مرد عیار گونه و دست کلان بود مردم گردش جمع شدند و کارش بالا گرفت. یعقوب لیث از طرف نصر بن صالح به سرهنگی شهر بست و بعد به امیری سیستان رسید و کارش بالا گرفت که تاریخ گردیزی چنین مینگارد: «پس از سیستان به بست آمد و بست را بگرفت و از آنجا به پنجوای و تگین آباد آمد و با رتبیل حرب کرد و حیله ساخت و رتبیل را بکشت و پنجوی و رخود بگرفت.» (۵)

تگین آباد قندهار:

به قول استاد عبدالحی حبیبی که خود از شهر قندهار استند در باره "تگین آباد" مینویسند که شهر تگین آباد در قرن سوم و یا چهارم هجری شهرت اختیار کرده و چون تگین با پسوند نام های بنیانگزاران امپراطوری غزنه یعنی الپتگین و سبکتگین برخورد مینماید بناً نام «تگین آباد» را در این مورد بی رابطه نمیدانند. از طرف دیگر رابطه تگین آباد قندهار را با «تگین شاهیان» که در نواحی جنوب هندوکش بزرگ تا سواحل هیرمند زابلستان سلطنت داشته اند مربوط میدانند که این نویسنده بدین نظر موافق استم. زیرا اکثر نام های تاریخی محلات کشور ما قدامت دیرینه دارند. طوریکه در سطر های بالا تذکر دادم که قندهار و دیگر محلات آن مانند تگین آباد و رخود و یا رخج از زمره مناطق گرمسیر اند که عرب ها آنرا جروم گویند. استاد حبیبی از قول تاریخ بیهقی درباره تگین آباد مینویسد: شهرت تگین آباد از عصر سلطان محمود آغاز میگردد و بسال ۴۲۱ هجری که آن سلطان اندر حضرت غزنه بدنیای دیگر میرود و فرزندش امیر محمد بجای وی مینشیند و با لشکر

محمودی به تگین آباد میآید اندر اینجاست که بزرگان و سترگان لشکر به هواداری امیر مسعود برادر کهترش محمد را در قلعت کوهتیز (گوهر) تگین آباد موقوف میدارند و نامه ها را همدست مسرعان (چارپاران) به هری پیش امیر مسعود میفرستند از مضمون نامه پدید میآید که قلعت کوهتیز متصل شارستان تگین آباد بود و چون امیر محمد را درقلعت موقوف کردند بگتگین حاجب با خیل خویش و پانصد سوار خیاره در پای قلعت تا شارستان بحر است گماشته شده بود و بعداً از آنکه لشکر امیر غزنه بفرمان امیر مسعود پیش وی به هری شدند امیر محمد را از آن قلعت به مندیش غور باز فرستادند و این داستان را ابوالفضل بیهقی میآورد و از گفته استاد عبدالرحمن قوال که یکی از مطربان و ندیمان امیر محمد بود و هم در قلعت کوهتیز در پیش وی نشسته بود چنین گوید: "که از دور گردی پیدا آمد امیر گفت آن چه شاید بود گفتند نتوانیم دانست وی معتمدی را گفت بزیر رو و بتار" از این روایت میتوان گفت که قلعت کوهتیز در جای بلند مشرف بر شارستان و حوالی تگین آباد واقع باشد. (٦)

کتاب حدود العالم که در سال ۳۷۲ هجری در گوزگانان در زمان فریغونیان برشته تحریر درآمده از نواحی قندهار یاد میکند، اما از شهر تگین آباد ذکری بعمل نمی آورد این خود میرساند که شهر تگین آباد در اواخر دوره سامانیان شهرت نداشته است. حدود العالم قندهار را در ردیف شهر های هندوستان میآودر، در حالیکه شهر های زمین داور، رخج و پنجوایی را وابسته به خراسان میداند. حدود العالم مینوسید: "زمین داور ناحیتی است آبادان و بر سرحدست میان غور و بست.." درباره رخج و پنجوایی مینویسد:"رخد ناحیتیست آبادان و با نعمت بسیار و او را ناحیتیست جذا - فنجوایی قصبه رخد است."

روانشاد استاد حبیبی مینگارد که از شهر های تاریخی تگین آباد اثری در دست نیست و تعین موقعیت آنهم مشکل میباشد. به قول جغرافیا نویسان قرن دهم اشاره میکنند که شهر پنجوایی و تگین آباد را از بلاد مهم و برازنده رخج میدانند و تگین آباد دارای قلعه مستحکمی بوده است. بارتولد بحوالت قول اندرسون موقعیت تگین آباد را همین قندهار کهنه میداند که نادر افشار در حدود ۱۱۵۱ هجری آنرا تخریب کرد. استاد حبیبی خاطر نشان میکنند که علاقه (سنگین) که سربند نهر قدیم چغرا (نهر سراج) در آن موقعیت دارد بطرف شمال ساحل هیرمند افتیده و شهر تاریخی (سروان) که امروز هم بنام

ساروان کلا یاد میگردد بدانسوی پنج کروهی رود هیرمند محلی است بنام (گرماب) که در اطراف آن علایم و آثار کهن دیده میشود و خرابه قلعه مستحکمی به نظر میرسد. همین راه رفت و آمد میان پنجوایی، میوند و زمین داور است که بدون شک موقعیت حساس این سرزمین نشانی از تگاوران تگین آباد میکند. (جغرافیای تاریخی افغانستان صفحه ۲۹۲).

زمین داور:

زمین داور شهرکی است بلند بالا و مشهور که در زمان دودمان غوریان مرکز و پایتخت زمستان شاهان غوری بوده است. و آنرا در کتاب طبقات ناصری چنین مینگریم: "محمد بن سام غوری دارالملک او تابستان حضرت فیروز کوه - دارالملک زمستان بلاد داور.." از سلطان غیاث الدین غوری روایت کرده اند که: «سلطان غیاث الدین در اول جوانی معاشر عظیم بود و شکار دوست - و از حضرت فیروز کوه که دارالملک او بود تا به شهر داور که دارالملک زمستانی او بود، هیچ آفریده را نبودی که شکار کردی و میان آن دو شهر (زمین داور و حضرت فیروزکوه) چهل فرسنگ راه بود. هر فرسنگ به میری فرموده بود تا بر آورده بودند و در زمین داور باغی ساخته بود آنرا باغ ارم نام نهاده و الحق در میان دنیا مثل نزهت و طراوت آن باغ هیچ پادشاه را نبود - و طول او بقدر دو میدان و زیادت بود و جمله چمن های آن بدرخت صنوبر و ابهل و انواع ریاحین آراسته و سلطان فرموده بود تا در حوالی باغ میدانی ساخته بودند. طول و عرض آن میدان مثل طول و عرض آن باغ بود و هر سال یک کرت فرمان دادی تا زیادت از پنجاه و شصت فرسنگ (از شکاریان) بره کشیدندی و مدت یک ماه بایستی تا هر دو سربره های شکار بهم پیوستی. زیادت از ده هزار شکاری از وحوش و بهایم و سباغ از همه اجناس در آن میدان آوردندی. در روز شکار سلطان بر قصر باغ برآمدی و مجلس بزم مهیا فرمودی و بندگان و ملوک یگان یگان سواره در آن میدان برفتندی و شکار میکردندی به نظر مبارک او طاب ثراۀ" در این شکار گاه فخرالدین مبارکشاه رباعی را در مدح سلطان فرمود:

اندر می و معشوق و نگار آویزی

به زان باشد که در شکار آویزی

آهوی بهشتی چو بدام تو درست
اندر بـز کوهی بچه کار آویـــزی (۷)

بارتولد دانشمند و شرق شناس شهیر روسی در مقدمه کتاب حدود العالم درباره زمین داور یادداشت های جالبی داشته و مینوسید: اصطخری خاطر نشان میکند که زمین داور از بلاد سیستان باشد. مقدسی کوره داور را از سجستان میداند که احتمالاً از نظر ابوزید بلخی گرفته باشد. در زمان هجوم اعراب زمین داور مرزبان جداگانه داشته است. بعضی ها خاطر نشان میکنند که داود بن ابی داود بن عباس (از خانواده ختلان) حکمدار بلخ در مقابل فیروز شاه زابلستان ایستاد و برای مدتی در سرزمین "زمین داور" حکمروایی کردند و نام "داور" از این حکمرانان گرفته شده باشد. تا آنکه سبکتگین این محل را در تصرف درآورد. مارکوارت بدین نظر است که زمین داور عبارت از سرزمینیست از شخص عادل که با داد و عدل شهرت داشته گرفته شده باشد. در قصر ها و حصار های بالا بلند زمین داور پرندگان و طیور زیبا موجود بوده، چنانچه در زمین داور مقدار زیاد طاؤس که احتمالاً از هندوستان آورده باشند گشت و گزار میکرده. ذکر کلمه زعفران که به درغش یافت میشود و زابل و زمین داور همه باهم همخوانی دارند. (۸)

پنجوایی:

پنجوایی شهریست که این نویسنده شخصاً آنرا در کودکی دیده ام و بخاطر دارم که در لبه های رود خروشان ارغنداب به ماهیگیری میرفتم. از طراوت و سر سبزی این علاقه خاطره ها دارم. چون موقعیت شهر متصل رود ارغنداب است بناً طبق گفته ها که جایی که آب باشد آبادانی است. این شهر کهن و سرسبز بخاطر موقعیت خرم و شادابش منزلگاه و جایگاه شاهان، سپهبدان، زاهدان، شب زنده داران بوده است. کلمه پنجوایی درست واژه ترکیبی "پنج هیر" یا پنجشیر را بخاطر میاورد. پنج یا پانج کلمه سانسکریت است مانند کتاب "پنچه تنترا" که کتاب کلیله و دمنه امروزی باشد و بمعنی پنج گنج و یا پنج کتاب نیز یاد گردیده. همانگونه که پنجهیر را سر منزل پنج معبد مقدس دانستیم، پنجوایی را نیز مرکز پنج معبد میپنداریم. زیرا قندهار و نواحی آن نظر به خوش آب و هوا بودن و سر

سبز بودنش جایگاه صنم ها و بت ها بوده است. از جبل الزور غور تا زمین داور و رخج و تگین آباد و پنجوایی همه محلات از گذشته های دور مرکز ادیان و سر سپرده گان آئینین های آتش پرستی و بودایی بوده است. پنجوایی از دو واژه پنج یا پانج- وایی اخذ شده که پنج را میدانیم که عدد است و "وایی" از وای گرفته شده و بر وزن لای چاهی را گویند عمیق که زینه پای ها بر آن ساخته باشند تا به آسانی درون چاه رفته آب بر دارند. همچنان وای بمعنی گمراه نیز آمده است. در ادیان کهن کندن چاه های عمیق و تاکاوی ها و زیرزمینی های که مرده گان را میگذاشته اند دیده شده است (برهان قاطع ابن خلف تبریزی صفحه ۱۱۷۲) پس از دید این نویسنده کلمه ترکیبی پنجوایی مراد از مرکز پنج عبانگاه را تداعی میکند.

زبان زابلی:

من همیشه بدین فکر بودم که محلات مختلف کشور ما نظر به همسایگی کشور ها و قبایل مختلف و اینکه سرزمین ما همیشه مورد هجوم یرغلچیان بیگانه واقع شده و با آمدن شان زبان و هویت های فرهنگی ما نیز تغییر کرده است. هجوم مهاجرت های دایمی در سرزمین ما با ورد واژه ها و کلمات سهیم میشود و چه بسا که زبان ایشان نیز وارد کشور ما میگردد که من آنرا "زبان زور گویان" میدانم. چون سخن بر سر شهر جنوبی کشور ما قندهار است بناً در یک مقطع تاریخی زابلستان که نواحی قندهار را نیز دربر میگرفت با زبان ویژه یی بنام " زبان زابلی" که زبان زنده همان روزگار بود بحث و گفتگو صورت میگرفت. زبان زابلی از زبان های سکزی، تخاری و کوشانی قامت بر افراشته است. حکیم ابونصر علی بن احمد اسدی طوسی (*) شاعر و لغت شناس سده پنج هجری در کتاب "گرشاسب نامه" درباره "زابل زبان" میگوید:

همانگه زن جادوی پرفســـــون   که بُد دایه مه را و هم رهـــنمون
زگلشن بباغ آمد از بهــــر سور   بِبُد خیره چون دید جـم را ز دور
بزابل زبان گفت کای مهر جوی   چنین مهمان چـــون فتادت بکوی
درست از گمان من این پادشاه ست   کسش از دیر گه باز داری گواست

* * *

بنــزد نریمان کنونیست رزم　　دگر از مـــهان بود بازی و بـــزم
بـــزد نعره ای پهلوان دلـیر　　بسوی نریمان چـــو ارغنداب شیر
به زابل زبان گفت بیدار باش　　ره ی حـــمله ها را نـــگهدار باش
که این ترک جنگی سر لشکر است　　تگین تاش جـــوینده کشور است
همه ترک و خفتانشان گشت چاک　　فرو ریخت خنجر زره گشت خاک

ابومنصور اسدی طوسی را که گفته اند خواهرزاده حکیم فردوسی بزرگ بوده است در "گرشاسب نامه" اش برداشت هایی از کتاب " گرشاسب" ابوالمؤید بلخی و "گشتاسب نامه" دقیقی بلخی کرده باشد. چون وادی ارغنداب و هیرمند جایگاه انتشار دین بهی اهورامزدایی بوده که زردشت پیامبر اهورایی با یاری گشتاسپ آنرا جهان شمول ساخته است. بدون شک زبان زابلی که در همجواری هیرمند و ارغنداب نهفته است زبان محلی خاصی بوده که با زبان اوستایی روزگار همخوانی داشته است. " زابل زبان" لهجه خاص خودش را داشته که ابومنصور اسدی طوسی در سروده اش در دو مورد زبان زابلی را بصفت رمز و اشاره تعیین بندی میکند. در سروده بالا مینگریم که جمشید شاه بنام مستعار "هامان کوهی" از دست فشار ضحاک تازی بسوی زابلستان میرود و با دختر شاه نیمروز روبرو میشود و ندیمه دختر که این صحنه را مشاهده میکند بزبان رمز و اشاره (زبان زابلی) به شاهدخت نیمروزی خاطر نشان میکنند که این شخص همان شاهی است که تو خوابش را دیده بودی و من پیشگویی کرده بودم و این همان شاهی است که از وی نسل پهلوان بار میآوری.

سروده دیگر اسدی طوسی که رمز و راز زبان زابلی را نمایان میسازد، حادثه حمله پهلوان نریمان و خاقان توران (تگین تاش) است. نریمان بخاطر پنهانی راز و رمز جنگ، همرزمان را بزبان زابلی از بعض وقایع آگاه میسازد. (۹)

باید یادآور شد که زبان زابلی مانند زبانهای باختری، تخاری، سغدی، سکزی و حتی هری از میان رفته است. در اسطوره و تاریخ این ساحه کشور ما بنام "زابلستان" شهرت دارد. چون ساحه پنهاوری را احتوا میکرده همان است که یمین الدولهء سلطان محمود غزنوی خود را " محمود زابلی" نیز ملقب میساخت. ملک الشعرا بهار زابلستان را اینگونه مینگرد:

« زابلستان نام مملکت نیمروز که عبارت از سیستان و زمین داور و توران و غزنه و قندهار و کابل بوده است. ولی در زمانی که تاریخ سیستان نوشته میشده (۴۴۵ - ۷۴۲ هجری) زابلستان سرزمینی بوده که شهر غزنین صرف قصبه آن بوده که بعد ها شهر پر آوازه دوره دودمان غزنویان گردید.

(«تاریخ سیستان»، به تصحیح ملک الشعرا محمد تقی بهار، پاورقی صفحه ۳۰۸)

داستان یزید ابن مفرغ شاعر سده یکم هجری:

در زمان زمامداری حضرت معاویه، عبیدالله بن زیاد به خراسان و عباد بن زیاد برادر عبیدالله به سیستان مقرر شدند. عباد بن زیاد والی سیستان هر روز پنجشنبه داد مظلومان را بدادی و حاکمی بود از عدل و داد فراوان برخوردار. کار های دنیایی را بطور احسن انجام داد و کار های دینی را باید که در خور هدایت مذهب نیز رویدست گیرند و به توسعه دین محمدی قیام کنند. همان بود که عباد بن زیاد به کابل رفت و بعد به قندهار آمده میخواست بسوی هند برود که در مقابل سپاه عظیم هندی ها قرار گرفت. امیران و حاکمان مسلمان را عادت چنان بود که در غزا های اسلامی علیه کافران، خود شخصاً طلایه دار لشکر میشدند. (کشته شدی شهید و کشتی غازی و گرفت مال غنیمت به وفور) عباد بن زیاد شخصاً بر بالای اشتری سوار شده در مقابل لشکریان هندی میجنگید. در این جنگ زهیر بن ذویب العدوی نیز همراه او بود. مسلمانان در این جنگ پیروز شدند و به قول تاریخ سیستان "خانه پر زر یافتند و غنایم بزرگ بدست مسلمانان آمد". بدون شک شاعر اندیشه ورز روزگار " ابن مفرغ" نیز آنجا بود.

ابن سفرغ پیوسته عبیدالله بن زیاد و عباد بن زیاد را هجو مکرد و میگفت:

و اشهد ان اُمک لم تباشر — ابا سفیان و اضعه القناع

ولکن کان امر فیه لبس — علی وجل شدید و ارتباع

عباد بن زیاد والی سیستان بر ابن مفرغ برآشفت و حجامان را امر کرد تا نیشتر بزنندش.. بنابر تصادف حجامان رفته بودند. ابن مفرغ احتمالاً از ترس جان میخواست که تظلم را

نداند به شراب پناه برد و از شراب های ناب خورد تا مست گردد. از ترس و مستی زیاد او اسهال گردید و کار برسوایی کشید. ابن مفرغ به اصطلاح مردم "دهن و دامن" شد. یا بزبان دیگر از سر و زیر وی مواد میرخت. کودکان شهر میدیدند که شاعر زمانه اسهال شده " از بس سیاهی که آن اسهال او بود" بزبان پارسی منادی میکردند که :

شبست! شبست! شبست.. این شبست . ابن مفرغ در جواب ایشان بزبان پارسی شعر گفت:

آبست و نبذست		عصارا ز سبب است

ودنبه فربه وپی است		وُسمیه هم روسپی است

وسمیه نام مادر زیاد بود. عباد بن زیاد والی سیستان دید که زورش به شاعر نمی رسد او را با نقده ی چند به سوی عرب باز گردانید. و یا اینکه احتمالاً والیان و امیران حرمت شاعران را میدانسته اند. و یا علت دیگری در کار بوده که با وجود هجو حاکم خود مختارِ سیستان او را زنده نگهداشته است. مسأله اینکه وسمیه نام مادر زیاد ابن ابیه است که قصه وی با ابوسفیان در حجاز و همخوابگی با او و سپس زادن زیاد مشهور است و زیاد را از این سبب ابن ابیه خوانند که پدر وی بظاهر معلوم نبوده است.

داستان دیگری درباره یزید بن مفرغ آورده اند که عبیدالله بن زیاد، شاعر دوره امویه را پس از آنکه حاکم را هجو نمود به حبس محکوم کرد. عبیدالله بن زیاد فرمود تا نبیذ شیرین و شیرم که گیاهی است سمی او را در بندیخانه بخورانیدند و با گربه و خوک ببستندش. و بعد او را بدانحال که دست و دامن بوده به بازار میچرخانیدند.. و او را اسهال گرفته بود و کودکان شهر بدنبال وی افتاده میگفتند: این چیست؟ (بجای این شیست؟) در کتاب آغانی یادداشت بصورت "این چیست؟" آمده است.

(«تاریخ سیستان»، به تصحیح ملک الشعراء محمد تقی بهار، صفحه های ۹۵ - ۹۶)

یادداشت ها:

۱. کتاب «دُرّة الزمان»، اثر عزیزالدین وکیلی فوفلزایی، طبع کابل، سال ۱۳۳۷، صفحه های ط و ی.

۲. کتاب «حدود العالم»، با مقدمه بارتولد و تعلیقات مینورسکی، ترجمه میر حسین شاه، چاپ کابل، سال ۱۳۴۲، صفحه ۳۷۷، و بنگرید به «غیاث اللغات»، چاپ بمبئی، سال ۱۲۴۳ هجری، صفحه ۷۸۴

۳. کتاب «پته خزانه»، تألیف محمد هوتک بن داود، به تصحییح استاد حبیبی، چاپ دوم، ۱۳۳۹، صفحه های ۳۴ و تعلیقات ۲۳۳

۴. کتاب «حدود العالم»، صفحه های ۹۴ و ۳۷۹.

۵. کتاب «تاریخ گردیزی»، به تصحیح عبدالحی حبیبی، چاپ تهران، سال ۱۳۶۳، صفحه های ۵۸ و ۳۰۵

۶. کتاب «جغرافیای تاریخی افغانستان»، اثر عبدالحی حبیبی، بخش تگین آباد کجا بود؟ چاپ پشاور، ۱۳۷۸، صفحه ۲۸۶ - ۲۸۸

۷. «طبقات ناصری»، اثر منهاج سراج جوزجانی، به تصحیح عبدالحی حبیبی، چاپ کابل، ۱۳۴۲، صفحه های ۳۶۷ و ۳۶۴ و ۳۶۵

۸. کتاب «حدود العالم»، صفحه ۱۸۸

(*) ابو منصور احمد بن علی اسدی طوسی لغت دان و شاعر سده پنجم هجری که کتاب برازنده (لغت دری) و یا (لغت فُرس) توسط این دانشمند خراسانی برشته تحریر در آمده است. حکیم ناصر خسرو که در اوسط قرن پنجم هجری در مسافرتش از بلخ با قطران تبریزی دیدن کرده است. اسد طوسی نیز که از خراسان به آذربایجان آمده بود مینویسد:

(دیدم شاعران را که فاضل بودند و لیکن لغات پارسی کم میدانستند. و قطران شاعران کتابی کرد و آن لغت ها بیشتر معروف بودند پس فرزندم حکیم جلیل اوحد اردشیر بن دیلمسار النجی الشاعر، لغت نامه ای خواست چنانکه بر هر لغتی گواهی

بود از قول شاعری از شعرای پارسی ، و آن بیتی بود یا دو بیت و به ترتیب حروف (آ) با (تا) ساختم) (لغت فرس - لغت دری) اسدی طوسی به تصحیح فتح الله مجتبایی و علی اشرف صادق چاپ اول تهران ۱۳۶۵ صفحه ۴ مقدمه)

همچنان ابومنصور اسدی طوسی کتاب "گرشاسپ نامه" را برشته تحریر در آورده که به نظم میباشد. نامبرده در شناخت زبان پهلوی دست توانا داشت و طوریکه در بالا تذکر دادم کتاب " لغت دری" وی معروف است. اسدی طوسی در سال ۴۵۸ کتاب گرشاسب نامه را تصنیف کرده و آنرا به بودلف حکمدار شهر نخجوان تقدیم کرد. اسدی طوسی در زمان یمین الدولهء سلطان محمود و شهاب الدولهء سلطان مسعود در طوس ، نیشاپور و ری و هرات و غزنه در گشت و گزار بود. در هنگامیکه ترکمانان در نواحی هرات بود و باش داشتند بنای شورش را گذاشتند که آهسته آهسته شهر های نسأ ، یون، سرخس و نیشاپور را تحت فرمان خویش در آوردند، و میتوان گفت که خراسان غربی کاملاً از سلطه غزنویان خارج گردید، اسدی طوسی از شهر پر آمده راه غرب را پیش گرفت و در آخرین نقطه (اران) شمال غربی آذربایجان مسکن گزید. اسدی طوسی در تحت سایه شاهان اران که هنر دوست و فرهنگ پرور بودند قرار گرفت.

(در این باره بنگرید به کتاب "غرغشت یا گرشاسب"، اثر احمد علی کهزاد، صفحه ۳۸)

۹. کتاب "غرغشت یا گرشاسب"، اثر احمد علی کهزاد، با اشعار اسدی طوسی، سال ۱۳۷۸، چاپ پیشاور، صفحه های ۱۵۵ - ۱۵۶

فرضیه دیگری در پیرامون نام «قندهار / کندهار» در میان پژوهشگران ارزیابی میشود و آن یادداشت های بلند بالای است در کتاب «نژاد های افغانستان» نوشته ایچ - دبلیو. نامبرده در تحقیق ارزنده خود نام «کندهار» یا قندهار فعلی را از کلمه «گندهارا» ریشه یابی میدارد. گندهارا ای کهن نامیست که سراسر وادی پنهاور رودخانه کابل را تا پیشاور در بر گرفته بود و در زمانش از دم و دستگاه عظیم مذهبی و سیاسی که ساحه نفوذش نواحی سند را نیز در بر میگرف حکمروایی داشت .

شاهان گندهاری قدیم همه پیرامون آیین بودایی بودند که آثار بس بزرگی از این مناطق در زیر آور های دره ها و وادی های این سرزمین کشف گردیده است. آثار بودایی گندهار در موزیم های کابل و جهان نقظ آفرین است.

در آنسوی غربی گندهارا منطقه وسیع و دامنه دار سیستان است. سیستان نام خود را از طایفه صحرا گرد که در این مناطق هجوم آوردند و در تاریخ بنام :« سکاها، ساکا، ساکی، سکایا» یاد شده اخذ گردیده (سده های اول میلادی) که به مرور زمان نام این حوضه آبدار و ریگدار بنام سکزستان ، سکستان و در دوره های اسلام به «سجستان» تغییرات هویت داده امروز بنام «سیستان» مسمی است. سیستان پهناور را مؤرخین دوره های اول اسلامی چنین حد بندی میدارند:

دهانه دریا های ترنگ و ارغستان و سلسه تپه های نوبه در شرق - تا به سلسله تپه های نی بندان و دشت نا امید در غرب - از وادی های دریای هیرمند و ارغنداب در شمال - تا سلسله کوه خواجه عمران و دشت بلوچستان در جنوب بوده است. در حقیقت این منطقه وسیع و گسترده در بر گیرنده ایالات در نگیانه و اراکوزیای نویسنده گان یونانی میباشد. در نگیانه نام اصلی حوزه سیستان بوده که پس از هجوم و مهاجرت اقوام سکایی نام های سگستان و سجستان را بخود کسب کرده و به همین گونه "اراکوزیا" نامیست که یونانی ها در این مناطق شهر اسکندریه اراکوزیا درا تأسیس نمودند، که نام اصیل نواحی کندهار امروزی بود. با مرگ اسکندر، بازمانده های لشکری و کشوری اش در این مناطق سده ها حکومت کردند تا اینکه هندی های گندهارا (با ظهور خاندان سلطنتی گوپتا ها) بر اراکوزیا تاختند و این خطه را بنام «گندهار» مسمی ساختند. کلمه گندهار آهسته آهسته (پدیده تغییرات واژه گان در روند تاریخ) جایش را به کندهار و در ادوار اسلام به قندهار هویت حاصل کرد.

(در این باره بنگرید به مجله آریانا برون مرزی چاپ سویدن شماره اول سال ۱۳۸۹ سال دوازدهم نوشته سهیل سبزواری صحفه ۱۰۹ تحت عنوان تاریخ افغانستان.)

بخش چهارم

بامیان

Bamiyan

گذرگاه راهیان و راهبان

«بامیان شهریست بر حد میان گوزگانان و حدود خراسان و بسیار کشت و بزر است. پادشاه او را "شیر" خوانند، و رود بزرگ بر کران او همیگذرد و اندر وی دو بُت سنگین است یکی را خنک بت» (۱)

«بامیان بر وزن عامیان (در لغت مردم بد نویس و غلط نویس را گویند) نام ولایتی است در کوهستان مابین بلخ و غزنین و در هر یکی از کوه های آن ولایت صورت دو بت ساخته بوده اند که یکی را خنک بت و دیگری را سرخ بت میگفته اند.» (۲)

بامیان یکی از عجائب هفتگانه سرزمین ما افغانستان محسوب میگردد. و آن عجائب هفتگانه عبارتند از:

۱. تندیسه های بامیان
۲. بند امیر
۳. منار جام
۴. طاق بُست
۵. استوپه ی سمنگان
۶. سنگ هفت قلم
۷. رواق مسجد خواجه پارسا در بلخ

بامیان با داشتن دره های پُر طراوت و زیبای همچون:

- دره ی آهنگران

بخش چهارم: حوزهٔ پهناور بامیان

- دره ی سوماره
- دره ی ککرک
- دره اژی دهاک سرخ "دره اژدهای سرخ"
- دره فولادی
- دره گالو
- دره آغربات "دره آقرباط"

بامیان در مرکز افغانستان موقعیت دارد و از طرف شمال به ولایت سمنگان، از جنوب با ولایات غزنی و اروزگان، از شرق با ولایات بغلان، پروان و وردک و از جانب غرب به گوزگانان (جوزجان)، غور و اروزگان در ارتباط است. بامیان همچنان مرکز ولایت بامیان بوده از کابل ۲۰۴ کیلومتر فاصله دارد. بامیان دارای حکومت هایی چون کهمرد، سیغان ، یکاولنگ، شبر، پنجاب و ورس، دو آب و میخ زرین بوده و جمعاً یکصد و هفتاد قریه در بامیان موجود میباشد. (۳)

سرحدات سیاسی بامیان را بدینگونه نیز نظر داده اند: بامیان از طرف شرق به دره شکاری و قریه غندک ولسوالی شبر - از طرف غرب به قبر افغان و خم نیل و علاقه های شهیدان - از جانب شمال باز هم به قریه های غندک و از سمت جنوب به کوه بابا موقعیت اخذ کرده است. بعضاً بامیان را به سه بخش: مرکز بامیان، علاقه شهیدان و قرغنه نو تقسیم بندی نموده اند. (۴)

یادداشت ها:

۱. کتاب «حدود عالم»، با مقدمه بارتولد، تعلیقات مینورسکی، ترجمه میر حسین شاه، سال ۱۳۴۲، ص ۳۹۱

۲. «برهان قاطع»، ابن خلف تبریزی، با تصحیح محمد عباسی، انتشارات فریدون علمی، ص ۱۵۷

۳. «شناسنامه افغانستان»، اثر بصیر احمد دولت آبادی، سال ۱۳۷۱، ص ۱۷

۴. هفته نامه امید، شماره ۴۰۲، سال دوهزار میلادی، نوشته جناب بسم الله بامیانی

بامیان با داشتن شهر های پُر طنطنه و اسطوره یی اش مانند شهر غلغله و شهر ضحاک مشهور بوده است. زائرین تماشا چیان از اطراف و اکناف جهان در بامیان روی میاوردند و غلغله بر پا مینمودند. دره های خوش آب و هوا و طبیعت استوار و موجودیت تندیسه های بودائی مردمان باورمند و معتقد را بخود جلب میکرده و با وجود داشته های مذهبی، مرکز داد و ستد تجاری و فرهنگی گردیده است.

پیکره های بودا، نقش ها و رنگریزی ها ، معابد ، سموچ های منظم و نگارین در دل کوه ها، دیوار های مزین و رنگ و رو شده دستگاه های آرت و هنر کندن کاری، وسائل رنگ آمیزی، هزار ها راهب و پیرو به عبادت و ریاضت روی آورده و هزار ها زایر با خیل تاشان شان در این جایگاه مقدس مذهبی به خُلسه نشسته با صفائی دل و روانی آب حاجت خواسته اند. نگارستان هنری و آرتی فکت های باستانی بامیان همه اسباب شگفت بیننده گان عالم میگردیده و زائران چینائی ، تُرکی و تتاری اخلاصمندان ماورالنهری، کوهمردان کشمیری، فرزانه گان تخاری، دانشمندان آئین بودائی هندوستانی همه به سوی دره های زیبای بامیان با اخلاص تمام میامدند و بر میگشتند. با ظهور آئین بودائی در بامیان و انتشار مذهب بودیزم، مخصوصاً در دوره زمامداری کوشان شاهان «کانیشکاه و هوویشکاه» این خطه ی طبیعت آرا دارای اهمیت ویژه ای گردیده و مدت هشت قرن بامیان را کانون ثقافت و فرهنگ بودائی آسیای میانه ساخت، در روزگاران قبل از تاریخ نیز بامیان محل بود و باش آریائی های شکارچی گردیده و کرانه های هندوکش و بابا کوه و سلیمان کوه مغاره های زیادی کنده شده که مغاره بزرگ و طولانی معروف به "چهل ستون" گواه آن است. (۱)

روانشاد عبدالحی حبیبی در کتاب جغرافیای تاریخی شان دو بخش را درباره بامیان نگاشته اند: کلمه بامیان در زبان های قدیم افغانستان ریشه عمیق دارد. در اویستا صفت "بامیه" که به معنی فروزنده و تابنده است "بامیک" پهلوی از همین ریشه میباشد. "بام" به زبان های دری و پهلوی بمعنی سپیده دم و سحر گاه آمده که تا کنون هم در نزدیکی های بامیان در دره‌ء فولادی (پولادی) روستایی بنام "بام سرای " موجود است.

در کتاب های فارسی/دری، بلخ بامی در مقابل صفت "سریرا" اویستائی با بلخ استعمال میشده که در کتب عربی آنرا "بلخ الحسنا" ترجمه کرده اند. نخستین موعود مزدیسنا هوشیدر بامی است و "بامداد" نیز از گذشته ها نام اشخاص بوده که معنی آفریده و داده فروغ باشد. بامداد نام پدر مزدک بود. و "هوش بام" یکی از نماز های مزدیسنائی که در سحر گاه ادا میگردید. همین سان بامی یا بامین نام های بلخ کهن است که معنی روشن و درخشان داشت. به مناسبت روشنائی و درخشان بودن است. که در زبان پشتو "بامی" نام گُلی بوده که آنرا به اشخاص هم اطلاق میکردند:

نه غتول بیا زرغونیژی په لاشونو   نه بامی بیا مسیـــده کا په کهســـــار

(ترجمه: لاله در کمر های کوه باز نمی شگفد و نه بامی در کوهسار می خندد)

در تاریخ از شعب فرعی قوم پوپل نام بامی را هم میبابیم که اولاده او را "بامیزائی" گویند. با در نظرداشت اسناد تاریخی و ادبی میتوان گفت که بامی و بامیان ریشه ی از بامیک پهلوی گرفته شده و بلخ و بامیان مانند دو حوضه جغرافیائی همجوار یکجا ذکر شده اند. (۲)

محترم بسم الله بامیانی در باره "بامیان" چنین مینویسند: بامیان از وقت پیدایش زمین بین کوه بابا و هندوکش در علیای درهء قطغن قرار دارد. آب ریزه آنهم از کوه بابا و "قرغنه نو" شروع و به دوشی به دریای اندراب و اخیراً به آمو دریا میریزد.

افغانستان امروزی هم متکشل از پنج آبریزه مهم که بنام های: تُرک کابل زمین و هندوستان- تُرک هیرمند و سیستان- ترک هری و ایرانیان - ترک مرو و ترکستان - ترک بامیان و تخارستان تقسیمات و حد بخشی ها هم توسط آبریزه از همان زمان مانده است که هنوز هم در مملکت مرعی الاجرا میباشد. حد بخشی بامیان و یکاوولنگ هما "خمریل" است که درین زمانه بنام "قبرافغان" نیز یاد میشود که حد بخشی بین قطغن و هزاره جات هم محسوب میگردد.

بامیان از لحاظ تشکلات اداری از زمانه اسلامی تا غوریان "قرن ۵ و ٦ هجری) حکمرانی های خود مختار داشته و در زمان غوری ها سلطنت مستقلی را دارا بوده است. در زمان چنگیز و اولادهء او بجز سه نفر دیگر کسی باقی نماند "؟" و در زمانه امیر تیمور گورگان و

اولادهء او بحیث یک ولسوالی در بست قطغن قرار گرفته که تا زمان محمد نادر خان به همین حکم پابر جابود.

در سنه ۱۳۲۱ با احداث راه درهء شکاری و کوتل شبر در بست حکمرانی چاریکار داده شد، تا اینکه در سال ۱۳۳۹ به حکومت اعلی و بعد ها به ولایت بامیان ارتقا یافت. بامیان از ولسوالی های سنی نشین بوده از جانب شرق متصل به ولسوالی ورئی دو آب، کهمرد و سیغان، از جانب غرب به یکاوولنگ و پنجاب که از ولسوالی های هزاره نشین اند ملحق شده است...... از کوتل های مشهور بامیان و ارزگان، کوتل شبر، کوتل قبرافغان ، کوتل سیای یک، کوتل حوض شاه، کوتل انده، کوتل شاه تو و کوتل سرخک. (۳)

در زمانی که بامیان از دست چنگیز خان خراب و تراب شد و آشوب عظیمی از شهر غلغله برخاست که غالمغال مردم به آسمانها رسید. بامیان واژگونه شده اهالی آن همه به قتل رسیدند که در آنجمله حکمران بامیان بنام امیر ابن عمر نیز به قتل رسید. بناً بر گفته های تاریخی که چنگیز خان در حدود هفتصد هزار نفر را به شهادت رسانید. بعد اقوام مختلف در بامیان جایگزین شد به شمول هزاره ها، تاجیک ها، جعفری ها، پشتون ها ، و اعراب در آنجا مسکن اختیار کردند.

در بامیان زیارت های اشخاص متبرک موجود است شماره آنرا بیشتر از بیست و پنج میرسانند:

۱. زیارت خواجه صاحب چکان در قریه جرستوغی
۲. زیارت خواجه قشقاری در کوه چهار گنبد
۳. زیارت خواجه آهنگران در قریه آهنگران
۴. زیارت خواجه چنارک در دشت خاکدان
۵. زیارت خواجه فاطمسی در دره فاطمسی
۶. زیارت خواجه عبدالله در قریه ملایان (قاضی ها)
۷. زیارت خواجه کادو
۸. زیارت خواجه بهاوالدین
۹. زیارت خواجه دمگیر در قریه لاله خیل

۱۰. زیارت خواجه سبز پوش در قریه چکره خیل
۱۱. زیارت خواجه غار در قریه داودی
۱۲. زیارت خواجه کمال الدین در قریه تی بوتی
۱۳. زیارت خواجه سنگ بر در قریه سرخ در
۱۴. زیارت خواجه چاشت در منطقه سادات
۱۵. زیارت خواجه روشنایی در منطقه سادات
۱۶. زیارت خواجه قول شیرک
۱۷. زیارت خواجه صاحب گل در قریه سرخشک
۱۸. زیارت خواجه لرکاری
۱۹. زیارت خواجه شوغان ولی در علاقه غندک
۲۰. زیارت خواجه چهلتن در قریه آب پر
۲۱. زیارت خواجه دوشاخ در قریه دوشاخ
۲۲. زیارت خواجه میر سید علی سیخ سوز در شهر بامیان
۲۳. زیارت میر هاشم در مرکز بامیان
۲۴. زیارت حضرت صاحب ها در قریه جلس غندک و قریه تاجیک (۴)

یادداشت ها:

۱. هفته نامه امید، نوشته استاد نبی کهزاد، چاپ ورجینیا، شماره ۸۸، سال ۱۳۷۲، صفحه ۴

۲. «جغرافیای تاریخی افغانستان»، تالیف استاد حبیبی، چاپ پیشاور، سال ۱۳۷۸، صفحه های ۲۶۴ و ۲۶۵

۳. هفته نامه امید، نوشته بسم الله بامیانی، شماره ۵۷۵، اپریل سال ۲۰۰۳ میلادی

۴. هفته نامه امید، نوشته بسم الله بامیانی، شماره ۴۰۲، سال دوهراز میلادی

۵.

هان های سفید

در تاریخ افغانستان پار "هان های سفید" رول مهمی را بازی مینمایند. همین هان های سفید اند که از تخارستان به سوی بامیان مهاجرت کرده و به قلب هندوکش جای میگرینند. یک هجوم سرتاسری هان ها از آسیا گرفته تا به اروپا پی ریزی شد که در سال ۳۷۰ م هان ها از آسیا به جانب اروپا گسیل شده در شمال بحیره بالتیک Ostrogoths یک نوع نژاد جرمن را که در آنجا زنده گانی میکردند یورش بردند که اکثر آنها بسوی امپراطوری روم غربی فرار کردند.

در سال ۴۰۲ م ویزی گوت ها Visigoths از نژاد جرمن به ایتالیا داخل شدند. هان های سفید مرکز فرماندهی شانرا در دامنه های هموار هنگری بنا کردند و از آنجا به امپراطوری رومن اخطار دادند که با ما همکاری بدارند و یا منتظر حمله باشند. در این موقع امپراطرس جوان و زیبا صورت رومی بنام Galla Placidia که در سال ۳۸۸ م تولد شده و دختر تیودوزیس است. این زن با تدبیر از سن پانزده سالگی زمام امور را بدست گرفته و در سال ۴۱۰ م Alarica روم را تسخیر و امپراطورس را در بند کرده به سرزمین گول ببرد.

در سال ۴۱۴ م گاله پلاسیدیا مجبور ساخته شد با زمامدار تازه وارد روم بنام Ataulf عروسی کند که وی جانشین الاریک گردیده بود. امپراطورس گاله تا بهنگام مرگ دست از مبارزه نه کشیده با مردمش در مقابل تجاوز ایستاده گی کرد. آتیلا سردار هان ها در سال ۴۰۰ م شهر گول را تصرف کرد. (۱)

کارل منگیس Karl Menges ترک شناس مشهور در اثر مشهورش بنام (زبان و اقوام ترکی) معتقد است که نخستین بار منابع چینیی در باره هان ها و اقوام ترک سخن گفته و هون های سفید را شامل قبایل التایی دانسته اند. هون ها بطور متواتر با چینی ها در زد و خورد بوده و زمانی نیرو های چینایی را در شمال کوه های تیان شان بیرون رانده اند. در اواسط قرن چهارم میلادی، هون های سفید بسوی غرب به مهاجرت می پردازند و برهبری آتیلو، سردار خون آشام خویش دروازه های اروپا را میکوبند. این مردمان صحرا گرد در سالهای ۳۵۶ و ۳۵۸ میلادی بسوی خراسان هجوم بردند. هون های در محیط های مختلف نام های جداگانه بخود کمایی کردند، چنانچه در یونان بنام های افتالیس و

خیونیتس، فارسی ها هیون و هون، پشتون ها هپتال و ابدال، دری زبانان یفتل یفتلی و عرب ها هیطل و هیاطله نامیدند. (۲)

یادداشت ها:

۱. 140 page - World History USA

۲. «تسلسل اتنولوجیک ابدالی ها، یفتلی ها و هون ها»، اثر داکتر راعی برلاس، ماهنامه کاروان، ۱۳۷٦، شماره های ۵۱ و ۵۲

زایرین بوادایی

زایران چینی نام بامیان را "فان بن نه" گوید، در سال ۷۲۷ میلادی زایر دیگر چینی بنام هوی تچاو Houi Teheoo از راه کابل وارد بامیان گردیده که یک نفر بنام هو Hou در این شهر به استقلال حکم رانده و دارای لشکریان فراوان بوده است. زایران بودائی که از آنسوی مرز ها به سوی بامیان و گندهارا گسیل شده اند:

فکسیان - سونگ ین - کسوان زانگ - هویچا - و یوکنگ (غیر روحانی)

فکسیان Faxian: در سال ۳۹۹ از چین به عزم سفر راه پامیر را پیش گرفت و خود را به یاسین Yasin یا چترال علیا رسانید. وی از طریق دارل Darel و وادی اندوس به سوات (اودیانا) وارد شده تا اینکه در سال ۴۱۴ از راه بحر به چین مراجعت کرد.

سونگ ین Songyan در سال ۵۱۸ در راس یک هیأت مبلغین بودائی در غرب سفر کرد (در آنوقت غرب مراد از هندوستان بود) و دو سال را در گندهارا سپری کرده و در سال ۵۲۲ به چین برگشتند.

کسوان زانگ Xuanzang زایری که گزارش های دلچسپ دارد. یادداشت های او تحت نام "دنیای غرب" بسیار جالب به نظر میخورد. او درسال ٦۲۹ مسافرت اش را آغازید و حوصله سفر های طویل را بدوش گرفته بعد از آنکه حوزه تارم را ترک گفت از طریق فرغانه، سغدیانا، بلخ ، بامیان ، کاپیسا، لغمان، گندهارا و اودیانا به کشمیر آمده و از راه

هندوکش و بدخشان و پامیر به چین برگشته است. کسوان زانگ از این مسافرت هایش بهره وافر برده از مهماننوازی و پذیرائی بیمانند امپراطوران و مردمان به نیکوئی یاد میکند.

هویچا Huichao در سال ۷۲۳ از چین خارج گردیده از راه بحر به هند رسیده است. در راه بازگشت از بامیان و بدخشان دیدن کرده و در سال ۷۲۷ خود را به کوچه میرساند (احتمالاً کوچه همین کوکچه باشد که دریای کوکچه بدان مسما گردیده که مانند "آمو" نام دِه یا محلی در بدخشان باشد)

یوکنگ Wukong یک آدم غیر روحانی که به کاپیسا اعزام گردیده و در سال ۷۵۱ از راه پامیر به لغمان رسیده خود را به گندهارا میرساند و آئین بودا را میپذیرد. (۱)

یادداشت:

۱. «تحقیقات علمی و شواهد باستانشناسی» نوشته استاد نبی کهزاد، "امید" شماره ۳۸۹، سال ۱۹۹۹

بودای خوابیده را بیدار کنید

حیرت آور ترین بودای خوابیده در بامیان

تاریخ چنان وانمود میسازد که در هر محلی که تندیسه های بودا قامت بر افراشته بدون شک تندیسه خوابیده بودا نیز به شکل نیروانا با امتداد کم یا زیاد در دل خاک ها خوابیده است. یکی از نشانه های موجودیت آئین بودائی همین شکل و شمایل بت ها و معابد و مغاره ها میباشد که در کشور های آیین بودایی رواج داشته عرض اندام میکند. بامیان زمین که مرکز جهانبانی آیین بودایی محسوب میگردد، نظر به شهادت زایرین چینایی و سفر های پیهم شان در بامیان چنین وانمود میسازند که بودای خوابیده عظیم الشان که «بودای خوابیده کاکا» خطاب اش کرده اند به صورت نیروانه در شهر بامیان موجود است.

راهپیمایان مذهبی، سفرنامه نویسان ، باستان شناسان افغانی و خارجی در جستجوی بودای خوابیده بامیان استند. جهانگردان پارینه و زایرین چین و ماچین، از موجودیت بودای خوابیده در بامیان کنار پیکره های قامت کشیده بودا ها گپ های ناگفته را به بحث کشیده اند و اگر آنها در این راستا روشنایی نمی انداختند ما از موجودیت بودای خوابیده در بامیان آگاه نمی شدیم. نخست به سراغ زایرین چینایی میرویم که آنها از نام برداران علمی و مذهبی بودند که از سرزمین چین و ماچین بسوی حوزه سند، حوزه باختر، کاپیسا، سرزمین های جنوبی و جنوب شرق و مرکزی افغانستان را طی طریق کردند تا از کتب آیین بودایی، تندیسه ها و معابد، مغاره ها و سموچ ها و دیگر رسم و رواجهای مذهبی و فرهنگی کشور های غربی آموزه هایی را بیاموزند و داستنی های را یادداشت نمایند. زایرین چینایی یا بحیث مسافرت های سیاسی و سفارتی در قلمرو خراسان و پارس و هندوستان می آمدند و یا به خاطر آموزش و دانستن آیین بودایی که سراسر پهنای وادی سند و رود کابل و حوزه آمو و ارغنداب را احتو مینمود سفر های دور و طاقت فرسا را می پذیرفتند. طوریکه خاطر نشان کردم زایرین برای معلومات و جمع آوری کتب دینی و مقدس و هم آگاهی از داشته های آیین بودایی و فرهنگ های ساختاری اهالی دول غربی با حوصله مندی و بردباری بخاطر پیام مقدسی که در قبال داشتند به پا خواستند و از شاهان و ملکه های درباری فرمان گرفتند تا کسی موجب سد راه شان نشود.

زایران زیادی از چین به کشور های که پیشتر نامبرده شد به سرزمین های بودایی مخصوصاً هندوستان و جنوب هندوکش سرازیر شدند. اما مشهور ترین آنها را اینگونه نام برده اند:

شی فاهیان: شی فاهیان از راهبان مذهبی بودایی چین است که در سال ۳۹۹ میلادی برای فراهم آوری کتب نایاب دینی از ناحیه چانکان بر آمده پس از چهار ده سال مسافرت در سال ۴۱۴ سیلادی به نانکن بازگشت، شی فاهیان کتب مذهبی و علمی را در هندوستان مطالعه کرده اکثر آنها را به زبان چینایی ترجمه کرده سفر نامه خود را نیز برشته تحریر در آورد. نامبرده از راه کاشغر و بدخشان و نورستان به وادی سند رسید و از معابد هده و گندهارا و پیشاور و سوات و بنو و پونه دیدن کرده خاطرات علمی و مذهبی خود را به قلم کشید. شی فاهیان شرح مفصلی را درباره رسم و رواج ها، مراسم دینی، دیدار با شاهان و راهبان را به بحث میکشد که بسیار دلچسپ میباشد.

سونگ ین: سونگ ین به همراهی راهب دیگر چینایی بنام هوی سنگ از طرف ملکه تای هو مامور شد تا جهت بدست آوردن کتب کهن بودایی به کشور های غربی (چینایی ها کشور هایی که به جانب غرب و جنوب سرزمین شان واقع شده بود سرزمین غربی می نامیدند) رهسپار شدند. در نتیجه سونگ ین هفده جلد کتب کهن مذهب کبیر بودایی را با خود به چین انتقال داد. در زمانیکه سونگ ین از کاشغر بسوی بدخشان، تخارستان و نورستان و چترال به ایالت سند رسید در سرزمین ما شاهان یفتلی حکومت میکردند این شاهان چهل ایالت را رهبری می نمودند که از شمال شرق افغانستان تا هندوستان و پارس وسعت داشت. در هنگام سفر سونگ ین (۵۲۰ میلادی) سلاله دوم یفتلیها حکمروایی داشتند که همهء شان به آیین بودایی گرویده بودند. (۱)

هیوان تسونگ: شخص دیگری که پیش از ورود آیین اسلامی در کشور ما قدم گذاشت راهب چینایی بنام هیوان تسونگ است. هیوان تسونگ از خانواده "چین" در سال ۶۰۳ میلادی در ناحیه چین لیو بدنیا آمد و از احفاد چنگ کونگ میباشد. نامبرده در زمان سلاله «تسن آی» بریاست مدرسه شاهی پکن انتخاب شد. پدرش هووی نیز عالم زبردستی بود. هیوان تسونگ فرزند کوچک خانواده در جوانی سر پر شور ادبی و مذهبی داشت و با یارانش عزم سفر غربی را به پیش گرفت. اما یارانش او را ترک کردند. با وجودیکه برخی از درباریان و آگاهان موجودیت او را در جوامع علمی چین غنیمت میشماریدند، اما او از عزمش برنگشت که بقول شاعر «سفر نیازمندان طلب خطا نباشد». حکمران چین ناچار عالم روحانی را سفیر فوق العاده ادبی و دانشی ساخت و او را با ارسال نامه ها به سران دولت ها و هم توشه سفر او را فراهم ساخت. (۲)

هیوان تسونگ یگانه زایر چینایی است که از سرزمین های جنوب حوضه آمو همچو تخارستان، کندز و بلخ دیدن میکند. او از بلخ و معابد آن حرف هایی ناگفته را بمیان میکشد و بر علاوه حوضه رود کابل از شهر های کاپیسی و بگرام و شهر پر آوازه بامیان را به تماشا می نشیند و دیدنی ها را یکایک به قلم می آورد.

چون سخن ما از «بودای خوابیده» است از دیگر شهر هاییکه زایر بودایی دیدن کرده صرف نظر میداریم و بسوی بامیان میرویم. هیوان تسونگ از ایالات جنوبی آمویه به شهر «فان ین نا» که بزبان چینی شهر بامیان باشد رسید. هیوان تسونگ خاطر نشان میسازد که در

بامیان پادشاه جداگانه حکم میراند که طول قلمرو سلطنت اش شرقاً و غرباً دو هزار لی (در حدود ۶۰۰ میل) و عرض آن از شمال تا جنوب یکصد میل میباشد. او بر علاوه اینکه از دو بت عظیم با مشرح می نویسد، از یک بودای خوابیده نیز حکایت های بسیار دارد که اگر مشاهدات این زایر دینی نمی بود ما از راز بودای خوابیده در بامیان واقف نمی شدیم.

هیوان تسونگ از یک مجسمه خوابیده ی که (۳۰۰ متر) به درازا خوابیده اشاره میکند و میگوید: «در قسمت شرق شهر شاهی معبدی به فاصله دو یا سه لی واقع شده و در آن مجسمه هزار قدمی بودا در قبر با الوان و جواهرات قیمتی مزین شده بود» و در رابطه با این تندیسه (نیرووانا) مراسم خاصی بنام «وو - تی چو» یا «تچو - تاهوی» هر ساله برگذار میشد. بنابنگذاران این مراسم «آشوکا» پادشاه کوشانی بود که در هر پنج سال جشن مذهبی بر قرار میساخت. این مراسم با حضور شاهان، ریشی ها، راهبان، دانایان، سفیران، حاکمان همجوار و روحانیون از هرگوشه جهان برپا میشد و تمام غنایم و جواهرات گرانبهای خزینه ها که در این مراسم در جوار بودای خوابیده موقعیت داشت دریافت میگردید، پادشاه بامیان آنها را به نام بودا خیرات میداد. وقتی که دارایی در خزانه شاهی باقی نمی ماند، پادشاه عضوی از اعضای خانواده اش را فدای بودا میکرد. پس از این مراسم تمام سران و سفیران دول، دارایی ها را از مردم خریداری کرده به خزانه شاهی بر میگردانیدند. اینگونه جشن خاص را بزبان پراگریت «موشکا» خوانند که معنی «میله نجات» باشد. (۳) باید یاد آور شد جشنی که ذر هر پنج سال برگزار میشد بعد ها در هر سال یک مرتبه صورت میگرفت.

(لی واحد اندازه گیری چینی که هر لی = ۵۷۸ متر میباشد)

باستان نگاهان چنین وانمود میسازند که بودای حوابیده حتمی وجود فزیکی دارد. اما تا کنون آنها (داخلی و یا خارجی) بدین کار موفق نشدند تا بودای خوابیده را از خواب عمیق دو هزار ساله اش بیدار سازند. اهالی بامیان افسانه اژدها را نسل به نسل به سینه ها جاداده باور بر آن دارند که اژدهای که در دره «سرخ در» بامیان وجود دارد و چون اژدها در میان دره ی که خاک سرخ دارد قرار گرفته در زبان های بومی به «اژد های سرخ» مسمی شده است. اهالی بامیان احتمالاً بدین باور باشند که بت خوابیده غول پیکر بودا به

شکل اژدها درآمده باشد. باور های علمی بما می نمایاند که اژدهای سرخ همان لایه های آهک و املاح آتشفشانی است که چهره اژدها را بخود گرفته و این ساختار بدون شک ملیون ها سال را در برداشته است. (۴)

پروفیسور زمریالی طرزی باستان شناس کشور کوشش نمود تا با کاویش های مداوم خود نام و نشانی از بودای خوابیده پیدا کند که بدین کار موفق نگردید.

مارک کوفمن در روز نامه واشنگتن پست تحت عنوان «بودای خوابیده را در افغانستان باید بیدار کنیم» گزارش میدهد که متصل تندیسه های نامدار بامیان، بودای خوابیده ای با طول یک هزار فت خوابیده است که حتمی باید بیدار گردد تا جهانیان از دیدن او به حیرت فرو روند. همچنان در روزنامه لاس انجلس تایمز، جولی باوولس می نویسد که دیرینه شناسان باید در پی شکار بودای خوابیده در دره بامیان باشند. (۵)

تازه ترین بودای خوابیده که آنهم قدامت دوهزار ساله دارد در کشور تاجکستان کشف گردید. این تندیسه که از شهر تاریخی بامیان آنقدر دور نمی باشد بصورت خوابیده به درازی ۴۲ فت دراز افتیده است. باستان شناسان روسی بودای خوابیده را در ناحیه جنوبی تاجیکستان در محلی موسوم به «اجنه تپه» کشف نمودند. این بودای خوابیده از سنگ تراشیده شده ۴۲ فت به درازی ۹ فت بلندی دارد از خرابه های معبد اجنه تپه پیدا شده و در عکسی که بودای خوابیده را به نمایش میگذارد «سید مراد بوبولیوف» رئیس موزیم باستانی تاجیکستان دیده میشود و نامبرده بودای خوابیده را در موزیم نگهداری میکند. معبد اجنه تپه در حدود پنجاه میل از سرحد افغانستان فاصله داشته در این معبد برعلاوه بودای خوابیده، چندین مجسمه های کوچکی نیز دیده میشود. دیرینه شناسان این تندیسه غنیمتی بودای خوابیده تاجیکستان را «کاکا زاده» بودای خوابیده فخیم بامیان میدانند. (٦)

تندیسه های بودا های قامت کشیده و بودای خوابیده از زمره عجایب و حیرت آفرین دنیای کهن ما است که یکی از برجسته های داشتنی و فرهنگی دیرینه بامیان زمین ما میباشد.

با تأسف فراوان که «طالبان» این نامردان تاریخ و عاق شده گان نابکار قامت سلسال و استقامت شاه مامه را در فبروری سال ۲۰۰۱ میلادی واژگونه کردند. امیر تیمور کورگان در هنگام حملات خود به غور/غرجستان از بامیان گذر کرد و برخی ها از تندیسه های بودا برایش حرف هایی زدند. اما او گفت: «من صبد ها هزار جاندار را به قتل رساندم اما، هرگز به جنگ مرده نرفته ام و این کار را شأن مردی نمی دانم» امید میرود که روزی تندیسه بودای سنگین خواب را از دل خک های بامیان بیرون کشیده و بیدارش بداریم.

روانشاد احمد علی کهزاد در کتاب «غرغشت/ گشتاسپ» که در آن سروده های اسدی طوسی را نقل میدارند و بعد به بحث میکشند و از قول اسدی طوسی شاعر سده پنجم هجری که «گرشاسپ نامه» را نوشت چنین وانمود می سازند که گرشاسپ با مهراج شاه هندی به مشاهدات جزایر عجیب میروند، برعلاوهء آن از بتخانه ها و معابد دیگر نیز دیدن میکنند. شاه هندی گرشاسپ شاه را به تماشای بت هایی رهنمایی میدارد که در هوا معلق ایستاده اند.

چو از ره دیگر شهر آمد به پیش　　در او نغز بتخانه ز اندازه بیش

میـان هـــوا ایســـتاده بلـــند　　نه زیرش ســتون و نه ز افزار بند

بت های معلق در هوا بدون شک بت های ایستاده قامت کشیده بامیان استند که اسدی طوسی نیز آنها را سرخ بت و خنک بت میخواند. شاه بخدی و شاه هندی در این قلمرو بت و بتخانه ، بتخانه ها و معابد بیشماری را دریافتند. آنها بتخانه های دره ککرک، دره شاه شکاری، دره فولادی، دره ضحاک و بودای بزرگ خوابیده را مشاهده کردند.

اسدی طوسی خودش بامیان را ندیده و احتمالاً از سروده های ابوالمؤید بلخی و دیگر دانایان آن زمان اخذ کرده باشد. (۷)

این نویسنده باورمند آن نیستم که گشتاسپ شاه از بت های آیین بودایی دیدن کرده باشد. زیرا بقول تاریخ ، شاه بخدی در زمانه های هزار سوم و یا بیشتر از آن سلطنت داشته است. ظهور زردشت پیامبر را تا اکنون کسی به درستی در نیابیده است. برخی ها آنرا به هزاره پنجم و بعضی ها به هزاره سوم میکشانند که در این دوره گشتاسپ شاه باختر به آیین زردشتی در آمد. دیدن گرشاسپ از سرخ بت و خنک بت (بت های معلق در هوا)

درست نمی باشد. آیین بودایی در سده اول میلادی در کشور ما ظهور کرد و در دوره کوشان شاهان به اوج خود رسید تا بدانجا که پهنای آیین بودایی بدانسو چین و ماچین نیز گسترش یافت.

یادداشت ها:

۱. کتاب «جفرافیای تاریخی افغانسان»، نوشته استاد عبدالحی حبیبی، چاپ پیشاور، سال ۱۳۷۸، صفحه های ۵۵- ۵۷

۲. هفته نامه «امید»، نشریه ورجینیا، سال ۲۰۰۵ میلادی، شماره ٦٨۵، صفحه ۷

۳. کتاب «جغرافیای ولایت بامیان»، نوشته محمد عظیم عظیمی، ۱۳۹۱، کابل، صفحه ۳۰۲

۴. همان کتاب، صفحه ۲٦۲

۵. روزنامه «واشنگتن پست» نوشته مارک کوفمن، فبروری ۷، ۲۰۰۵، صفحه ۱۲

٦. همچنان بنگرید به روزنامه «لاس انجلس تایمز»، نوشته جولی بوولس، اگست ۳۱، سال ۲۰۰۴

۷. روزنامه «واشنگتن پست»، نوشته ایلخام ناریدیوف، ۲۲ فبروری سال ۲۰۰۱ میلادی، صفحه ۲۳

۸. کتاب «غرغشت یا گرشاسپ»، اثر احمد علی کهزاد، سروده های اسدی طوسی، چاپ پیشاور، ۱۳۷۸، صص ۱۸۹-۱۹۱

کشف بودای خوابیده

دانشمند وطن جناب نبی کهزاد در شماله ۵۴۹ هفته نامه ی امید ۲۰۰۱ میلادی منتشرهء ورجینیا نوشته اند : «... از سالیان درازی به اینطرف موضوع بودای خوابیده بامیان مورد جر و بحث زیادی بوده ... درین شک نیست که از گذشته های دور به اینطرف از وجود

چنین یک مجسمه بودا که بهتر خواهد بود آنرا "بودای خوابیده" خواند، باستان شناسان و جهانگردان یکی پی دیگری تذکراتی داده اند. ولی متأسفانه تا امروز ثابت نگردیده است که این بودای خوابیده هیکلی بوده که بدست پیروان بودا طرح ریزی شده باشد، و یا به عبارت دیگر، پیکری بوده طبیعی که در نتیجهء رسوب مرکبات آب های معدنی شکل یک اژدها را اختیار نموده است.»

در اپریل سال ۲۰۰۱ میلادی (درست سه ماه بعد از تخریب مجسمه های بامیان) باستان شناسان روسی یک تندیسهء عظیم بودای خوابیده را در خرابه های "اجینه تپه" Adjina-Tepa که در جمهوری تاجیکستان موقعیت دارد و در حدود پنجاه میل از سرحد افغانستان فاصله دارد کشف کرده اند.

تندیسه غول پیکر بودای خوابیده که جهان باستانی را به حیرت واداشته فعلاً در موزیم دولتی تاجیکستان نگهداری میشود. باید یاد آوری کرد که تندیسه خوابیده بودای فرزانه به درازی چهل و دو فُت و بلندی نُه فُت در یک صالون بزرگ با همرای چندین مجسمه های خُرد و بزرگ دیگر در جهان خاموشی Nirvana (Niroana) خوابیده که دیرینه شناسان را به شگفتی های هنر آفرینان کهن شگفت زده ساخته. دانشمندان را باور بر آنست که مجسمه ی بودای خوابیده در حقیقت کاکا زاده های تندیسه های کوه پیکر بامیان اند که طالبان متحجر و دشمن مردم و فرهنگ نامردانه و بی شعورانه قامت سلسال و استقامت شاهمامه را در فبروری سال ۲۰۰۱ میلادی واژگونه کردند. (۱)

یادداشت:

۱. رجوع کنید به روزنامه «واشنگتن پست»، نوشتهء Elkhom Naridyev ، ۲۲ اپریل سال ۲۰۰۱ میلادی

بُت های بامیان را انفجار دادند

<قامت سلسال و استقامت شاه مامه را در فبروری سال دو هزار یک میلادی شکستند>

دو تندیسه بودا یکی مرد و دیگری زن در دل کوه بامیان حک شده بودند که قدامت آنرا دانشمندان بین قرن دوم پیش از میلاد و دوم بعد از میلاد دانسته اند. تاریخ دیرینه گی بت ها را بعضی از باستان شناسان ؛ یک هزار و هفتصد سال پیش وانمود کرده اند. بامیان معبدگاه بودایی که پیش از درخشش آیین اسلام در شکوه و دبدبه بوده است. بالا کوه های بامیان مرکز مفاهمه و مهاجمه این آیین و زیارتگاه خاص زائرین که از نقاط مختلف عالم به بامیان سرازیر میگردیدند بوده است. در هنگامیکه دین مقدس اسلام به خراسان و ماوراءالنهر و شمال هندوستان درخشید، آیین بودایی رنگ و رخش را در کشور ما از دست داد و صرف موجودیت تندیسه های بودا بحیث یادگار و یادمانده آن دوران در خراسان باقی ماند. لشکریان و مذهبیون اسلامی بعد از فتح خراسان و دیدن بت های بامیان که با جلال و جبروت در میان کوه قامت کشیده در حیرت فرو رفتند و با وجود حساسیت ها و عصبیت های مذهبی، بت ها را ویران نکردند و گذاشتند تا آن سنگ های بی جان و بی آزار در دل کوه های بامیان استوار و بی آزار ایستاده باشند. یمین الدولهء سلطان محمود غزنوی، شاهنشاه بزرگ زمانه که با شکستن بت های معابد هندوستان "بت کشن" نامیدندش؛ شکستن بت های بامیان را روا ندانست. بدینسان دیگر شاهان و زمامداران متعصب و متحجر و بیسواد از تخریب بت های بامیان بحیث یک آثار باستانی خود داری کردند. بت های بی آزار بامیان که سرخ بت و خنک بت نامیده میشود دیگر اُمتان متعهدی که زیر پای شان به سجده بی افتد نداشتند و نه هم مانند گذشته زیارتگاه عام و خاص بوده اند. پس از انتشار آیین اسلامی، آن ریشی های هندی، رهبان چینی، زوار تبتی، دعاگویان ماوراءالنهری در اطراف و اکناف بامیان به مشاهده نمی رسید. و زوار زابلی، کابلی، تخاری، بند امیر، اورزگانی و باختری از سجده ای <بت> بسوی <احد> رُخ نمودند. پروردگار یکتا و یگانه را پرستش و ستایش کردند. بدین سبب، بت های بامیان فقط به صفت سمبولی از دوره های کهن و یادمانده های باور های قدیم پا برجا بودند و بس.

از هزاره های دور بدینسو، ماه ها گذشت، سالها سپری گردید، سده ها پیهم از زیر رواق تاریخ طی طریق نمود و بلاخره هزاره سر آمد و بت های بامیان همچنان از هزاهز و

شدائد به دور ماندند و کسی را یارای آن نبود که دست ستم و تعدی بسوی سنگ های خاموش دراز نمایند. در عصر هاییکه دانش و پژوهش به دماغ آدمی راه نیافته بود، سده هاییکه تعصب دینی و مذهبی عالمگیر و اهریمن پّلشت خوی دامنگیر بود، آدم ها به داشته ها و غنیمت های فرهنگی شان ارادت و احترام داشته و دیرینه های فرهنگی و اجدادی شانرا از دل و جان پاسداری مینمودند. اکنون قطار زنده گانی مان کاروان قرن بیست و یکم را طی میکند. قرنی که توسعه کمپیوتر و ارقام، قرنیکه معلومات Information و وسایل جمعی به معراج خود رسیده است. قرن ماه و ستاره و قرن ماهواره و هنگامه است.

در این قرن گروه نا بکاری بنام <طالبان> که از داد و عدل اسلامی سخن میراندند: بنا به تعبیر شیخ مصلح الدین سعدی <گژ ترازوکان نا راست خوی > بار آمدند. این گروه اهیریمن صفت همچو کفتار های پلشت خوی بجان دین و مردم در آمدند ، بجان همزبان و همتبار خودش. کشتند، شلاق زدند، بی حرمتی روا دانستند، زن ها را تیر باران کردند و مردان را بدار بستند. این شیادین شرور که تاریخ از نام شان شرم دارد: عاق شده گان تاریخ اند. نام این گروه ددمنش <طالبان> است. طالبان را فرهنگنامه ها طالب علم و عمل دانسته اند؛ یا بزبان دیگر جویندگان دانش الهی که در آینده پس از تعلیم و تعلم راه گشای دین و دنیای مردم شوند. همچنان حتمی است که طالب علم، دارای اخلاق علمی و مذهبی نیز باشند، برازنده گی آن زمانی میسر است که از علم الهیات بهره ور شوند. طالب باید که از <هفت یک> بیاغازد و هفت شهر عشق مصحف شریف را مرور کند تا در دل اش بدل قرآن جا گیرد و مهرورز و پسندیده و آدمی پسند گردد.

طالب و یا طالبانی که این نویسنده از آن تعریف میکند مراد از طالبانی است که کینه در دل دارد و تعفن در ذهن طالبانی را که در این نوشته خاطر نشان میسازم، اگر مرا بحل بدارید ایشان را از تبار آدم نمی شمارم. زیرا آدمی که دل قرآن بدلش باشد و طالب علم، هیچگاهی با مردمش نامردی نمیکند، اگر همسایه است با همسایه اش جفا کار نمیشود و یا به هیچ خاطری روند های شایسته میهنش را نادیده نمیگیرد. به هیچ صورتی ظالم نمیشود. ظالم ظالم است اگرچه قرآن پاک را بدل داشته باشد. کسی که دین دارد و آرزو، کسی که در طلب علم میکوشد و شب و روز مصحف پروردگار را ورق میزند، دلش

آراسته با مهر و روانش پیراسته با عشق خداوند است، در غیر آن طالب العلم نا انسان و ناخرد اندیشی است که بلا تشبیه خدا را بازی میدهد. بلی وطندار عزیزم! سخن بسر آنست که یک گروه نابکار و نا خرد اندیش بنام <طالبان> در خاک مقدس افغانستان ظهور کردند. آنها که درس های شیطانی را در مدارس پاکستان فراگرفته بودند بصفت لشکریان اسلام که بانی و برقرار کننده <داد و عدل> شوند در کشور جنگزده افغانستان مانند مور و ملخ گسیل شدند. آنها آمدند که شهر ها و دیاران ما را گلاب پاشی کنند اما زهر هلاهل پاشیدند. آنها آمدند که عدل و داد اسلامی بگسترانند، اما پانگ شاهین ترازوی شقاوت و شریعت عداوت شان سنگینی کرد. در شقاوت و نفرت، آتیلو را دست بریدیند، چنگیز را سلام گفتند، به سر پال پات دستار سیاه بستند. این نامردان تاریخ کشور ما هرچه خوب بود؛ زشت انگاریدند، هر آنچه غنیمت های دیرگانه بود؛ تراشیدند، سوختاندند، بریدند، خراب کردند، انفجار دادند و نابود نمودند.

این فرهنگ ستیزان دوست آزار دشمن پرور ،همه ای داشته های هنری، نگارگری، نقاشی، رسامی، دستکاری، هیکلی را بدار آویختند و موزیم ها را تاراج کردند، کتابخانه ها را سوزانیدند، تندیسه ها را پارچه نمودند تا بلاخره دست تاراج به پیکره های بیجان بامیان زدند.

البته! این نامردان و بچه بازینگر های زمانه که به حکم باداران شان میر قصیدند به کشور ما هجوم بردند و با انفجار بم و باروت تندیسه های بامیان را واگونه کرده بعد در پای بت های سوخته و پاشیده شده رقص شیاطین برپا ساختند. ملا <متوکل> توکل بخدا گفته فرمان دار شاه و شاه مامه را صادر کرد و <ملا عمر> از یمین و یسار با چشم کورش نظاره گر فروپاشیدن <سلسال> و <شاه مامه> بود . آنها واکنش های جهان را که برضد این عمل نا انسانی و فرهنگ ستیزی بودند نادیده گرفتند. علی رغم اعتراضات دانشمندان، ادب گستران، فرهنگیان، باستان شناسان، سران و رؤسای اسلامی و غیر اسلامی بکار شان ادامه دادند و دو تندیسه بودا را که در جهان بدین پهنا و شهرت کس ندیده است انفجار دادند، کاش، شاه و شاه مامه این دو دلداده و دو همبزم و همسنگ که سنگ شده بودند جان میداشتند تا همانند دیگر هم میهنان شان به تعبیر الاسرار که اگر موجب <عسرت و شدت> واقع میگردیدند بدیار دیگر فرار میکردند.

در این هنگامه نابود سازی بت های بامیان، نه تنها طالبان بلکه باداران شان نیز در این راستا حکم <دزد و صاحب خانه> را دارد. مرا باور بر آن است که در این امر صرف یک همسایه زور آوری که طالب بود اگر میخواست طالب را از اینکار باز دارد، میتوانست کاری بکند. یا اگر <مؤسسه ملل متحد> مصرانه در راه عمل این کار مبادرت میورزید. یا کشور پرقدرت جهان که بانی پرورش و گسترش طالبان گردیدند، اگر فشار درستی بالای غلامان زر خرید شان مینمودند؛ کار بدین رسوایی نمیرسید.

وطندار مهربان من! تو گویی جهانیان میخواست همین کار بشود که شد. دنیا فقط با فرستادن چند پیقام خشک و خالی بسنده کرد. آنها کشور های غریب را که محتاج نان شان استند، از مرز های هستی بدور می اندازند. بادار از موجودیت برده ای بیکاره و بیچاره اش شرم میکند و سعی میکند تا او را از هویت فرهنگی اش نیز بی نصیب گرداند. (عجب صبری خدا دارد)

معبد قدیم دره‌ء بامیان

از معبد قدیم یاد کردیم که در جدار بت کبیر جا دارد و این معبد احتمال آن میرود که با گذشت قرون آب هائی که از جدار سرازیر گردیده و مقدار زیاد سنگ ریزه و خاک را با خود آورده و معبد را کاملاً با رسوبات پوشانیده باشد و یا بکلی ویران کرده باشد.

تاریخ و هنر بودایی نشان میدهد هر جا که بت است و بتخانه و معبد، سموج نیز ضمیمه است. هر سرزمینی که بت و بتخانه است جایی بوده سبز و خرم و دره و کوه. دره بامیان ازین موقعیت ویژه برخوردار بوده تا باعث جلب بوداییان باشد هزار ها زایر بودایی درین دره اخذ موقع کرده اند. دره‌ء بامیان پُر از سموج هائی است که در اطراف جدار ها کنده شده اند و محل بود و باش راهبان بودایی و یا جایگاه امن و امان از شدت سرما و برودت هوا، ویا جای خُلسه و عبادت باشد. باید خاطر نشان کرد که در دره‌ء بامیان هزار ها سموج کنده شده و هزار ها راهب مصروف عبادت بوده اند. اکثر این سموج ها رنگ آمیزی شده اند و نظر به موقعیت شان در دره‌ء بامیان و نزدیکی شان به معبد و جدار بزرگ و کوچک تعین شده و آباد گردیده اند. دانشمندان فرانسوی معبد قدیم را بنام

<سموچ> یاد کرده و متذکر میشوند که قدیمی ترین معبد بودائی در بامیان است. این معبد دارای یک اتاق بزرگ و ساده ی مربع شکل بوده که سقف آن گنبذی و در وسط آن استوپهء کوچکی قرار داشته و دیوار های آن از نقاشی های سّبک بودائی مزین گردیده است. تابلوی بزرگی که در خم گنبد معبد نقاشی شده و رنگ های مختلف در آن بکار رفته است نهایت جالب است. طرح، دیزاین، تنوع رنگها، و سبک خاص هنر رنگ آمیزی در این معبد آنقدر دلچسپ است که میتوان گفت: رنگ آمیزی معبد کهن بامیان یکی از شاهکار های هنر نقاشی و رنگ آمیزی جهان بودائی بوده است.

در داخل معبد بطرف راست این تابلو تصویر کوچک بودا جابجا شده که فرزانه بودا زیر درختی نشسته است. تصویر بودای نشسته که در وسط تابلو موقعیت دارد کاملاً برجسته رنگ آمیزی شده و جانب راست تصویر بودا یک راهب که اعانه تقدیم میکند و طرف چپ او <واجاپانی> یا گارد محافظ بودا دیده میشود. (۱) هیوان تسونگ زایر بودائی چینی که در ۳۰ اپریل ۶۳۰ میلادی (مطابق سال نهم هجری) به بامیان آمده از تمثال سنگی بودا و معابد و الوان زرین و زیور ها و نقوش دیوار ها، از آب صاف و گوارا و دره های زیبا صحبت کرده است. زایر چینائی در کتاب خود بنام <سی یو کی> در باره شهر بامیان و راهبان و خُلسه نشینان به تفصیل یاد کرده ، شهر و معبد و بتکده و سموج ها را در کمال آبادی و عمران میبیند. هیوان تسونگ از موقعیت زیبای طبیعی <بند امیر> که سر چشمه ی دریای بلخ است یاد کرده و آب آنرا آسمانگون خطاب میکند. بند امیر با آب زولالین اش به فاصلهء ۸۰ کیلومتری غرب بامیان افتاده که مجموعه داستان ها و قصه ها و همچنان رنگ آمیزی های حیرت آور و شگفتزای آن سحر است و جادو. زایر چینائی از جاروی بودا که از چوب گز ساخته شده به طول سه فت و ضخامت هفت انچ و دسته ی آنرا به جواهرات مرصع گردانیده بودند در سفر نامه اش یاد میکند که در یکی ازین معابد نگهداری میشده است. باستان شناسان در سال ۱۹۳۰ میلادی بر دیوار یکی از معابد درهء ککرک بامیان تصویر شاهی را یابیدند که لباس شاهی در تن داشته و با تاج شاهی مزین مربوط به یکنفر شیران بامیان میباشد. (۳)

وقتا که از بت های بامیان صحبت بعمل میآید ، لازم است تا از سرزیمن کوهستانی بامیان که در قلب هندوکش جا دارد تذکر داده شود.

یادداشت ها:

۱. بنگرید به نوشته جناب نبی کهزاد، به شماره ۱۴۶ <امید>، ماه دلو سال ۱۳۷۳

۲. کتاب «جغرافیای تاریخی»، اثر استاد عبدالحی حبیبی، چاپ پشاور، ص ۲۶۶ و ص ۲۷۴. همچنان به «تاریخ بیهقی»، تعلیقات پوهاند سرور همایون، بخش ۱۶، چاپ مطبه کابل، سال ۱۳۶۴

اوراق پوست درخت در بامیان

در سال ۱۹۳۰ میلادی در قسمت شرق هیکل ۳۵ متری بودا اوراقی را که از پوست درخت بوده کشف کردند که در آن رسم الخط دوره کوشانی قرن سوم و چهارم و نوشته های قرن هفت و هشت گوپتایی نمایان بود. این نوشته ها توسط موسیو هاکن برملا گردیده و برخی از اوراق بخط ختنی و زبان سانسگریت است. دانشمندان را عقیده بر آنست که این اوراق پوست درختی مربط کتابخانه معبد قدیم بودایی در بامیان بوده و یا اینکه از دیگر کتابخانه ها نقل داده باشند. باید خاطر نشان ساخت که اوراق کشف شده در بامیان در برخی قسمت هایش به قطعات کوچک رساله های <ابی دهر مه> متعلق به مذهب بزرگ بودایی Maha Yana است. همانند این اوراق در منطقه گلگیت نیز بدست آمده، ولی در اوراق گلگیت برخی صفحات آن به مذهب کوچک بودایی Hina Yana وابسته است. به همین گونه در ماه حوت سال ۱۳۴۸ شمسی هیأت باستان شناسی افغانی ضمن حفریات تپه شتر هده در ننگرهار در مجموع ستوپه های قدیم بودایی مجسمه بودا را یافت که سر آن شکسته است. بر پشت این مجسمه سر شکسته یک مجموعه کوچک تعویذ مانندی از پوست خرمای بهم پیچیده دیده میشود که باز کردن آن همدیگر و کشف محتویات آن به توجه دقیق علمی نیازمند است که احتمالاً نوشته هایی در آن رونما گردد.

باید گفت که اوراق کشف شده در بامیان به موزیم کابل موجود است.

(کتاب تاریخ خط و نوشته های کهن افغانستان- تألیف پوهاند عبدالحی حبیبی چاپ دوم- پشاور سال ۱۳۷۷ صفحه های ۷۹ و ۸۰)

کشف تصویر سیمرغ در بامیان

یک گروه از محققان جاپانی به تاریخ سه شنبه ۲۵ جولای سال ۲۰۰۶ میلادی (ماه اسد سال ۱۳۸۵) یک نگاره سیمرغ پارسی باستان را در یک خرابه یی بامیان کشف کردند. این تصویر بصورت سیمرغ افسانوی و اسطوره یی در دل یک مغاره بودایی کشف گردیده است. دیرینه شناسان جاپانی تصویری را از دل خاک بیرون کرده اند که دست تداعی یک پرنده اسطوره یی را مینماید و به شکل و شمایل سیمرغ افسانه یی رسامی شده است. پرنده اساطیری نیرومندی که در افسانه های کهن حضور برازنده داشته است. تصویر سیمرغ که پس از کشف و غبار رویی به شکل پرنده افسانوی سیمرغ نمایان گردیده به تعبیر باستان شناسان جاپانی اولین باری است که یک تصویر روشنی از این موجودات افسانه یی به ثبوت رسیده است. تصویر پرنده به وضاحت نشان میدهد که افسانه های پارسی در بامیان بودایی بازتاب یافته و نشاندهنده تأثیرات مردم سغد میباشد، اما برخی از کارشناسان میگویند ممکن است این تصویر گریفین (یک موجود اساطیری یونانی نیمه شیر و نیمه عقاب) باشد. (۱)

یادداشت:

۱. هفته نامه «امید»، منتشره ورجینیا، امریکا، شماره ۷۴۶، صفحه ۶-۱۶، اسد ۱۳۸۵ و ۱۷

بند امیر

یکی از شگفتی های طبیعی کشور

دریاچه ایست در دامنه های شمالی کوه بابا که یکی از دریاچه های زیبا و از لحاظ ساختار طبیعی منظره جالبی را نمایان میسازد. این دریاچه به چند بند منقسم شده که از صخره های بلند تا صخره های پایانی بصورت بند کاسه یی جابجا شده است. نام دریاچه به «بند امیر» معروف شده است.

در حقیقت تمام بند ها بصورت یکجایی به نام «بند امیر» شهرت حاصل کرده اما هر یک از این ها بنام های جداگانه یاد میشود.

1. بند هیبت
2. بند پنیر
3. بند ذوالفقار
4. بند قمبر
5. بند غلامان (۱)
6. بند پودینه

برخی از محققین را باور بر آنست که بند امیر دارای هفت بند میباشد. و بند دیگر را «بند پودینه» نام گذاشته اند، اما بند هفتم احتمالاً با گذشت ادوار تاریخ و برخی از ریزش های طبیعی ناپدید شده باشد.

پس ما حالا شش بند را شناسایی کردیم. باید بخاطر داشت که دریاچه ها همچون زنجیر باهم پیوسته اند.. بند امیر از شهر بامیان ۷۵ کیلومتر فاصله دارد و در بیست کیلومتری شرق حکومتی یکاولنگ قرار دارد. بند امیر یا دریاچه های بند در حدود ده هزار (۱۰۰۰۰) هکتار ساحه را دربر میگیرد و ۲۹۲۳ متر از سطح دریا (بحر) قرار دارد. این دریاچه بر علاوه شفافیت و زلال بودن، شیرین ترین آب و پر بارترین آبیست که آخر آن دریای بلخ را میسازد. دریای بلخ به هژده نهر منقسم شده سراسر حوزه بلخ و یک قسمت جوزجان را آبیاری میدارد. در دوره های اسلامی این مناطق به «هژده نهر» مسمی گردید.

درباره تشکل بند ها باید گفت که دریاچه های بند امیر به مرور ایام با داشتن کربنات کلسیم سد های صخره مانندی که مستحکم از صخره میباشد لبه های بند ها را بمیان کشیده است. لبه های بند ها حیرت آورترین مناظر طبیعی را وانمود میسازند. عمق بند امیر بصورت اساسی تعیین نگردیده، اما احتمالاً عمق آن بصورت تخمینی بین هفتاد تا هشتاد متر باشد.

دریاچه بند امیر بر علاوه زیبایی و دورنمای تماشایی، موجودیت آن در میان دو دیوار بلند صخره یی عجیب نظاره میکند. رقص ماهیان خالدار و شیر-ماهیان را در میان آب های

لاجوردین مشاهد میکنی. اطراف بند ها پوشیده از بته های بومی و گیاهان خوشبو و نسیم عطر آگین پودینه وحشی در صبحگاهان ترا فرحت و شادی می آفریند.

گیاهانی که در نواحی بند ها می رویند:

- پودینه
- برخی از گیاهان آسیای مرکزی و بومی
- انواع غوزبه
- خار آهن
- الجی ها
- اندویه
- ریدز
- سیوجز
- کتایل
- زوف
- زبان بره
- بید های کم ارتفاع

بدون شک بته های پودینه وحشی متصل بند پودینه می رویند. (۲)

بنا بر قول داکتر امیر شاه حسن، کت کلارک خبر نگار بی بی سی زیر عنوان «خدا حافظ افغانستان» می نویسد:

«من چند روز قبل در بند امیر که در ارتفاعات مرکزی افغانستان موقعیت دارد سفر کردم. بند امیر متشکل از یک رشته دریاچه های لاجوردینی که از نظر زیبایی در دنیا کم نظیر است. این دریاچه بطور معجزه آسا شکل یک بند در میان کوه ها قرار دارد. مردمان محلی عقیده دارند که این معجزهء حضرت علی "رض" داماد پیامبر بر حق اسلام است» (۳)

بخش چهارم: حوزهٔ پهناور بامیان

داکتر امیر شاه حسن علاوه میکند که در دور رخ تاریخ، بند امیر دارای هفت بند بوده که بند هفتم نظر به خشکسالی های متواتر منطقه ، آلوده گی های ناشی از کثرت فضولات دهکده ی «کپرک» و ریزش هزار ها تن خاک و سنگریزه از تپه های اطراف بند ها، قلت باریدن برف در هندوکش و بابا کوه، عدم ریزش کافی باران، نایدیده گرفتن درختچه ها و اشجاری که از خشکسالی بکاهد، کثافات فضای عمومی حوزه از اثر جنگ ها، عدم آگاهی مردم از داشته های غنیمت طبیعی خود و آتش سوزی ها باعث میشود که آب های بند ها رو به کاهش برود و باعث از میان رفتن بند هفتم شود. در این نوشته «بند پودینه» اضافه شده و از بند هفتم اسمی نشده است. (۴)

در ولایت بامیان بر علاوه دریاچه بند امیر، کول ها، دریاچه ها و اسطخر های خورد و کوچک دیگر نیز موجود است. این دریاچه ها از خود زیبایی هایی را نقش آفریدند.

«کول نیطان»: این کول در قسمت پایانی چمن یکاولنگ در محلی موسوم به نیطان موقعیت دارد. این کول یکی از جاذبه های است که پرنده گان زیادی را بخود جذب میکند و هم پناه گاه خوبی برای پرنده ها است.

«دریاچه دره چاشت» این دریاچه چون در داخل دره چاشت قرار دارد بناً بنام دریاچه دره چاشت شهرت حاصل کرده است. دره چاشت در ۱۶۲ کیلومتری شمال غربی مرکز بامیان قرار دارد. دریاچه دره چاشت دو کیلومتر طول و ۶۰۰ متر عرض دارد. دریاچه متذکره دارای چهار نوع ماهی میباشد بنام های چوشک ماهی، شیر ماهی، گاو ماهی و زرد ماهی.

«دریاچه تریکک» یا دریاچه تاریک: این دریاچه بطول یک و نیم کیلومتر و عرض ۴۰۰ متر بوده در درون دره سبز بفاصله ۱۸ کیلومتری یکاولنگ واقع شده است.

«کول سوختگی»: نزدیک قریه سرک سوختگی موقعیت داشته از مرکز ولایت بامیان ۱۷۴ کیلومتر فاصله دارد. کول سوختگی با امتداد ۶۵۰ متر و عرض ۳۰۰ متر بوده در آن شیر ماهی، خال ماهی و سگ ماهی یافت میشود. ساحه های کم عمق کول نی زار بوده که برای رشد پرنده گان جایگاه خوبی محسوب میشود. (۵)

کتاب جغرافیای ولایت افغانستان در بخش ولایت بامیان مینویسد: «.. در بامیان دره اژدر، بند امیر و کوه فولادی بسیار دلچسپ و قابل دیدن است. بند های هفتگانهء بند امیر به رنگ لاجوردی توجه هر بیننده را جلب میکند (٦)

امیدوارم جامعه، مردم و حکومت مداران کشور قدر این داشته های طبیعی را بدانند، و از این دریاچه زیبا و حیرت آور که جهانیان را بخود معطوف ساخته با استواری علمی و دانش حفاظت بدارند.

یادداشت ها:

1. کتاب «جغرافیای ولایت بامیان»، نوشته محمد عظیم عظیمی، چاپ کابل، سال ۱۳۹۱، انتشارات بین المللی الهدی، صفحه ۲۵۱
2. همان کتاب، صفحه ۲۵۳، به استناد از مجله علمی بلخ نوشته سلطان محمد انصاری تحت عنوان «پارک ملی بند امیر»
3. نشریه هفته نامه «امید»، منتشر ورجینیا، شماره ۶۳۴، صفحه سوم، سال ۲۰۰۴ م نوشته داکتر امیر شاه حسن
4. همان نشریه، صفحه سوم
5. کتاب «جغرافیای ولایت بامیان»، نوشتهٔ محمد عظیم عظیمی، صفحه های ۲٦۴ و ۲٦۵
6. کتاب «جغرافیای ولایات افغانستان»، نوشته پوهاند غلام جیلانی عارض، ۱۳۸۸ خورشیدی، صفحه ۱۱٦

بخش چهارم: حوزهٔ پهناور بامیان

رویداد نا هنجار قبایل «هزاره»

در یک برهه تاریخ کشور 1297 - 1314 هجری

در روند تاریخ هیچ قوم و تباری نبوده است که مورد آزار و اذیت همزبان هموطن خودش نگردیده باشد. این زد و بندها در همه ای جوامع انسانی بروز کرده و از آن خاطره های غم انگیز و اندوه باری در اوراق تاریخ به ثبت رسیده است. تهاجماتی که در جوامع صورت میگیرد به اشکال مختلفی عرض وجود میکند. گاهی اتفاق می افتد که همسایه در بدیوار متجاوز واقع میگردد. زمانی اقوام و تبار مختلف نظر به رویداد اجتماعی و سیاسی و یا اقتصادی با هم دست و گریبان میشوند. خراسان پار و افغانستان امروز نیز یرغل ها و تهاجمات زیادی را از برون مرز ها متحمل شده، که درست پدیده «دد منشی انسانی» را در گذرگاه تاریخ وانمود میسازد. هیچ کشوری را سراغ نداریم که مورد حمله و تجاوز بیگانه قرار نگرفته باشد. و هم خاطره های فراموش ناشدنی تاریخ دراز مدت کشور ها نمایانگر تهاجمات خودی را نیز برملا میسازد. که در این راستا کشور درد کشیده تاریخی ما نیز از سهم نابسامانی های درنده گان و خزنده گان تاریخ در امان نمانده است. این کشور کثیرالملهء زمانی بلای جان یکدیگر خود نیز شده که ما شاهد تکتازی های اجتماعات و گروه هایی شده ایم که زور آور و زور پسند بوده اند. شاهد تجاوز ناهنجار دیگری نیز بوده ایم که بالای مردم ما تحمیل گردیده و آن یرغلچی های بیگانه بوده اند که با تهاجمات شان تمامی ساختار اجتماعی و فرهنگی ما را متلاشی ساخته و نا آرامی هایی را میان خلق های ما بمیان آوردند.

زمانی فراهم گردید که یک شاه یا امیر خود کامه، از اخلاق و تهذیب و استواری و همبستگی های مردم ما سؤ استفاده برده، برای خوش خدمتی بادران و استعمارچیان اجنبی بلای جان مردمش گردیده است. (*) امیر خود کامه و خود شیفته، زیانگار با حیله های نامردانه، یک گروه را بر گروه دیگر رجحان میداده تا برای بیگانه پاداشی را عرضه کرده باشد و به بهانه های مختلف از مظلومیت و صبوری ایشان استفاده برده، ایشان را قلع و قمع کرده و هستی زندگی شانرا ساقط کرده است.

* در هنگامیکه امیر کشور گیر از سمرقند داخل خاک افغانستان شد، بعضی از طرفداران امیر شیر علی خان بر علیه امیر کشور گیر قیام کردند و از آنجمله یکی هم، سردار محمد ایوب خان بود که با حمایت و پشتیبانی مردم قندهار بر علیه امیر قیام کرد. در این راستا آخوند زاده عبدالرحیم خان کاکری و ملا عبدالاحد پوپل زایی بود که با سردار ایوب خان همدست شدند. مردم قندهار به شمول بزرگان شان سردار محمد ایوب خان را که در جنگ مشهور <میوند> کمر جهاد بسته با انگلیس ها دست و پنجه نرم کرده بود سزاوار سلطنت میدانستند. آنها امیر عبدالرحمن خان را دست نشانده انگلیس میخواندند و آنرا در کتاب سراج التواریخ اینگونه مینگریم: « چون سردار محمد ایوب خان داخل قندهار شده رایت تصرف بر افراخت بعزم اینکه مردم شهر و اطراف را روی دل جانب خود کرده بمخالفت اعلیحضرت امیر عبدالرحمن خان بر انگیزد علمای شهر و اطراف را انجمن ساخته در باب معاونت خویش و محاربت با امیر موصوف فتوی خواست. از جمله آخوند زاده عبدالرحیم خان کاکری.. با چند تن دیگر از علما که در علم و فضل زبان زد روزگار و معتمد صغار و کبار بودند فتوی دادند که یاری دادن سردار محمد ایوب خان معاونت در دین است. پیکار و مصاف دادن با امیر عبدالرحمن خان و لشکریانش حفظ شریعت سید المرسلین، زیرا که او را انگلیسان امیر خوانده و سردار محمد ایوب خان احرام جهاد بربسته چنانچه در محاربه میوند سپاه دولت انگلیس را شکسته از پیش براند» (ص ٦)

یکی از آن امیران خون آشام روزگار ما <امیر عبدالرحمن خان> است. که در تاریخ کارنامه های شوم و ملالت باری را به ارمغان گذاشته است. ملا فیض محمد کاتب هزاره سر آغاز سلطنت امیر <کشورگیر> ترکستان/ افغانستان را در جلد سوم سراج التواریخ چنین شرح میدهد: « این پادشاه ترق خاه ملت و رونق افزاری انتظام سپاه و رعیت شخص ششم از فرمانروایان فرقهء جلیله محمد زایی از شعبه شجره پر ثمرهء بارکزاییست. بروز پنجم ماه رمضان سال ۱۲۹۷ هجری پا به اورنگ جهانبانی نهاد..» چون در هنگام جلوس نامبرده، ارگ بالاحصار که بخاطر قتل کیوناری انگلیس خراب شده بود، وی چندی به دروازه سپید شیرپور جایگزین شد. او که تجارب وافر از کشور داشت و هم در مبارزات و جنگ های کشورداری در زمان شهزادگی اش شطارت نشان داده بود، در آغاز سلطنت اش جوانانی را

که جنگجو و کار آزموده بودند داخل سپاه کشور گردانید. چون جامعه از دست پسران و نواسه های احمد شاه بابا به خرابی روی آورده بود و ایل های زور آور باهم دست و گریبان بودند که بالای ملت نیز تأثیر مشمئز کننده یی بجا گذاشته بود.. ایشان منتظر یک امیر کشورگیر بودند که ظالم باشد و تعدی گستر تا همه از وی هراس داشته باشند که همینطور هم گردید. تدبیری که سنجید آن بود تا تمام مردم افغانستان / ترکستان را که با هم در آویخته بودند و خون ها ریخته بودند قدغن نموده و در راه حکم کشورگیری خود فرمان داد: « تا کنون هر قتل و جرح و غارت و تاراجی که در میان قبائل سکنه مملکت افغانستان واقع گشته پرسیده و شنیده نمیشود زیرا که عمری باید تا تصفیه این امور را کرده دست از مهمات سلطنتی و مکالمات دولتی باز داشت و این متعسربل متعذر است. ولیکن پس از امروز هر که مرتکب امر ناشایست گردد البته مورد بازخواست خواهد شد» (صفحه های ۲ و ۳ قسمت اول جلد سوم) (متعسر بمعنی دشوار- متعذر بمعنی غیر ممکن)

ایکاش امیر کشور گیر در این امر و فرمان سازنده کشور صادق میبود و این امر خیر را بالای تمام ایل های کشور خداداد افغانستان صادقانه عمل میکرد. درست است که او هر کسی، هر گروهی، هر ایلی و یا هر محلی که بر علیه سلطنت و یا امر پادشاهی امیر کشورگیر قیام میکردند، به جزا میرسانید و سرزنش میکرد و کاری که مینمود آن بود که سر کرده هایشان را بکابل اعزام کرده نزد خود نگاه میداشت. اما در قسمت حجرستان، سرزمین کوهستانی و صعب العبور کشور ما که مردمان شریف هزاره در ادوار تاریخ سکونت اختیار کرده اند کاردانی و سیاست دیگری را بعمل آورده تطبیق یاسای پادشاهی را بالای مردم هزاره بجا آورد. در شورش های اشرار و بغارت های مردم هزاره که بر علیه او قیام ها کردند، نه تنها سران شانرا بکابل دعوت کرده نزد خود نگاه داشت بلکه همه را به <یاسا> رسانید. او از این بغاوت ها، تمام غنایم مادی، از علوفه اسپ ها، خوراک عساکر و عمله و فعله لشکری، ازقبیل روغن، آرد، برنج، قروت، لباس های پشمی، مواشی مانند گاو، اسپ، بز، گوسفند، خر، و دیگر اشیأ مورد ضرورت خویش را تهیه میدید. برعلاوه مواد خوراکی که از سرزمین حجرستان بدست میآورد، جوانان و مرد های قچاق تنان شان که از دست لشکریان امیر کشورگیر زنده میماندند بصفت غلام بفروش

میرسیدند تا در خدمت نظام باشند و خدمتگار صادق دایمی.. زنان هزاره را در کابل گسیل میدادند تا خدمتگار در ره سرداران و بزرگان لشکری باشند. دختران باکره هزاره، زیبا رویان و خوش صورتان بکابل بصفت کنیز و زن غیر نکاهی دربار روانه میشد و دختران باکره خوش صورت متوسط گرفتار عساکر و قوماندان های شان میگردید. عجب هنگامه یی بود که بیک باره گی امیر کشورگیر، ایل هزاره را نابود کرد و <بی ناموسی عمومی> Mass Rape را بر سر مردم صبور هزاره بحد اعلی خود رسانید. امیر کشور گیر ما مسلمان صادق است که با فتوای ملا های انگلیسی و نامردان تاریخ، هر تاراجی را که روا دیدند بالای مردم هزاره پسندید. بدان هم بسنده نشده، در بعضی اوقات لازم میدانستند که تمام اهالی هزاره را از یک محل بکلی کوچ بدهند تا برای امیر کشور گیر درد سر ایجاد نکنند. برای این قوم نجیب چه باقی ماند که باعث درد سر<افغان> گردد؟ گروهی که در روند تاریخ نا مأنوس <بی ناموسی> خودی را ندیده است، چه حال و احوالی برایش سراغ میگردد که قد بلند کند؟ قد و قامت این مردم شریف را کنندند، هویت فرهنگی و اجتماعی اش را گسستند، ناموس شانرا بباد فنا دادند، هر چه داشتند نامردانه غارت کردند، زن ها را از مردان شان جدا ساختند، دختران باکره را از آغوش مادران شان مجزا نموده همبستر خود ساختند، پسران نا بالغ را برده کردند. مردان با همت شان را که بدفاع از ناموس خودی برخاسته بودند گردن زدند. دیگر چه باقی ماند که آنها سربلند کنند؟؟!!

امیر کشور گیر هنگامیکه سران و بزرگان اقوام دیگری را که سر بلند میکردند، <نظر به اینکه قوم دار و با اعتبار بودند تسلی و دلجویی نموده رخصت انصراف جانب اوطان شان میداند> (صفحه ٦، جلد سوم قسمت اول) اما در مقابل سران هزاره و مبارزین نامدار این مردم با همت کاردانی امیر طور دیگر میبود. بجای تسلی، سیلی محکمی بر رویش حواله میگردید. بجای دلجویی، جوی خون از سر و صورت شخص مجرم جاری میگردید. بجای رخصت بوطنش ، بسوی قتلگاه های دژخیم امیر خون آشام روانه میگردید. یا اینکه ساده و صاف بکابل رهسپار گردیده به <یاسا> میرسید. فراخواندن امیر کشور گیر به کابل یک واهمه همه گیر و جهان شمول کشور شده بود. زیرا آنها میدانستند که <کابل> اسم با مسمی شده یی منزلگاه جهنمی امیر خونخوار است. کابل زیبا در هنگام سلطنت دو دهه

امیر کشور گیر، کابل دلگیر و نا زیبا جلوه میکرد. دارالسلطنه کابل مرکز قتلگاه، سرزمین یاسا، آموزش و پرورش جاسوس ها، مدرسه غلام بچه های امیر گردیده بود.

ملا فیض محمد کاتب که در جلد سوم کتاب سراج التواریخ، بخش اول و دوم، اسف انگیز ترین و خونبار ترین سالهای دوره امیر عبدالرحمن خان را به قلم کشیده است. حسین علی یزدانی (حاج کاظم) در مقدمه جلد اول کتاب سراج التواریخ صفحه چهار چنین مینگارد: «مؤلف برای تبیین ظلم و ستم و تعدی و تجاوز امیر عبدالرحمن خان و عمال دولتی، در این بخش از تاب ابتکار ظریف و بسیار زیرکانه ای را دست یازیده است. روش چنان است که در لفافهء ذکر اوصاف و القاب تمجیدی، در ظاهر به ستایش و تکریم امیر و بستگان امارت میپردازد و ستمدیدگان و مظلومین مخالف را آماج اتهام و استخفاف و طعن و لعن ساخته، آنگاه با مهارت خیانت، جنایات و ستمهای روا داشته را در عبارت میگنجاند. با تمسک به این رویه کاتب توانسته است قتل عام، در بند کشیدن و شکنجه و آواره کردن مردم بیگناه، تجاوز به نوامیس مسلمین، ترویج اختلافات و شقایق افگنی قومی و مذهبی، برپایی کله منار ها، وضع مالیات سنگین و رواج رشوه خواری در میان حکام و مامورین، و نوکرمآبی و دست نشانده گی امیر و خاندان حکومتی به انگلیس را در جای جای کتاب طوری بگنجاند که هم از دستبرد صاحب نظران حکاک و اصلاحگر حکومتی در امان ماند و هم تا ابد در حافظه تاریخ به ودیعت سپرده شود»

ملا فیض محمد کاتب که <هزاره> لقب دارد، شرح مفصلی از رویداد تاریخی فلاکتبار دوره (امیر عبدالرحمن خان) را در جلد سوم قسمت اول و قسمت دوم کتاب <سراج التورایخ> درج میسازد که من واقعات و رویداد های برازنده یی که حاوی فجیع ترین واقعات کشور ما بر یک قوم صبور و گوشه گیر یعنی <هزاره ها> اصابت کرده بر ملا میسازم تا باشد که خواننده های گرانقدر بدانند که امیر کشور گیر در یک برههء از تاریخ با مردم وطن پرست و مبارز ما چه هنگامه آفرید.

هرگاه در یک کشور تهاجمی که از جانب بیگانه صورت گرفته، بدون شک تهاجم یک عمل صلح پسند نبوده و یا بزبان دیگر حمله بیگانه با صلح و صفا و اجازه و فرمایش صورت نمی پذیرد. تهاجم با اکراه و جبر بمیان میآید. وقتی که در حریم یک کشور تهاجم صورت گرفت، حتمی است که کشتار و قتال و مرگ و بی ناموسی را در قبال دارد. تهاجم

بدون اجازه، چه بالای یک کشور آزاده و یا یک خانواده آزاده و شریف بمعنی دزدی است که بدون اجازه صاحب خانه به حریم مقدس کشورش ویا خانواده اش داخل شده باشد. متهاجم وقتی که بدون اجازه داخل میشود معنی آنرا دارد که حریم مقدس کشور و یا خانواده را پایمال کرده است. تخطی از آداب انسانی و شرف مردمی صورت گرفته است. بدان لحاظ متهاجم هر عملی که انجام میدارد برخلاف خواسته و مرام مردم است. یونانی ها، ترکها، مغل ها، اوزبیک ها، پارسی ها، هندی ها، عرب ها، روس ها، همه در کشور ما ریختند و بدون شک پس از کشتار بی دریغ و استعمار و استحمار مردم، دختران و پسران ما را نیز بَرده کردند.. بیگانه و متجاوزین برون مرز هر چه دلش خواست کرد. اما شوربختانه تجاوز خودی که بالای همزبان و همتبار خودش صورت میگیرد، درد انگیز و فراموش ناشدنی است. چه گفته اند: « از بیگانه درد ندارد» تاریخ روایت هایی دارد از کشتار و بزنجیر کشیدن قومی بالای قوم خودش، کشتار و یا بدار زدن های مردمش را که اطاعت پذیر نبوده اند. اما تأسف آنجاست که برعلاوه کشتن و بستن و بدار کشیدن و قین و فانه کردن، بی ناموسی کردن شرط و ادب <افغانی> نبوده است. مردم ضعیف و گوشه گیر و همزبان هزاره ما در زمامداری حضرت والا افخم الدهر زمان امیر عبدالرحمن خان هر نوع جفا و جور زمانه را چشیدند. بدون آنکه با ایشان به مدارا و سخنگویی پیش شود، در زمان امیر کشور گیر در هر محل هزاره نشین در سراسر قلمرو افغانستان امروز، هزاره کشی مود روز گردید. قلعه هایشان خراب گردید، آبادی های شان به آتش کشیده شد، مواشی شان به غنیمت برده شد، دارایی و اندوخته های شان بزور اخذ گردید، مبارزین شان به دار آویخته شد، جوانان شان به غلامی گسیل کابل گردید، زنان شان خدمه های دربار گردید، دختر های باکره شان کنیز و کنیز و کنیز شده رفت و حتی بالای یکدیگر به فروش رسیدند. بدون شک از این مردم آزاده <کله مناره ها ساختند> . بدان هم بسنده نکردند، برعلاوه ناهنجاریهای نا خوش و دور از کرامت انسانی، آنانی را که نمی پسندیدند، به محل های دیگر کشور کوچ اجباری دادند. بدون شک کسانی که همه ی شان به صفت یاغی، برده، اشرار توصیف کردند، در همه نقاط کشور بدان صفت نیک پذیرا میگردند که بدان خاطر، حیثیت و وقار مردم شریف هزاره واژگونه شده هویت مردمی و شرافت انسانی شان پامال گردیده و هستی و نیستی شان پاشیده میگردید. این راقم که معلم تاریخ و جغرافیه بودم، بیاد ندارم که هیچ زمامداری به اکراه و جبر به

فروش دختران و پسران همزبانش قیام کرده باشد و در قرنی که برده گی و غلامی زدوده شده بود، عمل شنیع را انجام داده باشد. امیر کشور گیر برده فروش مردم خودش گردیده است. امیر کشور گیر بی ناموسی که بالای مردم هزاره انجام داده به گفته خودش : « چون گرسنه میشوید سگ میشوید - چونکه گشتید شیر بد رگ میشوید»

در هنگامیکه امیر کشور گیر در ماوراألنهر بسر میبرد، مردم صفحات شمال بودند که او را یاری کردند.. این امیر نامرد، چه جفا های بالای مردم بدخشان، قندز، بلخ، میمنه، جوزجان نرسانید. تمام بزرگان اقوام صفحات شمال را کشت و یا فراری کرد و کانون خانواده های مردمان نجیب بدخشانیان، تخاریان، قطغنیان، قندزیان، بلخیان، سرپلیان، شبرغانیان را بباد فنا داد. امیر کشور گیر در تغییرات و تبدیلات سران قوم مردمان شمال هنگامه آفرید. او خود گرسنهٔ دستگاه و بارگاه افغانستان بود، سگ انگلیس شد تا قدرت بی امان را بدست گیرد. وقتی که بدارالسطنه کابل رسید، چنان <بد رگ> شد که مپرس؟ این سگ بد رگ، مانند سگ به پاچه های مردم شریف هزاره بصورت عام، و بلای جان خانواده های نامدار صفحات شمال بطور خاص گردید. سگ صاحب خانه اش را نمی گزد و پاسدار مردمش است. مردم ما اگر سگ هم استند به روزگار خویش قناعت داشتند. اما امیر کشور گیر سگی است که بالای انگلیس عوعو نمیکند. زورش را به مردم خودش نشان میدهد. خوش خدمتی انگلیس را بجان و دل قبول میکند. او <خود کش بیگانه پرست> است. انگلیس بیگانه را میپرستد، اما مردم خودش را بی ناموس میسازد. لعنت خدا بر این امیر کشور گیر باد که بجان مردم خودش سگ شده است.

ملا فیض محمد کاتب هزاره که در دوره امیر حبیب الله خان بدربار راه یافته مؤظف گردیده تا تاریخ دوران ایل سدوزایی ها را برقم بکشد. ملا فیض محمد کاتب با وجود که از تبار شریف <هزاره> است، در سراج التواریخ نظر به جو سیاسی و محیط اختناق اجتماعی و امیر خون آشام و جبار متکبر، داستان جبر و اکراه مردمش را طوریکه شاید و باید است در لفافه واژه های که خوش امیر بیاید برملا میسازد. این قوم شریف را که خودش نیز از همان گروه محسوب میگردد بنام های <اشرار، سرکش، دد خصال، متمرد، وحشی خصال، ددمنش، فتنه جوی، نکوهیده خوی، بی عقل، بی تمیز، نکوهیده افعال، قوم شریر> یاد کرده بسیاری از رویداد های ناهنجار را صاف و پوستکنده و یا بزبان

دیگر بدون اینکه هتک حرمت شود آشکار ساخته است. این قلم از نا بسامانی ها و هتک حرمتهای مردم شریف هزاره را که در کتاب سراج التواریخ درج گردیده بصورت فشرده و خلص بصورت نهایت حساس درج میدارم تا هموطنان گرامی ما بدانند که به تعبیر فردوسی طوسی <زمانه نبشته دیگر دارد> و اکنون میرویم بسراغ شمه ای از رویداد های ناهنجاری که بالای مردم هزاره تطبیق شده و شرحش به کتاب سراج التواریخ ثبت شده است:

۱. ذکر محاربه با حجرستان:

افواج نظامی و ملکی سردار عبدالرحمن خان بسوی اشرار هزاره <دایه> که سنگر عساکر حکومتی را شکست داده بودند در آویختند و خون هزاران تن هزاره گان بی سرپناه را ریختند. سنگرگاه را بسوختند. و اکثر اشرار هزاره در ناحیه ناوه چقماق پناه برده به استوار ساختن سنگرگاه پرداختند. (جلد سوم قسمت دوم صفحه اول)

۲. شرح حال سرکشان و اشرار دد خصال هزاره :

طوریکه در بالا شرح گشت که هزاره ها در ناوه چقماق سنگر افراخته طرح پدافن قشلاق کردند و همچنان در این ایام مرض وبا نیز دست و گریبان مردم را گرفته بود که در این حادثه ۲۰۳ نفر از عساکر حکومتی به مرض وبا گرفتار شده به هلاکت رسیدند و اینکه اعداد ملکی چقدر بود ذکر بعمل نیامده .. در این حالت سرکرده گان و بزرگان برای میانجیگری که شمارش را ۵۷ تن ذکر کرده اند <سرکرده گان دفتر سنجش پنجاه و هفت تن از ماهرین علم مساحت مأمور غزنین شده به سرکردگی حاجی محمد نبی بن نعیم کشمیری در غزنی رفته جور و ستم زیاد به مردم آنجا خصوص به مردم هزاره نموده چنانچه بیاید تمام طوایف محمد خواجه، چهاردسته و جیغتو را به تهمت خط فرستادن ایشان در مشهد گفتار زنجیر عتاب پادشاهی ساخت و هم در باب مساحت اراضی ایشان ستم زیاد از قوه به فعل آورد... و هم در این وقت سه صدو پنجاه تن مرد و زن و پسر و دختری را که فرهاد خان کرنیل از مردم طغایی بوغا (بطای بوغا) وغیره مردم جاغوری اسیر و دستگیر کرده در غزنین فرستاده حکمران آنجا بفرمان طلب گسیل کابل نموده مردان ایشان تمام به <یاسا> رسیده زنان و دختران ایشان از بیست الی صد و بیست روپیه بنام

کنیزی و غلامی به امر حضرت والا (امیر کشور گیر امیر عبدالرحمن خان) فروخته شده بهای اینان و آنانی که پس از این اسیر و فروخته شدند تماماً به مصرف دولت رسید تا یادگار روزگار باشد و هیچ رعیتی بغی اختیار نکند> (جلد سوم قسمت دوم صفحه های ۸ و ۹)

۳- بغاوت مهدی بیک خان سر جنگلی و جنگل سوزی نظامیان دولتی :

مهدی بیک خان با پسر رزمنده اش در سرجنگل سرکشی کرد .. سپه سالار عادل غلام حیدر خان (کافر کُش - هزاره کُش) سر لشکریان را مأمور تنبه و تهدید مهدی بیک کرده و خودش از راه بامیان وارد بند امیر شد. عساکر حکومتی سر جنگل را جنگل سوختند و آبادی ها را خراب کردند. زراعت را پامال، مواشی و دواب را به آتش کشیدند. اشرار هزاره سرجنگل را سر بریده، چهل و سه تن از مردان، زنان و پسران و دختران ایشان را اسیر کرده نزد سپه سالار غلام حیدر خان فرستادند. از قساوت کاری های افسران نظامی دولتی که بالای مردم هزاره بعمل آمده دل امیر خون آشام سوخته جان بسوخت و بالای سران سپاه بر آشفت و توسط فرمانی گوشزد کرد که: « .. و تمامت افسران نظامی و ملکی را که در هزاره جات بودند و راه قتل و غارت اشرار هزاره می پیمودند فرمان جداگانه فرستاده امر کرد که هر چند مردم زن و پسر و دختر و مال و متاع اشرار هزاره را از راه غنیمت بدست آرند، بر طبق آیین دین مبین حضرت سیدالمرسلین، پنج یکش را حق دولت دانسته ارسال پایه سریر سلطنت نمایند و چهار خمس آن را حصه و بهره خود شمرده متصرف مالکانه شوند و از صدور این حکم بود که هزاران مرد به قتل رسیده دختران و زنان و پسران ایشان به غلامی و کنیزی رفت و این حکم تا زمان سلطنت .. اعلیحضرت سراج الملهء والدین برحال بود..» (صفحه ۱۸ کتاب سراج التواریخ جلد سوم قسمت دوم)

۴- سرزنش هزاره بدمنش :

باز هم سپه سالار غلام حیدر خان برای سرکوبی هزاره ها به یکه اولنگ رسیده و بعد وارد کوتل (کتل) انده و رستم شد و با مردم پنجاب، نیقور و سرخ جوی در افتاد که هزاره

گان تاب مقاومت نیاورده فرار کردند و سپه سالار از کتل گذشته در موضع سیاه دره فروکش کرد و مردم آنجا را که از ترس عساکر دولتی به کوه ها پناه برده بودند استمالت نموده به منازل و مساکن ایشان باز گردانید. در این هنگام امیر کشور گیر افغانستان فرمان صادر کرد که : « در قتل و غارت و اسارت مردم هزاره دریغ را جایز نشمرده و فریب این قوم را نخورده اسلحه کسانی را که بغاوت نورزیده اند تمام گرفته و قلاع ایشان را خراب کرده آنانی را که تمرد و سرکشی نموده اند یکسره به قتل و غارت واحدی را زنده نگذارند و اگر کار صعب و دشوار شود معروض دارند تا ذات حضرت والا اعلام ظفر فرجام را شقه گشای آن صوب فرموده دمار از روزگار اشرار بر آورده دیاری را در آن دیار نگذارند و از صدور این حکم بخردان جهان دانند که بدان قوم شوم چه روی داد؟ و چه قسم بنیاد هستی ایشان به باد نیستی رفت؟ .. آری! هر که با سلطان در افتد چنین خاک ذلتش بر سر افتد» (سراج التواریخ صفحه ۲۴ جلد سوم قسمت سوم)

۵- مقاومت محمد عظیم بیک سه پای :

برای سرکوبی محمد عظیم بیک که در موضع قلعه شیر سنگر گرفته بود، جنرال میر عطا خان مأمور میگردد. نظامیان با اشرار عظیم بیک در آویختند که بسیاری سپاه حکومتی کشته شدند. در این مقاومت سنگرداران قلعه شیر به شکست مواجه شده بیشتر از سی تن هزاره ها کشته میشوند و پنج مرد و دو زن اسیر میشود. در این شکست محمد عظیم بیک فرار کرده عساکر دولتی تمام قلعه را خراب کرده مال و متاع و دواب و مواشی زیاد به غنیمت میگیرند. زراعت را تلف و فلاحت را با خاک یکسان میسازند. (صفحه ۳۰ سراج التواریخ جلد سوم قسمت دوم)

٦- عزم یورش سردار عبدالقدوس خان به تسخیر ارزگان :

عبدالقدوس خان با وجود تب و مریضی، با دو فوج پیاده و دوصد سواره نظام و هفت ضرب توپ و چهار صد تن پیاده ساخلو و هشتصد تن مردمان ملکی به سالاری سردار محمد انور خان کرنیل عازم ارزگان شد.. و از آنسوی دیگر جنرال شیر محمد خان و کرنیل فرهاد خان تمام لا و لشکر را به کوه های سکنه مردم زاولی، پیک، پشه ي و شیرداغ ارسال کرده بجانب هزاره گانی که به صخره های کوه پناه برده بودند روانه شدند. آنها

یکصد و چهل نفر را کشتند، شصت تن مرد و زن هزاره را اسیر گرفتند، پسران و دختران ایشان را به اسم برده و کنیز متصرف شدند. مال و متاع و دواب و مواشی زیاد بدست آوردند، قلعه ها و منازل را به آتش کشیدند، زراعت را تلف کردند تا علوفه برای اشتران و ستوران فراهم بدارند.. (صفحه ۳۲ جلد سوم قسمت دوم)

۷- گرفتار شدن محمد عظیم بیک سه پای در محلی موسم به هشتادان:

محمد عظیم بیک سه پای که برای دولت عبدالرحمن خانی درد سر ایجاد کرده بود، همیشه در ستر و اخفا بسر میبرد و فرار کوه ها دره های مرکزی کشور میشد. او را که دولت نمیتوانست به آسانی دستگیر کند، لذا توسط نبیره گان حسن سردار دای کندی که بخدمت دولت قرار داشتند دستگیر کردند. محمد عظیم بیک سه پای را با برادر و عیال و منسوبانش شامل دو پسر، یک برادر، دو نوکر، (شش نوکر نیز ذکر شده است) پنج زن نکاحی و دو طفلش در محلی بنام<ناوه گشاب> گرفتار شدند. سرکار کابل گرفتاری محمد عظیم بیک را جشن گرفته و امر کرد که این شریر سه پا را به بدترین شکنجه عذابش کنند. سر و روی اسیر ها را از طفل و زن و مرد با گل و لای آلودند، از استخوان پاره ها و دل و جگر گوسفند بگردن های ایشان آویختند. بدین هم بسنده نکرده ایشان را سرچپه به پشت خر سوار کردند و برسم تشهیر در تمام بازار های هرات بگردش در آوردند و رسم گذشت اسرار نمایش دادند. همه را زندانی کردند، صرف زنان را سپه سالار فرامرز خان، که میخواست بداخل حرم خود بکند- یعنی که کنیز و برده شخصی خودش بسازد، اما امیرعبدالرحمن خان امر کرد که همه را پس و پیش بسوی کابل گسیل بدارند... (صفحه ۳۵ جلد سوم قسمت دوم سراج التواریخ همچنین در باره محمد عظیم بیک سه پای به صفحه ٦٩ سراج التواریخ بنگرید)

نوت: سه پای محله ایست در منطقه دای زنگی

۸- اسیر شدن زنان و دختران هزاره متعلق به محمد امیر بیک ایلخانی :

اسیر کردن زنان و دختران کلان شوندگان هزاره و قهرمانانی که برضد نوامیس شان میرزمند یک امر عادی بوده است. مبارزین ملی مردم هزاره را به یاسای چنگیزی میرسانیدند و زن و بچه شانرا اسیر و برده ساخته روانه دارالسلطنه کابل میساختند تا بخدمت و مزدوری

سر کاران و سرداران کابلی گماشته شوند. بعضاً اتفاق می افتد که نامردان مردم هزاره که با دولت امیر عبدالرحمن خان کار میدارند و یا بصفت جاسوس ایفای وظیفه میدارند سران هزاره را اغوا کرده به حیله و نیرنگ همزبانی و همتباری گرفتار میسازند. <زنان و دختران محمد امیر بیک ایلخانی را که پس از فرار کدنش در نزد محمد اکبر بیک یکه اولنگ اسیرانه جای گزیده بودند، بفرمانیکه بنام میر محمد حسین بیک لعل شرف نفاد یافت همه در کابل آمده با دیگر اسیران یکجا شدند> .. <و هم از قفای این گرفتار شدگان سه صد و یک نفر اسیران اشرار هزاره را کته حکمران قندهار با خود برده بود به فرمان حضرت والا از آنجا به کابل فرستاده داخل زندان سیاست کرد و هم نهصد و شصت تفنگ که از مردم هزاره گرفته بود روانه دارالسطنه کرد> (جلد سوم سراج التواریخ قسمت دوم صفحه ٦٩)

۹- جمشید خان هزاره جاغوری:

جمشید خان هزاره جاغوری خسر مبارز دلیر محمد عظیم بیک سه پای میباشد. به حضرت والا امیر کشور گیر خبر دادند که زوجه و یک پسر و دو دختر محمد عظیم بیک سه پای نزد جمشید خان هزاره است. احتمالاً زوجه محمد عظیم بیک دختر جمشید خان هزاره بوده باشد و دختران و پسرش نواسه های وی اند. امیر کشور گیر امر میفرماید که زن و دو دختر و یک پسر محمد عظیم بیک که نزد جمشید خان اند بکابل آورده شوند. در زمان امیر عبدالرحمن خان بصوب کابل رفتن واهمه و همهمه عجیبی داشت. هر کسی را که امیر بکابل میخواست معنی اش <مرگ> بود. درست مؤسسه <بگیر و ببر> زمان کمونستی افغانستان میباشد. امر بکابل بیاورید، صرف به مردم هزاره نبود، بلکه سراسر کشور را به ترس وامیداشت. زیرا امیر کشور گیر با قدرتی که داشت مردم را به واهمه و ترس انداخته بود. در حقیقت بیست سال سلطنت امیر کشور گیر در افغانستان با ترس و واهمه گذشته است که داستان دراز دارد. هر امریکه صورت میگرفت < به کابل بیاورید> مراد از رفتن بکابل چند معنی میداد، اول آنکه خود امیر میخواست بدست خودش مردمان شریف هزاره را به <یاسا> برساند. یاسای چنگیزی که مرادش از کشتن است. دوم آنکه ایشان را به بد ترین نوع قین و فانه رنجه کند، سوم آنکه زنان را برده بسازد و بخدمت درباریان و سرداران بسپارد، چهارم آنکه دختران باکره هزاره را برای عطش نفسانی خودش

و یا سرداران و سرافسران و جنرالان همتبارش بسپارد تا کام دل گیرند. چنانچه یک دختر باکره محمد عظیم بیک سه پای (نواسه جمشید خان) را برای پسرش شهزاده حبیب الله سپردند تا رفع شهوت کند... که آنرا سراج التواریخ اینگونه شرح میدهد: < و در پایان کار یک دخترش در سلک اعلی حضرت سراج الملهء والدین منسلک گردیده ریزه خوار احسان حرم محترم شاهی گشت..> (صفحه ۷۵ سراج التواریخ جلد سوم قسمت دوم)

۱۰- گرفتاری اهل و عیال باقر بیک هزاره :

روایت بر آنست که در زمان علمیات هزاره کشی دای کندی و دای زنگی، بدون شک بعضی از مردمان نجیب هزاره پناه گاه میجویند. مرد هایشان به کوه ها پناه میبردند و زن های شان را بجا های امن و کسانی که پاسدار حفاظت ناموس اقوام هزاره اند میگذارند. نظامیان امیر کشور گیر در حریم حرم بزرگان هزاره داخل شده به بهانه مختلف و جاسوسان شان که <پناه گاه اشرار> گفته، دست به تعهدی دراز کرده از هیچگونه فجایع دریغ نمیدارند. چنانچه بخانه باقر بیک حمله بردنند و دوازده تن مرد و زن و پسر و دختر را که منسوبان محمد عظیم بیک سه پای بودند و ایشان در منزل باقر بیک پناه جسته بودند گرفتار عمال عسکری و نظامی سرکار کابل میگردند. ابوبکر خان حاکم چغچران ایشان را اسیر گرفته در هرات فرستاد. سپه سالار فرامرز خان همه اسیران را گسیل کابل کرد. (صفحه ۸۱ سراج التواریخ جلد سوم قسمت دوم)

۱۱- محاربه برگد امیر محمد خان با سید حسن علی هزاره :

« سید حسن علی خان که از شجاعان سادات هزاره بود و در تاخت و تاز فراز و نشیب کهسار به نظرش سهل و هموار مینمود با دو سه تن دیگر در قلب سواران نظام تاخته و چندی را ضرب شمشیر و گلوله تفنگ بخاک انداخته..» قیام مسلحانه سید حسن علی خان هزاره، برگد امیر محمد خان را آشفته خاطر میسازد و عزم و جزم میدارد تا این مار خشمگین هزاره را به یاسا برساند. سید حسن علی هزاره در تاخت و تاز و ضرب زدن دشمن تدبیر خاصی داشت، او سواره نشان زنی میکرد و با سرعت از بالای اسپ مانند برق می جست و در سنگر گرفتن بی نظیر بود.

برگد امیر محمد خان که با توجه توپخانه و سوراه نظام مجهز و سپاهی استوار، از راه «باد آسیاب» با کهن دل خان حاکم بهسود که تحت محاصره بود عازم «گردن دیوار» شده با صد تن پیاده نظام و دو ضرب توپ پلنگ آسا به پیش راند تا اشرار ددمنش هزاره را گوشمالی بدهد. از قضای روزگار با فیر تفنگی که به هدف قرار میگیرد، سید حسن علی هزاره از زین اسپش بزمین میخورد و گرفتار نظامیان سرکاری گردیده در این هنگام برگد امیر محمد خان نیز سر میرسد و سر سید حسن را از تنش جدا کرده کارنامه شیر مرد هزاره به پایان میرسد. برگد امیر محمد پس از قتل سید حسن و حرب خرقول و فتح کتل سیاه ناهور، عزم سرکوبی اشرار دد خصال هزاره گانی که در کنار رود هیرمند قرار داشتند رهسپار شد. پس از جنگ های خونین و کشتار بی امان جانبین، هزاره ها روی فرار اختیار کردند و «برگد امیر محمد خان پای جلادت و شجاعت افشرده چهار صد سر از کشتگاه هزاره را بریده در بامیان فرستاده و در آنجا (کله مناری) بیادگار امرا فراختن کرد و پس از حصول فتح در روز هشتم ماه ذیعقده از آنجا اردو را کوچ داده در قلعه میرزا نجف فروکش کرد.»

(سراج التواریخ صفحه های ۱۴۷ و ۱۴۸ جلد سوم قسمت دوم - تألیف ملا فیض محمد کاتب هزاره و همچنان به صفحه ۱۵۵ بنگرید)

۱۲- محاربه برگد محمد صادق خان با اشرار هزاره دای کندی:

برگد محمد صادق خان مانند همتای عسکری اش برگد امیر محمد خان برای سرکوبی مردم هزاره دای کندی مامور میگردد. برگد محمدصادق خان با لشکر گران و تجهیزات عسکری فراوان روی بجانب محلی بنام «سنگسالار» فروکش کرده، در گرماگرم محاربه تعداد زیادی از دد خصالان هزاره را سرنگون ساخت. در این هنگام جنرال میر عطا نیز بغاوت اشرار گیزاب را واژگونه کرده، خاینین شانرا جریمه کرده و باقی هفت تن را رهسپار کابل ساختند. بدینسان جنرال موصوف در روز دوم ماه ذیقعده در منزل قوریه‌ء ناهور غزنی فرود آمده نود راس گوسفند و چهل سیر روغن و دوازده خروار آرد و بیست خروار جو و سی خروار کاه و سی خروار هیزم و هشتاد تخته جوال و هشتاد سر الاغ که مردم هزاره خواجه آن جا به اسم سیورسات اردو در فرودگاه حاضر آورده بودند به غارت برداشته و دیناری به غربای رعیت نداده از راه شغله کمرک هزاره جاغوری وارد مالستان و از آنجا در

سنگر دایه حجرستان شده فروکش کرد. (صفحه های ۱۵۳ و ۱۵۲ سراج التواریخ جلد سوم بخش دوم)

۱۳- به آتش کشیدن قلعه های هزاره ها :

در هنگامیکه سپه سالار غلام حیدر خان به عزم تدمیر گروه شریر هزاره وارد بند امیر شده بود، گروه اشرار هزاره که در اطراف فروزبهار، سرقول، غارک و گوهرکین اقامت گزیده بودند تا در مقابل لشکریان سرکاری مقاومت کنند. به هراس شده فرار اختیار کردند. لشکریان سپه سالار در فروزبهار قرارگاه ساخته، یکعده شان تا اخیر دره سرقول و گوهرگین و پشت کوه سلسله هندوکش که از برف دایمی پوشیده است به پیش رفتند و ایشان از آنجا همه ضیاع و عقار شانرا رها کرده رفتند. لشکریان قلعه های هزاره را که بیشتر از صد دربند بوده ویران کردند و منازل را به آتش کشیدند و بیست و یک تن مردم و زن و پسر و دختر را اسیر گرفتند. همچنان گاو، گوشفند بی شماری را به غنیمت بردند... و مقارن این حال شصت و پنج تن از سپاهیان تحت فرمان قوماندان محمد حسن خان شصت و پنج نفر از دختران هزاره را هر یک بخود اختصاص داده بودند. اما امیر کشور گیر بخاطری که عساکر با دختران هزاره سرگرم شده از خدمت عسکری و نظامی بدور میمانند، اجازه معاشقه دایمی را نپذیرفته است <به فرمان حضور والا هر کدام به منزل و مقام خود فرستادند که گرفتار امور عیال داری شده از خدمت باز نمانند..> همچنان به امر سپه سالار، ششصد سواره نظام با کرنیل دوست محمد خان و منشی محمد یوسف خان حاکم کهمرد و سیغان مأمور سرزنش هزاره گانی که در کوه ها پناه برده بودند سر دچار نبرد شده بسیاری از اشرار هزاره کشته و یا مجروح گردیدند. اسیر شده گانرا با هزار گاوه و گوسفند در لشگرگاه آورده جمیع اسیران هزاره را به امر سپه سالار غلام حیدر خان از دم تیغ کشیدند. و پس از حضول این فتح، تمام قلاع هزاره ها را که از مواضع بند امیر تا موقع قوم آبه و سر جنگل واقع بود آتش زده بسوختند. (صفحه های ۱۶۲ و ۱۶۳ سراج التورایخ جلد سوم قسمت دوم)

۱۴- وقایع سال 1311 هجری قمری :

جنرال شیر محمد خان جهت سرکوبی مردم هزاره از ارزگان وارد گیزاب میگردد. بمجرد ورود به گیزاب دست تعدی بسوی مردم دراز میکند. گرفت امتعه بی شمار و رشوت بی حساب تا آنجا که «روز صد پشتواره هیمه و چوب و سی کاسه ماست و هشت پشتواره برف از کوهی که به غایت از فرودگاه لشکر بعید است هشت مشک دوغ بدون بها از فقرأ استمرار گرفته و میگیرد.. و پنجاه تن هر روز به کوه فرستاده علف کوهی برای اسپانش می آورند.» دو تن از سپاهیان جنرال شیر محمد خان که دو زن شوهردار را از مردم هزاره به اکراه متصرف شده اند مورد بازخواست واقع نشده اند. از این حادثه امیر کشور گیر خبر میشود و جنرال شیر محمد خان صرف با نوشتن رضا نامه رعایای گیزاب و بزرگان آنجا از ستم دست میکشد. همچنان در این هنگام دختر میر ابراهیم بیک با دو راس استر و نه توپ برک اسیر لشکریان میگردند و آنها را «نزد جنرال میر عطا خان آورده و او آن دختر را به مجرد وصول در آغوش خویش کشیده متصرف شد و از این تکونه امرو بود که در پایان کار چنانچه بیاید گرتفار شحنه عتاب پادشاهی گردیده سخت محبوس شد» (صفحه های ۱۸۴ و ۱۸٦ جلد سوم قسمت دوم)

وقایع مهم تاریخی دوره امیر عبدالرحمن خان :

در اوائل سلطنت امیر عبدالرحمن خان سال ۱۳۰۲ هجری قمری، علاقه های پنجده، آق تپه، چمن بید و چشمه سلیم که مربوط ترکستان افغانی بود بدست روس ها افتید. این حادثه در زمانی صورت گرفت که امیر کشور گیر از درگیری سپاه با روس قدغن نمود. اما پیشروی روسان باعث گردید که آنها مقاومت نشان بدهند و دلیرانه جنگیدند. در این حادثه، شکست و هزیمت نصیب ترکستانی های افغانی گردید. سه صد تن از سپاهیان اسلامی به شمول کرنیل شاه مردان خان و یک تن نویسنده سپاس و علی اکبر خان و میر آقای اجیدن جام شاهدت نوشیدند. (صفحه ۱۲۰ سراج التواریخ تألیف ملا فیض محمد کاتب هزاره سوم قسمت اول)

تخریب مصلای هرات :

مصلای هرات و مناره های آن که از زمان تیموریان هرات پا برجا بود، امیر عبدالرحمن خان، امیر کشور گیر دولت خداداد افغانستان برای خوش خدمتی انگلیس ها امر به تخریب مصلا های هرات داد. ملا فیض محمد هزاره در کتاب <سراج التورایخ > مینگارد:

< و هم در این هنگام امر تخریب مصلای هرات که در عهد سلطان حسین نبیرهء امیر تیمور کورگان مرحوم بغایت متانت و استحکام از حجر بنیاد و آباد گشته و تا این وقت برپا و استوار بود از پیشگاه حضور اقدس شرف صدور یافته از صدمه باروت پست شد که در وقت محاصره و محاربه پناهگاه خصم نبوده از آنجا رخنه حضار هرات راه نیابد.> (صفحه ٦٨)

امیر کشور گیر فرمود : <برداشتن تل بنکی ها را بکار گزاران هرات امر کرده بودم لکن تپهء خاکی نیست، پشته سنگی است که به زحمت بسیار برداشته میشود و از هرات دور است و گلولهء توپ که از تل بنگی انداخته شود از <خاک ریز> هرات نمیگذرد و از مصلا تفنگ بغل پر بر اندرون هرات را می زند لکن حکم داده ام که در زیر بنا های مصلا نقب ها کنده اند هر وقت که مدعی پا نهاد خاک هرات شود نقب ها را آتش داده مصلا را هموار میکنند. > و یسرای انگلیسی در هند گفت: < از استحکام هرات و تدبیر نقب ها خرسند شدم> (صفحه های ۱۲۴ و ۱۲۵)

در هنگامیکه امیر کشور گیر در لاهورپندی بدیدار ویسرای انگلیس در هند مشرف شد (سال ۱۳۰۲ هجری قمری) روس ها علاقه های پنجده، آق تپه، چمن پید، چشمه سلیم را تحت تصرف در آوردند و شماری از نظامیان دولتی و ملی را که سه صد تن میرسید به قتل رسانیدند که در آنجمله کرنیل شاه مراد خان نیز شامل بود. امیر کشور گیر با انگلیس ها مشوره کرده و یک گروپ سپاهیان انگلیس را اجازه داد که داخل خاک افغانستان شوند.

ذکر ورود افواج دولت انگلیس در شالکوت و حادثه تخریب مصلای هرات: <دولت روس از راه نقض عهد و خلاف قرارداد دولتین خود و انگلیس بسرحد افغانستان حمله نمود واجب گشت که سپاه انگلیس از راه معاونت افاغنه و حفاظت مملکت افغانستان در این سرحد وارد شده به عزم مدافعه دولت روس اقامت گزینند و تا که نظم کامل در

حدود هرات نهاده نشود جانب هند باز نگردند. بنا بر این پنجاه هزار تن لشکر با توپخانه و سامان درست از بلدان هند و سند پنجاب به تعجیل و شتاب مأمور شالکوت شدند. هرگاه دولت روس آهنگ کارزار کند از راه قندهار وارد هرات گردند.>

کرنیل استوارت انگلیسی با یک تن مهندس مامور میشود تا تمام قلعه های نظامی هرات را با برج و باره و درون و بیرون آن بررسی کرده خرابه ها را آباد و آبادی ها را ویران کند تا سدی مستحکم در مقابل تجاوز روس تهیه داشته و دروازه های شهر را مرمت نموده محکم و آباد سازد. کاری که برای دولت انگلیس برازنده گی داشت مصلا های هرات بود که امیر کشور گیر امر به تخریب آنها داد. مردم فرهنگ دوست هرات از این واقعه خوب آگاه بودند که انگلیس به مراد شیطانی اش میرسد تا فرهنگ دیرینه و هویت زیبای تاریخی ملت را واژگونه بدارد. مراد از تخریب مصلا ها آن بود که امیر ساده دل را وانمود ساختند که این مصلا ها سدی در مقابل دشمن است باید از میان برداشته شود. تا باعث خرسندی دولت افخیمه انگلیس گردد. و این واقعه و فاجعه تاریخی را از زبان ملا فیض محمد هزاره بشنوید:

<.. و منار مصلی و غیره عمارات آن را که از آجر و حجر و گچ و صاروج افراخته است از بن بر اندازند و سر رشتهء امور مذکور را به حکمران هرات داده پس از دو روز جانب تیر پل مراجعت کردند (مراد از انگلیس ها که از تخریب مصلا ها خاطر جمع شدند) و در وقت خراب کردن مصلی و عمارت آن چون رواق ها و کتبیه های آن تمام از سور و آیات بینات کلام الله مجید و فرقان حمید بود و از پرانیدن نقب ها فروریخته ، هتک حرمت قرآن میشد. مردم شهر هرات را در طبیعت ناگوار، بلکه مشاهده فرو ریختن کلمات آیات بنیات سخت و دشوار مینمود به قیل و قال افتاده زبان به نفرین دولت انگلیس گشوده سخنها راندند که دولت مذکوره از دست خود ما کتابی را که با آن ایمان آورده ایم استخفاف میکند و ناچاریم که به پاس حرمت آن جان سپاریم> داملا ها، آخوند ها، مولوی ها، رهبران مذهبی همه بخاطر تخریب مصلی ها شورش کردند.

آنها امیر کشور گیر را بباد ملامت قرار داده، زبان ناسزا بسوی انگلیس گسیل دادند. احتمالاً بعضی از دانشمندان به ارجمندی مصلا ها و برازنده گی تاریخی آنها قد علم کرده دست به احتجاج زدند. اما عالمان دین صرف بخاطر برهم پاشی کلمات و آیاتی که به روی

کاشی ها حک شده بود و پامال پای نامردان و زیر سم اسپان شده بود خم به ابرو زدند. حکمدار هرات از این امر و حادثه سراسیمه شده گپ ها را به امیر کشور گیر میرساند و نامبرده فوراً دست به اقدامات شده علمای فروخته شده شهر را همچون میر گازرگاه، میان محمد عمر صاحب زاده، قاضی پر آوازه شهر هرات، حاجی حوض کرباسی و خلیفهء او را جمع کرده از ایشان خواست تا فتوای تخریب مصلا ها را صادر کنند تا فتنه و آشوب شهر فروکش کند. چون خبر آشوب شهر به شهریار کشور رسید امر کرد تا نردبان ساخته و آیات را به صورت دست از روی مصلا ها بتراشند تا بزمین نریزد و توته های آیات را به چادر ها برداشته به دریا اندازند. (بنگرید به کتاب سراج التواریخ صفحه های ۱۳۵ و ۱۳۶ جلد سوم قسمت اول)

بُت های بامیان

سرخ بُت و خِنک بُت ، Sorx – Bot & Xeng – Bot

پیش از آنکه هویت تندیسه ها را شرح بدهیم باید خاطر نشان کرد که تندیسه ها در افغانستان بنام (بُت های بامیان) شهرت داشته و در قلب بامیان مرکز افغانستان در دل سنگ در قلب هزاره های تاریخ استوار ایستاده اند، که این بُت ها را فرهنگ جهانگیری چنین می نگرد:

< سرخ بت و خنک بت، آن دو بت است که در زمان جاهلیت مشرکان در موضع بامیان از مضافات کابل که در سرحد بدخشان واقع است از سنگ تراشیده و از کوه انگیخته آنرا میپرستیده اند، و به تازی آنرا <یعوق و یغوث> خوانند، و بعضی <منات و لات> گفته اند، و قریب به این صورت صورتی دیگر است که به شکل پیر زنی از آن دو صورت خُرد تر که نام آن <نسرم> باشد و بعضی <ستوا> خوانند، و این صور از غرائب و عجائب روزگارند، گویند که بلندی هر یک از آن پنجاو دو گز بود و میان این صورت ها مجوف است، چنانکه از کف پای شان راه است و نردبان پای ها کرده اند که به جمیع جوف آنها توان گشت حتی سرِ انگشتان دست ها و پای ها.. و در فرهنگ ها مرقوم است که سرخ بت عاشق خنک بت بوده ...> (۱)

خِنک بت و سرخ بت منظومهء مثنوی حسن عنصری (متوفی ۴۳۱ هجری) شاعر مشهور دربار غزنه که آن شامل داستانِ محلی مربوط به دو بُت در بامیان است. این داستان را ابوالریحان البیرونی به عربی ترجمه کرده و نام آنرا <حدیث صنمی البامیان> گذاشته است شوربختانه منظومه مثنوی فارسی/ دری عنصری فعلاً از میان رفته است. یاقوت حموی در معجم البلدان این دو بت را ذکر میکند و مینویسد: گویند آنها را در این دنیا نظیر نیست . دو بت بامیان که مجسمه های عظیم آنها هنوز باقی است از آثار دورهء بودائی بشمار است و داستانی هم که عنصری نظم کرده در اصل یک قصه بودائی است (۲)

از کتاب اسکندر نامه ی منثور (نوشته شده در میانه قرن ٦-۸ هجری) که مؤلف آن نامعلوم است چنین بر میآید که با این دو بت دو گور نیز موجود بوده که یکی گور پسر شاه مصر و دیگری قبر دختر شاه بامیان که هر دو عاشق یکدیگر بودند. این دو شهزاده و شاهدخت در عاشقی و فراق همدیگر جان دادند. (۳)

سرخ بت (به صنم اول و بای ابجد) و خنک بت (به کسر خای نقطه دار) دو بُت بزرگ اند در موضع بامیان از مضافات کابل در سرحد بدخشان که از سنگ تراشیده شده و بلندی هر یک از آن ۵۲ گز باشد و میان آنها مجوف است، چنانکه از کف های پای ایشان راه است و نردبان پای ها کرده اند که به جمیع تجاویف آنها گشت حتی سر های انگشتان دست و پای ایشان و آنها را به عربی یعوق و یعوث و بعضی لات و منات خوانند و گویند سرخ بت عاشق خنک بت است که آنرا <سرخ بُد> هم خوانند. (۴)

مردم دانا اگر حاکم داناستی

شحنهء یونان شدی خنک بت بامیان

(سیف اسفرنگی)

گردی به سان سرخ بت بامیان ستیغ

باشی بر آنکه خنک بتی را کشی به چنگ

(سوزنی)

در کف از جام خنک بت بنگر

بر رُخ از باده سرخ بت بنـــــگار

(حکیم خاقانی)

گر صبح رُخ گردون چون خنک بتی سازد
تو سرخ بتی از می بنگار به صبح اندر
(سوزنی)

مجسمه های بامیان را عامه بنام های <سلسال> و <شاهمامه> یاد کرده اند. مفهوم لغوی <سلسال> گِل و خاک باشد. (صُلصال : گِل خشک خام که چون انگشت بر آن زنند آواز برآید که خمیر آدم علیه سلام از آن بود... (غیاث اللغات چاپ بمبئی ص ۴۳۴) مردمان بامیان صلصال را مرد و شاهمامه را زن دانسته اند و یا بزبان دیگر صلصال (سلسال) پادشاه و شاهمامه ملکه باشد. این دو جفت و یا زن و شوهر و یا شاه و ملکه در کنار یکدیگر قرار دارند و به فاصله نه چندان دور همچون پیکره های استوار بر دل کوه بامیان در قرون متمادی ایستاده اند.

بت کلان و یا شاه بت که سلسال نامیده میشود دارای قامت ۵۳ متر، و بت نسبتاً کوچکتر که شاهمامه اش گویند ۳۵ متر بلندی دارد.

(هزار افسوس که طالبان، این نامسلمانان عاق شده و این ناخرد اندیش ترین آفریده خدا و این آدمکشان قرن و نامردان تاریخ، قامت سلسال و استقامت شاهمامه را در فبروری سال ۲۰۰۱ میلادی واژگونه کردند). هر دو مجسمه تمثال بودا است که یکی از عجایب روزگار به شماره میرود و در جهان اینگونه تندیسه هایی که بدست ساخته شده و به این بزرگی در دل کوه کنده شده کمتر دیده شده است. تحقیقات و پژوهش های باستان شناسی نشان میدهد که بت کوچکتر یعنی ملکه از بت بزرگتر(شاه بت) قدامت بیشتر دارد.

محققین باورمند آن اند که شاهمامه در قرن سوم میلادی و صلصال یا بت بزرگ از هنرمندی سده های چهارم و پنجم میلادی که در آن تأثیر هنر گوپتایی/ هندی بیشتر مراعات گردیده میباشد.

در بامیان برعلاوه جدار های عظیم بودا، سه مجسمه خُرد دیگری که در میان طاق های مجسمه بزرگ بصورت نشسته تراشیده شده که اطفال آنها محسوب گردیده و بعضاً تصور کرده اند که آنها <نقصانی> میباشند. این مجسمه ها که متصل جدار کبیر در فاصله چهار صد قدمی موقعیت دارند، همه مربوط یک خانواده میباشند که عبارت از

پدر، مادر، و اطفال باشند. باستان شناسان و پژوهشگران در این رابطه متیقین استند که بت های بامیان باید در زمره عجایب هفتگانه به شمار آیند.

بت ۵۳ متری بامیان بزرگترین هیکل بودائی دنیا و بلند ترین مجسمه سنگی جهان است که بشر دیده. بدن این مجسمه ها را قبا و لباس بودائی و همینسان پلک های راهبی که از شانه تا نزدیک بند پوشانیده شده، قات ها، شکن های خم و پیچِ لباس بوضاحت دیده میشود. این قبا ها ملون هم بوده و چنانچه هنوز هم اگر بدقت مشاهده شود دیده میشود که قبای بت پنجاو سه متری سرخ و قبای بت سی و پنج متری اصلاً آبی رنگ و یا کبود به نظر میخورد. (این نگارنده که از معبد های بودائی در نیپال مشاهده کردم رنگ مجسمه های بودا را زرد <لیموئی تیره> و بنفش دیدم). از این مبحث چنین بر میاید که سرخ بت بامیان برنگ لیموِیی یا زرد تیز و خِنک بت بامیان برنگ کبود و یا بنفش منقش شده است، در هنگامیکه مسلمان ها به خراسان کهن آمدند دیدند تندیسه ها در الوان مختلف در انظار شان عجیب آمده و برای شان تأثیر فوق العاده نموده بود که احتمالاً همین تأثیرات و حیران ماندن بدانها باعث گردیده که مجسمه ها را منهدم و نابود نساخته اند. اعراب این بت ها را بنام های <یعوق و یغوث> نامیدند.

در قرن هفتم میلادی (قرن اول هجری) هیوان تسونگ زایر چینی وقتا که از بامیان دیدن کرد، رنگ جلا دار و پُر درخشش مجسمه ها او را به حیرت واداشت. زایر چینی اینگونه فکر میکرد که بدن بت ها از چدن ساخته شده و پارچه چارچه ریخته شده است. که بعد ها حکیم اسدی طوسی نیز در <گرشاسب نامه> ساخت و ریخت تندیسه ها را از آهن دانسته است.

از آهن بُد آن بت معلق بجای　　　همه خانه از سنگ آهن ربای

باید بخاطر داشت که در ساختن بت ها فلزات بکار نرفته و بدن آن از سنگ دانه دار (کونککویرا) تراش یافته ، قات ها و پیچ و تاب قبا ها با پلستر و ریسمان برجسته گی داده شده و روی آنها با رنگ های سرخ و کبود مالیده شده است. (۵)

در <گرشاسب نامه> اسدی طوسی تذکر رفته وقتا گرشاسب شاه به همکاری <مهراج> یکی از سه شاهان هنود که در کابلستان شرقی یا نواحی کنر حکمراوایی داشته، با شکست دادن

<بهو> که در سراندیب فرمان میرانده است شاه شاهان بلخ/سیستان یعنی گرشاسب شاه را در حوضه حکمراوایی خود دعوت میکند تا به پاس شادمانی و فتح با شاه سیستان و کابل جشن برپا سازد.

مهراج شاه، گرشاسب شاه را به هند دعوت میکند تا از عجایبات هند و جزیره ها و بت خانه ها دیدن کند. او به شاهان از بتخانه های معلق توصیف بعمل میآورد که در موقعیت سر راه اش قرار گرفته اند:

هم از ره دگر شهر آمد به پیش   در او نغز بتخانه ز اندازه بیش
یکی بتـــکده در میان ساخته   سر گنبدش بر مــــه افراشته
همه بوم و دیوار او ساده سنگ   تهی پاک ز آرایش و بوی و رنگ
بتـــی ساخته ماه پیکرد روی   برهـــنه ن زر و نه زیور بروی
میان هـــوا ایستاده بـــلند   نه زیرش ستون و نه ز افزار بنـد

در سروده بالا بت هایی که (در میان هوا ایستاده بلند)، عبارت از همین تندیسه های کوهپیکر بامیان اند و بس. برعلاوه بت های ایستاده یی ۵۲ متری و ۳۵ متری، بت های خوابیده ی نیز موجود اند که شمار آنرا سه بت گفته اند که دوی آن ده ده متر ارتفاع دارد و یک بت خوابیده به بلندی شش متر موجود است. بت های خوابیده که از آن یاد گردید تا کنون در افغانستان کشف نگردیده و صرف بت خوابیده در چند صد میلی شمال شرق بامیان بدانسوی جیحون در کشور تاجکستان کشف گردیده است که من شرح آنرا از واشنگتن پست متذکره شده ام. هیوان تسونگ نیز از بت های خوابیده حرف هایی زده است. وقتا که بت های خوابیده بودا ده متر بلندی داشته باشد حتمی است که این بت ها به شکل و شمایل عظیمی به نیرووانا افتیده است. بدین حساب در بامیان دو بودای ایستاده و به تعبیر اسدی طوسی به شکل <معلق> پابرجا اند. با تأسف که بت های ایستاده توسط <طالبان> با بم و باروت از میان برده شد و بت های خوابیده را گفته اند که باد و باران و سیل و طوفان های طبیعی و غیر از میان برده است. این نویسنده را باور بر آنست که تندیسه های خوابیده ی بودا بدان بزرگی و صلابتی را که من تصویر تندیسه تاجیکستان را دیده ام بجز از بم و باروت، طوفان و باد آنرا از میان برده نمی تواند. بناً

آنرا نمیتوان دست برد سیل و طوفان دانست، غیر از آنکه توسط انسان کژ اندیش متلاشی نگردد.

زیرا تندیسه خوابیده کشف شده در تاجیکستان به بلندی نُه متر و درازی چهل و دو فت ما را هوشدار میدهد که تندیسه های خوابیده بامیان نیز به همین شکل و شمایل و بزرگی بت خوابیده تاجیکستان و یا به مراتب بزرگتر از آن بوده باشد. امید روزی به کشف آن نایل آیم و افتخارات هنر و فرهنگ گذشته ما نمایان شود.

بامیان و دره های زیبای آن با داشتن این همه راهب و شمن (دانشمندان آنرا به چندین هزار رسانیده اند) و دوازده هزار سموچ در اطراف جدار های پیکره ها و همینسان با داشتن مکتب های هنری (کندنکاری، مجسمه سازی، نقاشی، نگارگری) یکی از شهر های عجایب عالم وانمود میگردیده. بامیان با داشتن آب و هوای گوارا و مناظر حیرت انگیزش همچون دریاچه هفتگانه بند امیر، اژدهای سرخ در، دره فولادی، دره ککرک و دیگر دره های هول انگیزش با قد و قامت تندیسه های ایستاده اش جا داشته تا جهانگردان عالم به زیارت و عبادت بسوی بامیان گسیل گردند. بت های بامیان زیر رواق های عظیم کوه که پشت آنها به کوه چسپیده است بر دو پا های خود ایستاده اند. رواق هاییکه متصل تندیسه ها قرار گرفته اند با تصاویر بر حسته و منقش از پری ها (ژنی)، رقاصه ها، تحفه دهندگان، موسیقی نوازان، زنان و مردان و راهبان میباشد که بصورت برجسته نگارگری شده است. در مقابل این تندیسه ها دشمنان راهبان با جامه های زرد و موی سر تراشیده بفرمان ایستاده که اسدی طوسی آنرا چنین بیان میکند:

گـــــروهی شمن گرد او انجمن	سه شان تن و دل سیه تر ز تن
گرفته همه لکهن و بسته روی	که و مه زنخ ساده کرده ز موی
چنان بُد مر آن بیرهان را گمان	که است او خدای آمده ز آسمان
فرشتست گردش بپر هر که است	بفرمانش ایستاده ایزد پـرست (٦)

دانشمندان را باور بر آنست که در ساختمان پیکره ها، هیکل تراشان و نقاشان مدت دو صد سال زحمت به خرج داده اند و یا بزبان دیگر بیشتر از دو صد سال را در بر گرفته تا دو پیکر عظیم بامیان با نقش هزاران سموچ در صفحه عمودی کوه تراشیده شود، باستان

شناسان فرانسوی از سال ۱۹۲۵ بدین سو تحقیقات شانرا در باره معابد بودائی و مجسمه ها بعمل آوردند که تا هنوز هم نقاط مهم تاریخی کشف نه شده است. الفرد فوشه دیرینه شناس فرانسوی پس از آنکه موقعیت جدار کبیر بامیان را در سر راه کاروان هند/ بلخ توضیح میدهد، از معبد کهنی که آباد گردیده دندان حیرت میگیرد و میپرسد که آیا این معبد قدیمی بامیان هستهء سائیر عمرانات بوده است؟ و در ضمن یاد آور باید شد معبد که در پای جدار کبیر تعمیر گردیده البته در میان دو پیکرهء عظیم جا داشته و قرار گفته ها که این معبد به بت بزرگ نزدیک تر واقع شده است. اولین معبد بودائی بامیان در قرن اول مسیحی اعمار گردیده که احتمالاً به اساس هدایت کنشکاه کبیر آباد گردیده باشد.

دانشمند دیگر فرانسوی بنام< هاکن> در کتاب خود راجع به آثار بودائی بامیان نوشته هایی دارد و متذکر میشود که زایر چینائی از یک پادشاه قدیمه ی بودائی یاد میکند و اما از او اسم نمی برد و این پادشاه سومین سلسله ی کوشانی است که در زمان او امپراطوری کوشان به اوج قدرت رسید. (۷)

یادداشت ها:

۱. «فرهنگ جهانگیری»، انتشارات دانشگاه مشهد، شماره ۲۷، جلد دوم، چاپ دوم، ص ۱۸۰۸ و جلد اول، صص ۱۰۱۸ و ۱۰۱۹

۲. «فرهنگ معین»، جلد پنجم، ص ۴۸۶. همچنان بنگرید به پاورقی «فرهنگ جهانگیری»، ج ۲ ص ۱۰۱۸

۳. «جغرافیای تاریخی افغانستان»، تألیف استاد حبیبی، چاپ پشاور، ص ۲۶۷

۴. «برهان قاطع»، ابن خلف تبریزی، ص ٦۳۷، به تصحیح محمد عباسی، انتشارات فریدون علمی.

۵. در این باره رجوع کنید به هفته نامه <امید>، منتشره امریکا، شماره ۹۰، جدی سال ۱۳۷۲، نوشته استاد نبی کهزاد.

٦. کتاب <غرغشت یا گرشاسب>، نوشته روانشاد احمد علی کهزاد، چاپ پشاور، سال ۱۳۷۸، صفحه های ۱۸۹-۱۹۳

7. بنگرید به هفته نامه «امید»، نوشته جناب نبی کهزاد، شماره ۱۴٦، ماه دلو سال ۱۳۷۳.

سلسال و شه مامه ، دو همبزم و دو همسنگ

<قامت سلسال و استقامت شه مامه را واژگون کردند> 25 فبروری سال 2001 میلادی

<شه> یا <شاه> واژه فارسی/ دری که بمعنی زمامدار، سلطان، شهریار، صاحب تاج و تخت و هم کسی که بر کشوری پادشاهی کند میباشد. در فرهنگ ها آنرا واژه پهلوی دانسته اند که به نظر من کلمه اوستایی است. <مامه> از <مام> گرفته شده که بمعنی مادر میباشد مام را در عربی والیده و ام خوانند. در بعضی لهجه ها مامه را مامک هم گفته اند. مامه را کتاب <لغات عامیانه فارسی افغانستان> لهجه پنجشیری دانسته که مادر معنی میدهد. به نظر این نویسنده کلمه <مامه> در میان هموطنان <هزاره> بیشتر معمول است که احتمالاً لهجه هزاره گی بوده باشد و کلمه ترکیبی <شاه مامه> یا <شه مامه> که به عنوان ملکه یا شاهدخت First Lady بت بامیان مسمی گردیده شاهد این مدعا و همخوانی به این منطقه دارد.

<سلسال> یا <سلسل> به فتح هر دو سین، آب روان و گوارا و می خوشگوار معنی میدهد. سلسال نام بت بزرگ بامیان است. (۱) <سلسال> نام بت بزرگ پنجاه و سه متری بامیان که رنگ آن زرد و طلایی بود

<شه مامه> بت سی و پنج متری است که در جوار بت بزرگ برنگ بنفش نگارگری داشت

در قلب خراسان پار و افغانستان امروز، در ارتفاعات هندوکش کبیر و دامنه های بابا کوه، دو خانواده کیانی در همسایگی هم سردمدار و سرکار دار بوده اند. یکی در بامیان و دیگری در بند امیر فرمان میراندند. شاه بامیان را که <شیر> نیز گفته اند، پسری داشته رزمنده و پهلوان و شمشیر زن زمان. پسر شیر بامیان را <سلسال> نامند که در نیرومندی، اسپ سواری، تیر اندازی سرآمد روزگار بوده است. سلسال پسر جهان پهلوان بامیان است. جهان پهلوانی که <شیر> لقب دارد و شیر میکُشد.

در جوار حکمروایی بامیان، امیر نشینی بوده که حکمدار <بند امیر> است. امیر بند امیر دختری دارد بنام <شه مامه> که در زیبایی و نازکخیالی و خرامنده گی در جهان مانند ندارد.

سلسال پسر جهان پهلوان بامیان تهمتنی بوده است همچون رستم. همانگونه که رستم از مادر کابلی، پدر زابلی بدنیا آمده و همسر سمنگانی داشته، صاف و پاک فرزند آریانای کهن

است. سلسال نیز مانند رستم مال اصیل و تهم تن برازنده همین مرز و بوم است. سلسال در دلیری مانند رستم هفت خوان رزمنده گی را گذشتانده و اژدها را سر بریده و پلنگان میهنش را نابود ساخته و در مسایل اجتماعی مردمش یاری داده و در مردانگی و داد دست توانا و دیده بینا دارد. پایمردی سلسال در بند ساختن آب های بامیان و جلوگیری از سیل ها سهمناک زبانزد خاص و عام است.

او در ساختن بند ها و سدها و نگهبانی آب ها سهیم است نگذاشته که یرغلچیان و تاراجگران بیگانه آب های صاف و زلالین بامیان را آلوده گردانند. او مانند رستم پاسدار و حمایتگر سرزمینش بوده و دلیر مردی که همه ای آداب و رسم های رزمنده گی و سلحشوری را آموخته و بدین سان از آداب اخلاق نیز بهره مند شده است. او شهزاده ایست که هم اخلاق درباری دارد و هم آداب پهلوانی.

سلسال قامت بلند دارد و برایش زیبنده است. قامتی رسا، که از سر و صورت اش صولت شاهی و بزرگمنشی نمودار است. لباس های شاهی اش همچون راجا های هندوستان فاخر، با آستری چون زُهبان رومیان، و مانند بلخیان دامن کشال دارد. سلسال از فر شاهی و دبدبه فرماندهی آراسته است. البسهء روحانی زرین به تن دارد و در رواق بلند صخره کوه بامیان بر سریر شاهی لم داده است. درخشش لباس طلایی اش از دور دست ها مشعشع به نظر میرسد.

طوریکه گفته آمد در آن دور دست ها، امیر نشین دیگری است که آب از عین رودبار مینوشد و تخت و بختش در همین کوهسار سر بفلک کشیده قامت کشیده است. امیری است نام آور و زروگیر بند امیر که گِره های بند های آب منطقه را بدست دارد. او امیر <بند امیر> است. امیر بند امیر تیولدار هفت بند است که آب های شفاف و خروشنده دره ها بدان سرازیر میشود. او پاسدار هفت بند و هفت آب و هفت دره است. امیر بند امیر از بند هایی چون **بند غلامان، بند پنیر، بند قنبر، بند هیبت، بند پودینه، بند ذولفقار** (*) که مانند زنجیر بهم پیوسته اند و بفاصله هفتاد و پنج کیلومتری غرب بامیان موقعیت دارند مواظبت و نگهداری میکند. امیریست که قلب آب های کوه های بلند را بدست دارد، و راز سرچشمه نهر ها را بخاطر. او مهار کننده آب ها و بند ها در <دره بند امیر> است. اگر مردمان بامیان میخواهند از آب های زلالین استفاده ببرند حتمی است که

با امیر بند ها سر سازش و مدارا داشته باشند. زیرا او راز سرچشمه های حضر سبز پوش را بدست دارد و تیولدار بند ها است. آب بند است که حیات آدمی بدان وابسته و امیر بند امیر میراب آن.

امیر بند امیر دختری دارد بنام <شاه ماه>. دختر زیبا صورتی که مردان قچاق تن دره های بامیان و دره زیبای بند امیر را کباب کرده. او از ناز و نعمت برخوردار و از صولت و کرامت شاهی و امیری سیراب و دختری است که مردان و سلحشوران از هر کناره و هر دره خواستگار آنند تا بتوانند بوصال شه ماه طناز روی و خوش خوی که گره های محبت و عشق در بند دل می بندد برسند. شه ماه جادو گریست آراسته با زیبایی و به قامت سفیدار های روستایی و چشمان شهلاء و گیرنده بامیانی که زلف مشکین و خوشبویی عنبرین و جلد اسمرین دارد. او با لباس زیبای حریر بنفش با وقار و وجاهت شاهدختی اش بدربار امیر بند امیر زانو میزند و کنیزکان نیکو سیر و غلامان زیرن کمر در خدمت او صف کشیده اند. او با ناز و خرام ملوکانه در پهلوی پدر مینشیند و امیر بند های آب، دست های مهر آگین بسوی دخترش دراز مینماید و برای دختر طرازش تازه گی و شادابی حیات آرزو میکند. امیر آب های بامیان آرزو دارد تا دخترش بخانه ناز و کاشانه بخت برود.

زیبایی خیره کننده شه ماه ملکه سبا را میشرماند، به تازه گی و طراوت، دخت شغنان را سلام میگوید. شاهدخت بامیان خنده های نمکین و لب های قندین دارد که <قندک امام جان> را زیر دست میگیرد.

آن کود نمک مهر وشی چـــشم کبودی   شرین و شکر خربوزه ی قند امامی

روز های پیوسته گی و وصال میرسد. آوازه و شهرت شاهدخت امیر بند امیر به دره ها و کوه ها شهر ها میپیچد. مردان تنومند و رزمنده و کاردان هر کدام از هر جانب دل در گره مهر شاهدخت بند آب ها میبندند. زیبایی خیره کننده شاهدخت بند امیر زبانزد مردم است. هر یک از مردان و جوانان که خود را در کفو شاهدخت میپندارند دست و پا میزنند و در پی وصال مهر آگین دختر امیر عزم و جزم میکنند. در این میان تهمتنی از نبار رستم دستان و از سلاله شاه بامیان در گشت و گزاری بدانسوی آب ها و دره ها چشمش به دختر تناز و گل اندام می افتد. سلسال در سلسله کوه های هندوکش در عمق دره ها

به شکار کبک خوش خرام میرود. ناگاه چشمانش به دختر زیبا روی می افتد که خرامش کبک دره ها را میشرماند. شکارچی کبک، با یک نگاه گلچهره، شکار کبک دره از یادش میرود. دیدش به صید آهو چشمی می افتد که غزالان مارخوار هندوکش را میشرماند. سلسال با دیدن شاه مامه که به آب تنی آب زلالین بر آمده بود، دل از دلخانه اش جدا میگردد و یک دل نه که صد دل دلبستهء مهر دختر امیر بند امیر میشود. سلسال به یک نگاه، به نگارگر طبیعت و جمال آفریده دهر انگشت در دهان میگزد و مفتون قد و بالای شه مامه میگردد. او بدین اندیشه است که چگونه کبک خوش خرام امیر بند امیر را شکار کند. اگر مجنون صحرا گرد بود، او مرد کوه و کوهپایه است. کوهنوردی که راه های دشوار گزار دره ها را طی میکند تا کبکی گیرش آید و یا آهویی بدستش بیافتد. او در این اندیشه دره های استوار و سرسبز دره بند امیر را که آب های کبود دارد در مینورد. او به بهانه شکار در پی دختری است که چشمان کبود دارد و لباس حریر لاجوردین که گاهگاهی در <بند ذوالفقار> آب تنی میکند.

سلسال عاشق دختر کبود چشم بند ها میگردد، کبود چشمی به کبودی عمق آب ها مانند است. عطر دلاویز پودینه های وحشی که به دور و بر بند <پودینه> میروید دل از دلخانه اش میبرد. سلسال نمیخواهد عشق آتشین اش را که کبک زرین چشم کبود، او را محو جمالش کرده پنهان سازد.

سلسال مطلب دل را فاش میکند و عشق را پنهانی جلوه گر نمیسازد. هرگاه آدمی نزد عشق ببازد، پروانه یی میشود سوزنده در آتش عشق دلبر به دل می نشیند و شور دل شعله ور میگردد. عشق تن تنی به عشق ماورای جان و تن پیوست میگیرد. یا بزبان دیگر عشق فزیکی به عشق میتافزیکی گرایش پیدا مینماید. عشق الانسان سلم عشق الرحمن، عشقی که خداگونه میشود... فقه یی بود آتشین خوی که هر کجا زیبا رویی را میدید بخاک می افتید و پروردگار را ستایش میکرد. سلسال با دیدن الهه آب های بند امیر به خاک سجده میکند و شکر گزار یک لحظه ی دیدار میشود.

آوازه دلداده گی و عشق سلسال به شه مامه در اطراف و اکناف عالم پیچید. عاشقان سینه چاک عالم، عاشقان اسطوره و تاریخ سوزنده و سازنده بوده اند و پیامد بیشترین شان دل مرده گی و غمزده گی و افسرده گی خاطر که سرانجام شکست بوده است و مرگ در

روند عشق، یکی در آتش نمرودی میسوزد، دیگری در ژرفای دریا ها غوطه ور میشود. یکی در صحرای سوزان میمیرد، دیگری در سیه چال های هول انگیز جان میدهد. یکی در گرمابه داغ بخون شط میزند و دیگری در زندان مخوف شاه ظالم می پوسد. یکی میمیرد و دیگری سنگ میشود. سلسال نیز در این راه به شکست و پیروزی تن میدهد و پیش آمد های ناهنجار و پر دشوار را بجان می پذیرد.

خبر چینان پژواک عشق و مهر سلسال را با شه مامه در آنسوی بامیان و به کرانه های رود های مقدس پاشیدند. از هندوستان تا ترکستان، از بلورستان تا بلوچستان، از سراشیبی آمو رود تا لبه های هیرمند و هریرود، پیک های تیزگام خبر کشیدند و طبل عشق سلسال، شاه مرد بامیان و تهمتن زمانه عاشق شاه مامه است. او در مبارزات و جنگ افروزیها دل فیل دارد، اما در مقابل عشق شه مامه دل گنجشک. در دلاوری هایش هفت خوان رستم را میگذرد، اما در عشق شه مامه از یک بند دل گزار کرده نمی تواند.

همبستگان سلسال دانستند که جهان پهلوان دل بدریا زده و مهر دختر امیر بند ها را به دل گرفته و خواهان آنست تا طلایه دار قچاق تنان و دلاوران دره ها شده از دختر امیر بند امیر خواستگاری کند. خواستگاران با دل های امیدوار و شادی آفرین به امید وصال دو خانواده شهیر و نام آور داخل معرکه شده صف صف شاهراه های طبیعی را طی میکردند تا جهان پهلوانی را که غلام گیر بود به غلامی امیر بند امیر بسپارند.

امیر بند امیر با آمد و رفت خواستگاران وقعی نمی گذاشت و سلسال را به <غلامی> (**) نمی پذیرفت که علت اش را کسی نمی دانست. خواستگاران روز ها و شب ها در این باره با همبستگان سلسال اندیشه داشتند و اینکه امیر بند ها بدین کار راضی نمیشود دل تنگ بودند و چاره کار را نمی دانستند. سرانجام پس از خواستگاری های مکرر، امیر بند امیر راضی شد تا به خواست خواستگاران لبیک بگوید بدان شرط که سلسال از بعضی برنامه های یادداشت شده امیر بند ها بخوبی بگذرد و شرایط دشوار هفت خوان رستم را بپذیرد. با اجرای عملی این شرایط امیر راضی میگردد تا شه مامه را به سلسال نامزد نماید. جهان پهلوان بامیان از رمز و راز محیطی بامیان و بند های آب بخوبی واقف است. او در هر شرایط نمیگزارد تا سرزمینش مورد آزار و اذیت قرار گیرد. او حاضر است تا به خواسته های

امیر بند امیر تن بدهد و با صداقت و ایمانداری در اجرای آن بکوشد. شرط ها اینگونه وانمود گردیده:

- بند نهادن بالای دریا تا آب ذخیره شده و مردم بامیان از خشک سالی در امان باشند.
- نابود ساختن اژدهای دوسره که چهل دختر بی گناه را با نفس های آتشینش نابود ساخته
- از میان بردن حیوانات وحشی مانند پلنگ ها و گرگ ها

سلسال مدت سه سال مبارزه بی امان کرد تا شراط های امیر بند امیر را بر آورده سازد. او در این راه به کار های دسته جمعی روی آورده سدی در راه سیل های خروشان و مخرب کشید تا از خرابی کشت و کشتزار ها جلوگیری بعمل آید. جهان دیده روزگار با شمشیر آخته و آب دیده فولادین <دره فولادین> و قمه های آهنین <دره آهنگری> اژدهای دوسره را سربرید و پلنگان درنده را از پای در آورد. آوازه کار های سهمگین و شاقه شهزاده سلسال که در این راه موفق بدر آمده در سراسر بامیان زمین پیچید و پیام های فراوان بسوی دره ها گسیل شد تا مردم از شهکاری های رزمنده بامیان آگاه شوند. همهمه بُرد شرط و پیروزی سلسال سراسر قلمرو بامیان و بند امیر را فرا گرفت.

پس از این در شهر و روستا ها و دامنه های کوهساران غلغله افتید و باد های بهاری ره آورد مبارکبادی را به هر طرف پراگند و خلایق برای برگزاری مراسم عروسی کمر خدمت بستند. شهر ها را آیینه بندان گردند، به <شهر غلغله> غریو بزرگ برپا شد و غلغله شهر تا دور دست ها رسید. <شهر ضحاک> که روزگاری با اژدها دوسره سر سازش داشت نیز در قدوم مبارک شاه و عروس بیرق های دوستی و مؤدت را آویخته اند تا از دو شهزاده و شاهدخت منطقه پذیرایی کنند. در این جشن شادسانی حتمی است همه با دل پاک و ایمان راستین سهیم شوند و خوشی کنند زیرا سلسال با آنکه پهلوان برازنده است، دارای فر انسانی و اخلاق نیز است. سلسال روحانی بزرگ که مردم به قدسیت وی ایمان دراند. بدین سان شه مامه نیز الهه ای است به پاکی آب های کف آلود بند ها، به ساده گی دختران روستا های دره ها، خرامش چون کبک زرین، قامتش چون کوه سنگین است. همانسان که <اناهیتا> الهه آب های <هیرمند> است. <شه مامه> نیز الهه آب های <بند امیر> است.

شامامه قدیسه ایست مادینه پاشیده با عطر گلهای پودینه. الهه ایست زیبا که شهره خوش صورتی اش در اوج کمال رسیده که در پاکیزه گی ابر های بلند کوهسار و پاکدامنی آب های زولالین دره ها را میماند.

دانشمندان، روحانیون، عالمان، هواخواهان، پیشوایان قوم و سرلشکریان شهر ها اندیشه کردند که داماد و عروس که محبوب همه اند، برعلاوه عروسی شاندار، باید برای شان جایگاه خاصی تعین شود که در گزار تاریخ بیادگار بماند و از گزند روزگار در امان. همه با هم دست یاری داده و در این راستا از هنر آفرینان منطقه و خارج مرز دعوت کردند که برای عروس و داماد ، دو تختگاه، دو رواق و یا دو سریرگاه بسازند تا خلایق از دیدن شان به وجد آیند و همه برای مبارکبادی شان دست دعا دراز کنند و با خلوص خاص به پای تخت گاه درود و نماز گزارند.

هزار ها هنرمند، سنگتراش، نگارگر، نقاش، صورتگر، بران شدند تا دست بکار خیر بزنند و برای دو دلداده زمانه که صیت آوازه و شهرت زیبایی و تنومندی شان از کران تا کران پیچیده دو یادگار درست کنند. یادگاری باشد که روز ها بگذرد، ماه ها پشت سر آید، سالها هنگامه کند، کاروان سده ها فرسخ های هزاره را طی کند، بلاخره هزاره ها از بام تاریخ بگذرد، این یادگار شاه و شاه مامه در دل کوه های بامیان جاویدان بماند. تا ابد الاباد!!

به موافقت و پیشنهاد شهریان بامیان و خلق های بند امیر دو یادگار، دو شهکار و دو تختگاه برای شاهدخت ارزنده و شهریار رزمنده آباد گردید. تختی به استواری و برازنده گی <تخت رستم> و رواقی به روانی رواق نوح Noah Arch از سنگ شاه مقصودان در دل کوهستان حک گردید که تو گویی تاریخ همچو سریرگاهی را در اوراق زرینش بیادگار نداشته است.

فصل بهار است، شکوهمندی بهار که دره های زیبای بامیانرا طراوت بخشیده و از هر طرف سرور و شادمانی برگزاری جشن عروسی که با پیامد بهار همخوانی دارد بزیبایی و برازنده گی این محفل شکوهمند افزوده است. فصل بهار آغاز گر مهر و همبستگی است. بهار با نسیم دالاویزش و عطر خوش پودینه ها از کناره های <بند پودینه> فضای پهناور

بامیان را عطر آگین ساخته، که ره آورد بهار پیام خویشاوندی دو خاندان است که از دودمان کیانی سر بر آورده اند. ماه حمل آغازین فصل نمادین بهار است که سراسر دره ها دامن سبز پوشیده اند، پنداری که خضر سبز پوش آمده است. فصل خرمی و شادمانی که تو رقص ماهیان خالدار بند ها را مینگری، کبک های خوش الحان دره ها مغرورانه از سر صخره ها بسوی دره ها می آیند تا بنگرند که در آنسوی دره ها چه هنگامه برپا است. رامشگران و هنرمندان از هر طرف بسوی بامیان با کاروان ساز و سرود روی آورده اند. دانایان و ریشی های روحانی برای حل و عقد و مراسم دینی وصلت پذیری و ایجاب و قبول به دعا و پناه مشغول اند. رهبان و راهبه ها با قامت های میانه قامت کشیده اند. دختران سبزینه پوش با حمایل زرین خواسته اند که پا به پای شاه و شاه مامه در حرکت افتند و با دسته گلهای کوهی قدوم عروس و داماد را گلباران کنند. دوشیزگان سزینه پوش دست به گل، خواسته اند تا در مراسم <**آهسته برو**> سهم بگیرند.

شیرماهیان از کناره های رود ها بسوی بند ها خیزک دارند تا خود را به بند ها برسانند و نظاره گر شادی ها و خرمی ها باشند. پلنگان وحشیان کوه و کمر از خوی درنده گی کنار آمده تا در پیمان عهد مؤدت و عقد وصلتِ دو دلدارِ وطندار، پیمان صلح بسته باشند. غزالان با شاخ های قهوه یی زنگ از عمق دره ها بسوی وادی ها غزل خوان سرود مخوانند. در این محفل شاد تو گویی سنگ ها و صخره ها آب میشوند و آب ها رقصان میگردند. فضای پهناور بامیان زمین با ابر های بهاری با حجم بزرگی از پنبه سپید پراگنده شده برسم احترام بدامنه های کوه فرود آمده اند و گویی فرمان گرفته اند تا شاهراه های بامیان را آب پاشی بدارند. عجب هنگامه ایست، بهار با خرمی اش، گلهای کوهی برنگ های زیبا، گُل <مامه چوچوک> که به آرزوی دیدار <شه مامه> قد بلندک میکند از هر طرف سرکشیده. گل پودینه های وحشی از کناره های < بند پودینه> قد بلندگ کرده اند. سر بر آوردن سبزه های بهاری با آهنگ چیگ چیگ گنجشک های صحرایی همخوانی دارد. میگویی همه چیز جان گرفته اند. از دل هر سنگ صدا میخیزد و از رگه هر برگ جهش، و از حنجره هر مرغ آوازی بلند میشود. همهمه و غلغله از < شهر غلغله> آغازید و به دره های آقرباط، فولادی، آهنگران، سوماره، ککرک، ضحاک و گالو سرکشیده. از آن دور تر ها طبل شادی به مرز های باکتریا، تخارستان، زابلستان، کابلستان، بلورستان و هندوستان

رسیده. رهبان و راهبه ها از جانب فغفور های چین و ماچین بسوی بامیان گسیل شدند. و دیگر کشور های دور در این مراسم با فرستادن ایلچی ها و ریشی ها بسنده کردند، ایلچی ها با تحایف گرانبها و ریشی ها با دعا پناه بدرگاه <سید هارتهای بودا> به مراسم رنگ و رخ دادند.

خورشید با همه درخشش اش بسوی مغرب ناپدید میگردد. شب فرا میرسد. خاموشی فضای پهناور بامیان را فرا گرفته و همه با خاطر آسوده بخواب رفته اند. خلایق این شب را شب یلدا میدانند که فردا با فجر صبح هنگامه میآغازد. شبی که فرجامش جهان خوشی ها است. شبی که میر شب فرمان دار مرغابیان را نمی فرستد. شبی که آدم ها از هول و وحشت گرگ ها دلهره ندارند و سگ های رمه ها از صدا خاموش اند، خزنده گان شبگرد نیز در این شب دراز دامن نمیخزند. شبی که همه بخواب ناز رفته اند و پنداری که دره های بامیان را سکوت مطلق فرا گرفته است.

در هنگامیکه قرص زرین خورشید سر از چکاد هندوکش کبیر سر میکشد و بعد اشعه طلایی اش کرانه های آب های کبود بند های امیر را فرا میگیرد خلایق صبحگاهان با خواب های خوش بر میخیزند و همه بیک هدف روز را شادی کنان میآغازند که امروز جشن نوروز و شادی آفرین و جشن عروسی دو همبزم و دو همسنگ است.

هنر آفرینان رواق های شاه و ملکه را آماده دارند. رواق و یا تختگاه سلسال به بلندای پنجاه و دو متر و تختگاه شاه مامه به قامت سی و پنج متر قد کشیده اند. رواق ها مزین با هنرمندی های بوقلمون و ملبس با حریر و ابریشم و یشم. بامدادان عروس و داماد با جامه های شاهی آراسته گردیده اند. فضا را عود پیچیده و هوا را عطر شگوفه های بادام، بوی گل سنجد، بوی همیشگی پودینه که نسیم پگاهی آنرا نثار قدم های شاه و عروس میسازد به مشام میرسد. چکاچک بهم خوردن سفیداران و صدای کبک های مستان دره ها بگوش میرسد.

رهبان و راهبه های ماچینی، دانایان و ریشی های هندی، سپهبدان بادغیسی، سرلشکریان باختری، چاپ اندازان گوزگانانی، دهگانان ماورألنهری، کاردانان تخاری و پهلوانان سمنگانی همه در جا های معین صف کشیده اند.

رایت شاهی سلسال و شاه مامه بر افراشته شده سرود های شادی آفرین از دست هنر آفرینان چیره دست طنین انداز است. شهر و دیار سراسر آذین بندان شده و فتیله های چراغ های جاده روشن است. در هر کنج شهر مشعل ها و فانوس های بلند بزیبایی شهر افزوده اند. همه ورود شاه و ملکه روزگار را لحظه به لحظه می شمارند تا با دیدن شه مامه و سلسال که خرامان خرامان از قصر های سنگی شان بسوی تختگاه می آیند مشاهده کنند. سلسال به هیبت کوهی، شه مامه با هیئت مَلَکی جاده های تزیین یافته را طی میکند و آهسته آهسته بسوی تختگاه با سرود ها و رژه ها و مارش های نظامی و هورای مذهبی در حرکت اند.

تختگاه سلسال رنگ زرین دارد و تختگاه شاه مامه برنگ بنفش مزین شده و بر روی رواق سلسال پرده یی از ابریشم گلنار آویزان است. بدین سان بر روی رواق شه مامه پرده یی از حریر سبز آویخته اند.

شاه و شاه مامه در رواق های معین شان قرار گرفته اند. شاه و شاه مامه برسم احترام خلایق ایستاده اند و بر روی شان پرده های حریر کشیده شده است. پرده های حریر سبز و گلنار که درست رسم <آیینه مصحف> را تداعی میکند. مهمانان، همشهریان، بامیانیان، کوه مردان، خردان، بزرگان، دختران، زنان و همه بیصبرانه منظر دیدار شاه و عروس اند.. انتظار دو دلداده، انتظار نوری که از پس پرده نمایان میشود، انتظار جهان پهلوان بامیان و الهه زیبای بند ها، انتظار شاه و شه مامه. در این انتظار، شهر چنین جمعیت را هرگز ندیده بود. گروه بیشساری از نژاد ها و تبار های مختلف و چهره های گوناگون. بلند قامتان گردیزی، سبز نگاهان بلوری ، میانه قد های تبتی، تنگ چشمان چینی، سفید چهره گان بدخشی، خوش صورتان شغنانی، باریک اندامانِ بلوچی، اکه های تخاری، مشکین موی های هندی، قلپاق پوشان کندزی، دره گردان اندرابی، چاپ اندازان گوزگانی، چالاکمردان لغمانی، کوهمردان اروزگانی، اسمرجلدان ننگرهاری همه خواسته اند تا خاطره هایی از این جشن عروسی داشته باشند.

ناگهان آوازی سر میکشد که انعکاس آن به دره ها میپیچد و همه میدانند که این صدا، صدای معمولی نبوده است، آوازی که نوید درخشش پدیدار شدن شاه و شاه مامه را برملا میسازد. در شهر هنگامه برپا میشود و همه از خوشحالی از جا ها میخیزند و به دعا

و درود میپردازند و اشک های شادمانی در گونه های تماشاچیان دیده میشود. در این هنگام است که روحانی خاص پرده گلگونه را از روی رواق های عروس و داماد بر میکشند.

هزاران دل که در انتظار می تپد، هزاران چشم که در اشتیاق میماند، هزاران دست بدرگاه ایزد برسم دعا بلند میشود، هزاران سپاه شاهی که برسم تعظیم شمشیر ها را از غلاف ها بدر میکشند، هزار ها رامشگر و رقاص پایکوبی شان کوه را از جا میکنند، هزاران راهب و راهبه به سجده می افتند... که ناگاه (۲)

سکوت حیرت آفرین

دهشت مرگ آور

روان دره را می آزارد

هردو دلداده، هردو همراز، هردو شهزاده، هردو عاشق، هردو دوست.. **سنگ شده بودند**

سنگ

سنگ

همه چیز سنگ بود و بس .. سنگ نماد عشق است و معبد پرستش. خلایق بدین دو دلداده سنگی سجده کردند و دو دلداده تندیسه های سنگی شدند و با قامت استوار، سده ها، هزاره ها.. در بامیان معبد گاه زمان باقی ماندند..!

یادداشت ها:

۱. کتاب < لغات عامیانه فارسی افغانستان>، نوشته عبدالله افغانی نویس، چاپ دوم، ۱۹۹۸، صفحه ۵۲۸

۲. «فرهنگ عمید»، جلد دوم، تهران، سال ۱۳۶۴،صفحه ۱۲۸۰ / و «برهان قاطع»، با تصحیح محمد عباسی، صفحه ۱۰۵۸

(*) در گذشته های دور بند امیر را گفته اند که دارای هفت بند بوده و با گسسته گردیدن و لغزش و فرسایش سنگ ها و خاک ها بند هفتم از میان رفته است. من از شش بند نام گرفته ام که از هفت آن انکار نمیتوانیم..

(**) <غلامی> : از گذشته های بسیار دور رسم بر آن بوده است که در هنگام خواستگاری، اقوام پسر وقتا که نزد پدر و دیگر وابستگان دختر به خواستگاری میرفتند. خواستگاران اندیشه <غلامی> معمولاً مرد ها اند که نزد پدر دختر میروند و عبارت از پدر پسر، کاکا، ماما و بعضی خویشان و نزدیکان بزرگ خانواده اند. این خواستگاران از پسر شان (داماد) تعریف هایی مینمایند و در ضمن همبستگی و خویشی این جمله را نیز یاد میدارند که : <فرزند ما را به غلامی تان بپذیرید> که همین رسم و رواج تا هنوز هم پا برجاست.

1.

شیران بامیان

<شیران> در واژه و اسطوره: کتاب حدود العالم پادشاه بامیان را <شیر> نامیده است کلمه شیر به یای مجهول در دری بمعنی حیوان درنده است که همه با نام آن آشنایی داریم. چون مهاجمین عرب داخل خراسان گردیدند با شاهان و زمامدارانِ روبرو شدند که همچون <شیر> در مقابل شان ایستادگی و مقاومت کردند که جا داشته آنها را <شیر> خطاب کنند. یعقوبی مؤرخ عرب گوید که در بامیان مرد دهقانی حکم میراند که او را <اسد> و در فارسی/دری <شیر> گویند. شیر بامیان (شاه بامیان) بدست مزاحم بن بسطام در ایام منصور خلیفه مسلمان شد. مزاحم بن بسطام دختر شیر بامیان را برای پسرش محمد بن مزاحم بزنی گرفت. اما قرار تحقیقات و بررسی های زبانشناسی کلمه های <شیر> و <شار> که با شاه و شهر همریشه است از کلمهء کهن آریائی <کشتریه> آمده که آنهم همان شاه و حکمدار میباشد. کرستن سین دانشمند دنمارکی شار/شیر و شهرک را کلمه اوستائی دانسته از اصل خشی و خشترایا که معنی امیر و شاه را دارد گرفته است. در جغرافیای قدیم در باره کوست خراسان از شیری بامیکان ذکر بعمل آمده است. با رسیدن فاتحان اسلامی در افغانستان، پادشاه بامیان که <شیر> لقب داشت در حدود سال ۱۵۰

هجری مسلمان شد و به اساس آیین اسلامی رسم بت پرستی و بت سازی از بامیان برچیده شده و شیر بامیان از لشکر اسلام استقبال کرد و با اعراب خویشی کرد.

احمد بن ابی یعقوب معروف به ابن واضح یعقوبی (۲۹۲ هجری) تشریح میدارد که خلیفه عباسی المهدی بعد از سال ۱۶۳ هجری در جمله ملوک دیگر شیر بامیان را به اطاعت خویش خواسته و رسولی را پیش او فرستاده بود. همچنان یعقوبی مینگارد که فضل بن یحی برمکی در عهد هارون الرشید خلیفه عباسی بر خراسان والی مقرر گردید (۱۷۶ هجری) فضل برمکی ابراهیم بن جبرئیل را با لشکر عظیم بسوی کابل روانه کرد که در میان شان ملوک و دهاقین بزرگ تخارستان و شخصی بنام حسن که شیر بامیان نیز همراه بوده فرستاد. این حسن همان کسی است که در غوربند شکست خورد و بعد ها فضل برمکی او را واپس شیر بامیان ساخت.

مسعودی و گردیزی از یک ملک هند بنام <شیرمه> یاد میکند که در تاریخ هند از شیرمه بنام شاه هندوستان یاد نشده است نام شیرمه در شاهنامه فردوسی و دیگر کتب دری شنگل تذکر یافته که پادشاه هند باشد و گویند که بهرام کور نزد شیرمه (شاه بزرگ بامیان) ویا به تذکر شاهنامه <شنگل شاه>، دختر خود را که اسپینود نام داشت به بهرام کور بزنی داد که فردوسی در شاهنامه گوید:

بدو داد شنگل سپینود را		چو سرو سهی شمع بی دود را

در اصل شیر لقب ملوک بامیان است که در عصر پیش از اسلام و اوائل اسلامی بامیان و نواحی آنرا فُرضه هند میشمردند. شعرا نیز از شیر و شار و شاری در چکامه های شان یاد کرده اند:

پیش از همه شاهانست در ماضی و مستقبل

بیش از همه شیرانست در شیری و در شاری

(منوچهری دامغانی)

همانگونه که در بامیان <شیران> حکومت میکردند در غرجستان <شاران> به مقام شاهی دست داشتند. حکیم ناصر خسرو بلخی/ یمگانی از دست غزان و ترکان بستوه آمده و به خراسانیان خطاب کرده میگوید:

بـــلا روید نبات انـــدر زمینی   که اهلش قوم ها مانند و قارون

نبات پربلا <غز> است و <قبچاق>   که رستستند بر اطراف جیحـــون

مینگرید که سرزمین حکیم زمانه را بجای گیاه <نبات> گیاه هرزه <غز> و <قبچاق> تسخیر کرده است. این زمانیست که غز ها و ترک ها سرزمین شاداب و خسروانی سلاله غزنوی را دارند واژگونه میدارند و حکیم ناصر خسرو جلال جبروت دوره فریغونیان گوزگانان و صلابت و دبدبه امپراطوران غزنه به افسوس می نشیند و میگوید:

به ملک ترک چرا غره اید یاد کنید   جلال و دولت محمود زاولستان را

کجاست آنکه فریغونیان ز هیبت او   ز دست خویش بدادند گوزگانان را

زمانیکه فریغونیان با شأن و شوکت و صولت پادشاهی حیات بسر میبردند. علم و ادب و وارستگی و امن و سلامت بر مردم استوار بود. در این دوره است که کتاب سترگ <حدود العالم> در سال ۳۷۲ بزبان ناب فارسی/دری برشته تحریر میآید. حکیم زمانه ما برعلاوه اینکه افسوس سلاله فریغونیان و غزنویان را میخورد دلش بسوی دودمان های مرکزی و کوهستانی خراسان که عبارتند از <شیران بامیان> <شاران غرجستان> نیز میسوزد و آه از دل بیرون میکشد و چنین سروده میسازد:

مر طغرل ترکمان و جعفری را   با بخت نبود و با مهی کاری

اســتاده بُدی به بامیان شـــیری   بنشسته بعزد و بشین شاری

از این بیت بر میاید که در بامیان شیر ایستاده بود و در بشین (پایتخت غرجستان) شار بر تخت نشسته، و ازین بحث بر میاید شیرمه که به قول گردیزی ملک هند بود همین شیر بامیان است، چه <مه> به کسر اول معنی بزرگ و عظیم باشد.

(مِه برخلاف کِه میباشد. <مِه> بمعنی بزرگ و <کِه> بمعنی کوچک و خرد باشد. گفته اند انسان را <کِه جهان > دانسته و عالم را <مِه جهان> یاد کرده اند _ کلمه ترکیبی <شیرمه> احتمال معنی <شاه بزرگ> را داشته باشد)

در کتاب سیرالملوک خواجه نظام الملک طوسی گوید: «و این امیر بامیان آن است که او را شیر باریک گفتندی» شیران بامیان از سلسله شاهان کوشانی و از بقایای یفتلی ها (هفتالی) اند که در بامیان حکمروائی داشته و به کیش بودائی معتقد بوده اند. (۱)

شیرمه مراد از شاه بزرگ و شاه کبیر معنی میدهد.

شیر باریک (امیر یا پادشاه که ساحه حکمروایی قلمرو آن کوچک باشد_ احتمالاً بنام <شیرکِه> یا شیر کوچک

شیر لباده (لقب لیث بن علی پادشاه صفاری سیستان)

شیرشاه (شیر شاه سوری _شاه بزرگ افاغنه در کشور هند)

شیر کشور (لقب پادشاه قراجور بن پیغور در ماورأالنهر)

شیر بامیان (لقب شاه بامیان)

یادداشت ها:

درباره شیرمه و شیر بامیان بنگرید :

۱. کتاب «تاریخ گردیزی»، حدود سالهای ۴۴۲ - ۴۴۳، به تصحیح عبدالحی حبیبی، چاپ تهران، سال ۱۳۶۳، صفحه های ٦٥٧_٦٦٠

۲. کتاب «جغرافیای تاریخی افغانستان» تألیف عبدالحی حبیبی، چاپ پشاور، طبع دوم، سال ۱۳۷۸، و همچنان «بامیان و شیران در لغت و تاریخ»، صفحه های ۲۶۴ - ۲۷۲

هزاره ها و هزاره جات

چند بُعد تاریخی است که هزاره جات را معروف و مشهور ساخته است. موقعیت هزاره جات در دِل کوه های هندوکش، دره های زیبای آن، سرزمین استراتیژیکی بلند و پُر اهمیت جغرافیائی، استواری آب های لاجوردین بند امیر، موجودیت تندیسه های بامیان، طبیعت استوار و آب های بلورین آن و همچنان معبرگاه و گذرگاه زائیرین و جهانکشایان بوده است. هزار، هزاره جات نام های اخیری است که این سرزمین هزار واژه و هزار سموچه (سموچ) بدان معروف گشته است. از دیدگاه این قلم، تنها این سرزمین جایگاه هزار لشکر و هزار اردلی نبوده، بلکه در انجا هزار بُت و بتخانه و هزار سموچ و معبد و یا هزار راهب و کاهن موجود بوده است. احتمال آن هم میرود که در هزاره جات هزاران بلبل هزاردستان و یا <هزار آوا> در کناره های هندوکش به آواز در آیند و غزلخوانی کنند (در لغت واژه هزار دستان به عندلیب گفته میشود) در بعضی نوشته ها چنین آمده است که <هزاره جات> منطقه ی که در زمان چنگیزیان عساکر به <هزار> تقسیمبندی میگردیدند یک دسته ی از این هزار نفر عسکر به هزاره جات امروزی در کوهپایه های هندوکش گسیل شده و یا پناه جسته، و یا اینکه برای ترصد و کله کشک دشمن در آن بلندا ها جابجا شده تا واقعات مترقبه را از آن استوار صخره ها مترصد شوند. فرضیه هایی که هزاره جات محل هزار ها عسکر بوده است و امروز این منطقه به این نام یاد میشود آنرا بعضی مؤرخین مانند ابوالفضل در آیین اکبری نیز بدان اشاره کرده است. و <هزاره جات> قبل از چنگیز خان را تائید نمیکند. راوتی مؤرخ و محقق قرن نزده (تولد ۱۸۲۵ م) گام بردار معلومات در باره اصل و نژاد هزاره ها است. دانشمند پُر آوازه وطن استاد عبدالحی حبیبی در فصل ۱۸ کتاب جغرافیای تاریخی افغانستان، در باره <هزاره> معلومات مفصلی نوشته اند که: «هزاره سوابق قبل از چنگیز دارد دلایلی موجود است که این مردم در قرون متمادی قبل از آنهم در این سرزمین ساکن بودند.. نام هزاره تنها برین سرزمین قلب افغانستان اطلاق نمیشده بلکه در ماورای اباسین و دامنه های مهابن تا هری پورو ایبت آباد و پکلی و کاغان، و سراشیبی های کوه های کشمیر وادی معروفی است که آنرا هم <هزاره> گویند. ولی مردم آن از جنس تاتاری و قیافت های نژاد زرد نیستند بلکه از بقایای آریا های هندی شمرده میشوند و السنه آنها نیز از دیالکت های هندیست ....

چنگیز خان ابداً و اصلاً از دریای سند نگذشته است که نام هزاره ی عساکر چنگیزی در آن مناطق گذاشته شود.

دلیل دیگر اینست که هیون تسنگ زایر چینی بعد از سیاحت در هند به <تسو کو چه> اراکوزیا آمد، وی پایتخت آنجا را <هوسی نه> غزنه و پایتخت ثانی را <راهوساله> میگوید. سِنت مارتین اولین کسی است که نام اولی را با غزنه و نام دومی را با هزاره تطبیق کرد. <راهوساله> را جنرال کننگهم گذرستان کناره های هیرمند میداند. ولی بطلیموس جغرافیه نگار باستان در همین موقعیت جغرافیائی جائی را بنام اوزاله Ozala در شمال غرب اراکوزیا ذکر میکند. هیون تسنگ گوید که از هوساله (اوزاله) چشمه ساری خیزد و بچندین شعبه تقسیم شود و اقلیم آن سرد و دارای برف و ژاله است. مردم آن خوشدل و آزاد اند.» (۱)

روانشاد استاد حبیبی متذکر میشوند که در تاریخ هزاره و افغان یا هزاره و اوغان بعضاً یکجا ذکر شده اند، یا بزبان دیگر در جوار غزنه و هزاره، اپوکین (افغان) را نیز ذکر کرده اند. و همینسان خاطر نشان میسازند که از لحاظ فیلالوژی هوساله ی چینائی و اوزاله ی یونانی همین <هزاره> ی کنونی می باشد. این <هزاره گان> از همان عصر های پار و قدیم از زمان اسکندر مقدونی تا کنون در افغانستان ساکن بوده با هم زنده گانی داشته اند. استاد حبیبی واژه <هزاره> را ارزیابی کرده و آنرا چنین مینمایند: هزاره که میشود <هوزار> اش نیز خواند از <هو> و <زاره> تشکیل شده است. <هو> به نام های زیادی استعمال شده اند مانند: هوسنگ، آهو، هومن، هور ، هوختنه، هوبخت و هونامی که دو لغت اخیر بمعنی نیکبخت و نیکنامی است پس هو در اویستا، سو در سانسیگریت ریشه قدیم همین هو=خو=خه=سه (پشتو) که خهی و خوب (دری) است. واژه <زاره> و یا زره که در اویستا <زرینه> در پشتو زله که بمعنی <دل> بود بناً نتیجه باید گرفت که <هوزاره> یا <هزاره> از هو + زاره که مجموعی بمعنی <خوش دل> باشد، این <خوشدل> همان صفتی است که هیون تسنگ به مردم هوساله (هزاره جات کنونی) داده است. (۲)

یادداشت ها:

1. کتاب «جغرافیای تاریخی افغانستان»، پوهاند عبدالحی حبیبی، چاپ پشاور، سال ۱۳۸۷، صفحه های ۱۱۴ و ۱۱۵
2. همان کتاب، صفحه های ۱۱۷ و ۱۱۸

قبایل هزاره :

در کتاب <دُرّة الزمان> از طوایف هزاره نام برده شده است. این طایفه های هزاره از دوصد سال بدینسو در دفاتر رسمی دولت افخمیه افغانستان ثبت گردیده است که آنرا اینگونه مشاهده میکنیم:

هزاره شاهی، لکزی، موقدم، زاهیدم، خوجه احمد، بابه جی، بهادرک، اسمل، کاره قدم، خوش آمد، بچه غلام، شاخه، قوبرفی، مراز، یاری، نیکه، شاه مزید،الله قلی، بوبک، مرکه، حیدربیگ، چوچی، غلام علی، چتغری، سه پای ، قره قول دغی، محمد خواجه، دوله و سادات.

کتاب < دُرّة الزمان > از عشایر شهر های برازنده هزاره جات نام میبرد. در دایکندی بیست و هفت عشیره و یا قوم زندگی میدارند که عبارتند از : چاووش، خوشک، بیگ علی، میرهزار، پیر قلی، فهرستان، اوسمه، موشان، ترموش، تیرکشه، قوم علی، خدی، و سترگی، بودک، دوده، ساربان، پیر علی، قلندربیگ، دولت بیگ، روشن بیگ، خوشحال بیگ، شادی، سوته، چالک، درگوش و سادات.

عشایر شهر بهسود را چنین تذکر داده اند: میربچه ، درویس علی، برجی گی، مقصود، چگانه، دوستدار، شیرداد، سیر چهل تن، بایان، بهادر، بابک، میزه، میرک، عوض، راموز، بهبود، جمبو، خاشه، مرید، غیب علی، قمبر علی، تیرک، بختیاری، عبدالخالق، تومان، سادات و بوالهوسان.

کتاب <دره‌ء الزمان> از شهر یکاوولنگ هزاره جات صرف از پنج عشیره نام میبرد:

انده - رستم - تکنه - نیکه و سادات

سرزمین رود های مقدس

مواضع هزاره :

کتاب دُرّة الزمان از قصبات قریه های چهار ولایت هزاره جات (دایکندی- دایزنگ - یکه و لنگ) نام میبرد و در آن محل ها و مسکن های هزاره را میشمارد.

<u>دایزنگی</u> را شامل این مناطق میداند: پنجاب، سرخ جوی، ورث، تخت، سگ دیز، تره بلاق، کرهان، اخضرات، سرجنگل، لعل، خوردک، تاخته، سه پای، درازقول، خوات، کجاب، پس کوه، جولگه، بهادر، جرغی، برجی گی، پیریمک، جسکه، سنگ شانده، قره قول، جوقول، اسپ بید، سوخته، خارزار، قول خویش، گردن بریده، گردن دیوار، اسپی دیوار، زریافته، باد آسیب، دیوار قول، راه قول، جولگه، مرک ها، کوه بیرون، موشک، تک سک، سرخ آباد، سفید سنگ، مارخانه، هاجوم، پنج آسیاب، شینه لالک، سیاه سنگ، دهن توز، بوکان، شتره مرده-

<u>محلات ولایت دایکندی:</u> سنگ تخت- بندر- شیخ علی- میر آبی- شیخ مران- سیاه دره- فوچتغی- دره خدای- کوکه- شیش و قول قدیر- خوشک- لدیز- هجدی- دشت- نیلی- سنگ موم- تمزان- اموزوک- فهرستان- برلان- چهار اسپان- غیبی- صرف- ایچ- میش- لوگر- شیران-

<u>محلات ولایت یکه ولنگ:</u> سرقول- ازدیگاه- گوهولیک- فیروزبها- دره علی- تگاب سعید- ده سرخ- دوری راه- نیطاق- قوم ابه- زاری- سیاه دره- سربلاق- انده و رستم. (درباره مواضع و قبایل هزاره بنگرید به کتاب <درهء الزمان> صفحه ۴۴۵- تألیف عزیزالدین وکیلی فوفلزایی چاپ کابل سال ۱۳۳۷ شمسی)

* * *

به صحبت با چنین باری به یمگان	بسر بردم به پیری روزگـــــاری
به زندان سلیــــمان زدیــــوان	نه میبینـــم نه یاری نه زواری
ســــلیمان وار دیــــوانم براندند	ســــلیمانم سلیمانم من آری
به دریا باری افتاد او بدان وقـت	ز دست دیو و من بر کوهاری (٦)

یادداشت ها:

۱- کتاب «دیوان ناصر خسرو»، به تصحیح مجتبی مینوی، و تعلیقات استاد علی اکبر دهخدا، تاریخ ۱۳۷۲، صفحه ۲۵۱، <روبه> و <عجاج> پسر و پدر، این هر دو از مشاهیر و شعرای رجز سرای عرب بوده اند.

۲- همان، صفحه های ۲۵۲ و ۲۵۳

۳- همان، صفحه ۳۳

(*) <پغمان> دره ایست به فاصله چند کیلومتری کابل و دره نهایت سر سبز و خوش آب و هوای که اهالی کابل پایتخت افغانستان در هنگام تابستان برای رهایش و تفریح بدانجا سرازیر میشوند. آب نهایت خوش مزه دارد که جهت آب آشامیدنی شهر، آب آن دره به کابل نل دوانی گردیده است.

<لغمان> ولایتی است مشهور در افغانستان که مردم تیز هوش و سخت کوش دارد. از گذشته های دور مردم لغمان از دست <کافران سیاه پوش> که مراد از مردمان نورستان فعلی است بستوه آمده بودند. کافرستان در دوره حکمروایی امیر عبدالرحمن خان (سال ۱۸۹۵ میلادی) به تعبیر روانشاد محمد صدیق فرهنگ <مستبد با کفایت> به دین اسلام در آورده شده و منطقه شان بنام <نورستان> مسمی گردید.

۴. همان، صفحه ۴۴

۵. همان، صفحه ٦۳

(**) سلیمان پسر داود علیه سلام پیامبر اسطوره یی بنی اسرائیل که چهل سال در یورشلیم پادشاهی کرد و زبان مرغان و رمز دیوان می دانست. سلیمان قصد نمود تا خانه ای برای خداوند و هم خانه ای برای خودش بنا کند. سلیمان برای این بنا ها هفتاد هزار نفر برای حمل بار ها و هشتاد هزار نفر برای بریدن چوب بر کوه ها و سه هزار و ششصد نفر برای نظارت آنها شمرد. او در این باره از حورام پادشاه صور نیز کمک خواست. و سلیمان شروع کرد به بنا نمودن خانه خدا در اورشلیم بر کوه موریا جایی که خداوند بر پدرش حضرت داود ظاهر

شده بود. او در آنجا مذبح برنجی بساخت که طولش بیست ذراع و عرضش بیست ذراع و بلندی اش ده ذراع بود. بعد از بیست سال زحمت، سلیمان به آبادی شهر ها آغازید و شوکت و دبدبه سلیمان جهان شمول گردید. ملکه سباء، فرمانروای یمن وقتیکه از سیت آوازه و کمال سلیمان شنید خواست دیداری از وی بکند و همان است که با موکب بسیار عظیم شاهانه و کاروانی از طلا و جواهرات و عطریات بسوی تخت گاه سلیمان با گروه حاجب و دربان روانه میگردد. سلیمان برعلاوه پادشاهی از حکمت الهی نیز برخودار بود. او نه تنها فرماندار شاهان و دولت ها و مردمان، بلکه فرمان روای دیوان، سخن گویای طهور و وحوش نیز بود. (تورات کتاب دوم تواریخ ایام از صفحه ۶۷۲ تا ۶۸۵)

۶. همان، صفحه ۴۲۴

پنجشیر / پنجهیر

سر زمین پنج معبد مقدس

این سرزمین کوهستانی در یادمانده های دانشورزان و تاریخ نگاران بنام های پنجهیر، پنجهار ، بنجهار، بنجار و فنجهیر یاد گردیده تا اینکه امروز بنام پنجشیر نامیده شد. «پنجشیر» از دو واژه «پنج» و «شیر» بمیان آمده است. این سرزمین اسطوره و کوهپایه در اصل «پانچ هیر» یا «پنج هیر» بوده است. «پنج/پانچ» معنی پنج و «هیر» به معنی آتش مقدس باشد. بدین صورت پنجهیر را سرزمینی میتوان گفت که در آن پنج معبد مقدس جا داشته و نیاکان ما در آن به عبادت و اوراد و دعا مشغول بوده اند. پنجهیر آهسته آهسته بزبان و گویش مردمان بومی ما به «پنجشیر» مبدل گردید که تا امروز به همین اسم استوار است. کلمه «پانچ» و «هیر» که از زبان سانسکریت و اوستا به ارمغان آمده، هردو در فارسی و پشتو با لهجه خاص محیطی داخل شده است. پانچ هیر/پنجهیر، پنجشیر شده، از «هیر» هیرکده، هیربد، هیرمند بمیان آمد. «هیر و گلیف» به معنی خط مقدس . هیرمند به معنی سرزمین مقدس، هیربد معنی روحانی مقدس را که نگهبان اجاق و یا آتش مقدس بوده است.

برخی از دستور دانان کلمه «هیر» را با «ایر» یکی میدانند که ایران، هیران بوده و بعد ها «ه» به «الف» تغییر شکل داده که هر دو یکی میباشد و جایگاه مقدس را میرساند.

کتاب حدود العالم که در سال ۳۲۷ هجری قمری در گوزگانان (جوزجان امروزی) در زمان حکمروایی فریغونیان برشته تحریر درآمد در بخش :«سخن اندر ناحیت خراسان» مینویسد: « پنجهیر و جاریانه دوشهرست اندر وی معدن سیمست. و رودی میان این هردو شهر بگذرد و اندر حدود هندوستان افتد»

پس بنا بر قول حدود العالم دو شهر بنام پنجهیر و جاریه هر دو شهرت جداگانه داشته است.

پنجهیر در کتاب حدود العالم وابسته به خراسان است دارای معادن احجار کریمه و سیم است. در مقدمه بارتولد مستشرق روسی صفحه ۱۶۶ حدود العالم در مورد پیداوار خراسان آمده: «بین تولیدات خراسان، طلا در غرجستان و بدخشان و نقره در پنجهیر پیدا میشد» اکثر مؤرخین و جغرافیا نگاران دوره های کهن اسلامی از غوربند، پروان، پنجهیر، جایابه/ جاریانه و اندراب ذکر کرده اند. موقعیت جاریانه تا کنون تعیین نشده اما حتمی است که محل و یا شهرکی بوده باشد متصل پنجشیر. (۱)

همانگونه که کوهستانهای بدخشان معادن لعل و لاجورد دارد، سرزمین کوهستانی پنجشیر نیز از منابع معدنی و احجار کریمه بی بهره نبوده است « ولسوالی حصه اول پنجشیر یکی از نواحی پر جمعیت و غنامند منطقه است. یک عدهء اهالی این ساحه در معدن زمرد کار میکنند که حدود این ساحه پر بار معدنی را از پل دو آب روستای مرزبه آغاز و تا دشت ریود ادامه دارد میدانند. معادن زمرد در سه منطقه ی چون خنج، سفید چهر و دشت ریود چشم گیر است» روایت بر آنکه نام «پنجشیر» در سده های پیش از اسلام «پنجهیر» و بعد در ادوار پسین اسلامی به پنجشیر مبدل گردیده، حتی تا زمان کتاب حدود العالم و تا سده هفتم هجری هم پنجشیر، پنجهیر نوشته میشد و بدینسان در یادمانده های همچون: صوره العرض، کتاب البلدان، مفاتیح العلوم، ترجمان البلاغه، احسن التقاسیم نیز کلمه «پنجهیر» یاد شده است.

کتاب تمدن اسلامی در قرن چهارم هجری درباره معادن پنجشیر می نویسد: « معدن مهم نقره در شرق ممالک اسلامی، شهر پنجشیر بر دامنهء هندوکش بود، ده هزار مرد آنجا ساکنند و فتنه و فساد شیوع دارد. پنجشیر شهری است در ناحیه بلخ و در آنجا کوه نقره است و درهم در آن شهر فراوان است چنانچه یک دسته سبزی را هم به کمتر از یک درهم دست نتوان خرید. و نقره در بالای کوه مشرف بر شهر است و کوی و بازار و کوه و دشت مثل غربال سوراخ سوراخ است زمین را می کنند و رگه ای را دنبال میکنند تا به نقره برسند و گاه اتفاق می افتند که یکی از اهالی پنجهیر کما بیش سیصد هزار درهم خرج اکتشاف میکند بدان امید که به معدنی دست یابد که خود و فرزندانش را بی نیاز سازد ور گاه به اندازۀ خرجش بدست می آورد. احیاناً حفاری به نقره نمی رسد و یا معدن را آب می گیرد، صاحب معدن به فقر و گدایی روی می آورد ... :»

از این کندن کاری ها و حفریات تو پنداری که همه ی کوه های پنجشیر همانند غربال سوراخ سوراخ شده باشند. بدین گونه مرد در پنجهیر از طرف روز ثروتمند و از جانب شب مستمند است.

(در این باره بنگرید به کتاب تمدن اسلامی- صفحه ۱۷۹ جلد دوم تألیف آدم میتز و ترجمه علی رضا ذکاوتی قراگزلو)

ابن بطوطه در مسافرت های سی ساله اش سری از راه هندوکش و اندراب به پنجشیر میزند و مینویسد: « بعد بجایی رسیدیم که پنج هیر نام داشت، هیر به معنی کوه است و پنج هیر یعنی پنج کوه ، در آنجا شهر های قشنو آبادانی دیدم که روی نهر بزرگ کبودینی (مراد از دریای پنجشیر است) بنا شده است. این رودخانه از کوهستان بدخش سر چشمه میگیرد، یاقوت معروف بدخش از همین کوهستان بدست می آید. این شهر ها را چنگیز ملعون خراب کرده و از آن پس روی آبادانی ندیده است. شیخ سعید مکی در این محل واقع شده که مورد احترام مردم میباشد... در کوهستان بشای که زاویه ی شیخ سه صد ساله میباشد»

مراد از کوه بشای=کوه هفت بچه می باشد

(کتاب سفرنامه ابن بطوطه ترجمه دکتر محمد علی موحد چاپ تهران سال ۱۳۶۱ خورشیدی جلد اول صفحه های ۴۴۴- ۴۴۵)

ارواح شاد استاد عبدالحی حبیبی در کتاب « جغرافیای تاریخی افغانستان» بخش بزرگی را در پیرامون کلمه (پنجهیر، بنجهیر و بنجهار) نوشته اند. استاد حبیبی پس از آنکه در پیرامون برخی از پسوند های اعلام جغرافیایی کشور اشاره میدارند، کلمه های (هار، هیر، هور) را که پسوند مکانی دارد به استناد وندیداد اوستا، کلمه «واره» را نیز با هیر و هار بی رابطه نمی دانند. «واره» عبارت از قصر یا معبدی در بلخ که در زمان جمشید شاه پیشدادی به فرمان اورامزدا ساخته شد. این بنا بزرگ مذهبی با کهانت هیربدان و یا روحانیونی که از دانش و بینش برخوردار بودند نگهداری میشد. معبد عظیم واره در زمان زردشت پیامبر آریایی، بدست مغان و هیربدان زردشتی سپاریده شد. در هنگامیکه آیین بودایی سر زمین بلخ و یک قسمت آریانای کهن را فرا گرفت، واره جایش را به ویهار، وهار، بهار و نوویهاره که آنهم آتشدان مقدسی که پرستش میشده است واگذار شد در زبان فارسی/ دری وهار و یا نواویهار به (بهار و نوبهار) مسمی شد . (۲)

در اوایل دوره های اسلامی سدانت و تولیت نوبهار بلخ به خاندان برمکی تعلق گرفت. در نسخه خطی اشکال العالم درباره پنجشیر چنین مینویسد: «پنج هیر شهریست بر کوه و در آنجا ده هزار مرد باشد، دارای آب ها و بستانهای بسیار اما بی زراعت» در کتاب للباب پنجهیر را از اعمال بامیان شمرده و می گوید که : مردم، زمین آنرا مانند غربال میشگافند و زر و سیم بیرون میکنند. چون باسیان و پنجشیر با هم نزدیک و در یک موقعیت جغرافیایی قرار گرفته در اکثر منابع تاریخی شاهان بامیان که در گذشته بنام «شیران بامیان» یاد می شدند. احتمال جابجایی کلمه «شیر» در پسوند نام سرزمین از شیران بامیان بی مناسبت نس باشد به بررسی و تحقیقات کاوشی نیاز است. در کتاب ترجمان البلاغه محمد بن عمر رادویانی چهار پاره یی یا (چهارگانی چهار مصرع متحدالقافیه) از شاعر و دانشمند سده چهارم هجری ابوشکور بلخی میباشد. کلمه هیربد با پنجهیر آمده که هیربد معنی دانشمند روحانی که نگهبان اجاق مقدس بوده است:

گویند هفت مر دست در پنجهیر بذ.

زان هفت دو مسلمان و آن پنج هیر بذ

من پنجهیر دیدم، آن پنج هیربذ

از پنج هیر بذ نشود پنجهیر بذ (۳)

سخن دیگر آنکه در پنجشیر، پنج ابر مرد زمانه و تهمتن شیرگیر موجود بوده که به باور برخی از دانشورزان، پنج برادر بوده که برعلاوه سلطه نجابت روحانی و معنوی دبدبه دهگانی نیز داشته، که در رزم آوری شهره دره ها و در سلحشوری نگهبان آذر آباد خویش بوده اند. از سروده ابو شکور بلخی چنین استنباط میشود که پنج هیربد نگهداره هیربدان و آتشدان مقدس اند. اما در متون اسلامی قدسیت هیر بذان به مسلمانان روحانی گرایش می یابد. و اسمای پنج مرد خدا در نواحی پنجشیر چنین یاد شده:

الف - خواجه عبدالخالق غژ دوانی که ولی کامل بود و آرامگاه اش در خنج پنجشیر قرار دارد.

ب- خواجه ابراهیم که مقبره شان به «دربند» پنجشیر نهفته است.

ت- خواجه صفا که مشهد شان در سرپل دو آب / میخ زرین موجود است.

ث- خواجه احمد بشار که در حوالی «آستانه کلان» پنجشیر بخاک خفته اند.

در زمان یمین الدوله سلطان محمود غزنوی که بند غزنی را آباد میکردند، شاعر شوریده حالی بنام ملا رستم خان چنین سرود:

بنام شیخ پیران میکنم یاد

که صد رحمت به روح پاک شان باد

به غزنی بند را کردند آبـــــــــــاد

هزاران آفرین بر کار شـــان بـــاد

پس از وی نام ایشان است «پنجشیر»

درباره کلمه «پنجهیر» حرف ناگفته دیگری رونما گردید: ابن بطوطه سیاح معروف دوره اسلامی هیر را در زبان سانسکریت به معنی کوه یاد آور شده و پنجهیر را موخذ از پنج کوه میداند ابن بطوطه که از پنجهیر دیدن کرده مینویسند: « بجایی رسیدیم که پنجهیر نام داشت هیر به معنی کوه است و پنجهیر به معنی پنج کوه. در آنجا شهر قشنگ و آبادانی دیدم که روی نهر بزرگ کبودینی بنا شده است، این رودخانه از کوهستان بدخش سر چشمه میگیرد که یاقوت معروف بدخش از همین کوه بدست می آید»

برگ های زرین تاریخ نشان دهنده آنست که یرغلچیان پیوسته با ایاب و ذهاب تهاحمات شان نام های اماکن را نیز می ربابیدند تا سلطه فرمانروایی شانرا گسترده تر بر ملا کرده باشند. این روند در تاریخ کشور ما نیز صدق میکند. زور آوران مذهبی، یغماگران صحرایی، شاهان و امیران خودکامه عرب و عجم هرگاه کشور یا شهری را تحت فرمان خویش قرار میدهند، میخواهند هویت و نام و نشان آن منطقه را نیز تغییر داده و از آن خود بکنند. چون بحث برسر پنجشیر است، میتوان گفت که جاهایی را که اهالی زندگانی دارند احتمالاً نام های بومی و یا نشانه های طبیعتی داشته باشد که بخود آن ساحه زیبنده است. پس از آنکه آیین آتش پرستی در کشور قوام گرفت، این سرزمین کوهی بنام «پنجهیر» تغییر هویت داد سپس در دوره تسلط ترکان آنرا «کچکین» خطابش کردند و در دوره پسین اسلامی به نام «پنجشیر» عرض اندام کرد.

زمانی بود که ترک های ختایی مخصوصاً چغانیان، ختاییان، یغماییان، یوچیها و از آن پیش «هان» های سفید در تخارستان و بامیان و بدخشان مسلط شدند تا حدود ننگرهار و لغمان و بغلان نیز به شمول پنجشیر تحت اداره ترکان قرار داشت و بدین صورت نفوذ و نفوس ترکان در آن مناطق بی تأثیر نبوده که تا امروز هم کلمات و اصطلاحات ترکی در سیان پنجشیریان به کثرت معمول بوده است.

پنجشیری ها از زمره تاجیکان کوهی محسوب میشوند که در شمال کابل در کناره های وادی های خوش آب و هوا و دره های زیبا زندگانی دارند. استان کوهستان کابل زمین از سه دره طولانی پنجشیر، نجراب و غوربند تشکیل یابیده که در بلندای هندوکش بزرگ موقعیت دارد. هر یک از این دره های شاداب و گسترده به چندین دره های تنگ و صخره یی متصل بوده و در آنها چندین نهر و دریا گگ و جویبار جاری است. از دره ها، آب های

کف آلود زلالین همه بیک رودبار جمع میشوند که در سراسر دره پنجشیر به جریان است و امروز بنام «دریای پنجشیر» معروف است.

دریای پنجشیر با دریای غوربند و دریای شبر همه حوضه کابل را آبیاری میدارد.

دره ها با انواع درختان وحشی و زیبا مزین است، بر علاوه در این دره ها باغستانها، تاکستانها و توتستانها موجود است که اهالی پنجشیر از توت خشک ترخان (تلخان) بدست میآورند و از توت تازه شیره ی را مهیا میسازند که مانند عسل مقوی و مغذی است و آنرا (شینی) یاد میدارند، آب و هوای گوارا و فضا دل انگیز و پاکی منطقه به اهالی این سرزمین نیروی جسمی و روانی میبخشد که ویژه گیهای تاجیکان یا دادیکان کوهی را نمایان میسازد. این ابر مردان کوهی: تنومند، تند، سرکش و تسلیم ناپذیر استند که در مقابل یورشگران سر سختانه مقاومت کردند. (۴)

سلسله های هندوکش از قدیمی ترین زمانه ها بدینسو مسکن زیبا رویان و مردمانی است که با کوه و دره انس گرفته اند. این گروه اصیل بومی، پس از مهاجرت آریایی ها، خواسته یا ناخواسته با هم اختلاط کرده و مردمان امروزی خنجان، اندراب، پنجشیر، دره شتل، گلبهار، سالنگ، درناکه و نجراب را تشکیل داده اند. دره شتل در ناحیه شمالغرب گلبهار موقعیت دارد و در کناره رود خروشان پنجشیر واقع گردیده است. دره شتل مشتمل بر چندین دهکده میباشد: دهکده چیلانگ، قریه جانان، ده کلان، قشلاق بوستان، ده اندرابی سات و دهکده آرزاوه.

در دهکده ده کلان زبان و گویش «پراچی» در میان مردم معمول است که زبان اکثریت اهالی دره شتل را تشکیل میدهد. مورگن سترن زبانشناس نارویژی را باور بر آنست که در قریهء قرابه پنجشیر نیز گویش زبان پراچی مورد گفتگو است. اگر تحقیقات دانشی و علمی صورت پذیرد بدون شبه چه مقدار گویش ها و لهجه ها در عمق این دره های زیبا قرار گرفته که نزد ما گنگ است.

طبق تحقیقات باستان شناختی چنین پنداشته میشود که اهالی دره شتل از نجراب کوچ کرده باشند و ایشان در هنگام ورود شان به دره شتل که خالی از سکنه بوده با هم به کنکاش نشسته و با آواز بلند صدا کردند که : «چوتل!» که معنی «برو تماشا کن!» باشد،

دره زیبای شتل واقعاً آدمی را به تماشا می نشاند که منظره حیرت آور دره شتل فرحت افزا است. (۵)

از دره های خوش منظر پنجشیر، مردان راه و سالکان درگاه قامت کشیده اند که از آنجمله من شخصیت روحانی بنام «ملا قلندر پنجشیری» را یاد میدارم. ملا قلندر در زمان تیمور شاه درانی میزیست و با دو یار همروزگارش لعل محمد عاجز کابلی و میر محمد هوتک افغان مشهور بود و ایشان با هم یار و یاور بودند. این سه شاعر و ادیب فرزانه در دوره تابان تیمور شاه و زمانشاه حیات بسر میبردند و با همدیگر مراودات دوستی و شعری داشتند. تیمور شاه درانی در یک سفرش به بلخ میر هوتک افغان و ملا قلندر را در رکاب داشت و در خلم (تاشقرغان) هم این دو مرد خبیر هم رکاب شاه درانی بودند. آرامگاه ملا قلندر در دره زیبای «پریان» موجود است.

پنجشیر پس از سال ۱۳۸۳ خورشیدی بحیث ولایت عرض اندام کرد و برخی از مناطقی که در گذشته داخل قلمرو پروان بودند به پنجشیر واگذار گردید. اکنون پنجشیر دارای شش ولسوالی بوده است. ولسوالی پریان مرکز آن بودانگ، ولسوالی حصه اول مرکز آن خنج، ولسوالی حصه دوم مرکز آن کرامان، ولسوالی حصه سوم مرکز آن رخه، ولسوالی حصه چهارم مرکز آن عنابه و ولسوالی شتل مرکز آن ده کلان میباشد.

پنجشیر از جانب شمال به خوست و فرنگ و اندراب، از ناحیه جنوبی وابسته به سنجن، درنامه و ریزهء کوهستان، سوی شرقی و شمالشرقی آن نورستان و بدخشان واقع شده و جانب غربی آنرا نواحی گلبهار احاطه کرده است.

یادداشت ها:

۱. کتاب «حدود العالم»، با مقدمه بارتولد روسی و تعلیقات مینورسکی، ترجمه استاد میر حسین شاه، چاپ کابل، سال ۱۳۴۲ خورشیدی، صفحه ۳۹۱ و مقدمه صفحه ۱٦٦. همچنان بنگرید به نشریه «پارسی نامه»، چاپ کالیفورنیا، زمستان سال ۱۳۷۰ خورشیدی، با سرپرستی محمد موسوی نسل، صفحه های ۱۵۸-۱۳۹، درباره هیر و ایر.

۲. نوبهار= نو اویهار مراد از معبد مشهوری که در بلخ ساخته شد، قرار تذکر دقیقی بلخی که لهراسپ چهارمین شاه کیانی وقتیکه از پایتخت سابقه اش «شادیاخ نیشاپور» را ترک گفت به بلخ آمد و در آنجا نوبهار را بنا نمود معبد عظیم نوبهار که بقولی «یزدان پرستان آنروز بهمان اندازه آنرا محترم میشمردند که اعراب امروز مکه را» و لهراسپ تخت و بخت را رها کرده زایر و چله نشین درگاه نوبهار گشت. لهراسپ در نوبهار آتشکده بزرگی بنا کرد بنام «برزین یا آذربرزین» و هر سال جشن سده را در آن محل به نمایش میگذاشت.

بنابر روایت تاریخ آتشکده برزین یکی از سه آتشکده بزرگ جهان شرق بوده است. این آتشکده برای اهالی بومی و برزیگران و کارورزان مناسب بوده است. بر فراز نوبهار درفش های از ابرشیم سبز بطول یکصد ذراع آویخته بودند که بدان سبب بلخ را «سرزمین درفش های بلند» نامیدند. در هنگامیکه هیوان تسونگ و دیگر زایران چینایی که از بلخ دیدن کردند، نو اویهارا یا نوبهار برای تشریفات و مراسم آیین بودایی از زیب و زینت خاصی برخوردار بود. هیوان تسونگ که بلخ را بنام «پوهو» خطاب کرد مینویسد: بلخ دارای یکصد معبد و سه هزار عابد معتقد به مذهب هینایانه (ارابه کوچک) بودایی است. در ناحیه جنوب شرقی نوبهار معبد دیگری بنام «نواسنگارامه» ساخته شد که در میان آن بت عظیم و جسیمی قرار داشت با تزیینات زر و سیم و ذخایر بی شمار که همسایگان را این غنامندی بت به حیرت وا میداشت. شاه ترکان بنام «سکچی هوخان» بخاطر غنایم گرانبهای معبد، آنرا به تصرف خود درآورد. در این معبد یک طشت بودا، جاروب و دندان بودا نهفته بود.

(کتاب «برمکیان»، تألیف لوسین بووا، ترجمه عبدالحسین میکده، چاپ سوم، ۱۳۶۵، صفحه های ۲۷-۳۳)

۳. کتاب «جغرافیای تاریخی افغانستان»، نوشتهٔ استاد عبدالحی حبیبی، چاپ پشاور، طبع دوم، سال ۱۳۷۸، بخش سیزدهم، بحث پنجهیر.

۴. کتاب «افغانان»، تألیف مونت الفنستون، ترجمه محمد آصف فکرت، صفحه ۲۹۰ سال ۱۳۷۶. همچنان، هندوکش و قدامت آن، نشریه امید، شماره ۳۸۲، اگست ۱۹۹۹، نوشته استاد نبی کهزاد.

۵. درباره دره شتل و زبان پراچی مشاهده کنید به نشریه کاروان، شماره ٦۹، حمل ۱۳۷۹.

بخش پنجم

طوایف در گستره ای تاریخی

ز ایران و از ترک و از تــــــــازیان

نــــژادی پدید آیــــد اندر مــــــیان

نه دهقان، نه ترک و نه تــــازی بود

سخن ها به کردار بـــــــازی بود   (فردوسی)

ترک و تاجیک ، مانند ‹کوچ و بلوچ›، ‹یاجوج و ماجوج› ، ‹ایران و توران› و ‹چین و ماچین› بصورت یکجایی در نوشته ها و یادداشت های دیرینه و امروزه ثبت گردیده است. این ترکیب بندی نام های تباری و ایلی توأمین، بخاطر آنست که دو طایفه در ادوار تاریخ همیشه بصورت یکجایی و با همرازی زندگانی کرده اند. ارتباط خونی، وابستگی حدود و ثغور، روابط خوب یا بد اجتماعی، خویشاوندی و دیگر همبستگی خانواده گی باعث گردیده که این دو طایفه در جوار هم باشند و در معاملات حیاتی و سرو سامان دادن زندگانی سهم ارزنده بگیرند. گاهی هم واقع شده که این طایفه ها با هم در جنگ و نبرد مؤقتی و یا دایمی درگیر شوند، که منجر به از همپاشی و کدورت دایمی گردیده راه آشتی را مسخ کرده باشند. بخاطر همسایگی، همخویشی، همیاری، همرزمی و احتمالاً همتباری شان خلق های این طایفه ها از صلح و صفا نیز برخوردار بوده اند. طوریکه متذکر شدم، در تاریخ طوایف و ایل ها بصورت یکجایی نام برده شده و به یادداشت حسن بیک روملو مینگریم : «عبید خان با جیشن فراوان به شهر (هرات) در آمده، در مسند سلطنت متمکن گردید. اشرار ارزبکیه دست ظلم و ستم به ترک و تاجیک و دور و نزدیک دراز کردند» جیشن با فتح ح بمعنی لشکر، سپاه و ارتش باشد. در این قصیده منهاج سراج جوزجانی ترک و تاجیک آمده:

آن شاهنشاهیکه حاتم بذل و رستم کوشش است

نـــــاصر دنیا و دین محمود بن التمش است

آن جهانداری که ســـلف چرخ از ایـــوان او

در علو مرتبت گویی فرود ین پوشش اســت

فرق فرقد سادر است و دست و پای دولتــش

فرتاج است و نگین و زیب تخت و پالش است

سکه را ز القاب میمونش چه انداز است فخر

خطبه را ز اسم همایونش چه پایه نازش است

راحت دلهاست روح عهد او با روح خــلق

بندگی دودمــانش زانکه در آمــیزش اســـت

چاکر ایوان او هر جا که ترک و تاجیــکی

بنده فــرمان او هرجــا که هندو گــبر اســت

****

بیست سالست تا که منهاج سراج خسته را

در دعا گویی این حضرت قرار و باشش است (۱)

در دوره های تاریخی این دو طایفه خلق های کشور ما را تشکیل داده و با مردمان دیگر خراسان پار و افغانستان امروز ممزوج گردیده اند ترک ها و تاجیک ها با وجود نا سازگاری های سیاسی و زورمندی، مانند برادر دوش بدوش در تمام شؤنات زندگانی ما سهم ارزنده گرفته و در بازسازی حیات اقتصادی و اجتماعی ما شریک اند.

تُرک ها Turk or Tork

ترک که جمع آن اتراک و یا ترک ها در لغت بمعنی دلیر، شجاع و سخت معنی گردیده که کلمه چینایی آن Tu_Kue و یا Turkoi بوده و نخستین بار این نام در قرن ششم میلادی دیده شده است. در این دوره ترکان دولت بدوی را از مغولستان و سرحد شمالی چین تا بحر اسود امتداد داده که مؤسس حکومت بدوی را چینیان بنام تومین Tu_Men یاد کرده اند. بعد از درگذشت تومین (نام ترکی اش بومین) برادرش <ایستامی> تا سال های ۵۷۶ میلادی می زیسته، که این دولت بدوی را چینایی ها بنام امپراطوری ترکان شرقی یاد نموده اند. در سال ۶۸۲ ترکان شمالی موفق شدند تا استقلال خود را بدست آورند که بعد ها سلسله های چغانیان، غزنویان، سلجوقیان و خوارزم شاهیان یکی پی دیگر ظهور کردند که درین جا بحث نتوان کرد. طوریکه گفته آمد ترکستان شرقی را بنام <ترکستان چین> نیز یاد میکرده اند و ترکستان غربی را در این اواخر بنام <ترکستان روسی> مسمی ساختند. ترکستان غربی که در شمال ایران و افغانستان موقعیت دارد سطح خاک آن ریگزار است که بنام های آق قوم، قزل قوم و قراقوم (ریگ سفید، ریگ سرخ و ریگ سیاه) یاد میگردد، ترکستان شرقی که در خاک چین امروزی موقعیت دارد همین سرزمین سنگیانگ است که شهر کهن <تکله مکان> جایگاه خاص این منطقه است. ایالت سینگیانگ و قسمتی از مغولستان تحت اداره‌ء چین است. (۲)

ترک ها را چینایی ها بنام های <توکیو> و یا <تیوکیوه> یاد کرده اند. توکیو ها شاخه یی از < هوانگ نوها> که در نواحی التایی سکونت داشته اند. قرار نظریه <پلیو> فرانسوی ، کلمه چینی توکیو صورت جمع کلمه فعلی <تیورکیوت> است. کلمه تیورک که بعد ها <ترک> از آن بمیان آمده بمعنی قوی و زورگیر، سخت و شجاع آمده است.

رونه گروسه مستشرق برازنده غربی مینویسد که تومن خاقان ترک در سال ۵۵۲ بر علیه ژوان ژوان ها که طایفه دیگر ترک تبار بودند برخاسته ایشان را مغلوب نمود و آنها بطرف غرب فرار نموده از کوه های آرال گذشته بسوی اروپای شرقی رهسپار گردیده بنام <آوارها> Avares یاد گردیدند آورها بعد ها ترکتازی هایی را از هنگری به پیش گرفته باشند.

توکیو ها با زبان دیگر ترک هایی که در آسیا زمام امور را بدست گرفتند به تشکیل امپراطوری وسیعی دست یازیدند. قدرت و حاکمیت انسان را جاه طلب و خود خواه میسازد و آنست که با همدیگر دست و گریبان میگردند، از این رویداد توکیو ها نیز در امان نمانده بدوحصه تجزیه گردیدند. امپراطوری ترک های شرقی و امپراطوری ترک های غربی بمیان آمد، امپراطوری ترک های غربی را <ایستامی> برادر کوچک <تومن> خاقان بزرگ توکیو ها تشکیل داد. توکیو های شرقی خود را بنام <خاقان > و توکیو های غربی خود را بنام <یتغو> لقب دادند.

ایستامی که او را سن یبغو Sin Yabgou مینامد خود را سردمدار ترکان غربی پنداشته از بلکاش تا علاقه های پامیر را تحت فرمان داشت، مناطق وسیع و پهناور حکمروایی ایستامی : غرب کوه التایی، منطقه ایلی، کاشغر، بلکاش، ارال (نواحی دریاچه آرال) را در بر میگرفت و آنها تا کناره رود آمو در سرحدات تخارستان رسیده بودند.

در خراسان پار در تخارستان کهن، دولت یفتلی بر قرار بود که قرار شهادت تاریخ دولت عظیم و منظم ساسانی باجگزار دولت یفتلی بود، چون دولت یفتلی و ساسانی با هم روابط خوب نداشتند از این رویداد خاقان ترک استفاده برده با دولت ساسانی معاهده بستند تا بر علیه یفتلی قیام کنند. در سال ٥٦٦ میلادی بین ایستامی یبغوی و انوشیروان قرار داد بسته شد که بدین اساس مناطق غربی کشور ما بدست ساسانیان (نواحی هری و باختر) و قسمت های شمالی و جنوبی کشور ما تحت سلطه ترک ها در آمدند. یفتلی های شکست خورده به مناطق دشوار گزار کوهستانی مملکت چون بدخشان، غرجستان و وزیرستان پراگنده شدند. پایتخت ترکان افغانی که تازه پس از شکست دولت یفتلی صاحب قدرت شده بودند شهر <کهن دژ> یا <قندز> بود. در آن هنگام راه ابریشم از اهمیت ویژه یی برخوردار بود که ترک ها به اهمیت آن آگاه شدند و تمام مالیات راه های تجارتی ابریشم بدست دولت ساسانی بود که ترک ها را پسند نگردید. بدین راستا دولت ترک شخصی را بنام <مانیاک> Maniak که اهل سغدیانا بود بشکل ایلچی و نماینده نزد خسرو انوشیروان فرستاد و خواهش نمود تا برای ترک ها در قلمرو متصرفه ساسانی و در خاک خود شان حق آزاده ترانزیتی داده شود و هم از مال التجارهء آنها محصولات گمرکی نگیرند. ساسانی ها به پیشنهاد خاقان ترک وقعی نگذاشتند و ایلچی ترک با دست خالی

برگشت. خاقان ترک بفکر دیگر افتاد تا روابط اش را با <جوستن دوم> امپراطور روم شرق تأمین بسازد همان است که باز مانیاک سغدی را بدانجا گسیل میدارد از طرف دیگر < آوار ها> ترکان دیگری که در اروپای شرق مستقر بودند با دولت ساسانی دوست بودند، توکیو ها میخواستند که توسط این اتحادیه دولت ساسانی را توسط روم شرق مضمحل بسازند. و بین روم و ترک تبادله سفرا و ایلچی ها صورت گرفت اما حاصل کار دست جامه عمل نپوشید. در معامله روم و ترک ایستامی یبغو رخ در نقاب خاک کشیده بود و دولت بدست تاردو خان (تاردوشاه) افتاد. ترک ها تا بمیان آمدن عرب ها در خاک افغانستان نواحی جنوب رود آمو را تا کناره سند تحت تصرف داشته اند. مرکز شان شهر قندز بود، اگر چه در آن هنگام بلخ شهر عظیم الشان و مشهوری بود که هیوان تسونگ آنرا <پوهو> یاد کرد. پوهو به صفت <راجاگریه> یا شهر شاهی که از لحاظ کثرت معابد و زیادت علما و روحانیون و مرکز فرهنگ و ادب اهمیت ویژه یی داشت.

اما شهر قندز مرکز اداری تخارستان مرکز سوق الجیشی و نظامی و همچنان با موقعیت جغرافیایی برازنده یی عرض اندام کرده بود، زیرا موجودیت رود آمو در شمال آن که معبر عظیم ترکان بشمار میرفت.

(بنگرید به کتاب تاریخ - احمد علی کهزاد- جلد دوم صفحه های ۴۵۸-۴۷۱ سال ۱۳۸۱ خورشیدی)

باید خاطر نشان ساخت که ترکستان کهن ناحیه عظیمی است در آسیا که از سلسله های قراقرم و پامیر و ایالت سنیگیانگ در شرق آغازیده تا بحیره آرال (در سابق بحیره خوارزم نامیده میشد) و بحر خزر امتداد دارد و سرحد شمالی آن سایبریا است و سرحد جنوبی آن احتمالاً هندوکش (زیرا که در گذشته شمال افغانستان را ترکستان خطاب میکردند و تا کنون هم مردم محل آنرا ترکستان گویند) باید متذکر شد که این ساحهء پهناور که بنام ترکستان یاد گردیده در سابق مخصوصاً به دوره های آغازین اسلام بنام ماورالنهر و خراسان که کتاب حدود العالم حجم وسیع نوشته اش را روی <خراسان>،<ماورالنهر> و <هندوستان> گذاشته است. ترک های صحرا نشین که در زمین های بایر زندگانی کرده اند، وقتا که از تمدن ماورالنهر و خراسان زمین میشنوند چاره ای نمی بینند تا خود را به در و دیوار این مناطق فرهنگی و اجتماعی بزنند.

مناطق خشک و خشن و سرد سرزمین های توکیو ها یا ترک ها باعث میگردد که به یورش ها و تک تازی ها و یا بزبان مشهور <ترکتازی> ها بیآغازند. قبایل یغماگر ترک مانند یغما ها، اغز ها (غز ها)، خلخ ها، تتار ها، قبچاق ها، توقز غز ها و در گذشته های دور <تورانی ها> که همهء شان بصورت ایلی و طوایف پراگنده ی خرگاهی بسر میبردند در سرزمین های شان حیات صحرایی داشته اند. بعد ها این قبایل صحراگرد و کوچنده شروع کردند به تالان های قومی که منجر به تاراج و هجوم و کوچیدن های جبری، و به زور داخل شدن به تمدن های ماورالنهر و خراسان و نواحی آنها. این گسترش هجومی حتا تا مرز های شرق اروپا نیز توسعه پیدا کرد، چون ترک زور آور همیشه با رعب و زور میآید هر فرد ترک منطقه ی را صاحب شده <خان> منطقه میگردد و با ازدواج و کثرت گرایی نظر به گذشت زمان قوم برتریت و با نفوذ Dominant گشته رشتهء اجتماعی و اقتصادی را با حلقه تباری خویش گره میزنند و با گرفت زن های متعدد از مناطق شکست خوردهء ملیت های تحت اشغال ، حلقه خانواده را زیاد میسازند. تا جاییکه در آن منطقه بومی، بومیان آراسته و متمدن برای ترک های یغماگر جا خالی کرده، ترک و ترک سازی سامان میگیرد و منطقه و قبیله بنام شان شهرت حاصل میکند. کتاب حدود العالم از طوایف و تبار این مناطق بکثرت یاد کرده است، ترکتازان زمین های خوب و حاصلده مردمان بومی را بزور بدست آورده شیرازهء تمام امور را در حلقه حاکمیت خویش استوار محکم میسازند چون قوم برتریت و زور آور، در تاریخ برتری حاصل میکند، قوم برتر <با غیرت و زور آور> یاد میشود. بنا به گفته ای : هر ترک در منطقهء با صلاحیت خود <خان> و یا<خان خانان> منطقه شده و بدون شک <خان> باید زنباره نیز باشد تا کثرت اولاد های نرینه جاه و مقام خانخانی اش را تا ابد الاباد در حلقه خود نگهدارد. (همین روند را پشتون های ما نیز در تاریخ دو صد و پنجاه ساله خود عملی کردند و دارای اقوام و عشایر گوناگون شدند که خود بحث جداگانه کار دارد.) ترکها تمام ساحات که تحت فرمان شان است این روند حلقه تباری را مروج ساحته تا بعد چند پشت همه ی مناطق اشغالی ترک شده مردمان بومی آهسته آهسته رخت سفر میبندند و منطقه ادب و فرهنگ فارسی/دری، ترک میشود. چون زبان شان در منطقه برتریت ندارد زیرا که ترک ها از تمدن شهری برخوردار نیستند، با استفاده از زبان فارسی/ دری و دانشمندان بومی کار ها را سربراه میسازند. چون همه ی قدرت های اجتماعی و سیاسی و اقتصادی بدست قوم

سردمدار زور آور سر و سامان یافته ، بناً کار اهل است و سهل و مراد دل حاصل ... (عرب های سوسمار خور نیز از این برنامه ریزی قومی بدور نمانده اند که کتاب <دو قرن سکوت> روانشاد استاد زرین کوب شاهد این مدعا است)

ما درین باره که اقوام متهاجم در دنیا آمده اند و مردمان بومی را گسسته و یا نابود کردند مثالهای بسیار داریم. آمدن اروپایی ها در امریکای شمالی و جنوبی که عدهء قلیلی از سرخ پوستان در بعضی جا ها زنده مانده اند و بس. با آمدن کرستف کولمبوس، تمام اهالی بومی کیوبا بصورت یکجایی قتل عام گردید و حتی یک نفر هم زنده نماند. به همینگونه سرزمین شمال هندوکش که مردمان آریایی بومی باختری ها، تخاری ها و همچنان مردمان بومی گوزگانان، مروالرود و مراغاب، اندخود، پاریاب همه، هیچگاهی ترک نبودند. مناطق پامیر، بلورستان کهن، بدخشان، تخارستان ، لغمان، بامیان، قندز، سرزمین غور با هجوم کوشانی ها، هان ها، یوچی ها، یغما ها، اوزبیک ها، ترک ها، تتار ها، غز ها، مغل ها و اخیراً پشتون ها سردچار گردیدند. مناطق یاد شده نه پشتون یودند و نه ترک.

هجوم ترک ها را در مناطق جنوب کشور ما در کتاب حدود العالم چنین میخوانیم: «مشهور است که ترکان خلج پدران افغان های غلزای، غلجائی Ghiljai غلزائی Ghilzai هستند، این حقیقت را L. Dames در دایرهء المعارف اسلامی تحت عنوان غلزائی شعبه وارد کرده اما بارتولد زیر عنوان خلج و T.W Haig تحت عنوان خلجی در همین دایرهء المعارف آنرا تایید میکند. خلج قومی از ترکان از حدود خلخ بحدود زابلستان افتادند و در نواحی غزنین صحرایست آنجا مقام کردند. پس به سبب گرمی هوا لون ایشان متغیر گشت و به سیاهی مایل شد و زبان نیز تغییر پذیرفت و لغتی دیگر گشت و طایفه ی از آنجمله بحدود باورد افتادند و بهر ی مقام ساختند و خلخ را مردمان به تصحیف خلج میخوانند.

(نسخه نادر جهان نامه بقلم محمد بن نجیب بکران در حدود سال ۱۲۰۰ - ۱۲۲۰)»

همچنان حدود العالم سخن اندر ناحیت ترک زمین بسیار دارد مانند: ترکان تغز غز، ترکان یغما، ترکان خرخیز، ترکان خلخ، ترکان جگل (چگل)، ترکان تخس (تغز) ترکان کیماک، ترکان غوز (غز) و ترکان مجغری و دیگر نواحی خرد و کوچک مربوطه ترکان. (۳)

بعد از آنکه دولت بومی سامانی مضمحل گردید، چون سر لشکریان و افسران انتخابی امرای سامانی همه ترک نژاد بودند،راه را برای خود استوار ساخته آهسته آهسته قدرت را بدست گرفتند که از آن جمله سلسله غزنویان، سلجوقیان و خوارزمشاهیان، گوزگانیان، ترکان معزیهء ، ترکان شنسبیه، ترکان کُرد، اتابکان پارس، ترکان عثمانی، ترکان خلخ .. برخاست. همان است که سلسله امرأ و حکمأ عرب از سرزمین های ماورالنهر و خراسان و عراق چیده شد و سلطه قدرت بدست ترکان و عجمیان در آمد که در این راستا قاضی منهاج سراج جوزجانی در کتاب <طبقات ناصری> آنرا متوجه میگرداند:

« چنین گوید بنده دعا گوی مسلمانان .. المنهاج سراج الجوزجانی .. که چون فیض فضل آفریدگار تعالی و تقدس تاج و تخت سلطنت ممالک هندوستان و بالش مسند اقالیم اسلام را بفر تارک مبارک، و یمن پای گردونسای خدایگان عالم، سلطان سلاطین ترک و عجم، مالک الرقاب ملوک امم، فرمانفرمای ابنأ آدم، ناصر الدنیا والدین، غیاث الاسلام و المسلمین .. ابوالمظفر محمود بن السطان التمش .. > (۴)

قطب الدین المعزی (ایبک): قطب الدین را بار اول بصفت غلام از ترکستان بسوی نیشاپور آوردند. (درست مانند سبگتگین پدر سلطان محمود غزنوی که بصفت غلام به نیشاپور آورده شد). در شهر نیشاپور قاضی القضات فخرالدین بن عبدالعزیز کوفی (از اولاده امام اعظم ابوحنیفه کوفی) قطب الدین را بخرید و در خدمت او بود. کلام الله بخواند و تیر اندازی یاد گرفت، در ایام جوانی و شباب، او را تجاران به غزنین آوردند و در آنجا سلطان معزالدین محمد سام او را از تجار بخرید، اگر چه بهمه اوصاف حمیده و آثار گزیده موصوف بود اما به ظاهر جمالی نداشت، و انگشت خنصر او شکستی داشت. (درست مانند سبگتگین که نهایت درجه بدشکل و دراز بود که سبگتگین دراز گفتندی) چون کلک و یا انگشت کوچک او شکسته بود از همان سبب او را <ایبک> شل گفتندی. (راووتی ایبک را کلمه ترکی دانسته که بمعنی شل میباشد) روزی سلطان معزالدین به عیش و نوش مشغول بود و جشن برپا کرده بود و بخشش هایی برای غلامان و لشکریان بداد. از آنجمله

برای قطب الدین نیز زر و سیم بخشش کرد، اما قطب الدین همه را برای ترکان و پرده داران و فراشان بخشید. سلطان را ازین کار خوش آمد و او را پیش تخت و بارگاه نصب کرد و کارش بالا گرفت تا اینکه امیر آخر مقرر گردید، به اثر رشادت و دلیری که نشان داد همردیف سالار عزالدین حسین خرمیل درآمد که هر دو دهلی و لاهور و دیگر نقاط هندوستان فتح کردند. چون سلطان معزالدین به شهادت رسید، قطب الدین لقب سلطانی یافت. (۵)

عبدالحی ضحاک گردیزی مؤلف تاریخ <زین الاخبار> در فصل هفدهم نوشته جالبی دارند. عبدالحی گردیزی تمام سرزمین میانه جهان را آریایی میداند و دیگران را دنیای <اطراف> وانمود میسازد، ایرانی ها یا آرایایی ها همین خراسان و سیستان و نیمروز و پارس و عراق و نواحی شامات (عراق و شامات از گذشته های دور و دراز تحت فرمان پارسیها بودند) باشد که بنا بر نوشته های تاریخی مردمان شجاع و نجیب و مهمان نواز بوده اند و به تعبیر عبدالحی گردیزی نیز مردمان ایران (مراد از کشور ایران امروز نمی باشد) را اهل فضل و خرد و دانش و محترم و سید همه خطاب میکند.

از نگاه عبدالحی گردیزی خاک بدو حصه تقسیم بندی شده: ایران و غیر ایران. دنیای ایران را دانستیم و جهان غیر ایران به چهار جانب منقسم شده است:

۱. اهل مشرق عبارت از هندوان

۲. اهل مغرب عبارت از رومیان

۳. اهل جنوب عبارت زنگیان

۴. اهل شمال عبارت از ترکان

در این تقسیم بندی مؤرخ کشور، ایران سرزمینیست پهناور و داراری فضایل مادی و معنوی که همیشه بادار و خان بوده و از <اطراف> غلام و برده به ایران آورده شده و همه ی اهل دیگر یا غیر ایرانیها، باجگزار و خراج ده اند زیرا که اهل ایران دارای خرد و اندیشه اند. <.. و بدین سبب است که اهل این میانه جهان (ایران) به خرد داناتر اند، به عقل تمام تر، به مردی شجاع تر و دور بین تر و سخی تر..> که اهل اطراف فاقد این مزایا اند. (٦)

طوریکه تاریخ شهادت میدهد حضرت نوح دارای سه فرزند بود: سام، حام، و یافث. پس از تقسیم یابی دنیای خاکی، ترک و ثقلات و یاجوج و ماجوج تا نواحی چین مربوط یافث میشود، پس به اساس این استناد، ترک ها از طایفه یافث اند. این طایفه کم موی و تند خوی اند، سبب کم مویی و تندخویی ایشان آن باشد که مادر یافث خایه مورچه را خورده و شیر گرگ نوشیده است که بنا به تعبیر عبدالحی گردیزی <این کم مویی به سبب آن خایهء مورچه اوفتاد او را و بدخویی به سبب شیر گرگ و اصل ترکان از وی افتاده است> (۷)

عبدالحی گردیزی از طوایف ترکان یاد میکند که من از شرح کامل آن پرهیز کرده صرف نام میبرم و عبارتند از : خلخیان، کیماک، یغماییان، خرخیزیان ، تبتیا، برسخان و غزان.

به استناد عبدالحی گردیزی که ترکان از نژاد آریایی نبوده اند و آنها از بقایای آریایی های مهاجری که از ماورأ سیحون و جیحون بسوی جنوب و غرب و مشرق سرازیر شده اند نمی باشند.

خدایان ترک

همان گونه که ما از آریایی ها متذکر شدیم که مردمان سلحشور، نجیب و دلاوری که از نواحی سیحون و خوارزم و قفقازیه بسوی جنوب و غرب کوچیدند و با خود ادب و فرهنگ ویژه یی را حمل کرده با فرهنگ تمدن باختر، سند و پارس امتزاج دادند. بدین سان در میان آریایی ها مردمانی نیز وجود داشتند که از یک رودبار آب مینوشیدند. احتمالاً در گزار تاریخ با هم رشته های عرقی و خونی نیز گره کرده باشند. ما در شاهنامه کتاب سترگ فارسی/دری از تورانی ها میدانیم . تورانی ها پیوسته با آریایی ها و یا ایرانی ها در زد و خورد بوده اند. تورانی ها هیچگاه روای آنرا نداشته اند که مردمان اینسوی جیحون و هندوکش و سند و هیرمند و سیستان و طبرسان دارای فره و شأن و شوکت پادشاهی باشند. آنها از دم و دستگاه باختریان حسد میبردند. دیو های مازنداران را نیز خوش نداشتند. سیستانی ها را نمی پسندیدند. با تخاری ها و سمنگانی ها پیوسته در زد و خورد بوده، کابلستان کهن و زابلستان پار را بدیده نیک نمی دیدند. با ملک ختای و چین که بنا

بقول گرشاسپ نامه اسدی طوسی میان چین و توران زمین یکساله راه بوده و با یکدیگر در تضاد بوده اند.

چو یکساله راه بود توران و چین   سپـــــاهی ورا بود زیر نگین

بزرگان بر این مـــــژده برخاستند   همه چین و ماچین بیاراستند

از گذشته های دور سرزمین تورانیان، بزرگ و پهناور بوده که افراسیاب شاه شاهان و فرمانروای زمین و آسمان ترکستان محسوب میگردیده است.

تمام سرزمین شمالی آریانای کهن، تورانیان بودند که از چین و ماچین می آغازد و تا بحیره خزر امتداد می یابد. توران با پهنای گسترده و شهر هایی چون چاچ، کاشغر، ختن، شنگل ربی، ختلان، سنجاب، سمرقند، قوقند را دربر میگرفته، یا بزبان دیگر از ماورا النهر تا چین پیوست داشته است.

به کلیف شد از بلخ گاه بهار   وزان جایگاه کرد جیحون گزار

همه مـــاورالنهر تا مرز چین   شمردند آنگاه < تـوران زمین>

همانگونه که آریایی ها دارای خدایان بودند، تورانی ها نیز خدایی داشته اند بنام <تاری> یا <طوری> تاری در زبان های ترکمنی، ترکی ، چغتایی و مغولی بمعنی خدا باشد. تاری را خانه خدا و عبادتگاه نیز استعمال کرده اند. احتمال کاربرد کلمه های ترک و تاجیک - ترکمن، توران و تیمور و تاش واژه <تاری> بی رابطه نمی باشد. اسم هایی چون : تاروردی، ترکان خاتون، توره بای، توردی قل، توره بوره با تاری وابسته است. احتمال وابستگی بعضی کلمات پشتو مانند توره بوره، توره (شمشیر) در آن نمایان است، گفته اند که <تاری> خدای زور آوری بوده که پیروان شان به زور گویی و تظلم سرآمد روزگار گردیده اند. مهدی اخوان ثالث در این سروده تاری را مانند یهوه و اهورامزدا دانسته اند:

یـــــــهوه و تـــــاری و الله و اهورامزدا

ای خدا خوانده <خدا> این همه مقصود تویی (۸)

پس کلمه های که به خدای ترک ها وابسته میگردد و ریشه از آنسوی سرزمین گرفته بدون شک با هجوم و مهاجرت ترک ها و تورانی ها بسرزمین ما نیز داخل شده و حتی به کلمات

انگلیسی Tour که گردش و سیاحت را معنی میدهد از واژه <تاری> و یا<طور> گرفته شده باشد که تورانیان و ترکان مردمان فاتح، جهانگرد و بیابانگرد بوده اند، <پورتورا> اسم پدر فریدون ششمین شاه پیشدادی بوده که در آن هنگام اسمی از تورانیان در صفحات تاریخ درج نگردیده است. اما بعد از کشته شدن <تور> بدست منوچهر شاخه یی از آریاییان بنام تورانیان در داستانها و روایت های تاریخی مجسم میگردند. تور همچنان در زبان پشتو بمعنی شمشیر باشد. بعضی را ادعا بر آنست که تورانیان نخستین بار آهن را در ساختن شمشیر و دیگر آلات حربی بکار گرفتند. همچنان قوم توری در میان طایفه پشتون شاخه یی از تورانیان اند که در اینسوی آمو به ساحه جنوبی هندوکش اقامت کرده اند، <باتور> در لهجه های گفتاری بمعنی دلیر و جسور و دلاور آمده که بعد ها به شکل <بهادر> در آمده است. پس واژه تور برعلاوه شور و شراندازی بمعنی جنگ نیز آمده است که توارنداز بمعنای شورانداز و جنگ انداز کاربرد فراوان دارد. (۹)

یادداشت ها :

۱. کتاب «طبقات ناصری»، اثر قاضی منهاج سراج جوزجانی، ۱۳۴۲، چاپ مطبعه کابل، با تعلیقات استاد حبیبی، صفحه ۴۷۳

۲. رجوع کنید به «فرهنگ معین»، جلد ۵ ، صص ۳۸٦ و ۳۸۷

۳. کتاب «حدود العالم»، مقدمه بارتولد و تعلیقات و حواشی مینورسکی، ترجمه استاد میرحسین شاه، چاپ کابل، سال ۱۳۴۲، ص ۱۹۱

۴. کتاب «طبقات ناصری»، اثر منهاج سراج جوزجانی، ٥ تصحیح استاد حبیبی، مطبعه کابل، ۱۳۴۲، صفحه ٦، دیباچه

۵. همان کتاب، سلاطین هند، صفحه ۴۱٦

٦. کتاب «زین الاخبار»، اثر عبدالحی گردیزی، به تصحیح عبدالحی حبیبی، صفحه ۵۴۴ و ۵۴۵

۷. همان کتاب، صفحه ۵۴۷

۸. درباره <تاری> بنگرید به فصلنامه «ره آورد»، شماره ۵۹، سال ۱۳۸۱، منتشر کالیفورنیا، صفحه ۲۸۲

۹. کتاب «واژه افغان و سرزمین سلیمان»، نوشتهٔ محمد صالح گردش، طبع مزارشریف، سال ۱۳۸۵ خورشیدی، صص ۸۹-۹۱

* ما از <تاری> که بنام خدای تورانی ها در تاریخ عرض اندام کرده است دانستیم، خدای دیگری در سرزمین <وایکنگ ها> بنام <تور> و یا <طور> Thor یاد شده است که خدای زورآور و سرتاز وایکنگ ها میباشد. این نویسنده رابطه تاری تورانی ها را با <تور> وایکنگ ها هم ریشه میدانم. احتمالاً <تاری> تورانی ها خدای آریایی ها میباشد که در سرزمین های سکاندناوی به همین نام عرض اندام کرده است و با هم همریشه باشند، بنگرید به وایکنگ ها و بعد به خدایان شان.

وایکنگ ها

وایکنگ ها که در تاریخ بنام <دزدان دریای> شهرت حاصل کرده اند در حدود هزار سال یا بیشتر از امروز در نواحی و مناطق زندگی میکردند که امروز کشور هایی چون، سویدن، ناروی، دنمارک و آیسلند را احتوا میکند. وایکنگ ها معمولاً زراعت پیشه و کشتی ساز بودند. دانشمندان را بیشتر بر آن است که آنها بیشتر به کشتی سازی علاقمند بوده اند تا به زراعت. زیرا مناطقی که وایکنگ ها زندگانی میکردند، نظر به شرایط اقلیمی برای زراعت سازگار نبوده است. زیرا ناروی دارای تپه های ناگوار ، سویدن مملو از جنگلات سردسیر و دنمارک نهایت ریگزار بوده است. وقتا که جمعیت وایکنگ ها رو به افزایش رفت، آنها بخاطر تأمین معیشت مجبور شدند دست به غارت و چپاول بزنند و دزدان دریایی گردند. در ابتدا آنها در شهر های اروپایی به جستجوی غنایم بر آمده کلیسا ها و مانستری ها را بغارت کشیده و مردمان بومی را برده ساختند، در قرن ۱۸ میلادی آنها در آیسلند و گرین لند و سواحل دریای انگلستان و همچنان در شمال فرانسه امروزی در جستجوی جای و چای بودند. باید یاد آور شد که قدامت کشتی سازی وایکنگ ها به جزایر مدیترانه و جزیره

کریت نمی رسد زیرا تاریخ کشتی سازی و فلز کاری و کندن کاری در آن ساحه دامن دراز مدت دارد. اما تاریخ گواه آنست که وایکنگ ها در بحر پیمایی دراز و طویل ید طولا داشته اند و آنها تا سواحل امریکای شرق نیز کشتی رانی کرده اند دیرینه شناسان در ناحیه یورک انگلستان آثار بی شماری را از وایکنگ ها کشف کرده اند، و شهری نیز یادبود آنها را نمایان میسازد. وایکنگ ها در هنگام گراما و تابستان در مناطق شان به جمع آوری آذوقه و شست و شوی لباس، قطع کردن چوب و خشکاندن ماهی مصروف میگردیدند. هرگاه مواد غذایی شان رو به کمبودی میرفت دست به دزدی میزدند. وایکنگ ها از نعمت سواد برخوردار نبوده اند و در اواخر قرن ۱۸ به تجارت مشغول گردیده در شهر استانبول با فروش مواد فلزی و فروش برده مصروفیت داشته اند. این مردمان سرخ چهره و سرخ موی از خود خدایانی نیز داشته اند که بنام تور THOR یاد میشد خدای تور که ریش دراز سرخ رنگی داشته و شراب خور نیز بوده مورد پرستش وایکنگ ها قرار گرفته و این خدای سرخ موی تُرش روی و درشت خوی نیز بوده است، خدای تور کمتر می خندیده که از همین رو وایکنگ ها سرد طبیعت و ماجراجو بوده اند.

وایکنگ ها در جنگ های شان بدسته جات کوچکی منقسم شده بطور ناگهانی حمله ور میشدند، حملات باصقین وایکنگ ها در تاریخ نام دارد. درین حملات ناگهانی تمام اموال مردم غارت شده بغارت برده شده و مردان شانرا کشته و زنان و جوانان شانرا به بازار های شرق میانه برای ترک و عرب بفروش میرسانیدند. وایکنگ ها خدای دیگری داشته اند که از نگاه قرب و منزلت نسبت به خدای تور بیشتر بوده که بنام اوودین ODIN مسمی بود. اوودین خدای شاهان و جنگجویان وایکنگ ها محسوب میگردید.

ترجمه کامل انصاری- از کتاب

The Viking Times/ By ; Hazel Martell 1994- Franklin Watts, UK

تاری، ایزد ترک و توران

یهـــــوه و تاری و الله و اهورامزدا

ای خدا خوانده خدا، این همه مقصود تویی

(مهدی اخوان ثالث)

واژه «تاری» در زبان های ترکی - ترکمنی - چغتایی و مغولی به معنی «خدا، پروردگار و ایزد» میباشد. کلمه های ترکیبی همچون : تاری وردی ، الله داد، الله وردی ، توردی قل، توره بوره، توردجان، توره بای و توردی بیگ کاربرد فراوان دارد.

«تاری» به معنی «خانه خدا» نیز آمده که عبادتگاه و محل نیایش این اقوام بوده است.

واژه «توره» در پشتو بمعنی شمشیر است که از کلمه «تاری» اخذ گردیده، زیرا که اکثر کلمات ترکی/ تتاری در زبان پشتو موجود است مانند: ولس، جرگه، خان، لوی، کوچ، کوچی، اتن، خیل و یرغل. طوریکه گفته آمد کلمه توره در پشتو شمشیر است که از خدای ترکان که شمشیر زن و زورآور بوده گرفته شده و این واژه از ترکی به زبان پشتو راه یافته و با کلمه «تاری» خدای ترکان رابطه تنگاتنگ دارد. در زبان پشتو هرگاه توره به معنی رنگ سیاه هم باشد با کینه توزی و دل چرکی و سیاه دلی که خاصه ظالمان است وابسته است.

تاری، پادشاه/خدایی بوده زورآور و ستمگر که در شقاوت و رزمندگی دست بلند داشته است. پیروان این خدا/ پادشاه نیز مانند خدای شان شمشیر زن و یرغلچی بوده اند که سرزمین های پهناوری را از سیر دریا تا آمو دریا تحت فرمان داشتند. مناطق پر وسعت ترکستان شرقی، ترکستان غربی و ترکستان جنوبی (صفحات شمال افغانستان) موید این مدعا است. ما در متون تاریخ، اقوام ترک و تتار و مغل که هزار ها سال سرزمین های آسیایی را تحت فرمان داشته اند آگاه استیم. در هزاره های پیش پیش تاریخ از حمله و هجوم اقوام کهن ترکان بنام «تورانی ها» که همیشه درد سر شاهان کیانی و پیشدادی میگردیدند واقف استیم که شاهنامه فردوسی از این رویداد ها با تفصیل یاد میدارد. (۱)

باید از این واقعیت نگری و درست پسندی به دور نرویم که هر قوم شمشیر زن و توسعه طلب که با جنگ و خونریزی خو گرفته اند، کشور های مفتوحه را بغارت

میکشیده اند و از هر طایفه به تعداد بی بی های خوش رو و خوش قیافه می افزودند که بدین حساب خیل و ختک شان رو به افزایش می رفت و از کثرت زن ها تعداد فرزندان شان زیاد شده در مدت کم جمعیت اهالی مهاجم ازدیاد میابد که بدین علت صاحب ثروت و نفوس و نفوذ گردیده و در زمره قوم برتر و کثرت گرا سده های بیشماری فرمان میراندند.

وایکنگ ها مردمان سرخ موی و سرخ رویی استند که در مناطق سکاندیناوی مانند دنمارک، سویدن، ناروی و آیسلند زنده گانی داشته اند. وایکنگ ها نظر به شرایط محیطی و سردی هوا، معمولا در ساختن کشتی ها مهارت داشته اند که بدین حساب در روند تاریخ بشر، ایشان نخستین بحر پیمایی هایی هستند که تا کرانه های شرق امریکای شمالی کشتی رانی کرده اند.

آنها همیشه در غارت و دزدی متوصل میشدند. اما باید یاد آور شد که در فن کشتی سازی اهالی مدیترانه مخصوصاً جزیره کریت در ساختن کشتی ها و بحر پیمایی ها گوی سبقت ربوده است.

وایکنگ ها دو نوع خدایان داشتند که یکی «تور» خدای اهالی عادی بوده است. تور، خدا/ پادشاهی است که ریش دراز سرخ رنگ داشته و بقول منوچهری دامغانی: مرد کبات و شراب و ربابت بوده است. او در شرابخوری و زنباه گی دست بلند داشته و فرمانروای ظالمی بوده است. تور خدای وایکنگ ها، قهار و تندخوی و ترش روی بوده که بسیار کم تبسم در لب داشته است. «اودین» خدای دیگری در مناطق سکاندناوی که خدای اهالی نجیب و سردمداران و کلان شونده گان بوده است. قرار شواهد تاریخی که اودین یک چشم خود را بخاطر دانش و اندوخته های علمی از دست داده که بدین حساب ایزد نرم خوی و گرم روی و دانش پرور بوده. اودین در مقام و منزلت از خدای تور دست بالا دارد زیرا که خدا/ پادشاهء نجیب زاده گان محسوب میگردید اما قدرت بزرگ بدست تور بود.. (۲)

تور، خدای وایکنگ ها با تاری خدای ترکان چه رابطه دارد؟ تاری و تور هر دو خدا/ پادشاه خدایان ظالم هستند و شمشیر زن و سلحشور بیرحم و یغماگر.

در دامغان پارس مسجدی بنا گردیده بنام «مسجد تاریخانه دامغان» بعد ها نام و شهرت این مسجد بنام «تاری خان» تبدیل شد که این نام نیز ریشه با ایزد ترکان دارد.

کلمه های ترکی، توره، ترک، تورانی، تورانیان، تتار، تیمور، توران شاه، توران بیگ، ترکمن، ترکستان، تور و تاردی از کلمه «تاری» که خدای ترکان بوده اخذ شده است. باید یاد آور شد که در هزاره های پیش سرزمین ترکان و تورانیان خشک و لم یزرع بود، باران نزد شان یک نعمت بزرگ الهی محسوب میشد. هر باری که خشکسالی بروز میکرد آنها به خدای خود «تاری» رجوع میکردند و به صحرا ها بر آمده دعای باران را بنام ایزد تاری میخواندند. بدین لحاظ تاری بحیث خدای باران نیز عبادت میگردید.

بناً تاری نام خدای باران و رعد و برق شد که در سروده های محلی مردمی راه یافت. این سروده های باران در میان ترکان، مغولان و اوزبیکان و تتاران باقیمانده درج تاریخ گردید.

مراسم «چمچه زنی یا چمچه گلین» پدیده‌ء که از آیین های کهن در میان بومیان ترکان بجا مانده است. این مراسم چمچه زنی رسمی است که در هنگام خشکسالی انجام می پذیرد. در این مراسم دختران با خوشحالی تمام عروسکی را بنام «چمچه خاتون» بدست میگیرند و با قاشق زنی سروده زیر را زمزمه میکنند:

چمچمی خاتون چن ایستر

«تاری» ذن یا غیش ایستر

الله قــــلی خمـــــــــیره ده

الله ذن یا غــیش ایســــــتر

(ترجمه : چمچمی خاتون چه میخواهد؟ از خدا باران میخواهد. دست و بالش در خمیر مانده، از خدا باران میخواهد)

در این سروده محلی کار برد واژه «تاری» را بوضاحت مشاهده میداریم. (۳)

یادداشت ها:

1. فصلنامه «ره آورد»، نوشته سید حسن امین، شماره ۵۵، سال ۱۳۷۹، منتشره کالیفورنیا، صفحه ۱۵۸
2. کتاب «وایکینگ تایمز»، تألیف نیزل مارتیل، چاپ لندن، سال ۱۹۹۴
3. فصلنامه «ره آورد»، شماره ۵۹، سال ۱۳۸۱ خورشیدی، منتشره کالیفورنیا، صفحه ۲۸۲

ترک ها بحیث شاهان مملوک :

ترک و ترکتازی و ترکمنشی در سرزمین خراسان از گذشته های دور با خاک و آب و باد عجین گردیده است. از دوره سامانیان به بعد ترکان بصفت لشکریان و یا غلامان و غلام بچه گان و یا بحیث برده گان در حیات سیاسی و اجتماعی و لشکری ما داخل شده که بعد ها جز فرهنگ و ادب و زبان گردیده است. از سده های پیش، از امیران سامانی تا حاکمان بعدی، با نظرداشت جَلد بودن و تیز بینی و سلحشوری و بیباکی و ناترسی که داشته اند، <ترک ها> به مقام های سربازی و لشکری و آهسته آهسته به درجه های سر افسری جلب میگردیدند. در این راستا ترکها پیش رونده گردیده با توسعه جنگ ها در امپراطوری های اسلامی چه در خراسان و یا ماورألنهر و یا عراق و پارس، کار و رونق اجتماعی و عسکری شان بالا میگرفت. این دلاوری ها خود در فرهنگ ادبیات فارسی/دری نیز جلب توجه میکرد. رزم آوری های سر لشکریان و سپه سالاران ترک در خدمت شاهان خراسان در نثر و نظم و در کلتور و فرهنگ بومی که بعد ها سرزمین خودی میگردد شامل گردیده، و از ارزش ویژه یی برخوردار میگردد. غلام و غلام باره گی از موضوعات اجتماعی و دبدبه سلسله های شاهی بشمار میرفته که متصل جنگجویی های شاهان قرار میگیرد. غلام های ترک رفته رفته در دربار شاهانِ باختری و خراسانی و پارسی به اوج خود رسیده، خود صاحب کرچ و کلاه شده روزگاری میشود که صاحب تخت و تاج نیز میگردند. شاهان مملوک و بنی طولون مصر، شاهان مملوک دهلی، امپراطوری غزنه، از جمله غلامانی اند که روزگاری بحیث غلام و برده از ماورألنهر گسیل شده و با تخت و تاج شاهان بحیث

لشکر و عسکر دخیل شده بعد ها صاحب شان و شوکت شده و بخت و تخت را نیز کمایی کرده اند.

نوت : مملوک که جمع آن ممالک است بمعنی غلام است و بیشتر این کلمه را در مورد غلامان سفید پوست بکار میبرده اند. بطور مثال سلاطین ممالک مصر از غلامیان ترک یا چرگسی بودند که ابتدا در جزء فراوالان مزدور ‹الملک الصالح ایوب› قرار داشتند. بعد ها این شاهان مملوک بدو قسمت تقسیم شدند:

۱. شاهان ممالک بحری

۲. شاهان ممالک بُرجی

شاهان ممالیک بحری و برجی تا نیمه اول قرن دهم هجری مصر و شام را تحت اداره و حکومت خود داشتند و افراد این دو طبقه مملوک با وجود کشمکش های ساحوی کشور های تحت قیادت شانرا بخوبی اداره میکردند. (۱)

یادداشت:

۱. کتاب «طبقات سلاطین اسلام»، تألیف استانلی لین پول، ترجمه عباس اقبال، ناشر دنیای کتاب، ۱۳۶۳، صفحه ۷۰

تاجیک ها

درباره کلمه <تاجیک> نخست میرویم بسراغ فرهنگ ها :

۱. غیاث اللغات

تاجیک عرب زاده که در عجم کلان شود - و نام ولایتی و طایفه یی غیر عربی باشد. و در لغت ترکی بمعنی اهل فرس نوشته <تاجک> به کسر جیم عربی و کاف عربی اولاد عرب که در عجم بزرگ شده باشد و اکثر ایشان سوداگر باشند. لهذا از تاجک گاهی سوداگر مراد باشد. (۱)

۲. برهان قاطع

تازیک و تاژیک بر وزن و معنی تاجیک است که غیر عرب و ترک باشد، و فرزند عرب در عجم زاییده شده و برآمده را نیز گویند. (۲)

۳. فرهنگ جهانگیری

تازک با زای منقوطه مکسور، مخفف تازیک بود، ابو نصر احمد رافعی گفته :

ز چین و ماچین یک رویه تا لب جیحون

ز ترک و تازک و ترکمان و غز و خزر (۳)

۴. فرهنگ عمید

تاجیک - تاجک، تاژیک ،تازک ، غیر عرب و ترک، مردم فارسی زبان، و فرزندان عرب که در عجم پرورش یافته و بزرگ شده باشند، آنگاه بزبان فارسی تکلم کنند، بیشتر در مقابل ترک استعمال میشود و نام طایفه یی از نژاد آرین ساکن ترکستان افغان و پامیر و ترکستان روس که اغلب بزبان فارسی تکلم میکنند. (۴)

<تاجیک> را فرهنگ ها با کلمه های تاجک، تازک، تاجیک، تاژیک، تاژیگ، تازیک، تازی و تازیک یاد کرده اند. طوریکه مشاهده کردیم تاجیک ها مردمانی اند که سوداگر و تاجر پیشه بوده اند و هم طوایفی اند که غیر از نژاد ترک و عرب میباشند. همچنان اولاده عرب ها که در عجم آمده و با تاجیک ها همخون و هم عرق شده اند نیز به شمار این

قوم محسوب میگردند. زبان تاجیک ها را فارسی/ دری پنداشته اند. از گذشته های دور دور تاریخ، تاجیک ها و طوایف شان از چین و ماچین به شرق میآغازید و بسوی غرب تا لبه های دریاچه اورال می انجامید که در این نواحی سغدیانا، سمرکندا، بخارا، خوارزما و دیگر مناطق شامل بود که بدون شک در روند تاریخی ایشان با طوایف گرد و نواحی خویش همخویشی و روابط دوستی را بمیان گذاشتند بعد ها ساحه گسترش این مردمان تجار پیشه و متمدن بسوی باختر و هرات و غزنه و بامیان و گندهارا و لغمان کشید که از ساحه شمال رود آمو بسوی شمال هندوکش و بعد بجانب جنوب هندوکش و دره پهناور رود کابل پهن گردید. این طوایف جهانگرد و تاجر پیشه قدامت بس دیرینه دارند و پیش از آنکه توکیو ها، ترک ها، تتار ها، تورانی ها، مغل ها، از سمت های شمالی به نواحی مرکزی و شمالی و جنوبی افغانستان امروز مستقر شوند، تاجیک ها اخذ موقعیت کرده بودند. همچنان در دور زمانه ها پیش از آنکه کوچ ها، بلوچ ها، هندی ها، یونانی ها، عرب ها، سکا ها و عبری ها به کشور ما بیایند، تاجیک ها اقامت داشته اند. زیرا تاجیک ها از دیدگاه زبان، نژاد، چهره نمایی و استخوان بندی با مردمان باختر زمین همخوانی دارند. دانشمندان را باور بر آنست که بلوری ها، بدخشی ها، تخاری ها، اندرابی ها، گوزگانانی ها، باختری ها، کابلی ها، لغمانی ها، ننگرهاری ها، بامیانی ها، غوری ها و حتی پکتیکایی ها همه یک وقتی تاجیک بود اند و این سرزمین ها جایگاه تاجیک ها بوده است. هرودوت محل اقامت تاجیک ها را <پیکتیکا> میداند و این مردم را <دادیک> Dadicae میخواند. استرابو از قومی بنام <دردی> و بطلیموس بنام <دارادری> یاد میدارد، دادیک ها یا تاجیک، تازیک، یکی از شاخه های قبایل آریایی محسوب میگردند. تاجیک ها درست مانند الینی های نورستان و پکت های پکتیکا نام شانرا در تاریخ پر عظمت ما حفظ کرده اند. طوریکه یاد آور شدم تاجیک ها مانند دیگر شعبه اقوام آریایی از قدیم الایام در نقاط مختلف کشور ما زندگی کرده اند و بعد ها با دیگر قبایل آریایی و یا غیر آریایی مخلوط گردیده اند.

دیگر از نام های برازنده این قوم که در ساحه جنوب کشور ما به زراعت و مالداری مصروف بودند <داکیوها> Daqyou اند میباشد. کلمه دهگان با داکیوو یا داگیو همخوانی دارد. دهقان که معرب دهگان است به طوایف مالدار و زارعت پیشه وابسته میگردد که

داکیو با دادیک و دهگان و دهقان همریشه میگردد. در قرن های اول و دوم دوره های اسلامی <دهگان> یا < دهقان> بلند ترین لقب برای زارعین و نجبای که به زارعت و فلاحت اشتغال داشته اند میباشد.

فرهنگ عمید <دهگان> را واژه پهلوی دانسته که به نظر این نویسنده کلمه <اوستایی> میباشد که برای صاحبان زمین و رئیس قریه گزارده میشده و این کلمه از دو جز <ده> و <گان> که مراد از ده دیهه و یا ده قریه باشد. بدین معنی که کدخدا صاحب ده قریه است، درست در فارسی/ دری قدیم مولوی را <ده ملا> میگفتند که تا امروز در صفحات شمالی کشور ما دانشمندان و علمای دینی را بنام < داملا> یاد میدارند که مراد از <ده ملا> باشد. بزبان دیگر دانشمندی که به اندازه ده ملای مدرسه دانش دارد. پس کلمه دهگان با داگیو و دادیک و تاجیک همریشه است. (۵)

روسای قبایل که زراعت پیشه بودند و هم مالدار و تاجر بدون شک دارای شهرک های نسبتاً متمدنی نیز بوده اند که بدین بیان از ترک ها و مغل ها و دیگر طوایف صحراگرد تمیز میشدند. همین آرمان های تمدن و تجاری و وسایل حمل و نقل منظم باربری باعث رشک و حسد قبایل صحراگرد و خرگاه نشین میشد. وقتی که ملک ها و روسای شان صاحب ده قریه میشدند، آهسته آهسته قدرت نفوذ و نفوس شان زیاد شده به زعم این نویسنده همان است که در سغد و بخارا و سمرقند و خوارزم و باختر و تخار و فاریاب، دهگانان از دهقانی به نیمه شاهی و شبان شاهی (گوپت شاه) و بعد بحیث شاهان اولیه (دادیک شاهی) عرض اندام میکنند. چون این مردمان به تجارت اشتغال داشته اند رمز و راز دنیایی و شهری را بلد گردیدند - همان است که شهرک هایی در باختر و ماورأالنهر آباد میدارند و زمام امور را بدست گرفته به داد و عدل خلق ها میپردازند. به قول روانشاد احمد علی کهزاد که : سنگ اول نظام سلطنتی آریانا به اساس عدل و انصاف بدست ایشان در بخدی گذاشته شد. پس همین پیشدادیان (پاراداتا) و یا پارا دادیک ها مراد از همین تاجیک ها اند نه ترک ها و یا عرب ها و یا نژاد دیگر. مسکن اصلی دادیک ها و یا تاجیک ها درست مانند پیامبر آریایی زردشت سپنتما در ابتدا در همین نواحی سیحون و جیحون موقعیت داشته است. در اوستا رود سیحون رنگا و رود جیحون دایی تیک یاد شده است. دروندیداد اوستا آمده است :<سرزمینی که در سرچشمه رنگها واقع است

شانزدهمین مملکتی است که من اهورامزدا بیافریدم. ساکنین آنجا سر و بزرگ ندارند. اهریمن در آنجا زمستان دیو آفریده و تئوژیه را در آنجا مسلط نمود> یک دانشمند جوان کشور ما کلمه <تئوژیه> را که در اوستا تذکر رفته با کلمه تاجیک بی مناسبت نمی داند. از این جمله دانسته شد که کلان شونده گان سرزمینی که کلان های شان سرکش و نا بسامان اند با پیامبر اسطوره ی کژ اندیشی دارند. همین نا هنجاریهای میان ایران و توران بوده که حتی باعث قتل زردشت پیامبر میگردند. (٦)

دهگان / دهقان

کتاب <لغات عامیانه فارسی> تألیف عبدالله افغانی نویس، از دهگان که واژه اصیل است که بعد ها< دهقان> گردیده مراد از همین تاجیک است که قوم معروف اند. <دهنگان بر وزن و معنی دهقان، تاجیک قومی است معروف>. همچنان کلمه <دهگانی> را زبان مخصوصی میداند که مردم تاجیکیه لغمان بدان حرف میزدند. دهگان در اصل از دو واژه <ده> و <گان> تشکیل یابیده که مراد از <صاحب دَه دیهه> میباشد. درست مانند <داملا> که در اصل <ده ملا> بوده، یا بزبان دیگر<به اندازه ده ملا به علم آراسته است>.

همین دهگانان و سرکرده های آنها بودن که در تاریخ دوره های اسلامی از ایشان به مراتب یاد شده است و دهگانانی که هر یک بیشتر از ده دیهه را سرپرستی میکردند اکنون زمامدار صد ها ده شده تا بالاخره به شاهی میرسیدند میباشد. در دوره های اسلامی از کلمه های ترکیبی <ملوک اطراف> به مراتب یاد شده که مراد از همین ملک های دادیکان و تاجیکان هستند. اشراف و نجبای ماورألنهری و باختری را <دهگان> نام کردند که در عربی <گاف> به <ق> تبدیل شده <دهقان> گردید. <دهقان> شکل یافته دادیکان، دادیک ها دهگانان اند که امروز کاربرد فراوان دارد. (کتاب <لغات عامیانه فارسی> صفحه ۲۸۴ - تألیف عبدالله افغانی نویس ۱۹۹۸ چاپ دوم بخط مولانا خال محمد خسته)

در تاریخ اسلامی تمام زور آوران سر و کار شان با <دهگانان> بوده است، زیرا آنها رسوخ و صلاحیت ویژه ی میان مردم داشتند. چنانچه روزی ابومسلم خراسانی بدر منزل دهقانی

از اشراف زاده گان نیشاپور میرود و پول و شمشیر میخواهد. <گویند ابومسلم روزی بدر خانه فادوستان که یکی از دهاقین و اعیان آن ولایت (نیشاپور) بود رفت و شخصی از ملا زمان او را گفت که برو و با خداوندان سرا بگوی که پیاده آمده و از تو شمشیری و هزار دینار التماس دارد و ملازم صورت قضیه را معروض فادوستان گردانیده و فادوستان با منکوحه خویش که عقل بکمال داشت در آن باب مشورت نمود. منکوحه اش گفت که تا این مرد از جایی قوی خاطر و مستظهر نباشد بر چنین امر و جرأتی اقدام نمی نماید ... تعبیر آنست که اشراف را مذلتی و ارذال را رفعتی دست خواهد داد - اکنون کار درویش مُستمند برآر که ترا نیز کار ها باشد> (۷)

تاهــــیا

دیگر از قبایل برازنده کشور تاجیک ها که در نواحی جنوبی رودخانه آمو که چینایی ها آنرا <رود وی> نام گذاشته اند قبایلی بنام <تاهیا> عرض اندام کرده اند. <رود وی> احتمالاً از کلمه اوستایی <وه روت> گرفته شده باشد که به دریای آمو اطلاق میگردد. در نواحی جنوبی رود وی که از پامیر میآغازد و تا کرانه های باختر (بلخ) بسوی غرب میرود. این امتداد و پهنای جغرافیایی مردمانی حیات بسر میبردند که بنام <تاهیا> یاد میگردیدند. سرزمین تاهیا شامل تخارستان و بدخشان و قندز و سمنگان و بلخ و گوزگانان محسوب میگردد. موسیو گریشمن این اراضی را که تاهیایی ها سکونت دارند از سرچشمه رود آمو تا انتهای جریان سرحد شمالی افغانستان امروز را در بر میگرفته میداند. از سالنامه های دودمان <هان> ها و مؤرخین چینایی که یادداشت هایشان بنام <کشور های غربی> مسمی بود، اراضی جنوبی رودخانه وی را سرزمینی دانسته اند که تاهیا ها زندگی میکردند. این تاهیا ها مراد از تاجیک ها اند. که نبض و بافت زندگی شان با آب های زولالین آمو و خاک و سنگ گهربار هندوکش عجین شده است. منابع چینایی علاوه میدارند که <تاهیا> بیش از دوهزار <لی> بطرف جنوب غرب تایوان (پامیر) بجنوب رودخانه آمو افتاده است. برعلاوه بسوی جنوب شرق تاهیا رودخانه سن توغ (سند) موقعیت دارد که بدین حساب نواحی جنوب هندوکش نیز شامل مناطق تاهیا میگردیده است. امپراطور چین بنام

Wou_Ti در سال ۱۳۸ قبل از میلاد شخصی را بنام <چانگ کین> بحیث سفیر بدربار یوچی ها فرستاد که نامبرده در جنوب رود وی با اهالی تاهیا ملاقات کرده است. (۸)

در مبحث بالا تذکر دادم که در تاریخ دراز مدت آریانای کهن، اقوام ترک و تاجیک بخاطر همسایگی و همخونی (خواه به رضا و یا خواه به جبر) همیشه یکجایی استعمال میشوند. در هنگامیکه الپتگین امیر خراسان دوره سامانیان، از دولت سامانی نظر به بعضی علت های سیاسی کناره گرفت <لویگان> غزنه را شکست داد بلخ و بامیان و غزنه را تحت تصرف در آورد. چون حکمران عادل بود مردم ایمین شدند و کار های دنیایی بخاطر عدل و داد که وی در پهنای قلمرو خود رونما کرده بود رونق گرفت از همان خاطر مردم گرد الپتگین جمع شدند و گفتند : < ما را پادشاه باید که عادل باشد و ما از او بجان و زن و فرزند ایمن باشیم و خواستهء ما ایمن بود و خواه ترک باشد و خواه تازیک> سامانیان شاهان تاجیک نژاد بودند و الپتگین - سردار لشکرش سپگتگین که غلام زر خریدش بود و بعد دامادش گردید نیز ترک بود. از سده های میانه اسلامی با زبان دیگر از سده های سوم و چهارم به بعد خراسان و پارس و ماورأالنهر دیگر روی شاهان تاجیک تبار (یا شاهان خراسانی) را ندید که بعد ها چغانیان، غزنویان، خوارزمشاهیان، سلجوقیان، شیبانان، گورگانیان، تیموریان و فریغونیان و همه یا ترک بودند و یا اوزبیک که بعد ها اولاده شان از هند و سند تا سیر دریا - از خوارزم تا پارس عراق و مصر و انطاکیه حکومت کردند. شاهان سامانی که دوره مشعشع داشتند همه لشکریان و سر لشکریان شان غلامان ترک بودند. بدون شک ترک ها در رزمندگی و دلاوری و صادقانه بودن شان در حکم جنگ شکی نیست. از همین خاطر عرب و عجم - حتی شاهان غوری نیز غلامان ترک داشتند که بقایای همین غلامان ترک تبار دودمان غوری است که در هندوستان سلاله های، قبط شاهیان، شاهان تغلقیه و شاهان خلجی را تأسیس کردند.

در هنگامیکه الپتگین غزنه را مقام زمامداری خود بساخت بسوی هندوستان با سرلشکرش سبگتگین که دامادش نیز بود لشکر کشید و بقول <سیاست نامه) که : <خبر در خراسان و ماورأالنهر و نیمروز افتاد که الپتگین دَرِ بند هندوستان بگشاد و نواحی بسیار و زر و سیم و چهار پا و برده یافت و غنیمت عظیم بر گرفت> (۹)

چیزی که برایم نهایت جالب است که بسیاری از نویسندگان و مؤرخین در آن کمتر توجه اند، ولایت، <نیمروز> کشور ما است که همخوان خراسان و ماورأالنهر میآید. سیاست نامه در چندین جای از این سه ناحیه یاد کرده است. بدون شک نیمروز در آن روزگار سرزمین <انبار غله> بود که موجودیت این منطقه مهم که در شاهراه کرمان و بلوچستان و پارس قرار گرفته مرکز تمدن دنیای کهن بوده باشد. <نیمروز> استانی بوده که وابسته به خراسان کهن نبوده بلکه درست مانند ماورأالنهر از خود دم و دستگاه جداگانه یی داشته است.

از زمان فریدون پادشاه باختری تا زمان اردشیر بابکان پادشاه پارسی، جهان خراسان کهن به قول ضحاک گردیزی که یک سپاه سالار بودی - اما اردشیر بابکان جهان کهن را به چهار سپاه سالاری تقسیم بندی کرد:

۱. سپه سالاری خراسان
۲. سپه سالاری مغرب
۳. سپه سالاری نمیروز
۴. سپه سالاری آذربایجان

از این تقسیم بندی دانسته میشود که <نیمروز> افغانستان پار یک موقعیت ویژه یی داشته که در جهان دیروز از اهمیت استراتیژیک اجتماعی و اقتصادی برخوردار بوده است. <خراسان> خودش به چهار حصه بخش میگردد:

۱. مرزبان مرو شایگان (احتمالا مرو شاهجها)
۲. مرزبان بلخ و طخارستان
۳. مرزبان ماورأالنهر
۴. مرزبان هرات و پوشنج و بادغیس

پیش از آمدن دین مقدس اسلام در خراسان، اقوام تاجیک و دیگر اقلیت هایی که با تاجیک ها خویشی کرده بودند همه به آیین بودایی و آتش پرستی اشتغال داشتند. آیین

بودایی در گستره نواحی تاجیک نشین بیداد میکرد، چنانچه تندیسه های بلند بالای بامیان، تندیسه بودای خوابیده بامیان که هنوز کشف نشده، تندیسه کشف شده بودای خوابیده تاجیکستان که تازه در چهل کیلومتری آنسوی مرز افغانستان در سرزمین تاجیکستان با بلندی ده فت و طول چهل و چند فت به حالت نیروانا افتیده نمایانگر پهنای گسترده آیین بودایی را میدارد. در ننگرهار و کاپیسا و قندهار و لوگر و قندز تندیسه های بودا موجود اند.

با آمدن لشکریان عرب و آیین مقدس اسلام، دنیای آتش پرستی و جهان آیین بودایی در خراسان، ماورأالنهر و نیمروز گسسته گردید. شهر های بلخ و تخارستان و بامیان و هرات و مرو و نیشاپور و آنسوی ماروای جیحون مانند سمرقند و بخارا و خوقند و سغد و چاچ که همه بزبان فارسی/ دری گفت و گو میکردند و هر شهر لهجه خاص خود را داشت اما زبان شان <دری> بود، که در این باره از کتاب احسن التقاسیم مقدسی چنین میخوانیم:

«بخارا و شهر ها و روستا هایی که بر گرد آن بود هرچند از ترکان خالی نبود اما بر کناره شهر های خراسان جای داشت .. این شهر در کرانه زرافشان سغد بود و مردم آن بزبان دری سخن میگفتند .. سمرقند مقارن این ایام طرخانان ترک بر آن فرمان میراندند لیکن زبان شان دری بود. مردم سمرقند بیشک بزبان دری سخن میگفته اند لیکن لهجه خاص داشته اند. دیه ها و روستا های آن نیز اکثر بهمین زبان سخن میداشته اند»

همچنان یاد آور شویم که در بلاد خراسان و ماورأالنهر آیین های بودایی و آفتاب پرستی رواج داشت. زاهدان و سیاحان بودایی به نثر و تعالیم بودا در ماورأالنهر و خراسان اشتغال داشتند. گفته اند که بودا و یا یکی از شاگردان وی کتابی به فارسی/ دری داشته است و این امر از موجودیت زبان فارسی / دری در خراسان و ماروأالنهر برملا میسازد. آیین بودایی بر علاوه زبان فارسی / دری بزبان دیگر محلی نیز در خراسان موجود بوده است سغد و بلخ و بخار پیش از اسلام سرزمینی بوده اند که بدین اسلام گرویده بودند.

(درباره بخارا و سمرقند بنگرید به کتاب <دو قرن سکوت> صفحه ۱۶۹ و صفحه ۳۱۶)

به قول روانشاد عبدالحسین زرین کوب : « اسلام با روح تازه و با تیغ آخته از راه در رسید و کار ها از لونی دگر گشت قدرت و شکوه اسلام ادیان دیگر را خاضع کرد»

مرزبانان، والیان، سپهبدان و سپاه سالاران خراسان و نیمروز و ماورأالنهر و عراق عجم یکایک به آیین اسلام گرویدند و لشکریان عرب با زن های باختری، طخاری، پارسی، ماورأالنهریِ، سیستانی، هراتی و دیگر طوایف تاجیک نشین ازدواج کردند و با مردم بومی مخلوط گردیدند. سلطه دوصد ساله خلافت اموی و فرمانروایی پنجصد ساله خلافت عباسی، جهان خراسان و نیمروزان و باختریان را به ستوه آورده بود. در آغازین یورش های اعراب، سیستانی ها، خراسانی ها، پارسی ها و ماورأالنهری ها به پا ایستادند و مبارزین زبده یی چون حمزه شاری، طاهر پوشنجی ، یعقوب لیث سیستانی، بابک خرم دینی، ابومسلم خراسانی (قرار شهادت تاریخ ابومسلم نهایت درجه ظالم و شمشیر زن بود که اکثر مبارزین ملی را سر به نیست کرد از همان خاطر خودش را گردن زدند)، بهافرید بن ماه فرورودین، استاد سیس بادغیسی و سنباد مجوسی قیام کردند.

میرویم بسراغ تازیک و تاجیک که بحث ما روی آن نهفته است . فردوسی میفرماید:

ز ایران و از ترک و از ازیان

نژادی پدیدآید اندر میان

نه دهقان، نه ترک و نه تازی بود

سخن ها به کردار بـــــــازی بود

در مبحث بالا گفته آمد که مراد از <دهگان> یا <دهقان> از مردمان تاجیک اند که از در سرزمین تاجیک نشین سکونت دارند و صاحب کشت و زراعت و فلاحت اند. هرگاه سروده فردوسی بزرگ را به تحلیل بگیریم، (ز ایران و از ترک و از تازیان)

<ایران> فردوسی ساحه تاجیک نشین خراسان و ماورأالنهر میباشد. زیرا کلمه <ایران> فردوسی مراد از کشور ایران امروزی نبوده است بلکه در زمان فردوسی مملکت ایران امروزی را <عراق عجم>یا <عراق> و یا <فارس> میگفتند که خود کتاب سیاست نامه در چندین یادداشت هایش از کشور فارس بنام <عراق > یاد کرده است.

پس در سروده فردوسی <ایران> مراد از مردمانی اند که غیر عرب و غیر ترک و تازی بوده اند. که در سروده دوم فردوسی این مسله حل شده است: «نه دهقان ، نه ترک و نه تازی

بود» از ترک و تازی (عرب تبار) یاد کرده که مراد از <دهقان> همین مردمان ایران زمین اند که ساحه پهناوری را در خراسان و ماورأالنهر احتوا میکرده است. دهقان مراد از تاجیک در کتاب لغات عامیانه فارسی نیز درج گردیده است. ایران فردوسی همان آریانای کهن و اریان و آریا است که این نویسنده در بحث مفصلی از آن حرف زده ام. پس <ایرانیان> یا <آریاییان> همان تاجیکان خالص و سچه اند که در ادوار تاریخ از سیحون تا جیحون و از پامیر تا کشمیر - از مروالرود تا خاشرود - از ننگرهار تا قندهار - از لغمان تا پغمان - از سند رود تا هریرود - از غرچه تا کوکچه زندگانی داشته اند.

آثار و زبان تاجیک ها

در گزار تاریخ هر کشوری که با پهنای وسیع جغرافیایی دارای یک تشکیل اداری و فرهنگی و سیاسی بوده و از خود زبردستی نشان داده، توسط جنگ و خونریزی ساحه قلمرو خود را وسیع ساخته و دم و دستگاه شاهی و شهری شده اند بدون شک از ایشان آثاری و خطی باقیمانده است. این کشور پهناور و شاهی نظر به مراودات تجاری و فرهنگی و سیاسی خویش هواخواهانی پدید میآورد. صنعت و تجارت و زراعت گسترش میآید و بدون شک قلمرو جغرافیایی این شاهنشاهی نزدیک رودبار معروفی عرض موقع میکند. ما مثال های برازنده یی در شاهنشاهی ها و سلطنت های دنیای قدیم داریم مانند: سلطنت های دودمان چین، فرعون های مصر، سرزمین بین النهرین، پارس کهن، هندوستان قدیم و دنیای گرد و نواحی دریای مدیترانه بوده است. در این سلطنت های پهناور شرق موجویت رودبار های عظیمی چون: رود زرد، رود نیل، رود های دجله و فرات، رود سند، و رود های سیحون و جیحون بوده است.

شاهان و مردمانی که در قلمرو شاهی و امپراطوری زندگی میکردند، اکثراً با مراودات کثیر بری و بحری از خود خط و اثری برازنده مستحکم و با دوام بجا گذاشته اند که ما امروز شاهد اهرام مصر، تندیسه های صخره یی و بنا های عظیم سنگی هستیم. این بنا ها اگر پایه و مایه سنگی و استحکامی داشته اند از بروز حوادث دهر تا اندازه یی در امان مانده اند و بعضی ها نظر به اوضاع طبیعی (زلزله ها و طوفان ها و آب خیزی ها) و یا غیر

طبیعی (مانند اشکالی که مخالف دین جدید بوده باشد و یا مطابق ذوق و سلیقه نگردد واژگونه میشود).

به همین قسم خط و نگارگری نیز نظر به تمدن شهری و صولت پادشاهی در هر سرزمین شکل و شمایل خودش را دارد. به نظر این نویسنده کشور ها و تمدن هایی که شاهی بودند و نزدیک به دریاچه و یا دریا (بحر) موقعیت داشته اند بدون شک با رفت و آمد تجارت و بحر پیمایی از کاروان تمدن عقب نمانده اند و از خود نام و نشانی بجا گذاشته اند. اما در کشور های خشک و بیابان و صحرا که از امپراطوری های بی حاصل نیز برخوردار بودند بجز زورگویی و زور پسندی، هیچ آثار فرهنگی از خود و دیار خود به ازمغان نمانده اند. دنیای کهن تاجیک ها همان سغدیانا، تخارستان ، باختر، بدخشان، بامیان، بادغیس، مرو و مروالرود، پاریاب، غور و هرات و نیشاپور بوده است.

در بخارا زبان فارسی/ دری تکلم میشد

قتیبه بن مسلم بن عمرو باهلی امیر فاتح عرب در عصر بنی امیه والی ری و خراسان بود، در ماوراالنهر تا مرز های چین جنگید و از بخارا تا خیوا و سمرقند و خوارزم خلق های این دنیای کهن را به دین اسلام کشید. در زمان او شهر های بخارا، کش، نخشب، سمرقند و نسأ و حتی کابل نیز بدین اسلام گرویدند. قتیبه بن مسلم تا زمان خلیفه اموی بنام سلیمان بن عبدالمک در ماروأالنهر فرمان میراند. تا اینکه وکیع بن حسان تمیمی او را در فرغانه بکشت. در این دوره که هنوز قرن اول هجری به پایان نرسیده است مردم بخارا کند گریز مسلمانی مینمودند و فرایض اسلامی را به زبان فارسی / دری میخواندند که در این باره ابو جعفر نرشخی چنین مینویسد:

« .. هرباری اهل بخارا مسلمان شدندی و باز چون عرب باز گشتندی ردهء آوردندی و قتیبه (قتیبه بن مسلم) حرب کرده شهر بگرفت و از بعد رنج بسیار اسلام آشکار کرد.. و ایشان اسلام بپذیرفتند به ظاهر - و بباطن بت پرستی میکردند. قتیبه چنان صواب دید که اهل بخارا را فرمود یک نیمه از خانه های خویش به عرب دادند تا عرب با ایشان باشند

و از احوال ایشان باخبر باشند تا به ضرورت مسلمان باشند. بدین طریق مسلمانی آشکار کرد..> (۱۰)

قتیبه بن مسلم که مرد خونخوار و ظالم بود با فتح و ظفر رو برو شد. اما پیش از آن عبیدالله و بعد سعد بن عثمان به امیری خراسان آمدند و در آن زمانه در بخارا <خاتون> ی بحیث ملکه بخارا فرمان میراند. مقارن سال ۵۳ هجری خراسان در حکم عبیدالله بن زیار درآمد مردی بود بیباک و ستمگار، در این زمان در بخارا <بخاراخدا> که امارت و سلطنت دیرینه بخارا را بدوش داشت جان بحق سپرده بود و فرزند کوچکش <طغشاده> نام داشت. چون ولیهد بخارا طفلی بیش نبود بناً کار های درباری بدست خاتون بخارا تعلق گرفت. خاتون بخارا با دادن باج و خراج بسنده کرده زن صلح پسند بود. پس از عبیدالله بن زیاد، سعید بن عثمان امیر خراسان شد که قرار گفته ها با خاتون بخارا مراوده خویشی و عهد دوستی کرد که مردم را خوش نخورد همان است که شور و شر در ماورأالنهر پدید میآید و عرب ها بجز غارت و چپاول چیزی نتوانستند کرد. تا اینکه حجاج، قتیبه بن مسلم باهلی را بسال ۸۶ هجری امیر خراسان نمود. گماشتگان حجاج بن یوسف همه مانند خودش ظالم و زنباره و خونباره بودند. (۱۱)

بعد از اینکه زبان و ادب فارسی/ دری در خراسان (مخصوصاً بلخ و بخارا و سمرقند و غزنه) به پویایی و رشد رسید، بسوی غرب که پارس باشد درخشید و در آن مناطق که زبان های طبری، رازی و فهلوی و حتی پهلوی رایج بود تابع سبک و لهجه شرین و سهل المخرج زبان دری گردید. شعر و نثر دری که در خراسان کهن به ظهور پیوست و با اندک توجه و دقت از جانبت <ملوک اطراف> ، شعر او ادبا و دبیران به سرود و گفت شعر و پرداختن کتب بزبان دری اقبال کرده اند.. در دوره ساسانیان در دربار تیسفون، در میانه درباریان و رجال خاصه پادشاهی هم زبان دری سخن زده میشده است. چون <در> در زبان ساسانی بمعنی پایتخت و دربار است. به قول ملک الشعرا بهار اینکه زبان دری چگونه به دربار تیسفون راه یافته؟ چنین خاطر نشان میکند که از عهده آزرمی و پوران و یزدگرد، زبان دری بهمرای <پهلویان> یعنی اتباع <فرخ هرمز> که همه خراسانی الاصل اند و تاریخنگار دوره سامانی ایشان را <فهلویان> میخواند در دربار تیسفون راه یافته باشد. بعضی از محققین <دری> با <تخاری> یکی میدانند. زبان تخاری با زبان سغدی مخلوط

گردیده است. جاحظ سخنی دارد از قول شعوبیه که : « و معلوم نیست چگونه مردم اهواز (شهریست در غرب ایران) در لغت دری و پهلوی که هر دو سوای زبان خوشان بوده است افصح بوده اند» (۱۲)

یادداشت ها :

۱. «غیاث اللغات»، چاپ بمبئی، سال ۱۲۴۲ هجری، صفحه ۱۵۳

۲. «برهان قاطع»، ابن خلف تبریزی، مؤسسه مطبوعاتی فریدون علمی، چاپ ایران، بقلم محمد عباسی، صفحه ۲۸۹

۳. «فرهنگ جهانگیری»، ویراسته دکتر رحیم عفیفی، ۱۳۵۱، چاپ خانه دانشگاه مشهد، جلد اول، صفحه ۲٦۳

۴. «فرهنگ عمید»،چاپ مؤسسه انتشارات امیر کبیر، تهران، سال ۱۳٦۴، جلد اول، صفحه ۵۲۳

۵. کتاب «تاریخ افغانستان»، نوشتهٔ احمد علی کهزاد، جلد اول، چاپ سویدن، سال ۲۰۰۲ میلادی، صفحه ۱۰۰. همچنان بنگرید به «فرهنگ عمید»، جلد اول، چاپ تهران، سال ۱۳٦۴، صفحه ۹۸۵

٦. کتاب «واژه افغان و سرزمین سلیمان»، نوشتهٔ محمد صالح گردش، چاپ مزار شریف، سال ۱۳۸۵، صفحه ۷٦

۷. کتاب «روضهء الصفا»، اثر میر خواند، جلد سوم، صفحه ۳٦۳

۸. کتاب «تاریخ افغانستان» اثر احمد علی کهزاد، جلد دوم، صفحه های ۱۲۳ و ۱۳۳

۹. کتاب «سیاست نامه»، اثر خواجه نظام الملک، به تصحیح عباس اقبال، سال ۱۳٦۹، چاپ دوم، صفحه ۱۴۲

۱۰. کتاب «سبک شناسی»، اثر ملک الشعرا محمد تقی بهار، جلد اول، چاپ تهران، سال ۱۳۷۳، صفحه ۲۳۰ و کتاب «تاریخ گردیزی»، اثر عبدالحی ضحاک گردیزی، به تصحیح عبدالحی حبیبی، صفحه ۲۴۸

۱۱. کتاب «دو قرن سکوت»، اثر دکتر زرین کوب، چاپ تهران، سال ۱۳۳۰، صفحه های ۱۷۰ و ۱۷۱

۱۲. کتاب «سبک شناسی»، اثر ملک الشعرا بهار، صفحه های ۲۳.۳۴.۲۵

قزلباشان، Qezelbash

پیش از آنکه در پیرامون قزلباش های افغانستان سخن بمیان آید. لازم دانسته میشود که قزلباشان را از لحاظ ریشه یابی و تباری به بررسی گرفت. قزل واژه ترکی بمعنی <سرخ> باشد. قزلباش کلمه ترکیبی ترکی بمعنی سرخ خسرو و کنایه از سپاهی که شاه اسمعیل صفوی ایجاد کرده که همه لشکریان خود را تاج قرمزی که دوزاده ترک داشت پوشاند. چون قزل بمعنی سرخ و باش بمعنی سر، از آنروز این لقب در ایران به لشکریان صفوی ماندگار شد. از عدد ترک کلاه که دوزاده اند عدد ائیمه اثنا عشره علیهم السلام منظور داشت. (۱)

قزلباشان دسته ی از طوایف ترک تبار اند که بخدمت شاهان صفوی استخدام شدند. این طایفه از جمله نُه قبیله ترک که تاریخ ایشان را بنام های : روملو، شاملو، استاجلو، تکه لو، ذوالقدر، افشار، قاجار یاد کرده است. قرار روایت که گروه این طایفه مدت ها پیش در ایران اقامت داشتند و احتمالاً سران این قبایل قبلاً با شیخ صفی الدین جد بزرگ خاندان صفوی روابط داشته و با این خاندان در زمره صوفیان و مریدان فداکار ایشان در آمده باشند. جنید و شیخ حیدر پدر و پدرکلان های شاه اسمعیل صفوی نیز به اتکأ فداکاری و اخلاص ایمانی و به اساس جانفشانی ها و جانبازی هایی که این قوم کرده اند مورد طمانیت شیخ گردیده باشد، بناً ایشان این قوم را در راه توسعه جهاد و غزا با کفار بکشور کشایی و استواری مقام به هر طرف گسیل میداشته اند و قزلباش با اخلاص امر باالمعروف و نهی منکر را بجا میاآوردند که بدین صورت مقام روحانی شیخ حیدر بالا میگیرد و پس از کشور کشایی روحانی و معنوی ، سیر درباری و سلطنتی پیشی میگیرد. سران قزلباشان نظر به فداکاری های معنوی در راه <مرشد کامل> آنان به ولایات مختلف به عنوان امیر الامرأ و بیگلربیگی و خان و بیگ مفتخر شدند. خلاصه کار قزلباشان بالا میگیرد و مخصوصاً در زمان شاه اسمعیل صفوی که اختیار دار تام میشوند، بر علاوه سر لشکری و ولایت، تیولدار ضیاع عقار و زمین نیز میگردند. بدین صورت در سراسر ایران این طایفه ترک تبار مقام ارجمندی را حایز میگردند. زر و زور و حکومت داری و تیولداری سبب میگردد تا ایشان از طبقات ممتاز جامعه محسوب گردند. در زمان شاه طهماسب صفوی، صلاحیت و کاردانی های قزلباشان افزونی گرفت و کلاه نمدین سرخ معنوی دوره

شیخ حیدر و شاه اسمعیل صفوی که نشان از خود گذری و صوفیگری و اطاعت محض از مرشد کامل بود، با دستار زریفت ابریشمین و جیقه و جواهر و پر های رنگارنگ آراسته شده نشان قدرت و جلال گردید. باید خاطر نشان ساخت که ترویج و گسترش مذهب شیعه که شاه اسمعیل صفوی طلایه دار این نهضت بزرگ دینی گردیده بود، توسط لشکریان قزلباش در معرض اجرا قرار داده شد. شاه اسمعیل دوم بخاطر حرص و آز سلطنت توسط همیاری لشکریان قزلباش تمام شهزاده گان صفوی را سر برید که در این جمله صرف <محمد خدا بنده> زنده ماند و بس.

روز تا روز کار و صلاحیت قزلباشان در ایران رونق شایسته یی میگرفت که منجر به اضمحلال دولت صفوی نیز میگردید. این پیشآمد ناگوار تاریخ بود که دولت های بیگانه بر ولایات سرحدی ایران تاخت و تاز کردند. دولت عثمانی، آذربایجان،شروان و ارمنستان را بتصرف در آورد و خراسان از دولت مرکزی مجزا گردید. در این هنگام شاه عباس متوجه این اعمال شده، خواست که سران قزلباش را از قدرت محدود بسازد. شاه عباس تصمیم گرفت تا لشکریان و نظامیان را از اقوام و تبار دیگری چون گرجی ها، ارمنی ها و چرکسی ها و دیگر ایل های غیر مسلمان تشکیل بدهد.

قزلباشان همیشه سواره نظام بودند و با تیرو کمان بیشتر انس داشتند، تفنگ را آله ناجوانی و دور از مردی می پنداشتند. شاه عباس صفوی به غلامان <قوللر های> چرکسی و ارمنی وگرجی خود بیشتر علاقمند بود. اما از سران قزلباش که حالا در سرارسر کشور دست بالا داشتند نیز کار میگرفت. چون کار قزلباشان بالا گرفت و در سراسر کشور با صلاحیت های نظامی و ملکی فرمان میراندند همان شد که تاریخ نام قزلباش را به همه مردم ایران خطاب میکند، یا بزبان دیگر هرگاه میگفتند: <قزلباش> مراد از مردم ایران بوده است. (۲)

ورود قزلباشان در افغانستان

تاریخ شهادت میدهد که قزلباشان در زمان زمامداری شاهان صفوی که از ایشان بحیث لشکریان و عساکر اعزامی جنگ کار میگرفتند به افغانستان آمده اند. قزلباشان در ابتدا

بحیث لا و لشکر زمامداریان صفوی به شهر های غربی افغانستان گسیل شدند، زیرا که شاه صفوی برای مدت کوتاه هرات را به تصرف داشت. از همان باعث قزلباشان با والیان دست نشانده صفوی عازم کشور ما شدند. بعد ها این طایفه با دسته های هواخواه احمد خان درانی نیز به کشور ما داخل گردیدند.

نادر افشار در هنگامیکه در ایران حکومت کرد. به هرات و قندهار لشکر کشید و آن شهر ها را تصرف شد، این یرغل کاری ها توأم با یورش سپاهیان قزلباش و افشار که با نادر افشار یکجا بسوی خاک های شرقی افغانستان کوچ کردند همراه بود. طوریکه میدانیم پیش از آن نیز قزلباش ها در هجوم های تک تک امرأ صفوی بداخل خاک افغانستان شدند. این لشکریان پس از آنکه شاهان افغانی خاک هایشان را از دست شاهان صفوی گرفتند بعضی شان مقیم شدند و بعضی فرار را بر قرار ترجیح دادند همچنان در زمان احمد شاه درانی نیز یک دسته از قزلباشان همرایی رکاب احمد خان <سردار سپاه نادر افشار> وارد افغانستان شدند. انتقالات این طایفه از زمان سلطنت شاه اسمعیل صفوی آغازید. از طرف دیگر چون ظهیرالدین محمد بابر گورگانی از دست شیبک خان اوزبیک در افغانستان شکست خورد. شیبک خان دشمن شاه اسمعیل و بابر بود که در راستا شاه اسمعیل صفوی چند بار گروهی از قزلباشان را به کمک ظهیرالدین بابر به افغانستان فرستاد که بدین صورت اکثر این قزلباشان به ایران بر نگشته و در آنجا مسکن اختیار کردند. نا گفته نماند که بر علاوه دسته های نظامی قزلباشان، افشاری ها و گرجی ها نیز داخل خاک افغانستان شدند. (۳)

بین سال های ۱۵۰۳ الی ۱۸۹۳ میلادی پادشاهان ایران پنج طبقه و از نژاد های مختلف بوده اند که شامل صفویه، افاغنه، افشاریه، زندیه و قاجاریه اند. از این طوایف، صفویه مدعی بودند که از نژاد عرب اند و نسب خود را به امام کاظم (اما هفتم شیعیان) میرسانیدند. شیخ صفی الدین اردبیلی پیشوای این دسته و از شیخ های زمانه بوده، که فرزندان شان بنام <صوفیه> سده ها در ایران حکومت کرده اند. یکی از فرزندان شیخ صفی الدین اردبیلی بنام <حیدر> علاوه بر جنبه مرشدی، پیشوای جنگجویان نیز شد و با اوزن حسن آق قویولون جنگ کرد. پسرش اسمعیل ترکمانان را مغلوب ساخته تبریز را پایتخت خود ساخت. رشد سریع مبارزات سیاسی و مذهبی شیعی صفویان، ترک های

عثمانی را خوش نمیخورد.و سلطان سلیم خان اول ، سلطان عثمانی در مقابل شاه اسمعیل صفوی قیام کرده، چهل هزار شیعیان را گردن زدند. ترکان عثمانی در جنگ چالدران قسمت های غربی ایران را به شمول ارمنستان و پایتخت شاه اسمعیل (تبریز) را نیز غارت کرده، آثار متبحر اسلامی و نسخ خطی و همچنان کتابخانه تبریز را به اناطولی انتقال دادند.

<سلسله صفویه در حقیقت پس از قیام محمود افغان و مسخر شدن هرات و مشهد بدست افاغنه و شکست شاه حسین صفوی و سقوط اصفهان در سال ۱۷۲۲ میلادی پس از چند ماه محاصره منقرض شد> (۴)

قزلباش هاییکه در صف قشون نادر افشار قرار داشتند، جمعی در افغانستان و بعضی در هندوستان و هم قسمتی در ماورأالنهر ساکن گردیدند. چون قزلباشانِ ساکن این کشور ها مذهب شیعه داشتند و گروه اقلیت را تشکیل میدادند، بنا بر تعصب مذهبی که موجود بود آنها را قزلباش و یا شیعه خطاب میکردند، زیرا که هیمشه کلمه قزلباش با شیعه مترادف گردید. کتاب < بستان السیاحه> که در قرن سیزده هجری تألیف گردیده مینویسد: « در ملک توران و هندوستان هر کس شیعی مذهب و از اهل ایران باشد او را قزلباش میگویند و در کشور شام و روم مطلق شیعه را به این نام میخوانند.» در عصر حاضر نیز در هندوستان، افغانستان و پاکستان و ماورأالنهر کلمه قزلباش بهمین مفهوم است که قزلباش مراد از ایرانی، شیعه و یا هردو. (در افغانستان قزلباشان شیعه گفته میشدند اما کلمه ایرانی برای شان گفته نمی شد.)

دانشمند ایرانی جناب کیوان سمیعی میفرمایند که در افغانستان امروز، شیعه در قسمت هایی از قبایل و طوایف افریدی، بنگش، توری (طوری)، ملاخیل ،دایه، هردی، کیانی و هزاره جغتو موجود اند. قزلباشان افغانستان از لحاظ تمدن و تأثیر در اوضاع سیاسی و اجتماعی رکن اساسی دارند و اغلب شان در شهر های برازنده افغانستان مانند کابل، هرات، غزنی، قندهار و پیشاور مقیم اند. (۵)

درقسمت قوم طوری که در افغانستان سکونت دارند و شیعه مذهب اند سراج التواریخ چنین مینگارد: «و مقارن این حال تقریباً سه صد تن از مردان و زنان قوم طوری افغان

سکنه کرم به عادت مستمره از راه کابل و هرات عازم زیارت سلطان سریر ارتضا علی بن موسی الرضا (رض) گردیده وارد کابل شدند و چون این قوم از رعایای افغانستان و قوم افغان است و بخواهش خویش راه اطاعت دولت انگلیس را پیش گرفته از این معنی و هم از اینکه شیعه اند مردم افغانستان ایشان را بد می بینند بلکه در قتل و غارت جان و مال ایشان صرفه نکرده مضایقه روا نمی دارند. شهزاده آزاده سردار حبیب الله خان به ملاحظه اینکه ضرر و آسیبی به ایشان نرسد، همه را از رفتن به راه افغانستان باز داشته چندی در کابل ماندند و به کرم بازگشتند و به ایشان امر شد که دیگر از راه افغانستان در مشهد رفت و آمد نکنند.»

(بنگرید به کتاب «سراج التواریخ»، جلد سوم، قسمت اول، سال ۱۳۷۰، صفحه ۴۷۴)

باید متوجه شد که هزاره های افغانستان که شیعه اند نباید با قزلباشان اشتباه شوند. بدون شک قزلباشان افغانستان و هزاره ها مذهب تشیع دارند اما از یک طایفه نمی باشند. هزاره از لحاظ اناطومی دارای قد و قامت کوتاه و بینی پهن و قِرت دارند. اما قزلباشان مانند هزاره ها سفید چهره اند و دارای قامت های میانه و بینی های کشیده و سر و صورت شایسته دارند. طوریکه میدانیم قدامت اسکان قزلباشان در افغانستان از پنج شش سده تجاوز نمیکند، در حالیکه هزاره های افغانستان هزار ها سال است که در این مرز و بوم در عمق رودبار های هندوکش ریشه گرفته اند. قزلباشان ترک نژاد اند و هزاره از تبار مغولی/ ترکی و یا احتمالاً مغولی باشند. (بنگرید به تحلیل و ارزیابی هزاره از این قلم در نوشته یی تحت عنوان <بودیزم در افغانستان>)

از زمان احمد خان درانی تا زمان سلطنت امیر شیر علی خان، قزلباشان افغانستان در دستگاه های دولتی مقام خاصی داشتند که در ابتدا در ساحات نظامی و لشکری، بعد ها در ساحات اداری افغانستان سهم فعالی را دارا بوده اند. در دوره حکمروایی امیر عبدالرحمن خان بعلت فشار هاییکه بر آنها رفت و تعصب شیعی بیداد میکرد، یک گروپ شان بسوی ماوراالنهر و هندوستان و ایران رهسپار شدند. بعد ها در زمان زمامداری امیر حبیب الله خان شهید و شاه امان الله خان از قزلباشان و دیگر طایفه شیعه دعوت بعمل آمد که به وطن برگردند. امیر امان الله خان در این راه نهایت سعی کرد تا هموطنان خود را از خارج بر گرداند، چنانچه وی اوراق را بنام <تذکره تابعیت> بچاپ رسانیده برای

مأمورین افغانی در خارج گوشزد کرد که افغانان خارج از افغانستان را که در دوره امیر عبدالرحمن خان فراری شده بودند مهربانانه دعوت کنند. قزلباشان افغانستان پیش از ظهور امیر عبدالرحمن خان نیز داغ تعصب در پیشانی اخذ کردند. در سال ۱۲۱۹ هجری قمری، شخصی بنام <میر واعظ> فتوای قتل عام قزلباش ها را صادر کرد و کار به مقاطله و مناقشه یک گروه هموطن کشید. تا زمان شجاع الملک طوریکه میدانیم تعصب در وطن بیداد میکرد و ساحه زندگی برای قزلباش های وطن تنگ شد که ایشان در سال ۱۲۴۲ هجری از تظلم پسران سردار پاینده محمد خان به فتح علی خان شاه قاجار ایران دست شکایت دراز کردند. (٦)

طوریکه گفته آمد قزلباشانی که عهد سلطنت احمد شاه درانی در زمره لا و لشکر با احمد خان درانی به افغانستان آمدند رفته رفته جمعیت شان رو به ازدیاد گذاشتند که درست مانند اسلاف شان در ایران، در افغانستان نیز از اهمیت ویژه یی برخوردار گردیدند. آنها شامل مشاغل نظامی و ملکی شدند. قسمت زیاد عساکر احمد شاه را قزلباشان، که مورد اعتماد شاه قرار گرفته بودند تشکیل میداد. پس از مرگ احمد شاه بابا پسرش تیمور شاه نیز از عساکر قزلباش استفاده کرد. چنانچه برای تنبه و تأدیب سکه های ملتان به تعداد هژده هزار سوار از افغانان، مغولیه و قزلباشان را جهت سرکوبی سکهنه های پنجاب گسیل کرد که در این معرکه سی هزار تن سکهه به هلاکت رسیدند. (سراج التواریخ جلد اول و دوم صفحه ۵۴)

در عصر سلطنت ظاهر شاه، قزلباش های افغانستان از سهم ویژه یی در امور اداری و کشوری و هنری و اقتصادی برخوردار بودند. آنها بر علاوه کار دفاتر اداری و وزارت خانه ها و مؤسسات عامه، در کدر های علمی و هنری نیز خوش درخشیدند. پس از متخصصین و داکتر های طبی ترکی، قزلباشان افغانستان در این راستا از خود برازندگی نشان دادند و در کار طبابت دست توانا داشتند. اکثر داکتران طبی ما مردم قزلباش اند و آنها در رشته های مختلف فرهنگی و هنری طلایه دار دانش و بینش گردیدند.

بخش پنجم: طوایف

محل بود و باش قزلباشان در کابل

این طایفه در کابل در ساحاتی مانند چنداول، محله چوب فروشی، کوچه علی رضا خان، قلعه حیدر خان، قلعه مراد خانی، وزیر آباد، ناحیه افشار، و محل نانک چی زنده گانی دارند.

سردار کابلی

علامه حیدر قلی خان مشهور به «سردار کابلی» فرزند یکی از نامدارترین قزلباشان افغانستان است که در چنداول کابل تولد شده و در کرمان شاه ایران بخاک خفته است. کیوان سمیعی دانشمند ایرانی کتابی در باره زندگانی سردار کابلی (حیدرقلی خان) نوشته است: «نام این شخصیت ممتاز و عالیقدر حیدرقلی خان و نام خانوادگی «قزلباش» بود ولی در خاک ایران همه جا نزد همه کس به «سردار کابلی» شهرت داشت. پدرش نور محمد خان از سرداران افغانستان در زمان امیر شیرعلیخان و امیر یعقوب خان بوده و در مخاصمات بین امیر شیر علیخان و برادرانش بر سرزمامداری افغانستان همواره طرفداری از او میکرده است. بهمین علت بمحض اینکه بکوشش انگلیس ها امیر یعقوب خان فرزند و جانشین امیر شیر علیخان از فرمانروایی آنکشور برکنار و به هندوستان تبعید شد و دشمن سرسخت او و پدرش امیر عبدالرحمان خان به زمامداری افغانستان برقرار گردید. سردار نور محمد خان هم با چند تن دیگر از یاران صمیمی امیر یعقوب خان با او بهند تبعید گردیدند.» (۷)

مرا باور بر آنست که کلمه «سردار» خاصه طایفه محمد زایی های افغاستان بوده است. قوم زور آور و زر پسند بدون شک از القاب های برازنده که خاصه بزرگان زر و زور بوده است استفاده میبرده و بدان افتخار نیز میکرده اند. چون حیدرقلی خان که به ایران پناه برده و همه میدانستند که وی از خانواده بزرگ و سردمدار و کارمند سرکاری افغانستان بوده، بناً فکر کردند این مرد فاضل هم از همان سرداران افغانستان است. چنانچه کسانی از کابل و یا دیگر نقاط افغانستان به پیشاور پاکستان میروند، پیشاوری ها همه را «کابلی» خطاب میدارند. نزد ایشان فرق نمیکند که این مرد غریبه از مزار شریف آمده و یا از هرات و یا از بدخشان .. حتمی کابلی اش میخوانند.

یادداشت ها :

۱. «غیاث اللغات»، چاپ بمبئی، صفحه ۵۴۵، سال ۱۳۴۲ هجری

۲. «فرهنگ معین»، جلد ششم، صفحه های ۱۳۵۹ - ۱۳۶۱

۳. کتاب «زندگانی سردار کابلی»، تألیف کیوان سمیعی، چاپ گیلان، سال ۱۳۶۳، صفحه ۲۵

۴. کتاب «طبقات سلاطین اسلامی»، تألیف استانلی لین پول، ترجمه عباس اقبال، ۱۳۶۳، صفحه های ۲۲۸ و ۲۲۹

۵. کتاب «زندگانی سردارکابلی»، صفحه ۲۶

۶. همان کتاب، صفحه ۲۸ و ۲۹

۷. همان کتاب، صفحه های ۱۲ و ۱۳

بحث دیگری در پیرامون قزلباشان

قزلباشان را طوریکه گفته آمد مهاجران تورک تبار دانسته اند که از ناحیه شمال به ایران سرازیر شده اند. این اقوام در زمان حکمروایی نادر افشار و پادشاهی احمد خان درانی در افغانستان سکونت اختیار کرده اند. آنها بصفت لا و لشکر در اوایل به شهر های هرات و قندهار سکونت گزیده و بعد در سراسر کشور ما پراگنده گردیدند. این طایفه اهل تشیع بوده در کابل و تمام نقاط کشور بنام قزلباش معروف هستند. زبان شان فارسی/ دری و مذهب شان شیعیه بوده که بزرگسالان شان در میان خود به زبان ترکی مکالمه میدارند. این دسته مردمی که توسط شاهان و زمامداران در افغانستان آورده شده اند بطور عموم در شهر ها زندگی دارند، اما در هرات به روستا ها نیز حیات بسر میبرند.

این گروه به مراتب از مردمان بومی کرده سفید چهره - قامت و بینی نسبی بلندی دارند و با نشاط و سر حال هستند. به قول کتاب «افغانان»: «قزلباشان مردمانی اند با نشاط، هشیار، ظریف و مهذب - اما مزور و زیرک و بی رحم. آزمند اما ولخرج و مشتاق خود

نمایی - هم متواضع و هم جسور، هم بینوا و هم مغرور - گاه دلیر و گاه بزدل - متعصب ولی روشنفکر نما- اما همیشه شیفته تجمل. در آشنایی رسمی شایسته ولی برای معاشرت خطرناک» (۱)

در افغانستان دوره درانیان، شخصیت های مهم درباری و لشکری - تمامی ناظران و میرزایان و پیشکاران شان را قزلباشان تشکیل میداده است. برخی از این قزلباشان که غلامان شاه بودند و از خود جاه و جایدادی نیز از طرف شاه اخذ کرده بودند، اما یک گروه دیگر بصفت افسران نظامی و حتی به درجات بلند ادارات حکومتی نیز میرسیدند. قزلباشانی که بصفت غلام بودند تقریباً یک سوم «غلام خانه» شاه را تشکیل میدادند و با وجودیکه وفادار به شاه و سلطنت بودند و از خویش رزمنده گی های را به نمایش میگذاشتند، اما در مقایسه با دیگر سپاهیان متحمل رنج بیشتر شده و خدمات دایمی را بدوش میکشیدند. (۲)

غلامان شاهی یا نگهبانان قزلباش شاه - چون بیشتر در مسلک نظامی بودند، بدون شک دارای قدرت هم میشدند که بقول فردوسی طوسی « ستم نامه عزل شاهان بود» و رفتار خشونت آمیز نظامی شان که با فطرت تند خویی نیز آمیخته میگردید و مردم شهری را نا راضی میساخت. مخصوصاً در کابل، اهالی شهر از دست ظلم و تعدی شان به ستوه آمده بودند که در زمان شاه محمود شکایت ها و نا رضایتی ها فضای کابل را گرفته بود. اکثر شاهان درانی بخاطر اینکه بالای اقوام شان سلطه داشته و پیوسته به حفظ قدرت باقی بمانند، ناگزیر بالای عساکر و گماشتکان خارجی یعنی قزلباشان تکیه میزدند. این رسم و رواج شاهان در گذشته نیز مرسوم بوده که بیگانه را نسبت به خودی ترجیح میدادند. شکایت های اهالی کابل روز تا روز بیشتر شده نارضایتی ها را با بزرگان شهر در میان میگذاشتند تا راه حلی را سراغ بگیرند. میر واعظ نامی که در پرهیزگاری و پارسایی شهره شهر بود، خواست از دراز دستی های نامناسب قزلباشان به دربار کابل شکایت رسمی بدارند.

قیام ناراضیان با قتل یک جوان کابلی توسط عساکر قزلباش در کابل به اوج خود رسید، که بعضی از بزرگان دربار که با دربار، دل خوش نداشتند نیز این حادثه را دامن میزدند. راویان بر آنند که سبب سقوط سلطنت شاه محمود، پناه جستن بیحد او به قزلباشان بود که مردم از وی رنجه خاطر شدند. (۳)

یادداشت ها :

۱. کتاب «افغانان»، مونت استوارت الفنسون، ترجمه محمد آصف فکرت، چاپ ایران، چاپ اول، سال ۱۳۷٦، صفحه ۲۹٦

۲. همان کتاب، صفحه ۴۷۰

۳. همان کتاب، صفحه های ۵۲۳ و ۵۲۴

قزلباش های افغانستان تورک نبودند

قزلباش های افغانستان تورک نبودند. این مطلب را «علی میثم نظری» دانشمند جوان و پرکار در نشریه «امید» منتشر ورجینیا امریکا - شماره ۸۷٦ جوزا ۱۳۸۹ جون ۲۰۱۰ به بحث و بررسی گرفته و از منابع معتبر و کتاب های انگلیس که خود بزبان انگلیسی بصورت علمی آگاهمندی دارد درج کرده است. قزلباش ها در زمان شاه اسماعیل صفوی تشکیل یابیدند که فشرده آنرا از بحث و تحقیق محقق ارجمند علی نظری بر میگزنیم:

« قزلباش به مشابه یک نیروی نظامی از طرف طریقه صوفی صفوی تحت رهبری شیخ حیدر (*) در مناطق کردستان و آذربایجان سازمان داده شده بود. در اول، آنزمانیکه شاه اسماعیل صفوی آنها را بر ضد سلسله شاهی آق قویونلو (**) بحرکت در آورد بخش اصلی و عمده جمعیت قزلباش را ترکمن ها تشکیل میدادند، اما در عین حال یک گروه بزرگ کرد ها و تات های پارسی زبان (***) نیز به جمعیت قزلباش پیوستند که حاکمیت خاندان آن ترک های بیگانه (آق قریونلو) را براندازند»(۱)

صفویان در هنگام قدرت و سلطه شان مذهب دوازده امامی شیعه را در ساحه قلمرو خود اجباری اعلان نمودند که بدین راستا گروه مخالف این مذهی یعنی اهل تسنن را خوش نمیخورد و تحمیل اجباری تشیع باعث گردید که بسیاری از کرد های جمعیت قزلباش بسوی آسیای صغیر که تحت فرمانروایی عثمانی ها قرار داشت مهاجرت کنند. شاه عباس صفوی نه تنها قدرت بی حد و اندازه قزلباشان تاجیک را ازدیاد بخشید بلکه او یک نیروی نظامی جدید را از طایفه ارمنی ها و جوجی ها نیز استوار ساخت. ترکمن ها تلاش

بخش پنجم: طوایف

کردند که شاه عباس را بقتل برسانند و فرزندش محمد خدا بنده را جانشین وی بسازند که نامبرده متحد قبیلهء افشار بود. شاه عباس صفوی از این دسیسه آگاه گردید فرزند دلبندش محمد خدا بنده را کور کرد که بدین حساب حساسیت های تورکمنان در مقابل شاه صفوی روبه ازدیاد گذاشته تا اینکه سلسله صفویان بدست افشاریان خاتمه یافت. نادر افشار با قزلباشان تاجیک روی خوش نشان نمیداد و اکثر اهالی تاجیک که دیوانسالار و اهل خرد و دانش بودند توسط افشاری ها و افغان ها یا فراری شدند و یا به قتل رسیدند.

اکثر قزلباشان به کابل و قندهار و هرات و دیگر نواحی خراسان تبعید گردیدند.. در زمان نادر افشار خانواده بزرگ زند که از تاجیکهای قزلباش لرستان بودند به خراسان شرق تبعید شدند که پس از قتل نادر افشار واپس به پارس رفته تحت قیادت کریم خان زند زمام امور اداره کشور شانرا بدوش گرفتند و در شرق ایران یک دسته قزلباشان به سرکردگی احمد خان ابدالی بعنوان امیر خراسان اعلان گردید. همان تبعیدیان قزلباش که در زمان نادر افشار به قندهار و کابل و هرات جایگزین شده بودن در دربار احمد شاه ابدالی بیشترین نفوذ ملکی و نظامی را داشتند. در قرن نزدهم محله چنداول و مرادخانی مرکز تجمع قزلباشان بود که از دید گاه فرهنگ و ادب نیز این دو محل جایگاه خود را داشت. (۲)

دانشمند جوان ما «علی نظری» از نوشته شان چنین نتیجه میگیرد که : اتحادیه قزلباش یک گروه تک قومی نبود که تنها از قبیله تورک تشکیل شده باشد که دو طایفه تورک و تاجیک اکثریت این اتحادیه را نمایان میساخت. رقابت ها و کشمکش ها میان این دو جناح قومی در بر اندازی سلسله های شاهی ایران کهن نقش بزرگی داشت.

یادداشت ها :

(*) قطب الدین حیدر بن سالور خان بعد ها پیروانش بنام «حیدریه» در پارس ظهور کردند، قطب الدین حیدر فرزند سالورخان از خانواده خوانین تورک بود. روایت بر آنکه پدر شیخ فریدالدین عطار مرید قطب زمان شیخ قطب الدین

حیدر بوده است که فریدالدین جوان نیز به خدمت مرید و اخلاصمند پدر دست بلند داشتی. گفته اند که شیخ فریدالدین عطار «حیدری نامه» را در عنوان جوانی برای مرشد پدر به نظم کشیده است. آرامگاه قطب الدین حیدر به «تربت حیدریه» خراسان ایران قرار دارد.

(«منطق الطیر»،عطار نیشاپوری، به تصحیح ذکاه الملک فروغی، و مقدمه احمد خوشنویس، ۱۳۷۳، صفحه ۳۲)

(**) آق قویونلو در اصل به معنی گوسفند سفید میباشد. این طایفه در بیرق خود شکل گوسفند سفید را نمایان میساختند آق یونلو طایفه و سلسله تورک تباری که سالیان درازی در آذربایجان، قفقازیه و دیار بکر سلطنت کردند و حتی جنوب غرب ایران نیز تحت سلطه شان بود. سردسته این طایفه بنام ابوالنصر حسن بیگ معروف به اوزون حسن پادشاه مقتدری بود .این سلسله در سال ۹۲۰ هجری قمری توسط شاه اسماعیل صفوی بر انداخته شد. (فرهنگ معین جلد پنجم صفحه ۴۴)

باید تذکر داد که پیش از طایفه گوسفندان سفید، قومی بنام گوسفندان سیاه (قره قویون لو) بر نواحی دریاچهء وان مسلط بودند. سلسله ترکمانان قره قویونلو با سلطان حسین جلایر سلسله ی را تشکیل دادند. این سلسله را در سال ۸۷۴ هجری (۱۴۶۹ میلادی) اوزون حسن رئیس قبیله آق قویونلو منقرض نمود.

(بنگرید به کتاب «طبقات سلاین اسلام»، تألیف استانلی لین پول، ترجمه عباس اقبال، سال ۱۳٦۳، صفحه ۲۲٦)

(***) تات ها کیستند؟ مردمان تاجیک تباری که در ساحه قلمرو ترک ها- و یا در سرزمین تورک ها زندگانی میکردند و تورک ها ایشان را که بزبان فارسی / دری تکلم مینمودند بنام های تات ها و تاتی یاد میکردند. تات ها و تاجیک ها یا تازیک ها مردمان غیر عرب و ترک هستند. یا فرزندان و اقوام عرب تباری که در حوزه های عجم پرورش یافته اند نیز بنام تازیک یاد میکردند. تاجیک ها یا

تازیک ها ویا تات ها آریایی نژاد هستند که در خراسان و ماوراألنهر و پارس و حوزه خزر و میان رودخانه های سیرو آمو حیات بسر میبرند.

(بنگرید به «فرهنگ عمید»، جلد اول، چاپ تهران، موسسه انتشارات امیر کبیر، ۱۳۶۴، صفحه های ۵۲۲ و ۵۲۳)

۱. بنگرید به نشریه «امید»، منتشره ورجینیا، شماره ۸۷۳، صفحه دوم، ۱۹ جوزا سال ۱۳۸۹

۲. همان نشریه، صفحه ششم.

بلوچ ها در گستره تاریخ

مردمانی در سه حوزه جغرافیایی افغانستان/ ایران/ پاکستان

کتاب <حدود العالم> که در سال ۳۲۷ هجری بزبان ناب فارسی/دری نوشته شده درباره بلوچ مینویسد: «بلوچ مردمان اند میان این شهر ها (کرمان - سیرجان - جیرفت - میران..) و میان کوه کوفج نشسته بر صحرا و دزد بیشه و شبان و ناباک و خونخواره و این مردمان بسیار بودند و بناً خسرو ایشان را بکشست به حیلت های گوناگون» بارتولد در مقدمه حدود العالم مینگارد که : بلوچ ها زبان ایشان بدستهء شمال غربی لهجه های آریایی متعلق است ، بعد ها به کرمان مهاجرت کردند و از مهاجرین بعدی این سرزمین شمرده میشوند. بارتولد از قول مقدسی میگوید: قفص (کوچ ها) از بلوچها میترسیدند. هنگامیکه عبدالله وله (عبدالدولهء) بلوچها را مغلوب ساخت، کوچ ها را نیز گوشمالی داده تحت قیادت خویش بیاورده شکست داد که بدین حساب بلوچها از ضعف همسایه خویش (کوچ ها) استفاده کرده باشند. حدود العالم <کرمان> را در فصل جداگانه ای ذکر کرده که حتمی است در زمانه اش از موقعیت ویژه برخوردار بوده است و در باره کرمان چنین مینویسند: <کرمان ناحیتی است مشرق وی خود سند و جنوب وی دریا اعظم <دریای عمان> و مغرب وی ناحیت بارس است و شمال وی بیابان سیستان است و این ناحیتست که هرچه بسوی دریاست جای های گرمسیر است و مردمانی اند اسمر <رنگ جُلد تیرهء گندمی> و جای بازرگانانست و اندر وی بیابانهاست و از وی زیره و خرما و نیل و نیشکر و با نیذ خیزد و طعام شان نان ارزن است...> (۱)

بلوچها که در سرزمین بنام بلوچستان زندگانی مینمایند سوابق تاریخی کهن دارند. دیرینه بودن شان نسبت به کوچ ها حتمی است . بنا بر شواهد تاریخی سرزمینی که نام تاریخی داشته باشد باید دارای فرهنگ و تهذیب و کلتور هم بوده باشد. در کتاب تاریخ جهان، نقشه ای که سال ۱۸۵ قبل از میلاد را نمایش میدهد این امپراطوری ها مشاهده میشود:

۱- باکتریا <بلخ> Bactria

۲- پارتی ها یا پارت ها Parthia

۳- سیلوسی ها یا سلوکید ها Seleucid

۴- گدروزیا یا جدروزیا (۲) Gedrosia

ازین تقسیمبندی تاریخی چنین دانسته میشود که منطقه <گدروزیا> که در نقشه ، ساحه جنوب غربی پاکستان را نشان داده و با دریای عمان، افغانستان و ایران همسرحد است در روزگارانش از دم و دستگاه ویژه ای برخوردار بوده که با امپراطوری های پارتی، سلوکی و باختری قد بلندک میکرده است. همین منطقه فعلاً هم بنام ایالت بلوچستان در پاکستان است. گدری ها Gudari تیره ایست از ایل بلوچ، از ایل های کرمان و بلوچستان که تاریخ دراز مدت دارد. نام هایی چون <گودرز>، <گودری>، <گودزره>، <گودرزیا> و <جدورزیا> که سرزمین و اسم بلوچ ها را میرساند از یک ریشه بمیان و از یک سرزمین آب میخورند. بلوچها تنها در ایران نمانده بلکه حوضه قلمرو شان در پاکستان و افغانستان نیز اخذ موقع کرده، آنها ساحه پهناوری را در سه کشور امروزی افغانستان، پاکستان و ایران تشکیل داده اند. امروز یک منطقه بزرگ و یا ایالتی بنام بلوچستان در پاکستان موجود است. همچنان استانی بنام بلوچستان در جنوب شرق ایران موقعیت دارد به همین شکل ولایتی بنام نیمروز در افغانستان است که اکثر باشنده گان این کشور ها بزبان بلوچی مکالمه دارند. در ولایات دیگر افغانستان مانند هیرمند و فراه نیز بلوچها زندگانی میکنند. طوریکه گفته آمد بلوچ ها با پهنای گسترده ای بین ایران و پاکستان و افغانستان به شکل منطقهء مثلثی اخذ موقعیت کرده اند و تاریخ نهایت دراز مدت دارند. همانگونه که سیستان و هیرمند و کرمان از قدامت تاریخی و افتخار فرهنگی آراسته است، بدون شک گودرزیای کهن نیز نظر به موقعیت جغرافیایی اش با این همسایه های دیرپا جا دارد که دیرینه باشد و دارای فرهنگ و تهذیب و مدنیت درخشان. موقعیت جغرافیایی سرزمین مثلث بلوچستان نشان میدهد که این ساحه از دم و دستگاه خاصی برخوردار بوده باشد. آن آثاری که در موهندجارو و هارپه وادی سند دیده شده در سیستان نیز رُخ کشیده و در بلوچستان نیز این آثار کشف گردیده است. از کهن زمانه ها مردمان بلوچستان با فرهنگ و متمدن بوده اند. موجودیت دریای عمان، نزدیکی به وادی سند، همجواری با سیستان و هیرمند میتوان گفت که بلوچستان یا گودرزیای پیرار نیز مانند همتا های همجوار خود حاجب و دربان دار بوده باشند.

گودرز Gudarz نام اشک بیستم از پادشاهان اشکانی که شاه ستمگاره بوده و به تقلید داریوش بزرگ برروی دیوار قصر بیستون کنده کاری های خود را نشان داده و کتیبه هایی برسم الخط یونانی نیز نوشته است. بنا بر روایت فردوسی طوسی گودرز در عهد کیان پس از خاندان سام نیرم، مقام خاصی را کمایی کرده است، بنیانگزار این خاندان پهلوانی بنام <کشواد زرین کلاه> از پهلوانان برازنده عهد فریدون بوده که پسرش <گودرز> پهلوان نامی عهد کاووس و کیخسرو میباشد. گودرز بر علاوه اینکه نام شاه اشکانی بوده اسم دو پهلوان که یکی آن گودرز پسر قارن بن کاوه آهنگر و دیگری گودرز پسر کشواد میباشد. (۳)

کتاب <سیستان> در وجه تسمیه گدورزیا و مکران از قول بارتولد مینگارد: «از قرار معلوم آریا ها منطقه ساحلی را بعد از کرمان تصرف کرده اند و ظاهراً این ولایت نام یونانی خود گدورزیا Gedrosia (گدروزیا) را از نام آن شعبه از ملت ایران دارد که هرودت آنرا (دروسیاپوی) نامیده میشد» از قول آریان مؤرخ یونان مینویسند که <گدورزیا منطقه ایست که خشکی زیاد دارد و آب کم و ضرورت تهیه آب وسیله چاه از بستر رودخانه ها و میلها را پیش بینی و اشاره نموده است.> (۴)

بلوچستانِ ناحیهء پاکستان سرزمین خشک و کوهستانی است که یکصد و سی و چهار هزار میل مربع مساحت دارد و نقاط کوهستانی آن اکثراً از سطح بحر به ارتفاع ده تا دوازده هزار متر بلند دارد. و این ارتفاعات باعث میگردد که بلوچستان زمستان سرد و تابستان گرم داشته باشد. بلوچستان ایران بین پاکستان و افغانستان سندویچ گردیده دارای کوه های آتشفشان بوده است. از کوه تفتان هنوز هم تفت های دود و خاکستر نمایان میگردد. بلوچستان ایران از استان هایی مانند: خاش، ایرانشهر، سراوان، چاه بهار، و زاهدان تشکیل یابیده است. نام کوه تفتان که از تفتن و تافتن مشتق شده معلوم نگردیده که از کدام زمانه این کوه به نام <تفتان> قد علم کرده. بعضی از مؤرخین قریه ای را بنام <تمتدان> نزدیک کوه تفتان با این نام وابسته میدانند.

بلوچستان را در گذشته های دور بنام های <مکا>، <مکیا> و یا سرزمین <مکی ها> یاد کرده اند که مؤرخین یونانی این منطقه را بنام <گذروزیا> یاد کرده اند. این موقعیت جغرافیایی (بلوچستان پیرار) از جانب شمال به <زرنگاه> و <اراکوزی> که کلمه یونانی آن <هر خواتیس> است، از مشرق بجانب <میندوس> یا رود سند، از جنوب به دریای عمان

و از مغرب به کرمانا <کرمان> محدود بوده و در زمان هخامنشیان این منطقه جز ساتراپ های چهاردهم امپراطوری محسوب میگردیده است.

ساسانیان منطقه بلوچ ها را <کوسون> Kussun یاد کرده اند اما هرودوت مؤرخ یونانی آنرا <مکیا> خوانده که این مکی و مکان و مکیان در دوره های اسلامی به <مکران> تبدیل شد. باید گفت که تلفظ درست <مکران> به فتح میم و ضم کاف میباشد که تا کنون بلوچ ها به همین کونه <مَکُران> تلفظ میکنند. باید متذکره شد شد که کلمه های مکی، مکا، مکیا، مگان و مکران با واژه های <مگان> و <مغان> اوستایی رابطه میگیرد. بعضی ها را باور بر این است که < مکا> یا <مکران> مشتق از نام یک قوم دراوید اخذ شده است. این کلمه در کتیبه های میخی <ماکا و ماسیا> دیده شده . احتمال اینکه <ماکا> و <ماسیا> دو دستهء مترادف همچون <کوچ و بلوچ> و <چین و ماچین> باشند. ماکیا و ماسیا در ادوار نهایت دور ایشان را بجای کوچ و بلوچ استعمال میکردند. پس ماکیا و ماسیا نام نهایت تاریخی و اسطوره یی منطقه است که بعد ها تغییر اسم داده است.

در کتاب بیزانسی جغرافیا نویس یونانی اسم این منطقه را <ماکاره نه> ثبت کرده است. هولدیچ سیاح مشهور انگلیسی تحلیل جالبی درباره < مکران> میکند و آنرا مرکب از دو کلمه میداند که <ماهی> و <خوران> باشد. یعنی مکران بمعنی <ماهی خوران>.

همچنان سایکس دانشمند انگلیسی نیز مکران را نظر به نزدیکی دریا <ایکتوفاجی> Ichthyophagy یا <ماهی خواران> یاد میکند. حکایت برازندهء که تاریخ یادداشت میدارد و آن اینکه بلوچها دارای ناخن های درشت و تیزی بوده اند که با یک فشار جزیی توسط ناخن ماهی را دونیمه میکردند. (کتاب <نگاهی به سیستان و بلوچستان> ایرج افشار سیستانی ۱۳۶۳ صفحه ۱۹۷)

نظر به شواهد تاریخی و اسناد مؤثق شکی باقی نمی ماند که منطقه مَکران ایران، کلات پاکستان ، نیمروز افغانستان سرزمین بلوچ ها بوده است. این سرزمین بصورت مجموعی شن زار و باد ورز و خشک و کوهستانی است و باوجود نزدیکی به دریای عمان، مقدار باران سالانه آن مناطق نهایت کم است. این مناطق تابستان گرم و خشک و زمستان سرد دارد. بلوچستان سرزمین اسرار آمیزی که مردم آن را نیمه وحشی و عاری از تمدن تلقی

نموده اند. اما جغرافیا نویسان معاصر به اساس ارزش های علمی بلوچستان را از لحاظ استعداد طبیعی، هندوستان کوچکی دانسته اند. فردوسی طوسی در شاهنامه از سلحشوری این قوم که کسی پشت شانرا بزمین ندیده یاد میدارد:

سپاهی ز گردان کوچ و بـــــلوچ   سگالیده جنگ مانند قوچ

که کس در جهان پشتایشان ندید   برهنه یک انگشت ایشان ندیده

در فشی بر آورده پیــــــکر پلنگ   همی از درفشش بیازید جنگ (۵)

بعضی از مؤرخین را باور برآنست که قوم بلوچ از سابق ساکن بلوچستان نبوده اند بلکه بعد ها از سیستان و کرمان در آنجا گسیل شده اند. برخی معتقد بر آنند بلوچها ابتدا از کرانه های بحیره خزر به سیستان و کرمان مهاجرت کرده اند و از کرمان به نواحی دیگر بلوچستان رحل اقامت نموده اند. محققین دیگری را عقیده برآنست که در زمان قدیم کرانه های خلیج فارس تا حدود بلوچستان مسکن اقوام حبشی بوده بعداً سومری ها درین مناطق تسلط یافته اند. هرودوت می نویسد که بین مکیان و یوتیان Utian و پارکانیان، جنگجویانی مانند <پاکتیان> (*) بوده و محلی را نیز بنام <اوره> میخواندند که احتمالاً از شهر اور UR بین النهرین واقع در کلده گرفته شده باشد و نظر به این سند سومری بودن تمام و یا قسمتی از مردم بلوچستان کهن را تائید میکند. اوستا از شانزده قطعه زمینی که در وندیداد ذکر بعمل میاورد یکی از آن سرزمین بنام <اوروا> ذکر شده که اورو یا اوروه یا اوروا میباشد که تاکنون هم این محل برای دانشمند تاریخ و جغرافیا شناسایی نگردیده است. دانشمند احمد علی کهزاد اوره را منطقه <ارگون> افغانستان میدانند و متذکره میشوند که علاقه ارگون با دیگر نقاط دور و پیش خود در سابق بنام <روه> یاد میشد که با اروه یا اوروا همخانی دارد. در بالا از نوشته هرودت یاد کردیم که از اوره و از پاکتیان که همان پکتیایی های امروزی افغانستان اند یاد میشود. بناً شک باقی نمی ماند که منطقه <اوره> یا <اوروا> همین سرزمین های بین کوه های سلیمان و سند بوده باشد. پس موقعیت این جا از زمانه های دور آب میخورد و مردمان این سرزمین ها هم تاریخ دراز دامن دارند که از ویدی ها و اوستا میآغازد و بدینوسیله این مردمان که در

روه یا رواوا و یا اوره زندگانی میکرده اند از قدیم الایام درین مناطق می زیسته اند که با روه یا اور UR کلده مطابقت و همخانی ندارد. طوریکه تاریخ تذکر میدهد اهریمن در میان باشندگان این سرزمین ها غرور تولید کرد. این غرورمندان همان پکت های کهن اند که با< جنگ ده ملک> حصه گرفته اند و همچنان مردمان روه یا اوره از نعمت تهم تنی برخوردار هستند که با پکتیان همسایه بوده اند و نظر به نزدیکی با همدیگر روابط نیک اجتماعی و مناسبات رگ و خونی و عِرقِ گرفته باشند و روه ها همان کوچ و بلوچ هایی اند که در جنوب غربی پاکستان امروز مسکن داشته اند. (٦)

روانشاد عبدالحی حبیبی در کتاب جغرافیای تاریخی افغانستان در بخش چهل و هشتم درباره <روه> تحت عنوان <روه په ادب او تاریخ کی> نوشته اند: از زمانه های پیش در کتاب های تاریخی هند و افغانستان و در متون ادبی زبان های دری و هندی اصطلاحات و کلمات روه .. روهیله و روهیلکهند دیده شده که تا حال کسی موفق بدریافت سوابق تاریخی این کلمات نگردیده است. پوهاند حبیبی به استناد کتاب پتانان سراولف کیرو می نویسند: (از نواحی ملتان و دیره جات، مردمانی بنام جت ها و بلوچ ها تا کرانه های <کوه کسی> یا کوه سلیمان تا امروز زندگانی دارند و بنام <روه> یاد میگردند. نا گفته نماند که به لهجه جنوبغربی پنجابی روه بمعنی کوه میباشد.) چرا که روه به مفهوم کوه در تاریخ پشتو و افغانستان سابقهء درخشانی دارد. چنین وانمود میشود که کلمه روه از عصر غزنویان به بعد تؤام با قدر و مزلت سیاسی و کلتوری پشتو داخل قلمرو و زبان هندی گردیده که نسبت آن به <روهیله> میرسد و محل و منزلگاه شانرا <روهیل کهند> نامیده اند. خوشحال خان ختک ابر مرد پشتون و شاعر حماسی <١١٠٠ق> در شعر <روهی> تخلص میکرد که این واژه با روه همخانی دارد و همچنان گاهی بجای روهی، <کوهی> را هم استعمال می نمود و اینطور وانمود میشود که روهی و کوهی یک معنا دارند. و طوریکه پیشتر تذکر رفت در لهجه پنجابی روه بمعنی کوه است.

خوشحال خان ختک شاعر و دانشمند پشتو به فارسی / دری هم شعر سروده است که ما سروده فارسی/ دری شاعر را که در آن روهی و کوهی یاد شده است میآوریم:

زلـــــعل شکرین او نباتی   به <کوهی> میرسد من من بگویید

****

روی زرد و آه سرد و چشم تر   عشق   <کوهی> را چنین بیمار کرد

****

<روهی> و جور مهوشان درد وبلای عاشقی

لــــذت درد یافته، یاد دوا نمی کند

اشرف خان هجری پسر خوشحال خان ختک، شاعریست ذواللسانین و نامبرده که در سرزمین دکن هند در منطقه بیجاپور بندی بود بیاد وطنش <روه> میگوید:

قاصدان له < روهه> نه راحی مدت شو

سلام باد را رسوی منت ﻳﯥ تــــــم دی   (٧)

بلوچهای افغانی

آگاه بر آنیم که بلوچان افغانی در مناطق نیمروز و سراشیبی هیرمند زنده گانی دارند و بزبان بلوچی حرف میزنند و در بعضی قسمت های سیستان افغانستان مردم بلوچ بزبان <براهووی> نیز سخن میگویند که شوربختانه این زبان بمرور ایام گسسته میگردد و دارد نابود میشود. زبان براهووی در سه ناحیه سیستان افغانستان متمرکز گردیده است. یکعده در ساحل چپ رود هیرمند در ساحه یی که بنام <بگت> مشهور است، عده یی در ریگستان بین هیرمند رود و خاشرود باقی مانده اند خویشتن را بدو قبیله ی < محمد حسینی> و <منگل> منسوب میدانند و به عشایر و شعبات منقسم گردیده و بنابر اسناد دست داشته ؛ عشایر مربوط به قبیله منگل دوازده هزار خانوار و مربوط به قبیله محمد حسینی به هفت هزار خانوار دسته بندی شده اند. در منطقه <ریگستان>، برعلاوه مردم براهووی، در حدود هشت صد خانوار بلوچ های رخشانی و دوصد خانوار پشتون نورزی زنده گانی دارند که همه بزبان براهووی تکلم میدارند. باید یاددانی کرد که مشکل عمده این مردم آب است که ممد حیات است و مفرح دات. از این لحاظ مردمان این ساحه غریب و کارگر استند. (٨)

طوریکه میدانیم زبان بلوچی از دسته زبان های غربی هند - آریایی اند و جالب آنکه بر علاوه اینکه این زبان در بلوچستان صحبت میگردد، در بعضی نواحی ترکمنستان نیز گفت و گوی میشود. بلوچها را گفته اند از شمال به جنوب کوچ کرده اند و بدین خاطر زبان شان (بلوچی) از گروه شمالی زبان های غربی آریایی محسوب میگردد. بلوچها به علت ارتباط خویشی و نزدیکی به زبانهای شرقی آریایی، در زبان شان اقتباساتی روی داده است که برعلاوه واژه های فارسی/ دری، لغات براهویی و سندی نیز در این زبان داخل شده است.

زبان بلوچی به لهجه های شرقی و غربی منقسم گردیده که هر یک نیز به شعبات جداگانه یی مجزا گردیده است. بلوچی از بعضی زبانهای دیگر غربی آریای، مانند فارسی/ دری محافظه کاتر به نظر میرسد. (۹)

جهانگردان اکثراً بلوچستان را سرزمین اسرار آمیز و مردم این مناطق را خشن، نیمه وحشی و عاری از تمدن تلقی کرده اند. اما اگر به دیده بصیرت و اصول علمی نظر شود بلوچستان نظر به موقعیت جغرافیایی اش و نظر به موجودیت مهم بندری و بازرگانی در میان با فرهنگ ترین و متمدن ترین همسایگان (وادی سند، وادی هیرمند و ارغنداب) جا دارد که. این موقعیت خاص زرنگیانای کهن با تمدن دیرینه موهند جارو و هارپه وادی رود سند و مکیا، از تمدن و تهذیب ویژه ای برخوردار میباشد. در آسیا نژاد های خالص کمتر دیده شده است. به تعبیر دانشمند ارزنده داکتر خانلری که در دنیا زبان خالص و نژاد خالص وجود ندارد. کوچ و کوچیدن رواج روزگار دیرینه دیار آسیا زمین بوده است. اگر کوچیدن ها ادبار و کشتار را بار آورده، بعد ها با اختلاط اقوام و ایل های مختلف (چار و ناچار) زیبایی هایی را نیز در شگوفانی پیوستها عرضه کرده است. زیبایی های فرهنگی در هر کنج و کنار خراسان، کرمان، سیستان، نیمروزان، تخارستان و کابلستان و زابلستان دیده میشود. همانگونه که مؤرخین و سیاحین و جهانگردان از بلوچان و کوچان، روزگار خوش ندیده اند و در تاریخ آنها را دزد رهزن معرفی کرده اند، از جانب دیگر رزم آوران ادب فارسی/دری این اقوام نجیب را پهلوان و تهمتنان خطاب کرده که کس پشت شانرا بزمین ندیده است. فردوسی طوسی در شاهنامه اشاره بدین طوایف کرده که مردان شان در لشکر <کیخسرو> به شجاعت و مردانگی دست یازیده اند. و از انفاق شان با اقوام گیلانی در نبردی با کسری انوشیروان سخن رانده است.

سپاهی ز گردان کـــــوچ و بلـــــوچ   سگالیده جنگ مانند قـــــوچ

که کس در جهان پُشت ایشـــــان ندید   برهنه یک انگشت ایشان ندید

درفـــشی بر آورده پیکر پـــــلنگ   همی از درفشش بیازید جنگ

(فردوسی)

تاریخ شهادت میدهد که کوچ و بلوچ نظر به خاصیت تسلیم ناپذیری شان جور و جفا های زیادی دیده اند که اکثراً منجر به کشتار دسته جمعی شان گردیده است. این مردمان سلحشور و دشمن ستیز درس های تاریخی برای زورمندان تاریخ داده اند که بدون شک قیمت آنرا نیز پرداخته اند. این خلق های ناپسند زمانه <پشم آلود و تند خوی> ، <دزد و آدم کش> در هنگام لشکر کشی داریوش بسوی هندوستان از راه بلوچستان حق عساکر شاه پارس را داده اند و همچنان اسکندر مقدونی در راه بازگشت از هند بسوی بابل در طی شصت روز مصیبت عظیمی را دیده که پیش از آمدنش بسوی بلوچستان بقول <کل آرخ> به اسکندر از مخاطرات این راه گوشزد شده بود و او میدانست که هیچ لشکری ازین ناحیه زنده برنگشته است ولی به وی اظهار داشتند که <سمیرامیس> ملکه داستانی آشور هنگامیکه از هند فرار میکرد فقط با بیست نفر برگشت.

اسکندر که با لشکر قیامت آفرینش از بلوچستان میگذشت ، سخت درمانده و بیچاره شده بود او که با سپاه منظم و تنومندش فاخره زمان بود، در بلوچستان بحدی زبون و بیچاره شده بود که به تعبیر مؤرخ خاصش : «اسکندر را بدان سان غمگین و بیچاره ندیده بود». در هنگامیکه سردار نامبردار اسکندر بنام لیئن ناتوس در بلوچستان حمله برد، دلاوران بلوچ نیام از غلاف کشیدند و با نیزه های بلند بالای شش زرعی و پیکان های چوب صلبی که از آهن مستحکم تر بود- هزاران تن سپاهیان مقدونی را سینه دریدند و درمانده ساختند. شخصی بنام <نثارک> امیرالحر اسکندر که در بحر عمان جایگزین شده بود درباره قد و اندام بلوچها مینویسد: «تن آنها هم مانند سرو روی شان پوشیده از مو بود - ولی آنچه در اندام بلوچها غریب و تعجب آور مینمود، ناخن های بلند آنها بود که کار کارد و اره را میکرد.» (۱۰)

بهمان اندازه که کوچ ها و بلوچها دمبدم باعث درد سر متهاجمان میشدند. بهمان گونه دشمنان نیز در قتل این اقوام دست بالا داشته و از هر نوع جفا های سهمگین که واجب میدیدند دریغ نمی کردند. چنانچه فردوسی بزرگ از کشتار مردم بلوچ در شاهنامه یاد میکند و کشتار بی رحمانه بلوچها را که اردشیر حکم داده سخن میراند:

بکار بلوچ ارجـمند اردشـــــیر　　نکوشید با کاردانـــــــان پیر

نبود سودمندی به افسون و رنگ　　نه از بند و رنج و نه پیکار و جنگ

اگر چند به این سخـــن ناگـــزیر　　بپوشید بر خوشیتن اردشـــــیر

« کوچ و بلوچ »

آیا « کوچ ها» همین «پشتون ها» هستند؟

آن توبی کورو توبی لوچ و توبی کوچ و بلوچ

وان توبی گول و توبی دول و توبی پایت لنگ

(سروده ایست از حصیری - در کتاب لغت فرس)

در درازنای سده ها و هزاره ها، اوراق دیرینه و تاریخ های کهن از دو طایفه و یا عشیره بنامهای «کوچ و بلوچ/ یا بلوح و کوفج» نام برده شده. بلوچ ها در سرزمین پهناور بلوچستان (نواحی پاکستان، ایران و افغانستان) حیات پر جار و جنجالی را داشته اند که مرکز عمده شان شهر «گودرزیا» بود که در ناحیه پاکستان امروزی بوده است. در زمان سلطنت سلوکیان و باختریان و پارتیان، بلوچیان نیز از دم و دستگاه بزرگ دولتی و با مقام امپراطوری گودرزیا موقعیت ویژه ی داشت که در تاریخ بنام «امپراطوری گودرزیا/ جودرزیا شهرت حاصل کرده است. اکنون ساحه بلوچستان میان پاکستان ، افغانستان و ایران منقسم شده که مرکز بلوچستان ایران کرمان، مرکژ بلوچستان افغانستان زرنج، و مرکز بلوجستان پاکستان کویته میباشد. در ایران بلوچها به شهر های کرمان و مکران حیات بسر میبرند. ما از طایفه بلوچ فعلاً صرف نظر کرده صرف در پیرامون «کوچ ها » که هسته نبشته را تعیین میدارد میپردازیم. نوشتهء که درباره کوچ ها در میان کشیده میشود

احتمالاً پدیده تازه ی بوده باشد که تا حال روشنایی محققانه ی در کاردانی و روش های زنده گانی این عشیره کمتر و یا هیچ حرفی نرفته و صرف یک نام برده شده است. کوچ/بلوچ مانند دیگر نام های توامین مانند یأجوج/مأجوج - ترک/تازیک - چین و ماچین و دیگر اقوامی که با همسایگی یکدیگر حیات بسر میبرند تذکر رفته.

در جوار منطقه پهناور بلوچستان ایران قبیله ی جا گرفته اند که در تاریخ بنام «کوچها» مسمی بوده و این عشیره نسبت به بلوچها از لحاظ قدامت، دیرینه گی بلوچها را نداشته اند. با آنهم تاریخ ایشان را بشکل یکجایی یاد میدارد، جایی که بلوچ است، کوچ نیز ضمیمه آن بوده است.

هم از پهلوی پارس کوچ و بلوچ

زگیلان جنگی و دشت سروج

سپاهی به گردار کوچ و بلوچ

سگالیدهء جنگ مانند غوچ

(فردوسی)

باید یاد آور شد که به سرتیری و جنگجویی ها این عشایر، اکثر خسروان، شاهان و امیران از این طبقه لا و لشکر تهیه مینمودند. تاریخ از ساسانیان و غوریان که از ایشان لشکر اخذ نموده یاد میکند.. فرهنگ جهانگیری از این طایفه چنین یاد میدارد: «کوچ (به ضم کاف) نام طایفه ایست از صحرا نشینان که در اطراف و نواحی کرمان متوطن اند و کار حرفه آنها جنگ و خون ریزی و دزدی و رهزنی باشد، و در این کار چندان مبالغه آرند که اگر دشمنی و یا بیگانه ای نیابند خویشان، برادران و یاران با هم جنگ کنند و یکدیگر را بکشند و همدیگر بغارتند و این عمل شنیع را از محسنات اعمال شمرند»

کوچ=کفج=قفص مردمانی هستند که در کوه های کرمان سکونت دارند. سخن بر آنکه «کوچ ها» در کناره های کوه قفص که در مکران موقعیت دارد زندگانی دارند. قفص را به پارسی کوچ نامند و کوچ ها از کسی بجز بلوچ ها نمی ترسند. (۱)

فرهنگ عمید مینویسد: «کوچ (کفچ و کوفچ) نام طایفهء بوده که در مکران در جوار طایفه بلوچ بسر میبردند» از کلمه های کوچ که نام قوم کوچنده و کوچی که معنی خانه بدوش باشد و کوچیان اهالی خانه بدوشی که از سرمنزلی به سرمنزل دیگر بخاطر ادامه حیات به شکل موسمی نقل و مکان میدارند. (۲)

برهان قاطع هم این طایفه را قوم میداند صحرا نشین که از منزل و مقامی به منزل و مقام دیگر روانه شوند. این کوچیدن ها توام با خانواده یعنی زنان و فرزندان باشد. همچنان نام طایفه ای هم است که در ولایت میان بنگاله و ختای زندگانی دارند.

(برهان قاطع ابن خلف تبریزی صفحه ۹۴۸ بقلم محمد عباسی- ناشر: موسسه انتشارات فریدون علمی)

کتاب حدود العالم در بخش «سخن اندر ناحیت کرمان..» مینویسد: « کوفج (کوچ) مردمانی اند بر کوه کوفج و کوهیانند. ایشان هفت گروه اند و هر گروهی را مهتریست و این کوفجان نیز مردمانی اند دزد بیشه، شبان و بزریگر. از مشرق کوه کوفج تا مکران بیابانست و میان جیرفت و ملوکان کوهستانیست آبادان و با نعمت بسیار و آنرا کوهستان ابو عالم خوانند..» (۳)

کوچها قومی هستند که در بالا کوهها و اطراف و کناره های کوه کوفج و یا کوه قفص (که بنام همین عشیره مسمی است) زندگانی دارند. کوفج ها چون کوه نشین هستند، کتاب حدود العالم و دیگر اسناد معتبر کهن ایشان را کوه مردان و کوهیان و کوه نشین معرفی میدارد. حدود العالم این طایفه را به هفت گروه منقسم میسازد اما نامی از ایشان تذکر نمی دهد، یا بزبان دیگر اسم مهتران و سرکرده گان کوفج ها را تشریح نمیدارد. همچنان ایشان را از زمره مردمان دزد بیشه و رهزن محسوب میگرداند و شبانی و بزریگری را پیشه معمولی شان قلمداد میگند. همه میدانیم که سر زمین های مکران و کرمان که وابسته به ایران امروز است از جملهء مناطق گرم سیر بشمار میآیند بود و باش دارند و کوه کوفج نیز در آنجاست و دارای دامنه های خشک و بایر میباشد. در گذشته های دور، طایفه کوچ و بلوچ نظر به جو نا مساعد هوا و مشکلات طبیعی درست مانند دیگر صحرا نوردان که قلت مواد غذایی و یا اشیأ مورد ضرورت خویش به ستوه میآمدند ناچار دست به غارت

و دزدی میزدند و کاروانهای تجاری را که بین سند و فارس و یا سند و کرمان و یا هندوستان و عراق عجم در رفت و آمد بوده مورد حمله و یورش ایشان قرار میگرفت. البته در این غارتگری ها بلوچها نیز سهم میگرفتند.

مهاجمین عرب و عجم که «فیل شان یاد هندوستان میکرد» در راه عبور به سرزمین افسانوی هندوستان ، هنگامیکه از کرمان و مکران عبور میکردند، از دستبرد کوچ/بلوچ روز خوش نمی دیدند. کوچ ها یا کوفج ها چون کوه نشین بوده اند، در برگ های زرین تاریخ نامی از یک شهر و یا محل داد و ستد تجاری و یا بازرگانی و بازار هایی که آنها خرید و فروش بدارند و تجمع کنند ذکری بعمل نیامده است.

بلوچها که در همسایه گی کوچ ها قرار داشتند، بدون شک از لحاظ قدامت تاریخی و فرهنگی و شهروندی با کوچ ها فرق میکرده اند و ایشان از خویش دم و دستگاه و شهر ها داشتند. گرچه بلوچها نیز در نواحی گرم و هوای تفت آلود «کوه تفتان» که هنوز هم آثار آتش فشان در آن دیده میشود حیات بسر میبردند و نظر به استناد تاریخ که آنها هم مانند کوچها دست به غارت و دزدی میزدند. حتی در زمانی که کوچ/بلوچ دست به غارت میزدند در مغاره هاییکه پر از جغد و بوم میبوده خویش را پنهان میکردند. این سروده موید این گفتار است:

اندران ناحیت به معدن کوچ　　　　دزد گهی داشتند کوچ و بلوچ

(کتاب لغت فرس- اسدی طوسی صفحه ۵۹)

در سروده بالا کلمه کوچ بیت نخست به معنی جغد و بوم باشد.

سوال برجسته ی که آدمی را بدان سوی سرحدات حیرت آور میبرد اینکه: کوچ ها که با بلوچ ها همسایه بودند. بدون شک با هم خویشاوندی هم کرده باشند یا بزبان دیگر هر دو عشیره با هم روابط رگ و خونی و عرقی داشته اند. برعلاوه این همه پیوسته گی، با هم در زد و خورد نیز بوده اند که بقول فرهنگ ها، زمانی در قتل و قتال همدیگر هم مبادرت میکردند.

کوچ و بلوچ که سده ها احتمالاً هزاره ها با هم یکجا بودند، به یکباره گی چه عواملی رخ داد که ایشان (کوچ ها) از صحنه منطقه بیرون رفتند و چه باعث گردید قومی که با

جمعیت بزرگ هفت گروهی در بالاکوه های کوه کوفج زنده گانی داشتند ناپدید و فراری شدند؟

ایا همین ها بودند که با همسایه در بدیوار شان یعنی بلوچ ها جور نیامدند؟ و یا اینکه از ایشان در ترس بودند راه دیار دیگری را به پیش گرفتند و رهسپار دیار ناکجا آباد شدند. اینکه کوچ ها کی و چه وقت کوچیدند و در کجا کوچیدند؟ بصورت واضح آشکار نشده است.آیا کوچی ها به صورت دسته جمعی یا انفرادی راه فرار را بر قرار ترجیح دادند؟

روند کوچیدن ها و مهاجرت ها نظر به شرایط آنزمان در میان مردمان صحرا نشین را میدانیم هرگاه نظر به مناقشات درونی یا بیرونی که عاید حال یک ایل با ایل دیگر میگردید چند فرسخ دورتر از محل اصلی شان میکوچیدند ویا بزبان ساده همسایه های نزدیک را مشکل می آفریدند.. چون کوچ های کوچنده بنا بر قول تاریخ «کوهیانند» امکان آن میرود که این طوایف بسوی کوهستانهای دیگر رحل اقامت افگنده باشند که نزدیک سرزمین اصلی شان بوده باشد. زیرا مناطق کوهستانی یک پدافند ملی برای شان محسوب میگردید. احتمال اینکه کوچ ها بسوی کوه سلیمان رهسپار شده در آن حوزه کوهستانی مقام و منزل کرده باشند شکی باقی نمی ماند. امکان آن میرود که ایشان استوارانه در بلند بالای کوه سلیمان استحکامات و قلعه های مستحکم و دور از هیاهوی ساخته باشند. احتمال آن نیز میرود که مهتران و زیردستان شان در بالا کوه های شاداب و آبدار کوه سلیمان منزل گزیده و مستعضفان شان با خر و گاو چند مواشی در دامنه ها و اطراف کوه سلیمان بطور پراگنده و کوچنده اقامت مؤقتی را اختیار کردند. این بود و باش شان مؤقتی بوده که نظر به جو مساعد هوا پیوسته نقل مکان میکردند. به نظر این نویسنده کوچ های نادار و کم زور تا هنوز هم به همین نام «کوچی» در قلمرو افغانستان و پاکستان در رفت و آمد هستند.. پس بصورت یقین میتوان گفت که همین قوم کوچ که دسته دسته از کرانه های کرمان و مکران و بلوچستان ایران فرار کردند، در نواحی جنوب کشور ما اقامت اختیار کرده اند. پس آیا کلمه کوچ با پشتون چه رابطه دارد؟ در حقیقت کوچ ها همین پشتون ها (افغان ها) هستند که اکنون با قدرت نفوس و نفوذ در سراسر حوزه جغرافیایی جنوب افغانستان و شمال پاکستان با دم و دستگاه حیات دارند.

شاید این یک فرضیه باشد اما این حرف درست تاریخی و اسناد مؤثق کتبیست که روند زندگانی کوچ ها را برملا میسازد.

گویش خاصی که در میان بلوچان رواج داشته گویش های «ونیچی یا ترینو» میباشد و در شمال شرق بلوچستان میان عشیره «هرنایی و نورلایی» مروج بوده است. این لهجه ها مخصوصاً لهجه ونیچی با پشتو مدغم شده که به باور بعضی از دانشمندان، چون زبان کتبی پشتو دیرینه تاریخی نداشته و هم حوزه گسترده را دربر نمیگرفته بناً امکان نزدیک بودن زبان ونیچی و ترینو در لهجه پشتو بیشتر دیده میشود. (۴)

تاریخ کوچیدن «کوچها» در سرزمین پهناور کوه سلیمان ذکر نگردیده و نه هم وقت و زمان کوچ ها از همجواری بلوچ ها بدور افتیده است حرفی بمیان نیامده. بدین سان اوراق تاریخ از نقل مکان تنهایی و یا دسته جمعی چیزی به گفتن ندارد. بناً ما باورمند آن میشویم که کوچ ها به صورت اجباری از منطقه اصلی شان یعنی مکران بدور انداخته شده اند که این رویداد با صلح آشتی نبوده است.

اصطخری مؤرخ مشهور دوره اسلامی زبان کوچ ها را «زبان عجیب» میداند. عبدالله مقدسی در سده چهارم هجری سیاح مشهور فلسطینی که در بیت المقدس متولد گردیده زبان کوچ/بلوچ را با زبان سندی مقایسه میکند و منشأ لهجه کوچ ها را به لهجه براهویی میرساند.(در باره لهجه و زبان براهویی در بخش بعدی رجوع کنید.)

بارتولد روسی در مقدمه کتاب حدود العالم از زبان مقدسی مینویسد که : « مقارن دورهء مؤلف کتاب حدود العالم ، قدرت کوچ را عبدالله وله از بین برد» (۵)

اگر این واقعه در سده چهارم هجری اتفاق افتیده باشد، پس کوچ ها تا زمان مؤلف کتاب حدود العالم در مناطق مکران و بلوچستان پابرجا بوده اند.

برهان قاطع محل دیگری را پس از مهاجرت اجباری کوچها از مکران بسوی غرب یاد میکند یک بخش کوچ هایی که در میان ولایت بنگاله و ختای زندگانی میکنند تا اندازه ی درست مینماید زیرا که بر اساس رویداد تاریخی احتمال آن میرود که یک دستهء شان غیر از مناطق گرم و گومل و وادی های کوه سلیمان، رخ بجانب بلورستان و تبت و کاشغر هم سرکشیده باشند که در کتاب طبقات ناصری آنرا چنین مشاهده میکنیم: محمد بختیار

فرمانده جرار قطب الدین ایبک (سلاله قطب شاهیان) که یکی از زمره شاهان ممالیک در نواحی سند محسوب میگردید مامور گردید تا نواحی شمال شرق که مربوط راجه های هند بود بدست بیاورد. محمد بختیار شهر لکهنوتی را دارالملک خود بساخت تا از آنجا بسوی تبت و مناطق ترکستان حمله و یورش ببرد. در میان کوه های تبت و لکهنوتی، و بقول «طبقات ناصری» که «سه جنس خلق است، یکی را کوچ گویند، دوم را میچ و سوم را تهارو - ایشان ترک چهره اند و آنها را زبانی دیگر است میان لغت هند و تبت» (٦)

عشایر کوچ و میچ رابطه ناگسستنی با کوچی ها دارند که با اهالی آنجا در طول سده ها و هزاره ها به شکل و شمایل محیطی خویش زندگانی داشته باشند و زبان شان نیز مخلوطی از هندی و تبتی بوده است. پس از مؤلف کتاب حدود العالم دانشمند طوسی فردوسی بزرگ در شاهنامه از طوایف کوچ و بلوچ و ترک و تازیک و چین و ماچین یاد کرده است.

چنین گفت دهقان دانش پژوه   مر این داستان را زپیشین گروه
که نزدیک زابل به سه روزه راه   یکی کـــوه بد سرگشیده به ماه
بیک سوی او دشت خرگاه بود   دیگر دشت زی هندوان راه بود
نشسته در آن دشت بسیار کوچ   ز افغان و لاچین و کرد و بلوچ

«نشسته در آن دشت بسیار کوچ - ز افغان و لاچین و کرد و بلوچ» این سروده بما می فهماند که پنج ایل جنگآور نزدیک هم و در جوار هم زندگانی داشته اند و با هم روابط عرقی و خونی دارند و زبان شان نیز از گویش های یکدیگر متأثر است.

این همه داستانهای دیرینه ی حماسی و یا اجتماعی را که در آن هنگام خط و کتابت نبود، چه کسانی به اهالی بومی گوشزد میکردند؟ بدون شک بزرگان و نخبه گان و فهم اندیشان بوده اند که برای مردم شان خاطرات اجدادی را تبلیغ مینمودند. در هندوستان ریشی ها و برهمنها در خراسان و پارس موبدان و مغان، در میان اهالی خراسان و ماورألهنر «دهقانان» بوده اند که به قول فردوسی: «دانش پژوهانی» که از «پیشین گروه ها» حرف های سترگ و برجسته را به ارمغان میگرفتند و به نسل های شان میرسانیدند. (*) از سروده دانای طوس چنین بر میآید که در زابلستان کوهی است بلند یک طرفش

مردمانی سکونت دارند که به دشت و صحرا خر و خرگاه زده اند و جانب دیگر، دشتیست رخ بسوی هند و سند. در دشتی که خرگاه ها را بر افراشته اند عشیره «کوچ» زنده گانی دارند. دشتی که به همسایگی هندوان واقع شده اقوام مختلفی از افغان و لاچین و کرد و بلوچ با هم گرد آمده اند. «لاچین» نوعی از طوایف ترک میباشد، ما اقوام کرد و بلوچ را میشناسیم . از دیدگاه جغرافیایی حوضه غزنی و زابل سکنه اقوام کوچ یا افغان واقعیت دارد. اقوامی را که فردوسی از موقعیت جغرافیایی این مناطق و مردمان شان آگاهمندی دقیقی داشت. پس عشایر کوچ و بلوچ باهم لازم و ملزوم بوده، اگر خوب یا بد دارای هویت مشخصی اند که از یک منطقه ارضی نماینده گی میدارند. (۷)

برخی باور دارند که کوچ ها (افغانها) از تبار «کرد» میباشد. یا بزبان دیگر کوچ ها ویا برخی از عشیرهٔ شان از کردستان بسوی کوه کوفج مهاجرت کرده باشند. زیرا ساختمان فزیکی کوچ ها با قد های استوار و استخوانی بیشتر شبیه کرد ها میباشند. امیر تیمور گورگانی پیش از اینکه در یک شهر حمله کند، معلومات مفصلی درباره اهالی منطقه با تفصیل بیان میکرد. نامبرده پیش از آنکه به «سبزوار» خراسان حمله ور شود، دانست که در این مناطق اهالی ترکمانیه، کرد ها و قوچان (کوچیان - کوچیها) زندگانی دارند که نهایت مردمان جنگی و رزمنده می باشند. او بدین فکر افتاد که حاکم سبزوار که در مقابلش صف آرایی میکند بدون شک از این طوایف لشکر تهیه بدارد. امیر تیمور در اینباره مینویسد: «در شمال خراسان چند طایفه زندگی میکنند که دارای مردان جنگجو هستند و بعضی از آن قبایل در منطقه کوچان (قوچان) زندگی می نمایند و بعضی دیگر در دشت ترکمنان. من بعید نمی دانستم که امیر سبزوار از قبایل مزبور کمک بگیرد» امیر تیمور که آدم جنگی و رزم آور آب دیده بود تمام راه هاییکه بسوی سبزوار میرود تحت پوشش نظامی خویش قرار داد تا اکثر عشایر خراسان را تحت سیطره خود داشته باشد. امیر تیمور درباره قوچان مینگارد : « من وقتی به قوچان رسیدم مردمانی دیدم بلند قامت و قوی هیکل که هنوز نمد در بر داشتند برای اینکه هوای قوچان در بهار سرد است. در دست هر یک از آنها یک چوب بلند دیده میشد و نظر هاییکه بما میکردند معلوم میشد که از ما نمی ترسند برخی از آنها چشم های زاغ و مو های زرد داشتند و با زبانی تلکم میکردند که نه فارسی بود نه عربی و معلوم شد که آنها از طایفه کرد میباشند و از کردستان کوچ کرده اند و در

قوچان (محلی که این طوایف حیات بسر میبردند) سکونت میکنند. چون مردان کرد نیرومند بودند، چند تن از آنها را فراخواندم و با کمک یک دیلماج (ترجمان) با آنها صحبت کردم و پرسیدم که آیا میل دارید وارد قشون من شوید؟ .. گفتند ما نمیخواهیم از زن و فرزندان و زادگاه خود دور شویم و به سربازی احتیاجی نداریم.. از راه پرورش گوسفند معاش خود را تأمین می نماییم. با اینکه قوچان مردان قوی بودند اما بی آزار به نظر میرسیدند و من از طرف آنها آسوده خاطر شدم» (۸)

زابل یا زابلستانی که فردوسی از آن نام برده اطراف آنرا طوایفی از کوچ، کرد، ترکمان لاچینی، افغان و دیگر دسته های کوچک احاطه کرده است. بدون شک این طوایف در اطراف دریاچه هامون و ناحیه شمالی ایران امروزی جابجا شده اند و از سده ها بدینسو با یکدیگر مزاوجت و خویشاوندی کرده و زمانی با هم در جنگ و خونریزی غرق بودند.

دانشمندان معاصر روسی مانند ایگرو مخالوویچ و داکتر یوری تیخانف بدین نتیجه رسیده اند که : آن مردمان بومی و اصیلی که در چهار چوب افغانستان کنونی میان هندوکش بزرگ و کوه سلیمان پراگنده بودند، بطور عموم و گسترده تاجیک ها (دادیک ها) بودند که با حیات بدوی خود زندگانی داشتند. اکثر قبایل پشتون این قوم اصیل را «دهقان» خطاب میدارند که نام اصیل و سجهء تاریخی این مردمان میباشد. پس نتیجه بر آنکه تاجیک ها یا «دادیک» پیشدادی باشندگان اولی این سرزمین ها بودند.

ترک ها،تتار ها، مغل ها، اوزبیک ها، غز ها، عرب ها، پشتون ها بودند که سرزمین های اصیل «دهقانان» یا تاجیکان امروزی را با یورش های متداوم و پیگیر اخذ کردند و این اهالی بومی را تار و مار نمودند. بقول الفنستون :«تاجیکان مانند بسیاری از ملتها تشکل واحدی نداشتند» صحرا گردان یغماگر، عربهای سوسمار خور، کوچ های کوچنده تمام هستی و ملک، و زمین و آب و خاک شانرا به یغما بردند و برعلاوه، برگرده این مردمان متمدن که «بسیار گرم روی خوش خوی هستند» حکمروایی کردند و حتی از شهر هایشان بیرون کشیده و آنها را به کوهپایه های پامیر و هندوکش گسیل ساختند.

(تاجیکانی که متمدن و شهری و بازرگان بودند بعد ها به تاجیکان کوهی مسمی شدند.)

منطقه جغرافیای بما می آموزاند که نواحی جنوب هندوکش بزرگ دادیک ها، نواحی سند، سندی ها و یا مخلوطی از سندی ها و هندی ها تشکیل شده است. اما هر آنچه که امروز به کوچ ها و سپس به «افاغنه» ارتباط میگیرد، نخست ایشان در ساحات کوه سلیمان اقامت اختیار کردند و برخی شان در گرد و نواحی آن مرز و بوم به حیات بدوی و کوچ ورزی اشتغال داشتند. جالب آنکه آندسته ی بی یار و بی کس و نادار کوچ ها بنام «کوچی» یاد شده، اما طبقات بلند بالا و سر کرده گان و یا مهتران شان خود را افغان/ پشتون خطاب کردند. به گمان قوی کوچی ها و نیمه کوچی ها که با زبان کوچی یعنی پشتو حرف میزنند، تا پیش از بمیان آمدن مغل ها و دیگر ایلغارچیان بدوی آسیای میانه، اینها بشکل بدوی و نظام اشتراکی ساده زنده گانی داشتند. آنها نسبت به همسایگان سندی، بلوچی ، هندی و دادیکی شان بیسواد تر و از لحاظ رشد فکری و اجتماعی و اقتصادی کم رشد تر جلوه میکردند.

پیش از آنکه «کوچ» ها به کوچیدن بجانب دامنه های کوه سلیمان اقدام بدارند، تمام سرزمین های جنوبی هندوکش تا سراسری مناطق کوه سلیمان مانند لغمان، نورستان، ننگرهار، خوست، پکتیا، غزنی، لوگر، وردک، کابل ، بغلان، تخار، بدخشان، بلورستان، گردیز، پکتیکا، هزاره جات، قندهار، هیرمند، گرشک، فراه، نیمروز، هرات، غور/ غرجستان، میدان، پروان، کاپیسا، ارزگان و بادغیس همه بیشتر تاجیک نشین بودند ویا مخلوطی از تاجیک و دیگر نژاد های بومی و هندی و بلوچی .. غیر از مناطق کوه سلیمان که به لهجه کوچی (افغانی) گفت و گوی میشد دیگر مناطق با زبان های بومی خویش حرف میزدند. پس از سده دوم و سوم هجری زبان فارسی/ دری در این مناطق مروج گردیده زبان مشترک سراسر منطقه محسوب گردید. اما زبان کوچی ها (افغانی) آهسته آهسته نظر به جنبش و حرکت همه جانبه قبایل کوچی بیرون از مرز های کوه های سلیمان و لبه های راست رودخانه سند بر آمده و گذار تدریجی آنان از رمه داری کوچی ورزی به زنده گی ثابت و زمینداری توسعه فراینده یافته از خویش هویت تازه یی را کمایی کردند. زبان و گویش کوچی ها به واژه پشتو و یا افغان تغییر شکل یافت. این جنبش های قبایل کوچیها ابتدا به سمت و سوی همسایه ها بوده که کوچی های زور آور با خشونت و روش های اشغالگرایانه، مردمان بومی مناطق را تحت نفوذ خویش در آورده خویشتن را

بخش پنجم: طوایف

شریک زمین های شان نموده و با روش های خصمانه غصب جایداد و دارایی های غیر منقول شانرا تصاحب مینمودند. در این جنگ و زورپسندی عشیره ها با هم اتفاق میکردند تا حریف را از صحنه بدر بسازند و یا با ایشان امتزاج و اتحاد کنند. تاریخ از اتحاد قبایل «هاهی» کوچی ها در پیشاپیش سده های پانزدهم میلادی و همچنان اتحاد قبایل «اوریاخیل» و دیگران مانند لودی ها، سروانی ها، پرانگی ها، نیازی ها و سورها، بنگاشان، هوتکیان، و اتحاد قبایل لاخانی، دولت خیل، پور و اشترگران و گند را نام میبرد. باید خاطر نشان ساخت که کوچی ها نه تنها بالای همسایه های غیر کوچی یا غیر پشتون جفا میکردند، بلکه در میان خود شان نیز در درازنای سده ها زد و خورد هایی را بمیان می کشیدند که تاریخ شمار آنرا از حساب خارج میسازد.

داکتر یوری تیخانف مستشرق روسی خاطر نشان میسازد: «نزدیک سی در صد از باشندگان افغانستان - پشتون ها اند که در دو اتحادیه بزرگ درانی و غلزایی گرد آمده اند. درانی ها در نواحی جنوب باختری کشور و غلزایی ها در نواحی کابل و غزنی تا پاکستان کنونی تا نواحی مرزی پیشین هند/ افغان بود و باش دارند. بخش اصلی پشتون های افغانی در مناطق جنوب هندوکش بود - مگر در نتیجه سیاست (ناقلی) گرداننده گان دولت افغانستان بسیاری از قبایل پشتون را در شمال کشور سوق داده زمین و چراگاه اهالی بومی را بدست آوردند، در استانه جنگ جهانی دوم حکومت افغانستان، پشتون ها را حتی در برخی از جزایر رود آمو جابجا کرد... قبایل پشتون های شرق در نواحی کوهستانی (باش گل) بسر میبردند .. بود و باش قبایل شرق پشتون به دو بخش شمالی (دیر، سوات، چترال، و بخشی از مرز هزاره) و جنوبی (تیرا، باجور، کرم، وزیرستان و کاکرستان) میگذرد و به جنوب خیبر، کوه های سلیمان واقع است. در آستانه جنگ جهانی دوم، نفوس چهل و هفت قبیله بزرگ پتان در هند بریتانیایی نزدیک به پنج ملیون میرسید.» (۹)

بدون شک کوچی ها نه تنها به کوه های سلیمان رهسپار شدند بلکه برخی در مناطق سیستان کهن که از مکران آنقدر فاصله ندارد نقل مکان کرده اند. همچنان بعضی شان تا سرحدات تبت و کشمیر نیز میرسند.

نتیجه :

* کوچ ها که در مناطق مکران و کوه قفص زندگانی داشتند دفعتاً بکجا نقل مکان کردند؟

* به کدام زمان و به کدام مرحله تاریخ این اقوام (دسته جمعی و یا تک دسته یی) کوچیدند؟

* آیا کوچها همین افغان/ پشتون هایی هستند که در کوه سلیمان اقامت گزیدند؟

* آیا زبان کوچ همین زبان «کوچی» است که بعد به پشتو تغیر هویت داد؟

* تاریخ گواه میدهد که یک دسته کوچی ها به مناطق سیستان کهن پناه گزین شدند.

* آیا کوچ ها از نژاد سامی هستند، یا مدیترانه یی و یا هندی و یا آریایی؟

* کوچ ها از کدام سرزمین آریایی کوچیدند. از نواحی خزر یا کردستان؟

* آیا براستی کوچ ها از نژاد یهود می باشند؟

* نام هفت مهتری که فرهنگ ها ذکر کرده چه بوده؟

* زبان و لهجه کوچی ها با زبان براهویی و زبان سندی و بلوچی چه رابطه میگیرد؟

* ایا هنوز هم کوچی های نادار و خیمه سیاه بهمان فقر و تنگدستی زندگی دارند؟

* چرا زبان کوچی ها متأثر از زبان های هندی و سندی میباشد؟

* زبان کوچ ها آمیخته از زبان براهویی و بلوچی است.

یادداشت ها :

۱- «فرهنگ جهانگیری»، تألیف میر جمال الدین حسین بن فخرالدین حین انجو شیرازی، ویراسته دکتر رحیم عفیفی، جلد دوم، چاپ دانشگاه مشهد، سال ۱۳۵۱، صفحه ۲۰۵۵

۲- «فرهنگ عمید»، جلد دوم، چاپ تهران، ۱۳٦۴، مؤسسه انتشارات امیر کبیر، صفحه ۱٦٦۱

۳- کتاب «حدود العالم»، مقدمه بارتولد و حواشی مینورسکی، ترجمه میر حسین شاه، چاپ کابل، ۱۳۴۲، صص ۴۰۱ و ۴۰۲

۴- «دانشنامه ادب فارسی»، ویراسته منوچهر ستوده، چاپ ایران، جلد سوم، سال ۱۳۷۸، صفحه ۲۱۹

۵- کتاب «حدود العالم»، مقدمه بارتولد، چاپ کابل، ۱۳۴۲، صفحه ۲۲۳

٦- کتاب «طبقات ناصری»، اثر منهاج سراج جوزجانی، به تصحیح عبدالحی حبیبی، چاپ کابل، ۱۳۴۲، صفحه ۴۲۷

(*) «دهقان» در اصل «دهگان» است. دهقان مراد از کسی که ملک و اختیار دار ده (قشلاق) بوده صاحب زمین باشد. دهگان از دوکلمه ده و گان تشکیل یابیده است. ده به معنی قشلاق و اییلاق باشد و گان بر وزن جان معنی است لایق و سزاوار - همچنان پادشاه و امیر و یا سلطان را نیز گفته اند. دهقان صاحب و دارنده زمین بوده و نیز به معنی مردانی که از دیگران در فهم و درک تاریخ و اسطوره و قصه، و رمز و راز اهالی را خوب میدانستند.. در ماروأالنهر دهقان را به همردیف شاه و یا امیر میدانسته اند. شاهان فرغانه و اییلاق را «دهقان» خطاب مینمودند. کتاب حدود العالم می نویسد: «ملوک فرغانه اندر قدیم ملوک اطراف بودندی و ایشان را دهقان خوانندی» (حدود العالم صفحه ۲۹۴ - و برهان قاطع ابن خلف تبریزی - صص ۵۱۸ و۹٦۹)

۷- کتاب «کاملنامه»، نوشته کامل انصاری، سپتمبر ۲۰۰۹، چاپ کالیفورنیا، صفحه ۱۰

۸- «منم تیمور جهانگشا»، گرد آورنده مارسل بریون فرانسوی، اقتباس ذبیح الله منصوری، سال۱۳۶۴، چاپ ایران

۹- مجله «آریانا» برون مرزی، رشد فیودالیزم و تشکیل دولت افغانان، و نوشته سیاست قدرت های بزرگ در افغانستان و قبایل پشتون، سرطان ۱۳۸۹/ جون ۲۰۱۰، صفحه های ۱۲۰-۱۱۰